U0115227

經學研究叢書・經學史研究叢刊

文革時期評朱熹

〔上〕

林慶彰、姜廣輝　主編

蔣秋華　編輯

目次

上冊

一　單篇論文

（一）朱熹總評

（二）評朱熹理學

（三）評朱子著作

（四）評朱子生平行事

下　冊

（五）評朱子與陳亮

（六）評朱子與林彪

（七）評朱子科學

二　專著

朱熹的醜惡面目
上饒地區革命委員會政治部宣傳組婺源縣革命委員會政治宣傳部

略評朱熹　江西人民出版社編

評朱熹的唯心論的先驗論（略）　羅思鼎

批判朱熹的反動的「天理論」（略）

　　　中國科學院古脊椎動物與古人類研究所大批判組

略評朱熹（略）　黃佳耿

朱熹及其理學是什麼貨色（略）

　　　廣西師範學院歷史系七二級工農兵學員　史宏

偽君子朱熹和兩面派林彪（略）　武漢大學歷史系大批判組

評朱熹的「待人哲學」（略）　武漢大學哲學系工農兵學員大批判組

朱熹和他的待人哲學（略）　婺源縣文化站寫作組

可惡的朱熹　贛南師範專科學校中文科編

第一輯

可惡的朱熹（略）　開南大學歷史系大批判組

朱熹理學的要害在於「克己復禮」（略）　江西大學歷史研究室

評朱熹的唯心論的先驗論（略）　羅思鼎

從朱熹「天理」、「人欲」之辨看儒家思想的實質（略）

　　　山西師院中文院　傅毓鈐

林彪什麼要鼓吹朱熹的「待人」哲學？（略）

    福建師大政教系大批判組

陳亮反對朱熹的鬥爭——南宋前期一場儒法論戰（略）

    鄭州大學大批判組

王夫之對朱熹唯心主義理學的批判（略）

    八一九九部隊　張政清　武漢師院　張傳湘

批判朱熹的《四書集注》（略）　河南省歷史研究所大批判組

朱熹《大學章句》批判（略）　單遠慕

朱熹《中庸章句》的反動實質（略）　施達青

第二輯

批判朱熹文集　福建省圖書館編

林序

　　一九九二年五月中央研究院中國文哲研究所舉辦「國際朱子學會議」，為了讓與會學者能夠更了解朱熹研究的歷史和現況，我邀請馮曉庭和許維萍兩位學弟協助編輯《朱子學研究書目》，收論文條目二二五〇多條，這兩千多條是經過仔細分類，其中有第十二類是對朱子之批判，我把這些批評朱子的條目分評程朱理學、評朱子著作、評朱子行為、評朱子與陳亮、評朱子與林彪、評朱子之科學等六大類，合計有八十六條資料。

　　這些論文和專著為何批判朱子那麼厲害，我甚感好奇。所以請好友中國社會科學院歷史研究所中國思想史研究室主任姜廣輝教授，協助到中國國家圖書館尋找一部分的論文，想了解評論朱熹的內容到底是什麼。不久姜教授寄來了數十篇影印的論文，我看了以後覺得這些論文反映了文革時期大陸知識分子對傳統文化的態度，有它的歷史意義，至少可以讓後代人知道我們這一代人是怎麼對待這位歷史人物的。我跟姜教授商量出版的可能性，姜教授說這時候還不是時機，以後再說。這中間由於臺灣大學歷史系的吳展良教授把我編的《朱子學研究書目》擴充了三千多條，文革時期對朱子的批判，也有增加一些條目，由於沒有要趕著出版，就沒有繼續蒐集資料。就這樣這些文稿擱在箱子裡有二十年之久。

　　從二〇一一年開始，中央研究院中國文哲研究所經學文獻研究室開始執行「新中國的經學研究計畫」，擬收集文革時期批判孔子和儒家經典的文獻作為研究時參考之用。想起了二十年前蒐集的文稿，應該趁執行這計畫時把它出版，計畫結束，就很難出版。

我們都知道，新中國所以標榜「新」，是要跟傳統文化決裂，決裂的方法是破除四舊，因此儒家經典遭受到前所未有的批判。對孔子和朱熹的批判，看起來是有太多情緒的語言，有些幾近謾罵，甚至是污衊。有人說這根本談不上經學研究。可是在臺灣、海外的讀者，很少人知道文革中批判孔子和朱熹的實際內容為何。如果把這些論文出版，仍舊有它的學術價值。我請姜教授寫一篇序，他的序主要是談這百年來史學研究受顧頡剛的影響甚深，這是從學術面來看文革時期批孔批朱的歷史淵源。

當時，除了批判孔子外，為何還要批判朱熹？批判朱熹的內容是什麼？朱熹為何跟林彪有關？這本《文革時期評朱熹》，參攷所編的《朱子學研究書目》，將批判朱子的文章分為七類：

（一）朱熹總評

收錄對朱熹生平行事、哲學思想著作綜合批判的論文。

（二）評朱子的理學

批判者說，朱熹拼命鼓吹「天命即是天理」，把世界萬事萬物都說成是由「理」派生出來的，把封建社會的綱常倫理看作是永世不滅的真理，他的這番說教，其目的無非要證明封建地主統治的合理性和永恆性。他講「存天理，滅人欲」，所謂「天理」就是指封建社會的綱常倫理，所謂「人欲」就是指人們違反綱常倫理的生活慾望，因此「存天理，滅人欲」就是要鞏固封建統治的全部秩序，取締破壞這種秩序的一切行為。

（三）評朱子的著作

朱子的著作，最主要的是《四書集注》，所謂《四書集注》是由

《論語集注》、《孟子集注》、《中庸章句》、《大學章句》所構成。《論語・子路》篇說：「父為子隱，子為父隱，直在其中矣。」朱熹的《集注》說：「父子相隱，天性人情之至也；故不求為直，而直在其中。」批判者說，這些話把黑說成白，把曲說成直，本來是荒謬透頂的，卻被林彪收集在他的《四書集句》中。朱熹所以特別重視《大學》、《中庸》兩書，是因為這兩本書比《論語》、《孟子》更加系統集中地論述治國平天下的一套陰謀權術。從這裡形成了一套陰險狠毒的所謂「待人哲學」。

（四）評朱子的行為

批判者說，朱熹在政治上是個大騙子，在生活上是個偽君子。這些批判的文章常舉的例子是：（1）朱熹為了要大建房屋，公開霸佔人家的祖業；（2）朱熹為了葬其母，強行挖掉別人的父母之墳；（3）朱熹在同安當官時，批評當地的社會風氣不好，但是他卻公開引誘兩個尼姑作為寵妾。批評者下論斷說，他骨子裡明明狡猾得很，表面上卻要裝得非常仁愛、忠恕，這正是道學家們慣用的伎倆。

（五）評朱子與陳亮

在南宋內部對金朝的態度一直有兩大方向，一是妥協，甚至是投降，這方面代表人物是朱熹；二是堅決抗戰到底，這代表人物是陳亮。批判者說，大官僚大地主集團為了維護自己的特權地位，把遍地燃起的農民抗金烈火視若洪水猛獸，頑固地推行一條對內鎮壓、對外屈膝求和的極其反動投降主義路線。在人民群眾抗金鬥爭的影響下，地主階級中的抗戰派，則反對苟安投降，主張革除弊政，提出一條抗擊金朝貴族軍事侵擾，重新恢復國家統一的抗戰路線。以朱熹為代表的反動「道學」，就是適應統治者粉飾昇平，苟安投降的政治需要而

氾濫一時的。因此,「道學」也就成了抗戰派的一個大敵。抗戰派反對投降苟安,必然要反對為投降苟安路線辯解的反動道學。因此,陳亮與朱熹的鬥爭,是地主階級內部抗戰與投降兩條路線鬥爭在思想領域中的表現,是儒法鬥爭在新的歷史條件下的繼續。

(六) 評朱子與林彪

在批評者的心目中林彪是賣國賊、叛徒,林彪所以會和朱熹連在一起被批判,是因為林彪在他的筆記中說:「我常考慮要像朱子那樣去待人。」批評者根據這一點批判說:朱熹明明「以理殺人」,卻又偽裝善人,他按照自己的唯心主義思想體系,羅織一套陰險奸詐的處世哲學,表面上裝得道貌岸然,滿口仁義道德,實際上卻是寡廉鮮恥、男盜女娼,這就是林彪所津津樂道的朱熹處世哲學的特徵。

批評者概括林彪反革命的權術有三點:一是以屈求生;二是忍耐;三是三不主義,即不負責、不建言、不得罪。這是許多道學家處世的訣竅,朱熹就常常標榜要「居敬」、「慎言」,其實這些都是作賊心虛的表現。

(七) 評朱子的科學

許多人以為朱子用螺蚌殼化石論證地質變遷,是朱子對中國文化的貢獻,可是根據考古報告,在朱熹之前的一百年,沈括的《夢溪筆談》已有對化石的意見,批判者說,如果把朱熹討論螺蚌殼化石的話,只摘取講高山螺蚌殼的幾句,而忽略朱熹鼓吹災變論的謬論,是對朱熹的話了解不夠透徹。

這些文章內容有許多重複,態度也不客觀,最令人無法忍受的是,批判用語之惡毒可說史無前例,朱熹遭到那麼多惡毒的批評,有些事我們雖不一定有能力去判斷對錯,但是有能力去評判是非的人,

應該也不少，讓他們去還朱子的公道，也是功德一件。所以還是決定在「新中國經學研究計畫」結束之前把這本書出版。

由於這些資料大部分都在二十年前蒐集，當時雖然透過姜教授的協助，已找到了不少，但仍舊有些缺漏。幸好最近數年大陸建置了不少全文數據庫，我們利用了「大成老舊刊全文數據庫」、「全國報刊索引」和「讀秀網」，又查到了十幾篇論文。刪除重複，最後收入專書一種，論文集三種，論文八十二篇。

本書在最後收集資料的過程中，福建師範大學易學研究所所長張善文教授，請其高足黃曦先生，到福建省圖書館複印《朱熹的醜惡面目》，文听閣圖書公司執行長林登昱博士，提供了《批判朱熹文集》、《略評朱熹》、《可惡的朱熹》三本專著，資料的收集才算完備。為能夠如期出版，所以我請東吳大學中文系碩士生劉鎮溢、莊政樺，臺北大學古典文獻與民俗藝術研究所的毛祥年學弟協助校對。這書的出版，可以說是新中國經學研究的一大收穫。再度感謝張善文教授、黃曦先生、林登昱博士的協助，這套書才能如期出版。

我們距離文化大革命的時間雖不很久，但因空間的睽隔，政治的對峙，使我們對大陸的了解變得相當有限，在這種情況下，要把這書編得盡善盡美，幾乎不可能，希望海內外賢達，能多賜予指教。

林慶彰

2012 年 11 月 10 日

中央研究院中國文哲研究所 501 研究室

姜序╱
進步與彎路──近百年歷史研究反思

　　一九九二年，臺灣中研院文哲所籌備處舉辦一次大型朱熹學術研討會，好友林慶彰先生為此出版了一部詳盡的有關朱熹研究的學術論文目錄，因為缺少大陸文革時期的相關論文資料，曾囑我幫忙到北京圖書館複印。這部分內容一直延宕未出版，時隔二十年，林先生欲把這部分文稿付梓，約我一同主編，並每人寫一篇序言。我沒有做什麼事情，卻掛一個主編的空名，這實在讓我不安。但我畢竟生活在大陸，對大陸文革時期的政治文化背景，以及當時學者的心態，有一些瞭解，所以願意將它寫出來。

　　大陸文革期間，整個輿論的基調是與傳統文化決裂，從此把傳統文化徹底剷除，建立一個紅彤彤的新世界。但歷史的弔詭是，現在真的要被「徹底剷除」的反倒是文革時期的所謂「學術」。今天，在學人的潛意識裏，除了考古的文獻整理及解讀外，幾乎沒有人認為文革時期的「學術研究」夠得上學術水準，尤其在中國歷史研究領域（特別是中國哲學史或思想史研究領域）中，有關文革時期的所謂研究成果，學者有意避而不談，甚至懶得批判，而寧願淡忘。我自己原來是這樣想的：文革時期本來沒有學術思想，因而也不必去做文革時期的學術思想回顧。但近來又有一些新認識，認為文革時期的那些所謂「學術」觀點，並不是孤立發生的，而是從此前的一些學術研究中一步一步走來，最終走到了文革的「學術」門檻上。如果說，文革時期學術研究走了彎路，那麼在文革之前是不是也走了彎路呢？我們是否有必要對大陸近百年來的學術發展道路做一些回顧和檢討呢？這是一

個很大的研究課題，遠非這篇簡短的序文所能勝任，但我還是願意將我的思路向大家作一彙報，以便大家在瞭解大陸文革時期的學術時，作為一種參考。

一　疑古派史學帶來的進步與彎路

也許我們應該承認，近百年來的歷史研究還是有巨大的進步，這進步就是跳出了聖賢古史觀。說到這個進步當然不能不提到以顧頡剛為首的疑古派。這一派在歷史研究中表現出了巨大的勇氣，整個否定了傳說中的中國上古史。當時做到這一點，也非常簡單，顧頡剛只是在一封信中提出了一個幾乎沒有經過論證的大膽猜想，他說：

> 《詩經》和《尚書》（除首數篇）中全沒有說到堯、舜，似乎不曾知道有他們似的；《論語》中有他們了，但還沒有清楚的事實；到〈堯典〉中，他們的德行政事才粲然大備了。因為得到了這一個指示，所以在我的意想中覺得禹是西周時就有的，堯、舜是到春秋末年才起來的。越是起得後，越是排在前面。等到了伏羲、神農之後，堯、舜又成了晚輩，更不必說禹了。我就建立了一個假設：古史是層累地造成得的，發生的次序和排列的系統恰是一個反背。[1]

這就是顧頡剛先生著名的「層累地造成的中國古史」說。這段話在邏輯上本是不通的。堯和舜是《尚書》開始幾篇中都提到的，但顧頡剛卻把他們放在「首數篇」的例外中，然後說《尚書》其他篇中沒有提到堯舜，不能作為印證，所以堯舜是否真實的歷史人物是值得懷疑

---

[1]　顧頡剛《古史辨》第一冊〈自序〉。

的。因為《論語》中提到了堯、舜，可以作為印證，又因為《論語》是反映春秋末年之事，所以「堯、舜是到春秋末年才起來的」。事實上，古代是把堯、舜之事列為〈虞書〉的，〈虞書〉之後才是〈夏書〉、〈商書〉、〈周書〉，後世這些書是否一定要提到堯、舜，才能證明堯、舜的存在？充其量，這只能構成一種懷疑的條件，還不足以說明堯、舜是春秋末年人們虛構的人物。這本是私人信中所談到的觀點，卻不脛而走，被學術界當作石破天驚的大發現，當作揭示中國上古史為虛構偽造的歷史真理。的確，這是一段很難證實的歷史，但要證偽它，也沒那麼簡單。為此，許多研究後世斷代史的學者一般都避談上古史。但是，研究上古史的專家、包括考古學界的專家卻不能回避這段歷史，甚至還要用考古材料證實上古傳說。

顧頡剛的觀點影響了一整代歷史學家，很多非常有名的歷史學家如陳夢家等也深受其影響，如說〈堯典〉等產生於戰國時期等，並沒有提出像樣的根據。事實上，〈堯典〉等《尚書》篇章從文體及虛詞的用法，就與春秋戰國時期的文章不同，當時的學者為什麼要造出這樣一種文體，他們作偽的目的究竟是為了什麼？對這些問題都沒有認真的考慮。

退一步講，即使〈堯典〉等晚出於戰國時代，也不能證明堯、舜就是虛構的歷史人物。這完全可以從另一種角度解釋。因為各民族大都有一個從口傳歷史到成文歷史的過程，中國上古史關於黃帝、堯、舜等人雖多為傳說性質，但傳說可以是口耳相傳的歷史，並不等同於杜撰的神話。當文字發明之後，史學家先記載切近的事情，然後才去追記較遠的歷史，這是很自然的。晚出文獻記載的上古歷史，不能視之為後人的偽造。而中國有關上古的傳說，正好與人類社會從蒙昧時代到野蠻時代，再到文明時代的發展規律暗合，很可能反映了中國上古社會發展的史影，如果把這些資料看作是春秋戰國時期人的杜撰，

就非常有可能扼殺這些資料的寶貴價值。

近代疑古派史學家應該說大都有很好的舊學底子，他們繼承了乾嘉學派的考證學方法，但沒有乾嘉學者那種謹慎態度，他們鼓勵大膽懷疑，胡適甚至把這種方法概括為「大膽假設，小心求證」。其實是「大膽」有餘，而「小心」不足。按照這種方法所作出的許多考證結論，都不能成為定論。疑古派帶給我們的遺產是它打破了上古聖賢史觀，對那樣的傳說的確是可以懷疑的，但它並不能成為結論，也不能成為我們今天歷史研究的前提。

中國哲學史（或中國思想史）研究是中國歷史研究的重要分支，疑古派在這個領域給予了極大的關注。上個世紀初，胡適撰寫出了第一部中國哲學史著作：《中國哲學史大綱》。蔡元培一九一七年為其書作序，稱讚道：「截斷眾流，從老子、孔子講起。這是何等手段！」[2] 胡適之所以對老子、孔子之前的中國元典置而不論，其目的在於否定後來成為「六經」的各種「皇皇法典」的地位，同時也以為經學所承載的上古史的部分不甚可信，所以寧缺疑不論。其後的各家中國哲學史著作大體遵循了這個範式，因而有了中國哲學發展各階段的劃分，即所謂先秦子學、兩漢經學、魏晉玄學、隋唐佛學、宋明理學和清代考據學等。馮友蘭的《中國哲學史》雖然只劃分兩個大的階段，即先秦諸子至《淮南子》的子學時代和漢武帝以後的經學時代。同樣也是受了胡適「截斷眾流」方法論的影響。上個世紀的中國學術的主導思想，要用一句話概括，就是「變經學為史學」，顧頡剛曾於一九五一年說：「董仲舒時代之治經，為開創經學，我輩生於今日，其任務則為結束經學。故至我輩之後，經學自變為史學。」[3] 其實，中國文化之「源」正是「六經」，諸子百家只是其「流」，而不是「源」。如班

2　胡適：《中國哲學史大綱》（北京市：東方出版社，1996 年），頁 2。

3　《顧頡剛讀書筆記》（臺北市：聯經出版公司，1990 年）卷五，頁 2788。

固所說，諸子之學皆「六經之支與流裔」。

　　疑古派不再把六經當作經典看待，而只把它當作史料看待，以此對六經的解釋便採取一種所謂「新史學」、「新訓詁學」的方法，以《易經》為例，高亨所著《周易古經今注》便是一個典型的代表。其方法便是以史學代經學，將前代經師所作之經典詮釋一切推倒，重起爐灶，欲以訓詁學之小識小慧重解經典。而所立之論，表面看似有訓詁學之根據，實則以文字訓詁為包裝，而作光怪陸離、信口雌黃之論，如解「明夷」作「鳴雉」，《易經》中的〈明夷〉卦，坤上離下，按傳統的說法，離為明，坤為地，明入地下，是謂「明夷」，此卦六五爻辭說：「箕子之明夷，利貞。」是說箕子自晦其明以事商紂王，而內守貞正之道。高亨把「明夷」解釋成「鳴雉」，一種善於鳴叫的野雞，說箕子上山捕獲了一隻會鳴叫的野雞。這種解釋不免太過離譜。又如，〈咸〉卦六個「咸」字，傳統經學釋「咸」為「感」，很少有異解，高亨卻將六「咸」字皆作「大斧斬物」解，按照這種訓詁，爻辭的意思很難解釋得通，如〈咸〉卦九五爻辭說：「咸其脢，無悔。」脢是背脊肉，為什麼被斬背脊肉而無悔呢？上六爻辭說：「咸其輔頰舌。」高亨改「舌」為「吉」，為什麼被斬面頰，還可以是「吉」呢？高亨素享盛名，其《周易古經今注》一直是學者學《易》入門之書，學者學《易》本來多有「先入為主」的心理習慣，此書貽誤來學，其過非小。

二　馬列派哲學的黨性原則帶來的彎路

　　什麼是「哲學的黨性原則」？記得我一九七八年參加研究生考試，考題中便有此問題，而考生多未得正解。原來恩格斯在〈費爾巴哈與德國哲學的終結〉一文中有一段話：

全部哲學，特別是近代哲學的重大的基本問題，是思維和存在的關係問題。……凡是斷定精神對自然界說來是本原的，從而歸根到底以某種方式承認創世說的人（在哲學家那裏，例如在黑格爾那裏，創世說往往採取了比在基督教那裏還要混亂而荒唐的形式），組成唯心主義陣營。凡是認為自然界是本原的，則屬於唯物主義的各種學派。

這個思想被稱作「哲學基本問題」，列寧則把它稱為「哲學的黨性」，他在《唯物主義和經驗批判主義》一書中寫道：「最新的哲學像在兩千年前一樣，也是有黨性的。唯物主義和唯心主義按實質來說，是兩個鬥爭著的黨派。」前蘇聯主管意識形態的高官日丹諾夫[4]於一九四七年做過一次講話，強調用哲學的黨性原則去規範哲學史研究，要求哲學史貫穿和反映唯物主義與唯心主義兩大陣營的鬥爭。這個觀點很快影響了中國大陸的哲學史界，因而一九四九年以後所編的《中國哲學史》或《中國思想史》著作差不多都是按這一種模式編寫的。當時強調階級和階級鬥爭，因而反映在哲學史的編寫上，又突出哲學的階級性，那時的觀點認為，唯物主義一般反映先進階級、集團、階層的利益和要求，唯心主義則代表保守的階級、集團、階層的利益和要求。這種理論強調編寫者要站在唯物主義立場上，為無產階級和勞動人民服務。因為有這種種條條框框，上個世紀中期，特別是文化大革命期間，就編出了多種版本的貼標籤式的中國哲學史或中國思想史著作。

---

4 安德列‧亞曆山德羅維奇‧日丹諾夫（1886-1948），聯共（布）中央政治局委員、蘇聯最高統帥部常務顧問，從一九三四年聯共七大起升任中央書記處書記，主管意識形態，一直到一九四八年八月去世為止，他在塑造史達林意識形態模式和建立文化體制過程中，是僅次於史達林的第二號人物。

　　就我現在的認識而言，用唯物主義、客觀唯心主義、主觀唯心主義去概括歷史上某種哲學，對於我們理解那種哲學的性質，未嘗不可以，但是否一定要採用貼標籤式的那種簡單化、機械化、教條化的形式呢？此外，唯心主義與唯物主義就一定存在兩大陣營式的分歧嗎？過去，張載被當作唯物主義的代表人物，二程被當作唯心主義的代表人物，可是二者同為理學創始人，他們並不分屬於兩大陣營而相互對立。朱熹是中古以後最有學問，也是影響最大的思想家，能因為他的思想是唯心主義，就否定他的理論貢獻和學術成就嗎？但在當時，由於「哲學的黨性」原則，你必須帶著那些條條框框去分析和認識那些思想家。在那個時代，整個學術界像被洗了腦一樣，你必須那樣想，必須那樣說，後來一些學者感到在哲學史編纂上的主觀隨意性太大，而改去搞一些考證類的學問，自嘲說：「賢者識其大，不賢者識其小。」時至今日，在中國哲學史或中國思想史界，那種簡單化、機械化、教條化的做法完全被拋棄了。我們今天重新去讀文革中的那些評朱熹的文章，對那個大背景有所瞭解，才會知道那些文章是怎麼寫出來的。

三　評法批儒帶來的彎路

　　文革時期十年，其間有好幾個階段，好幾次運動，「批林批孔」、「評法批儒」運動，已經是文革後期的批判運動。它的最初起因是，作為副統帥、接班人的林彪「搶班奪權的陰謀敗露」後，乘三叉戟飛機外逃，結果折戟沉沙，機毀人亡，摔死於蒙古溫都爾汗沙漠。事後，查其家書房有「悠悠萬事，唯此為大，克己復禮」一類條幅，其子林立果所組織的秘密會議「571 工程紀要」亦有攻擊秦始皇的字眼等。因為林彪等崇儒批法，凡是敵人擁護的，我們就要反對。所以批

孔批儒，就是批判林彪，這就使得這場政治路線的鬥爭更具「正義性」與「合理性」。

表面看，這似乎是由一個偶發事件所引起的批判運動。但是，「文革」運動從一九六六年開始，就被明確稱為「文化大革命」。它的意圖極其明確，就是要革文化的命。為什麼要革文化的命？是因為以毛澤東為首的中國共產黨，建立了一個沒有剝削、沒有壓迫的社會主義制度的「新中國」，但是舊的封建文化、資本主義文化只能導致「復辟」舊制度，為了防止舊制度復辟，就只能革舊的封建文化、資本主義文化的「命」。在我看來，即使沒有林彪的偶發事件，類似的批孔、批儒之類的運動，從邏輯上說，仍然會順理成章地發生。從一種專業的思想史研究角度說，儒法鬥爭只存在于漢武帝以前，自漢武帝「罷黜百家，表章六經」之後，這種鬥爭就不存在了，雖然後來的某些學者如王安石等人有同情法家的傾向，但總體上他們都還屬於儒家的學者。但是，從文革時期的政治需要出發，需要建立一套新的思想發展史觀，儒法鬥爭被界定為本質上是復辟與反復辟的鬥爭，並且貫穿兩千餘年的中國歷史。朱熹是後期君主專制社會的儒家總代表，五四時期的「打倒孔家店」，被解讀為主要是打倒程朱理學。所以在這場「評法批儒」運動中，批判朱熹占了相當的比重。

在這場「批林批孔」、「評法批儒」的運動中，也有一些學者參與，有的批判文章是以「梁效」(「兩校」之諧音，暗指北京大學、清華大學兩校)、「羅思鼎」(「螺絲釘」之諧音，由上海知識界部分學者組成)的筆名發表，其具體成員並不披露報端。但有的書籍和文章是以學者真名發表的，當時影響最大的論著是馮友蘭的《論孔丘》和馮天瑜的《孔丘教育思想批判》。我們現在評論這些學者或認為有「軟骨病」，或認為「被政治所利用」，從而做了「違心之事」。但在我看來，當時學者的所有學術論述都在服從一種「大論述」，這種「大論

述」就是社會主義和共產主義的崇高而偉大的事業。此時之學者唯恐自己覺悟低、站得不高、看得不遠，皆真誠、自覺地「改造」自己、「提高」自己，他們當時並沒有做「違心之事」的感覺。而在今天看來，以前連篇累牘出版發表的那些所謂著作文章，現在都成了廢紙，並沒有多少學術的價值，之所以如此，是因為那種「大論述」本身就是一個「烏托邦」，在它之中的各種小論述，不過是一些主觀的囈語而已。

應該說這是一種歷史的遺憾。但更為遺憾的是，類似的遺憾可能還在延續。當前商品經濟大潮席捲神州大地，許多領域被金錢所污染，學術界、教育界也不例外。在學術界、教育界，學風浮躁，急功近利，國家雖然投入了許多財力物力，但真正有學術價值的論著究竟有多少？幾十年過後再回頭看，怕又是一大堆學術垃圾！

此時我想起了蘇軾的詩句：「人生如逆旅，我亦是行人。」願與大家共勉。

姜廣輝

2012 年 11 月 6 日

序於千年學府嶽麓書院

編輯說明

一、本書收集文化大革命末期批判朱熹及相關人物之論文九十餘篇，論文集三本，專書一本。論文均採自全國各地之報紙、期刊和學報。

二、論文集三本所收之論文，皆採自當時報章雜誌已發表之論文，因此幾乎與單篇論文部分相重複。為節省篇幅，且兼能保留原書面貌，我們將重複的論文刪去，但在目次保留所有的篇目，在篇目下面說明「略」，表示省略該論文，不重複收錄。

三、論文集中有附加資料者，一律保留，如：《略評朱熹》書前有毛主席語錄，《可惡的朱熹》第一輯前有馬克斯、恩格斯、列寧、斯大林、毛主席語錄。第二輯有李贄、陳元、王夫之、顏元、戴震評論理學的文章。《批判朱熹文集》書末有〈資料〉，收錄對「朱熹」、「四書」、「程朱理學」、「朱子語類」等詞彙作解釋的文字。以上的資料皆照原樣加以保留。

四、所有論文一律加註出處，為免繁瑣，如係報紙，註明：報紙名、出版年、月、日；期刊則註明：期刊名、年、期，有收入論文集者，加註論文集名，所在頁數，不再一一加註出版項。三本論文集之目錄資料如下：

1. 《略評朱熹》 江西人民出版社編

   南昌市 江西人民出版社 1974 年 12 月

2. 《可惡的朱熹》 贛南師範專科學校中文科編

   贛州市 贛南師範專科學校 1975 年

3. 《批判朱熹文集》 福建省圖書館編

　　福州市　福建省圖書館　1974 年

五、本書之資料雖盡力去蒐集，但當時批判朱子之報刊甚多，遺漏在
　　所難免，請多賜予指教。

（一）

朱熹總評

略評朱熹

黃佳耿

　　叛徒、賣國賊林彪，為了開歷史倒車，復辟資本主義，不但跪倒在孔老二腳下，而且對發揮了孔老二等儒家反動理論的朱熹，也十分崇拜。他以朱熹的《四書集注》為藍本，搞了《四書集句》掛在牆上，並叫囂「要像朱子那樣去待人」。弄清楚朱熹到底是什麼人？林彪為什麼要吹捧朱熹？這對於深入批判林彪反黨集團，批判反動沒落階級的意識形態孔、孟之道，是很有現實意義的。

孔、孟之道的忠實維護者

　　朱熹（1130～1200），是南宋時代唯心主義理學的集大成者，是宋朝唯心主義理學的主要代表人物，也是孔、孟之道的忠實維護者。他出身於大官僚地主家庭，五歲便開始讀《孝經》，接著苦讀《論語》、《孟子》，對《大學》、《中庸》更是拚命去鑽。他的老師誇耀他「進學甚力」，「吾黨鮮有」[1]，即學習很用功，是他們一群中少有的。可見，朱熹從小便狂熱地信奉孔學，骨子裡浸透了孔、孟之道的毒液。他一生中寫了很多書，重要的著作有《四書集注》、《周易本義》、《詩集傳》、《朱文公文集》、《朱子語類》等。曾經有人這樣吹捧

---

[1]　《朱子年譜》卷一。

說「集群聖之大成者」是孔丘,「集諸儒之大成者」是朱熹[2]。

朱熹繼承了孔丘、孟軻及董仲舒以來的儒家唯心主義,並進一步發展了孔、孟的儒家學說,形成龐雜的反動哲學體系。經過朱熹的加工改造,孔、孟之道的唯心主義哲學才最後系統化和定型化。這種唯心主義理學(又稱道學),幾百年來流毒很廣、很深,成為反動派統治人民的反動思想武器。

朱熹哲學思想體系中的基本範疇是「理」。他說什麼「天地之間,有理有氣」,也就是說,宇宙中存在著「理」——精神,「氣」——物質,這兩種東西。他不遺餘力地從各方面去論證觀念性的「理」是本體,是第一性的,而物質性的「氣」是派生的,是第二性的。譬如:在「理」和「氣」的生成關係上,他認為理生氣,「有是理便有是氣」,沒有「理」,就沒有「氣」。在「理」和「氣」的先後關係上,他認為「理在先,氣在後」,有了「理」,然後才有「氣」。在「理」和「氣」的主次關係上,他認為「理」為主,並且始終為主。在「理」和「氣」的本源關係上,他認為「理是本」,「氣」是派生的。朱熹這樣去論證「理」和「氣」的關係,其目的是為了使人相信:在沒有天地萬物之前,便存在著觀念性的「理」,由於有了這個「理」,才有了人呀、物呀、事呀。這種「理」是絕對的、永恆的。天地間的萬事萬物都是由它產生,由它支配的。

「理」的內容是什麼呢?用朱熹的話來說,「理則為仁義禮智」。說穿了,他的「理」,就是漢代董仲舒講的「君為臣綱,父為子綱,夫為妻綱」和「仁、義、禮、智、信」這「三綱五常」。朱熹認為,「三綱五常」的道理在沒有人類之前便存在了。他說「未有君臣,已

2　《朱子文集》原序。

先有君臣之理」,「未有父子,已先有父子之理」[3],君臣父子都要按照這個「理」去做。所以,「三綱五常」是絕對的、天經地義的道德規範。當時,朱熹就在封建統治者面前獻媚說:假使你們掌握了「三綱五常」這一道理,並把它說成是天經地義的,那「天下之事」將由你「所欲為」,做起事來「無不如志矣」[4]。這裡,赤裸裸地暴露了朱熹的理學完全是為了欺騙和奴役勞動人民的,完全是為反動的封建統治階級服務的。

朱熹從孔、孟的儒家學說出發,對「三綱五常」作了具體發揮,使其更加神秘化、絕對化,成為禁錮人們思想和行動的精神枷鎖。

首先,他把「理」和「天」聯結起來,大談什麼「天理」。其實,他說的「天」,也就是「理」。他還把「理」和「人」結合在一起,說明「理」和「帝」是一回事,而「帝是理為主」[5]。天上的上帝和人間的皇帝都是「理」的體現和化身。這實際上是董仲舒鼓吹的「天人感應」論。他還把「三綱五常」也說成是「天理」,要人人都該按「三綱五常」去做,不得違反,如果違反了,便是違反天意,對抗上帝,就得罪該萬死。

其次,他把「理」和「命」聯結起來,大講什麼「命分」。他說「命分,是兼氣而言之」,即是說「命分」嘛,是對「理」所賦的氣質而說的。由於「上天」所秉賦給人的「氣質」有「多」、「寡」、「厚」、「薄」的不同,所以各人的「命分」便有「富貴」、「貧賤」、「長壽」、「短命」之差別。如果上天秉賦給你的「氣質」是「多」、「厚」,那麼你便「富貴」、「長壽」;上天秉賦給你的「氣質」是「寡」、「薄」,那麼你便「貧賤」、「短命」。朱熹還舉例說:山林裡的

3　《朱子語類》卷九五。

4　《宋史·朱熹傳》。

5　《朱子語類》卷一。

樹木，長大之後，取之為用，「貴」的成為高樓大廈的「棟梁」，「賤」是用作糞坑裡的「廁料」，這都是由「命分」決定的，不是人為能改變的。朱熹的這種「命分」說就是孔、孟鼓吹的「死生有命，富貴在天」的「天命論」的具體發揮。照他們的說法，富貴貧賤、生死禍福，都是由先天的「命分」所決定的。勞動人民受苦受難，不是階級壓迫、階級剝削造成的，而是「命中注定」的，因而不應該怨天尤人，只能怪自己「命分」不好，不能反抗鬥爭。

此外，他還把「理」和「性」聯結起來，鼓吹什麼「性分」。他說「性分，是以理言之」[6]，即是說觀念形態的「理」，由天賦予人時，是依附於「氣質」的。因此，人有「氣質之性」。人的「氣質」有「清」，有「濁」，有「偏」，有「正」。如果你的「氣質」是「清」、是「正」，那你便「智」、便「賢」；如果你的「氣質」是「濁」、是「偏」，那你則「愚」、則「不肖」。怎樣才能達到氣質「清」、「正」呢？辦法有二條，一是去掉「人欲」，二是領悟「天理」。這樣，做到了「存天理，去人欲」，「濁」的、「偏」的，可以變成「清」的、「正」的。顯然，這是處心積慮地在愚弄勞動人民。要人們去掉「人欲」，奉行「天理」，也就是要人們克制自己，服從「三綱五常」那套封建倫理道德。說穿了，其目的還是為了維護封建的等級制度，維護剝削和被剝削的關係。這一切都是為了說明剝削有理、壓迫有理、造反無理，完全是一套維護封建統治的歪理。

從以上這些，我們可以看到朱熹是怎樣忠實維護孔、孟之道的，又是怎樣發展孔、孟儒家學說的。朱熹是孔老二的忠實信徒。林彪吹捧朱熹是為了販賣孔、孟之道。林彪一夥同孔老二及朱熹不但思想是一脈相承的，連許多話也是一模一樣的。孔老二說什麼「天生德於

予」；朱熹吹捧說「天不生仲尼，萬古如長夜」；林彪自封「天才」，自比「天馬」；陳伯達也肉麻地吹捧林彪是「一燈能除千年暗，一智能滅千年愚」。他們在「天」字上大做文章，自吹自擂，是妄圖把自己打扮成天命「聖賢」，天命「人主」，讓人民群眾服服貼貼地拜倒在他們的腳下，乖乖地服從他們的統治。然而，孔老二、朱熹、林彪一夥編造一套騙術來欺騙人民群眾，完全是枉費心機。哪裡有壓迫，哪裡就有反抗。被壓迫的人民群眾的革命鬥爭，是從來沒有停止過的。孔、孟之道的反動性和虛偽性早已被人民群眾所戳穿，他們所要欺騙的人民群眾，正是批判他們的主力軍。

極端虛偽的大騙子

朱熹深得孔學真諦，是一個典型的大騙子、兩面派、偽君子。他表面裝得道貌岸然，滿口仁義道德，實際上卻是寡廉鮮恥，一肚子男盜女娼；他說的是一套，做的是另一套。

當時正是金人南犯，朱熹對於抗金，口頭上激昂異常，左一個對金「不可和也」，右一個當今不能「安坐無事」，應該力圖抵抗。可是，行動上卻完全兩樣。更惡劣的是，他對當時積極實行抗金的人橫加指責，大罵他們為「輕薄巧言之士」[7]，是趕浪頭，好表現自己等等；相反，對那些消極抵抗、主張投降的人，卻吹噓他們為「端人正士」，是識時務者。可見，他抗金是假，降金是真。

朱熹口口聲聲高叫什麼天下最大的事，「莫大於恤民」，並且經常裝出一副很同情勞苦大眾的面孔。但當他擔任縣「主簿」（相當於財政局長）時，向人民催租收稅可賣力得很。每到一處，他都先出告

---

7 《朱子語類》卷一三三。

示，要人民準備好錢糧，在指定的期限和地點交納，不得違反。假使有人錢糧不夠，誤了時間，弄錯了地點，朱熹「定斷不恕」[8]。他對縣裡的日常稅務工作也是十分賣力的，事無大小，就連各種賬本都一一親自過問，逐日清點，以防錯漏，影響宋王朝的財政收入，影響他這個「主簿」的腰包。可見，他「恤民」是假，害民是真。

朱熹在政治上是一個大騙子、兩面派，生活上也是一個腐朽透頂的偽君子。朱熹為了大建房屋，公開霸占人家「祖業」之地。他為了「葬其母」，強行挖掉別人「父母之墳」。朱熹在同安縣當官時，他大肆批評那裡社會風氣不好，說那裡「引伴為妻」現象已「習以成俗」。為了「正風俗」、「防禍亂」，他還親自制定了一套「婚娶」等條例，叫人「以憑遵守，約束施行」。而他自己卻大幹「引伴為妻」的勾當，公開引誘尼姑二人作為「寵妾」。可見，他那一套什麼「仁義」呀、「道德」呀，全都是自欺欺人的鬼話，是極端虛偽的。

類似這樣的例子，在朱熹身上比比皆是。他骨子裡明明狡猾得很，表面上卻偏偏要裝得非常「仁愛」、「忠恕」。這正是道學家們慣用的伎倆。他以為這樣做了，既可欺上瞞下，達到不可告人的罪惡目的，又能假借大義，竊取美名。然而，這是騙不了人的。朱熹的這套反動的處世哲學，當時的人們就已經看得很清楚，並加以無情的抨擊，指斥朱熹是「今其言如彼，其行乃如此」，是一個十足的「欺君罔世」、「不忠不孝」、「污行盜名」的偽君子；道學家朱熹搞的這一套，已經為當時「群情之共棄」[9]。明代的李卓吾對朱熹之流的道學家們，加上「真個道學，臉皮三寸」的評語，更是罵得痛快。

林彪在他的反黨黑筆記裡寫道：「我常考慮，要像朱子那樣去待

8　《朱子年譜》卷一。

9　《四朝聞見錄》卷二。

人。」甚至胡說什麼朱熹的那一套是「處理人事關係的準則」。林彪如此欣賞朱熹的處世哲學，說穿了，就是要用陽奉陰違，口是心非，當面說得好聽，背後又在搞鬼的那套反革命兩面派手法，來對付無產階級、對付黨、對付人民。事實上，他對朱熹那套處世哲學，已經學到了家，而且，有過之而無不及。他那「語錄不離手，萬歲不離口，當面說好話，背後下毒手」的一套，形象地說明林彪不愧為朱熹的忠實信徒。

開歷史倒車的反動派

朱熹的哲學思想是客觀唯心主義的，朱熹的政治態度也是非常反動的。他是開歷史倒車的反動派。

朱熹所處的時代是中國封建社會已經走下坡路的時代。當時，封建統治者非常昏庸腐敗，官僚大地主所有制惡性膨脹，地主階級殘酷壓榨農民，階級矛盾十分尖銳，加上北方的金貴族每年向南宋人民勒索大量絹帛和金銀。因此，勞動人民負擔繁重。賦稅之重，連朱熹也不得不承認：歷史上最殘酷的剝削方法，宋代「皆備」。從皇帝到大官僚、大地主，拚命搜括百姓，弄得民不聊生。

毛主席指出：「地主階級對於農民的殘酷的經濟剝削和政治壓迫，迫使農民多次地舉行起義，以反抗地主階級的統治。」因為南宋統治階級橫征暴斂，盤剝苛重，農民不斷起義。南宋初有鍾相、楊么起義。宋代農民起義，除了次數頻繁、規模很大外，還具有前所未有的特色。他們明確地提出「等貴賤，均貧富」的主張。所謂「等貴賤」，就是反對封建政治壓迫，廢除一切封建等級制度。所謂「均貧富」，就是反對經濟剝削，廢除封建社會財富不均的私有制度。有的起義軍還指出，勞動人民與地主豪紳平均財富，廢除貴賤的等級差

別，是「天理當然」的事。他們還斥罵那些維護地主豪紳利益的「國典」（即國法）為「邪法」，大力宣傳「亂常為事」，要衝破一切封建秩序。這些主張，不論是經濟的、政治的，以至思想的，都是與當時的封建統治者針鋒相對，向整個封建制度猛烈開火的。

對於蓬勃開展的農民反抗鬥爭，朱熹恨之入骨。他將農民起義污蔑為「盜賊」，狂叫什麼今日「所憂」的，不在「飢殍」，而在「盜賊」。他說，農民起義的結果，受其害者下至「官吏」，上及「國家」[10]。因此，他迫不及待地跳出來，替宋王朝出謀獻策，叫嚷對農民起義必須「以嚴為本」，堅決鎮壓。這便赤裸裸地暴露了他竭力維護沒落的封建王朝的反動立場。

北宋時候，代表中小地主階級利益的王安石，繼承了先秦法家思想，以「天變不足畏，祖宗不足法，人言不足恤」的精神，衝擊了唯心主義理學，實行變法。王安石在他的變法措施中提出對官僚大地主作一些限制，以緩和統治階級內部的矛盾。王安石的變法，儘管是統治階級內部的改革，但在當時的歷史條件下，還是有其一定進步作用的。所以，列寧對王安石變法給予很高的評價，稱「王安石是中國十一世紀時的改革家」（《列寧全集》第十卷一五二頁）。

對於王安石的變法，朱熹也深為痛恨，進行各種謾罵和攻擊。他攻擊王安石搞變法是排除「眾議」，不聽取程顥、程頤這幫保守分子的意見，結果二程等這幫人「盡不從」。朱熹說，王安石如果聽二程的話，「循常蹈故」，固守舊法，不行改革，便不會弄得那樣「狼狽」。當時，有人反對朱熹攻擊王安石，說王安石變法雖然失敗，但他變法的目的還是對的。朱熹聽了大為不滿。他說「庸醫不識病」，亂開藥方，搪塞一通，這本來就不好啦！可是，王安石搞變法比這

---

10 《三朝北盟會編》。

「庸醫」還要壞，因為王安石「不識病症」，便拿那「大黃附子」、「砒霜」給人吃，使病人死去。他還對王安石進行種種人身攻擊，手段極為卑鄙。

朱熹一方面反對革命、反對革新，另一方面大肆鼓吹復古，以古非今。他狂叫今不如昔，說什麼「後世人」的道德風尚「不及於古人」，什麼後世人有眼看不到「先王之禮」，有耳聽不到「先王之禮」，有耳聽不到「先王之樂」。總之，一代不如一代。為什麼後人不如古人呢？他說：這關鍵所在，就是違背了孔、孟之道。他大叫要使那些所謂聖人「復生」，也就是說要有像孔老二那樣的聖人出來；大叫要使那些先王之道，即孔、孟之道「復明於世」，使人「循而行之」，做到這，便可以恢復古人之「德」、「仁義」、「忠厚」、「廉恥」。一句話，就是倒退有理。

朱熹為了開歷史倒車，還拚命鼓吹孔老二的「克己復禮」。他說：人人「克去私欲」，「復乎天理」，則「天下歸仁」了。如果一日「克己復禮」，「施之於一家，則一家歸其仁」；「施之於一鄉，則一鄉歸其仁」；「施之於天下，則天下歸其仁」。這時人人便能「居處恭」、「執事敬」、「與人忠」，一切按封建統治者的意志辦，規規矩矩地依照「三綱五常」去行動，不起來造反，宋王朝的封建統治便穩如泰山，封建制度便永恆不變，這便是朱熹鼓吹「克己復禮」的目的所在。然而，歷史的車輪決不會停頓。朱熹妄想使宋王朝長治久安，其實只是一場迷夢。

回顧南宋以來的歷史，不難看出，每當反動統治者企圖鞏固其反動統治的時候，每當有人要搞倒退、搞復辟的時候，朱熹這具僵屍便一再被抬出來，大肆宣揚，稱他「時君世主」。從元初到清康熙，從曾國藩到蔣介石，也曾「來此取法」。林彪為了搞反革命復辟，也拚命吹捧朱熹。在林彪炮製的反革命武裝政變計畫《「571 工程」紀

要》中，他們惡毒污蔑我國社會主義「政局不穩」、「危機四伏」。他們像狂犬吠日一樣，叫喊「今不如昔」的濫調，大做其「克己復禮」的復辟迷夢，這同當年朱熹的言行如出一轍。但是，在毛主席革命路線指引下，我國社會主義革命和建設的偉大成就，無產階級文化大革命以來的大好形勢，早就徹底駁倒了林彪一夥「今不如昔」的無恥讕言。林彪妄圖利用孔、孟之道去鼓吹開倒車有理，搞資本主義復辟，這是永遠不會得逞的。開歷史倒車者，必然自取滅亡。林彪一夥的下場正是這樣。

——原載《南方日報》，一九七四年元月九日
收入《略評朱熹》，頁一六～二五
又收入《批判朱熹文集》，頁五八～六七

可惡的朱熹

歷史系大批判組

　　大地主兼官僚家庭出身的朱熹（1130～1200），是南宋時代的大惡霸、大學閥。他陰險毒辣、虛偽狡詐，好話說盡、壞事做絕。他繼承孔、孟之道，炮製《四書集注》，拼湊了唯心主義的反動理學，為南宋以後七百年間的封建君主提供了「以理殺人」的思想武器，反動透頂，可惡至極。

　　孔、孟之道的忠實信徒林彪，極力美化朱熹，並模仿朱熹的《四書集注》，搞了個《四書集句》，作為他們那夥法西斯暴徒的反革命信條。今天，徹底揭露朱熹的可惡面目，剖析他的理學和《四書集注》的反動本質，對於我們進一步認清林彪政治騙子的可惡嘴臉及其反革命修正主義路線的極右實質，具有重大現實意義。

「以理殺人」的劊子手

　　朱熹生活的南宋時期，中國封建社會正由盛轉衰。自漢、唐以來，作為封建地主階級統治思想的孔、孟之道，歷經農民革命和先進思想家的批判，已是千瘡百孔，削弱了它統治人民和麻痺人民的作用。封建統治者面對這種政治思想危機，十分恐懼，他們急需對儒家學說作進一步的改造和補綴。朱熹頑固地站在反動統治階級的立場上，以儒家傳統的倫理思想為綱領，吸取了佛教、道教、玄學等烏七

八糟的東西，繼二程（程顥、程頤）的衣鉢，建立了唯心主義的反動理學。朱熹的理學，是當時階級鬥爭的產物，是統治階級用以挽救封建制度滅亡、加強地主階級統治的思想工具。

朱熹的理學是通過作《四書集注》奠定的。朱熹根據當時階級鬥爭形勢，選定儒家經書中的《論語》、《孟子》，又從《禮記》中抽出《大學》、《中庸》獨立成書，組成《四書》，傾注了他全部的反革命心機，編了一部《四書集注》，對儒家學說「補苴罅漏，張皇幽眇」，作了精緻的加工和發揮，使之更系統、更虛偽、更反動，成為宋代以後我國封建統治者欺騙人民、麻痺人民、壓制人民的軟刀子，而朱熹本人也就是一個「以理殺人」的劊子手。

「存天理、滅人欲」是朱熹所主張的反動的思想政治路線的核心，這是他從孔、孟之道的反革命要義中概括出來的。他說：「孔子所謂『克己復禮』，《中庸》所謂致中和，⋯⋯聖人千言萬語，只是教人存天理，滅人欲。」（《朱子語類》，以下簡稱《語類》，卷十二）這條反動路線，是適應當時階級鬥爭形勢的需要，針對農民起義提出來的。唐、宋以來，社會矛盾日趨尖銳，階級鬥爭空前激烈，農民起義彼伏此起，「一年多如一年，一夥強如一夥」（《續通鑑長編》卷一四五）。在朱熹出生前一百三十六年（993～994），王小波、李順起義，提出了「吾疾貧富不均，今為汝均之」的戰鬥綱領（《澠水燕談錄》）。朱熹出生前九年（1121），又有方臘起義，他們「不事神佛祖先」，（《雞肋篇》），「無視君臣下」（《高峰文集・乞禁妖教劄子》），「見官吏」「皆殺之」（《容齋逸史》）。在朱熹出生的同年（1130），爆發了鍾相、楊么的起義，他們指斥封建「國典為邪法」，明確提出只有「等貴賤，均貧富」，才是「天理當然」（《三朝北盟會編》），鬥爭矛頭直指封建制度。面對一次又一次風起雲湧的農民革命，朱熹極端恐懼和仇視，他惡狠狠地咒罵起義農民是「盜賊」，是「人欲橫行」

的結果。他針對農民起義的革命綱領，挖空心思地拋出了「存天理、滅人欲」的反動路線，歇斯底里地狂叫「綱常千萬年磨滅不得」（《語類》卷二四），「君臣父子，定位不易」（《語類》卷十四）。朱熹的「存天理、滅人欲」就是孔老二「克己復禮」在封建社會後期的翻版。說穿了，就是封建地主階級剝削壓迫勞動人民是符合「天理」的，勞動人民起來反抗、鬥爭，是為了「人欲」所驅，應該滅掉。其罪惡目的是妄圖撲滅農民起義的烽火，使封建制度永世長存。他所夢寐以求的是「復盡天理，革盡人欲」的社會，就是地主階級的天堂，勞動人民的地獄。

當年孔老二為了「復禮」，拚命鼓吹「中庸之道」，不准勞動人民起來造反。朱熹為了推行他「存天理、滅人欲」的反動路線，也祭起「中庸之道」這把軟刀子。他在作《四書集注》時，把「中庸之道」奉為儒家道統的核心，對它作了「精緻」的注釋。他說：「中庸者，不偏不倚，無過不及，而平常之理，乃天命所當然，精微之極至也。」（《中庸》）這就把「中庸之道」調和矛盾的色彩增強了。他要求在封建社會內地主和農民這兩個敵對階級都要「不出其位」、「各依本分」，聲言這是「天理」，是人人在日常生活中都必須遵守的「平常之理」。實質上，就是要農民乖乖地忍受地主階級的殘酷剝削和壓迫，不要過激，不要反抗，世世代代給地主當牛做馬。至於對封建統治者來說，「中庸之道」只不過是作為他們凶殘面目的掩飾罷了。正是這個可惡的朱熹，在他大喊大叫「中庸之道」的同時，卻在加緊地屠殺人民。如他在任湖南地方官時，得知新皇帝即將登位，就趕緊在大赦令未下之前，「取大囚十八人立斬之」（《林下偶談》）。這就把鼓吹「中庸之道」的朱熹的偽善面孔撕剝得精光，充分暴露了他的凶殘面目。

朱熹為了推行他「存天理、滅人欲」的反動路線，還居心險惡地

用地主階級的人性論欺騙人民。朱熹把人性分為「天命之性」和「氣質之性」。他認為人人生來都有十分完善的封建道德，所以每個人的「天命之性」都是「善」的。但社會上的人們為什麼有「善」、「惡」的不同呢？朱熹認為這是由於所承受的「氣質」不同造成的。「稟其清明之氣，而無物欲之累」的就符合「天理」，就是「聖人」，「稟其昏濁之氣，又為物欲所蔽」的，就受「人欲」的影響，就是愚、不肖、為貧為賤（《朱文公文集》，以下簡稱《文集》，卷七四）。接著朱熹又告誡人們，要想去掉「氣質之性」的缺點，就必須「痛加工夫，人一己百，人十己千」，「進而不已」（《語類》卷四），才能恢復「天命之性」，最後成為聖人。這就是朱熹「存天理、滅人欲」的反動路線在人性方面的表現。當年孔老二宣告「唯上智與下愚不移」，董仲舒宣揚「性三品」說，都認為富貴貧賤是天命注定，不可改變的。朱熹卻用他的「性善」說給人一種虛幻的希望，要被剝削、被壓迫的勞動人民，不要怨天尤人，要想擺脫貧困狀況，只有按照封建道德「痛加工夫」，才能找到自己的幸福。這對貧賤的勞動人民來說，完全是一種動聽的謊言。毛主席指出：在封建社會內，農民「過著貧窮困苦的奴隸式的生活。農民被束縛於封建制度之下，沒有人身的自由。地主對農民有隨意打罵甚至處死之權，農民是沒有任何政治權利的」。農民在這種人吃人的社會裡，還有什麼幸福可言呢？顯然，朱熹鼓吹人性論的實質，就是要勞動人民抱著根本不能實現的幻想，為地主階級終年累月的賣命，不要起來造反。這樣，就使得從孟軻以來的性善說，經過朱熹的加工，形成了更有效地為封建統治者服務的陰險毒辣的地主階級人性論。

朱熹為了推行他「存天理、滅人欲」的反動路線，還用所謂「貞節」觀殘酷地迫害婦女。婦女在我國封建社會裡地位最卑下。孔老二曾以輕蔑的口吻說：「惟女子與小人為難養也。」董仲舒規定「夫為

妻綱」，從道德規範上，為夫權這條壓迫婦女的繩索製造了理論根據。但婦女在丈夫死後改嫁，在社會上還不算不道德的事。北宋理學家程頤開始提出「餓死事極小，失節事極大」的主張，使婦女再嫁成為恥辱的行為。朱熹竭力鼓吹這一反動教條，說這是有關「人倫」「名教」的大事。所謂「烈女不事二夫，忠臣不事二主」，才是符合「天理」的，可見，朱熹所宣揚的「貞節」觀，完全是為鞏固封建地主階級的反動統治服務的。經過朱熹的提倡和封建統治者的表彰，婦女守節，遂成為天經地義，因而陷於「人生毫無意義的痛苦」（魯迅〈我之節烈觀〉）的深淵里。清代人方苞說婦女「守節死義」的，「秦、周前可指計（可屈指計算），自漢及唐亦寥寥焉（寥寥可數），北宋以降，則悉數之不可更僕矣（多到不可計算）！」。我國勞動人民從宋代以來，死於朱熹理學屠刀下的真是成千成萬。難怪清代唯物主義思想家戴震憤怒地指斥說：「人死於法，猶有憐之者；死於理，其誰憐之。」（《孟子字義疏證》）

勞動人民的死對頭

朱熹口口聲聲稱讚孔、孟的「仁政」，還信誓旦旦地要實行「仁政」。事實是否就是如他自己所吹噓的那樣呢？翻查一下朱熹這個人的歷史，就知道這個滿口「仁義道德」的理學家，其實是個「殺人如草不聞聲」的凶神惡煞。他到哪裡，哪裡的人民就要遭殃。

南宋時政治黑暗，豪強地主大肆兼併土地，農民破產，只好租種地主的土地或作傭耕（雇農），在封建國家和地主階級殘酷的剝削下，掙扎在死亡線上。朱熹同時人范成大曾寫有一首詩〈後催租行〉，敘述了一個貧苦老農民，為了輸納租稅，賣了大女兒、二女兒，為了應付下一年的租稅，又要賣掉第三個女兒。這種情況在南宋

農村裡是普遍存在的。但朱熹根本不顧人民的死活，他像瘟神一樣，每到一地就張貼「勸農文」、「勸諭榜」，勒逼人民繳納租稅。同時他還使出地主階級看家狗的本領，警告佃戶「不可侵犯田主」（《文集》卷一〇〇），遇到荒年，他也要佃戶「各依本分，凡事循理」（《文集》卷九九），只能向地主乞求糴米或借高利貸，而且到期必須本息還清，「其間若有負頑不還之人，仰田主經官陳論，當為監納，以警頑慢」（《文集》卷一〇〇）。結果，在他所到地區，弄得「刑政失中，招致殃咎，赤地千里，民不聊生」，「怨謗蠭起」（《文集》卷二二）。

當農民奮起抗租抗稅時，朱熹就露出青面獠牙的凶相，一再下達血淋淋的榜文，威脅農民，如果「鼓眾作鬧」，就要逮捕，坐監獄，流放，絞死，殺頭（《文集》卷九九）。朱熹是這樣說的，也是這樣幹的。他在做湖南地方官時，親自「練習軍旅」，調兵遣將，殘酷地鎮壓了湖南少數民族的起義。可見，朱熹是一個雙手沾滿了農民鮮血的劊子手，是勞動人民的死對頭。他所實行的「仁政」，就是用勞動人民的白骨來建築地主階級的樂園。

陰險毒辣的政治騙子

朱熹鼓吹的那一套騙子哲學，比之孔丘、孟軻更加虛偽狡詐、陰險毒辣。孔丘責罵說老實話辦老實事的人為「小人」（《論語・子路》）。孟軻露骨地說：「大人者，言不必信，行不必果，惟義所在。」（《孟子・離婁》）朱熹對此作了發揮，他揚言：「大人說話辦事，不必首先考慮信用，只要按照義（即地主階級的根本利益）去做，也就算是講信用了。」（《四書集注・孟子・離婁下》）朱熹更明確地用統治階級的道德規範「義」，掩蓋了孔孟所宣揚的「言忠信」

與「言不必信」的矛盾（參閱《文集》卷七十四，〈策問〉），把孔孟的那套赤裸裸的騙子哲學更巧妙地偽裝起來，從而使他們這夥「巧偽人」既可以為所欲為，任意騙人，而又不失去守信義的美名。既要當婊子，又要立牌坊，可惡又可憎。

凡是政治騙子，都是虛偽狡詐的兩面派。他們一顆黑心，兩副嘴臉，見面「三分笑」，背後下毒手，給人以假象，而將其真相隱蔽著，這是他們所代表的反動沒落階級虛弱的表現。朱熹就是這樣的典型。他喋喋不休地說，要「言忠信，行篤敬」（《文集》卷七四），「敬字工夫，乃聖門第一義，徹頭徹尾，不可傾刻間斷」（《朱子全書》以下簡稱《全書》，卷二）。朱熹還當眾為「聖門」的鼻祖孔老二歌功頌德，狂叫：「天不生仲尼，萬古如長夜。」（《語類》卷九三）好像唯獨他朱熹才是世間最忠於「聖門」教義的。然而，就是這個朱熹，聽說立有孔老二「聖像」的建陽縣學堂水好，要霸占這塊「王侯之地」，竟派人到縣學裡把孔像用「大木巨纜」捆綁起來拉走，路上顛顛簸簸，搖搖晃晃，把孔像手腳都震壞了，當時人看到這種情景，深為「驚嘆」（《四朝聞見錄》）。這個自稱深得孔學真傳、靠吹捧孔丘起家的朱熹，為了實現他當「王侯」的野心，竟把他們崇拜的「孔聖人」糟蹋到如此地步。

凡是政治騙子，都是心毒手狠的陰謀家。他們躲在陰暗角落，用自欺欺人的手段幹著見不得人的罪惡勾當。朱熹就是這樣一個披著人皮的豺狼。他儼然以坦坦蕩蕩的正人君子自居，教人要光明磊落，「不可巧言令色」（《近思錄集注》卷八）、「以無為有」、「造言誣毀」（《文集》卷七四）。但是實際上，他當面造謠，挑撥離間，陷害別人，抬高自己，什麼陰謀詭計都幹得出來。他常以上疏的形式在皇帝面前說宰相、大臣的壞話，罵別人「嗜利無恥」、「蠱惑陛下」、「陰執其柄」、「獨斷」專行。其實，朱熹自己正是這樣一個陰險毒辣的傢

伙。朱熹排斥、打擊異己，更是不擇手段。有一次，他聽說台州太守唐仲友看不起他，譏諷他，就暴跳如雷，懷恨在心。為了洩私憤，圖報復，他大搞陰謀詭計，搜集、偽造唐仲友的假材料，向皇帝上奏折六、七次之多，欲置唐仲友於死地而後快，並利用職權強行罷了唐仲友的官（《津逮秘書·齊東野語》卷十七）。同時，為了給唐仲友栽贓，朱熹一手製造了官妓嚴蕊的冤獄。他對嚴蕊軟硬兼施，殘酷迫害，要她供認與唐仲友有奸情，把一個無告的女人折磨得死去活來（《津逮秘書·齊東野語》卷二十），用心何其卑鄙，手段何其毒辣！剝去朱熹「聖賢」的偽裝，原來是一個心毒手狠的陰謀家。

　　凡是政治騙子，都是權欲薰心的野心家。他們耍兩面派，搞陰謀，爭權奪利，推行他們的反動路線，為他們本階級效勞。朱熹就是這樣滿腦子權欲的野心家。他一方面標榜自己「安貧」、守「義」（《全書》卷四）、不「謀利計功」（《文集》卷七二）。另一方面他卻大耍政治權術，欺人騙權，不擇手段。為了騙取權力，他帶著「門生數十人」四出活動，八方串聯，結黨營私，互相標榜。為了騙取更大的權力，每當皇帝召他做官時，他就極端虛偽地表示「謙讓」，假惺惺地「辭退」，因而每辭官一次，他的名望就抬高一次，皇帝就不得不「改令入官」提升一級。淳熙十五年（1188），皇帝叫他主管西京嵩山崇福宮（即老道廟），他「辭」了；接著，叫他主管太一宮兼崇政殿說書（即給皇帝說書），他又「力辭」；第二年，光宗即位，叫他直寶文閣（即在宮廷值班），他又「再辭」；後改為潭州太守，他覺得這個官位有職有權，可以獨霸一方，於是，他就急呼呼地走馬上任了（以上各條均見《宋史·朱熹傳》。可見，朱熹辭官，只不過是一種「以屈求伸」的狡詐手段。實際上，他是有職無權不幹。他這種「以求退得進」沽名釣譽的騙子手段，曾引起當時一班臣僚們極大的不滿，他們斥罵朱熹「文詐沽名」，「邀索高價不肯供職，其偽不可掩」

（《宋史・朱熹傳》）。朱熹的官職完全是他一手騙來的，他的名望也完全是他們那夥子狐群狗黨吹起來的。朱熹，根本不是什麼安貧守義的「賢人」，他是追名逐利、滿腦子權位觀念的野心家。

卑鄙無恥的惡棍

朱熹，不僅政治上極端反動，而且生活上極端腐朽。他滿口「仁義道德」，實際上，是一個滿肚子男盜女娼、無惡不作的壞蛋。

朱熹在公開文書裡口口聲聲說，要「恤民」，要「心術公平正大」（《宋史・朱熹傳》）。實際上，他自己幹的卻是另一套。他專事欺壓幼弱，公然主張對民間詞訟，首先看當事人的「尊卑、上下、長幼、親疏」關係，然後再論是非曲直。「凡以下犯上，以卑凌尊者」，「罪加凡人之坐」，亦即比一般人「犯法」罪加一等（《文集》卷十四），實在可惡！

朱熹口口聲聲說：「婦女餓死事極小，失節事極大。」而他自己卻仗勢欺人，霸占了兩個尼姑「為妾」，並厚顏無恥地帶著她們去遊逛（《四朝聞見錄》），卑鄙無恥到了極點！

朱熹口口聲聲說，要「以愛己之心愛人，否則就是禽獸」（《文集》卷七二）。而他自己看到別人的墳地風水好，就扒別人的祖墳「以葬其母」（《四朝聞見錄》），真是個衣冠禽獸！

朱熹口口聲聲說「天下事不可顧利害」，要「念念不忘」一個「公」字（《全書》卷四）。而他自己卻極端自私自利。為了區區小利，他百般鑽營，無孔不入，甚至在給他兒女婚嫁時，為了多索嫁妝，專擇富民之家，在招收門徒時，為了多索束脩，也要專擇富家子弟（《四朝聞見錄》），簡直是一個唯利是圖的吸血鬼！

朱熹口口聲聲說，要「誠意正心修身」（《文集》卷七四）。但

是，他們朱家父子什麼偷雞摸狗，「盜牛宰殺」(《四朝聞見錄》)的醜事都能幹出來。朱熹不是自己就說「父子相隱，天理人情之至」嗎(《四書集注・論語・子路》)？朱熹父子共謀壞事，互相包庇，互相隱瞞，這就是朱熹所說的「天理人情」，而且是至高無上的「美德」。真是「只有不要臉的人們才說得出不要臉的話。」這是地地道道的惡棍歹徒的理論！

歷代勞動人民和唯物主義思想家對朱熹這個政治騙子的老底知道得最清楚。當時人痛罵朱熹「欺世盜名，不宜信用」(《宋史・鄭丙傳》)。明代人李贄更辛辣地怒斥道：「真假道學，臉皮三寸！」(《初譚集》卷十六) 罵得實在痛快。什麼道學家？純粹是卑鄙無恥的惡棍！

恩格斯指出：「判斷一個人當然不是看他的聲明，而是看他的行為；不是看他自稱如何如何，而是看他做些什麼和實際是怎樣一個人。」拋開朱熹的自我標榜和他的死黨對他的吹捧，看看朱熹一生的作為，就清楚地知道，朱熹其人，是一個站在封建地主階級頑固派的反動立場上，對抗歷史潮流，為挽救封建制度滅亡而狂熱鼓吹孔、孟之道的反動理學家，是一個陰險毒辣而腐朽虛弱的政治騙子。歷代封建統治者，出於他們的反動政治需要，把這樣一個十分可惡的朱熹捧上了天。宋理宗說，朱熹的《四書集注》，「發揮聖賢蘊奧，有補治道」(《闕里文獻通考》)。元代人吹捧朱熹的理學為「後之時君世主，欲復天德王道之治，必來此取法矣」(《宋史・道學傳》)。清朝康熙皇帝則認為朱熹的書能「治萬邦於衽席」(《〈全書〉序》)。於是，朱熹所作《四書集注》，就被封建統治者欽定為封建士大夫必讀的教科書，程、朱理學也就成為宋代以後的官方哲學，在思想界形成了「非朱子之傳義不敢言，非朱子之家禮不敢行」的統治局面(《曝書亭集・道傳錄序》)。而朱熹本人也就被吹捧成繼孔、孟之後的「聖

賢」、「太師」，並把他的僵屍抬進孔廟，列為「十哲」之一。

批判孔、孟，批判朱熹等，有巨大的現實意義。叛徒賣國賊林彪和歷代反動統治者一樣，無恥吹捧朱熹，這就充分說明他們是一丘之貉，都是沒落階級利益的代表者，逆歷史潮流而動的反動派。林彪吹捧朱熹，作《四書集句》的罪惡目的，是妄圖用舊思想、舊文化，作為向黨進攻的反動思想武器，實現其篡權復辟的反革命野心。今天，我們要堅持黨的基本綱領，執行黨的基本路線，鞏固無產階級專政，防止資本主義復辟，就要堅持用馬克思主義批判反動沒落階級意識形態孔、孟之道，廣泛深入開展批林批孔的鬥爭，提高我們識別真假馬克思主義的能力，把上層建築領域內的社會主義革命進行到底。

—— 原載《南開大學學報》，一九七四年第二期，頁一～六
收入《可惡的朱熹》，頁二三～三四

（二）

評朱熹理學

批判朱熹的反動的「天理論」

中國科學院古脊椎動物與古人類研究所大批判組

朱熹（1130～1200）是南宋儒家的代表，是繼孔丘、孟軻、董仲舒之後封建時代最反動的唯心主義哲學家。朱熹為了維護孔、孟之道，發展了孔丘和董仲舒的唯心論的先驗論，炮製了所謂「天理論」。他鼓吹：宇宙間的萬物和「三綱五常」等封建秩序，都是由「天理」這個精神決定的，是「老天爺」安排的；皇帝是「天理」的化身，是上天安排來統治老百姓的。

朱熹的這種反動哲學，得到歷代反動統治者的極力推崇。在朱熹死後二十四年，宋理宗追封朱熹為太師，並下令把朱熹的牌位抬進孔廟。從此，在中國封建社會中確立了朱熹繼承孔、孟之道的正統地位。以後，從元到清，從曾國藩到蔣介石，都對朱熹的反動哲學大加吹捧，把它作為維護他們反動統治的思想武器。

資產階級野心野心家、陰謀家、兩面派、叛徒、賣國賊林彪，為了篡黨奪權，復辟資本主義，也跟在曾國藩和蔣介石後面，對朱熹大加吹捧，教訓他的死黨「要像朱子那樣去待人」，跟朱熹一樣吹捧孔孟之道。朱熹搞《四書集注》，林彪則躲在黑暗的角落裡，找人為他收集《四書》黑話，真是亦步亦趨。他們雖然所處的時代不同，但妄圖借孔孟之道阻止歷史車輪前進卻是一致的。因此，要深入批林批孔，就必須批判朱熹的唯心主義的「天理論」。這樣，才能更深刻地揭露和批判林彪反革命的修正主義路線的極右實質。

列寧指出：「物質是第一性的，思想、意識、感覺是高度發展的產物。這就是自然科學自發地主張的唯物主義認識論。」（《唯心主義和經驗批判主義》）是主張物質第一性，還是主張精神第一性，這是唯物論同唯心論的分水嶺。

朱熹在他的哲學裡，把物質叫做「氣」，把思想、意識、感覺叫做「理」。他說「理在先，氣在後」（《朱子語類》卷一）。也就是說，精神的東西先於物質而存在。他又說：「未有天地之先，畢竟也只是理，有此理，便有此天地，若無此理，便亦無天地，無人無物，都無該載了。有理便有氣流行，發育萬物。」（《朱子語類》卷一）也就是說，沒有天地之前，就有「理」存在，天地是從「理」產生的，沒有「理」，天地萬物和人類都沒有了。總之，在朱熹看來，沒有精神，便沒有物質，沒有人類。這純係無稽之談。

現代自然科學告訴我們：大約在五十億年前，地球就開始形成了；到了三十億年前，地球上才出現了最原始的生命——細菌和藍球藻；直到四億多年前，才出現了脊椎動物。脊椎動物的主要特徵，正如恩格斯所指出的：「整個身體都聚集在神經系統周圍。因此便有了發展到自我意識等等的可能性。」（《自然辯證法》）最後，在大約二、三百萬年前才出現了人類，他們從事社會性的生產勞動，才有了觀念和思想，才產生了人類所獨有的自覺能動性。地球演化、生物進化和人類起源的科學事實，無情地揭露了朱熹的「理在氣先」的謊言，朱熹說的「理」產生人類萬物，說穿了，只不過是上帝造人類和萬物的反動神創論的翻版罷了。這一點，朱熹自己也直言不諱，他說：「帝是理為主。」（《朱子語類》卷一）也就是說，天上的上帝和人間的皇帝都是「理」的體現和化身，勞動人民應當乖乖地服從他們的統治。可見，唯心主義總是通過有神論，來為反動統治階級服務的。

朱熹還說：「天地間人物草木禽獸，其生也莫不有種，定不會無種子，白地生出一個物事。」（《朱子語類》卷一）這就是說，物種是不變化的。這是形而上學的觀念。對於這個問題，只要問一句「最初的人、最初的草木禽獸是哪裡來的」就夠了。辯證唯心主義者對這個問題的答覆是：人是由古猿演變來的，各種生物是由低一級的物種進化來的，生命是從無生命的物質通過長期、複雜的化學變化形成的蛋白體的存在方式。而唯心主義者卻不能正確地回答這個問題，最後又不得不求助於神，只能說什麼上帝造人類、造萬物的鬼話。

朱熹又說：「人⋯⋯以其受天地之正氣，所以識道理，有知識。」（《朱子語類》卷四）人「識道理，有知識」是天賦的嗎？不是。是頭腦裡固有的嗎？也不是。人類的學會製造工具，用火，用獸皮縫製衣服等等，是經過成百萬年的實踐，經過無數世代的知識的積累才達到的。毛主席指出：「人的認識，主要地依賴於物質的生產活動，逐漸地了解自然的現象、自然的性質、自然的規律性、人和自然的關係；而且經過生產活動，也在各種不同程度上逐漸地認識了人和人的一定的相互關係。」生產鬥爭、階級鬥爭和科學實驗這三項偉大的革命運動的實踐，是人的一切正確思想的來源，沒有哪一個人是先天就「識道理，有知識」的。

朱熹為了替反動統治階級效勞，還不惜跑得更遠。他為了進一步證明封建倫理道德的「三綱五常」無所不在、無所不包，是支配世界的原則，竟然喋喋不休地胡謅什麼：這種「理」在虎狼、蜂蟻、豺獺、雎鳩的身上也是有的（見《朱子語類》卷四）。將封建社會的倫理附會給動物，正如將生物規律應用於人類社會一樣，都是反動的唯心主義的說教，是極其荒謬可笑的。而朱熹為了論證仁義道德的吃人經是亙古就有的「天理」，竟不惜求助於虎狼蜂蟻。唯心論已墮落到何等地步，在這裡揭示得再清楚不過了。

　　朱熹所謂的「理」的依據都是幌子。實際上，他要說的「理」，都是剝削有理，壓迫有理，反抗無理，造反無理，說來說去，全是為反動封建統治辯護的歪理，為吃人的舊制度辯護的反動道理！他說：「未有這事，先有這理，如未有君臣已先有君臣之理；未有父子已先有父子之理。」看，這不是明明白白地把「三綱五常」用「天理」裝潢起來了嗎？「未有君臣」、「未有父子」的時代是有的，那是在原始公社時期。「在沒有階級的社會中，每個人以社會一員的資格，同其他社會成員協力，結成一定的生產關係，從事生產活動，以解決人類物質生活問題。」而且人類最初的婚姻是亂婚、群婚，所以，人們「只知有母，不知有父」。那時候不僅沒有君臣，也無所謂父子，又從何而來「君臣」、「父子」之「理」呢？

　　朱熹「天理論」的出籠是有其深刻的歷史根源的。西漢董仲舒所宣揚的那套「三綱五常」、「君權神授」的反動說教，受到歷代農民起義的衝擊和唯物主義思想家的批判，已顯得百孔千瘡了。到了宋代，中國封建社會已進入後期，社會危機加劇，農民起義接連不斷，提出了「均貧富、等貴賤」的革命口號，鬥爭矛頭直指封建制度。要維護封建地主階級的統治，就必須對儒家學說改頭換面，作一番精心的加工。朱熹的理學就正是在這個歷史背景上產生的。所以他被認為是封建社會中繼孔、孟和董仲舒之後最大的唯心論哲學家，是集孔、孟之道大成的反動代表。

　　孔老二在春秋末年由奴隸制向封建制過渡的大變亂時代，為維護和復辟奴隸制，炮製出一套反動的儒學。「克己復禮」，就是孔老二反動儒學的核心。朱熹接過孔老二的衣缽，提出了以「存天理，滅人欲」為核心的反動理學。朱熹說：「天理存則人欲亡，人欲勝則天理滅。」（《朱子語類》卷十三）因此，他大喊要「革盡人欲，復盡天理」（同上）。朱熹惡毒地提出「存天理，滅人欲」的反動說教，是要

把維護封建統治秩序的「三綱五常」說成是永恆的「天理」，把一切違反封建秩序的言行罵為萬惡的「人欲」。他把人民衣食住行的起碼要求，都看作是對「天理」的「犯義犯分」，是破壞封建的等級名分的「人欲」。他們這一夥甚至說：「餓死事極小，失節事極大。」他們所說的「節」，就指的是「天理」所規定的「三綱五常」，要人們即使餓死，也不能有違犯這些「天理」的「人欲」。真是以「理」殺人！然而，當他們的這些說教都不靈時，朱熹就凶相畢露了，赤裸裸地大叫「佃戶不可侵犯田主」，如敢「鼓眾作鬧」，就要「決配遠惡州軍」（《朱子文集・勸農文、勸諭救荒》）。又說：誰如敢懷有「悖逆作亂之心」，「以下犯上，以卑凌尊」者，就要一律予以鎮壓（《朱子文集・戊申延和奏札》）。這何止是要「滅人欲」？！這簡直是要公開吃人了！非常清楚，朱熹的所謂「滅人欲」，無非是妄圖證明剝削制度的天生合理，不准人民起來革命。

朱熹的「存天理，滅人欲」的說教，完全是孔老二的「克己復禮」的翻版。朱熹說：「孔子之所謂克己復禮，《中庸》所謂致中和……千言萬語，只是教人存天理，滅人欲。」（《朱子語類》卷十二）他還在〈延和奏札〉中說，孔老二的「克己復禮」是「千聖相傳心法之要」，是「天理之全」。這就完全暴露了朱熹鼓吹「天理論」的目的是為了「克己復禮」的反動實質。

歷代行將滅亡的反動派都是尊儒反法的。一切尊儒反法的近代反動派又都是吹捧朱熹的，他們都把朱熹的理學奉為聖旨。曾國藩樹起「衛道」的黑旗。蔣介石這個極端殘忍和極端陰險的獨夫民賊，也把朱熹的《四書集注》捧為「中國固有政治哲學的典籍」。叛徒、內奸、工賊劉少奇在他的黑〈修養〉中大肆吹捧「宋儒也有許多修養身心的方法」，要人們「鄭重其事的去進行自我修養與學習」。叛徒、賣國賊林彪為了復辟資本主義，一方面在黑暗角落裡寫了許多條「悠悠

萬事，唯此為大，克己復禮」的條幅，一方面又教唆他的死黨「要像朱子那樣去待人」。林彪以「天才」自詡，自比「天馬」，為他搞反革命政變製造反動理論根據。林彪的「天才論」和孔老二的「天命論」、朱熹的「天理論」唱的是一個調子。

　　要狠批林彪效法孔老二「克己復禮」，復辟資本主義的罪行，就必須徹底批判孔丘、朱熹和林彪的反動的唯心論的先驗論。在批林批孔運動中，我們一定要把他們的什麼天命論、天理論、天才論，統統掃進歷史的垃圾堆！

　　　　　　　　──原載《人民日報》，一九七四年九月十四日

　　　　　　　　收入《略評朱熹》，頁一○～一五

「存天理、滅人欲」與「克己復禮」

——徹底批判朱熹反動的「天理論」

中國科學院古脊椎動物與古人類研究所大批判組

朱熹——孔、孟之道的吹鼓手

朱熹（1130～1200）是南宋儒家的代表，是繼孔、孟、董仲舒之後封建時代影響最大的唯心論哲學家。他吹捧孔丘說：「天不生仲尼，萬古如長夜。」（《朱子語類》卷九三）又說：「自堯、舜以下，若不生個孔子，後人去何處討分曉？」（《朱子語類》卷一三七）也就是說：漢朝的儒家，只有董仲舒繼承孔、孟之道最純粹，他的思想是儒家的正統，別人沒法比。朱熹為了維護孔、孟之道，發展了孔丘和董仲舒唯心論的先驗論，炮製了所謂的「天理論」。他鼓吹宇宙間的萬物和「三綱五常」等封建秩序都是由「天理」決定的，是「老天爺」安排的。皇帝是「天理」的化身，是上天安排來統治老百姓的。

朱熹的反動哲學，集中表現在他的《四書集注》、《周易本義》、《朱子全書》等著作中。由於他的哲學對於維護反動的封建統治起著特殊的作用，因此，得到以後歷代反動統治者的拚命推崇。

就在朱熹死後二十四年，宋理宗即位以後，讀了朱熹的書，大發感慨地說：「朕（我）讀之不釋手，恨不與之同時。」於是追封朱熹

為太師，下令把朱熹的牌位抬進了孔廟。從此，在中國封建社會中確立了朱熹繼承孔、孟之道的正統地位。以後，從元到清，從曾國藩到蔣介石，都對朱熹的反動哲學大加吹捧，以作為維護他們反動統治的思想武器。

資產階級野心家、陰謀家、兩面派、叛徒、賣國賊林彪為了篡黨奪權、復辟資本主義，也跟在曾國藩和蔣介石的屁股後面，對朱熹大加吹捧，教訓他的死黨「要像朱子那樣去待人」。他跟朱熹一樣吹捧孔、孟之道，朱熹搞《四書集注》，他躲在黑暗的角落裡，大搞《四書集句》，真是亦步亦趨。他們雖然時代不同，但都是地地道道的孔老二的信徒。因此深入批林批孔，必須批判朱熹的唯心主義哲學思想，以使我們更深刻地揭露和批判林彪反革命修正主義路線的極右實質。

朱熹的哲學是反科學的神學唯心論

列寧說：「物質是第一性的，思想、意識、感覺是高度發展的產物。這就是自然科學自發地主張的唯物主義認識論。」（《唯物主義與經驗批判主義》頁六二～六三）

在朱熹的哲學裡，他把物質叫做「氣」，把思想、觀念叫做「理」。他是怎樣看待兩者的關係呢？他認為「理在先，氣在後」（《朱子語類》卷一），也就是說，精神的東西先於物質而存在。他又說：「未有天地之先，畢竟也只是理，有此理，便有此天地。若無此理，便亦無天地，無人無物，都無該載了。有理便有氣流行發育萬物。」（《朱子語類》卷一）就是說，沒有天地之前，就有「理」存在，天地是從「理」產生的；沒有「理」，天地萬物和人類都沒有了。他又說：「天道流行，發育萬物，有理而後有氣，雖是一時都

有，畢竟以理為主，人得之以有生。」總之，他硬要說，人類是由一種先於天地、先於人類的精神——「理」產生出來的。

現代自然科學告訴我們：大約在五十億年前，地球就開始形成了，到了三十億年前，地球上才出現了最原始的生命——細菌和藍球藻，四億多年前才出現了脊椎動物。脊椎動物的主要特徵，正如恩格斯所指出的：「整個身體都聚集在神經系統周圍。因此便有了發展到自我意識等等的可能性。」（《自然辯證法》頁二八五）最後，在大約兩百多萬年前才出現了人類，他們從事社會性的生產勞動，才有了觀念和思想，才產生了人類所獨有的自覺能動性。地球的演化、生物的進化和人類起源的科學事實，無情地揭露了朱熹的「理在氣先說」純屬無稽之談。朱熹說的「理」產生人類萬物，說穿了，只不過是上帝造人類、萬物的反動神創論的翻版罷了。這一點，朱熹自己也直言不諱。他說：「帝是理為主。」（《朱子語類》卷一）也就是說：天上的上帝和人間的皇帝都是「理」的體現和化身，勞動人民應當乖乖地服從他們的統治。可見，唯心主義總是通向有神論，來為反動統治階級服務的。

朱熹還說：「夫天地間人物草木禽獸，其生也莫不有種，定不會無種子白地生出一個物來。」（《朱子語類》卷二）這就是說：人只能由人生出來，某一種草木禽獸只能由某一種草木禽獸生出來，這是形而上學地固定不變的種的概念。對於這個問題，只要問一句「最初的人、最初的草木禽獸是哪裡來的」就夠了。辯證唯物主義者的答覆是：人是由古猿演變來的，各種生物是由低一級的物種進化來的，生命是從無生命的物質通過長期、複雜的化學變化形成的蛋白體的存在方式。而唯心主義者最後又不得不求助於神，說什麼上帝造人類、造萬物的鬼話了。

朱熹又說：「人之所以生，理與氣合而已。……惟人得其正，故

是理通而無所塞；物得其偏，故是理塞而無所知。且如人頭圓像天，足方像地，平正端直，以其受天地之正氣，所以識道理，有知識。物受天地之偏氣，所以禽獸橫生，草木頭生向下，尾反在上。」（《朱子語類》卷四）朱熹這一段離奇古怪的話，無非想說明：人是「理」與「氣」合而生的，人得天地的正氣，物得天地的偏氣，所以人和物不同。

這是完全違背科學事實的瞎說八道！現在我們分別駁斥如下：

人「平正端直」，「禽獸橫生」。禽獸並不都是橫生的。「現在還活著的一切類人猿，都能直立起來並且單憑兩腳向前移動。」（恩格斯《自然辯證法》頁一四九）另外，我們還可以舉出企鵝、袋鼠，甚至古代爬行動物中的青島龍等，也都是用兩條後腿直立行動的。而絕大多數四足動物所以「橫生」，只是因為它們的四足都是用來支撐身體，作為行動器官的緣故。

至於人為什麼「平正端直」，這可以一直追溯到人的祖先猿類。「在猿類中，手和腳的運用已經有了某種分工。」（同上頁一五〇）它們用手攀援摘取和拿住食物。「它們用手拿著木棒抵禦敵人，或者以果實和石塊向敵人投擲。」（同上頁一五〇）隨著手愈來愈多地從事於其他活動，直到製造工具，腳也就愈來愈適應於直立行走。所以人體直立既是人類進行勞動的前提，又是勞動的產物。根本不是甚麼「受天地之正氣」的結果。

「人頭圓像天，足方像地」。「天圓地方」，這是古代人對天地的一種不正確的看法。由於當時的人受生產實踐範圍和科學實驗水平的侷限，僅憑直觀認為天是圓的，地是方的。現代天文學告訴我們：天是無邊無際的，根本說不上什麼形狀；至於地，倒是近乎圓球形。因此朱熹將人的頭和腳來附會天地，除了無知以外，更重要的是他借以為反動階級製造統治人民的反動理論找依據，我們就必須予以批判。

其實，人類最初從古猿進化產生的時候，人的頭也不是一開始就這樣圓的，腳也不是一開始就這樣方的。最初的人類，顱骨是扁圓的，眉嵴骨突起，尖嘴猴腮，腳也不完全像現在這個樣子，都保留著較多的古猿的形態。以後手從事愈來愈多的勞動，腦髓進一步發展，才逐漸發展到現代人的形態。根本不是什麼「得天地之正氣」，歷來就如此的。

人「受天地之正氣」，「識道理，有知識」。人「識道理，有知識」是天賦的嗎？不是！是頭腦裡固有的嗎？也不是！人類的學會製造工具、用火、用獸皮縫製衣服等等，是經過成百萬年的實踐，經過無數世代的知識的積累才達到的。「人的認識，主要地依賴於物質的生產活動，逐漸地了解自然的現象、自然的性質、自然的規律性、人和自然的關係；而且經過生產活動，也在各種不同程度上逐漸地認識了人和人的一定的相互關係。」生產鬥爭、階級鬥爭和科學實驗這三項偉大的革命實踐是人的一切正確思想的來源，而絕不是先天就「識道理，有知識」的。

至於「草木頭生向下，尾反在上，」這句話更可笑了。植物不是動物，有什麼「頭」、「尾」可言呢？如果「春種一粒粟，」以入土的種子算「頭」，那麼「秋收萬顆子」，「頭」不又在上了嗎？這完全是無知的瞎說！

朱熹宣揚的是壓迫有理、造反無理

朱熹所謂的「理」的依據其實都是幌子，實際上，他要說的「理」都是剝削有理、壓迫有理、反抗無理、造反無理。說來說去，全是為封建統治辯護的歪理，為吃人的舊制度辯護的反動道理！他說：「未有這事，先有這理，如未有君臣已先有君臣之理；未有父子

已先有父子之理。」看，這不是明明白白地要把三綱五常一下用「天理」保護起來了嗎？「未有君臣」、「未有父子」的時代是有的，那是在原始公社時期。「在沒有階級的社會中，每個人以社會一員的資格，同其他社會成員協力，結成一定的生產關係，從事生產活動，以解決人類物質生活問題。」而且人類最初的婚姻是亂婚、群婚，人們「只知有母，不知有父」。不僅沒有君臣，也無所謂父子，那時候又從何而來「君臣」、「父子」之「理」呢？

可是朱熹為了替反動階級效勞，還不惜跑得更遠，他為了進一步證明封建倫理道德的「三綱五常」是無所不在、無所不包，是支配世界的原則，竟然喋喋不休地胡謅什麼：這種「理」在動物身上也是有的。「如虎狼之父子，蜂蟻之君臣，豺獺之報本，雎鳩之有別，曰仁獸、曰義獸是也。」（《朱子語類》卷四）

朱熹在這裡提出的一些動物的「封建倫理」，有的是根據傳說牽強附會的。如傳說：獺捕得許多魚後，常常將它們排列在岸邊；豺咬死了別的野獸，在吃之前也常常要把它陳列一會，都像祭祀一般，朱熹根據這個就說豺獺能報本。似乎它們也懂禮了。又如雎鳩，也就是斑鳩，古人認為它雌雄有別；朱熹就說它們也懂得封建道德「男女授受不親」之禮了。至於虎狼知道保護後代，蜂蟻有覓食和育種的分工，這都是動物「本能」，是動物長期進化，遺傳與適應的不斷鬥爭的結果。將封建社會的倫理附會給動物，正如將生物規律應用於人類社會一樣，都是反動的唯心主義產物。而朱熹為了論證仁義道德的吃人經是亙古就有的「天理」，竟不惜求助於虎狼蜂蟻，說明唯心論的先驗論是反動階級的思想武器，在這裡揭示得再清楚不過了。

林彪吹捧朱熹是為了「克己復禮」

朱熹「天理論」的出籠是有其深刻的歷史根源的。西漢董仲舒所宣揚的那套「三綱五常」、「君權神授」的反動說教，受到歷代農民起義的衝擊和唯物主義思想家的批判，已顯得百孔千瘡了。到了宋代，中國封建社會已進入後期，社會危機加劇，農民起義接連不斷，提出了「均貧富、等貴賤」的革命口號，鬥爭矛頭直指封建制度。地主階級要維護封建統治，就必須對儒家學說改頭換面，作一番精心的加工。朱熹的理學就正是在這個歷史背景上產生的。

孔老二在春秋末年由奴隸制向封建制過渡的大變亂時代，為維護已潰爛的奴隸制而炮製出一套反動的儒學，「克己復禮」就是孔老二反動儒學的核心，而「存天理、滅人欲」則是朱熹反動理學的核心。朱熹惡毒地提出「存天理、滅人欲」的反動說教，是要把維護封建統治秩序的「三綱五常」說成是永恆的「天理」，把一切違反封建秩序的言行罵為萬惡的「人欲」，無非是妄圖證明剝削制度的天生合理，不准農民起來革命。朱熹的這番說教完全是孔老二的「克己復禮」的翻版，都是一路貨色！他說：「孔子之所謂克己復禮，《中庸》所謂致中和……聖人千言萬語，只是教人存天理，滅人欲。」（《朱子語類》卷一二）他還在〈延和奏札〉中說孔老二的「克己復禮」是「千聖相傳心法之要」是「天理之全」。這就完全道破了朱熹鼓吹「天理論」的目的是為了「克己復禮」。而七百多年以後的林彪，為了復辟資本主義，一方面在不到三個月內，在黑暗角落裡寫了三條「悠悠萬事，唯此為大，克己復禮」的條幅，一方面又教唆他的死黨們「要像朱子那樣去待人」，其要害原來也就在此！因此我們今天要徹底批判林彪效法孔老二「克己復禮」，復辟資本主義的罪行，就必須同時徹底批

判朱熹的「存天理、滅人欲」的反動謬論。

歷代的反動統治者都是尊孔反法的。一切尊孔反法的近代反動統治者又都是吹捧朱熹的,他們都把朱熹的理學奉為經典。曾國藩樹起「衛道」的黑旗。蔣介石這個極端殘忍和極端陰險的獨夫民賊,也把朱熹的《四書集注》捧為「中國固有政治哲學的典籍」。叛徒劉少奇在他的黑〈修養〉中也大肆吹捧「宋儒也有許多修養身心的方法」,要人們「鄭重其事地去進行自我修養與學習」。他們一個個都受到歷史的懲罰。叛徒、賣國賊林彪大搞《四書集句》,叫囂要學習朱熹的「待人」哲學,吹噓他的死黨的「理智」「受於天」,他自己則更是以「天才」自詡,自比「天馬」,為他搶班奪權,搞反革命政變製造反動理論根據。他的「天才論」和孔老二的「天命論」、朱熹的「天理論」唱的完全是一個調子,把復辟腐朽沒落的資本主義制度說成是天命所歸,狂叫「順天者興,逆天者亡」,最終也只落得個折戟沉沙的可恥下場,受到歷史的無情審判。

今天,在毛主席和黨中央的領導下,一個波瀾壯闊的批林批孔運動正在全國蓬勃展開,我們要深批林彪效法孔老二「克己復禮」,復辟資本主義的罪行,就必須徹底批判孔丘、朱熹到林彪的反動唯心論的先驗論,把他們的什麼「天命論」、「天理論」、「天才論」,統統掃進歷史的垃圾堆,把這場政治思想領域裡的偉大革命進行到底!

——原載《古脊椎動物與古人類》,第十二卷第三期,
一九七四年七月,頁一六一～一六四

朱熹及其理學是什麼貨色

史宏

廣西師範學院歷史系七二級工農兵學員

　　長期以來，資產階級野心家、陰謀家林彪出於「克己復禮」的反革命需要，狂熱地鼓吹孔、孟之道，吹捧孔老二的信徒朱熹，叫嚷什麼「要像朱子那樣去待人」。我們在批判林彪「克己復禮」反革命的修正主義路線時，結合批判朱熹的反動思想體系，對於認清林彪反革命嘴臉，提高我們識別真假馬克思主義的能力，是很有必要的。

　　朱熹（1130～1200），字元晦，號晦庵，安徽婺源人，出身於大地主家庭。他從小開始攻讀孔、孟的書，曾任南宋王朝的轉運副使、煥章閣待制、寶文閣待制等官職。他的一生是專門為封建地主階級的統治製造反革命輿論和奔走賣命的。朱熹的唯心主義哲學著作很多，主要的有《四書集注》、《周易本義》、《詩集傳》、《朱文公文集》、《朱子語類》等。他的《四書集注》被元、明、清三代封建王朝指定為地主階級知識分子必讀的教科書。他對「五經」的解釋，成為宋朝以後科舉考試的標準答案。據《宋史·道學傳》記載，宋朝以後的封建皇帝，為了維護他們的反動統治，都取法朱熹的理學（「後之時君世主，欲復天德王道之治，必來此取法矣」）。可見朱熹的理學是封建社會後期統治階級最重要的反動思想武器。由於朱熹的反動理學，對勞動人民具有更大的欺騙性，對維護反動的封建統治起著特殊的作用，因此從宋朝以後歷代反動統治者都十分敬奉朱熹。南宋皇帝趙昀（宋

理宗）把朱熹追封為「太師」、「信國公」、「朱夫子」，並把朱熹的牌
位抬進了孔廟。清朝康熙皇帝把朱熹捧為自孔、孟之後功勞最大的人
（「朱子之功，最為弘巨」），還把朱熹升為孔、孟的「十哲之次」。朱
熹就成了封建統治階級的「聖人」。總之，從宋理宗到清康熙，從曾
國藩到蔣介石，都給朱熹的理學塗上一層層「聖光」的油彩。

林彪也同歷代反動派一樣，十分崇拜朱熹。他關起門來以朱熹的
注解為藍本搞了《四書集句》，作為《四書集注》的續編。他還把朱
熹的許多反動言論抄錄在他的反共筆記本上，作為搞反革命復辟的思
想武器。充分暴露了林彪這個地地道道的孔老二信徒的醜惡面目。

一

朱熹的唯心主義理學是什麼貨色呢？實際上就是孔、孟儒學的翻
版，是在孔、孟的「天命論」和董仲舒的神學唯心論體系的基礎上建
立起來的。

孔老二和孟軻為了維護和復辟奴隸制，鼓吹反動的「天命論」，
認為「天」是生育萬物和人，主宰自然界和人間一切的至高無上的
神，用所謂「天」的權威來欺騙和恐嚇勞動人民，要他們甘當奴隸主
貴族的馴服工具。到了漢代，董仲舒為了維護封建統治秩序，繼承和
發揮了孔、孟的反動「天命論」，宣揚「天人感應」的陰陽五行說。
董仲舒不僅把「天」說成能夠有目的地安排人事，而且認為「天」對
人世間的一切活動，也會有反應。這種神學唯心論，為「王權神授」
製造了理論根據。董仲舒還竭力宣揚「天不變，道亦不變」的形而上
學思想。提出「三綱五常」的反動說教，又為封建統治階級的永恆統
治製造理論根據。因此孔、孟反動的「天命論」和董仲舒的神學唯心
論體系，長期以來成為束縛勞動人民的精神枷鎖，嚴重阻礙社會歷史

的發展。

但是，在階級社會中，歷史是階級鬥爭的歷史。我國封建社會發展到宋朝，已經是走下坡路了，當時，階級矛盾十分尖銳，農民革命鬥爭一次又一次地打破了封建統治階級妄圖用「天」來欺騙和統治勞動人民的神話，孔老二、孟軻、董仲舒的那套唯心主義的天命思想和神學哲學體系，已經受到了歷次農民起義的衝擊。朱熹為了適應宋王朝統治者的需要，把孔、孟之道發展成理學，把孔丘的「天命」改造成「天理」，把「天理」說成是萬事萬物的主宰，有無限的權威。其實朱熹的「天理」也就是孔老二的「天命」，正如他自己所說的「天命即是天理」（《朱子語類》）。所謂「天理」就是闡明上帝的意志，和「天命論」是一路貨色。朱熹說：「理在先，氣在後。」「未有天地之先，畢竟也只是理，有此理，便有此天地。若無此理，便亦無天地，無人無物，都無該載了。」（《朱子語類》）這就是說：沒有天地之前，就有「理」存在，天地是從「理」產生的；沒有「理」，天地萬物和人類都沒有了。他就是這樣公開宣揚精神決定物質，精神的東西先於物質而存在的徹頭徹尾的唯心主義哲學。

朱熹為了把封建皇帝說成是「天理」的化身，使「王權神授」論更加哲理化，胡說「帝是理為主」，就是說天上的上帝和人間的皇帝都是理的化身，老百姓應該服從他們的絕對統治。朱熹還把封建道德綱常、封建統治秩序說成先天就有的，是先驗的「天理」。他說什麼「未有君臣已先有君臣之理；未有父子已先有父子之理」（《朱子語類》）。把「三綱五常」說成「天理」，是違犯不得的，誰違反它，就是違反了「天理」。朱熹唯恐人們不按「三綱五常」行事，還直截了當地說，「天理」就是「其張之為三綱，其紀之為五常」（《朱子文集·讀大紀》），要人們絕對遵守。並提出了「存天理，滅人欲」的反動口號，要人們做到「內無妄思，外無妄動」，「各依本分，凡事循

理」。妄圖要廣大勞動人民安於被統治、被壓迫的地位，不要進行任何反抗和鬥爭。這就是朱熹的所謂「天理」的反動實質所在。

總之，朱熹的唯心主義理學，就是一把殺人不見血的軟刀子，是地主階級用以鎮壓農民革命的反動思想武器。林彪撿起孔老二的「天命」和朱熹的「天理」這兩面破旗，鼓吹「義勝欲則昌，欲勝義則亡」，妄圖以朱熹的「存天理，滅人欲」的手法來鎮壓無產階級和廣大勞動人民。他還自稱「天才」，以「天馬」、「至貴」、超人自居，叫囂什麼「獨往獨來」，就是妄圖把自己打扮成「天生」的英雄，欺騙和蒙蔽勞動人民，陰謀篡黨奪權，顛覆無產階級專政，復辟資本主義。這也就是林彪鼓吹學習朱熹「待人」哲學的反動實質。

二

朱熹是一個頑固的倒退復古派。到了宋代，朱熹還大肆鼓吹孔老二的「克己復禮」，公開提出要恢復「三代之治」（指夏、商、周），妄圖把歷史拉向後退。

兩宋時期，農民革命鬥爭此起彼伏，地主階級的反動統治已經日益衰退。朱熹為了維護日益走向衰亡的封建制度，看中了孔老二「克己復禮」的反動綱領，胡說什麼「克己復禮」是「千聖相傳心法之要」，是「天理之全」（朱熹〈延和奏札〉），他把「復禮」當成歷代皇帝相傳下來的至寶，當成「天理」的核心。不搞「復禮」，就違背了「天理」，朱熹強調「天理」和「人欲」的不可兩立，並按照這種觀點，把人類劃分為「聖」與「凡」兩品，把歷史割裂為三代以上和三代以下兩截。他認為三代專以天理行，三代以下則專人欲行。朱熹說：「千五百年之間，堯、舜、三王、周公、孔子所傳之道，未嘗一日得行於天地之間。」（朱熹〈答陳同甫〉）所以三代以下的歷史便長

期陷於黑暗狀態。因此，他極力主張要恢復三代之治。他一面捏造歷史根據，污蔑勞動人民創造歷史的偉大功勳；另一方面拚命地吹捧孔老二和孔、孟儒學，胡說什麼「天不生仲尼，萬古如長夜」，「自堯、舜以下，若不生個孔子，後人去何處討分曉」？還把復興孔、孟之道的董仲舒稱為「其學甚正，非諸人比」。把董仲舒的「三綱五常」重作注釋，認為「仁」是本體，是一切封建道德的總原則，把孔老二思想的核心「仁」，吹捧為「心之德而愛之理」，要人們「汲汲於求仁也」（《文集・仁說》）。朱熹認為只有「克己復禮為仁」，才是「合乎天理」。朱熹為了復古，極力反對當時以陳亮為代表的革新派，極力主張「以孔子的是非為是非」。朱熹還惡毒攻擊北宋時代比較進步的地主階級政治家王安石，他曾經把以前攻擊王安石的一切反動言論統統收集起來，編成一部所謂《三朝名臣言行錄》，自從他拋出這部書以後，王安石受到了反動儒生們更惡毒的謾罵和污蔑。朱熹這種反對革新，主張恢復「三代」之治的反動思想，充分暴露了他是一個復古倒退的頑固派。

林彪鼓吹要學習朱熹的「待人」哲學，就是要學習朱熹的復古倒退的反動思想體系，妄圖在中國復辟資本主義。林彪不是大肆鼓吹「克己復禮」嗎？朱熹把「克己復禮」當成「心法之要」、「天理之全」，林彪把「克己復禮」當成萬事中最大的事，正好說明了他是一個妄圖開歷史倒車的復古狂。

三

朱熹不但是一個復古頑固派，而且是一個反革命兩面派，是十足的偽君子。

朱熹為了維護封建統治，大肆鼓吹「修養」經，要人們修身養

性。按照他的「天理」去「治國，平天下」，他胡說什麼「修身、齊家、治國、平天下，都少個敬不得」（《朱子語類》卷十二）。所謂「敬」，就是要求地主階級恭恭敬敬地去維護「三綱五常」，就是要勞動人民恭恭敬敬地侍奉封建統治階級，服服貼貼地忍受地主階級的剝削和壓迫。朱熹打著「敬」字的招牌，裝出一副道學先生的面孔去教訓人，什麼「坐如尸，立如齊」，「頭容直，目容端」（《朱子語類》卷十二），連走路腳怎樣抬，手怎樣擺，都按封建常規去做。其實朱熹是一個道貌岸然，表裡不一的偽君子。他不是口口聲聲說要「仁」嗎？可是為了打擊自己的反對派唐仲友（台州太守），竟以嫁禍人的陰險毒辣手段，把一個無辜的官妓嚴刑敲打，並強令她承認曾與唐仲友通奸。對此，魯迅先生曾給了深刻的揭露：「朱子是大賢，而做官的時候，不能不給無告的官妓吃板子。」（〈論俗人應避雅人〉）這充分說明朱熹是一個十足的反革命兩面派，男盜女娼的偽君子。

林彪宣揚朱熹的「待人」哲學，就是要學習朱熹的反革命兩面派手法，他的「語錄不離手，萬歲不離口，當面說好話，背後下毒手」的反革命手法，就是從朱熹的「待人」哲學那裡學來的。林彪鼓吹什麼「忍耐，大度的科學根據」，就是從孔老二和朱熹那裡撿來的「小不忍則亂大謀」搞陰謀詭計的慣伎。朱熹宣揚什麼「父子相隱，天理人欲之至也」（《四書集注‧論語‧子路》），林彪一夥對朱熹這一套「待人」的騙人哲學精義入神，更是無恥地叫嚷「不說假話辦不成大事」。這充分說明孔老二、朱熹、林彪漁都是一丘之貉。

綜上所述，朱熹的「待人」哲學就是復古倒退的反動哲學，是大搞唯心論的先驗論，大耍反革命兩面派手法的反革命哲學。林彪狂熱鼓吹朱熹的「待人」哲學，他絕不是什麼發思古之幽情，而是別有用心的，就是要把孔、孟之道和朱熹的反動理學作為陰謀篡黨奪權，復辟資本主義的反動思想武器，夢想建立儒家法西斯封建王朝。但是，

正如毛主席指出：「凡屬倒退行為，結果都和主持者的原來的願望相反，古今中外，沒有例外。」孔、孟和朱熹妄圖用他們的反動思想阻擋歷史向前，被掃進了歷史的垃圾堆。叛徒、賣國賊林彪販賣孔、孟之道和朱熹的反動理學，妄圖顛覆無產階級專政，復辟資本主義，最後變成了不齒於人類的狗屎堆。這就是歷史的結論。

　　　　　　——原載《廣西日報》，一九七四年四月二十二日
　　　　　　收入《略評朱熹》，頁二六～三二
　　　　　　又收入《批判朱熹文集》，頁二八～三四

評朱熹的反動理學

江西大學歷史研究室

　　朱熹（1130～1200），是我國歷史上一個影響很大的唯心主義者，是宋代理學（又稱道學）的集大成。他承襲孔老二「克己復禮」的反動路線，提出了「存天理，滅人欲」的反動主張。他那本浸透了封建思想毒汁的臭名遠揚的《四書集注》，曾經被封建統治階級定為必讀教科書，強迫人民信奉，並成為地主階級知識分子做官發財的的敲門磚，流毒極其深廣。資產階級野心家、陰謀家、兩面派、叛徒、賣國賊林彪，一眼就看中了朱熹這具道學僵屍，與之同聲相應，臭味相投，叫囂「要像朱子那樣去待人」，並仿效朱熹的《四書集注》，搞了一本《四書集句》，作為他復辟資本主義的精神武器。深入開展對朱熹的反動思想的批判，有助於我們進一步認清林彪反革命修正主義路線的極右實質，汲取歷史鬥爭的經驗，提高識別真假馬克思主義的能力。

一

　　朱熹生活在宋代，當時中國封建社會開始逐步向後期過渡，正在一步步走下坡路，階級矛盾十分尖銳激烈。大地主專權，瘋狂掠奪農民土地，農民被迫紛紛起來反抗。宋代的農民起義不僅在政治上、經濟上狠狠打擊了封建勢力，而且在意識形態領域內也有力地批判了地

主階級的反動統治思想，特別是駁斥了北宋以來的反動理學。與此同時，金統治者步步南侵，南宋統治者苟且偷安。由於財政危機、民族危機和階級矛盾日益激化。地主階級內部中小地主和大地主的矛盾加劇，北宋中葉，曾有王安石代表中小地主利益出來變法，他崇法反儒，主張革新，反對復古，結果在大地主階級的激烈反對下遭到失敗。從此，宋代社會，危機加劇，封建統治者的日子越來越不好過。

朱熹為了維護南宋封建王朝的反動統治，便接過孔老二的衣缽，扯起「克己復禮」的破旗，大肆鼓吹「存天理，滅人欲」，妄圖以此來扼殺農民起義，並借以穩定地主階級的內部秩序。

什麼叫「天理」？按照朱熹唯心主義的說法，所謂「理」，是一種先於物質而存在的絕對精神，是產生宇宙間萬事萬物的本源。他說「帝是理為主」（《朱子語類》卷一），這是說封建皇帝是「理」的化身。又說這個「理」，「其張之為三綱，其紀之為五常」（《朱子文集·讀大紀》），「君臣父子，定位不易」（《朱子文集·甲寅行宮便殿奏札之一》）。這就是說，作為封建道德教條的「三綱五常」是「天理」在人類社會的體現，是神聖不可侵犯的永恆不變的「通義」。至於什麼叫「人欲」，朱熹說：「非禮也，人之私也。」（《四書集注·論語顏淵篇》）又說：「克己復禮為仁，言能克去己私，復乎天理。」（《朱子文集·仁說》）顯然，朱熹所說的「人欲」，就是指一切違反封建秩序的所謂非「禮」的要求。因而，他所謂的「存天理，滅人欲」，正是他為封建統治階級的「剝削有理」、「壓迫有理」所製造的理論根據。這是針對農民起義提出來的反動思想。

朱熹把封建統治秩序說成是「天理」，同時又把廣大勞動人民爭取自身的權利而進行的反封建鬥爭污蔑為違反「天理」的「人欲」。他為了推行他這條「存天理，滅人欲」的反動政治綱領，一面竭力扼殺農民起義，一面又欺騙和毒害勞動人民。

　　朱熹在做地方官時，每到一處，總是費盡心血搜尋古人遺跡，大肆旌表「前代忠臣、孝子、義夫、節婦」，並四處張掛布告，向老百姓灌輸「孝弟忠信禮義廉恥之意」。此外，他還大建書院，定學規，強迫人們「學道修身」，做封建統治的忠實奴才。同時，朱熹又胡說什麼佃戶全靠地主借給田種才能養活家口，因此規定「佃戶不可侵犯田主」（《朱子文集·勸農文》）。他要農民「凡事循理」，忍受地主的剝削，即使貧困飢餓陷入了死亡的境地，也不能有絲毫的反抗意識。因為按照朱熹的邏輯，「窮達有命，無力可求」（《朱子文集·答龔伯著》），農民受剝削受壓迫「是天理當然」，反抗也沒有用。為了防止「小人凌上之風」，朱熹還胡說什麼把勞動人民關進牢獄而「加以桎梏箠楚，乃是正理」（《朱子文集·方與耕道書》）。對於「地客殺地主」的行為，朱熹竭力主張嚴刑鎮壓，認為只有這樣，才能維護「三綱五常」，使「天理」不致泯滅。他不僅視農民革命鬥爭是洪水猛獸，就連王安石變法這種不觸動封建制度的改良也大為恐怖和仇恨，大罵王安石變法是「群奸肆虐，流毒四海」。以上事實充分表明，朱熹「存天理，滅人欲」這一反動政治綱領的實質，就是不准農民起來革命，壓制進步勢力的革新，壓制進步勢力的革新，就是要頑固地推行那條守舊、倒退的反動路線。

　　偉大領袖毛主席曾經指出：「馬克思主義的道理千條萬緒，歸根結底，就是一句話：『造反有理。』」這就深刻地批判了一切剝削階級的政治偏見，從而也就有力地批判了朱熹「存天理，滅人欲」的反動謬論。其實，早在北宋理學出籠不久，勞動人民就開始對其進行批判。北宋末期的方臘起義「無視君臣上下」，大殺官吏，反對封建綱常，並直接指斥地主階級的剝削壓迫行為是「安有是理」。他們主張「是法平等，無有高下」，才是「天下國家，本同一理」，對理學家所鼓噪的所謂「天理」提出了強烈的抗議（《容齋逸史》）。到南宋初

年，又有鍾相、楊么起義，提出只有「等貴賤、均貧富」，才是「天理當然」，再一次有力地抨擊了反動理學（《三朝北盟會編》）。此後，儘管朱熹又拚命宣揚「存天理，滅人欲」，繼續鼓吹「造反無理」的謬論，但是回答他的卻是南宋各地連綿不斷的農民起義。起義農民高舉「造反有理」的大旗，以實際行動打擊了朱熹的反動理學。對此，朱熹恨得要死，怕得要命，拚命鎮壓，並極盡污蔑之能事。可是，螳臂擋車不自量力，朱熹的血腥鎮壓和瘋狂叫囂始終阻止不了歷史車輪的滾滾向前。

二

　　歷史上凡是反對革命的頑固派，都要維護舊制度，搞「克己復禮」，鼓吹「中庸之道」，朱熹也不例外。

　　二千多年前，孔老二把「中庸之道」奉為最高的道德，為他「克己復禮」這個復辟奴隸制的綱領服務。朱熹從孔老二那裡接過這把殺人不見血的軟刀子，重新加工，精心炮製，作為他反動理論的一個重要組成部分。

　　孔老二說：「中庸之為德矣也，其至矣乎，民鮮久。」朱熹解釋說：「中者，無過無不及之名也。庸，平常也。」（《四書集注‧論語‧雍也篇》）他的意思就是說：中庸作為一種最高的道德，要求人們的一切言行都必須做到既不過度又沒有不及，任何時候都要保持不偏不倚的態度，不能改變舊的常規，否則是不行的。至於這個常規究竟是什麼？朱熹一句話就說出了這個秘密。他說：「理之所在，即是中道。」（《朱子文集‧答程允夫》）原來朱熹要人們遵循的常規就是他那念念不忘的「天理」，也就是「三綱五常」。可見「中庸之道」的要害在於不許人們違反封建教條，禁止變革，禁止革命！

　　為了使人們做到「中庸」，朱熹挖空心思，想出了那種種教人修養的訣竅。什麼要「正心誠意」呀，要「居敬窮理」呀，要「格物致知」呀，要「踐履力行」呀，……等等，真是花樣繁多，弄得人們眼花繚亂。其實，這一切都無非要大家「以聖賢為己任」，收斂身心，閉門靜坐，熟讀《四書》，爭取做個孔老二的忠實信徒。說來說去，都不過表明朱熹妄圖用封建禮教的繩索來束縛人們的思想，要大家都做南宋封建王朝統治下的忠臣或順民。用朱熹自己的話來說，就是要把人「置身於法度規矩中，……非禮勿聽、視、言、動」。

　　大家知道，在階級社會裡，作為上層建築的意識形態、道德觀念，都是一定社會的政治和經濟的反應，因而具有鮮明的階級性。世界上沒有也不可能有不偏不倚的中庸之道。魯迅曾經一針見血地指出「常常自命為愛『中庸』，行『中庸』的人」，「其實是頗不免於過激的。譬如對敵人罷，有時是壓服不夠，還要『除惡務盡』，殺掉不夠，還要『食肉寢皮』」。一點不錯，朱熹正是這樣。他一面高喊要「致中和」，一面則聲言「君子之於小人，固不當過為忿疾，然無交和之理」（《朱子文集‧答潘叔昌》）。「不當過為忿疾」是假，「無交和之理」是真，實際上，豈止於「無交和」而已，朱熹對於勞動人民，一貫採取嚴刑鎮壓的政策。他一面擺出一副「仁者」的面孔，假惺惺地大講要以「慈祥和厚為本」，一面則惡狠狠地叫囂：刑輕將會助長「悖逆作亂之心」，對農民的反抗必須嚴刑鎮壓，才能「得其當」。朱熹當地方官時，曾多次宣布：如果農民敢「鼓眾作鬧至奪地主錢米」，他「定當追捉根勘，重行決配遠惡州軍」（《朱子文集‧勸諭救荒》），或者加上「強盜」的罪名，關入監牢，判處流放，甚至拿去砍頭（《朱子文集‧約束糶米及劫掠榜》）。朱熹對於農民起義怕得要死，當他聽說福建地區農民四處暴動時，便連聲哀嘆「奈何，奈何」，並狂叫「只有盡力撲討」（《朱子文集‧與林擇之書》），活現出

一副殺氣騰騰的凶惡嘴臉。所謂「中庸之道」的虛偽性和反動性不是暴露得清清楚楚了嗎？

歷來的反動派，為了搞復辟倒退，妄圖使人民群眾成為他們統治下的馴服的綿羊，總要極力鼓吹「中庸之道」這種騙人哲學。林彪也不例外，他把「克己復禮」多次寫下來作為復辟資本主義的反動綱領之後不久，一九七〇年三月，就狂叫「中庸之道……合理」，胡說什麼「凡事物做絕，做絕了即一點論，必有惡果」。林彪用「中庸之道」冒充辯證法，宣揚折衷主義、階級調和，也正是妄圖以此掩蓋他們吃人的本質。就在他鼓吹「中庸之道」的時候，他卻在暗地裡磨刀霍霍，妄想發動反革命政變，用極其殘暴的法西斯手段謀害偉大領袖毛主席，鎮壓廣大革命人民，就是一個有力的證據。我們一定要識破他們的反革命伎倆，堅持馬克思主義鬥爭哲學，發揚無產階級反潮流的革命精神，把社會主義革命進行到底。

三

馬克思曾經指出：「一切已死的先輩們的傳統，像夢魘一樣糾纏著活人的頭腦……他們戰戰兢兢地請出亡靈來給他們以幫助，借用它們的名字、戰鬥口號和服裝，以便穿著這種久受崇敬的服裝，用這種借來的語言，演出世界歷史的新場面。」由於朱熹深得孔學真諦，而且還大有發揮，得到南宋以來的歷代封建帝王的崇奉和利用。宋理宗曾經追封朱熹為「太師」，以後又把朱熹的牌位抬進了孔廟「配享」。明朝皇帝朱元璋上臺後，又立即將朱熹的書立於學官，強迫人民信奉。明朝嘉靖年間，稱朱熹為「先儒朱子」，崇禎末年又改稱「先賢朱子」。此後，從清康熙到蔣介石，都無不把朱熹的理學奉為他們反動統治思想的正宗。但是，「青山遮不住，畢竟東流去」，反動階級設

置的層層思想羅網絕不能阻擋人民革命鬥爭的滾滾洪流。資產階級野心家林彪向朱熹頂禮膜拜，並引為學習楷模，妄圖用地主資產階級腐朽意識形態阻擋億萬人民前進的雄偉步伐同樣是徒勞的，其結果只能是螳臂擋車，自取滅亡。我們要深入、普及、持久地開展批林批孔運動，抓好上層建築包括各個文化領域裡的革命，把批判修正主義，批判資產階級，批判一切沒落階級意識形態的鬥爭進行到底。

——原載《江西日報》，一九七四年七月十四日

朱熹理學的要害是反對農民革命

江偉新

　　朱熹（1130～1200）字元晦，號晦庵，江西婺源人。他是後期封建社會的大儒、反動理學的集大成者。他所處的南宋時期，階級矛盾和民族矛盾尖銳複雜，他站在官僚大地主階級的立場，尊儒反法，反對革命，反對革新，推行守舊倒退路線。為著適應官僚大地主階級加強反動統治的政治需要，他繼承了二程（程顥、程頤）的衣鉢，發展了孔丘、孟軻及董仲舒以來的儒家唯心主義，並揉合佛教、道教的思想，建立了一個龐雜的客觀唯心主義理學體系。朱熹的理學的要害，就是反對農民革命，頑固維護封建制度。

　　朱熹的反動理學是通過《四書集注》奠定的。他的《四書集注》是封建地主階級培養人的經典。叛徒、賣國賊林彪，為了搞陰謀，搞復辟，對朱熹傾心崇拜，把朱熹的《四書集注》為藍本，搞了個《四書集句》，作為他們那夥法西斯暴徒的反革命信條，叫囂「要像朱子那樣待人」。因此，我們深入批判朱熹的反動思想，揭露朱熹的反動嘴臉，有助於我們進一步認清林彪這個政治騙子的反動本質及其反革命修正主義路線的極右實質。

一

　　在朱熹的時代，唯物主義與唯心主義的鬥爭，主要是圍繞著理和

氣的關係，即圍繞著精神與物質的關係而展開的。朱熹繼承了二程的客觀唯心主義，同唯物主義的「氣一元論」相對立，建立了唯心主義的「理一元論」。他虛構了一個絕對精神本體——「理」，作為哲學的最高範疇。對於理與氣的關係，他認為，就其先後來說，「理在先，氣在後」，精神的東西先於物質的東西；就其主從關係來說，「理為本」，「理終為主」，精神決定物質。朱熹認為，這個「理」是最高的、永恆的、唯一的絕對存在，是超然於萬物之上的，是廣大無邊的，即使天地毀滅了，亦無絲毫傷及「理」的存在。

朱熹的「理」的具體內容，就是封建的「三綱五常」。他說「這個「理」，「其張之為三綱，其紀之為五常」，其中特別以父子君臣關係為「三綱之要，五常之本，人倫天理之至」，這個「理」是同天上的上帝和人間的皇帝相溝通的。他說「帝是理為主」，把天上的上帝和人間的皇帝說成是「理」的化身，是宇宙的主宰，而勞動人民只有「聽天有命」的乖乖地服從他們的統治。

毛主席曾經指出：「幾千年來總是說：壓迫有理，剝削有理，造反無理，自從馬克思主義出來，就把這個舊案翻過來了。」這是對朱熹這一反動思想的最有力的批判。

朱熹一方面把維護封建等級制度的「三綱五常」的教條，宣布為不可抗拒的「天理」，另一方面又把勞動人民反抗剝削壓迫的革命要求和地主階級中主張革新的進步思想，污蔑為「人欲」，提出了「存天理、滅人欲」的反動政治綱領。他多次向皇帝上書，說孝宗治理國家二十七年，「無尺寸之效」，其原因是「天理有未純，人欲有未盡」，他要以「天理」為準則，消滅人民反「天理」之心，維持反動統治，他提出這個反動政治綱領，主要是反對農民革命的。在兩宋時期，農民階級與地主階級的矛盾已進一步激化，農民起義此起彼伏，勢如燎原烈火。在南宋統治的一五二年間，農民起義有二百多次之

多。起義的農民，憤怒的指斥封建「國典為邪法」，明確提出「等貴賤，均貧富」的政治綱領，鬥爭矛頭直指封建制度。在封建社會，主要的階級矛盾是農民階級和地主階級的矛盾，起來反對封建制度，反對綱常倫理的，主要是革命農民。所以，被官僚大地主階級的政治代表朱熹所反對的，主要是農民階級的革命思想和革命行動。「天理」和「人欲」的對立，實質上是地主階級和農民階級的對立。朱熹對農民的革命思想和革命行動，怕得要死，恨之入骨，他惡狠狠咒罵起義農民是「盜賊」，是「人欲橫行」，並施展反革命兩手，一方面揮著屠刀，多次赤膊上陣殘酷鎮壓農民起義。另一方面，他又叫嚷「蔽於人欲」就要「亡天德」、「滅天理」、必須「革盡」，他大談天理、仁義道德，妄圖用這些虛偽的「牧師說教」去誘騙和強迫被統治者做克制「人欲」的自我修養功夫，安於被壓迫、被統治的地位。所以，他的「存天理，滅人欲」，正適應於官僚大地主階級鎮壓農民革命的政治需要。

朱熹的「存天理，滅人欲」，又是指向法家的革新思想和革新行動的。朱熹代表官僚大地主階級的利益，堅持守舊倒退的政治路線，反對任何革新。他對北宋法家王安石是不遺餘力的百般攻擊，他殺氣騰騰地叫喊王安石「學本出於刑名度數」（意指王安石的學問以法家的理論為出發點），「不足於性命道德」，如果落到孔丘手裡，必然要受到「少正卯之誅」。他還專門編了一部《三朝名臣言行錄》，把以前攻擊王安石的反動言論，統統搜集起來，作為向法家進攻的炮彈。所以，朱熹的「存天理，滅人欲」，又適應於官僚大地主階級尊儒反法，反對革新的政治需要。

朱熹的「存天理，滅人欲」，是對農民起義的反動，也是對王安石「新學」的反動，是孔丘「克己復禮」的翻版。朱熹說「孔子所謂『克己復禮』，《中庸》所謂致中和，……聖人千言萬語，只是教人存

天理，滅人欲」，所以，他把「克己復禮」解釋為「私欲淨盡，天理流行」。這就不打自招地承認他所鼓吹的「存天理，滅人欲」，同孔丘的「克己復禮」一脈相承，是一路貨色。林彪為了復辟資本主義，便接過孔丘、朱熹這一反動思想，接二連三地叫嚷「悠悠萬事，唯此為大，克己復禮」，把「克己復禮」作為萬事中最大的事，念念不忘，把「克己復禮」作為實現反革命復辟的反動思想武器。孔丘的「克己復禮」，是奴隸制向封建制急劇轉變時期，沒落奴隸主階級維護和復辟奴隸制的反動政治綱領；朱熹的「存天理，滅人欲」，是後期封建社會，官僚大地主階級反對農民革命，維護封建統治的反動政治綱領；林彪效法孔丘、朱熹鼓吹「克己復禮」，是為了篡奪黨和國家的最高權力，推行一條反革命修正主義路線，從根本上改變黨在整個社會主義階段的基本路線和政策，顛覆無產階級專政，實行地主大資產階級專政。

二

中庸之道是朱熹反動理學的一個重要組成部分，是官僚大地主階級反對農民革命的反動思想武器。

孔丘為了實現其「克己復禮」的反動政治綱領，精心炮製出中庸之道這個反動理論。孔丘說：「中庸」是一種最高的「德」，在他看來，所謂「中庸」，就是「不能過」也不能「不及」，其關鍵是要把握住「中」這一思想，後來為子思和孟子所發揮。

為了實現「存天理，滅人欲」的反動政治綱領，朱熹繼承和發展了孔孟的中庸之道。他給「中庸」作的注腳是：不偏不倚，無過無不及。他認為，事情如果超過舊質的一定的限度（「過」），或者達不到一定的限度（「不及」），都是不好的，只有「中」最好，只有「執其

兩端而量度以取其中」，才不會走向極端，舊的事物才不會受到破壞。這是朱熹妄圖永遠保持官僚大地主階級的統治秩序，緩和階級矛盾和民族矛盾醉麻人民的革命意識尋找的理論根據，對於農民階級反抗地主階級的革命鬥爭，他要他們「滅人欲」，放下武器，好讓官僚大地主階級繼續保持壓迫他們的「天理」。

列寧指出：「所有一切壓迫階級，為了維持自己的統治，都需要有兩種社會職能：一種是劊子手的職能，另一種是牧師的職能。劊子手鎮壓被壓迫者的反抗和暴動。牧師安慰被壓迫者，給他們描繪一幅在保持階級統治的條件下減少痛苦和犧牲的遠景……從而使他們忍受這種統治，使他們放棄革命行動，打消他們的革命熱情，破壞他們的革命決心。」列寧這一段話，一針見血地指出了中庸之道十分虛偽的反動本質。孔丘、朱熹所鼓吹的中庸之道，就是表現了反動階級這一極端虛偽的反動本質。朱熹就是一個虛偽狡詐、陰險毒辣、口蜜腹劍的政治騙子，他口口聲聲叫喊「中庸」，滿口仁義道德，但他其實是一個「殺人如草不聞聲」的凶神惡煞。對敢於起義反抗的勞動人民，他恨之入骨，殘酷鎮壓。他攻擊農民起來造反是「鼓眾作鬧」，說「地客殺地主」是「以下犯下，以卑凌尊」，叫囂要「以嚴為本」，「以畏壓人心」，他告誡統治者「今之世姑息不得」，「當殺則殺之」。他當湖南安撫時，就抓了幾千個起義農民坐牢，不久，寧宗當了皇帝，進行大赦，他竟擅自扣壓赦書，先殺掉十八名起義農民領袖，然後才把赦書公布出來。朱熹的一生是殘酷鎮壓農民起義的一生，他多次對起義農民進行殘酷鎮壓，雙手沾滿了革命人民的鮮血。

由於中庸之道是鎮壓革命，反對革新，維護舊制度的反動思想武器，便為歷代反動派所利用。大劊子手曾國藩就是中庸之道的狂熱鼓吹者，他大講《中庸章句》，妄圖用中庸之道收拾人心，調和階級矛盾，鎮壓革命。獨夫民賊蔣介石也把中庸之道作為精神支柱，他鼓吹

中庸之道是「很好的倫理哲學和很好的政治哲學」，是「經世也不變的定理」。為什麼是「很好的」「哲學」和「定理」呢？按蔣介石的狂吠，是「端在共產主義之根本鏟除」。叛徒、賣國賊林彪也大肆鼓吹中庸之道，叫嚷「中庸之道……合理」，並把同唯物辯證法根本對立的中庸之道封為「辯證法」。他鼓吹「兩鬥皆仇，兩和皆友」，惡毒攻擊我們反擊蘇修的猖狂進攻是「做絕了」，「罵絕了」，污蔑我們同叛徒王明的鬥爭是「鬥絕了」。他鼓吹中庸之道，是為了反對無產階級革命和無產階級專政，妄圖要我們放棄鬥爭，好讓他在蘇修核保護傘下搞反革命復辟，把中國變成蘇修社會帝國主義的殖民地。從這些反動派的哀鳴中，我們更清楚地看到中庸之道的反動實質。

三

「格物致知」是朱熹在認識論上的基本思想，也是官僚大地主階級對農民革命的反動理論。朱熹認為，要使自己獲得知識，掌握最高和最後的「真理」，必須通過「格物致知」、「即物窮理」。但是，朱熹的「格物致知」、「即物窮理」，絕不是要人們通過客觀事物去深入探討事物本身所固有的特殊本質或規律性，而是排斥事物的特殊本質，去體驗那個先驗的、抽象的、絕對不變的精神本體「天理」。是先驗地加予事物的，「萬事各具一理，而萬理同出一原」。因此，只要把個別事物先驗的體驗到，就可以類推而去領悟和體會先驗的「天理」，自覺地維護封建統治秩序。

朱熹認識論的認識對象，就是體驗個別事物「分殊」的「理」，並進而領悟先驗的「天理」。而這個所謂「天理」，只不過是現實生活中的封建專制統治在人們思想上的反應，所以，他的認識論就其實質來說，乃是精神本體的「理」的自我認識活動，實際上是一種內心的

活動。這樣，他就從先驗的客觀唯心主義宇宙觀轉向主觀唯心主義的認識論。

朱熹認為，要領悟到「天理」，其關鍵是要「居敬」，從事「敬」的修養，收斂身心。他說：「敬之一字，萬善根本，涵養省察，格物致知，種種功夫，皆從此出……」他叫喊：「修身、齊家、治國、平天下，都少個敬不得。」從認識論來說，就是要人們通過「誠意」、「正心」、「修身」、「涵養」、「靜坐」、「內省」等閉門修養，達到對先驗的「天理」的認識。朱熹這一反動思想，被叛徒、賣國賊林彪當成靈丹妙藥，拚命鼓吹。林彪叫嚷：「要解決問題，就要從靈魂深處爆發革命。」在他看來，要認識問題，解決問題，根本不需要學習馬列主義、毛澤東思想，也不需要參加三大革命運動，只要來一個靈魂「爆發」就行了。林彪一方面說騙人的鬼話掩蓋他的殘忍毒辣、陰險欺詐、愚弄人民，他的目的是把革命人民引向閉門修養，放棄階級鬥爭，放棄路線鬥爭，好讓他們推行反革命修正主義路線篡黨奪權，復辟資本主義。

朱熹認為，人心中就具有先驗的「天理」，認識「天理」的根本方法是內心的道德修養。那麼人們思想中所具有的先驗的「理」和人們認識「理」的能力是不是一樣呢？他站在官僚大地主階級的立場，作了否定的回答。他認為，人由於稟氣的不同，使有賢愚之分，「稟氣之清者，為聖為賢，……稟氣之濁者，為愚為不肖」。他把統治者說成是天生稟受了清明而純粹之氣，「生知而行，不待學而能」的「聖人」、「賢人」，把被統治者說成是稟受昏濁偏蔽之氣，為萬惡的「人欲」所蔽的「群氓」、「阿斗」。他認為，這些「聖人」、「賢人」是「天必命之以為億兆之君師」，是當然的統治者，勞動人民必須乖乖的接受他們的統治和教化。他把這一反動思想運用到社會歷史領域去，把封建帝王心術的好壞，說成是決定歷史發展的主要原因，是所

謂天下萬事之「大根本」，宣揚英雄史觀。這樣，他的主觀唯心主義的認識論便導致「天才觀」。天才論從來都是剝削階級的祖傳法寶。歷史上的反動階級，總是利用天才論，作為維護剝削階級反動統治的精神支柱。朱熹鼓吹天才觀，就是為了給封建統治者戴上「天生智慧化身」的「桂冠」，披上「救世主」的外衣，為封建統治階級對農民的專政製造「理論」根據。朱熹自己則以夏、商、周三代的「聖賢」自比，標榜自己盡得「堯、舜相傳的心法」，是封建統治者的「正統」繼承人。叛徒、賣國賊林彪繼承了孔丘、孟軻以至朱熹的「天才論」的衣缽，以「天才」、「全才」自居，把自己比成「受於天」的「天馬」，污蔑勞動人民為只會說「恭喜發財」，只能搞「油鹽醬醋柴」的「馬大哈」、「愚人」，以反動的「天才論」作為篡奪黨和國家的最高權力的理論綱領。但是，歷史辯證法已經雄辯地證明：「卑賤者最聰明，高貴者最愚蠢。」林彪這隻「天馬」，並沒能爬上他夢想的寶座，結果是被人民革命的洪流所沖刷掉，變為不齒於人類的狗屎堆。

朱熹的反動理學從頭到尾都貫穿著一條黑線，就是反對農民革命，頑固維護封建制度。朱熹的理學的反動歷史作用，就是在孔丘、孟軻及董仲舒的儒家唯心主義，經過唯物主義思想家的批判，特別是經過農民革命的批判，已經越來越不靈的情況下，他從官僚大地主階級鞏固反動統治的政治需要出發，把孔、孟之道更加腐朽的思想武器，為封建反動統治的必然性、合理性作進一步的論證，為官僚大地主階級反對農民革命。而朱熹本人也被吹捧為繼孔、孟之後的「聖賢」、「大師」，並被抬進孔廟，列為「十哲」之一。叛徒、賣國賊林彪抬出朱熹這具僵屍作為搞反革命復辟的思想工具，這就更加證明朱熹的理學是一種徹頭徹尾的反動哲學。所以，在批林批孔運動中，我們必須以馬列主義、毛澤東思想為武器，徹底批判孔、孟之道，徹底

批判朱熹的反動理學，徹底批判林彪所推行的反革命修正主義路線，把批林批孔運動進行到底。

　　　　　　──原載《江西文藝》，一九七四年第六期，頁一六～一九

程朱理學是吃人學

河南省伊川縣南府店大隊貧下中農理論小組

　　提起程、朱理學，俺大隊貧下中農恨得咬牙根。我們大隊的所在地，是北宋程顥（號明道）、程頤（號伊川）兄弟活著時遊說、講學、著書、居住的地方。二程死後又埋在這裡。歷代反動派稱這裡為「理學名區」。我們這兒的勞動人民特別摸二程的底，明白他們「理學」葫蘆裡賣的是什麼藥。

　　由北宋二程創立、南宋朱熹集大成的程、朱理學，到底講了些啥「理」呢？它的核心就是「天理」。他們說：「天下只有一個理。」（《二程遺書》卷十八）「理在先，氣在後。」（《朱子語類》卷一）這就是說，精神的東西是先於物質的東西而存在的。因此，程、朱理學是一種地地道道的唯心主義的謬論。

　　說天上是為了道塵世。程、朱理學捏造一大套唯心主義的胡言亂語，是為了給封建帝王的反動統治製造理論根據。二程說：「天有是理，聖人循而行之。」（《二程遺書》卷二一下）朱熹也學著他們的腔調說：「帝是理是主。」（《朱子語類》卷一）這就是說，天上的上帝和人間的皇帝都是「理」的化身，老百姓必須服從他們的統治。

　　二程、朱熹還把孔孟之道的「三綱五常」也說成是「天理」在人間的體現。他們說什麼：「父子君臣，天下之定理。」（《二程遺書》卷五）「天理生生相續不息」（《二程粹言》卷二），「綱常千萬年磨滅不得」（《朱子語類》卷二十四）。這就是說，「三綱五常」不但是合

「理」的，而且如同「天理」一樣也是永久不變的。二程、朱熹宣揚這些，就是要勞動人民放棄鬥爭，放棄革命，以維持反動的封建統治。

由於程、朱理學是為了替反動派辯護，幫助反動派來治我們勞動人民的，所以歷代反動統治者都極力吹捧二程，把他們的「理學」尊奉為「官方正統」哲學。二程死後，北宋皇帝親自撥給程家大量莊田。南宋皇帝追封程顥為河南伯，程頤為伊陽伯，並把二程遺像送進孔廟。元朝皇帝又加封程顥為豫國公，程頤為洛國公。反動統治者還在我縣重修了伊川書院（二程講學的地方）。二程墳有個「程祠」，舊社會俺縣那些反動官吏、土豪劣紳，每逢春秋，都來朝拜、大祭，吹吹打打，題詞送匾，簡直把二程捧上了天。他們無非是妄想借二程的亡靈來維護他們反動的統治，瘋狂向勞動人民進攻。

春秋末期奴隸起義的領袖柳下跖曾經痛斥孔老二是「巧偽人」。自稱是使孔、孟之道「復明於世」的二程，也是言行不一的偽君子。二程、朱熹和他們的徒子徒孫，張口「天理」，閉口「仁愛」，到底給人民施行了些啥「理」和啥「仁」呢？二程三十一代孫「世襲翰林院五經博士」程光福，是孔孟之道、程朱理學的衛道士。他不但平時出租程墳祭田，殘酷剝削農民，而且還在荒年大量收買糧食，囤積居奇，高價出賣，拚命搜刮民脂民膏。面對「朱門酒肉臭，路有凍死骨」的情景，他還坦然自得地說：「這是天理決定的。」一九四二年，十三歲的貧農兒子程黑漢從外地逃荒要飯來到伊川，遇到程光福「行善」被收為義子，實際上成了程家的奴隸。程光福經常對黑漢說：「為人要以理行事，多施善心，千萬不要傷害生靈，即使害死一個螞蟻也是罪惡。」可是，他在黑漢這個「家奴」身上，從來也沒施過半點「善心」。黑漢出的是牛馬力，吃的是糠菜飯，寒冬臘月鑽草窩，沒有鋪蓋又缺穿，動不動還得受程光福的打罵呵斥。後來黑漢實

在忍受不了程家的迫害，公開罷工反抗，竟被程光福打出了程家的大門。程家的「善德」，還遠遠不止這一樁。一九一四年，西場農民熊舟娃在程墳拾柴火。程家就把熊舟娃狠狠毒打一頓，並聲言：「誰動墳上一棵草，殺豬宰羊祭不了！動程聖人的東西，就是傷害天理！」熊舟娃被逼得投河自殺，熊舟娃的哥哥也被逼得氣瘋死去。一把柴火逼死兩條人命，激起了農民的義憤。廣大農民連續三夜到程墳造反，拆毀程家地主莊園房屋五十多間。他們激憤地說：「程家仗勢欺人民，咱們有理無處申，黑夜搗毀程家店，解了咱們心頭恨！」

程、朱理學是一把殺人不見血的軟刀子。廣大貧下中農說得好：程朱理學是「吃人學」、「殺人學」。自從北宋以來，勞動人民反對封建、批判二程的鬥爭烈火一直在燃燒。宋朝農民起義領袖方臘怒斥二程的「天理」是「安有此理」！明末李自成農民起義軍打到河南伊川時，燒毀了反動派紀念二程的祠堂，砸碎了為二程歌功頌德、宣揚反動理學的石坊石碑，燒掉了二程的著作。我們府店人民同二程的鬥爭次數更多，曾鬧得「程祠」香火時有時無。

林彪抬出兩千多年前孔老二的亡靈，借助八、九百年前出世的程朱理學，大搞尊儒反法，大搞復辟活動。他聲嘶力竭地叫嚷，要實行「儒家原理」、「仁義道德」。他還叫囂「要像朱子那樣去待人」，把朱熹按照理學觀點編注的《四書》摘抄下來，拼湊「四書集句」，作為「座右銘」。目的就是要像二程、朱熹和歷來行將滅亡的反動派那樣去以「理」殺人，然後拿著勞動人民的血汗和白骨去建造林家法西斯王朝，捧起社會主義祖國的大好河山送給蘇修社會帝國主義。這證明林彪是地主資產階級的總代表，是孔、孟的忠實信徒。同時，這也說明孔孟之道、程朱理學是歷來一切反動沒落階級復辟倒退的理論基礎和思想武器。

只要社會上還存在著階級和階級鬥爭，尊孔與反孔的鬥爭就永遠

不會停息。列寧教導我們：「剝削者愈是千方百計地拚命維護舊事物，無產階級也就愈要更快地學會把自己的階級敵人從最後的角落裡趕走。」我們一定要更加刻苦地攻讀馬列著作和毛主席著作，運用馬克思主義的立場、觀點和方法研究儒法鬥爭和整個階級鬥爭的歷史經驗，進一步批判林彪反革命的修正主義路線，批判孔、孟之道，把偉大的社會主義革命進行到底。

——原載《人民日報》，一九七四年十二月十日

一份絕妙的反面教材

──〈朱子白鹿洞教條〉批判

星子水泥廠工人理論學習班

在廬山腳下有個白鹿洞書院，它是我國古代四大書院之一。書院內有塊叫作〈朱子白鹿洞教條〉的碑文，它是南宋唯心主義理學家朱熹在此建院時定的學規。這個書院是歷代反動統治者尊孔讀經的地方，碑文浸透著孔、孟之道的毒汁。但是，這樣一些烏七八糟的東西，卻得到了黨內修正主義路線頭子的青睞。一九二七年大革命失敗後，叛徒劉少奇溜到這裡朝孔祭聖，閉門修養。一九五九年在黨的八屆八中全會期間，他又竄下山來，鑽進白鹿洞，想從孔、孟之道的垃圾堆裡，尋找反黨、反人民的思想武器。野心家、陰謀家林彪效法孔老二揮舞「克己復禮」的破旗，叫嚷要「像朱子那樣去待人」，為復辟資本主義大造反革命輿論。剖析〈朱子白鹿洞教條〉，可以進一步看出林彪反革命的修正主義路線的極右實質。

「父子有親，君臣有義，夫婦有別，長幼有序，朋友有信」。這是〈朱子白鹿洞教條〉的頭條，也是他們辦學講道的總綱。這一條不就是孔老二的「君君、臣臣、父父、子子」和董仲舒的「君為臣綱，父為子綱，夫為妻綱」的反動倫理的翻版嗎！孔老二為了實現「克己復禮，天下歸仁」的反動政治路線，炮製了一套「孝、悌、忠、信」的倫理道德，要奴隸和新興地主階級勢力俯首貼耳，聽任擺布，以維護和鞏固奴隸制貴族統治。以後歷代封建統治者和黨內歷次機會主義

路線頭子，無不把孔老二和朱熹這套貨色，奉若神明，視為至寶。封建社會的族權、父權、夫權、神權就成了束縛勞動人民的四條繩索。在叛徒、賣國賊林彪炮製的《「571 工程」紀要》這個反革命政變計畫裡，像歷代反動統治者一樣，也把「忠君」思想作為維護其反革命隊伍內部統治的精神支柱，提倡孔、孟的「敬上」、「無違」的忠孝之道，強迫其死黨永遠忠於林家父子。當其末日來臨時，還發出了「不成功便成仁」的反革命訓令。林彪反黨集團的這些黑貨不就是孔、孟之道的翻版嗎！

「博學之，審問之，慎思之，明辨之，篤行之」。這是〈朱子白鹿洞教條〉的第二條。為了推行孔、孟之道，強迫人們學習它，奉行它，朱熹提出了這一教條，要人們「以聖賢為己任」，做到「居窮敬理」、「踐履力行」。說穿了，就是妄圖用封建禮教的精神枷鎖來束縛人們的思想，要大家都做封建統治下的忠臣或順民。黨內機會主義路線頭子劉少奇不就是在大革命失敗後，從狗洞裡爬出來，捧著反動當局賜給他的《四書》，而後「博學之，審問之，慎思之，明辨之，篤行之」嗎！在他的黑〈修養〉裡，把反動儒學視為正宗，作為復辟資本主義的輿論工具。林彪也仿效朱熹的《四書集注》，從剝削階級的精神武庫裡，揀些破爛，拼湊了一本《四書集句》。但是，古今中外一切反動派不管怎樣尊孔，妄圖用剝削階級腐朽的意識形態征服人心，其結果，只能落得身敗名裂的可悲下場！

〈朱子白鹿洞教條〉第三條是：「言忠信，行篤敬，懲忿窒欲，遷善改過。」這就是要求人們的一切言行都要以「忠、信、篤、敬」為準則，不要反抗，不要鬥爭，做一個合乎封建道德標準的人。朱熹生活的南宋時代，社會危機四伏，階級矛盾日益尖銳，農民起義如火如荼，封建統治風雨飄搖。為了穩定地主階級的內部秩序，鎮壓農民反抗，他承襲了孔老二「克己復禮」的反動路線，提出了「存天

理」，就是要維護封建的「三綱五常」；「滅人欲」，就要妄圖使人們服服貼貼，不要「犯上作亂」。〈朱子白鹿洞教條〉第三條就是這種反動主張的具體體現。林彪也叫嚷什麼：「以仁愛之心，待人之忠，以寬宥原諒之恕，儒家的原理。」同朱熹唱的是一個調子。這絕不是偶然的巧合，而是他們反動階級的本性所決定的。他們都是妄圖鎮壓革命，維護舊制度，復辟舊制度。

孔老二這個四體不勤，五穀不分的寄生蟲，惡毒污衊勞動人民，胡說什麼「君子喻於義，小人喻於利」。朱熹也鸚鵡學舌，胡謅什麼「正其誼（義），不謀其利；明其道，不計其功」，把它作為〈朱子白鹿洞教條〉的第四條。什麼「誼」、「道」？什麼「功」、「利」？在階級社會裡，作為上層建築的意識形態和道德觀念都是屬於一定的社會的政治和經濟的反應，它具有鮮明的階級性。世上絕沒有人類共同的「誼」、「道」，也沒有超階級的「功」、「利」。朱熹所主張的「誼」、「道」是封建之道，吃人之道，是一把殺人不見血的軟刀子；他們反對的「功」、「利」，恰恰就是廣大勞動人民所追求的共同利益──擺脫剝削和壓迫，起來造反，起來革命。

偉大領袖毛主席教導我們：「我們是無產階級的革命的功利主義者，我們是以占全人口百分之九十以上的最廣大群眾的目前利益和將來利益的統一為出發點的，所以我們是以最廣和最遠為目標的革命的功利主義者。」這就是無產階級的革命的功利主義。我們就是要用無產階級的功利主義，去反對一切剝削階級的功利主義，以爭取全人類的解放。

「己所不欲，勿施於人，行有不得，反求諸己」。這是〈朱子白鹿洞教條〉的第五條。用現在的話來解釋，就是「自己所不喜歡的東西，也不要加給別人」。這就是孔老二的所謂「恕道」。「行有不得，反求諸己」，就是要人們不斷地努力探求和擴充內心所固有的「善

端」。後來劉少奇把這句話收在黑〈修養〉裡，林彪反黨集團更是由「己所不欲，勿施於人」推廣到「人所不欲，勿施於人」，胡說什麼：「這是由唯心論轉到唯物論」，「是一種更高的美德」。真是說的比唱的還好聽。可是我們工人階級在自己長期切身痛苦的經歷中，早就看穿了這種反動謬論的實質。在有階級的社會裡，只有階級壓迫和階級鬥爭，從來也沒有什麼「己所不欲，勿施於人」的「恕道」。奴隸主、地主和資本家所「不欲」的東西，是一定要「施於」奴隸、農民和工人的。在那萬惡的舊社會裡，地主、資本家醉生夢死，酒綠燈紅，過著窮奢極欲的生活，可是施給我們窮人的則是皮鞭、血淚、豬狗食、百衲衣，哪裡有一點「恕道」！分明是欺人之道，吃人之道。

古今中外一切反動派及其孔、孟之徒都提倡「恕道」這個東西，是包藏著險惡用心的。他們為了麻痺人民群眾的革命意志，緩和激化了的階級鬥爭，打出「己所不欲，勿施於人」的「恕道」招牌，妄圖達到取消鬥爭，鎮壓革命的罪惡目的。林彪這夥惡鬼不是裝成菩薩模樣，「面帶三分笑」，大念什麼「人所不欲，勿施於人」的「恕經」嗎？可是在陰暗角落裡，去磨刀霍霍，凶相畢露，恨不得一口吞掉無產階級，實行法西斯專政。我們就是要反其道而行之，絕不搞什麼「己所不欲，勿施於人」。恰恰相反，一切反動派所不欲的，我們革命人民則必須強「施於」他們，只許他們規規矩矩，不許他們亂說亂動，如若亂說亂動，立即取締，予以制裁，這就是我們的結論。

——原載《江西日報》，一九七五年一月二日

朱熹教育思想的反動本質

浩聞

　　在中國古代教育史上，代表反動、沒落、腐朽階級利益的教育家，影子最大、流毒最深的，除了孔丘之外，可以算是宋代的朱熹了。

　　從孔丘到朱熹，反映了儒家反動教育的不同歷史階段。朱熹是封建社會後期儒家思想的集大成者，他匯集了歷代反動儒家的思想，編造了一個龐大的客觀唯心主義哲學體系，在這個基礎上，炮製了一整套封建主義的反動教育思想。和孔丘的發跡相似，朱熹被歷代反動統治階級捧上了天，那還是在他死後的事。事實上，朱熹的一生，主要的活動是從事他的反動教育事業。他在這方面積累起來的反動經驗，為以後幾百年的封建主義教育全盤沿襲，又為半殖民地半封建社會的統治階級所繼承。它的流毒，甚至到無產階級文化大革命前仍然嚴重存在著。劉少奇、林彪吹捧朱熹。在教育界，朱熹的教育思想也頗為某些人所欣賞，有一定的市場。因此，在深入批林批孔，特別是在學習無產階級專政理論，促進教育革命的時候，抓住朱熹這個反面教員，進一步揭露批判他的反動教育思想的本質，肅清其流毒，是很有意義的。

　　儒家反動教育自孔丘開始，那時它的目的是維護和復辟沒落奴隸主階級的反動統治，其宗旨就是貫徹「克己復禮」的政治綱領。歷史的發展是不以任何人的意志為轉移的。孔丘妄圖以教育領域作為行將

被打倒的奴隸主階級的最後陣地，負隅頑抗，結果遭到了可恥的失敗。但是孔丘的一整套「克己復禮」的思想，卻被改造為封建統治的思想，成了以後一切反動階級的反革命遺產，一代一代地傳了下來。

到了兩宋，封建社會走過了它的確立、鞏固和發展的階段，進入了後期。階級鬥爭空前尖銳。農民階級反對封建剝削和壓迫的革命鬥爭，次數多，規模大，提出了「是法平等，無有上下」和「均貧富，等貴賤」等革命口號，直接向維護封建統治的孔、孟之道宣戰，顯示了新的水平。偉大的農民戰爭，不僅對封建主義的統治基礎進行了武器的批判，而且拿起了批判的武器，大膽否定封建統治的精神支柱，把神聖不可侵犯的封建主義原則打翻在地。封建統治遭到了嚴重的威脅。就是在這種階級鬥爭的形勢下，代表大地主階級利益的思想家程顥、程頤以及朱熹之流，拋出所謂「理學」的反動體系，妄圖效法孔丘，阻擋歷史車輪前進。

和孔丘的「克己復禮」一樣，朱熹也有一個反動的政治綱領：叫作「存天理，滅人欲」。

朱熹說：「禮者，理之謂也。」就是說，他所說的「理」也就是孔丘所說的「禮」。不過是在新的條件下，使「禮」更加「理論」化罷了。孔丘在奴隸制面臨著覆滅命運的時候，提出了「克己復禮」，朱熹則在封建制進入後期的時候，提出了「存天理，滅人欲」。簡單地說，所謂「滅人欲」，就是在封建主義社會後期大地主階級提出來的「克己」；所謂「存天理」，就是在封建主義社會後期大地主階級提出來的「復禮」。反動統治階級正是把一切反抗和違背封建統治原則的思想、言論和行動，都斥之為「人欲」，而把腐朽的封建統治原則當作為「天理」的。「存天理，滅人欲」，這是他們反動的政治綱領，也是他們反動教育的宗旨。

朱熹畢生抓教育，所謂「一日不講學，則惕然常以為憂」，正是

適應這種大地主階級的政治需要。

在反動的封建統治不鞏固，維護封建秩序的統治思想發生了動搖的情況下，統治階級面臨的最重要的任務就是：一方面，進一步強化國家機器，對農民階級的反抗鬥爭實行殘酷的鎮壓；另一方面，則要加強思想統治，在意識形態領域進一步加強反革命的專政。朱熹總結歷來儒家教育的反動經驗，把教育作為維護和強化地主階級專政的工具。他提出：「若專務克制私欲，而不充長善端，則吾心與所謂的私欲者，日相鬥敵，安伏得下，又當作復矣。」[1]意思是：如果統治階級只注意於革除人的「私欲」，那還遠遠不夠，更重要的是去從事「天理」的徹底恢復。就是說，要迫使人們從思想上死心塌地地去遵奉封建統治原則。朱熹認為，要做到「復盡天理，滅盡人欲」，最重要也是最好的辦法，就是用孔、孟之道去欺騙、奴役人。因此，他反覆地向反動統治階級宣傳抓教育的重要性，指出教育後代、培養為本階級利益服務的接班人，是「百年之計」。並告誡統治階級，教育能使人心克服其違背封建綱常的思想言行，使其悔悟「今是而昨非，日改月化，便是長進」，能「化民成俗」云云。

朱熹把封建教育看作封建主義制度的救命稻草，這當然是唯心主義的痴心妄想。但是從這裡可以看出，在社會矛盾尖銳激烈的鬥爭中，朱熹是充分估計到了教育和政治的密切聯繫的。

為了達到反動教育的目的，朱熹非常重視教育內容和教材的編寫。他認為這是一件大事。在他看來，教育能不能達到預期目的，主要在於教育內容是否符合封建「理義」的要求。他曾把這一點說成比法律制度還重要。他說：「學校之政，不患法制之不勝，而患理義之不足悅其心。夫理義之不足以悅其心，而區區於法制之末以防之……

1　《朱熹教育語錄》。

亦不必勝矣。」[2]只患理義不足「悅其心」，一語道出了朱熹搞教育的秘密。實際上，朱熹根本不是也不可能不看重封建法制的，這只是說，他認為教育比法制的統治更加深入，它能深入到人的心中，使人心悅誠服地遵守封建主義的秩序。也就是，要以欺騙的一手來補充鎮壓的一手。

從「存天理，滅人欲」這個反動教育宗旨出發，朱熹總結出了一套反動的教育方法。

為了弄清朱熹教育方法的反動本質，不妨先來看一看由朱熹親手制訂的臭名昭著的〈白鹿洞書院學規〉。〈學規〉第一條開宗明義寫道：「父子有親，君臣有義，夫婦有別，長幼有序，朋友有信。」指出：「學者學此而已。」為了達到「學此」的目的，〈學規〉規定了一個學習的程序，這就是第二條的「博學之，審問之，慎思之，明辨之，篤行之」。朱熹認為，學、問、思、辨這四者是「窮理」，而篤行則是對「理」的實行。朱熹把這個對「理」的實行分為修身、處事、接物三個方面。第三條「言忠信，行篤敬，懲忿窒欲，遷善改過」，屬於修身；第四條「正其宜，不謀其利，明其道，不計其功」，屬於處事；第五條「己所不欲，勿施於人。行有不得，反求諸己」，屬於接物。就這樣，按照這個順序下去，就能達到「存天理，滅人欲」的教育目的了。

這是徹頭徹尾的、唯心主義和形而上學的貨色。這裡所謂學、問、思、辨的「窮理」過程，並不是對客觀事物的發展規律的認識過程，而是對唯心主義體系的最高範疇「理」的印證，是使人的思想接受封建統治思想的束縛和奴役的過程。這裡所謂「篤行」，當然更不是我們今天所說的實踐，而是把封建統治原則浸入到人們的思想裡

2　《濂洛關閩書》卷十六。

去，一切都要按封建統治原則做。這對於統治階級的子弟來說，是造成死心塌地地維護封建統治的地主階級接班人；對於被壓迫人民來說，則是造成甘心情願忍受封建統治的奴隸，一句話，就是各自都去「存天理，滅人欲」。這就是朱熹教育方法的實質。抓住了這一點，就不會被他的唯心主義的花言巧語所迷惑了。

朱熹有個所謂的讀書原則，名曰：循序漸進。這曾經是被某些人大吹特吹的，有人甚至把它當作朱熹具有辯證法思想的一個根據。

其實，朱熹所謂的「循序漸進」，首先是針對學生應該先讀什麼書和讀書的態度而言的。他說：「讀書須是以經為本。」「經」即儒家經典。他險惡地認為，一切受封建教育的人必須讀儒家經書，但它有一個吸取（實則中毒）的過程，因此，他規定讀「經」也要講先後。他說：「讀書先讀《大學》，以定其規模；次讀《論語》，以立其根本；次讀《孟子》，以觀其發越；次讀《中庸》，以求古人之微妙處。」[3]朱熹是深深地懂得《四書》的反動本質的，為了把學生死捆在《四書》上，他又規定，即使是讀同一本書或同一篇章，也必須守著「首尾次序」而不能亂，不能翻前閱後，東跳一節西選一段，須是一字不漏地讀。真是做到了把孔、孟之道這一套「當作宗教教條一樣強迫人民信奉」。這種方法不僅是典型的奴化教育的伎倆，而且本身就是形而上學的。

但是，這還不是問題的全部。要徹底戳穿朱熹「循序漸進」的反動本質，還必須分析他講「循序」，到底循的是什麼「序」？講「漸進」，到底要「進」到哪裡去？簡單地說，朱熹所謂「循序」，本質就是通過印證，使人們達到完全承認封建主義統治原則是絕對的「天理」的過程或次序；所謂「進」，就是使人們進入到封建主義思想的

3　《學規類編》卷五。

迷魂陣裡去，完全失去了自己思考的能力，成為十足的封建的奴才。
朱熹說：「古者初年入小學，只是教之以事，如禮樂射御書數及孝悌
忠信之事，自十六、七入大學，然後教之以理，如格物致知及所以為
忠信孝悌者。」[4]這裡朱熹把問題的實質講得更清楚了，所謂「循
序」，就是進入忠信孝悌所經歷的過程；所謂「漸進」，就是漸漸進入
忠信孝悌。一句話，就是從小就用忠信孝悌的繩索把人們緊緊地捆綁
起來。這是根據人的不同年齡講的。從學習內容講，朱熹又說博學
即：「修己治人之方，皆所當學，然應各有次序，當以其大而急者為
先。」[5]「得寸則守其寸，得尺則守其尺。」[6]什麼是朱熹所謂的
「大」、「急」、「尺」、「寸」呢？說到底，「大」，就是封建統治的大，
也就是理學的祖師爺程頤說的「餓死事小，失節事大」的大；「急」，
就是維護封建秩序的急；「尺」、「寸」，就是封建禮教的尺寸。這完全
是適應反動地主階級的政治需要而編造出來的鬼話，吃人的哲學，哪
有什麼「科學的過程」的可言呢?!

　　朱熹還有一個受某些人吹捧的教育方法，就是所謂「熟讀精
思」。有的人也把它說成是認識上的辯證法因素。這也是十分荒謬
的。

　　朱熹說：「大抵讀書，先須熟讀，使其言皆若出之於吾之口；繼
之精思，使其意皆若出之於吾之心，然後可以有得耳。」[7]這完全是
填鴨式的讀書方法。其目的就是要通過死記硬背的死讀書的方法，把
封建統治原則硬灌進去，「使之若出之於吾之口」和「吾之心」。它的

4　《朱子語類》卷七。

5　《朱子語類》卷八。

6　《朱子學規》。

7　《朱子大全‧讀書之要》。

要訣，首先要閉門讀書，即所謂「讀書千遍，其意自見」[8]。「讀書須是要身心都入在這一段裡，更不問外面有何事，方見得一段道理出。」[9]其次是閉門思過，即所謂「精思」。這裡所謂的「精思」，實際上不僅僅限於「窮理」的階段，也包括了〈學規〉裡面所說的「懲忿窒欲，遷善改過」的內容。這是讀書必須做到的。就是朱熹說的：「學者須是革盡人欲，復盡天理，方始是學。」[10]又說：「讀書須將聖賢言語體之於身，如克己復禮，如出門如見大賓等事，須就自家身上體看，我實能克己復禮、主敬行恕否。件件如此方有益。」[11]朱熹宣稱，只要這樣不斷地「熟讀精思」下去，就會達到「吾心之全體大用無不明矣」[12]的境地。也就是達到「一旦豁然貫通」、「忽然爆開，便自然通」的境界。這是道道地地的唯心主義、形而上學的說教。劉少奇的閉門修養，林彪的「要解決問題，就要從靈魂深處爆發革命」，正是從朱熹這裡販來的黑貨。他們的目的，都是要引誘人們脫離火熱的階級鬥爭實際，把自己的思想封閉起來，「懲忿窒欲」，磨滅革命意志，成為他們的俘虜和「工具」。

恩格斯在揭露和批判資產階級反動教育時指出：「這裡的一切都是教人俯首貼耳地順從統治階級的政治和宗教。」朱熹的教育思想也正是這樣。他搞教育，是十分注意為大地主階級政治服務的實效的。他說：「大抵讀書需要看那道理是何作用，只讀過便休，何必讀書。」因此，他提出了「躬行踐履」的理念。這個理論，更被某些人吹得天花亂墜，什麼朱熹「懂得理論與實踐的關係」，「是一個重視躬

---

8 《朱子讀書法》卷一。

9 《朱子語類》卷十一。

10 《朱子語類》卷十三。

11 《朱子語類》卷二。

12 《補大學致知格物傳》。

行實踐熱心講學的教育家」等等。對此，我們也必須加以揭露和批判。

在論述自己的知行觀時，朱熹明確地說過：「論先後，知在先；論輕重，行為重。」[13]公開宣揚知是第一性的，行是第二性的，即行是由知決定的。這種知行觀難道不是唯心主義的嗎？當然，朱熹也十分重視「躬行踐履」。他說：「學之之博，未若知之之要，知之之要，未若行之之實。」[14]但是，朱熹所講的「知」，是指對「理」即封建主義原則的認識；他講的「行」，是指按封建主義原則去踐履，亦即「行」「天理」，亦即對天理的印證。一句話，就是力行他「存天理，滅人欲」的反動政治綱領。這就是朱熹的「為學之實」，也就是朱熹教育思想的歸宿即目的。他的「行」在哲學上是唯心主義的，在政治上是反動的。

歷史事實說明，任何階級都是把教育當作本階級專政的工具的，只不過是不同階級的教育所起的作用和結局，將隨著它所代表的階級在歷史上的作用的不同而不同。一切反動沒落的統治階級，總是妄圖把教育作為挽救它們滅亡命運的工具。結果，當然都和它們所代表的階級同歸於盡。沒落奴隸主階級以孔丘為代表的反動教育的命運是這樣；封建社會後期，以朱熹為代表的腐朽教育的命運是這樣；半殖民地、半封建社會以孔丘、朱熹為「先師」、「太師」的國民黨反動教育的命運也是這樣；劉少奇、林彪的反革命修正主義教育的命運也不例外。教育的命運同哲學的命運一樣，決定於它所服務的階級的命運。唯有無產階級的教育，是永保其青春的，它將隨著無產階級革命事業的飛速發展而不斷成長壯大。但是，鬥爭還是很尖銳的，封建資產教

---

13 《朱子語類》卷九。

14 《朱子語類輯略》。

育思想的流毒尚未徹底肅清，進一步開展對它們的批判，仍然是我們
當前的一項重要的戰鬥任務，不能掉以輕心。

　　——原載《革命教育通訊》，一九七五年第八期，頁八五～九一

批判朱熹的反動教育思想

江西師範學院　教兵

　　朱熹（1130～1200），江西婺源人，是我國南宋反動理學家。他全盤繼承並發展了孔、孟之道，不僅在唯心主義理學方面，對我國封建社會後期影響極大，毒害最深，而且在教育方面，也影響極壞，流毒深廣。因此，要深入批林批孔，進一步推動我國無產階級教育革命深入向前發展，就必須把朱熹的反動教育思想批深批透。

　　朱熹的反動教育思想是什麼貨色呢？他的反動教育主張又有哪些？

一　「存天理，滅人欲」的教育思想

　　朱熹從他反動的人性論出發，把人性分為「天命之性」和「氣質之性」兩種，而把人心分為與「天命之性」、「氣質之性」相應的「道心」和「人心」兩種。他認為「道心」是從「天命之性」出發的，所以「道心」就是「天理」，是至善的，「人心」是從「氣質之性」出發的，因為「氣質之性」有善有惡，所以「人心」也有善有不善，合於「天理」的就是善，違背「天理」的叫「人欲」，就是惡。朱熹還認為「天理」和「人欲」是根本對立的。他說：「天理人欲，不容並立。」（《孟子・滕文公上》注）「天理存則人欲亡，人欲勝則天理滅。」（《語類》）因此，他提出了「存天理，滅人欲」的反動理論。

　　與此同時，朱熹在教育上還肯定「學以變化氣質」的這一作用。就是說，通過教育可以改變人的「氣質之性」，回復「天命之性」。

　　基於以上兩點，朱熹在教育上提出了「存天理，滅人欲」的反動教育思想。他還說：「聖人千言萬語，只是教人存天理，滅人欲。」又說：「學者須是革盡人欲，復盡天理，方始是學。」（《語類》）

　　但是，朱熹所謂的「天理」、「人欲」是直接同封建政治和封建倫理道德相聯繫的。一方面，他把維護封建統治秩序和封建倫理道德關係的「三綱五常」，說成是「人倫天理之至，無所逃於天地之間」的永恆規律，是「至善」的「完美無缺」的「大理」，即所謂「綱常萬年，磨滅不得」（《語類》）。另一方面，他又把農民起來爭取生存、反抗剝削和壓迫的正當思想行為，統統污蔑為「萬惡」的「人欲」，是由於稟氣的昏濁和物欲所蔽的緣故。由此，我們可以清楚地看到，朱熹所叫嚷的「存天理」，就是要存「三綱五常」，存孔、孟之道，存剝削有理、壓迫有理。他所要滅的「人欲」，就是要滅掉農民的革命思想，滅掉農民的革命意志。換句話說，就是要農民老老實實，服服貼貼地忍受著殘酷的剝削和壓迫，不要起來造反。可見，朱熹提出的「存天理，滅人欲」教育思想的罪惡目的，就是為維護封建統治秩序、鎮壓農民起義提供反革命的理論根據，完全是為加強日趨沒落的地主階級對廣大人民專政服務的，妄圖以此來挽救和維護南宋的反動統治。

二　封建地主階級的培養目標

　　在階級社會裡，各個不同階級的教育總是要為本階級培養接班人的。朱熹為了維護封建地主階級的統治地位，挽救動搖的南宋偏安的封建政權，提出了一條為封建地主階級培養忠臣、孝子的培養目標。

朱熹在江西廬山制訂的〈白鹿洞書院學規〉（《朱文公文集》卷七四）中規定：書院教育的目的，就是要培養「父子有親，君臣有義，夫婦有別，長幼有序，朋友有信」的所謂「聖賢」人物。

朱熹所說的這一套，實際上就是封建倫理道德——「三綱五常」的具體化。朱熹以此作為書院的培養目標，目的是妄圖以封建倫理道德來束縛人們的思想，使得培養出來的人，個個都能「明人倫，存天理」，自覺地服從封建倫理道德，遵守封建統治秩序，維護封建專制制度，從而鞏固封建地主階級的統治地位。其用心何其險惡！

朱熹提出的這個培養目標，實際上就是他所宣揚的「存天理，滅人欲」反動教育思想的具體體現。他在〈白鹿洞書院學規〉中，還特別強調「講明義理，以修其身，然後推己及人」，使其培養出來的人能死心踏地地效忠於封建王朝，成為地主階級的忠臣、孝子。因此，朱熹提出的這個培養目標，從政治上來看，是極為反動的，因為它體現著封建地主階級的意志，適應著封建地主階級政治上的需要，從哲學上來看，是極為荒謬的，妄圖通過教育（即培養人）來挽救南宋封建社會的崩潰，從而把歷史車輪拉向倒退，這是十足的主觀唯心主義的幻想。

三　「尊孔讀經」的教育內容

朱熹說：「人生八歲，……皆入小學，而教之以灑掃應對進退之節，禮樂射御書數之文。及其十有五年，……皆入大學，而教之以窮理正心修己治人之道。」（〈大學章句序〉）另據王懋竑纂訂的《朱子年譜》一書中記載：「先生（指朱熹）平居教學者，首以《大學》、《語》、《孟》、《中庸》四書，次而《五經》，又次而史傳，至於秦、漢以後詞章，特餘論及之耳。」

從這裡我們可以看出朱熹是把教育分為兩級制的，即小學和大學，小學的主要教材是《小學》；大學的主要教材是《四書》、《五經》。至於史傳、詞章，在大學裡是不重要的，有餘力才去學習它。這些教育內容究竟是些什麼貨色？

我們知道，《小學》一書是朱熹編輯的小學教育課本。他妄圖通過「教人以灑掃、應對、進退之節」，達到「愛親、敬長、隆師、親友之道」，「修身齊家治國平天下之本」（〈小學序〉），向剛剛入學的兒童灌輸孔、孟之道。所謂《四書》是四部儒家經典的總稱，即《論語》、《孟子》和《大學》、《中庸》。朱熹按照他的反動理學觀點作了一番新的注解後，稱為《四書集注》。其中《論語》、《孟子》是記載孔、孟反動思想和反動言行的匯集。《中庸》、《大學》原都是《禮記》中的一篇，其中宣揚了反動的「天命觀」、「中庸之道」和反革命的處世哲學。《五經》指的是《詩》、《書》、《禮》、《易》和《春秋》，它集中反映了夏、商、周奴隸制時代的意識形態和典章制度。

由此看來，朱熹所宣揚的教育內容，無論是《小學》也罷，《四書》也罷，《五經》也罷，都浸透了孔、孟之道的毒汁，是反動統治階級的騙人經、復辟經、權術經，是束縛人民的精神鴉片，是維護反動統治的重要工具。尤其是《四書》經過朱熹注解後，其欺騙性更大，封建毒素更加更加濃厚，封建理論更加系統化了。正因為如此，南宋以後的封建統治者竟以法律的形式規定《四書》、《五經》為學生必讀的教科書和科舉考試的標準答案，硬把它「當作宗教教條一樣強迫人民信奉」。

四 「學道修身」的教育方法

朱熹為了實現「存天理，滅人欲」的教育目的，以便為封建地主

階級培養忠臣、孝子，在教育途徑方法上大肆鼓吹關門讀書，學習孔、孟之道和唯心主義的修身養性的教育方法。具體來說，有：讀書窮理、格物致知、居敬等。

朱熹說：「為學之道，莫先於窮理，窮理之要，必在於讀書。」（王懋竑《朱子年譜》卷四上）「不讀書則義理無由明。」（《語類》）朱熹所謂的「理」，就是君臣、父子、兄弟、夫婦、朋友，仁、義、禮、智等這些封建倫理道德規範，並不是指客觀事物本身的道理或規律性。

朱熹所說的「讀書窮理」，就是要人們向書本進攻，不能離開「經訓史冊」、「聖賢」的書本。他把人的認識活動僅僅限制在書本上，完全排斥了社會實踐對人們認識的重要意義。所以說，朱熹所鼓吹的「讀書窮理」的方法，就是要學生關起門來「死讀書」、「讀死書」的方法，就是要「兩耳不聞窗外事，一心專讀聖賢書」，熟讀《四書》、《五經》，學習孔、孟之道，以「聖賢為己任」，做個忠實於孔老二的信徒罷了。這是十足的唯心主義認識論，同在實踐中認識客觀事物的唯物主義認識論是水火不相容的。

何謂「格物」？按照朱熹的解釋，「格物」就是「窮天理，明人倫，講聖言，通世故」（《朱子文集·答陳齊仲》）。而「三綱之要，五常之本」，又是「人倫天理之至」（〈癸未垂拱奏劄二〉）。可見，朱熹所謂的「格物」的「物」並不是指客觀事物，而是封建倫理道德，即「三綱五常」。朱熹從唯心主義先驗論出發，認為「心包萬理，萬理具於一心」（《語類》）。所以，在朱熹看來，只要把心裡先驗的「理」發揮出來，就可以「致知」了。他要人們不必接觸外界客觀事物，不需要參與社會實踐活動，只要閉門修養，苦思冥想「求於內」，逐步去領悟「天理」，即「今日格一物，明日格一物」（《語類》），積習既多，就能達到「一旦豁然貫通」了，然後再按照這些封建倫理道德教

條去立身處世。這實際上就是他所說的「天理」克制「人欲」的一種自我修養方法。這種「格物致知」的方法，對於封建統治者來說，是一付極妙的維護封建統治秩序的靈丹妙藥；對於被統治者來說，則是一種要人們甘心情願忍受剝削和壓迫的麻醉劑。

朱熹是把「居敬」和「窮理」看作同樣重要的。因為在朱熹看來，「窮理」是僅就外物方面，對知識的獲得來講的；對人的內心的涵養就要靠「敬」字功夫了。所以朱熹認為要達到修養的極至目標——「仁」，「居敬窮理，二者不可偏廢」（《讀續近思錄》卷三），「敬字功夫，乃聖門第一義」，「修身、齊家，治國、平天下，都少個敬字不得」（《語類》）。

朱熹之所以這樣重視「敬」字功夫，因為這是維護封建統治秩序的重要法寶。孟軻說過：「為人君，止於仁，為人臣，止於敬。」可見，「敬」是為了「忠」。就是說，對君主做到盡忠，同時，「敬」字還包括一套表達「忠」的形式，如臣對君要跪拜、叩頭之類。因此，「敬」字功夫，對勞動人民來說，就是要服服貼貼地忍受剝削和壓迫，做到「內無妄想，外無忘動」，不能「犯上作亂」；對於封建統治者來說，就是為了更好地統治人民，維護反動統治。

綜上分析可見，朱熹所鼓吹的這套反動的教育方法，實質上是為實現他提出的「存天理，滅人欲」的教育目的服務的。它和一切唯心主義一樣，都是以主觀和客觀相分裂，以認識和實踐相脫離為特徵的，完全排斥和否認了人們參加社會實踐的必要性。因而是反馬克思主義的教育方法。

朱熹死亡的七百多年後，在社會主義條件下，劉少奇大肆販賣黑〈修養〉，林彪一夥則胡說什麼學生「到學校來，就是要讓他們坐下來讀書」，宣揚「書編三絕的治學精神」，「靈魂深處爆發革命」等等。所有這些，都不是什麼新鮮貨色，而是從封建社會的歷史垃圾堆

裡揀來的破爛貨。其實質就是孔孟、朱熹諸儒所鼓吹的「關門讀書」、「閉門修養」、「反省內求」這一套封建主義修養經的翻版。他們反對參加社會實踐，反對知識青年走與工農相結合的道路，反對在三大革命運動中努力改造世界觀，妄圖以達到顛覆無產階級專政，復辟資本主義的罪惡目的。

偉大領袖毛主席教導我們「教育要革命」，無產階級就必須認真看書學習，學習毛主席關於理論問題的重要指示，學習無產階級專政的理論，在批林批孔運動中，從各個角落裡橫掃一切封、資、修的反動教育思想，進一步鞏固無產階級專政，推動無產階級教育革命深入發展。

——原載《江西日報》，一九七五年三月二十七日

從朱熹的「天理」、「人欲」之辨看儒家思想的實質

山西師院中文系　傅毓鈴

　　朱熹（1130～1200）生當南宋王朝。他繼承了儒家唯心主義思想體系，是宋代「理學」的代表人物。據《宋史・道學傳》載，朱熹說他平生所學，惟「天理」、「人欲」四個字。這給了我們一個很好的線索，使我們可以抓住朱熹的「天理」、「人欲」之辨，看他怎樣條貫孔子開創的儒家思想；看儒家思想的唯心主義實質及其維護封建統治的反動作用；並進一步揭發、批判林彪鼓吹「孔、孟之道」的罪行。

一　什麼是「天理」、「人欲」之辨

　　在朱熹連篇累牘的著述中，對「天理」、「人欲」及其關係作了不厭其詳的解釋。什麼是朱熹所謂的「天理」呢？

　　朱熹說：「天以陰陽五行化生萬物，氣以成形，而理亦賦焉。」（《中庸集注》）

　　又說：「未有天地之先，畢竟也只是理；有此理便有此天地，若無此理便亦無天地，無人無物，都無該載了。」（《朱子語類》）

　　在朱熹看來，在天地萬物之先，有一種不依賴任何客觀存在的絕對觀念，叫「天理」，當天生萬物之時，「理」先天地注入到天地萬物事件之中，決定了天地萬物的存在，是萬事萬物必然先天具有的道

理。

朱熹還說：「於是人物之生因各得其所賦之理，以為健順五常之德，所謂性也。」(《中庸集注》) 這裡講了「天理」和「人性」的關係。先於天地而存在的「天理」，賦予人以「人性」或者叫「天命之性」，是先天具有的、是決定人的後天之德的。

孔子認為：「性相近也，習相遠也。」(《論語》) 孟子說「人性善」。朱熹說：「好善而惡惡，人之性也。」可見他們一脈相承，而朱熹又給「人性」提出了一個客觀唯心主義的根據，就是「人性」來自「天理」。所以「天理」這個概念標誌了朱熹的「理學」體系是客觀唯心主義的，同時又是客觀唯心主義與主觀唯心主義的謊言的雜燴。

什麼是朱熹所說的「人欲」呢？

他說：「人欲云者，正天理之反耳。」(〈答何叔京〉)「人欲者，梏於形、雜於氣、狃於習、亂於情而後有者也。」(〈知言疑義〉)

朱熹承認，和他臆造的「天理」這種絕對觀念相反，人們的肉體需要，不同的社會地位和生活習慣，人們所表現出的感情，會產生各種生活上的要求。朱熹把這要求斥之為「人欲」。可見朱熹的思想與一切唯物論是背道而馳的。朱熹把「天理」說成絕對的善，把人們的一切要求都說成絕對的惡，這就形成了他「存天理、滅人欲」的政治口號。用符合封建統治階級政治需要的絕對觀念，扼殺人民正當的生活要求，扼殺任何希望改變自己社會地位的理想，這就是朱熹的「天理」、「人欲」之辨。

二　朱熹怎樣繼承、強化了儒家思想的唯心主義實質

孔子的思想是從「天命論」出發，把它和「仁」這種道德觀念聯

繫起來，從客觀唯心主義走向主觀唯心主義。到曾子、子思就提出了
「天命之謂性」，也就是關於「人性」的命題了。孟子把「人性」說
成是所謂「惻隱之心」。朱熹把這一套全部繼承下來，附之以「天
理」的「降神術的紊亂」，這就構成了朱熹思想的最大特點。

　　他說：「天理只是仁、義、禮、知之總名，仁、義、禮、知便是
天理之件數。」（《朱子語類》）

　　用「天理」條貫儒家思想的仁、義、禮、知，把這規定為社會存
在的先天的根據；也就是把一個階級的道德觀念來規定社會存在，並
把這規定為永恆不變的秩序，就正像恩格斯所說：「這正是一個叫做
黑格爾的人所說的最荒唐的熱昏的胡話之一。」（《反杜林論》頁三九
～四十）

　　儒家思想的核心是「仁」。孔子說：「克己復禮為仁。」做為一種
奴隸主貴族的道德觀念，孔子提出的「克己復禮」強調種族奴隸制國
家中，統治階級內部的血緣關係，要求各個成員約束自己，恢復
「禮」的秩序，因此它才有「孝弟」為「仁之本」和「仁者，愛人」
的內容。

　　對於封建制的國家來說：「仁」的這種實際內容是不夠用的，特
別是當封建社會逐漸走上下坡路的時候。朱熹把「天理」、「人欲」之
辨貫徹到「仁」的解釋中去，其實質是強化儒家思想的唯心主義核
心。所以在「克己復禮為仁」一條下面，朱熹注釋說：「仁者，本心
之全德。」「心之全德，莫非天理，而不能不壞於人欲；故為仁者，
必有以勝私欲而復於禮，則事皆天理，而本心之全德復全於我矣。」
（《論語集注》）

　　朱熹規定「仁」是「天理」在「本心」中完全的表現，以全其心
德，滅盡人欲為標準。把「仁」捧成了超階級的、超脫於社會存在的
道德觀念，使它越過了奴隸主貴族的家族束縛。

　　看起來，朱熹的規定是個抽象的標準，實際上有明確的具體的階級內容。「天理」就是「仁、義、禮、知」，「天理」化為「心之全德」就是完全的、純粹的德性。因而「仁」做為一種嚴酷的精神枷鎖的作用就突出了。只有承認現存的社會秩序，克制或者消滅一切改變自己社會地位的願望，才能成為「仁」者。它肯定了現存的秩序，維護了統治階級的統治，而且給了「衛道者」們以精神支柱。要知道，以封建的鄉里宗族為其社會基礎的封建國家，是有出現成批的「衛道者」的階級基礎的。所以，朱熹給「仁」規定的內容符合了封建統治階級的需要。

　　同時，朱熹對「義、禮、知」等奴隸主貴族的道德觀念也從「天理」、「人欲」出發作了發揮。他說：

　　「義者，心之制，事之宜也。」（《孟子集注》）

　　「禮者，天理之節文也。」（《論語集注》）

　　「知者，達於事理。」（《論語集注》）

就是說：「義」是管制住「心」先天存在的「天理」，辦事情符合「天理」的自我約束，以保持思想上的純粹。所以「義」是「仁」的衛護。「禮」是「天理」的節儀和妝飾，是行動上不越軌的一些具體規定。所以「禮」要做為「天理」的外觀而不折不扣地遵守。「知」（智）是認識、精通各種事物所包含的「天理」的能力。所以義、禮、智各從不同的環節上禁錮人民的思想和行動，以保持思想的絕對純粹和行動上的安分守己。朱熹把以「仁」為核心的儒家思想做為封建的道德觀念更加絕對化，更加系統化了，變成了一套符合「天理」安排的束縛人們的思想的最後的、終極的，永恆不變的真理，變成了一套更完整的「修身」哲學。朱熹以「天理」的光環把封建禮教全部美化起來，就是要扼殺一切造反、革命、鬥爭的念頭，成為道貌岸然、麻木不仁的活死人，成為言行不一的偽君子，成為死心塌地的衛

道者；也就是做封建專制的犧牲品和馴順的奴隸。從而強化了儒家思想的唯心主義核心，使其更加具有欺騙性，這就是朱熹思想與儒家思想的內在聯繫。

所以朱熹把儒家要求「正名」的社會理想，什麼「君君，臣臣，父父，子子」也規定為「天理」所昭示的內容；說：「三綱五常，禮之大體，三代相繼，皆因之而不能變。」（《論語集注》）孔子說：「孝弟其為仁之本。」朱熹也從「天理」出發說：「故為仁以孝弟為本，論性則以仁為孝弟之本。……仁是性也，孝是用也。」就是說「孝弟」也是「天理」的表現。朱熹極盡能事，把「仁」的主宰地位突出起來，也就是突出了絕對觀念產生社會存在的唯心主義實質。

這裡有一點應該指出，儒家講「為政以德」，也就是行「仁政」的問題。如果我們說：「他提出『為政以德』和『富而後教』的觀點，斥責那些『不教而殺』的虐民苛政。儘管目的是為統治者打算，但總算看到一些現實情況。孔子還認為要『足食足兵』，才可導致『民信』（〈顏淵〉）；因此一再說『所重民食』，要『因民之所利而利之』（〈堯曰〉）。這種思想，在當時還有一定的積極意義。」（楊榮國主編《簡明中國哲學史》頁二五～二六）朱熹所提出的以「天理」、「人欲」之辨為線索的「理學」思想則把這一定的積極意義也抹殺了。他在回答一個學生的問題時說：「飲食者，天理也；要求美味，人欲也。」（《朱子語類》）他又說：「人之一心，天理存則人欲亡，人欲勝則天理滅。」（《朱子語類》）可見朱熹的「天理」、「人欲」之說只是一種欺騙。朱熹要的是統治階級可以窮奢極欲，任意揮霍，而且要世代承襲；而人民只能任人宰割，絕不反抗。這一點在我們分析朱熹「理學」產生的根源時就更看得清楚了。

三 「天理」、「人欲」之辨產生的階級基礎和思想根源

朱熹生活的南宋王朝是我國封建社會內外交困、風雨飄搖的一個朝代。外受異民族統治階級的逼迫，偏安於東南一隅；統治階級過著「暖風吹得游人醉，卻把杭州作汴州」的腐朽寄生歲月。因而更加加重對人民的殘酷的政治壓迫與經濟剝削，致使內部的階級矛盾十分尖銳。廣大勞動人民身受本民族和異民族統治階級的雙重壓迫，生活於水深火熱之中。地主階級中的豪族地主（也就是居於上層統治地位的有權有勢的地主）大量地集中壟斷土地，廣大勞動人民流離失所，淪為豪族地主的佃戶，成為實際上的奴隸，社會上的兩極分化日益嚴重，階級對立日益尖銳。很多個縣的土地，整個的或幾個的成為一家地主私產。有一個鎮壓農民起義的劊子手叫張俊，竟占田達六十四萬畝。有一個「和王」叫楊沂中，他的閨女出嫁後抱養了一個妾生子，楊沂中立即撥「崑山良田千畝以為粥米資」。真不知道楊沂中該占有多少個千畝良田！

由這樣的一些享有特權、握有土地的人掌握著國家的政權，他們的既得利益使他們希望天下太平、長治久安、世代承襲下去。他們造作理論、箝制思想，總是把社會存在的貧富貴賤的懸殊這種不合理現象說成為合理的、天經地義的、永恆不變的。「天理」這種絕對觀念的提出及朱熹對「天理」所作的種種解釋，歸根到底都反映著統治階級的既得經濟利益。

但是，廣大勞動人民對統治階級的「天理」是不買帳的。喪失了土地的廣大勞苦農民，在地主階級的壓迫之下再也無法生活下去了。此伏彼起、如火如荼的農民鬥爭連綿不斷，使統治階級的小朝廷慌恐

不安。特別是十二世紀，震動了整個南宋王朝的鍾相、楊么起義，提出了「法分貴賤貧富非善法也；我行法，當等貴賤，均貧富」的思想，矛頭直指封建的土地所有制和封建皇權。「等貴賤，均貧富」標誌著我國農民起義進入了一個新階段，與北宋末年的王小波、方臘起義連成一條紅線。

就像孔子認為春秋末年是「禮崩樂壞」一樣，朱熹在他給皇帝的建議中也說：「今天下大勢，如人有重病，內自心腹，外達四肢，無一毛一髮不受病者。臣恐所憂者，不止於饑殍而將在於盜賊；蒙其害者不止於官吏而上及於國家也。」（見《宋史・道學傳》）可見朱熹看到了封建社會的病入膏肓，出於他的階級本能，他不憂饑殍而憂「盜賊」，他憂於封建國家的危亡。極端仇視農民起義的朱熹，在力主鎮壓的同時，拾起了儒家思想加以發揮。所謂「存天理、滅人欲」是束縛人民思想的精神枷鎖，以瓦解人民的鬥志，阻止農民起義的烽火蔓延，維持封建統治階級的搖搖欲墜的專政。這就是朱熹的政治目的。

由此我們可以看出：儒家思想及其後代的變種──「理學」在實質上都是剝削階級在他們的統治行將崩潰時的思想統治工具，是妄圖阻止歷史前進的思想輿論工具。

「天理」、「人欲」之辨的產生還有其思想上的根源。「天理」是朱熹臆造的絕對觀念。他根據這一觀念鼓吹說「天下萬物，莫不有理」。「理」就成了產生宇宙萬物的唯一根據，不僅人類社會有固定的秩序，整個自然界似乎也都按照「天理」的秩序安排。這種侈談自然界的意志的現象正暴露了朱熹的思想根源之一是宗教的有神論。

正像恩格斯在批判杜林時所說：「這個人對別人是如此嚴格，而他本人卻十分確切地知道自然界按照誰的意志做這件事或那件事，談論自然界的纖巧性，甚至還談到自然界的意志……」

「……因此，如果杜林先生堅持說，適應必須通過觀念才能完

成，那麼他只是用別的字句來說：有目的的活動同樣必須通過觀念來完成，必須自覺的，有意識的。於是像在現實哲學中通常遇到的情況一樣，我們又來到有目的地活動的造物主那裡，來到上帝那裡了。」（《反杜林論》頁六八～六九）

朱熹的「天理」就是這「別的字句」。他有時說「天生萬物」，有時說「帝是理為主」（《朱子語類》）。所以他認識事物的過程就不是從感性到理性，然後再經過實踐來提高認識。當他講「格物致知」時是要求通過對每一事物的「格」（研究）達到承認「天理」的唯心主義目的。也就是要有一個先入為主的絕對觀念去統領全部認識過程，並作認識的歸宿。就像歐洲中世紀的唯實論者一樣，當他證明上帝存在時，就是說要把上帝想成為最完美的，你想它，它就存在。絕對觀念決定了社會和自然的存在。「天理」決定一切。由此可以看出來朱熹的思想體系不管他多麼龐雜，也是貧乏的，反動的。

朱熹的思想體系的又一個思想上的根源是唯我論。他說：「蓋天地萬物，本吾一心，吾之心正，則天地之心亦正矣。吾之氣順，則天地之氣亦順矣。」（《中庸集注》）這就承認了「吾」是宇宙的主體，是上帝的化身。

列寧同志在批判主觀唯心主義的貝克萊和馬赫時說：「那麼由此必然會得出一個結論：整個世界只不過是我的表象而已。從這個前提出發，除了自己以外，就不能承認別人的存在，這是最純粹的唯我論。」（〈唯物主義和經驗批判主義〉，見《列寧選集》第二卷頁三六）

所以我們說：朱熹的思想體系不僅是包含了主觀唯心主義和客觀唯心主義的各種謊言的雜燴，也是有神論和唯我論的雜燴。他不僅繼承、強化了儒家唯心主義的思想核心，而且吸收了我國古代佛教的、道教的各種唯心主義的說教。

　　歷史上的孔子是「知其不可為而為之」的可憐蟲，落了一個「累累然如喪家之狗」的可恥下場，漢代的劉徹搞了個「獨尊儒術」，想以行使命令來推行董仲舒的「天人感應」，但當時封建社會畢竟還處於上升時期，所以到東漢以後儒家的「獨尊」地位又動搖了。儒、道、釋三家的思想從各個角度滿足著封建統治階級的需要，有時還好像互相排斥，其實是貌離神合，到了南宋，封建社會走上了下坡路，以捏合各種唯心主義思想為己任的朱熹「嘗謂聖賢道統之傳，散在方冊，聖經之旨不明而道統之傳始晦。於是竭其精力以研窮聖賢之經訓」（《宋史‧道學傳》）。從而繼承、完善了儒家思想，成為宋代「理學」的代表人物。據《宋史》記載，淳祐元年正月，朱熹就得到了「從祀孔子廟」的榮顯地位了。足見他的思想的反動作用。

　　不但宋以後的歷代統治者及其走狗，如曾國藩之流和獨夫民賊蔣介石是朱熹的吹捧者和效尤者。而且劉少奇、林彪一夥也必然是朱熹的崇拜者，他們師法朱熹的反動唯心主義理論，鼓吹朱熹的「待人」哲學，為他們復辟資本主義的陰謀活動張目，因為他們一脈相承，都代表著行將滅亡的腐朽沒落的階級勢力。

四　林彪鼓吹的「天才」和朱熹的「天理」是一路貨色

　　朱熹鼓吹「天理」主宰一切的目的是要把最高的封建統治者和他自己說成是掌握「天理」的「天才」，他說：「蓋自天降生民，既莫不與之以仁義禮知之性矣；然其氣質之稟或不能齊，是以不能有以知其性之所有而全之也，一有聰明睿智、能盡其性者出於其間，則天必命之以為億兆之君師，使之治而教之以復其性。」（〈大學章句序〉）只有「天才」才能發揮「天理」的全部奧妙，所以「天必命之以為億兆

之君師」。他們是「聰明睿智能盡其性者。」他們是不常出現的。

林彪一夥也正是在這幾點上把朱熹的說教繼承下來了，他一會兒鼓吹「頂峰」、「最高的馬克思主義」；一會又散布什麼「全世界幾百年，中國幾千年才出現一個最大的天才」，而這個「天才」就是他自己，因而只有他「學得最好，用得最活，跟得最緊，舉得最高」。

這種關於「天才」的說法，就像朱熹所臆造的「天理」一樣，是妄圖把馬克思主義的基本原理否定掉，他們「肆無忌憚地談起信仰主義來了，可是到了要明確地肯定他們對馬克思和恩格斯的態度時，他們的全部勇氣和對自己信念的一切敬意就立即消失了。在事實上，他們完全背棄了辯證唯物主義，即背棄了馬克思主義。」（《唯物主義和經驗批判主義》第一版序言）而他們這樣做的目的就是要用一種絕對觀念，用一種臆造的、永恆的、終極的絕對真理來篡改閹割馬克思主義、列寧主義的靈魂，來背棄辯證唯物主義的基本原則，為他們的背叛行為和復辟的陰謀活動製造思想和理論的根據。

朱熹把自己打扮成「聖人」，林彪把自己打扮成「天才」，「聖人」握掌著「天理」，「天才」舉著「頂峰」，兩個時代，一個姿勢，兩種說法，一個目的，林彪一夥面對中國無產階級文化大革命的勝利前進，深感到它所代表的地主資產階級的反動勢力和國際上的帝、修、反的日子越來越不好過了，為了他顛覆無產階級專政、篡黨奪權的需要，他從歷史的垃圾堆裡拾起了向無產階級專政進攻的武器，這證明他們是和孔子、朱熹一樣的剝削階級的野心家、陰謀家，是妄圖把歷史車輪拉向後退的反動派。

通過批判朱熹的「天理」、「人欲」之辨，我們更清楚地認識到，一切妄圖阻止歷史車輪前進的野心家、陰謀家，總是一次又一次地拾起唯心主義的破爛兒來改頭換面，作為他們對抗革命人民的武器。林彪一夥的謬論和他們的陰謀被粉碎，並不是哲學上兩軍對壘的結束，

不是政治思想上社會主義革命的終結，相反，「我們全黨同志在今後的長期鬥爭中，要有充分的思想準備，不論階級敵人怎樣變換花樣，都能因勢利導，奪取無產階級的勝利」。

——原載《山西師院》，創刊號（1973 年），頁四九～五四
收入《可惡的朱熹》，頁五八～六九

程朱理學批判

華山

一　前言

　　宋代思想往往被稱為「理學」，實際真正的理學只能指程朱派，即客觀唯心論派，因為只有他們才把「理」提升到世界的最高地位，把它看作凌駕乎一切之上的唯一的精神實體。

　　在宋代思想家中，「理」這一概念首先在周敦頤的《通書》中被提出（《通書·理性命章》），但周敦頤沒有對它加以說明，他所說的「理」究竟指什麼，我們很難把握其意義。張載也說到「理」，例如他說「萬物皆有此理」，「天地之氣雖聚散攻取百塗，然其為理也，順而不妄」。很顯然，張載之所謂「理」是指自然變化所遵循的規律，並不存在於具體事物之外，而為自然界的支配者，「理」的概念到程朱手裡方才賦予它在宇宙中超乎一切的特殊地位，二程是「理學」的奠基人。朱熹則是他們學說的最後完成者。

　　二程即程顥、程頤兄弟，程顥（1032～1063）字伯淳，世稱明道先生，程頤（1033～1108）字正叔，世稱伊川先生。洛陽人，他們在洛陽講學，他們的學派被稱為「洛學」。二程的學生很多，謝良佐、游酢、楊時稱為「程門高弟」。謝、游死於北宋，楊時享高齡，由北宋入南宋，他是南宋初年洛學在南方的主要代表者。

　　朱熹（1130～1200）字元晦，世稱晦庵先生，他是楊時的再傳弟子（楊時——羅從彥——李侗——朱熹），所以他自以為得洛學的正

傳。他在閩中講學,他的學派被稱為「閩學」。

朱熹是北宋道學的「集大成者」但仍然以「洛學」為其思想骨幹。以哲學體系而言,他跟二程,特別是小程相近,同屬於客觀唯心論。

南宋以後,程、朱派理學在思想界擁有很大勢力。自南宋後期通過元、明、清三代,它一直受到封建統治者的維護和提倡,成為儒學正宗。朱熹的書成為國家經典被視為權威著作,科舉考試也以此為唯一依據,他們的學說是封建統治者統治人民的最有力的精神武器。在明清之際,一方面由於中國封建社會內部資本主義萌芽的出現,另一方面由於西洋資本主義文化的輸入,程、朱派理學方開始受到一些早期啟蒙思想(如王夫之、戴震等)的批判,但是因為中國沒有走上資本主義道路,資產階級文化得不到充分發展的條件,因此對封建文化的衝擊也表現得軟弱無力。一直到「五四」運動,由於馬克思列寧主義的輸入和傳播,封建文化思想方才受到真正猛烈的打擊,以程、朱派理學為代表的儒家學說在思想界的統治地位才發生動搖。但「五四」運動並未觸及封建主義的物質基礎,因而不可能摧毀封建文化的頑固勢力。民國以後的軍閥政府以及一九二七年大革命失敗後的蔣介石王朝仍然利用儒學,特別是程、朱派理學來作為他們統治人民的工具;而封建制度的殘存也使這種思想有不斷孳生的土壤,於是理學便在新的歷史條件下與各種形式的反動的資產階級唯心主義哲學結合起來,成為形形色色的「新理學」。其主要代表人物是馮友蘭、賀麟等人。而反革命分子、帝國主義的文化走狗胡適以「反理學」的姿態出現,以掩蓋其復興理學的真實企圖,並歪曲清代反理學家戴震的學說,以販賣他的反動的實用主義哲學。這一股思想黑潮曾經猖狂一時,其目的無非在企圖以此來抵制馬克思、列寧主義在中國的廣泛傳播,為蔣介石王朝的封建買辦資產階級的統治效勞。解放以後,他們

的思想受到了徹底的批判，所謂「新理學」的反動本質已暴露無餘，但其殘餘影響還不能說已經全部肅清，所以我們現在來批判這種反動思想的創始者程朱的思想，仍然不失其現實的意義。

程、朱派理學涉及的方面很廣，我們在這裡不可能作全面的研究，現在只提出三個主要問題來略加分析批判，同時也順便批判近人對朱熹哲學的一些錯誤理解。

二　理氣之辨的唯心主義本質

在二程著作中經常提到「理」或「天理」。程顥曾經自己吹噓說：「吾學雖有所受，『天理』二字卻是自家體貼出來。」可見他們對於「理」這一概念的重視。在二程哲學中，「理」是世界的最高範疇，是世界存在的本源，整個世界（包括自然界和人類社會）在「理」這一概念之下被統一了起來。

世界的統一性是哲學的基本問題，末代思想家也從各自的立場觀點出發回答了這個問題，對這個問題有三種可能的回答：這一種回答是世界統一了物質，也就是說：世界的真正統一性在於它的物質[1]，用中國哲學的行話來說就是「氣」。這是唯物主義的回答。第二種回答是世界統一於思想意識。用中國的哲學術語來說，就是「心」。這是主觀唯心主義的回答。第三種回答是世界統一於「絕對精神」、「絕對概念」（對宗教說就是「上帝」）用中國哲學的行話說就是「道」或者「理」。這是客觀唯心主義的回答。二程和朱熹都認為世界統一於「理」，就是客觀唯心主義。

1　恩格斯《反杜林論》（一九五六年，人民出版社版），頁四三。

二程說：

> 萬物皆只是一理。

> 天下只有一個理。

在二程看來，理雖然無形體可言，但是確實存在的精神實體：

> 「又語及太虛（程頤）曰：『亦無太虛。』遂指虛曰：『皆是理。』要得謂之虛天下無實於理者。」

「太虛」在張載哲學中是指物質世界，程頤這個說法顯然是針對張載。他把「理」和「太虛」對立起來，認為無所謂「太虛」只有實際存在的「理」，世界本源是精神而非物質。在這裡清楚地劃分了「關學」和「洛學」的唯物主義和唯心主義路線。

二程之所謂理，是不是如同張載所說的事物變化的自然規律呢？不是的，它是存在於事物之外並凌駕於事物之上的永恆不變的絕對體，它是不受時間、空間的限制，萬古常在，不可分割，不增不減，並且放之四海而皆準的，他們說：

> 天理云者，這個道理更有甚窮己；不為堯存，不為桀亡。人得之者，故大行不加，窮居不損，這上頭來，更怎生說得存亡加減？是它元無少欠，百理具備。

> 一物之理，即萬物之理。

> 「萬物皆備於我。」不獨人爾，物亦然，都是從這裡出去。

> 所謂萬物一體者，皆有此理，只為從那裡來。生則一時生，皆
> 完此理。

> 理在天下只是一個理，故推之四海而準。

所謂「都從這裡出去」、「都從那裡來」的「這裡」和「那裡」都是指
「理」，可見二程之所謂「理」，是萬物的創造主，不管自然界或人類
社會、人或其它的物，都在一個「理」的主宰之下，統為一體。由此
可見，二程之所謂「理」不是指自然規律，而是先天的、唯一的、最
高的絕對精神。

　　二程雖然也說「理一分殊」，也說「有物必有則，一物須有一物
之理」，彷彿他們說的理也包含著個別事物的特殊規律；但實際他們
所說的一物一理，不過如「月印萬川」那樣，仍然是指這個絕對的、
唯一的、最高的理在個別事物中的完整反應。所謂萬物「皆完此
理」，就是說包含在個別事物中的理是這個唯一的理的整體，而並不
是說每一事物有每一事物的特殊的理或規律。這個最高的理在萬物產
生以前即已存在什麼地方了，萬物之理，即「從這裡出去」或「從那
裡來」的，所以這個理不是從個體事物的特殊規律中抽象出來的普遍
規律；它是獨立自有的，不依賴於萬物（物質世界）而存在的絕對實
體，是「脫離物質，脫離自然的神化了的絕對」[2]。這種「神化了的
絕對」實際就是用哲學名詞掩蓋起來的「上帝」的別名，正如他們自
己所說：

> 以形體謂之天、以主宰謂之帝，以至妙謂之神，以功用謂之神

2　列寧〈談談辯證法問題〉，《列寧全集》卷五，頁四一一。

鬼，以性情謂之乾，其實一而已，所自而名之者異也。

原來他們之所謂「理」，就是帝（上帝），就是「神」，就是「神鬼」。這樣，他們的哲學就最後「通向僧侶主義的道路」[3]。理學就成為「或多或少減弱了的、沖淡了的信仰主義」、宗教[4]。

宋代道學家的宇宙論都是通過名教與自然如何結合的道德問題之折射而在理論上作出的抽象的起源，所以他們的宇宙不是自然的宇宙，而是含有倫理性質的宇宙，統治著宇宙的不是自然規律，而是封建秩序。因此，他們之所謂「天理」，實質上所指的是封建倫理道德。通過哲學的論證，他們肯定了一切封建制度，封建道德規範都是合乎「天理」的，因而也是不能違反的。二程曾明確的說明這個意思：

父子君臣天下之定理，無所逃於天地之間。

為君盡君道，為臣盡臣道，過此則無理。

視聽言動，非理不為，即是理，禮即理也。

禮經三百，威儀三千，皆出於性。

夫天地之生物也，有長有短，有大有小。君子得其大矣，安可使小者亦大乎？天理如此，豈可逆哉！

3　同前注。

4　列寧〈唯物主義與經驗批判主義〉，《列寧全集》卷十四，頁一五七。

> 問：「孀婦於理似不可取，如何？」問：「然，凡取以配身也，
> 若取失節者以配身，是己失節也。」又問：「或有孤孀貧窮無
> 托者可再嫁否？」曰：「只是後世怕寒餓死，故有是說，然餓
> 死事最小，失節事最大。」

因為「禮」就是「理」，所以封建社會的一切等級制度，道德規範
（即所謂「禮經三百，威儀三千」）都是世界的自然秩序、是不能違
背的。孀婦再嫁就是失節（不合於封建道德），所以孀婦即使餓死也
不能再嫁，這是「天理」如此。「天理」既然把社會上各個人的地位
安排妥當，就應該老老實實、規規矩矩地按照你的社會地位考慮你的
一切「視聽言動」，不得有絲毫改變這種秩序的妄想。「君子」統治
「小人」是天經地義，「君子」（統治者）既然得其「大」（統治地
位）「小者」（被統治者）就只能安於被統治的地位。如果逆此而行，
就是違背天理，這既是不允許的，也是不可能的。理是永恆不變，萬
古常存的，因此一切封建制度，封建禮教也是永恆不變，萬古常存
的！

　　封建制度的基本原則是不能更變的，因為它是「合理」的；但是
在階級矛盾尖銳化，威脅到統治者的時候，為了加強統治起見，也必
須在一定程度內作某些內部調整。可是這種調整，不能越出於一定程
度的範圍之外，否則這種改革就是「不義」（不合理的）。

> 居今之時，不安今之法令，非義也。若論為治，不為則已，如
> 復為之，須於令之法度內處得其當，方為合義，若須更改而後
> 為，則何義之有？

對於這點，二程並曾加以哲學上的論證：

寂然不動，感而遂通（按此二語出《易傳》）者，天理具備，
元無少欠，不為堯存，不為桀亡。父子、君臣，常理不易，何
曾動來？因不動，故言寂然，雖不動，感遂通，感非自外也。

所謂感，就是對外間世界的反應。如果絕對的「寂然不動」，對
外間世界毫無反應，有時就要行不通。所以要在「寂然不動」的基礎
上有所「感」，這樣才能變不通為通。但是這個「感」卻是自己的
「感」、主動的「感」。這就是說統治者必須爭取「感」的主動權，以
保持「寂然不動」的「不易」的「常理」。如果老是「寂然不動」也
是行不通的。

除「理」之外，二程也談到「氣」。他們說，「有形總是氣，無形
只是道」。「論性不論氣不備，論氣不論性不明」。道、理、性等等在
二程的哲學術語中都是一個意思。「氣」與「道」（或性理）是兩個對
立的範疇。另外，他們還根據《易傳》中「形而上者謂之道，形而下
者謂之器」這句話，把「形上」、「形下」（或道器）兩個範疇對立起
來。

一陰一陽之謂道，道非陰陽也，所以一陰一陽者道也。

離了陰陽便無道，所以陰陽者道也。陰陽，氣也；氣是形而下
者，這是形而上者。

「所以」是推動的意思，陰陽不能自動，必須「道」來推動它，陰陽
是氣，是「形而下者」，所以陰陽者是道，是「形而上者」。「形上」、
「形下」的對立，也即「理」與「氣」的樹立。

在張載看來，「凡象皆氣」，一切存在都是物質，氣聚散不定，氣

聚則形成具體的萬物，氣散則入「太虛」，其形態雖有不同，但其為物質則一。這是張載唯物主義哲學的根本命題。同時張載認為物質是自己運動的、是「動非自外」的，這是張載哲學中辯證法的因素。針對著張載這兩個命運，二程提出了他們的反對命題：

> 形而上者謂之道，形而下者謂之器，若或者以『清虛一大』（按即太虛）為天道，此乃以器言而非道也。

> 冬寒夏暑，陰陽也，所以運動變化者，神也。神無方，故易無體。若如或者別立一天，謂人不可以包天，則有方矣，是二本也。

這裡兩個「或者」都是暗指張載。他們認為張載所說的「太虛」只是形而下者，不是世界的最後本源，這個本源只能是「形而上者」的「道」。同時他們認為陰陽（氣）是不能自己運動的，必須要有「神」來推動它，如果在「神」（理）外別立一個物質的天，與之對立，那就是二本」（二元論）。

二程更認為只有「理」是永恆不滅的，「氣」是有生有滅的，不是永恆的東西。張載認為氣散則入太虛，依然是氣。二程則認為氣散即歸於無，新的事物是由不斷產生的氣所形成的，而不是已散之氣的重新組合，他們反駁張載的論點道：

> 若謂既返之氣復將為方伸之氣必資於此，則殊與天地之化不相似。天地之化，自然生生不窮，更何復資於能斃之形，既返之氣以為造化？

> 凡物之散，其氣遂盡，無復歸本元之理。天地如洪爐，雖生物
> 銷鑠亦盡，況既散之氣，豈有復在？天地造化，又焉用此既散
> 之氣；其造化者自是生氣。

張載的氣聚散的學說本含有物質不滅的科學真理，二程的反命題是反
科學的。他們是「理一元論」者，在他們看來，只有「理」才是永恆
的、絕對的、當然不允許在「理」之外另有一個永恆不滅的氣。二程
與張載的理、氣之辨，是唯心論與唯物論兩條路線的鬥爭。

關於理、氣的關係問題，二程談得不多，但是他們在肯定理第
一、氣第二的問題上，立場是非常堅定的。

理、氣問題到朱熹手裡，到了進一步的發展。朱熹主要以二程
（特別是小程）的理論為依據，結合著周敦頤的太極說，張載的氣說
以及其他一些思想包括佛、道的思想、建立起他自己的一整套宇宙論
學說。

關於朱熹哲學的性質，學者之間還有爭論。有人認為是二元論，
有人認為是客觀唯心論[5]，我們認為朱熹的哲學是客觀唯心主義，而
不是二元論，要弄清楚這個問題，必須要研究朱熹對於理、氣關係的
看法。

下面是朱熹關於理氣關係問題上的一些主要表述。

> 形而上者謂之道，物之理也，形而下者謂之器，物之物也。

> 天下未有無理之氣，亦未有無氣之理。

---

5 參看《光明日報》一九六一年一月六日，北大哲學系討論中哲學史的報導。

> 天地之間，有理有氣。理也者，形而上之道也，生物之本也；
> 氣也者，形而下之器也，生物之具也。是以人物之生，必稟此
> 理，然後有性；必稟此氣，然後有形。

從上面幾段話看來，彷彿朱熹的確認為世界有兩個獨立的本源，即物質性的「氣」和非物質性的「理」，宇宙間一切事物都是這兩種東西構成，缺了一種就不行。這不是二元論嗎？但是我們知道不是所有的唯心論者都是否認有物質的；事實上除了徹底的主觀唯心論（唯我論）之外，一般的唯心論者都承認客觀世界是存在的。唯心論、唯物論、二元論的區別，主要在看他們把物質和精神放在什麼地位。唯心論者認為精神是第一性的，物質是第二性的，派生的；唯物論者則認為物質是第一性的，精神是第二性的，派生的；二元論者則把物質和精神放在對等地位，互相獨立，各不相屬。朱熹雖然承認世界有理有氣，並且理、氣不能相離，但他究竟把二者看作有主從關係呢，抑是把它們看作並列的，各不相屬的兩個獨立實體呢？下面幾句話表明他對這個問題的看法：

> 問：「先有理抑先有氣？」曰：「理未嘗離乎氣：然理形而上者，氣形而下者，自行而上下言，豈無先後？」

> 或問：「必有是理然後有是氣？」曰：「此本無先後之可言，然必欲推其所從來，則須說先有是理。」

由此可見，朱熹雖然認為在現實世界，事實上理、氣不能相離，但按理論講，按邏輯推理，畢竟理先氣後，這就肯定了精神第一，物質第二。

　　朱熹認為在現實世界雖然「理未嘗出乎氣」，但是在現實世界未產生以前，理已經在什麼地方存在了；就是在現實世界毀滅之後，物質消滅了，而理仍然存在。

　　　問：「天地未判時下面許多都已有否？」曰：「只是那有此理。」

　　　問：「所謂未有天地之先畢竟是先有理如何？」曰：「未有天地之先，畢竟也只是理，有此理便有此天地；若無此理，便亦無天地，無人無物都無該載了。」

　　　問：「有是理便有是氣，似不可分先後」，曰：「要之，也先有理。……且如萬一山河大地都陷了，畢竟理卻只在這裡。」

未有天地之前，一切天地人物之理皆已存在，天地毀滅之後，理還是存在，天地人物都是從理產生出來的。如果沒有理，則天地人物一切都不可能出現。所以歸根結柢是：

　　　太極生陰陽，理生氣也。

「理生氣」，就是說物質的東西是精神派生出來的，這不是說得很明白嗎？這是二元論呢，抑是客觀唯心論？當然是後者而不是前者。
　　搞清楚了朱熹對理、氣關係問題上的看法，我們再來看看他之所謂「理」究竟是什麼東西。
　　朱熹的關於「理」的概念，基本上與二程相同，即它是先天的、絕對的精神實體，但朱熹的哲學體系要比二程的複雜些，他在「理」

之上更按放上一個「太極」。

上面說過，朱熹認為未有天地之前，理先已存在，然後由理生氣、產生出萬物來，由朱熹看來，世間有多少事物，便有多少理。如世間有人，就有人之理，有犬馬，便有犬馬之理，有舟車，便有舟車之理，有君臣、父子，夫婦，便有君臣、父子、夫婦之理，無論自然物、人造物和人類社會中的一切事物，都先有此理，理有多少，世間萬物亦有多少，不增不減：

> 問：「天地未判時，下面許多都已有否？」曰：「只是都有此理，天地生物千萬年，古今只不離許多物。」

因此，由朱熹看來，世界從古以來就是如此的沒有新生的東西，個體的事物因「氣散」是會死亡的，但作為一個事物的「類」或「種」它是不會死亡的，因為理是永存的；有這個理，就必然有這個事物，理既然不增不減，由這個理所產生的物當然也不可能有多少，世界永遠如此。我們可以看出，在這個學說之下，一切舊事物的永存就得到了哲學上的根據，新生事物的產生徹底被否定，人類社會的革命乃至自然界的進化都成為不可能的了。

既然世間有多少事物，就有多少理，那麼理不是一個，而是無數個。這無數個理怎樣統一起來呢？

在二程的哲學系統中，理只是一個，這同一個理與各種事物結合，便成為「萬物之理」。但在朱熹的哲學系統中，理卻有無數個，一物即有一理，這個理在未成為物之前即已存在，有「萬物」，就先有「萬理」，為了統一這「萬理」，朱熹便在理上再加上一個總攝一切理的至高無上的理，這個至高無上的總的理，他採用了周敦頤的說

法，稱之為「太極」[6]。

> 事事物物皆有個極，是道理至極。將元進曰：「如君之仁、臣
> 之敬，便是極。」先生曰：「此是一事一物之極，總天地萬物
> 之理，便是太極。」

理既然不在時，空之內，「太極」當然更是如此。所以

> 太極無方所，無形體、無地位可頓放。

「太極」既然不是具體的物，「無方所、無形體」，不占任何空間，所
以也可以稱為「無極」。朱熹在解釋周敦頤「太極圖說」中「無極而
太極」一句時這樣說：

> 上天之載，無聲無臭，而實造化之樞紐，品匯之根柢也，故
> 曰：『無極而太極。』非太極之外復有無極也。

又說：

> 「無極而太極」，只是說無形而有理。……以理言之，則不可
> 謂之有；以物言之。則不可謂之無。

---

6 二程亦談「太極」，但沒有加以充分發揮，如伊川〈易序〉云：「散之在理，則有
 萬殊、統之在道，則無二致，所以易有太極，是生兩儀。太極者道也，兩儀者陰
 陽也，陰陽一道也，太極無極也，萬物之生，負陰而抱陽，莫不有太極，莫不有
 兩儀之綱縕交感，變化不窮。」這裡所說的「太極」，就是「理」，他沒有在
 「理」之上再加一個「最高的理」。與朱熹之說不盡相同。

所以朱熹認為周敦頤的「無極而太極」一語，不是有生於無的意思，而是有無的統一，不是空無所有，而是實有。朱熹從這點上駁斥了佛家以世界為幻妄的學說，而肯定了這個現實世界及世間種種事物的實際存在。

> 太極是五行陰陽之理皆有，不是空的事物。若是空時，如釋氏說性相似。……釋氏只見得個皮殼，裡面許多道理他卻不見。他皆以君臣、父子為幻妄。

「太極」是理的總和，太極是不可分割的，理也是不可分割的，萬物之理即包含太極之全體，不是從「太極」身上割取其一部分以為自己之理。所以一切事物中各有一理，也可以說一切事物中各有一「太極」之縮形。

> 太極只是天地萬物之理。在天地言，則天地中有太極，在萬物言，則萬物中各有太極。

> 人人有一太極，物物有一太極。

> 問：「……太極有分裂乎？」曰：「本只是一太極，而萬物各有稟受，又自各全具一太極爾。如月在天，只一而已，及散在江湖，則隨處而見，不可謂月已分也。」

由此可見，朱熹之所謂「太極」是一個高據於一切之上主宰一切而無所不在的最高權力，如果以宗教的語言來說，就是「上帝」，以世俗的語言來說，就是絕對皇權。

　　綜上所述，可見二程和朱熹的宇宙觀，是頭腳倒置的宇宙觀。他們不是從具體的事物出發，通過抽象的概括，「將豐富的感覺材料加以去粗取精、去偽存真、由此及彼，由表及裡的改造製作工夫，造成概念和理論的系統」[7]。而是相反，從主觀觀念出發，由抽象的概念出發，「創造」出一個實際上不存在的精神實體「理」或「太極」來，並把它看作世界的本源，宇宙的主宰，然後反過來；通過哲學思辨，再把這一精神實體強加到自然界和人類社會身上，這樣正如馬克思批評黑格爾哲學那樣，形成他們的「兒子生出母親，精神產生自然界」[8]的因果顛倒的宇宙論來。

　　程、朱的唯心主義哲學是披著哲學的僧侶主義、信仰主義。「事實上很明顯：因果性問題上的主觀主義路線，即不從外部客觀世界中而從意識、理性、邏輯等等引出自然界的秩序和必然性的主觀主義路線，不僅把人類理性和自然界分隔開來，不僅把前者和後者對立起來，並且把自然界作為理性的一部分（著重點是列寧加的）而不是把理性看作自然界的一小部分，因果性問題上的主觀主義路線就是哲學唯心主義，⋯⋯也就是或多或少減弱了的，沖淡了的信仰主義。」[9]

　　同時，我們不能不看到隱藏在這種信仰主義背後的實際的政治意義及其所代表的階級利益。這種信仰主義的目的在於使人們相信封建制度及其一切上層建築——包括封建專制皇權、封建等級制度以及封建倫理道德的必然性、合理性、永恆性和不可違抗性。這種目的的反動是不言而喻的，如果我們聯繫到當時的社會歷史條件已到封建社會後期，聯繫到當時的階級鬥爭的性質、農民起義已經明確地提出了土地的要求，已經明確地提出了「等貴賤，均貧富」的戰鬥口號，已經

7　毛澤東〈實踐論〉，《毛澤東選集》卷一，頁二八〇。

8　馬克思、恩格斯〈神聖家族〉，《馬恩全集》卷二，頁二一四。

9　列寧〈唯物主義與經驗批判主義〉，《列寧全集》，卷十四，頁一五七。

從根本上否定了封建制度，動搖了封建制度的基礎的話，那麼，我們就更加可以認識到這種學說的反動本質。有人認為程、朱理學似乎在當時的歷史條件下還有其進步的一面，只有到後來被封建統治者利用之後才變成反動的，我們認為這種看法是十分錯誤的。

從程、朱宇宙哲學以及其整個哲學體系來看，是極端反動的，但是不是在他們的哲學體系中包含著一些合理的東西呢？如果有的話，我們也應該加以批判吸收，也應該加以繼承，而不應該粗暴地抱一筆抹殺的態度。

有人說：「朱熹的哲學雖然是客觀唯心主義的，但由於他提出了前人所未曾提出的問題，例如一般與個別的關係，把『理』和『氣』兩個概念相並提出等，對於以後哲學的發展，特別是對於一些唯物主義哲學家，如王夫之、戴震等都有促進，提高的作用。」[10]我們暫時不談朱熹哲學對後來的影響問題，因為這個問題不在我們討論範圍之內，只談談一般與個別的問題，看一看朱熹在這個問題上有什麼貢獻。

關於中國哲學史上一般與個別的問題，早已有人指出，這並不是朱熹首先提出來的，佛教華嚴宗的「一與多」的關係、它的「一多相攝」的命題，也就是一般與個別的問題。朱熹之這一論點實際是從華嚴宗那裡竊取過來的，就是在道學家中，程頤也先於朱熹提出，也不能歸功於朱熹。但我們不管誰先提出。主要在看他們對這一命題怎樣理解。在他們的理論中有多少真實性。

列寧在〈談談辯證法問題〉一文中對一般與個別的關係曾作如下的表述：

---

10 見《光明日報》一九六一年一月二十五日，北京大學哲學系哲學史論證會的報導。

從最簡單、最普通、最常見的等等東西開始，從任何一個命運
開始，如樹葉是綠的，伊凡是人，哈巴狗是狗等，在這裡（正
如黑格爾天才地指出過的）就已經有辯證法：個別就是一
般。……這就是說，對立面（個別跟一般的對立）是統一的：
個別一定與一般相聯而存在。一般只能在個別中存在，只能通
過個別而存在，任何個別（不論怎樣）都是一般。任何一般都
是個別的（一部分、或一方面、或本質。），任何一般只是大
致地包括一切個別事物，任何個別都不能完全的包括在一般之
中等等……。[11]

從這一段話中，我們可以總括為以下二點：（1）一般是從個別中抽象
出來的，沒有個別，就不能有一般。一般只能在個別中存在，只能通
過個別而存在。（2）一般與個別是對立統一的關係，而不是等同的關
係。任何一般只能大致地包括一切個別。任何個別都不能完全包括於
一般之中。這就是辯證唯物主義者對一般與個別的理解，朱熹對這個
問題的理解是不是這樣呢？我們認為不是這樣的。

　　第一，朱熹之所謂理或太極完全不是從個別事物中抽象出的哲學
概括，它是先驗地存著的絕對觀念，他說「理先於氣」，說「理生
氣」，就是說在個別事物產生以前，理已經存在，並且是個別事物產
生的根據。在辯證唯物主義者看來，個別先於一般存在，而且一般只
能存在於個別之中，在朱熹看來，一般先於個別存在，個別不能離開
一般而一般卻可以離開個別獨立。其次，朱熹說：「人人有一太極，
物物有一太極。」他所說的太極是理之全體，他把太極與包含個別事
物中的理譬作「月印萬川」的關係，這樣他就把兩者等同起來。由此

---

11 《列寧全集》卷三八，頁四〇九。

可見，朱熹對一般與個別的關係的理解，與辯證唯物主義對這個問題的理解沒有任何共同之處，他不是正確地理解這個問題，而是歪曲了這個問題。

有人說：「朱熹的所謂『理』」，乃是物質的本然狀態，乃是本質，理氣關係恰即本質現象的關係。……具體的分析，也使我們看到，物質的本然狀態當轉化為物質構造時，本質已完全現象出來。除了現象，別無另一獨立的本質；本質對認識者說只能是個理想；本質因之既能生（轉化），又是個抽象；在這裡反面見到推理的唯物主義性和辯證性。漫說朱熹的所謂理是唯心主義的，更有一概抹煞的危險。用辯證唯物主義處理問題，能以從許多被認為唯心主義的理論中發掘出不少合理的東西，能周到地接受過去的遺產，理解朱熹的所謂『理』正是一個例子。」[12]我們認為這一說法，不僅曲解了本質與現象的關係，也誤解了朱熹的學說。

我們首先要明確什麼叫本質，什麼叫現象，本質與現象的關係怎樣？毛澤東同志在〈實踐論〉中告訴我們：事物的現象是「各事物的片面」、「事物的外部聯繫」，而本質則是「事物的全體」、「事物的內部聯繫」、「事物的內部矛盾」、「事物的規律性」。由於本質的不同，事物就顯現出千差萬別的差異性來。本質和現象的關係是對立統一的關係，本質既不能離開現象而現象也不能離開本質，兩者或者同時存在，或者同時不存在。並不是在現象之外另有一個本質；現象就是本質；是本質的一部分，一個片面。現象也不是從本質「轉化」而來的，本質必須，也只能通過現象表現出來，人們也只能通過現象來認識本質。但本質表現為現象時，本質並不因此失去存在，它對認識者也並不「只能是一個理想」。可見上面那種說法歪曲了本質和現象的

---

12 馬克思〈馬克思列寧主義哲學與中國哲學史〉，見《中國哲學史問題討論專輯》。

意義，其本身就是唯心主義的。

其次，朱熹的理氣關係是不是本質與現象的關係呢？我們認為也不是的。在朱熹看來，理與氣是兩種不同的東西，氣只是作為理在「創造」具體事物時的一種材料，一種手段，它根本不是理的外部表現，理的一個部分，一個片面，理也不是事物的內部聯繫、內部矛盾和事物的規律性，它只是寄寓於個體事物之內的最高實體太極的縮影。因此，萬物之理總是相同的，只有數量（偏、全）之不同而沒有質的區別；事物之區別主要在於「氣稟」之不同。這樣看來，朱熹所說的理氣關係和本質與現象的關係有什麼共同之處呢？

另外一種普通的說法是說在二程和朱熹的哲學中包含著辯證法因素，這倒是的確的，例如二程說：

> 天地萬物之理，無獨必有對，皆自然而然，非有安排也。

> 道無無對，有陰則有陽，有善則有惡，有是而有非，無一亦無三，……只是二也。

> 一二合而為三，三見則一二亡矣。離三而為一二，一二見亡而三亡矣。

朱熹也曾這樣說：

> 大抵天下事物之理，亭當均平，無無對者，唯道為無對，然以形而上下論之，則亦未嘗不有對也。所謂對者，或以左右，或以前後，或以多寡，或以類而對，或以反而對，反覆推之，天地之間真無一物兀然無對而孤立者。

他也沒有停留在承認事物有它外部的矛盾上面，而且進而認識到事物內部也存在著矛盾：

> 「一便對二，形而上便對形而下。然統一言之，一中又有自有對。……雖說無獨必有對，然獨中又自有對。」這些辯證法因素，自然不是他們自己發現的，顯然是從《易傳》和張載哲學中搬取過來的，但他們認識這點，也就成為他們的唯心主義糞堆裡的珍珠。可是認識事物的矛盾是一回事，而在哲學思想中是否能貫徹這一規律是另外一回事。從程、朱的整個哲學體系來說，不是辯證的，而是形而上學的；他們的哲學不是發展矛盾，而是企圖調和矛盾、消滅矛盾，建立永恆不變的世界秩序，這種世界秩序，用他們的哲學術語說，就是「中庸」。程頤曾經對「中庸」下過這樣一個經典式的定義：「不偏之謂中，不易之謂庸。中者天下之正道，庸者天下之定理。」朱熹解釋「中」的意思也說：「即事即物，自有個恰好的道理，不偏不倚，無過不及。」結果他們從矛盾開始，而最後歸結為矛盾的消滅。而然矛盾的消滅也就是世界的消滅，因為世界上「沒有什麼事物是不包含矛盾的，沒有矛盾就沒有世界」[13]。

由此可見，由於程、朱的形而上學的思想方法，由於他們企圖掩蓋階級矛盾，以鞏固封建地主階級的統治，他們的一點點辯證法思想因素在他們的哲學大樹上，終於只成為一棵不結果實的花朵而已。

有些資產階級學者，或則由於自己的唯心主義觀點還沒有徹底清除，或則由於傳統的權威崇拜，總想為朱熹辯護一下，總想在他的哲

---

13 毛澤東〈矛盾論〉，《毛澤東選集》卷一，頁二九三。

學中啄尋「合理的內核」，就像馬克思、恩格斯在黑格爾哲學中所做的那樣。例如「新理學」的代表人物之一賀麟先生當他說「朱熹發現了理是能動的，這是一絕大貢獻，可以與黑格爾比美」[14]那句話時，他的真實意圖就是這樣的，然而我們認為這句話是十分錯誤的。因為正如斯大林所說：「以永恆觀念為依據的黑格爾哲學體系徹頭徹尾是形而上學的，但是同樣很明顯，否定任何永恆觀念的黑格爾辯證方法都徹頭徹尾是科學和革命的。」[15]然而我們在朱熹哲學中能夠找到一點點科學氣味和革命性質嗎？他的體系不用說是徹頭徹尾的形而上學的，而他的一點點辯證法因素在他的哲學中彷彿是附加上的東西，沒有起任何有益的作用，並且歸根結底消滅在「中庸」這一「絕對真理」之前，結果他的哲學只剩下了保守主義和折衷主義。這怎麼能和黑格爾哲學相「比美」呢？我們一點也沒有抹殺我國古代哲學家創造能力的意思，一點也沒有否定民族文化遺產的意思。如果真正是「精華」的話，我們是應當加以繼承和發揚的。但是我們應該實事求是，反對無批判的吸收，反對無批判的繼承，或者甚至把「糟粕」當作「精華」，來加以繼承，因為這樣做對保存我國有價值的文化遺產和發揚我國社會主義文化不僅無益，並且會帶來有害的影響。不管賀麟先生的話出於善意，或者竟是別有企圖，我們是絕對不能接受的。

三 理欲之辨的抽象人性論

理欲之辨是程、朱倫理哲學中的中心問題。它的直接根據是他們的人性論，而他們的人性論又是從他們的宇宙哲學中引申出來的。按

---

14 賀麟〈關於對哲學史上唯心主義的評價問題〉，《中國哲學史問題討論專輯》頁一九八。

15 斯大林〈無政府主義還是社會主義〉，《斯大林全集》卷一，頁二八○。

照他們的邏輯思辨，天地萬物既然是由理、氣兩種東西構成的，那麼人性當然也不可能是例外，因此他們認為人性也有兩種：一種是得之於理的「天命之性」（或者叫「天地之性」，或簡稱「性」），一種是得之於氣的所謂「氣質之性」。

在張載的哲學中，已經提出了「天地之性」與「氣質之性」、「天理」與「人欲」對立的學說，這本來是張載哲學中的唯心主義渣滓，程、朱卻把它當作寶貝一樣接收了過來，結合著他們自己的唯心主義哲學體系，大加發揮，大加鼓吹，以為封建禮教製造另一套人性論的根據。

程、朱的人性論學說和理欲之辨基本上是一致的，朱熹的人性論就是二程人性論的進一步發展，為了免於重複起見，我們這裡只談朱熹。

要懂得朱熹的人性論，必須先把他所玩弄的的幾個主要哲學術語搞清楚。朱熹哲學帶有很濃厚的中古煩瑣哲學的氣味，在他的著作中所使用的屬於精神性的術語很多，其中最重要的是心、性、情三個，對於這三者的意義和關係如何，朱熹曾反覆加以說明，例如他說：

性者，心之理；情者、心之動。

心是身之主宰，而性是心之道理。

心是管攝主宰者，……心譬水也，性，水之理也。性所以立乎水之靜，情所以行乎水之動，欲則水之流而至於濫也。

朱熹之所謂「心」，不是指肉體的心臟，而是指個人的主觀精神。心不僅是身（肉體）的主宰（「心是身之主宰」），也管攝性情二者（「心

統性、情」)。「性」是「心之理」,「情」是心之動,兩者是本質與現象的區別。例如他說「仁」是性,而「愛」則為情,即仁之表現於外者。所以他反對韓愈以及其他學者以愛釋仁,就是因為愛只是現象,而不是本質。

上面說過,朱熹接受了張載的人性論學論,認為性有兩種,即:「天命之性」與「氣質之性」。他又根據《尚書》「人心惟危、道心惟微」這兩句話,把前者叫做「道心」,把後者叫做「人心」。不過他再三解釋說人心道心只是一個心的兩面,不是在「道心」之外另有一個「人心」。這兩種性,或者說兩種心有其不同的來源,「天命之性」(道心)本源於理,所以他說「性即理也」,是理的個性化,理是絕對的善,所以任何一個個體的「天地之性」也是至善的,這便叫做「萬殊而一本」。「氣質之性」(人心)則本源於氣,氣是形而下者,是有形質的東西,是有各種差別的,有偏有正,有清有濁,有精有粗,有昏有明等等。由於氣的這種性質,才形成世間萬物的種種差別相。他說:

> 天下無無性之物,蓋有此物,即有此性;無此物,則無此性。

性是一切物所共有的,從無機物一直到最高級的有機體,人。就是沒有生命的東西也有性,這叫作「無情有性」。人物之所以不同,只是由於「氣稟」的不同。「人物之生,其賦形偏正固自合下不同;然隨其偏正之中,又自有清濁昏明之異。」所有其他的物都得氣之偏,只有人得天地之「正氣」,所以人在萬物之中為最靈。然而人所稟之氣雖皆為正氣,但亦有清濁昏明之別,「稟其清明之氣而無物欲之累」的就是「聖人」;「稟其清明之氣而未純全,未免有物欲之累」的是「賢人」;「稟其昏濁之氣又為物欲所蔽」的則是「愚人」或者「不

肖」。這就叫做「一本而萬殊」。朱熹在這一論證裡就把人的聖、賢、愚、不肖的品格劃分，與自然界的品類劃分聯繫起來。不能不看到隱蔽在這一論證之後的階級關係觀點：因為既然所謂聖、賢、愚、不肖都是天定的，那麼聖賢之統治愚、不肖也是合乎「天理」的了。先天的品格劃分就隱伏著階級劃分的自然根據。依照這個學說，社會之分為統治者與被統治者，剝削者與被剝削者，不是由於社會原因，而是自然的安排；這種安排當然是不能更變的，不能違抗的。

天命之性既然是絕對的善，那麼善的具體內容怎樣呢？朱熹認為性之所以為善，是因為性先天地具有四種基本美德，即孟子所說的仁、義、禮、智「四端」。在這四種基本美德之中，又以「仁」最為根本。仁是太極的根本性質，也是道德的根本原則，義、禮、智三德都是仁的分支，是仁的一個方面，所以單舉一個「仁」字，就可以包括其他三德在內。仁、義、禮、智是性之「體」（本質），其發而為「用」（現象）則為惻隱之心（愛）、羞惡之心（宜）、恭敬之心（恭）、是非之心（別），這四者都是情。性之「體」在未發時是至善的，但其發而為「用」，就不一定能至善。如果發而皆「中節」，就是說有一定的節制，那就會得到「和」的效果：如果不「中節」，那就要泛濫而成為「欲」了。這是天理與人欲的分界線。因此，喜、怒、哀、樂（這四者代表各種情）之已發、未發以及怎樣才能中節，成為宋代道學家討論道德問題的一個重要課題。

人性既然有其自然的根據，那麼人性之德當然也有自然的根據。朱熹這樣展開他的論證：

> 天地以生物為心者也，而人物之生，又各得夫天地之心以為心者也。故語心之德，雖其總攝貫通，無所不備，然一言以蔽之，則曰仁而已矣。……蓋天地之心，其德有四，曰：元、

> 亨、利、貞，而元無不統。其運行焉，則為春、夏、秋、冬之
> 序，而春生之氣，無所不通。故人之為心，其德亦有四，曰：
> 仁、義、禮、智，而仁無不包。其發為用焉，則為愛、宜、
> 恭、別，而惻隱之心（按即愛）無所不貫。

朱熹這樣的煩瑣分析，其目的無非要證明所謂仁、義、禮、智等道德
觀念都是在人心中先天地存在著的，因而是絕對的、永恆不變的。這
樣一來，就從天理的永恆性轉化為人性的永恆性，再從人性的永恆性
轉化為道德的永恆性，通過人性論的紐帶，封建倫理規範就成為宇宙
的規律，理性的「絕對命令」了。

　　以上是從「天命之性」一方面來說，性是至善的，而情卻有入於
不善的可能性，這是惡的來源之一。現在再從「氣質之性」一方面來
看。

> 心有善惡，性無不善；若論氣質之性，亦有不善。

所謂「氣質之性，亦有不善」這句話的意思不是說氣質之性全是惡
的，而是說氣質之性中有惡的因素，或者有發展而為惡的可能性或傾
向性。朱熹之所謂「氣質意性」實際上是指人的各種物質欲望，如飲
食男女之類。滿足這種欲望是維持生命所必需的，自然不能說是惡。
但對物質欲望的過分要求、或者過度的享受、或者以不正當的手段來
達到滿足這種欲望，就成為惡的主要來源。

　　心是理、氣的結合，是性、情的總和，善的因素和惡的因素同時
存在於一心之中，所以說：「心有善惡。」

> 只是一人之心，合道理底是天理，狗情欲的是人欲。

> 心一也，方寸之間，人欲交雜，則謂之人心；純然天理，則謂
> 之道心。

天理、人欲、人心、道心既然同時存在於一心之中，就不能不發生鬥
爭。鬥爭的結果只能有兩個：或者是「天理存則人欲亡」；或者是
「人欲勝，則天理滅」。「此勝則彼退，彼勝則此退，無中立不進退之
理」。所以這種鬥爭是非常激烈的。人必須要盡最大的主觀努力鍛鍊
意志，來伸張天理、消滅人欲，否則就會有墮落的危險。為達到這一
目的，就需要有一整套的修養工夫，於是就從人性論轉入修養論了。
朱熹在〈中庸章句序〉中說：

> ……「人心惟危，道心惟微，惟精惟一，允執厥中」者，舜之
> 所以授禹也。……心之虛靈知覺，一而已矣，而以為有人心、
> 道心之異者，則以其或生於形氣之私，或原於性命之正，而所
> 以為知覺者不同，是以或危殆而不安，或微妙而難見耳。然人
> 莫不有是形，故雖上智不能無人心；亦莫不有是性，故雖下愚
> 不能無道心。二者雜於方寸之間，而不知所以治之，則危者愈
> 危，微者愈微，而天理之公，率無以勝人欲之私矣。精則察夫
> 二者之間而不雜也，一則守其本心之正而不離也。從事無此，
> 無少間斷，必使道心常為一身之主，而人心每聽命焉，則危者
> 安，微者著，而動靜云為自無過不及之差矣。

這一段話可以看作是朱熹人性論的總結。這裡雖然是談的道德問題，
但我們不難看出其中所包含著的政治意義。人心、道心的鬥爭，實質
上是農民與地主階級，被統治者與統治者的鬥爭的哲學術語。因為統
治階級總是占少數，勢力總是微弱的，被統治階級總是大多數，力量

是非常強大的，它經常威脅著統治階級的統治地位，從統治階級的角度看來，他們是危險的，所以一定要時時刻刻保持最大的警惕，使用各種方法，來加強統治權力，使常為一身（一國）之主，而使被統治階級俯首聽命，這樣危者就能安、微者就能強大了。如果把這段話翻成政治語言，不正是這樣嗎？誰說哲學僅僅是神秘的空談，而不是隱蔽的政治理論呢？

關於人的本質問題，在中國哲學史上一向是一個中心問題，要說明我們周圍的世界，勢必涉及到人在周圍世界中的地位和作用，也就不能不討論到人的本質問題。但是人的本質問題的探討，必須放在人與人，人與自然界的錯綜複雜的關係之下，才有獲得真實的結論的可能。因為只有在人與自然界發生關係的前提下，也就是說人用自己的勞動向自然界索取生活資料的前提之下，人的存在才有可能。但人與自然界的關係卻又以人與人的關係的性質為轉移的。這是在我們探究人的本質時必須持有的基本認識。只有依據這一原理，我們才能對歷來哲學家各種人性學說進行分析和批判。中國歷史上各派思想家（包括朱熹）都對人性問題發表過不少議論，無論性善也好，性惡也好，性有善有惡也好。性無善無惡也好，都是從人的抽象屬性來論證。而不是把人當作「社會關係的總和」[16]來加以研究的，所以爭來爭去，總是爭不出一個結果來。從孟子到朱熹，從朱熹到戴震，都是如此。因為事實上不存在什麼抽象的人性，在階級對抗的社會裡，有的只有具體的階級性。但是儘管如此，在他們的人性學說中間，階級實踐的立場還是十分明顯的。他們都通過自己的人性論樹立起善惡的標準來，作為約束人們行動的規範，以達到鞏固其階級統治的目的。

朱熹在他的人性論中也是這樣。他首先把屬於封建主義的，也是

---

16 馬克思〈費爾巴哈論調〉，《馬恩文選》卷一，頁六〇三。

積極為地主階級服務的倫理標準，即所謂仁、義、禮、智四德和屬於自然方面的四時變換，生物成長的現象統一起來，企圖證明道德準則和自然界的規律一樣是自然的，必然的，具有普遍意義的。因此，人們服從道德準則也就和服從自然規律一樣，而違犯道德準則也就等於違犯了自然規律。馬克思主義認為倫理道德是意識形態，是社會經濟基礎的上層建築，它是為經濟基礎決定，並為經濟基礎服務的。在階級對抗的社會裡，由於階級利益的不同，便有反映不同階級的利益、觀點、意願的道德準則。各個不同的階級，他們對於善和惡，正義和非正義的看法也是不同的，甚至相反的，所以，「道德總是階級的道德」[17]。抽象的道德準則，永恆的正義是不存在的。可是在階級社會裡，統治階級非但掌握物質生產資料，而且也掌握精神生產資料，因此，統治階級的思想也就成為統治的思想，為統治階級服務的倫理觀點、道德、準則，也就成為整個社會所必須遵守的行為規範，片面的要求別的階級成員服從。不受這種規範所約束的行為便就目為不道德，就要受到輿論乃至法律的制裁。朱熹是一個地主階級的哲學家，他所闡釋的倫理學說，正是在這一意義上執行他本階級的任務。

其次，朱熹斷言人的賢、愚是由於氣稟清濁的不同，是先天注定了的，不可能更變的，因此賢者統治愚者是合乎「天理」的。然而我們大家知道，在階級社會裡，人們的階級地位決定於這個社會的生產資料所有制，這完全是屬於社會方面的現象，而不是自然方面的現象。每一種社會制度都是歷史的過渡形態，不是永恆的；人的階級地位也是可以改變的，被統治階級要求變革社會制度也是完全合理的事情。然而封建等級特權恰正是封建地主階級賴以實現其統治的條件，它除掉用物質的力量來維護其存在外，還要通過自己的思想家製造各

---

17 恩格斯《反杜林論》頁九六。

種理論根據來證明它的合理性和永恆的意義。朱熹也正是在這樣的歷史要求之下發揮了他的人性論學說。這一學說在他以後幾百年間，一直為封建統治者宣揚和提倡，其所以然之故，也就不難索解了。

朱熹的天理、人欲說其為封建統治者說教就更其露骨。這種學說的真實動機不外乎兩方面：一方面是對被統治被剝削階級說教，他要求他們要滿足於眼前的極為低下的物質生活水平，因為這是合乎「天理」的。越出這個範圍就是人欲，就是不合理的。另一方面對於自己階級中的一些當權派，則要求他們對廣大農民的榨取和剝削也要有一定的限度，不能貪得無饜，否則農民忍無可忍也會被迫起來鬥爭的，那就會危及整個地主階級的利益，會危及封建制度本身的生存。當然前一方面的意思是主要的，但後一方面的意思也未嘗沒有，這也確實暴露了他所代表的那一地主集團和地主階級當權派之間的一定矛盾。所以這一學說也是從維護地主階級根本利益出發的一種卑微的呼籲。

程、朱的人性論，特別是他們的天理人欲說，長期以來成為封建統治者嚴酷箝制人民理性的工具。他加強了封建禮教的殘酷性和強制性，像一般粗大的繩索一樣套在人民的脖子上。在這種思想的控制之下，數百年來人民喪失了多少青春的幸福，喪失了多少歡樂和愉快！它是人民精神的劊子手，幸福的屠殺者！

清代的啟蒙思想家戴震曾在他的《孟子字義疏證》一書中，站在人道主義的立場上，對程、朱的這一學說加以嚴正的駁斥、揭露了它的全部虛偽性和殘酷性。他說：

> 今之治人者，視古聖賢體民之情，遂民之欲，多出於鄙細隱曲，不措諸意，不足為怪，而及其責以理也，不難舉曠世之高節，著於義而罪之。尊者以理責卑，長者以理責幼，貴者以理責賤，雖失謂之順；卑者、幼者、賤者以理爭之，雖得謂之

逆，……人死於法，猶有憐之者，死於理，其誰之憐之！

又說：

> 夫堯、舜之憂四海困窮，文王之視民如傷，何一非為民謀其人
> 欲之事？惟順而導之，使歸於善。今既截然分理欲為二，……
> 舉凡民之飢寒愁怨、飲食、男女常情隱曲之感，咸視為人欲之
> 甚輕者矣，……古之言理也，就人之情欲求之，使之無疵之為
> 理，……今之言理也，離人之情欲求之，使之忍而不顧之為
> 理。此理欲之辨適足以窮天下之人，盡轉移為欺偽之人，為禍
> 可勝言哉！

戴震這兩段話說得非常沉痛，它代表了千千萬萬被壓迫、被虐待的卑
者、幼者、賤者的呼聲，是對於統治者、偽道學家的憤怒的抗議！

四　格物致知的知識論

　　在程、朱的哲學體系中，關於知識的性質和來源以及我們獲得知
識的一般方法問題，是和他們的倫理觀和道德修養分不開的；可以說
他們關於知識論的研究是以修養論作為其理論的歸結。他們主要不是
在研究如何認識外間世界的客觀規律的問題，而是如何進行內心修
養，如何「存理去欲」的問題，因此他們的知識論實質上就是修養
論。

　　什麼是知識？程、朱對於這個問題談得不多，因為這個問題對他
們來說是自明的，他們先驗地肯定世界有一個總的理，這個理存在於
一切人身上，一切物身上，因此人們探究知識的對象就不外乎這個理

了。所以他們的知識論的主要內容，不是在討論什麼叫知識的問題，而是怎樣獲得知識的方法問題；說得明白些，就是怎樣體驗這個理；並怎樣來保持我們心中固有之理的純潔性而不致為人欲所蔽的問題。

關於這個問題，程頤曾說：

> 涵養須用敬，進學則在致知。

這兩句經典式的話，被後人稱為「程門口訣」，可以看作是程、朱派知識論——修養論的總綱。

> 什麼叫做「敬」？程氏說：
> 「主一謂之敬。」
> 什麼叫做「一」？程氏說：
> 「無適謂之一。」

用通俗的話來說、就是「專心一志，心不旁騖」。關於敬的具體內容，換言之，所謂「一」究竟指什麼，無論二程或朱熹都沒有明白說清楚，但我們完全可以理解，這就是指「天理」，也就是說一切封建道德準則。所謂「主敬」的實際內容大致就是這樣：把注意力集中起來，謹慎小心的保持心中固有的天理，經常提高警惕，以防人欲的襲擊。為什麼要主敬？程頤曾作過一個巧妙的譬喻，當他的學生問他心中思慮紛擾怎麼辦的時候，他回答道：

> 但為心無主，若主於敬，則自不紛擾。譬如以一壺水，投於水中，壺中既實，雖江湖之水不能入矣。

這種「主敬」的修養方法，不是和佛家的「禪定」很相像嗎；然而程頤認為是不同的，據他的意思，佛家的禪定是摒除一切思慮，這在他看來是辦不到的，因為人的精神活動不可能與外間世界完全隔絕，所以與其屏除一切思慮，還不知集中在一個思慮上，這樣其他思慮就不可能侵入。他認為這便是主敬與禪定的根本區別所在，他說：

> 學者先務，固在心志。有謂欲屏去聞見知思，則是絕聖棄智；有欲屏去思慮，患其紛亂，則須是坐禪入定。如明鑒在此、萬物畢照，是鑒之常，難為使之不照。人心不能不交感萬物，亦難使之不思慮。若欲免此，惟是心有主。如何為主？敬而已矣。……大凡人心不可二用，用於一事則他事更不能入者，事為之主也。事為之主，尚無思慮紛擾之患，若主於敬，又焉有此患乎？……但有此涵養，久之自然天理明。

這就是「涵養須用敬」一語的註解。

現在再談「進學則在致知」、「關於致知」，程頤下面一段話說得最為明確：

> 或問：「進修之術何先？」曰：「莫先於正心誠意。誠意在致知，致知在格物。格，至也，如『祖考來格』之『格』。凡一物上有一理，須是窮致其理。窮理亦多端，或讀書講明義理；或論古今人物，別其是非；或應接事物而處其當──皆窮理也。」或問：「格物須物物格之，還只格一物而萬理皆知？」曰：「怎生便會該通？若只格一物，便通眾理，雖顏子亦不敢如此道，須是今日格一件，明日又格一件，積習既多，然後脫然自有貫通處。」

朱熹在〈大學章句補格物傳〉中補充了程頤這段話的意思：

> 所謂「致知在格物」者，言欲致吾之知，在即物而窮其理也。蓋人心之靈，莫不有知，而天下之物，莫不有理；惟於理有未窮，故其知有不盡也。是以大學始教，必使學者即凡天下之物，莫不因其已知之理而益窮之，以求至乎其極。至於用力之久，而一旦豁然貫通焉，則眾物之表裡精粗無不到，而吾心之全體大用無不明矣。此為格物，此為知之至也。

程、朱這兩段話從前很迷惑了一些人，認為他們的格物說是「唯物主義」的，有「科學精神」。例如解放前夕出版的趙紀彬的《中國哲學思想》一書就是如此。他在引用上述程頤的一段話後，接著說：「這種見解在宇宙觀上是唯物的，在邏輯上是歸納法。」（第一四九頁）在另一個地方又說：「它（理學派）的格物致知思想，無疑的包含著科學精神。」（第一五二頁）這實際上是一種誤解。我們認為程、朱的所謂格物致知，完全是形而上學的思想方法，毫無科學精神可言，至於他們的宇宙觀不是唯物主義，那就更不用說了。

要研究程、朱的格物說是否含有科學精神，是否是歸納法，先要搞清下面幾個問題：

（1）他們所說「窮理」的理是什麼，是否指自然規律或者社會發展規律？

（2）他們所說的「物」是什麼意思？是不是指自然界的萬物？

（3）他們格物的目的是什麼，是否在探究客觀規律，獲科學知識？

關於第一個問題，我們在上面二節的研究中已經可以得出結論，不必再談。現在我們來研究後面兩個問題。

　　程、朱對「物」字的解釋是非常廣泛的，它既包括自然界的各種「物」，也包括人類社會的各種「事」，它是事與物的總稱，並且主要是指人事。朱熹曾屢次說明他對於「物」字的看法。

　　　　天下之事皆謂之物。

　　　　眼前凡所應接底都是物。

他們之所謂「格物」，實際主要是「格事」，而所謂事，又主要是指人倫關係，也即封建等級制度和封建倫理道德。如上引程頤的一段話中所列舉的格物對外──讀書、論古今人物、應接事物──都是「事」而非一般意義的「物」。而其所以要「格物」的目的，也在「講明義理」、「別其是非」、「處其當」，這些也都屬於道德範圍之內，即仁、義、禮、智的內涵，而並非要人們去探究事物的內在規律。程頤固然也曾說過這樣一類的話：「一草一木皆有理，須是察。」彷彿他也很注意研究自然現象。但在他看來，這是極為次要的，因為既然一草一木也是物，當然也須去「察」一下。然而他的真實意思卻不是這樣，他甚至認為與其去費工夫觀察外界事物，倒不如直接觀察自己更好。例如他說：

　　　　致知在格物，格物之理，不若察之於身，其得尤切。

因為在他看來「萬物皆備於我」，物我是一體的，所以「察之於身」也就等於格了萬物。這樣一來「格物」就一變而為「察己」的代名詞了。

　　朱熹也一樣，他也曾說過類似的話：

> 雖草木亦有理存焉，一草一木豈不可以格？如麻、麥、稻、梁，甚時種，甚時收；地之肥，地之磽，厚薄不同，此宜植某物，亦皆有理。

這段話倒的確有一點科學精神，但在朱熹看來，這些事雖然也是格物，但到底不是必要的（他說：一草一木「豈不可以格」，而不是說「豈可以不格」，在語氣中就有輕視的意思），到底是無關緊要的事；格物的主要內容不是這些。他在另一個地方，甚至對程頤的「一草一木皆有理，須是察」一語提出批評，認為程頤不懂得先後輕重緩急之序，這不是「做學問」的正確辦法，他說：

> 格物之論，伊川雖謂眼前無非是物，然其格之也，亦須有緩急先後之序，豈遽以為存心於一草一木器用之間，而忽然懸悟也哉！且如今為此學而不窮天理，明人倫，講聖言，通世故，乃兀然存心於一草一木一器用之間，此是何等學問！如此而望有所得，是炊沙而欲其成飯也！

這個批評可真嚴厲，這表示他堅決反對對自然界事物的觀察研究，而主張格物的對象首先應該是天理、人倫、聖言、世故等等，而不是草木器用等自然物和製造物。這樣的「格物」，其「科學精神」究竟在哪裡呢？

朱熹也跟程頤一樣，最後把「「天理」」歸結為「察己」：

> 大凡道理皆我自有之物，非從外得，所謂『知』者便只是知得我底道理，非是以我之『知』去知彼道理也。

這是什麼話？這不是「唯我論」的口氣嗎？

朱熹既然認為「道理皆我自有之物」，那麼只要「知得我底道理」就夠了，為什麼還主張要去格外界之物呢？對於這個問題，他在給項平父的一封信中有明白的解答：

> 大抵人之一心，萬理具備，若能存得，便是聖賢，更有何事？然聖賢教人，所以有許多門路節史，而未嘗教人只守此心者，蓋為此心此理，雖本完具，卻為氣質之稟，不能無偏；若不明察，極精極密，往往隨其所偏，墮於物欲之私而不自知。是以聖賢教人，雖以恭敬持守為先，而於其中又必使之即事即物，考古驗今，體會推導，內外參合，蓋必如此，然後見得此心之真，此理之正，而於世間萬物，一切言語，無不洞然了其白黑。《大學》所謂知至、誠意，《孟子》所謂知言養氣，正謂此也。

這樣看來，原來朱熹之所以主張必須格物窮理，其目的並不是要求獲得客觀世界的知識，而不過以此作為手段，拿來參合，證明先驗地存在於自己心中的天理而已。這種方法是不是科學的歸納法呢？

這種格物功夫，用他們另外一個哲學術語說，就是「明明德」。所謂「明德」就是指「天命之性」或「道心」，這是「天」所賦予人的固有的美德。然而這種「明德」很容易被物欲所蔽，以致昏而不明，所以必須經常擦磨，使其復明。朱熹常把人心譬作鏡子或者珠子，鏡子和珠子本來是明的、只是被污垢所染，所以昏翳，如果把污垢擦了，就立刻恢復其原有的光明。這種擦污去垢的工夫，就是「明明德」的工夫。他說：

致知乃本心之知，如一面鏡子，本全體通明，只被昏翳了而今遂漸磨去，使四邊皆照見，其明無所不照。

又說：

孔子之所謂克己復禮，《中庸》所謂致中和、尊德性、道問學，《大學》所謂明明德，……聖人千言萬語，只是教人存天理，滅人欲。……人性本明，如寶珠沉溷水中，明不可見。去了溷水，則寶珠依舊自明，自家若得知是人欲蔽了，便是明處。只是這上便緊著力主定。一面格物，今日格一物，明日格一物，正如游兵攻圍拔守，人欲自銷鑠去。所以程先生說「敬」字，只是謂我自有一個明底物事在這裡，把個敬字抵敵，常常存個「敬」在這裡，則人欲自然來不得。夫子曰：「為仁由己，而由人乎哉！」緊要處正在這裡！

說得很明白、無論「主敬」也好、無論「格物」也好，都是「明明德」的工夫，一個在內抵敵，一個在外圍攻，它們的共同敵人就是人欲。橫說豎說，千言萬語，歸根結柢，不過是為「存天理、滅人欲」六個大字而已。

　　總之，程、朱之所謂「格物致知」，並不是我們所說的觀察客觀事物、認識客觀規律的方法。他們之所謂「物」，不是我們所說的「物」；他們之所謂「知」，也不是我們所說的科學知識；格物的目的是在「明明德」，是在做封建聖人，而並不是要去做科學家。拿他們自己的話來說，就叫做「下學而上達」，就叫做「極高明而道中庸」。格物說是他們倫理學說的一個組成部分，與科學研究毫不相干。

五 後語

　　毛澤東同志在〈湖南農民運動考察報告〉一文中告訴我們,「中
國的男子,普通要受三種有系統的權力的支配,即:(一)由一國、
一省、一縣以至一鄉的國家系統(政權);(二)由宗祠支祠以至家長
的家族系統(族權);(三)由閻羅天子、城隍廟王以至土地菩薩的陰
間系統以及玉皇上帝以至各種神怪的神仙系統──總稱之為鬼神系統
(神權)。至於女子,除受上述三種權力的支配以外,還受男子的支
配(夫權)。這四種權力──政權、族權、神權、夫權,代表了全部
封建宗法的思想和制度,是束縛中國人民特別是農民的四條極大的繩
索」[18]。程、朱理學就是為這四種權力服務並為他們提供理論根據的
封建反動思想體系。它企圖使人民「自覺自願」地把這四條繩子套在
自己的脖子上,消極的忍受封建統治者所加給他們的一切壓迫與剝削
制度,當作天經地義一樣遵守它、尊敬它。上千年來它在統治者的大
力支持之下,對鞏固封建統治方面確實曾經起過巨大作用。封建制度
存在一天,儒家思想「毒草」就有它的繁殖滋長的園地。所以儘管
「五四」運動曾給予了它猛烈的打擊,但它的陰魂不散,依然經常附
著在反動的資產階級唯心主義哲學身上復活起來。只有在今天,只有
在社會主義革命勝利後的今天,在四種權力徹底摧毀之後,才有永遠
地、徹底地拔除這棵毒草的可能。

　　然而人們的思想意識總是落後於現實的,階級意識的殘餘影響以
及長期以來的思想傳統,往往束縛著人們的頭腦,因為「傳統在一般

---

18 《毛澤東選集》卷一,頁三三。

所有各個思想體系方面都是一種巨大的保守力量」[19]，特別像程、朱理學這樣一套有比較嚴密組織的思辨哲學系統，更能迷惑人心。在階級立場還沒有完全改變、在唯心主義思想和形而上學思想方法還沒有徹底肅清的人們的頭腦裡，它還會殘留著一定的地盤，經常會披著不同的外衣，甚至馬列主義的外衣出現。這對受過舊教育、受過舊文化影響較深的人說來，是應該時常加以警惕的。

  ——原載《山東大學學報》，一九六一年第二期，頁一～二四

   收入華山著：《中古思想史論集》（北京市：學苑出版社，

   2008 年 10 月），頁一七三～二〇九

---

19 恩格斯〈費爾巴哈與德國古典哲學的終結〉，《馬恩文選》卷二，頁。

朱熹理學的要害在於「克己復禮」

歷史研究室

　　朱熹（1130～1200），是我國歷史上一個極端反動的唯心主義哲學家，是宋代理學（又稱道學）的集大成者，是封建社會後期儒家的代表人物、孔老二的忠實信徒。朱熹其人，十分可惡，他一生專搞「克己復禮」，鼓吹「中庸之道」，慣耍兩面派手法，是一個非常陰險毒辣的偽君子。尤其是他那本浸透了孔、孟之道毒汁的臭名遠揚的《四書集注》，曾經被封建統治階級定為必讀教科書，強迫人民信奉，並成為地主階級知識分子鑽入官場的敲門磚，流毒極其深廣。人以群分，物以類聚。資產階級野心家、陰謀家、兩面派、叛徒、賣國賊林彪，一眼就看中了朱熹這具道學僵屍，對他十分崇拜。林彪叫囂「要像朱子那樣去待人」，並且仿效朱熹的《四書集注》，搞了一本《四書集句》，作為他復辟資本主義的精神武器。因此，我們在深入開展批林批孔的同時，必須對朱熹的反動理學加以剖析。

一

　　朱熹生活在宋代，當時中國封建社會已在走下坡路，階級矛盾十分尖銳激烈。大地主專權，瘋狂掠奪農民土地，農民被迫紛紛起來反抗。農民起義不僅在政治上、經濟上狠狠打擊了封建勢力，而且在意識形態領域內也有力地批判了地主階級的反動統治思想，特別是駁斥

了北宋以來的反動理學。整個農民運動，已經進入了一個嶄新的歷史
階段。

　　與此同時，金統治者步步南侵，南宋統治著苟且偷安，民族鬥爭
和階級鬥爭日益激化。在地主階級內部，也是矛盾重重，爭權奪利，
愈演愈烈。北宋中葉，曾有王安石代表中小地主利益出來變法，他崇
法反儒，主張革新，反對復古，雖然在大地主階級的激烈反對下遭到
失敗，但從此宋代社會危機加劇，封建統治者的日子越來越不好過。

　　朱熹為了維持當時南宋封建王朝的反動統治，便繼承孔老二的衣
缽，祭起了「克己復禮」的破旗，進一步宣揚反動理學，聲嘶力竭地
嚎叫要「存天理、滅人欲」，妄圖以此來扼殺農民起義，並借以穩定
地主階級的內部秩序。「存天理、滅人欲」就是朱熹反動理學的核
心，是他搞「克己復禮」的反動政治綱領。

　　什麼叫「天理」？按照朱熹唯心主義的說法，所謂「理」是一種
先於人而存在的絕對精神，是產生宇宙間萬事萬物的本源。他說「帝
是理為主」（《朱子語類》卷一），就是說封建皇帝是「理」的化身。
又說這個「理」其「張之為三綱，其紀之為五常」（《朱子文集‧讀大
紀》），並且「君臣父子，定位不易」（《朱子文集‧甲寅行宮便殿奏札
之一》）。這就是說，作為封建道德教條的「三綱五常」是「天理」在
人類社會的體現，是神聖不可侵犯的永恆不變的「絕對真理」。至於
什麼叫「人欲」，朱熹說：「非禮也，人之私也。」（《四書集注‧論
語‧顏淵篇》）又說：「克己復禮為仁，言能克去己私，復乎天理。」
（《朱子文集‧仁說》）就是說，朱熹所說的「人欲」，是指一切違反
封建秩序的所謂非禮的欲望和要求。另外，朱熹還更進一步地明確
說：「孔子之所謂『克己復禮』……只是教人『存天理、滅人欲』。」
（《朱子語類》卷十二）因而，朱熹所謂的「存天理、滅人欲」，就是
孔老二「克己復禮」的翻版。

　　朱熹用理學的語言，把「克己復禮」具體化的「存天理、滅人欲」，是為維護當時大地主階級的反動統治製造理論根據。他一面竭力扼殺農民起義，一面又唇焦舌敝地向當時的皇帝進言，請求皇帝在日常言語動作用人處事之際都要念念不忘「存天理、滅人欲」的原則。他向皇帝說：如果能夠做到「存天理、滅人欲」，「天下之事將惟陛下之所欲為，無不如志矣」（《朱子文集·戊申延和奏劄五》）！這就等於說，只要做到了「存天理、滅人欲」，皇帝就可以肆無忌憚地剝削和壓迫人民群眾，封建專制獨裁統治就能萬世長存了！

　　朱熹始終把「存天理、滅人欲」作為他生活中時刻不忘的大事，並貫穿在他的實際行動之中。朱熹在做地方官時，每到一處，總是費盡心血搜尋古人遺跡，大肆旌表「前代忠臣、孝子、義夫、節婦」，並四處張掛布告，向老百姓灌輸「孝弟忠信禮義廉恥之意」。此外，他還大建書院，定學規，強迫人們「學道修身」，做封建統治的忠實奴才。同時，朱熹又胡說什麼：佃戶全靠地主借給田種才能養活家口，因此規定「佃戶不可侵犯田主」（《朱子文集·勸農文》）。他要農民「凡事循理」，忍受地主的剝削，即使貧困飢餓陷入了死亡的境地，也不能有絲毫的反抗意識。因為按照朱熹的邏輯，「窮達有命，無可力求」（《朱子文集·答龔伯書》），農民受剝削受壓迫是「天理當然」，反抗也沒有用。為了防止「小人凌上之風」，朱熹還胡說什麼把勞動人民關進牢獄而「加以桎梏箠楚，乃是正理」（《朱子文集·與方耕道書》）。對於「地客殺地主」的行為，朱熹竭力主張嚴刑鎮壓，認為只有這樣，才能維護「三綱五常」，使「天理」不致泯滅。以上事實充分表明，朱熹「存天理、滅人欲」這一反動政治綱領的實質在於宣揚「壓迫有理、違反無理」，就是不准農民起來革命，妄圖使他們跪倒在地主階級的腳下，俯首聽命，永遠做任人宰割的奴隸！

　　偉大領袖毛主席曾經指出：「馬克思主義的道理千條萬緒，歸根

結底，就是一句話：『造反有理。』」這就深刻地批判了一切剝削階級的政治偏見，從而也就有力地批判了朱熹「存天理、滅人欲」的反動謬論。早在北宋理學出籠不久，勞動人民就開始了對它的批判。北宋末期的方臘起義，「無視君臣上下」，大殺官吏，反對封建綱常，並直接指斥地主階級的剝削壓迫行為是「安有是理」。他們主張「是法平等，無有高下」，才是「天下國家，本同一理」，對理學家所鼓噪的所謂「天理」提出了強烈的抗議（《容齋逸史》）。到南宋初年，又有鍾相、楊么起義，提出只有「等貴賤、均貧富」，才是「天理當然」，再一次有力地抨擊了反動理學（《三朝北盟會編》）。此後，南宋各地愈來愈多的農民起義，都有力地打擊了朱熹的反動理學。朱熹的血腥鎮壓和瘋狂叫囂始終阻止不了歷史車輪的滾滾向前。

歷史的經驗證明：一切妄圖開歷史倒車的反動派，都要搞「克己復禮」。孔老二為了復辟奴隸制度，提出了「克己復禮」的反動綱領，說什麼「一日克己復禮，天下歸仁焉」。朱熹為了維護以南宋皇帝為首的大地主階級的專制獨裁統治，把「克己復禮」具體化為「存天理、滅人欲」，妄圖以此來扼殺農民起義。林彪在「九大」以後，曾多次大書特書「悠悠萬事，唯此為大，克己復禮」，充分暴露了他迫不及待地顛覆無產階級專制的野心。他還把奴隸主頭子周文王臨死前對其子周武王傳授統治經驗的遺囑「義勝欲則昌，欲勝義則亡」等話，親筆抄錄，作為教子經，囑咐他兒子要克制自己的「私欲」，把復辟資本主義放在首位，這與朱熹所鼓吹的「存天理、滅人欲」完全是一樣的貨色。我們必須發揚無產階級的徹底革命精神，狠批林彪及其祖師爺孔老二、朱熹之流「克己復禮」的反革命綱領，把資產階級和一切剝削階級思想的老根統統挖掉！

二

歷史上凡是反對革命，頑固地維護舊制度，要搞「克己復禮」的人，都要鼓吹「中庸之道」，朱熹也不例外。

「中庸之道」原是孔老二反動思想的一個重要方面，是為他「克己復禮」這個復辟奴隸制的綱領服務的，是一把殺人不見血的軟刀子。朱熹從孔老二那裡接過這把軟刀子，重新加工，用來為他推行「存天理、滅人欲」這個反動綱領服務。

孔老二說：「中庸之為德也，其至矣乎，民鮮久矣！」朱熹解釋說：「中者，無過無不及之名也。庸，平常也。」（《四書集注·論語·雍也篇》）他的意思就是說：中庸作為一種最高的道德，要求人們的一切言行都必須做到既不過又沒有不及，任何時候都要保持不偏不倚的態度，不能改變舊的常規，否則是不行的。至於這個常規究竟是什麼？朱熹一句話就說出了這個秘密。他說：「理之所在，即是中道。」（《朱子文集·答程允夫》）原來朱熹要人們遵循的常規就是他那念念不忘的「天理」，也就是「三綱五常」。可見「中庸之道」的要害在於不許人們違反封建道德教條，禁止變革，禁止革命。因此，「中庸之道」是不折不扣的復辟之道，無怪乎它總被歷代反動統治者奉若至寶。

其實，朱熹的「中庸之道」，只不過是他那「存天理，滅人欲」的反革命復辟綱領的另一種說法，兩者完全是一回事，並無本質的不同。關於這一點，朱熹自己也直認不諱，他說「《中庸》所謂『致中和』」，「《書》曰『人心惟危，道心惟微，惟精惟一，允執厥中』」，「只是教人『存天理、滅人欲』」（《朱子語類》卷十二）。朱熹從孔老二那裡販來了「中庸之道」，又唯恐人們不識貨，就不厭其煩地叫

賣：「道（即理）之所貴者中！」（《四書集注‧孟子‧盡心篇上》）
「道以中庸為至！」（《四書集注‧論語‧先進篇》）

為了使人們做到「中庸」，朱熹挖空心思，想出了那種教人修養
的訣竅。什麼要「正心誠意」呀，要「居敬窮理」呀，要「格物致
知」呀，要「踐履力行」呀，……等等，真是花樣繁多，弄得人們眼
花繚亂。其實，這一切都無非要大家「以聖賢為己任」，收斂身心，
閉門靜坐，熟讀《四書》，非禮勿動，三綱五常，身體力行，爭取做
個孔老二的忠實信徒。說來說去，都不過表明朱熹妄圖用封建禮教的
繩索來捆綁人們的思想，要大家都做南宋封建王朝統治下的忠臣或順
民，用朱熹自己的話來說，就是要把人「置身於法度規矩中，……非
禮勿聽、視、言、動」（《朱子文集‧答潘叔昌》）；就是要人們「內無
妄思，外無妄動」，像「放在模匣子裡面」一樣，不許動彈（《朱子語
類》卷十二）。

但是，廣大革命群眾是絕不甘心讓「中庸之道」來束縛自己的手
腳的。魯迅先生說得好：「聖人為什麼大呼『中庸』呢？曰：這正因
為大家並不中庸的緣故。」早在春秋晚期，孔老二就哀嘆老百姓缺少
「中庸」這種最高道德已經很久了！同樣，在朱熹生活的宋代，廣大
勞動人民也不相信「中庸之道」這類反動的說教。所以，朱熹只好說
僅有「聖人」才能遵守「中庸之道」：「聖人太極（天理）之全體，一
動一靜，無適而非中正仁義之極。」（《太極圖說解》）其實，他所說
的「聖人」，無非是一小撮封建統治階級的代表人物。至於說他們都
能遵守「中庸之道」，那也只不過騙騙人而已。因為，「中庸之道」是
反動統治者妄圖用來毒害廣大勞動人民的，他們自己可並不「中
庸」。魯迅先生曾經一針見血地指出「常常自命為愛『中庸』、行『中
庸』的人」，「其實是頗不免於過激的。譬如對敵人罷，有時是壓服不
夠，還要『除惡務盡』，殺掉不夠，還要『食肉寢皮』」。朱熹正是這

樣的偽君子。他一面高喊要「致中和」，一面則聲言：「君子之於小人，固不當過於忿疾，然無交和之理。」（《朱子文集·答潘叔昌》）「不當過為忿疾」是假，「無交和之理」是真，實際上，豈止於「無交和」而已，朱熹對於勞動人民，一貫採取嚴刑鎮壓的政策。他一面擺出一副「仁者」的孔子，假惺惺地大講要以「慈祥和厚為本」，一面則惡狠狠地叫囂：刑輕將會助長「悖逆作亂之心」，對農民的反抗必須嚴刑鎮壓，才能「得其當」。朱熹在做地方官時，曾多次宣布：如果農民敢「鼓眾作鬧至奪地主錢米」，他「定當追捉根勘，重行決配遠惡州軍」（《朱子文集·勸諭救荒》），或者加上「強盜」的罪名，關入監牢，判處流放，甚至拿去砍頭（《朱子文集·約束糴米及劫掠榜》）。朱熹對於農民起義怕得要死，當他聽說福建地區農民四處暴動時，便連聲哀嘆「奈何，奈何」，並狂叫「只有盡力撲討」（《朱子文集·與林擇之書》）。這裡，朱熹對於「中庸之道」的真實態度，難道暴露得還不夠清楚嗎？

歷來的反動派，為了搞復辟倒退，妄圖使人民群眾成為他們統治下的馴服的綿羊，總要祭起「中庸之道」這件法寶。林彪為了反對革命，復辟資本主義，也與孔老二、朱熹一樣，大叫「中庸之道……合理」，胡說什麼「凡事勿做絕，做絕了即一點論，必有惡果」。林彪用「中庸之道」冒充辯證法，宣揚折衷主義、階級調和。他自己反革命，卻不許人民革命。「共產黨的哲學就是鬥爭哲學」。哪裡有壓迫，哪裡就有反抗。毛主席早就指出「革命不是請客吃飯」，「矯枉必須過正，不過正不能矯枉」。我們必須牢記毛主席的教導，牢記黨的基本路線，發揚無產階級反潮流的革命精神，把孔老二、朱熹、林彪之流所鼓吹的「中庸之道」拋入歷史的垃圾堆，把社會主義革命進行到底！

三

　　凡是復辟狂，往往都是反革命兩面派。因為他們都是紙老虎，本質上十分虛弱。他們既要搞復辟，又想掩蓋自己的罪行，就只好靠耍陰謀、靠欺人惑世來混日子。理學家們也大都有這個特性。他們口頭仁義道德，肚裡男盜女娼，既極端殘忍，又十分虛偽，行徑非常醜惡。朱熹就是這樣一個突出的典型。

　　朱熹要搞「克己復禮」，首先得蒙蔽群眾，所以他自稱是「聖人」（阮葵生《茶餘客話》），平時「行舒而恭，坐端而直」，道貌岸然，表面上看去，真可說是高尚極了，但骨子裡卻卑鄙腐朽到了頂點，簡直連狗屎都不如。現在，讓我們來看一下他的真實面目。

　　朱熹教訓人要「正大光明」，甚至講話發音都不能有半點含糊；但他卻又主張像他這樣的「聖人」可以講假話。他胡說什麼「有德者言雖巧，色雖令，無害；若徒巧言令色，小人矣」（《朱子文集·答范伯崇》）。這不就是孟軻的「大人者，言不必信，行不必果」的謬論的翻版嗎？不就是明目張膽地提倡耍陰謀假話嗎？此外，朱熹又公開宣揚孔老二「子為父隱，父為子隱」的說教，胡說什麼「父子相隱，天理人情之至也，故不求為直而直在其中」（《四書集注·論語·子路篇》），公然主張父子做壞事必須互相包庇。這裡，朱熹要求別人正大光明，而說自己搞騙術卻合乎「天理」，這正是他耍兩面派手法最充分的暴露。

　　事實正是這樣。朱熹一面行凶殺人，一面又把自己打扮成大慈大悲救苦救難的活菩薩。朱熹平時竭力宣揚「仁恕」，高唱「己所不欲，勿施於人」，並把這規定為「接物之要」。但是，為了「復禮」，為了搞打擊報復和鎮壓勞動人民，他卻可以施展出種種陰險毒辣的手

段，絲毫也不見「仁恕」。他為了打擊一個反對派，竟以嚴刑迫害一個無辜的官妓，企圖逼打成招，以便羅織罪名，製造假案。當他在南康軍當地方官時，見有「強盜」三人「配隸嶺海」，他感到判處太輕，鎮壓不力，但又不便改判，竟派人暗下毒手（《朱子文集·答林擇之》）。又如朱熹在當潭州知州時，有一天，他預先得到消息，知道次日新皇登位，將行大赦。他既要宣揚「皇恩浩蕩」，又不甘心放過任一個所謂「悖逆」之人，便在當天親自「入獄取大囚十八人立斬之」。當皇帝的大赦令到達時，朱熹早已把人殺完了（吳子良《林下偶談》）。尤其可惡的是，朱熹一面拚命屠殺勞動群眾，一面卻裝出「愛人」的面容，說什麼要關心「善良之無告」，「哀矜勿喜之心，則不可無也」（《朱子文集·答廖子晦》）。僅就以上事例，朱熹虛偽而凶殘的面目就暴露無遺了。

朱熹高喊「天下之務莫大於恤民」，口口聲聲強調「省刑罰、薄賦稅」是「仁政之大目」，實際上他卻每時每刻都在對農民進行敲骨吸髓的壓榨。關於這一點，連他自己也直供不諱：「治財太急、用刑過嚴二事，亦實有之。」（《朱子文集·答呂伯恭》）在旱災的年代裡，朱熹表面上大抓荒政，假裝賑飢，背地裡卻不斷向皇帝上奏章，說什麼「當憂者不止於餓殍，而在於『盜賊』」，要求鎮壓革命，及早擒捕敢有「強借劫奪」和「作過唱亂」之人（《朱子文集·乞修德政以弭天變狀》）。朱熹之流在飢荒之年，還一面開倉賑貸，一面秘密派兵襲殺農民領袖，其用心真是險惡之極！

朱熹一面擺出一副「公而無私」的面孔，將「正其義不謀其利，明其道不計其功」立為「處事之要」（《朱子文集·白鹿洞書院揭示》），大罵謀功利者為「率獸食人」（《朱子文集·答潘端叔》），並把「見利忘義」的行為斥為「萬惡的人欲」；而另一方面，他自己卻熱衷於升官發財、發家致富。朱熹在武夷山講學時，因離家較遠，僅在

中途建歐馬莊，就買田二百多畝。他平時總是宣揚「天不生仲尼，萬古如長夜」（《朱子語類》卷九三），但當他聽說建陽學堂風水好，有侯王之地，就企圖占為己有，竟然用大木粗繩把孔老二的塑像捆綁起來，強令搬遷，在大街鬧市抬著走，結果把「孔聖人」的手腳也搞斷了，鬧得輿論嘩然。又有一次，朱熹聽說一個崇安弓手父母的墳地風水好，竟用惡霸手段，擅自發掘弓手父母的墳墓來葬自己的母親。此外，他家男女婚嫁，一定要選擇有錢的人家，不僅是要門當戶對，而且是為了貪圖較多的嫁奩聘禮。他在招收學生時，也必定要選取富家子弟，不僅是為了維護封建統治的需要，而且是為了可以得到優厚的束脩。可見，朱熹反對謀求功利是假，一心想升官發財是真。

朱熹又時時向人灌輸「修身、齊家」的道理，教人時刻都不能忘記「仁義禮智信」，儼然以「正人君子」自居。實際上，他一家人生活腐化，道德敗壞，是一夥不折不扣的男盜女娼。請看：朱熹當官時，引誘兩個尼姑當小老婆，到處帶著走，他的幾個兒子依恃父勢，偷盜並宰殺耕牛；……又如朱熹八歲時就曾經說過，為人不孝就不配稱人，但他後來當了官，卻虐待老母，自己吃好米，給他母親吃霉米，弄得他母親到處訴苦（葉紹翁《四朝聞見錄》）。如此等等，足以說明朱熹的為人是多麼齷齪！因此，當時就有人揭露朱熹的理學是「假其名以濟為偽」。

歷史上一切沒落階級的代表人物為了「克己復禮」，都要向孔老二之流學習騙人手法。資產階級野心家、陰謀家林彪全盤繼承了從孔、孟到朱熹的騙人衣缽，真可謂青勝於藍，其兩面派的騙術大大超過了他的那些祖師爺。他不僅恭恭敬敬地把朱熹「父子相隱，天理人情之至也」的話抄入了他的《四書集句》，而且還赤裸裸地叫囂：「不說假話，辦不成大事。」果然，他一面把自己打扮成「堅信馬列」的壯士，一面卻大搞復辟資本主義的勾當。他「語錄不離手，萬歲不離

口，當面說好話，背後下毒手」，是一個最卑鄙、最無恥的政治騙子。但是，不管反動派的陰謀手段如何巧妙，「他們既要反革命，就不可能將其真相蔭蔽得十分徹底」。雖然，「頑固派，他們總有一套計畫，其計畫是如何損人利己以及如何裝兩面派之類。但是從來的頑固派，所得的結果，總是和他們的願望相反。他們總是以損人開始，以害己告終」。孔老二、朱熹、林彪之流的下場都無不如此。

由於朱熹深得孔、孟復辟之道的真傳，而且還大有發揮，所以，「後之時君世主，欲復天德王道之治，必來此取法矣」（《宋史・道學傳》）。南宋以來的歷代封建帝王，都特別崇拜朱熹。宋理宗曾經追封朱熹為「太師」，以後又把朱熹的牌位抬進了孔廟。明朝皇帝朱元璋上臺後，又立即將朱熹的書立於學官，強迫人民信奉。到明朝嘉靖年間，就稱朱熹為「先儒朱子」，崇禎末年又改稱「先賢朱子」。此後，從清康熙到蔣介石，都無不把朱熹的理學奉為他們反動統治思想的正宗。資產階級野心家、陰謀家林彪更是向朱熹頂禮膜拜，並引為學習楷模。歷代反動統治者長期的吹捧和宣揚，使得朱熹理學的流毒既深且廣。為此，在當前深入開展批林批孔運動中，對朱熹的反動思想，必須徹底清算，肅清其流毒。

——原載《新江西大學學報》，一九七四年第三期，頁四九～五四
收入《可惡的朱熹》，頁三五～四七

朱熹怎樣利用詩歌宣揚
他的反動哲學思想

楊遜

在中外哲學史上，唯心主義者利用小說、詩歌、散文、雜文以及寓言故事等文藝形式來宣揚自己的哲學思想，不乏其人。我國宋代反動的唯心主義者朱熹，除了在他的文章、書信、語錄中闡發其哲學思想外，也利用我國古典詩歌的藝術形式宣揚他的唯心主義。毛主席教導我們：「內容愈反動的作品而又愈帶藝術性，就愈能毒害人民，就愈應排斥。」（《毛澤東選集》頁八二六）對於朱熹利用詩歌來宣揚唯心主義所造成的惡劣影響，往往被忽視，甚至有的人還欣賞朱熹詩的「藝術性」[*]，因此有揭露和批判的必要。

朱熹的唯心主義觀點，概括地說即：「理」是產生宇宙萬事萬物的根源。他說：「未有天地之先，畢竟也只是理，有此理，便有此天地。若無此理，便亦無天地，無人無物，都無該載了。」（《語類》）他所說的「理」是什麼呢？它不單是關於事物的抽象觀念，主要是指封建道德的基本原則。在朱熹看來，作為整體的理——太極，「是天地人物萬善至好的表德」（《語類》），「其中含具萬理，而綱理之大者

---

[*] 參看李東陽《麓堂詩話》，瞿佑《歸田詩話》卷中，楊慎《升菴詩話》卷十一，王世貞《藝苑巵言》卷四，鄭振鐸《中國文學史》第四十二章，劉大杰《中國文學史發展史》第十七章。

有四，故命之曰仁義禮智」（〈答陳器之〉）。這顯然是把封建道德綱常絕對化，說成是先驗的，是宇宙的根本，借以維護封建地主階級對勞動人民的統治。

朱熹在他的代表詩作〈齋居感興〉（《文集》卷四）二十首中一開頭就大談哲學：

> 崑崙（渾淪，太空）大無外，磅礡下深廣（地），陰陽無停機，寒暑互來往。皇羲（伏羲）古神聖，妙極一俯仰，不待窺「馬圖」，人文已宣朗，渾然一「理」貫，昭晰非象罔（明白得很），珍重「無極翁」（指周敦頤），為我重指掌。

朱熹在詩中不是直言「理」產生萬物，而是首先描繪廣闊深厚的天地間，陽陰二氣流行，寒來暑往，然後提到傳說中伏羲氏「仰觀天文，俯察地理」，根據種種形象畫成八卦……，最後四句則筆鋒一轉，強調「天理」貫穿於宇宙萬物中，還搬出他的「權威」周敦頤的「無極而太極」唯心主義來，吹噓它使人們對宇宙現象的認識，明若指掌。

「天理」本身還有沒有變化和發展呢？朱熹在〈齋居感興〉第二首寫道：

> 吾觀陰陽化，升降八紘（宇宙）中，前瞻既無始，後際那有終；至理諒斯存，萬世與今同，誰言混沌死，幻語驚盲聾。

他在詩中大談其陰陽二氣在宇宙間的升降變化，即所謂：「動前有靜，靜前有動，動靜無端，陰陽無始……。」朱熹也承認宇宙間的現象千變萬化，但他是循環論者，認為萬變不離其本，他那「天理」是「萬世與同今」的，是永恆不變的，即他常說的「綱常萬古磨滅不

得」，從而論證封建倫理道德、封建統治秩序是永恆不變的。這充分暴露了他的反動哲學的形而上學性。

朱熹這類哲理詩，和魏晉玄言詩、佛教偈頌、基督教頌聖歌不同，很少枯燥的說教。他會利用藝術形象的描繪，從具體到抽象，在關鍵處簡要地說明他的哲學思想。上述兩首詩，確實概括了他的唯心主義和形而上學的世界觀。

朱熹為了突出「無極—太極—陰陽—五行—萬物」這一唯心主義體系，還在《易經》上大做文章：

> 立卦生爻事有因，「兩儀」、「四象」已前陳，須知三絕書編者，不是尋行數墨人。

> 潛心雖出重爻後，著（著）眼何妨未畫前，識得『兩儀』根（植根於）太極，此時方好絕韋編。（《文集》卷十）

在殷周奴隸社會，勞動人民在生產鬥爭、階級鬥爭中，產生了樸素的辯證法和自發的唯物主義思想，如原始的「八卦」和早期的「五行」說等。孔老二之流根據奴隸主貴族的需要，對這些進行歪曲、改造，使之納入唯心主義和形而上學的體系，這就是《易經》。朱熹生怕人們在《易經》的「卦」、「爻」等敘述的字裡行間仔細推敲，找出唯物主義和辯證法的因素，所以，他用從周敦頤開始、中經程顥程頤到他自己不斷加工的那套「無極—太極—兩儀—五行」的唯心主義宇宙觀對《易經》加以進一步改造，並對孔老二的「韋編三絕」精神進行新的解釋，要人們千萬不要「尋行數墨」，在個別句段的字裡行間去推敲，而要潛思默想，著眼於八卦等「未畫」之前，也就是首先要深悟他們那些「無極—太極」的客觀唯心主義謬論。

　　關於太極與萬理的關係，朱熹認為，太極包含萬里，萬理分別體現整個太極。他說：「太極只是天地萬物之理。在天地言，則天地中有太極；在萬物言，則萬物中各有太極。」（《語類》）這就叫「理一分殊」。他曾引用佛教徒的「月印萬川」例子來說明「理一分殊」的道理。在詩歌中，他找到「分水嶺」這一題材，進一步發揮「理一分殊」的思想。

　　　　水流無彼此，地勢有西東，若識分時異，方知合處同。（《文集》卷四）

孟軻和告子辯論人性問題時曾拿水作例子，說水可東可西，但有個共同特性，即向低處流，這就像人性本來都是善的一樣。朱熹參照佛教的「月印萬川」和孟軻的「人無有不善，水無有不下」的比喻，用詩句說明：由於「水往低處流」這一特性，儘管因「地勢」不同，水流暫時向西或向東，但終歸都要流入大海而「合」、「同」起來。封建時代有些文人往往以「百川歸海」來象徵「朝宗」或忠君，杜甫詩句中就有「眾流歸海意，萬國奉君心」。朱熹這個比喻，確實比「月印萬川」和孟軻舉例更有直接的社會意義。他是利用古典詩歌的傳統題材和表現形式，闡發他的反動哲學觀點，論證封建綱常名教的普遍生和永恆性。

　　「天理」產生萬事萬物，人們怎樣尋找、領悟它呢？朱熹提出「格物致知」說。所謂「格物致知」，又叫「即物窮理」，就是通過研究萬事萬物的「理」，達到把握最高的「理」，而這個「理」是先於事物、先於經驗的，只是拿萬物去顯示他那個「理」。可見，他的認識論是唯心主義的先驗論。他認為，「格物」的目的，就是要人們「止於至善」，「為人君止於仁，為人臣止於敬」。這樣，朱熹就把他的認

識論和封建道德修養結合起來。他實際上主張讀孔、孟著作以「明理」，閉門修養（「主敬」、「存誠」）以「悟理」。朱熹曾在自然現象上拚命尋找一些「符合」他那客觀唯心主義模式的例證，並找到蜂蟻中也有「皇」、「后」，牽強附會地說明君臣關係是「普遍規則」，但大量的自然現象，是不可能納入他那唯心主義模式中的，因此他指斥那些到自然界尋找真理的人是想「煮沙成飯」。但朱熹在詩歌中，並不直接否定這條路，他也像歷代許多山水田園派詩人一樣，描寫大自然的景象，滿紙風花雪月，美妙動人，然而他總是用簡短的語言，在字裡行間表露出：在自然界找不到真理，自然界沒有真善美的東西，只有「天理」才是至善至美，具有無窮的生命力：

> 聞道西園春色深，急穿芒屬（草鞋）去登臨，千葩萬蕊爭紅紫，誰識乾坤造化心。（《文集》卷二）

朱熹從花卉盛開寫到「乾坤造化」，即「創世主」或「天理」。這就是從客觀物質世界要溯源到他那個唯心主義宇宙本體。在他的心目中，客觀世界一切美好事物，都是「天理」這個「造化者」創造出來的。

〈偶成〉三首（《文集》卷二）的主題更隱晦，表面上像寫景，實際上是一個唯心主義者在探討宇宙的「奧妙」：

> 門外青山翠紫堆，幅巾終日面（對）崔嵬，只看雲斷成飛雨，不道雲從底（何）處來。

> 擘開蒼峽吼奔雷，萬斛飛泉湧出來，斷梗枯槎無泊處，一川寒碧（溪水）自縈回（回旋）。

步隨流水覓溪源，行到源頭卻惘然，始悟『真源』行不到，倚節（杖）隨處弄潺湲。

作者似乎在告訴人們：大自然奧妙無窮，如果說，雲變成雨，那麼雲又是從哪裡來？你要像傳說中的張騫那樣，乘槎以溯河源，到天河那兒去，就會被急流沖得七零八落；你要沿岸往上尋源，即使到了源頭，也會感到「惘然」莫明其妙。朱熹並不是在這裡宣揚不可知論。他是要說明「真源」就是「天理」，到自然界（包括社會）去「格物致知」，是「徒勞無益」的，還是跟他去閉門讀書，閉門修養吧。他認為，一旦領悟「天理」，一切都迎刃而解，而且其力無窮，其樂無比：

半畝方塘一鑒（鏡）開，天光雲彩共徘徊，問渠（它）那得清如許，為有源頭活水來。

昨夜江邊春水生，蒙沖（大船）巨艦一毛輕，向來枉費推移力，此日中流自在行。

這二首詩（見《文集》卷二）表面看來也和一般田園山水詩一樣，全部寫自然現象，沒有公開的哲學說教。但是題目叫「觀書有感」，顯然是談他讀書「悟理」的心得。朱熹在第一首詩裡，把「流水不腐」這句具有樸素辯證法因素和鮮明形象感的古代成語盜用過來，改寫成詩，加上什麼「天光」、「雲影」、「清如許」、「活水」之類的烘托，這就美化了「天理」、「三綱五常」。反動腐朽的封建道德教條，早已是一泓死水，臭不可聞。朱熹卻絞盡腦汁，力圖「化腐朽為神奇」，充分暴露出這個貌似風雅的「詩人」，是在為日趨沒落的封建制大唱頌

歌。朱熹在第二首詩裡，盡量誇大「天理」的威力，描繪它是推動宇宙間蒙沖巨艦之類的龐然大物運轉前進的原動力。這實際上是回答上述〈偶成〉詩中提出的問題：宇宙間的奧妙，所謂「真源」，就是「天理」，它產生一切，推動一切事物前進。

朱熹答覆他的道學密友張栻的一封信，可以給上面幾首詩作個很好的注腳：

> ……因復取聖賢之書，以及近世諸老先生（指周敦頤、程顥、程頤等）之遺語，讀而驗之，則又無一不合，……始竊自信，以為天下之『理』，其果在是，而致知格物、居敬精義之功，自是其有所施之矣。聖賢方策（著作），豈欺我哉！……即夫日用之間，渾然全體，如川流之不息，天命之不窮耳，其所以體用精粗、動靜本末，洞然無一毫之間（隔），而鳶飛魚躍，觸處朗然也。……從前（指沒有「悟理」以前）是做多少安排，沒頓著處（著落），今覺得如水到船浮，解維（船繩）正柁，而沿洄上下，惟意所適矣，豈不易哉！始信明道（程顥）所謂『未嘗致纖毫之力』者，真不浪語！（《文集》卷三二）

還有一首詩〈春日〉（《文集》卷二），從題目到內容都像寫景詩，過去收在通俗本《千家詩》裡，流傳較廣，更是一株夭艷的唯心主義大毒草：

> 勝日尋芳泗水濱，無邊光景一時新，等閒識得東風面，萬紫千紅總是春。

我們知道，朱熹一生活動的地區，在福建、浙江、蘇南、江西、湖南

等地。他根本沒有到過長江以北的泗縣、泗洪、泗陽等地，更不用說山東了。詩中的「泗水」，顯然是指流經孔丘故鄉山東曲阜的那條泗水。到「泗水濱」去「尋芳」，意即到孔丘的幽靈那裡去「朝聖」，去尋找「天理」。這比之他那套「格物致知」、「即物窮理」的故弄玄虛的說教，說得更直接，把他的認識論的先驗論性質暴露得更露骨。朱熹用「萬紫千紅」這些字眼為孔、孟之道擦脂抹粉，正好說明沒落的大地主階級與腐朽的孔、孟之道有著命運與共、休戚相關的密切聯繫。

　　朱熹那個龐大的客觀唯心主義體系，是以儒家唯心主義為中心、吸收道教和佛教的唯心主義拼湊而成的。他早年研究過道教和佛教，還寫過這方面的詩，如〈讀道書作六首〉、〈步虛詞二首〉、〈誦經〉、〈久雨齋居誦經〉（均見《文集》卷一）。有首詩寫道：

> 端居獨無事，聊披釋氏書，暫釋塵累牽，超然與道俱，門掩竹林幽，禽鳴山雨餘，了此『無為』法，身心同晏如。（《文集》卷一）

看來，他當時是完全陶醉在佛教唯心主義中去了！

　　朱熹還在一首題為〈克己〉（《文集》卷二）的詩中寫道：

> 寶鑒（鏡）當年照膽寒，向來埋沒太無端，至今垢盡明全見（現），還得當年寶鑒看。

這也是明顯地襲用佛教禪宗神秀和尚的「身是菩提樹，心如明鏡臺，時時勤拂拭，莫使有塵埃」的偈語，來闡發他的唯心主義的認識論，販賣孔老二的「克己復禮」，鼓吹他的「存天理，滅人欲」的反動說

教。朱熹經常把「天理」比做寶鏡或明珠，而把「人欲」或「氣質之性」比做塵垢或濁水。

但佛教、道教教義中又包含一些與「天理」或「三綱五常」不相容的說教，因此朱熹有時又以「排（斥）佛老」的面貌出現。他在代表作〈齋居感興〉之十五寫道：

> 飄飄學仙侶，遺世在雲山，……金鼎蟠龍虎，三年養神丹，刀圭一入口，白日生羽翰，我欲往從之，脫屣諒非難，但恐逆「天道」，偷生詎能安？（《文集》卷四）

朱熹對道教徒修行、煉丹、求長生不死藥、羽化登仙這些活動，肆意渲染，而且流露出一些羨慕嚮往之意，但一想到道教輕視「三綱五常」，有點違背「天道」、「天理」，就覺得即使能「偷生」，也於心不安，不能跟著他們跑。

同樣，朱熹到了中、晚年，對於佛教也是根據他那個思想體系的需要有所取捨。他在〈齋居感興〉之十六中寫道：

> 西方（天竺佛教）論緣業（因果報應），卑卑喻群愚，流傳世代久，梯接凌空虛（愈來愈虛無），顧盼指心性，名言超「有」「無」，捷徑一以開，靡然世爭趨（許多人信仰）。號空不「踐實」，躓彼荊棘途，誰哉繼「三聖」，為我焚其書！（《文集》卷四）

佛教大講生死輪迴、因果報應，大談虛無寂滅、「四大皆空」，當時擁有許多信徒。這些都有助於在意識形態上鞏固封建地主階級專政。朱熹在這首詩中並沒有否定這些東西。但在最後幾句著重指出：佛教徒

談空說幻，而不「踐實」，就是不「踐履」那些封建倫理道德。這裡主要講佛教徒的出世主義，主張廢除君臣父子等關係，使他大為惱火，要「焚其書」，大加討伐。

朱熹遊廬山時，也大發類似的感慨：

> 曇遠（慧遠和尚）亦何人，神君豈其鬼，東西妄採獲，誣陷共詼詭，百世踵謬訛，彝倫（三綱五常）日頹圮，……誰哉可告語，舉世昏且狂……北度石塘橋；西訪濂溪（周敦頤）宅，……幸矣有斯人，渾淪（乾坤）再開闢，……（《文集》卷七）

廬山是佛教「聖地」，又是周敦頤晚年講「道」之所。朱熹到廬山主講白鹿洞書院，大罵慧遠著〈沙門（和尚）不敬王者論〉，甚是妖妄。他對炮製「無極而太極」的唯心主義哲學體系、強化封建綱常的周敦頤，則大大地讚頌了一番。這詩充分地抒發了朱熹這個封建衛道士的感情。可見，朱熹對佛、道唯心主義「兼收並蓄」，也是根據維護封建統治者的利益為標準的。

其實，各種唯心主義的破爛，只要對鞏固封建統治有利，朱熹都是收羅起來的。他對當時社會上流行的「八字」、「流年」算命這類封建迷信，都是津津樂道：

> 默數流年欣望八，……（《文集》卷三）

> 此地相逢亦偶然，漫將牛鬥話生緣，時行時止（運氣時好時壞）非人力。莫問「流年」只問天。（《文集》卷十）

朱熹的唯心史觀，突出封建帝王和道學家在歷史上的作用，把他們說
成「天理」的體現者：

> 昨日風煙接混茫，今朝紫翠插青蒼，此心元自通天地，可笑靈
> 宮枉炷香。(《文集》卷五)

朱熹和他的道學密友張栻到湖南南岳山遊覽。他嘲笑那些到山上的寺
廟裡燒香磕頭、求神拜佛的「善男信女」們。當然，他並不反對這類
迷信，而是誇耀他們這些道學家的「心」能「通天」(體現「天
理」)，更能「通神」，不用祈禱，就可以為所欲為。

朱熹確實是以「救世主」自居，有時宣揚「天人感應」，把「老
天爺」(實即自然界)對人類的「恩賜」寫在他們自己的帳上。朱熹
在幾次地方官任上，曾搞過祈天降雨的鬼把戲，大吹什麼「感召和氣
以致豐穰」：

> 情禱由來未浹辰，如何嘉澍便遄臻，誠通幽隱知無間(隔
> 閡)，喜動龍天信有因，適嘆焦枯千畝盡，忽驚滂潤一時均，
> 誰云化育流行妙，只屬乾坤不屬人？(《文集》卷九)

意譯成現代話就是：我們道學家們才只祈禱了十來天，怎麼馬上就降
了及時雨！可見我們的至誠已感動上天，龍王就下雨了！不久前，大
家還為遍地焦枯發愁，一下就風調雨順了。誰說我們的人力就不能和
老天爺一樣呢？朱熹這幫吸血鬼，平日拿孔丘的天命論愚弄人民，要
他們「安命」，忍受旱災；一旦下雨，又說那是他們「為民求雨」的
功勞！

朱熹不愧是封建專制制度的忠實奴才，他要特別突出封建帝王的

作用。他說：「帝是理為主（體）。」（《語類》）就是說在宇宙間，上帝體現「天理」，而在人間，就是封建帝王體現「天理」。宋代農民起義提出「等貴賤，均貧富」等革命口號，鋒芒直指封建制度。朱熹怕得要命，恨得要命。他除了大談其「存天理，滅人欲」這類反動說教，拚命反對廣大人民為改善政治地位和物質生活的鬥爭外，迫切地盼望封建帝王嚴厲的鎮壓起義的人民群眾。他在〈聞迅雷有感〉中說：

> 誰將神斧破頑陰，地裂山開鬼失林，我願君王法天造（上帝），早施雄斷答（滿足）群心。（《文集》卷六）

詩中的「頑陰」、「鬼」就是對革命群眾和其他進步勢力的誣稱，而所謂「群心」則是指地主豪紳們之心。他盼望宋光宗要效法上帝，「替天行道」，揮舞「神斧」，把一切革命群眾和進步勢力斬盡殺絕。剝掉「哲學家」、「詩人」的外衣，就可以看出，朱熹是廣大人民群眾最凶惡的敵人。事實上，朱熹本人就鎮壓過湖南猺民起義，是一個精通「牧師」和「劊子手」這兩大職業的。

──原載《安徽勞動大學學報》，一九七七年第一期，頁一○一～一○五

朱熹的「理學」是維護封建
等級制度的反動哲學

楊鳳麟　王　冶

　　哲學「不但表面上，而且骨子裡都捲入了鬥爭的漩渦」（馬克思《摘自〈德法年鑑〉的書信·致盧格》）。哲學鬥爭同政治鬥爭總是緊密地交織在一起的。各種哲學理論，無不表現著一定階級的需要，維護一定的政治、經濟制度。古今中外，莫不如此。宋代朱熹的「理學」，就是適應後期封建社會的需要，維護封建等級制的反動哲學。

一

　　朱熹（1130～1200），字元晦，號晦庵，安徽婺源人，出身於大官僚地主家庭。他通過程頤的三傳弟子李侗，全部繼承和發揮了二程的客觀唯心主義。歷史上所謂的程、朱「理學」，實際上最起作用的代表人物是朱熹。他是宋代「理學」的集大成者，也是孔、孟以後在我國封建時代影響最深，流毒最大的一個反動大儒。

　　朱熹生活的時代，正是封建統治逐步走下坡路，階級矛盾和民族矛盾空前加劇的南宋時期。南宋小朝廷的封建統治者反動腐朽，他們在民族鬥爭中妥協投降，縱使金貴族統治者屢次侵擾，對內殘酷鎮壓人民，肆意搜刮賦稅，使廣大貧苦農民無法生活下去。公元一一三〇

年爆發了鍾相、楊么領導的農民大起義。農民起義軍不但在政治上沉重地打擊了封建王朝，而且在鬥爭中豐富和發展了北宋時期王小波、李順農民起義「均貧富」和方臘起義「法平等」的革命思想。他們高舉「等貴賤，均貧富」的革命造反大旗，率領農民起義軍外抗金軍侵擾，內拒南宋政權的殘暴統治。「等貴賤，均貧富」的革命口號，不僅從經濟上否定了封建的土地所有制，而且從政治上否定了封建等級制度。這次農民戰爭對西漢董仲舒以來歷代所宣揚的那套維護封建統治的倫理綱常是一次巨大的衝擊。這些理論經過農民起義的衝擊，反動腐朽的地主階級認為不能再原封不動地拿來欺騙人民，必須進行一番喬裝打扮，改頭換面，使其在新的情況下繼續成為欺騙人民，維持封建反動腐朽統治的工具。朱熹為了適應這一政治需要，頑固地站在復古倒退的反動立場上，以孔、孟儒學為基礎，繼承了二程的唯心主義思想，並吸取了佛教的華嚴宗、禪宗的「一即一切」，「一法遍含一切法」等思想，和魏晉玄學家王弼的「以無為本」唯心主義哲學，建立了比魏晉以後唯心主義體系更為廣泛、更為完整、更為系統的唯心主義「理學」體系，為封建社會後期地主階級專政提供了最陰險、最毒辣的「以理殺人」的反動思想武器，致使宋以後歷代封建王朝把朱熹的「理學」定為官方哲學，他的《四書集注》成為闡發孔、孟之道的範本和科學考試的標準答案。孔、孟之道最後定型並成為法定的統治思想是從朱熹開始的，《宋史·道學家》說「能使斯道章章較著」，「至熹而始著」。

二

　　朱熹的唯心主義「理學」體系，是以北宋「理學」開創者周敦頤的「太極」和程顥、程頤的「理」或叫「天理」作為他的哲學基本範

疇的。「理學」是孔孟儒家唯心論、先驗論和天命觀的繼承和發展，它是一種更為精巧的唯心主義有神論。所不同的是用思辯哲學的最高範疇「理」代替了孔孟哲學中「天」的地位。朱熹說：「天命即是天理。」（《朱子語類》，以下簡稱《語類》）他把「理」絕對化為宇宙的本體，產生天地萬物的總根源。他說：「未有天地之先，畢竟也是理，有此理，便有此天地。若無此理，便亦無天地，無人無物，都無該載了。」（《語類》）這是說，沒有理，天地萬物和人類都不存在。物質世界只是「理」的體現。朱熹認為「理」是超然於天地萬物之上的絕對不變永恆存在的宇宙最高實體，具體的事物有生有滅，而「理」卻不生不滅，永遠如此。並且「萬一山河大地都陷了，畢竟理都是在這裡」（《語類》），即使天地毀滅了，也絲毫不損於「理」的存在。

朱熹把這個永恆的「理」又稱之為「太極」。他說「總天地萬物之理，便是太極」（《語類》），「太極」是理的總合，是集眾理於一身的最高的「理」。「理」（太極）既離開具體事物而獨立存在，而又存在於每一個事物之中，朱熹說「太極」只是天地萬物之理，「在天地言，則天地中有太極，在萬物言，則萬物中各有太極」（《語類》）。他把這種「一理」和「萬理」的關係，叫作「理一分殊」，並以佛教「月印萬川」的道理比喻說：「本只是一個太極而萬物各有稟受，又各全具一太極爾，如月在天，只一而已，及散江湖，則隨處可見，不可謂月已分也。」（《語類》）這是說：「太極」只有一個（理一），但萬物的道理都是由此派生出來的（分殊）；就像天上月亮有一個，但所有的江湖水面上都有月亮一樣，萬物分享的太極並不是萬物從太極中分散一部分，而是說萬物享有的「太極」，同樣是「眾理之合」，即「太極」的整體。朱熹就是用這種佛教詭辯術，論證「理」在天地萬物生存變化中的作用，列寧指出：「一般只能在個別中存在，只能通

過個別而存在。」（〈談談辯證法問題〉）朱熹卻把一般和個別相分裂，然後通過詭辯的手法，再把客觀事物固有的「一般」，經過抽象而變為「脫離了物質，脫離了自然的，神化了的絕對」（列寧《哲學筆記》）。而這種神化了的絕對觀念（「天理」）竟成為人們不可捉摸的宇宙的主宰，把客觀世界說成為絕對觀念「理」的影子，這樣就把整個世界根本顛倒了。客觀事物與朱熹說的正好相反，客觀世界絕不是絕對觀念「理」的影子，而朱熹所說的「理」倒是實現生活中的封建專制統治的社會存在在觀念形態上的反應。

毛主席指出：「在封建國家中，皇帝有至高無上的權力，在各地方分設官職以掌兵，刑、錢、穀等事，並依靠地主紳士作為全部封建統治的基礎。」（〈中國革命和中國共產黨〉）我國自秦始皇廢除了西周以來的奴隸制社會的分封制，建立了統一的中央集權的專制封建國家之後，從中央到地方形成了一整套封建的官僚等級制度。正如馬克思在〈共產黨宣言〉裡講的那樣：「在過去的各個歷史時代，我們幾乎到處都可以看到社會完全劃分為各個不同的等級，看到由各種社會地位構成的多級的階梯。」秦以後歷代王朝基本是沿襲了這套封建制度。在封建社會中孔孟之徒繼承和改造了孔丘的「天命觀」，使之成為強化「君權」維護封建等級制的工具。西漢董仲舒把地上的「皇權」和天上的「神權」結合起來，神化了封建統治者的權力，形成了露骨的「君權神授論」和「天人感應」神學目的論。但這種反動理論，受到歷代農民起義軍的不斷衝擊和進步思想家的批判，已經破產，於是，朱熹便把封建皇帝說成是「理」在人間的體現和化身，「帝是理為主」（《語類》），從而使「君權神授」更加哲理化，比起赤裸裸講「天」就更加狡猾毒辣，賦有更大的欺騙性，正如馬克思在批判黑格爾的客觀唯心主義時指出：「黑格爾力圖在這裡把君主說成真正的『神人』，說成理念的真正化身。」（《黑格爾法哲學批判》）朱熹

和黑格爾玩弄的是同一鬼把戲。

朱熹所說的「理」（太極）剝去它的煩瑣的哲學術語，實際上是指「三綱五常」的封建等級制的倫理綱常。他說：「宇宙之間——一理而已，其張之為三綱，其紀之為五常。」（《朱子文集》，以下簡稱《文集》）把維護封建等級制度的工具「三綱五常」，說成是天理的體現。他還說「理」的條目「不出乎君臣，父子、兄弟、夫婦、朋友之間」（〈答王子合〉），他特別強調君臣父子關係，是「三綱之要，五常之本，人倫天理之至」（《文集》）。並且說：「未有君臣，已先有君臣之理，未有父子，已先有父子之理。」（《語類》）這是說，在沒有具體的君臣父子等關係之前，就已經有了忠君孝親等封建道德。儘管具體的君臣、父子有生有死，但是，君臣、父子之理卻是永恆存在，萬古不變的，綱常「千萬年磨滅不得」（《語類》）。

朱熹所謂的「君臣之理」，不過是封建社會的等級制度的服從關係在人們頭腦中的反應。可是朱熹卻把它說成是脫離人們頭腦，在沒有世界之前就存在的「天理」，而「天理」又是永恆不變的。他說：「父安其父之分，子安其子之分。君安其君之分，臣安其臣之分。」（《語類》）又說：「君臣父子，定位不移，是事之常也；君命臣行，父傳子繼，道之理也。」（《文集》）總之，做臣下的要執行皇帝的命令，做兒子的要繼承父親的事業，這是天經地義的道理。不管什麼時候，君必定是臣的綱，父必定是兒子的綱，封建等級制度，統治與被統治的關係，絕不允許顛倒。

朱熹把「三綱五常」說成是脫離了人和在人類出現以前就有的「天理」，這不僅掩蓋了封建統治階級用以統治勞動人民的「三綱五常」形成的真正原因，把本來屬於意識形態領域中的封建倫理道德規範絕對化、永恆化。而且使它脫離了產生它的階級基礎和社會條件，抬高到宇宙本源的高度。從而為封建的君權、父權、夫權提供了理論

依據。使「三綱五常」封建倫理道德成了神聖不可侵犯的東西。

三

為了維護「三綱五常」，朱熹又繼承和發展了程頤的「格物」觀點，炮製出一個以「格物致知」為基本內容的唯心主義認識論。

朱熹所說的「格物致知」中的「物」，並不是客觀存在，而只是「理」的影子。因而朱熹的「格物致知」、「即物而窮其理」，是排除了物的一切特點去領悟和體會先驗的、抽象的、絕對不變的「理」。在朱熹看來，事物之理先於事物而存在，而各種事物之理，又都是較高的「理」的自我分殊，因此，天理必然具於人心，而人心也必然體現天理。朱熹說：「一心具萬理，能存心而後心窮理。」又說：「心包萬理，萬理具於一心。」（《語類》）他認為：「人物之生，天賦之以此理。」（《語類》）只是由於被物欲（指耳目感覺、情感欲望等）所蒙蔽，「所以不明」，不能顯露出來，必須通過「格物」工夫，克服「私欲」同事物相接觸，從事物之理來啟發和印證內心之理，使它在意識中再顯露出來。「格」到一定程度，就可以「豁然貫通焉」，「則眾物之表裡精粗無不到，而吾心之全體大用無不明矣。」（《大學章句》）這實際上就是通過「頓悟」得到的一種全知全能的認識。朱熹所說的「格物」，只不過是達到窮極「天理」的一種手段罷了。列寧曾經批判黑格爾說：「黑格爾認為現實世界是某種永恆的『絕對觀念』的體現，而且人類精神在正確地認識現實世界的時候，就在現實世界中並通過現實世界認識『絕對觀念』。」（《唯物主義和經驗批判主義》）朱熹的「格物致知」和「即物窮理」的實質也正是這樣的典型的唯心論、先驗論。

朱熹宣揚「格物致知」，說到底就是要人們去發現心中固有的

「天理」——封建道德原則。他明確地說：「窮天理，明人論，講聖言，通世故。」(《朱子文集，答陳齊中》)也就是要使每個人都能自覺地遵守封建的「三綱五常」，服從封建社會秩序，精通封建地主階級的處世哲學。朱熹認為，只有這樣才能窮盡「天理」，達到封建道德上自我完善的「境界」。

與「窮理」相聯繫的另一個重要方面是「居敬」。所謂「居敬」就是以封建道德為標準，進行「收斂」(指自我約束之意)工夫。居敬「非是塊然兀望，耳無所聞，目無所見，心無所思，而後謂之敬，只是有所畏謹，不能放縱，如此則身心收斂」，在「無事時，敬在裡面，有事時，敬在事上；有事無事，吾之敬未嘗間斷也」(《語類》)。「無事時敬在裡面」，是指集中注意力使心不受外界的物質引誘。「有事時，敬在事上」是指處理事物時要符合於封建德標準。總之是使人做到「內無妄思，外無妄動」(《語類》)。朱熹說：「敬學工夫，乃聖門第一義。」所以，朱熹說：「學者工夫，唯有居敬窮理之事。此二事互相發，能窮理，則居敬工夫日益進，能居敬，則窮理功夫日益密。譬如人之兩足，左足行則右足止，右足行則左足止。」又說：「持敬是窮理之本，窮得理明義養心之功。」(《語類》)朱熹吹噓說：「修己以敬，下面安人安百姓，皆由於此。」(《語類》)這就充分暴露了「居敬」的反動本質。

朱熹甚至為這個「敬」學功夫規定了一整套規矩，什麼「坐如尸，立如齊，頭容直，目容端，足容重，手容恭，氣容肅，皆敬之目也」(《語類》)。從意識到行動都要恭恭敬敬地去維護「三綱五常」，不能有半點粗心大意、放鬆和動搖。朱熹這套「窮理」和「居敬」說教，對封建統治階級來說，是維護和鞏固封建統治秩序的「丹方」；對被壓迫、被剝削的勞動人民來說，是毒害人們心靈的砒霜。這套「修養經」在封建社會後期起著極為有害的作用。

　　朱熹還大肆宣揚「氣稟有定」的唯心論的天才論。繼承了二程「理，即是性」的思想，認為理表現在人身上就叫「性」。他說「性者，人之所得天之理也」（〈《孟子・告子上》論〉）。同時，他又把人性區分為「天命之性」（又稱「天地之性」或「道心」）和「氣質之性」（又稱「人欲」或「人心」）。他說：「人之所以生，理與氣合而已。」（《語類》）「人物之生，心稟此理，然後有性，心稟此氣，然後有形。」（〈答黃道夫〉）人是理與氣結合而生成的，其所稟受的理，表現為「天命之性」，其所稟受的氣，表現為身體，而氣與理結合在一起，就表現為「氣質之性」。他說：「論天地之性，則專指理言；論氣質之性，則以理氣雜而言之。」（《文集》）所以「天命之性」是獨善的，氣質之性，則是與氣相雜的理，受氣侷限和制約，所以有善有惡。他說：「天之生此人，無不與之以仁義禮智之理，亦何有不善？」（《玉山講義》）只是由於人的「氣稟」不同，和「物欲」所蔽，才有了聖、賢、愚、昧之分。他說：「稟氣之清者為聖為賢，如寶珠在清冷水中；稟氣之濁者為愚為不肖，如寶珠在濁水中。」（《語類》）由此可見，朱熹不僅把人性同封建倫理道德直接結合起來，而且又以氣稟的「清濁質明」不同，解釋了聖、賢、愚、昧的區別。朱熹這種反動理論，無非是企圖把封建地主階級的總代表皇帝打扮成生來就是「聰明睿智」的天才，是「天理」的化身；把人民群眾說成是天生的無知的「群氓」。不僅如此，朱熹還把社會貧富貴賤也歸結為由於人稟受的氣質不同所造成的。他說：「稟得清高便貴；稟得豐厚者便富；稟得衰頹薄濁者，便為愚不肖，又貧，為賤，為夭。」（《語類》）這種露骨的宿命論，掩蓋了封建等級制度所造成的社會罪惡。這完全是孔老二的「死生有命，富貴在天」，「唯上智下愚不移」，在新的歷史條件下的再版。其目的十分明顯，就是「應該由貴人、賢人和智者來統治」（《馬克思恩格斯全集》卷七，頁三〇七）。借以麻痺

被壓迫階級要求改善自己地位的革命意志，承認這種不合理的封建等級制度是合「理」的，從而安於自己被統治、被壓迫的命運。

四

　　為了進一步維護封建等級制度，朱熹還把一切違犯封建統治秩序，反對封建地主階級的壓迫、剝削的言行都說是「萬惡」的「人欲」。朱熹認為，只有用「道心」克服「人心」，不善的一面，才能保存恢復「天理」。因此，他又拋出了「存天理，滅人欲」的反動理論。他說：「孔子所謂『克己復禮』，《中庸》所謂致中和……聖人千言萬語，只教人存天理，滅人欲。」（《語類》）在〈延和奏札〉中說：孔老二的「克己復禮」是「千聖相傳心法之要」，是「天理之全」。由此可見，朱熹所說的「存天理，滅人欲」也就是孔老二的「克己復禮」。

　　朱熹認為，「天理」和「人欲」是絕對對立而不可並存的，「天理存則人欲亡」，「人欲勝則天理滅，未有天理人欲夾雜者」（《語類》），因之必須用天理戰勝人欲，「革盡人欲」才能「盡天理」（《語類》），否則「人心」不受「道心」的主宰，就會人欲橫流，泛濫成災。所以為了實現「存天理，滅人欲」，人們就必須使「人心」時刻處於「道心」的統治之下。這就是要強迫人們的思想必須以三綱五常為標準，使廣大勞動人民放棄最起碼的生活需要和物質欲望，即使餓死，也不能有不符合三綱五常的言行。在農民革命風起雲湧的年代，沒落南宋王朝處於風雨飄搖的時候，朱熹的「存天理，滅人欲」的反動理論，就是要論證統治階級壓迫有理，剝削有理，農民革命有罪，造反無理。這是對當時農民起義的「均貧富，等貴賤」革命思想的直接反動，根據他的反動理論，朱熹還公開叫囂「佃戶不可侵犯田主」，假

如農民敢於「鼓眾作鬧」，那就要吃官司，坐班房，「決配遠惡州軍」。凡敢於懷有「悖道作亂之心」，「以下犯上，以卑凌尊」，「以地客殺地主」者，一律予以鎮壓（見《朱子文集・勸農文》，〈戊申延和奏札〉）。這哪裡是要「滅人欲」，就是赤裸裸地要「殺人」。而且他的手上就沾滿了勞動人民的鮮血。朱熹在做湖南安撫時，曾親自鎮壓了農民起義，抓了幾千起義農民坐牢。當寧宗趙擴登位時，搞了一個「大赦」的騙人花招，朱熹卻積壓赦書，「取大囚十八人立斬之」，然後再公布赦書（據《四朝聞見錄》）。赤裸裸地暴露了朱熹這個道學家殺人成性的劊子手面目。

朱熹的反動唯心主義「理學」具有極大的欺騙性，他兼有「劊子手」和「牧師」兩種職能，妄圖用娓娓動聽的道德說教，掩蓋「以理殺人」的反動本質，對維護腐朽的封建等級制度起著麻痺人民意識的作用。是地主階級手中一把殺人不見血的軟刀子。在中國封建社會後期，封建統治者確立了朱熹的唯心主義「理學」的正統地位，形成了「非朱子之傳義不敢言，非朱子之家禮不放行」的思想統治局面（《曝書亭集・道傳錄序》）。孔、孟之徒根據朱熹「理學」的觀點，編成了《三字經》、《女兒經》，將孔、孟之道具體化和通俗化，強迫人民信奉，使孔、孟之道充塞社會各個角落毒害和統治人民。但是，反動的唯心主義理學，縱然再富於欺騙性，也阻擋不住歷史車輪的前進。哪裡有剝削、有壓迫，哪裡就有反抗和鬥爭。竭力鼓吹朱熹「理學」的封建王朝，最後仍然沒有逃掉在人民革命鬥爭的烈火中覆滅的命運。

列寧指出：「資產階級社會的死屍，正如我有一次指出的，是不能裝進棺材，埋在地下的。被打死的資本主義會在我們中間腐爛發臭，敗壞空間，毒化我們的生活，從各個方面用陳腐的、死亡的東西包圍新鮮的、年輕的、生氣勃勃的東西。」（〈給美國工人的信〉）中

國人民革命推翻了人剝削人的舊社會，建立了無產階級專政的社會主
義社會。社會階級結構發生了根本變化，但是，幾千年來的剝削階級
和孔孟之徒所宣揚維護等級制度的反動等級觀念仍然存在。特別是在
社會主義社會還存在著階級和階級鬥爭，存在著資產階級法權和由此
帶來的那一部分不平等，也就是在實際上還存在著某些等級差別。因
此，劉少奇、林彪之流為了達到復辟資本主義的目的，必然要利用尚
存的等級差別和等級思想，必然要乞靈於儒家維護等級制度的反動思
想，來維護舊事物和擴大新事物中舊的殘餘，作為他們復辟資本主義
的重要步驟。林彪為了推行倒退賣國的反革命路線，不僅把孔老二的
「克己復禮」視為「悠悠萬事，惟此為大」，而且叫囂什麼要「大家
都當董仲舒」，「要像朱子那樣去待人」，並把朱熹的《四書集注》奉
為至寶，指使一些人摘抄拼湊成《四書集句》，作為他進行反革命活
動的座右銘。現在，林彪反黨集團早已垮臺了，但是這個集團的社會
基礎並沒有消滅。林彪一類資產階級還會再產生出來。毛主席指出：
「我國現在實行的是商品制度，工資制度也不平等，有八級工資制等
等。這只能在無產階級專政下加以限制。所以，林彪一類如上臺，搞
資本主義制度很容易。」因此，我們要認真學習馬列主義的書，批判
儒家的反動等級思想，限制資產階級法權，反修防修，把鞏固無產階
級專政的鬥爭進行到底！

　　——原載《遼寧大學學報》，一九七五年第三期，頁五九～六四

朱熹是孔孟之道的忠實衛道士

福建師範大學政教系大批判組

　　資產階級的野心家、陰謀家、反革命兩面派、叛徒、賣國賊林彪特別崇拜朱熹。他曾經叫囂：「我常考慮，要像朱子那樣去待人。」公然把朱熹當成他們效法的「古賢」抬了出來。朱熹究竟是什麼人？林彪為什麼特別推崇朱熹及其「待人」哲學？在當前學習無產階級專政理論的運動中，我們「用馬克思主義的基本觀點，即階級分析的方法」對朱熹反動思想進行分析批判，可以進一步認識林彪反黨集團猖狂反對無產階級專政的反動本質，更加自覺地堅持無產階級專政下的繼續革命。

一

　　朱熹（1130～1200）是反動理學的集大成者，是孔、孟之後我國封建時代反動影響最神秘的唯心主義哲學家。他原籍徽州婺源，但長期在福建的延平、同安、漳州、建陽等地做官或活動。晚年在建陽考亭和武夷山等處講學。他的學派後稱「閩學」，在福建流毒甚廣。

　　兩宋時代，農民階級和地主階級的矛盾十分尖銳。先後有王小波、李順、宋江、方臘、鍾相、楊幺等農民起義。統治階級為了鎮壓農民的反抗，在軍事上加強對農民起義鎮壓的同時，迫切需要建立一套鞏固地主政權、維護封建秩序的官方哲學，從思想上加強統治。

程、朱理學就是適應封建統治階級的需要而產生的。

朱熹以繼承孔、孟的「道統」自居，狂熱地吹捧孔、孟。他把孔子說成是一個繼往開來，「其功反有賢於堯、舜」的龐然大物。他曾說：「天不生仲尼，萬古如長夜。」孔老二曾經用反動的「天命」論來維護沒落奴隸主貴族的統治，認為「受命於天」的奴隸主對於奴隸的統治是不可改變的。漢朝董仲舒竭力宣揚「天不變，道亦不變」的形而上學思想，並制訂了「三綱五常」的反動教條，作為維護封建統治的理論根據。朱熹的反動理學就是在孔、孟、董仲舒的唯心主義的基礎上，吸收了佛教禪宗和魏晉南北朝玄學的思想發展而來的。朱熹認為宇宙萬物和封建秩序都是由先於事物而存在的「理」決定的。「理」在人間的主要表現就是「三綱五常」：「其張之為三綱，其紀之為五常。」朱熹還認為「三綱五常」是在人類社會之前就已先驗地存在了，是永恆不變的：「未有君臣，已先有君臣之理；未有父子，已先有父子之理。」「君臣父子，定位不易，事之常也。」「綱常千萬年磨滅不得。」朱熹認為三綱五常就是天理，誰也反對不得，反對了就是大逆不道。把宋代封建地主階級的政權說成是天理的化身，這就是朱熹理學的唯心論的先驗論的反動實質。

朱熹把人性分為「天命之性」與「氣質之性」。前者是由人所稟賦的「天理」產生的，是至善的。而「氣質之性」是「理與氣雜」，受氣質的影響，有善有惡。稟得「氣之清者」，不受「物欲」牽累，保持先驗的善性的，就是聖人、賢人；稟得「氣之濁者」，就因「物欲」多而把先驗的善性失掉，就變成愚人和壞人了。這樣，統治階級和被統治階級的對立，「都是無所命」，勞動人民被奴役、受剝削也就是活該的了。朱熹從這種反動的唯心主義觀點出發，把代表封建道德的「天理」同違背「天理」的「人欲」對立起來，認為：「天理存則人欲亡，人欲勝則天理滅。」因此，他提出「存天理，滅人欲」的反

動理論，認為只有「革盡人欲」，才能「復盡天理」。這個反動理論的實質是要人們無條件地服從「天理」的化身封建統治階級，而不能有任何改變封建統治的企圖，以此來箝制人民的思想，防止和壓制廣大農民起來造地主階級的反。北宋王小波、李順農民起義時，曾經提出「等貴賤，均貧富」的口號，用以反對封建制度政治上的壓迫和經濟上的剝削。朱熹這班反動理學家就認為這是造反封建統治秩序的「人欲」，是罪大惡極的。朱熹公開聲言要農民「各依本分，凡事循理」，「佃戶不可侵犯田主」，瘋狂地叫囂凡是敢於「鼓眾作鬧」、起來造反，「以下犯上，以卑凌尊」、「以地客殺地主」的，都要吃官司，坐班房，「決配遠惡州軍」。可見，所謂「滅人欲」，就是要對農民嚴加鎮壓而絕不寬恕，以消滅勞動人民的「悖逆作亂之心」。列寧曾經指出：「所有一切壓迫階級，為了維持自己的統治，都需要有兩種社會職能：一種是劊子手的職能，另一種是牧師的職能。」朱熹反動理學就是起著「牧師」的職能，是封建地主階級手裡一把殺人不見血的「軟刀子」。朱熹理學，就是「吃人」的反動哲學。

二

「存天理，滅人欲」是朱熹理學的一個重要反動說教。朱熹有一段頗為坦白的自供：「孔子之所謂克己復禮，《中庸》所謂致中和，尊德性、道學問，《大學》所謂明明德，《書》曰人心惟危，道心惟微，惟精惟一，允執厥中，聖人千言萬語，只是教人存天理、滅人欲。」在朱熹看來，孔、孟之道的「千言萬語」，就是教人「存天理、滅人欲」。

「克己復禮」是孔老二復辟奴隸制的反動綱領。朱熹對孔老二的「克己復禮」極為讚賞。他在向封建皇帝獻計獻策時，就特別指出孔

老二的「克己復禮」是「千聖相傳心法之要」、「天理之全」。他在〈仁說〉中還解釋說：「克己復禮為仁，言能克去己私，復乎天理。」很明顯，孔老二說的「復禮」，就是朱熹說的「存天理」；孔老二說的「克己」，就是朱熹說的「滅人欲」。所不同的是：孔老二要「復」奴隸制之「禮」；而朱熹則要「存」封建社會之「理」。

孔丘是個復辟狂，他主張開歷史倒車，全面復辟西周奴隸制。朱熹也是一個復古主義者。他認為歷史是退化的，自從孟軻死後「千五百年之間，堯、舜、三王、周公、孔子所傳之道未嘗一日得行於天地之間」，一代不如一代。其根本原因就是沒有「允執厥中」，沒有使人心服從道心，不能「滅盡人欲」、「復盡天理」。為了反對社會變革，朱熹把孔老二的「中庸之道」進行了空前的發揮。他胡說什麼「中庸之中，實兼中和之義」，把當時存在著十分尖銳的階級矛盾的封建制度說成是「和」，用階級調和論來反對農民起來造反。怎樣才能「致中和」呢？朱熹認為要「和」就得服從「君君、臣臣、父父、子子」那一套封建統治秩序，做到各安其分，「各得其宜」，「君尊於上，臣恭於下，尊卑大小，截然不犯」。由此可見，中庸之道完全是為「克己復禮」這個反動綱領服務的，是維護腐朽的封建統治的思想工具。

朱熹既然如此讚賞孔丘的「克己復禮」和中庸之道，既然如此反對社會變革，那麼，他極力攻擊革新派、維護守舊派也就不足為奇了。例如：孔老二殺了革新派少正卯，後來被儒家學派所隱瞞，只有荀子才把它揭發出來。朱熹就急忙捂蓋子，在〈舜典象刑說〉中憑空說，這是齊、魯陋儒「憤聖人之失職，故為此說，以誇其權耳」。朱熹還大肆攻擊古代新興地主階級的代表人物秦始皇，說：「秦世無道，決無久存之理。」而對於那個大罵秦始皇的董仲舒，則大肆吹捧說：「漢儒，惟董仲舒純粹，其學甚正，非諸人比。」僅此數端，足以說明，朱熹是個主張倒退、反對進步，維護守舊派、攻擊革新派的

頑固派。

　　林彪跟在孔老二、朱熹的後面，亦步亦趨，竭力主張倒退，反對進步，主張保守，反對革新，主張復辟，反對革命。他再三揮舞「克己復禮」的黑旗，瘋狂地向無產階級文化大革命反攻倒算。他叫囂中庸之道「合理」，把朱熹的「嚴而泰、和而節」的反動說教作為自己的座右銘。他還鼓吹什麼「左而留中」，「堅決的左傾高姿態」，為他極右的反革命修正主義路線披上一張「左」的畫皮，把無產階級革命路線污衊為「極左」而加以「大膽反」。他尊儒反法，惡毒攻擊無產階級專政，惡毒攻擊無產階級專政下的繼續革命，惡毒攻擊無產階級文化大革命和社會主義新生事物，把文化大革命以來的大好形勢、欣欣向榮的社會主義事業污衊為「危機四伏」、「今不如昔」，把無產階級紅色江山描繪成漆黑一團。這充分說明，林彪和孔老二、朱熹一樣，都是頌古非今、頑固地主張開歷史倒車的反動派。

三

　　朱熹從「存天理，滅人欲」這個基本原則出發，直接引申出他的「待人」哲學。他曾為他主持的「白鹿洞書院」制定了許多院規。其中有關「處事」、「接物」兩個條目，比較集中地反映了他所奉行的「待人」哲學。

　　朱熹所規定的處事之要是：「正其義不謀其利，明其道不計其功。」以所謂「仁義」來反對功利，這是儒家的一貫思想。孔老二說：「君子喻於義，小人喻於利。」孟軻大力反對「言利」。他們這一套的實質，是要根據否定奴隸的利益，反對新興地主階級的利益，而保護沒落奴隸主貴族的利益。朱熹把這些反動透頂的東西，作為處事的原則，並把它同「存天理，滅人欲」聯繫起來。所有這些都是騙人

的鬼話。毛主席深刻指出:「世界上沒有什麼超功利主義,在階級社會裡,不是這一階級的功利主義,就是那一階級的功利主義。」朱熹反對一切功利是假的,反對被剝削階級特別是農民的革命功利主義、維護封建地主階級的功利主義才是真的。

林彪全盤繼承了孔、孟、朱熹這一套,胡說什麼「義勝欲則昌,欲勝義則亡」,把「仁義」的虛偽說教掛在嘴上,而把地主資產階級極端的利己主義記在心裡。他們不擇手段地聚斂財富,窮奢極欲地追求資產階級生活方式,又在其反革命政變計畫《「五七一工程」紀要》中用資產階級法權來煽動和挑撥某些人反對無產階級專政,以達到其「復禮」即顛覆無產階級專政、復辟資本主義這件「萬事」中的大事,這就把他那「口頭上反對功利主義、實際上抱著最自私最短視的功利主義的偽善者」的面目暴露無遺了。

朱熹所規定的接物之要是「己所不欲,勿施於人」、「行有不得,反求諸己」。孔老二提倡「己所不欲,勿施於人」的忠恕之道,是為了調整奴隸主階級的內部關係,重新恢復奴隸主階級專政的社會秩序。孟軻所講的「行有不得,反求諸己」是對孔老二的「克己復禮」的進一步發揮。朱熹把孔、孟的兩碼連在一起,作為接物之要,說來說去,就是要人們通過「窮天理,明人倫、講聖言、通世故」等封建倫理的踐行,達到「革盡人欲,復盡天理」的目的。他對「格物致知修身齊家治國平天下」這一套功夫講了很多,無非是要人們遵守三綱五常那一套,不要「犯上作亂」。

朱熹為了販賣他那一套「待人」哲學,還特別強調「居敬」,說:「敬字工夫,乃聖門第一義。」「修身、齊家、治國、平天下,都少個敬不得。」為什麼要如此重視「居敬」呢?他說:「修己以敬,下面安人安百姓,皆由於此。」「敬字工夫之妙,聖學之所以成始成終者皆由此。」原來「居敬」的妙用,就是在於奴役、壓迫勞動人

民，鞏固腐朽的封建地主階級統治。這就無怪乎朱熹要對他那一套「待人」哲學嘮叨不休了。

必須指出：朱熹販賣的這一套「待人」哲學，是虛偽透頂、腐朽不堪的「偽學」。道學家們表面上道貌岸然，滿口仁義道德，實際上滿肚子男盜女娼，假話說盡，壞事做絕，是一批兩面三刀的偽君子。朱熹本人就曾以查冤獄為名，行打擊反對派之實，把一個無辜的官妓打得遍體鱗傷、死去活來。魯迅十分憤慨地諷刺說：「道學先生是躬行『仁恕』的，但遇見不仁不恕的人們，他就也不能仁恕。所以朱子是大賢，而做官的時候，不能不給無告的官妓吃板子。」極端殘忍而又極端虛偽，這就是朱熹「待人」哲學的實質。

林彪這個孔老二、朱熹的忠實信徒，對朱熹的「待人」哲學百般欣賞，把它作為「處理人事關係的準則」。這就把他所要學習的「待人」哲學的具體內容和盤托出了。在無產階級專政條件下，林彪這一小撮野心家、陰謀家是極端孤立，不得人心的。所以，他一方面鼓吹「敬勝怠則吉，怠勝敬則滅」，十分欣賞「敬」字工夫，並且在公開場合「語錄不離手，萬歲不離口」，裝出一副畢恭畢敬的樣子；背地裡卻磨刀霍霍，凶相畢露，妄圖顛覆無產階級專政，復辟資本主義。林彪反黨集團的反革命言行，赤裸裸地暴露了被林彪一夥吹捧為「至德」的孔孟之道、朱熹「待人」哲學的極端殘忍和極端虛偽的實質。

朱熹生前官至寶文閣待制，地位並不高；他的理學還一度被南宋封建統治集團視為「偽學」加以禁止。可是，在他死後，隨著封建統治的一步步衰落，朱熹的地位被越抬越高。南宋理宗皇帝追贈朱熹為「太師」，追封「信國公」，把朱熹的牌位抬進了孔廟。從此，程、朱理學成為封建社會後期的統治思想。宋以後的封建帝王，以及曾國藩、蔣介石這些屠殺革命人民的劊子手，無不抬出程、朱理學作為鎮壓革命的思想工具。黨內機會主義頭子，如劉少奇、林彪之流也無不

乞靈於孔、孟、朱熹,到反動理學中去尋找他們搞復辟、開倒車的思想工具。林彪以朱熹的注解為藍本,從儒家的垃圾堆中,拼湊了一套《四書集句》,當作《四書集注》的續篇,把孔、孟、朱熹的黑話作為進行反革命復辟的座右銘。為什麼這些反動派都如此狂熱地吹捧和抬高朱熹呢?《宋史‧道學傳》作了回答:「後之時君世主,欲復天德王道之治,必來此(指朱熹的「道學」)取法矣。」所謂「復天德王道之治」,即搞復辟、開倒車之美稱也。朱熹理學原來有這樣的妙用。這就是朱熹理學的地位被反動派越抬越高的根本原因。

但是「歷史的巨輪是拖不回來的」。「凡屬倒退行為,結果都和主持者的原來的願望相反。古今中外,沒有例外。」在無產階級專政下的今天,林彪一類把朱熹的亡靈抬出來,只能證明他們是一夥復辟狂、偽君子,是無產階級專政的死敵。當然,他們的結果也只能是在無產階級專政的銅牆鐵壁面前碰得頭破血流,死無葬身之地。

──原載《福建日報》,一九七五年四月二十二日

收入《批判朱熹文集》,頁四二～五七

程朱理學的泛濫與《水滸》的出籠

鞍山紅旗拖拉機廠　龔平

遼寧大學　馮華

　　《水滸》這部宣揚投降主義的反面教材，之所以充斥孔、孟之道，尤其是程、朱理學的思想垃圾，以其作為理論根據，是和它出籠於當時程、朱理學已經泛濫分不開的。認真研究一下當時程、朱理學泛濫的原因、情況及其與《水滸》的關係，有助於我們認清《水滸》宣揚的投降主義路線的反動本質，提高識別投降派的能力。

　　「人們的社會存在，決定人們的思想。」程、朱理學泛濫於北宋之後，成為《水滸》的指導思想，是由當時的階級鬥爭形勢決定的。

　　兩宋以來，中國封建社逐漸走向衰落，農民革命的洪波巨瀾猛烈地衝擊著封建統治的經濟基礎和一切上層建築。農民戰爭進入一個新的發展階段。在經濟上「均貧富」，在政治上「等貴賤」的平均、平等思想，就是這個歷史時期農民反封建鬥爭的顯著特點。

　　宋元時期，經過勞動人民的辛勤勞動和艱苦鬥爭，社會的經濟文化有了迅速的發展，湧現出在世界科學文化史上占有重要地位的三大發明。然而社會經濟文化發展的巨大財富卻被不勞而獲的封建地主階級所獨占。那些依靠吸吮人民血汗過活的地主、官僚，依杖權勢，霸占民田，「百姓膏腴皆歸權勢之家」（《宋史‧食貨志》）。北宋末年，僅大官僚朱勔一家占有土地多達三十萬畝以上。南宋以後，土地集中的情況，有增無減。元朝時期，蒙、漢地主官僚大肆兼併、「擁田萬

頃」，占有佃戶數千戶的大地主比比皆是。廣大農民深受地主階級殘
酷的經濟剝削和政治壓迫。他們除了受地租、高利貸的剝削外，還要
擔負封建王朝的各項賦稅徭役，「穀未離場，帛未下機，已非己有」
（《宋史·食貨志》），生活極為困苦。在地主、官僚、豪商大賈和封
建政權的重重圍攻下，自耕農民紛紛破產，淪為地主、官僚的佃戶。
宋元時期，租種地主土地的佃農，雖然有自己的戶籍，名義上是屬於
封建國家的編戶，和唐以前的部曲、佃客有所不同；但實際上仍然沒
有完全的人身自由。地主對佃戶不僅可以任意撤佃，單獨立契，隨田
典賣；甚至動輒使用私刑；有的地主犯罪公然強迫佃戶頂罪替死；佃
戶的婚姻也由地主作主，霸占佃戶妻女為婢妾的事更是層出不窮。元
朝的法律竟將佃戶和奴、婢、娼並列一起。「**這種農民，實際上還是
農奴**」（《中國革命和中國共產黨》）。這種階級森嚴的封建等級制度，
是以孔、孟之道特別是程、朱理學宣揚的封建禮教作為它的思想基礎
的。以「三綱」、「五常」為核心的封建禮教從來就是封建地主階級壓
迫農民的精神枷鎖。因之，反對代表封建剝削制度的封建政權以及維
護封建等級制度的封建禮教，爭取財產上的平均和政治上的平等，就
成為宋元以來廣大農民最迫切的要求。

從當時農民起義的革命口號和革命行動中，充分反映了上述農民
的反封建鬥爭的主要內容。

北宋末年的王小波、李順起義，開始明確地提出「均貧富」的戰
鬥口號。王小波對起義農民說：「吾疾貧富不均，今為汝均之！」
（《澠水燕談錄》）這個口號，代表廣大農民的意願，深受群眾的歡
迎，因而在動員群眾參加鬥爭上起了很大的作用。

北宋末年的方臘起義，在「是法平等無有高下」（《青溪寇軌》）
的革命口號下，懷著強烈的階級仇恨，奮起反抗北宋王朝的腐朽統
治，對維護封建禮教和充當幫凶的反動儒生大肆鎮壓，所過之處，焚

官府，燒學宮，對壓迫農民的封建政權和封建禮教進行了一次猛烈的衝擊。

南宋初年的鍾相、楊么起義，進一步提出了「等貴賤，均貧富」的革命口號，鍾相對起義農民說：「法分貴賤，非善法也。我行法，當等貴賤，均貧富。」（《三朝北盟會編》卷一三七）起義軍到處鎮壓欺壓人民的地主、官僚和宣揚封建禮教的孔、孟之徒。同時把沒收地主、官僚們的土地還給農民，稱為「均平」，積極貫徹「均貧富」的革命主張。這些打擊封建統治、反對封建禮教的革命措施，受到人民群眾的擁護，說這是「天理當然」。起義農民以「等貴賤，均貧富」為「天理」，和宣揚「三綱」、「五常」為「天理」的理學進行了針鋒相對的鬥爭，駁斥了他們的反動謬論。

元末紅巾軍大起義繼承兩宋農民起義的革命傳統，提出「殺盡不平」和「摧富益貧」的革命口號，號召廣大農民奮起推翻元朝的腐朽統治，實現長期以來農民群眾要求「等貴賤，均貧富」的革命理想。起義軍到處焚官府、殺官吏、打土豪、奪田地，把封建統治秩序和維護它的封建禮教砸個粉碎，出現了「府官四散躲」、「紅軍府上坐」（《輟耕錄》卷九）這種大快人心的局面。

宋元時期連綿不斷的農民起義，給予封建地主階級以沉重的打擊。在農民革命日益高漲，封建統治階級搖搖欲墜的形勢下，慣於使用反革命兩面手法的封建統治者，為了鞏固其反動統治，一方面集中反革命武裝瘋狂地屠殺人民，並採取一系列加強封建專制的措施鎮壓人民的反抗；另一方面又使用誘降招安的辦法，瓦解起義隊伍，絞殺農民革命。為了配合這一套對付農民起義的反革命兩手，封建統治者又竭力提倡孔、孟之道，利用孔、孟之道散布的綱常禮教思想來麻痺革命人民的鬥志，在意識形態領域裡加強地主階級專政。但是兩漢以來董仲舒那一套用露骨的宗教迷信來宣揚綱常禮教的儒家神學早已破

產，而南北朝隋唐時期盛行的佛、道迷信思想也失去其在思想領域中的統治地位。因此，如何改造儒家唯心主義思想使之成為有效地維護地主階級反動專政的思想工具，是當時封建統治階級從思想上政治上加強其反動統治的迫切需要。程、朱理學正是適應封建統治階級這種政治需要而產生的。

程、朱理學的代表人物程顥、程頤、朱熹等人，都是在政治上頑固守舊、堅持儒家反動路線的反動派。他們打著儒學正宗的招牌，把儒、佛、道三家的唯心主義思想合而為一，炮製出一整套宣揚綱常禮教、鼓吹階級投降的新的唯心主義思想體系。他們的反動說教，受到封建統治者的讚賞和採用。南宋末年的宋理宗就是程、朱的忠實信徒，他對朱熹的著作「讀之不釋手」，「知有補於治道」（《宋史‧理宗紀》），把朱熹注解的《四書》欽定為儒生必讀之書；並追封朱熹為太師、信國公，把他和二程請入孔廟，以表彰其復興孔、孟之道的功績。從此，程、朱理學開始成為官方哲學，在意識形態領域中逐漸占據了統治地位。

元朝時期，從元世祖忽必烈開始就極力提倡程、朱理學，建立太極書院，專門講授程、朱性理之學。元仁宗更是崇儒，讚揚：「儒者可尚，以能維持三綱五常之道也。」（《元史‧仁宗紀》）元朝的科舉考試就是以程、朱理學作為錄取標準，正如《元史‧韓性傳》所說：「今之貢舉，悉本朱氏私議，為貢舉之文，不知朱氏之學，可乎？」程、朱理學在意識形態領域裡的一統地位更加固定下來。

哲學就是世界觀。每個階級都有自己的世界觀。程、朱理學既然是代表宋元以後封建統治階級的官方哲學，在當時封建文人寫作的封建主義文藝作品中也必然有所反映。《水滸》出籠以前，宋元時代的一些平話、小說和雜劇中，就有不少以宣揚忠、孝、節、義，鼓吹階級投降為題材的作品，特別是其中有關宋江受招安、「征方臘」的描

述，為《水滸》作者提供了故事情節和思想內容。

　　《水滸》作者施耐庵、羅貫中生活的元末明初，農民革命的熊熊烈火燃遍全國，給予封建地主階級以沉重的打擊。然而在這場轟轟烈烈的農民戰爭中，投降與反投降的鬥爭仍然十分尖銳。在起義軍內部出現了張士誠、方國珍等接受元朝招安的可恥叛徒。但是他們的叛賣行為終究挽救不了元朝的滅亡，而他們自己也成為元朝招安政策的殉葬品。在紅巾軍給予元朝統治以毀滅性打擊的基礎上，朱元璋統一了全國，重建了封建政權。朱元璋建立明朝後，雖然曾經實行過一些有利於促進社會經濟恢復、發展的政策；但他畢竟是封建統治者，為了鞏固地主階級政權，鎮壓農民的反抗，採取了一系列加強封建專制的措施。提倡程朱理學、宣揚封建禮教，就是其中的一項重要內容。明太祖朱元璋採納劉基的建議，「禮致耆儒」，「尊崇正學（程、朱理學）」（《明史·太祖紀》），重新規定以朱熹注釋的《四書》作為學校必修的主要功課，科舉考試也是規定以《四書》、《五經》命題。同時，明朝統治者為了進一步宣揚封建禮教，於提倡程朱理學之外，又在《大明律》中規定：臣民對封建統治者、子女對父母、妻子對丈夫、學生對師長都必須絕對服從。凡是違反封建禮教、以下犯上的，統統列入十惡大罪，嚴懲不赦。從此，程、朱理學更加泛濫成災，深入到意識形態的各個領域，統治中國思想界達七、八百年之久。

　　《水滸》一書，正是在元末明初階級鬥爭十分尖銳、程、朱理學進一步滲入到意識形態領域的情況下炮製出籠的。《水滸》作者施耐庵、羅貫中都是依附封建統治階級而且深受孔、孟、程、朱反動思想影響的封建文人。在元末農民戰爭中，他們都當過投降派頭子張士誠的幕僚，後來又歸附明朝封建政權，因而站在地主階級的立場，迎合元明封建統治者鎮壓農民革命、加強封建專制的政治需要，以程、朱理學為指導思想，在元末明初寫成《水滸》這部宣揚階級投降的反面

教材，嘔心瀝血地塑造出宋江這個投降派代表人物。所以《水滸》是用文藝形式來鼓吹程、朱理學反動思想的一部代表作。

《水滸》作者挖空心思為宋江的投降主義路線大唱讚歌，給這個投降派戴上了兩頂桂冠，一曰「替天行道」，二曰「忠義雙全」。這兩塊為投降派樹碑立傳的碑碣，統統是從程、朱唯心主義哲學販賣來的黑貨，不過是程、朱理學所謂「天命即是天理」、「存天理，滅人欲」的翻版，是為程朱的反動說教作注腳的。

以二程、朱熹為代表的程朱理學，是繼董仲舒創立兩僅儒家神學之後，孔、孟之道在新形勢下的又一發展。程、朱之流步董仲舒的後塵，把腐朽不堪的孔、孟之道又改頭換面地修補一番，把他們精心炮製的「天理」和儒家傳統的「天命」結合起來，炮製出一套以「理」（「天理」）為核心的唯心主義思想體系。他們強調「理在氣先」，理是世界上萬事萬物的根本，而物質性的「氣」則是派生的、第二性的東西。從形式上看，似乎他們已經拋棄董仲舒「天人合一」的陳舊觀念；實際上卻仍然是換湯不換藥。朱熹所謂「天命即是天理」（《朱子語類》卷四六），一語道破他們新瓶裝舊酒的秘密。說明他們標榜的「天理」，不過是「天命」的同義語。「一切唯心主義者，不管是哲學的還是宗教的，不管是舊的還是新的，都相信靈感、天啟、救世主、奇蹟創造者，只是他們的教育程度決定了他們的這種信仰是採取粗魯的、宗教的形式，還是採取文明的、哲學的形式。」（馬克思、恩格斯：《霍爾斯坦的蓋奧爾格·庫爾曼博士，或真正社會主義的預言》）反動的孔孟之道，不管它如何喬妝打扮，在鼓吹「天命」論上總是萬變不離其宗。在封建社會裡，神權總是和政權、族權、夫權緊密結合在一起；特別是封建社會的衰落時期，封建統治階級更加腐朽、反動，也更是虛弱、無力，也就不得不更加需要求助於冥冥之天。

宣揚孔、孟、程、朱理學的《水滸》，在「替天行道」這個反動

的政治綱領下，竭力販賣「天人感應」、「氣數天定」的「天命」論思想，給宋江的投降主義路線蒙上了一層神賜的聖光，把它說成是合乎「天理」，順乎「天命」。

《水滸》全書的一頭一尾，從洪太尉在龍虎山「伏魔之殿」放走一百零八個「魔君」開始，到最末一回「徽宗帝夢遊梁山泊」結束。這樣安排是有其用心的。《水滸》開場把農民起義污蔑為一夥妖魔造反，用天降妖魔掩蓋「官逼民反」的現實階級鬥爭。結尾是這夥「犯上作亂」的「魔君」，在宋江「替天行道」的杏黃旗下，退淨魔心，改邪歸正，為趙宋王朝「治亂除禍」，得成正果，受到大宋天子的皇封御賜。一部一百二十回的《水滸》，從頭到尾，無非是鼓吹對統治者造反有罪，投降有理，要人們聽天由命，服服貼貼地甘當封建統治者的奴才。

《水滸》的九天玄女授天書和石碣天文這兩回，也是作者鼓吹「天命」、宣揚「替天行道」的得意之作。《水滸》一書中，能夠直接與天神打交道的人為數不多，唯獨宋江得天獨厚，受九天玄女的眷顧，賜以仙酒、仙棗，授以天書、法旨，奉命上梁山「替天行道」、「全忠仗義」，誘導梁山好漢「去邪歸正」。宋江上梁山後，篡奪領導大權，接受招安，後來又充當趙宋王朝的鷹犬，鎮壓了方臘起義，可算是完成了九天玄女授予他的「替天行道」的「大業」。七十一回那塊用龍章鳳篆刻成「替天行道」、「忠義雙全」字樣的石碣，是作者繼九天玄女授天書後，為標榜宋江受「天命」、「替天行道」而精心設計的又一騙局。宋江就是利用那塊石碣進一步鞏固了他的領導地位，為推行投降主義路線打開方便之門。他利用篡奪來的領導地位，作威作福，假託「天命」，對梁山好漢進行威脅利誘，要他們「共存忠義於心，同著功勳於國」，否則，「天地行誅，神人共戮，萬世不得人身，億載永沉末劫」，迫使大家接受其投降主義路線。另外，作者還編造

一些奇奇怪怪的神話，把宋江描繪成「頂露靈光，神護天佑」的半人半神的人物。每當他遇到危難，總有鬼神救護。這叫做：「忠心一點鬼神知，暗中維護信有之。」《水滸》作者從美化宋江、歌頌宋江，進而神化宋江，說到底，還是利用「天理」、「天命」為宋江的投降主義路線塗脂抹粉。由此可見，《水滸》所謂的「替天行道」，就是程、朱理學鼓吹的「天命即是天理」這一套宣揚投降有理的投降主義之道。

「存天理，滅人欲」這句口號，是程、朱理學反動思想的集中表現，也是貫穿《水滸》全書的主題思想。

程、朱把維護封建等級制度的「三綱」、「五常」說成是至高無上的「天理」，說什麼「綱常萬年」（《朱子語類》卷二四）；「父子君臣，天下之定理」（《二程遺書》卷五）；「未有君臣已先有君臣之理，未有父子已先有父子之理」（《朱子語類》）。這樣，就把束縛勞動人民的封建禮教說成是人人不能違背的永恆真理。宋元以來，封建統治者極力提倡的「忠、孝、節、義」，就是「三綱」、「五常」的簡單概括。

程、朱把「忠、孝、節、義」抬高到前所未有的嚇人高度，說什麼「臣子無說君父不是的道理」（《朱子語類》卷十三）；「君叫臣死，臣不死不為忠，父叫子亡，子不亡不為孝」（《朱子文集》）；「餓死事極小，失節事極大」（《二程遺書》卷二二下）等等。君權、父權、夫權被抬高到神聖不可侵犯的地位，特別是君權為「四權」之本，父權、夫權都是從屬於君權，神權則是為了把君權神聖化。所以忠君被列為「三綱」之首，成為封建禮教的核心。程、朱所謂：綱常就是「天理」、「天理即是天命」之說，實質上和董仲舒「天子受命於天，天下受命於天子」（《春秋繁露・為人者天》）的反動謬論沒有什麼區別，都是為了宣揚「君權神授」，為加強封建專制提供理論依據。同

時也為鼓吹階級投降製造合法藉口。

從「君權神授」出發，程、朱把一切敢於蔑視君權、反抗封建統治的言行，統統稱為「人欲」；污蔑農民革命是「人欲橫流」。因而提出了「存天理，滅人欲」（《朱子語類》卷十二）的反動說教，大肆鼓吹孔老二「克己復禮」的陳詞濫調。他們所說的「存天理」，就是「復禮」，就是要被壓迫的勞動人民鬥爭，復君臣之禮；他們所說的「滅人欲」，就是「克己」，就是要革命人民克制「均貧富，等貴賤」的革命要求，向統治者屈膝投降。這是徹頭徹尾鼓吹階級投降的反動謬論。

《水滸》作者繼程、朱之後，拚命兜售「三綱」、「五常」這一套吃人的封建禮教，根據程、朱「存天理，滅人欲」的反動說教，竭力標榜「全忠仗義」，「去邪歸正」。但「仗義」的目的，是為了「全忠」，說到底，仍然是「君為臣綱」的「忠君」思想占了首要地位。這就是宋江投降主義路線的思想基礎。

為了鼓吹投降主義思想，《水滸》作者編造出許多離奇古怪的神話，大肆宣揚程、朱所謂「君德即天德」的「君權神授」之說。胡說什麼：趙宋王朝的列祖列宗無一不是天神下降，宋太祖趙匡胤是火德星君下凡，他的繼承人也都是什麼霹靂大仙、赤腳大仙之類的天神轉世，都是奉天命來統治老百姓的「真命天子」。因為他們都是「天命」、「天理」的化身，是神聖不可侵犯，反抗統治者，就是「傷天害理」、「大逆不道」。《水滸》作者不僅神化統治者，而且還恣意顛倒歷史，把宋徽宗這個腐朽透頂的昏君，美化為「至聖至明」、「求賢」、「愛民」的「聖主」，充其量，不過由於蔡京、高俅這幾個奸臣迷惑「聖聰」，到頭來還是「忠」、「奸」分明，表彰了忠心耿耿的宋江，不失為「有道明君」。《水滸》費了許多筆墨神化、美化封建統治階級，就是為宣揚封建統治者提倡的「忠君」思想，把維護封建等級制

度的封建禮教神聖化、絕對化，為宋江的投降主義路線穿上一層合法的外衣。

《水滸》作者還通過宋江這個投降派大談忠義，宣揚封建禮教，鼓吹階級投降。《水滸》用了很大的篇幅，大寫特寫「兄弟之義」。宋江口口聲聲說什麼「兄弟情分」，「江湖大義」。似乎梁山水泊果真是「八方一域，異姓一家」。似乎梁山起義首領「都一般哥弟稱呼，不分貴賤」。這完全是騙人的鬼話。宋江標榜的「忠義」和晁蓋的「聚義」有著本質的區別，反映出不同的階級內容。

農民「聚義」，是為了共同反抗封建統治者。而宋江倡導的「忠義」卻是反其道而行之，用「江湖大義」作為手段，把農民起義納入「忠君」的軌道。宋江「自幼學儒，長而通吏」，恰恰是朱熹之流孜孜以求的「窮天理，明人倫，講聖言，通世故」（〈答陳齊仲〉，《朱子文集》卷三九）的黑樣板。他混進梁山篡奪領導權後，不斷地用程、朱理學的反動思想腐蝕瓦解梁山好漢的革命鬥志。宋江的所謂「義」，正是他利用來修正晁蓋造反路線、推行其投降路線的重要思想武器。他不折不扣地按照儒家老祖宗的成規辦事。孔老二常說：「君臣之義，如之何其廢之。」（《語語·微子》）「君子喻於義，小人喻於利。」（《語語·八佾》）程、朱認為「義者，天理之所宜也」（《論語·八佾》注）；「有高必有下，有大必有小，皆是理必當如此」（《朱子語類》卷九五）。他們強調「君臣之義」有高有下是理所當然。《水滸》中的宋江，深得孔、孟的真傳，精通程、朱的神髓，用「弟兄情如金玉」這個「義」字繩索，把梁山一百零八人「如念珠子個個連串起來」，解除他們的造反精神，然後沿著投降主義路線滑下去走向覆滅。可見宋江講「兄弟之義」是假，講「君臣大義」是真。「義」不過是「忠」的黏合劑。

歷史上常常有驚人的相似之處。一切妄圖篡權復辟、推行投降主

義路線的投降派，無不乞靈於反動的孔、孟之道和程、朱理學。現代投降派林彪也和古代的投降派宋江一樣，把程、朱理學奉為至寶，既搞朱熹注解的《四書集句》，又「學習朱熹的待人哲學」。他所鼓吹的「既受於天，且受於人」的反動謬論，實際上就是朱熹的「天命即是天理」的翻版。林彪培植死黨時，大肆宣揚封建綱常思想，強調盡「忠」，要他的死黨「永生永世」忠於林家父子，為他們搞反革命武裝政變，復辟資本主義賣命。這有力地說明新老投降派，儘管他們所處的歷史條件不同，表現形式不同，但都用孔、孟之道和程、朱理學作為搞投降主義路線的理論根據和思想武器。我們必須遵照毛主席的教導，結合評論《水滸》，深入學習無產階級專政理論，牢記黨的基本路線，識別投降派，批判投降派，反對投降派，把社會主義革命進行到底！

——原載《遼寧大學學報》，一九七五年第六期，頁三六～四二

評朱熹的唯心論的先驗論

羅思鼎

　　朱熹（1130～1200）是宋朝唯心主義理學的主要代表人物。朱熹的唯心論的先驗論，發展了孔丘、孟軻及董仲舒以來的儒家唯心主義，形成龐雜的反動哲學體系。元、明、清三代，朱熹的《四書集注》是封建知識分子必讀的教科書。他對《五經》的解釋，被奉為科舉考試的標準答案。直到社會主義革命時期，叛徒、賣國賊林彪為了搞陰謀、搞復辟，對朱熹也十分崇拜。他關起門來，以朱熹的注解為藍本，搞了《四書集句》作為《四書集注》的續篇，叫囂「要像朱子那樣去待人」。因此，要深入批林批孔，就必須批判朱熹的唯心主義哲學思想。

一

　　孔、孟的儒家學派發展到宋朝，演變成為理學，又稱道學。朱熹是孔老二的忠實信徒，是反動理學的集大成者。

　　在宋代，唯物主義和唯心主義鬥爭的中心，是怎樣看待「理」和「氣」的關係問題。「理」就是觀念、思想，「氣」就是物質。朱熹認為「理在先，氣在後」（《朱子語類》卷一），精神的東西先於物質而存在，萬事萬物，大至天地，小而螻蟻，都是由「理」派生出來的。他用了這樣一個譬喻：天上有一輪明月，世上無數江湖水面上有月亮

的影子。「理」就是這個月亮，而世界上的萬事萬物則不過是「理」這個月亮照在水面上的影子罷了。

客觀事實與朱熹說的正好相反。客觀世界決不是「理」的影子，而朱熹的「理」倒是現實生活中的封建專制統治在觀念形態上的反映。朱熹說：「帝是理為主。」（《朱子語類》卷一）這就是說，天上的上帝和人間的皇帝都是「理」的體現和化身，老百姓們應當乖乖地服從他的統治。馬克思在批判黑格爾的客觀唯心主義時指出：「黑格爾力圖在這裡把君主說成真正的『神人』，說成理念的真正化身。」（《黑格爾法哲學批判》）朱熹在這裡玩的是同一套把戲。他所以要提出「理」的觀念，目的是為了說明剝削有理、壓迫有理，造反無理。說來說去，全是為封建統治辯護的歪理。林彪所說的「受於天」的「理智」，就是這種老調子的新唱。

朱熹的反動理學是孔、孟儒家學說的進一步發展。孔丘為了維護沒落奴隸主貴族的統治，鼓吹反動的「天命」論，強調「君君、臣臣、父父、子子」的反動統治秩序。到了漢朝，董仲舒改造了儒家學說，竭力宣揚「天人合一」，並制訂了「三綱五常」的反動教條，為封建統治製造理論根據。

朱熹繼承和發展了從孔丘到董仲舒的反動理論，鼓吹「天命即是天理」（《朱子語類》卷四六），而「三綱五常」則是這種「天理」在人間的體現。這個「理」，「其張之為三綱，其紀之為五常」（《朱子文集‧讀大紀》）。其中特別以父子君臣關係為「三綱之要，五常之本，人倫天理之至」（《朱子文集‧垂拱奏劄》）。朱熹甚至從螻蟻之中看到了君臣關係，從犬馬牛羊之中看到了朋友關係，其目的無非是要證明作為封建倫理道德的「三綱五常」是無所不在、無所不包的，是支配世界的原則，借以論證地主階級專政的「合理」。

朱熹的唯心論的先驗論，認為封建統治不僅是合乎「天理」的，

而且是永恆不變的。他胡說什麼「綱常千萬年磨滅不得」(《朱子語類》卷二四)。即使是「萬一山河大地都陷了,畢竟理卻只在這裡」(《朱子語類》卷一)。其實,無論是孔丘的「天命」,還是朱熹的「天理」,都只是為了證明沒落的腐朽的奴隸制或封建制的「合理性」和「永恆性」。林彪繼承了這套反動衣缽,把腐朽的沒落的資本主義制度說成是天命所歸,叫囂「順天者興,逆天者亡」,還胡說什麼「這是辯證法」。看,這些反動派的腔調是何等地一模一樣!它說明越是腐朽沒落的階級,越是要煞費心機地製造出一套騙人的理論。這是因為它不但需要欺騙別人,也還需要欺騙自己。不然的話,他們的日子就連一天也混不下去。

朱熹把封建社會的階級關係說成是由「天理」命定的,叫囂「存天理,滅人欲」,歸根到底,是為了從思想上扼殺被壓迫階級的正義要求和革命行動。朱熹公開聲言「佃戶不可侵犯田主」,要農民「各依本分,凡事循理」。農民如果敢於「鼓眾作鬧」,起來造反,那就要吃官司、坐班房,「決配遠惡州軍」(參見《朱子文集・勸農文》、《朱子文集・勸諭救荒》)。朱熹還叫囂說,凡是敢於「以下犯上,以卑凌尊」、「以地客殺地主」者,一律嚴加鎮壓,決不寬恕。這一切,都是為了消滅勞動人民的「悖逆作亂之心」,維護「三綱五常」,使「天理」不至於泯滅(《朱子文集・戊申延和奏劄》)。由此可見,朱熹的理學是地主階級手裡的一把殺人不見血的軟刀子,它和血淋淋的反革命暴力起著同樣的反動作用。林彪鼓吹要學習朱熹的「待人」哲學,目的同樣是為了鎮壓革命,妄圖在無產階級專政條件下的中國,恢復已經被推翻了的地主資產階級專政。

二

朱熹從「天理」是事物的本源出發，形成了他的以「格物致知」為基本內容的唯心主義認識論。

朱熹所說的「物」，並不是指客觀存在，而只是「理」的影子。因此，他說的「格物致知」，並不是要人們通過社會實踐去認識事物的客觀規律，而是指人們必須自覺地維護封建統治秩序，並從中去領悟和體會先驗的「天理」。他明確提出，「格物致知」就是「窮天理，明人倫，講聖言，通世故」（《朱子文集‧答陳齊仲》），換句話說，也就是要人們精通反動的孔、孟之道，處處按照封建統治哲學去立身處世。所謂「格物致知」，對反動統治階級來說，是維護和鞏固統治秩序的藥方；對被統治階級來說，是要他們心甘情願地當奴隸。

朱熹的「格物致知」，同一切唯心主義的認識論一樣，都是以主觀和客觀相分裂，以認識和實踐相脫離為特徵的，完全排斥了人們參加社會實踐的必要性。毛主席在《實踐論》中指出：「人的認識，主要地依賴於物質的生產活動，逐漸地了解自然的現象、自然的性質、自然的規律性、人和自然的關係；而且經過生產活動，也在各種不同程度上逐漸地認識了人和人的一定的相互關係。」朱熹從維護封建統治秩序的目的出發，認為人是「理」所派生的，人心就反映著「理」，因此，「人心之靈，莫不有知」（朱熹《大學章句》），「人心」能夠領悟「天理」。他否認認識依賴於實踐，否認人的認識只有通過實踐才能逐步發展和深化，說什麼只要「今日格一物，明日格一物」（《朱子語類》卷十二），就能到達「一旦豁然貫通」的境界。換句話說，人們根本不必參加社會實踐活動，只要關起門來冥思苦想，就能逐步領悟「天理」，最後「忽然爆開，便自然通」（《朱子語類》卷十

一），從而窮盡世界上一切事物的道理。這簡直像變戲法一樣神奇！
叛徒、賣國賊林彪也鸚鵡學舌地說什麼「要解決問題，就要從靈魂深
處爆發革命」。照這種說法，根本不需要刻苦學習馬克思主義、列寧
主義、毛澤東思想，不需要參加社會實踐，不需要在革命鬥爭中改造
世界觀，而只要在靈魂深處那麼「爆發」一下，就可以百功齊備、萬
事大吉了。

　　朱熹宣揚「格物致知」，目的是為了「治國平天下」。朱熹說：
「致知格物，是窮此理。誠意正心修身，是體此理。齊家治國平天
下，只是推此理。」（《朱子語類》卷十五）總之，從封建帝王直到庶
民百姓，都應該從思想上和行動上服從封建倫理道德，遵守封建秩
序，維護封建專制制度。要達到這個目的，關鍵就是要「居敬」。朱
熹說：「敬字工夫，乃聖門第一義。」「修身、齊家、治國、平天下，
都少個敬不得。」（《朱子語類》卷十二）為什麼「敬」字這麼重要
呢？因為這是封建統治的重要保證。對於地主階級中的每一個成員來
說，要求他們恭恭敬敬地去維護「三綱五常」，不得有半點怠慢、放
肆和動搖。對勞動人民來說，要服服貼貼地忍受地主階級的剝削和壓
迫，「內無妄思，外無妄動」（《朱子語類》卷十二），把自己手腳捆綁
起來，就像「放在模匣子裡面」一樣。朱熹得意地吹噓：「修己以
敬，下面安人安百姓，皆由於此。」（《朱子語類》卷十二）這幾句
話，充分暴露了所謂「敬字工夫」的反動本質。

　　這種唯心主義的認識論和「修養」經，具有很大的欺騙性。朱熹
打著「敬」字的幌子，大搞形式主義，甚至專門規定了一整套「敬」
的規矩，什麼「坐如尸，立如齊」啊，什麼「頭容直，目容端」啊
（《朱子語類》卷十二），連走一步路，抬一下手，都要畢恭畢敬，多
麼莊嚴虔誠的道學先生面貌啊！林彪就十分欣賞這套反動的「敬字工
夫」，鼓吹「敬勝怠則吉，怠勝敬則滅」。但是，剝下道貌岸然的畫

皮，骨子裡卻是陰謀欺詐，男盜女娼，什麼壞事都幹得出來。這就是朱熹的「待人」哲學。朱熹曾以查冤獄為名，行打擊報復之實，為了打擊反對派，禍及一個無辜的官妓，幾乎用重刑把她折磨死。魯迅在揭露宋朝道學的虛偽性時說過：「道學先生是躬行『仁恕』的，但遇見不仁不恕的人們，他就也不能仁恕。所以朱子是大賢，而做官的時候，不能不給無告的官妓吃板子。」（〈論俗人應避雅人〉）這個自命繼承了孔丘「道統」的偽君子，聽說建陽縣學堂風水好，企圖占為己有，用粗繩捆縛孔子「聖像」，強令「搬家」，結果把孔「聖人」的手腳都搞斷了，鬧得輿論嘩然。什麼「敬」啊，「忠」啊，都是自欺欺人的鬼話。明代李卓吾曾罵道：「真個道學，臉皮三寸。」（《世說新語補》卷四）宋朝以後，「道學先生」成了偽君子的代名詞。

反革命兩面派林彪，對於朱熹的這套兩面派手法是心領神會的。孔丘說什麼「父為子隱，子為父隱，直在其中矣」（《論語・子路》）。朱熹進一步鼓吹：「父子相隱，天理人情之至也。」（《四書集注・論語・子路》）林彪將這幾句話收錄在他《四書集句》中，奉為信條。林彪還按照孟軻主張的「大人者，言不必信，行不必果」的邏輯，露骨地宣稱「不說假話辦不成大事」。至於林彪自己所供認的要按照道學家們的「親親、尊尊、長長」之道辦事，倒是供出了一部分反革命的真實意圖。朱熹曾公開鼓吹：「親者重而疏者輕，近者長而遠者短。」（《朱子文集・經筵講義》）十分清楚，朱熹的「待人」哲學，是從反動階級一群一黨的私利出發的。林彪要學朱熹的這一套，是為了結黨營私，糾合一小撮死黨，妄圖在中國實現反革命復辟。原來，他口口聲聲要學的「要像朱子那樣去待人」的哲學，說穿了，就是要學道學家的虛偽和殘忍。「語錄不離手，萬歲不離口，當面說好話，背後下毒手」，正是形象地刻畫了這個騙子的虛偽殘忍和狡猾陰險。

三

　　孔、孟之道的唯心主義哲學，經過朱熹的加工改造，才最後系統化和定型化。孔丘所代表的沒落奴隸主階級的反動思想，被地主階級改造成為封建統治思想，經歷了一個很長的歷史過程。漢代董仲舒建議「罷黜百家，獨尊儒術」，用反動的唯心論體系為「王權神授」論製造根據。但是，儒家的唯心論的先驗論，不斷地受到農民起義的衝擊和唯物主義思想家的批判，在思想上的統治地位並不是很鞏固的。魏晉南北朝和隋唐的一段時期內，玄學和佛學曾一度泛濫。唐代的韓愈，從世俗大地主立場出發，反對僧侶地主的佛教哲學，強調要繼承孔、孟的思想傳統，但在他手裡沒有構成周密系統的理論。在中國封建社會裡，最終把儒家思想的統治地位鞏固下來的是宋代的理學，特別是朱熹的唯心主義的思想體系。《宋史‧道學傳》指出，孔、孟之道的「正統」，「至（朱）熹而始著」。

　　毛主席指出：「政權、族權、神權、夫權，代表了全部封建宗法的思想和制度，是束縛中國人民特別是農民的四條極大的繩索。」朱熹的理學是腐朽的封建統治在觀念形態上的反映。它把代表全部封建宗法統治的思想和制度的「四權」概括為一個神聖不可侵犯的「天理」，使孔、孟之道進一步適應了反動封建統治的需要。

　　朱熹理學在宋朝的出現，有深刻的社會歷史根源。中國封建社會宋代已經走下坡路。宋代官僚大地主土地所有制惡性膨脹，地主階級殘酷壓榨農民，「小民田日減」，「大官田日增」（《宋史‧食貨志上》）。社會危機加劇，農民起義接連不斷，提出了「均貧富、等貴賤」的革命口號，鬥爭矛盾直指封建制度。在這種情況下，地主階級竭力加強對農民的政治壓迫和思想統治，妄圖防止封建社會的崩潰。

朱熹的唯心主義理學，就是地主階級在思想領域內加強統治的表現。

北宋理學興起的時候，王安石曾以「天變不足畏，祖宗不足法，人言不足恤」的精神，衝擊了唯心主義理學。他繼承了荀子以來樸素的唯物主義天道觀，駁斥了儒家思想代表司馬光等人的「天命」論；繼承了先秦法家思想，主張以法治對官僚大地主作一些限制。朱熹理學是對王安石法家思想的反動。朱熹大罵王安石「全不用許多儒臣」，「其術足以殺人」（《朱子語類》卷一三〇）。與朱熹同時代的唯物主義思想家陳亮，也是朱熹大肆攻擊的對象。陳亮說：「夫道之在天下，何物非道，千途萬轍，因事作則。」（《龍川文集・與應仲實》）他認為「道」體現在日常事物之中，任何具體事物都有它自己的規律。這是和朱熹的「理在氣先」、「格物致知」的唯心主義認識論針鋒相對的。因此，朱熹面對陳亮學說的傳播，不由得驚呼：「陳同甫（陳亮字）學已行到江西，浙人信向已多，……可畏，可畏！」（《朱子語類》卷一二三）這種情況，正好說明了在思想和政治路線的鬥爭中，不是東風壓倒西風，就是西風壓倒東風，絕對沒有任何折衷、調和的餘地。

朱熹的理學對於維護反動的封建統治起著特殊的作用。正因為這一點，它得到了宋以後反動統治者的尊崇，成為指導封建社會的政治、法律、道德、文藝等上層建築的總原則。宋理宗即位後，讀了朱熹的書，大發感慨地說：「朕讀之不釋手，恨不與之同時。」追封朱熹為「太師」，下令把王安石的牌位拋出孔廟，而把朱熹的牌位抬進了孔廟。從此，在中國封建社會中確立了朱熹的唯心主義理學的正統地位。正如魯迅所指出：「漢朝以後，言論的機關，都被『業儒』的壟斷了。宋、元以來，尤其利害。我們幾乎看不見一部非業儒的書，聽不到一句非士人的話。除了和尚道士，奉旨可以說話的以外，其餘『異端』的聲音，決不能出他臥房一步。」（〈我之節烈觀〉）

　　從孔丘到朱熹，可以清楚地看出，反動統治階級隨著政治上的日益沒落，越來越需要乞求於唯心論的先驗論。直到今天，唯心論的先驗論仍然是機會主義路線的思想基礎。叛徒、賣國賊林彪利用朱熹的反動哲學作為復辟資本主義的思想工具，就是一例。因此，要深入開展批林批孔，抓好上層建築包括各個文化領域裡的革命，就必須徹底批判孔丘、朱熹直到林彪的唯心論的先驗論。只有這樣做，才能進一步提高我們識別真假馬克思主義的能力，把無產階級專政下的繼續革命進行到底！

——原載《人民日報》，一九七四年二月十三日

收入《略評朱熹》，頁一～九

收入《可惡的朱熹》，頁四八～五七

收入《批判朱熹文集》，頁一～九

王夫之對朱熹唯心主義
理學的批判

八一九九部隊　張政清

武漢師院　張傳湘

　　王夫之是我國歷史上一位重要的法家代表人物，是一個著名的唯物主義思想家。他在封建社會後期，代表著進步的社會力量，向變種的孔學——程、朱理學，展開了批判，在儒、法鬥爭史上留下了光輝的一頁。

　　北宋以後，隨著中國封建社會向後期過渡，反動的孔學逐步演變為一套極端唯心論的理學。理學的創始人是北宋時期頑固堅持反動立場，惡毒攻擊王安石變法的程氏兄弟（程顥、程頤），而集其大成者則是那個口稱「天不生仲尼，萬古如長夜」的朱熹。在封建社會危機日趨嚴重的情況下，朱熹適應大地主階級維護反動統治的需要，繼承其祖師爺孔老二的天命論，並加以梳妝打扮，精雕細刻，建立了一個龐大的唯心主義哲學體系。朱熹講理學玄而又玄，但正如恩格斯指出的：「更高的即更遠離物質基礎的意識形態，採取了哲學和宗教的形式。在這裡，觀念同自己的物質存在條件的聯繫，愈來愈混亂，愈來愈被一些中間環節弄模糊了。但是這一聯繫是存在著的。」朱熹理學實質上是用哲學語言精製了的天命論，所以同孔老二的天命論一樣，具有強烈的階級內容。朱熹說得明白：「宇宙之間，一理而已。……其張之為三綱，其紀之為五常。」（《朱子文集・讀大紀》）這就供

出，他所講的「理」不過是「政權、族權、神權、夫權，代表了全部封建宗法的思想和制度」的化身。朱熹的理學是封建統治階級用來鎮壓農民起義和鼓吹賣國投降的思想武器。朱熹宣揚「存天理，滅人欲」，妄圖用「三綱五常」的教條，消除農民的革命主張，壓制革新派富國強兵思想，以鞏固封建地主階級對農民的專政，對外投降侵略勢力。這就是理學的反動實質。正因為如此，朱熹理學在宋以後，元、明、清三個朝代都被封建皇帝欽定為官方哲學，朱熹的名字也一再受到吹捧。從鎮壓太平天國農民革命的劊子手曾國藩到獨夫民賊蔣介石都拿朱熹正宗理學作為塗飾「聖光」的油漆，資產階級野心家、陰謀家林彪為了「克己復禮」，妄圖在中國建立林家法西斯封建王朝，狂妄叫嚷「要用朱熹的待人哲學」。這就充分說明朱熹理學的反動作用。

王夫之所處的時代，正是明末清初被稱為「天崩地解」的大動蕩時代。當時民族壓迫和階級壓迫的雙重災難壓到人民頭上，而在思想領域裡則受著朱熹理學的箝制。在廣大人民抗清鬥爭的推動下，王夫之於一六四八年在湖南衡陽率領義軍阻止清軍南下，遭到失敗後，他又拿起筆從事批判儒家思想的工作，雖然他深居荒涼的石船山，但他不是隱士，而是一位戰士。在四十多年的時間裡，他「啟甕牖」、「秉孤燈」，著書立說，對於從孔老二到朱熹以來的唯心主義理論，尤其是對朱熹的理學，進行了系統的、深刻的批判，「雖飢寒交迫，生死當前而不變」（王吾文〈齋公行述〉）。

一

在中國封建社會後期，由於孔學演變為理學、儒、法兩家在思想領域中，尊天命和反天命的鬥爭，也隨之演變為理、氣關係的論戰，

北宋的張載，在和二程唯心主義理學的鬥爭中，繼承荀況和王充的唯物主義，提出了「太虛即氣」的元氣一元論的樸素唯物主義思想。張載認為，宇宙是由物質元氣構成的，「氣之聚」而形成事物，「氣之散」而事物消亡；但物質元氣是不生不滅的，它永遠處於不停的「聚」、「散」的運動狀態中。張載的唯物主義思想，從理論上沉重地打擊了北宋地主階級頑固派的守舊主張，並且為當時地主階級革新派的變法路線提供了理論根據。朱熹繼二程之後，為了給儒家復古、倒退的政治路線製造新的理論根據，便極力篡改、歪曲張載的元氣一元論的唯物論思想，把氣從第一性的地位，降到第二性的地位。朱熹說：「天地之間，有理有氣。理也者，形而上之道也，生物之本也；氣也者，形而下之器也，生物之具也。」（《朱子文集・答黃道夫書》）這就是說，天地萬事萬物的生成，既要有理，也要有氣。但是理是萬物生成的本質，而氣則是構成萬物的材料。理與氣的關係，照朱熹看來，理是第一性的，氣是第二性的，「有是理，後生是氣」，氣是理生出來的。「有理而後有氣，雖是一時都有，畢竟以理為主」（《語類》）。理在氣之先，氣和理也可以並存，但理始終是主體。從這裡可以看出，朱熹之所以花那麼大的氣力來論述「理在氣先」的觀點，無非是要說明理是先驗的、永恆的，腐朽反動的封建統治秩序是「萬世不滅」的，從而為儒家推行「祖宗法制」不可改變的政治路線服務。作為法家路線的繼承者王夫之，當時從現實和歷史的沉痛教訓中，已經意識到這場理、氣關係的辯論，確乎關係著民族的前途、國家的命運。所以王夫之懷著強烈的愛國主義熱情，捍衛張載，批判程、朱，「以正人心」。王夫之說：「朱子以其（指張載）言既聚而散，散而復聚，譏其為大輪迴。而愚以朱子之說反近於釋凡滅盡之言，而與聖人之言異。」（《張子正蒙注・太和篇》）朱熹攻擊張載的唯物主義元氣一元論，把張載說的氣有聚散而無生滅污蔑為佛教的大

輪回，王夫之「以其人之道，還治其人之身」，指出恰好是朱熹自己的學說和佛教唯心主義是一致的。因為朱熹宣揚理在氣先，否認元氣不生不滅，與佛教唯心主義一樣，都是否認物質世界的客觀存在。王夫之在駁斥朱熹的鬥爭中，發揮了張載唯物主義元氣一元論的思想，他說：「陰陽二氣充滿太虛，此外更無他物，亦無間隙，天之象，地之形，皆其所範圍也。」（同上）整個宇宙充滿了物質性的氣，除了氣以外沒有任何其他的東西存在。自然界天地萬物，風、霜、雨、露、動、植、飛、潛等都是氣的體現，氣無所不在又無所不包，物質的元氣是永恆的。按照這樣的論證，孔老二的上帝、鬼神以及朱熹的「天理」在世界上就沒有立足藏身之地了。王夫之之還針對朱熹否認元氣不生不滅的謬論，列舉大量事實，充分論述了「氣有聚散，並無生滅」的物質不滅原理。其中比較突出的有這樣三例：

一、「車薪之火，一烈已盡，而為焰，為煙，為爐，木者仍歸木，水者仍歸水，土者仍歸土，特希微而人不見爾。」（同上〈太和篇〉）一車木柴點上火，一燃而盡，變為火焰、煙塵和灰燼，好像沒有了，其實並沒有消滅，組成木柴的三種物質木、水、土並沒有消滅，而是各回其原來的存在形態罷了（古代樸素唯物論認為物質是由金、木、水、火、土「五行」組成的）。儘管燃燒後的物質為人眼所不見，但不能因此就把木柴燒盡說成是物質消滅了。

二、「一甑之炊，濕熱之氣，蓬蓬勃勃，必有所歸：若盦蓋嚴密，則鬱而不散。」（同上〈太和篇〉）一鍋飯燒開，水氣翻滾升騰，四處飄散，但它並沒有消滅，而是歸到其他地方去了。假如把蓋子緊閉，水汽就抑圍在鍋裡，不會減少。

三、「汞見火則飛，不知何往，而究歸於地。」（同上〈太和篇〉）水銀碰到火，則紛紛飛散，不知到哪裡去了，但終究還是歸於地，並沒有消滅。

可見，物質性的氣，只有聚和散之分，「聚而成形，散爾歸太虛，氣猶是氣」，「非消滅也」（同上〈太和篇〉）。

基於這種唯物主義路線，王夫之提出「理在氣中」的理論，從而和朱熹「理在氣先」的謬論尖銳對立起來。

朱熹認為，理在氣之先、之上、之外。王夫之反對這種觀點，認為理就是氣的條理，就是氣的運動變化的規律。因此，「理在氣中」，事物的規律就在事物本身之中。所以要「於氣上見理」，不能「去氣外求理」，「氣外更無虛托孤立之理」（《讀四書大全說》卷十）。這就有力地抨擊了朱熹「理在氣先」的唯心主義謬論。

二

列寧指出，在認識論的問題上，「從物到感覺和思想呢，還是從思想和感覺到物」？這是兩條根本對立的認識路線。朱熹從「理在氣先」的唯心主義觀點出發，形成了他的以「格物致知」為基本內容的唯心主義認識論。通過格物致知要人去「窮天理，明人倫，講聖言，通世故」（《朱子文集·答陳齊仲》），也就是明確封建的道德規範，並以此為準則去立身行事，待人處世，所以朱熹說的格物致知，並不是要人們在實踐中去認識事物本身的規律，而是要人們閉門自省，從具體事物中去領悟那先驗的「天理」。這是典型的唯心主義先驗論。

與朱熹的唯心主義先驗論相對立，王夫之提出了自己的唯物主義反映論。他說：「形也、神也、物也，三相遇而知覺乃發。」（《張子正蒙注·太和篇》）形是指感覺器官，神是指精神思維，物是指客觀事物，這三方面相結合才產生知覺和認識。所以認識並非像朱熹說的那樣，是主觀自生的或者是從天上掉下來的。因此，王夫之主張，人們要認識事物，就必須和客觀事物相接觸。比如，要知道食物的味

道，就得在飲食之中去求知；要會下圍棋，單靠看棋譜還不行，還要和人對弈，然後才能把握譜外、譜中之理。「故人於所未見未聞者，不能生其心」（同上〈乾稱篇〉下）。對於一件事，沒有看過，也沒聽過，就不能產生思想，也就無所謂認識。從孔老二到朱熹都宣揚聖人是「生而知之」，王夫之則認為：「聖人生知固不待多學而識，則愚所謂荒唐迂誕之邪說也。」（《讀四書大全說》卷六〈衛靈公篇〉）朱熹還自欺欺人地說什麼只要「今日格一物，明日格一物」，就能達到「一旦豁然貫通」的境界。王夫之則說：「朱子於《大學補傳》亦云『一旦豁然通焉』，『一旦』二字亦下得驟。想朱子生平或有此一日，要未可以為據也。」（《讀四書大全說》卷六〈憲問篇〉）就這樣，王夫之以深刻的哲學論述和辛辣的諷刺，無情地揭露了朱熹唯心主義先驗論的虛偽性和欺騙性。

朱熹在認識論上還有一個荒謬的說教，即是所謂「知先行後」。他說「論先後，知為先」（《朱子語類》九），認為知先於行，行是由先天的知所決定的。王夫之從他一貫堅持的「師物」、「循物」的唯物主義路線上，尖銳地批判了朱熹的謬論。他指出朱熹將知行「立一畫然之次序，以困學者於知見之中，且將蕩然以失據」（《尚書引義‧說命中二》）。朱熹把知、行截然分開，讓人們先去知然後再去行，實際上是排斥實踐，引導人們去鑽故紙堆，結果使許多人追求利祿，言行不一，道德淪喪，出賣祖國。王夫之指出朱熹雖然標榜反對陸九淵的異學，但是這個「知先行後」說「則亦與異學均矣」（同上）。在王夫之看來，陸九淵、王陽明，「知行合一」的錯誤是「銷行以歸知」，而朱熹「知先行後」的錯誤是「先知以廢行」，他們的共同點都是否認行，排斥實踐。王夫之指出：「朱門後學之失，與陸、楊之徒異尚而同歸。」（同上）

王夫之在批判朱熹「知先行後」的鬥爭中，提出了「行先知後」

的知行說。他認為「知必以行為功」，就是認識必須以行為基礎，「行可有知之效」，「行可兼知，而知不可兼行」，認為實踐包含著認識，但認識絕不能代替實踐。王夫之的知行觀提出了一些超越前人的唯物論觀點，清算了朱熹的「知先行後」和王陽明「知行合一」、把行合於知的唯心主義先驗論。

不過王夫之所說的行還不是我們今天所說的三大革命實踐，他所謂的行，主要是指個人行為，所以這種行與我們今天所講的社會實踐有著本質的不同。

毛主席說：「馬克思以前的唯物論，離開人的社會性，離開人的歷史發展，去觀察認識問題，因此不能了解認識對社會實踐的依賴關係，即認識對生產和階級鬥爭的依賴關係。」王夫之也根本不可能了解這個關係。這是由時代和階級的侷限性所決定的。同時，王夫之的認識論還具有一些神秘主義色彩。他批判先驗論，但他又認為有些知識是人心所固有的，這就是和唯心主義先驗論劃不清界限了。

三

王夫之對朱熹理氣關係的論戰，還發展為在歷史領域裡對朱熹歷史宿命論的批判。朱熹從理是宇宙本體的觀點出發，提出天理（即三綱五常）是歷史發展的動力，而天理主要通過帝王的心術表現出來，因此歷史變化的決定因素就在於帝王的心術，帝王是天理的化身。他赤裸裸地說：「天下萬事，有大根本，……所謂大根本者，固無出於人主之心術。」（《朱子文集·答張敬夫》）在朱熹看來，人類歷史既不是一個客觀發展的過程，又沒有什麼規律可循。這樣，人們只能聽天由命，任憑帝王擺布。

對此，王夫之進行了深刻的批判。儘管王夫之的歷史觀在其總體

上仍然屬於歷史唯心主義，但是當他依據其樸素唯物主義和樸素辯證法的思想觀察、分析社會歷史問題時，認識到歷史的發展有它自身的客觀規律，繼承和發展了柳宗元重「勢」的進步社會歷史觀，這在哲學上是很大的貢獻。王夫之認為，人類社會的發展，國家的治亂存亡同自然界萬物一樣，都有它客觀規律性。他說：「生有生之理，死有死之理，治有治之理，亂有亂之理。存有存之理，亡有亡之理。」（《讀通鑑論》卷二四）所謂理，就是指歷史發展的規律，人們對歷史發展的客觀規律，只能「順受」。在王夫之看來，即使是帝王將相、聖人賢人也不能隨意改變自己的命運，他們的命運也是受歷史發展的客觀規律支配的。客觀規律是不可違犯的。王夫之說：「理不可違，與天之殺相當，與天之生相背，自然其不可移矣。」（同上）那些反動的儒家妄想抗拒歷史發展的規律，拖住歷史前進的車輪，王夫之把這種愚蠢的舉動比喻為「猶以羽扣鐘，以指移山，求其濟也，必不可得已」（〈君相可以造命論〉）。用羽毛敲鐘，用手指移山，想要獲得成功，那一定是不可能的。

王夫之不僅認為歷史發展有客觀規律，而且他還試圖透過歷史人物的活動，尋找歷史規律，他把歷史發展的趨勢叫做「勢」，把發展的規律叫做「理」，提出了「在勢之必然處見理」，「勢既然而不得不然，則即此為理矣」（《讀四書大全說》卷九）。王夫之看到了歷史是由歷史人物在活動，但在歷史人物活動的背後則有著一種不以人的意志為轉移的必然趨勢。他說：「秦以私天下之心而罷侯置守，而天假其私以行其大公。存乎神者之不測，有如是夫！」（《讀通鑑論》卷一）意思是說秦始皇把貴族世襲制度改為官僚制度是為了鞏固他一家的天下，但是這一變革客觀上卻引起了歷史的進步。秦王朝顯然未能保持下來，而社會則發展前進了，這正是秦王朝順應歷史趨勢的必然結果，這又哪是帝王的「心術」呢！這種歷史的必然趨勢是從哪裡來

的，是從帝王的「心術」產生出來的嗎？不是。王夫之歸之為大自然
（天）的力量。顯然他所謂的「天」和唯心主義所說的「天」是有本
質區別的。他說：「勢字精微，理字廣大，合而名之曰天。」（《讀四
書大全說》卷九）所謂「天」就是「勢」和「理」的統一，也就是發
展趨勢和規律的一致。所謂「天假其私以行其大公」是說歷史的發展
趨勢是必然的，而個別歷史人物的動機對於歷史發展所起的作用則是
偶然的。人們應該透過社會歷史上的種種偶然事件，去發現歷史發展
的必然趨勢，而在勢之必然處去尋找歷史發展的規律。這是他超過柳
宗元的地方。

　　但是，由於時代和階級的侷限，王夫之僅僅看到在人的主觀動機
之後還有應當加以探究的別的動力，而卻沒有也不可能從歷史的本身
去尋找這種動力，所以只能歸結為「天」（即自然界）的力量，還是
沒有接觸到社會歷史的本質。他不是從歷史的內部，而是從歷史的外
部去尋找所謂「勢」和「理」，雖然他力圖將他在自然觀方面的唯物
主義運用到歷史領域，結果還是事與願違，仍然滑進了唯心主義的泥
坑。

　　王夫之在批判朱熹的歷史宿命論的鬥爭中提出的「理勢合一」的
歷史理論，在儒、法鬥爭上具有十分重大的意義。歷史儒家為了推行
復古、倒退的政治路線，反對和拒絕任何社會改革，總是宣揚人類歷
史是由天老爺及其在人間的代理人「帝王」或「聖人」創造的，竭力
否認歷史發展的客觀規律性，從而為他們的倒行逆施製造反動理論根
據。王夫之強調歷史發展有不依人的意志為轉移的客觀規律，這就對
儒家從孔老二到朱熹所散布的天命論和歷史宿命論進行了一次大掃
蕩。尤其應該提到的是，王夫之為了給法家堅持改革、堅持前進的政
治路線提供理論上的根據，他還由歷史按照自己的規律不斷變化、前
進的觀點。進一步提出了時代變了，治理國家的制度、辦法也要跟著

改變的進步主張。他說「事隨勢遷,而法必變」,不要因循守舊,而要「趨時更新」(《讀通鑑論》)。王夫之的這種思想,對於長期占據統治地位的唯心主義道統史觀——所謂「道之大原出於天,天不變,道亦不變」的神學教條,是一個沉重的打擊,表明了他不愧是中國封建社會末期傑出的法家代表人物。

革命導師恩格斯指出:「混進黨內的機會主義者為了規定自己的綱領就不得不回到自己前輩人物那裡去。」妄圖開歷史倒車,熱衷於搞復辟倒退的叛徒、賣國賊林彪,繼承了孔老二和朱熹的反動衣缽,大肆鼓吹封建「理學」,宣揚反動的唯心論先驗論,頌揚朱熹的「待人」哲學,叫囂要「像朱子那樣去待人」,胡說朱熹這一套是「處理人事關係的準則」。林彪還十分推崇朱熹的《四書集注》。林彪鼓吹的這一套,說穿了就是要回到他的「前輩人物那裡去」尋找向無產階級進攻的炮彈,妄圖來改變黨的基本路線和政策,顛覆無產階級專政,復辟資本主義,變我國為蘇修社會帝國主義的殖民地。在當前批林批孔運動深入發展的大好形勢下,我們一定要把主要的注意力放到學習和批判上來,進一步提高認真看書學習的自覺性,學習和掌握馬克思主義這個銳利的思想武器,對修正主義和孔、孟之道進行深刻的、有分析的、有說服力的批判,將正在進行的這場上層建築領域中馬克思主義戰勝修正主義,無產階級戰勝資產階級的政治鬥爭和思想鬥爭進行到底。

——原載《武漢師院》,一九七四年第三期

收入《可惡的朱熹》,頁一○○～一一一

（三）

評朱子著作

同題唱出異調新聲勝過舊聲
——評陳亮、朱熹的兩首詠梅

王守華

　　陳亮和朱熹是南宋時期儒法鬥爭戰場上兩員對壘的主將。他們都曾寫過許多吟詠梅花的詩歌。其中，有的是以梅花自比。但是，由於思想感情和立場不一樣，詩的意境和格調也就顯得大相逕庭。同是詠梅，一個寫出了革新的理想和希望，一個卻充斥著沒落階級陰沉、慘切的哀吟。

> 疏枝橫玉瘦，小萼點珠光。
> 一朵忽先變，百花皆後香。
> 欲傳春信息，不怕雪裡藏。
> 玉笛休三弄，東君正主張。
> 　　　　　　　〈梅花〉

這是陳亮的一首詠梅詩。陳亮（1143～1194）字同甫，浙江永康人。他一生所經歷的高、孝、光宗三朝，階級矛盾和民族矛盾十分尖銳。代表大地主腐朽勢力的南宋統治者，偏安江左，「忍恥事仇，飾太平於一隅以自欺」（〈上孝宗皇帝第一書〉），不敢抵抗女真族奴隸主的入侵，反而歲歲以金寶織物「輸諸虜人者無窮」（〈戊申再上孝宗皇帝書〉），弄得民貧財盡，加深了南宋王朝的危機。當時，圍繞著對人的

和戰問題，儒法兩家展開了劇烈的論爭。

陳亮出身沒落地主家庭，年輕時就「獨伯（霸）王大略，兵機利害」（〈酌古論序〉），「慨然有經略四方之志」（〈中興五論跋〉），深受法家思想的影響。孝宗皇帝即位後，他曾經五次上書，系統地陳述了他的抗金主張。並提出「節浮費」、「斥虛文」、「嚴政條」、「懲奸吏」等改革內政的意見，成了主戰派的代表。為了確立法家的抵抗路線，擊敗儒家的投降路線，陳亮對當時以朱熹為代表的儒家反動道學理論，進行了無情地揭露和批判，並為此貢獻了他畢生精力。

正因如此，他的一生是坎坷不平的。反動統治者曾三次「竟用空言羅織成罪」（葉適〈龍川文集序〉），將他投入獄中。反動道學家朱熹，甚至趁機威脅，要他「痛自收斂」，以「醇儒自律」，以求免禍。陳亮駁斥了朱熹的讕言，用戰鬥回擊了投降派的這一挑戰。在他看來，只要「有救時之志，除亂之功」，「亦不自妨為一世英雄」（見朱熹〈答陳同甫書〉引）。

且看陳亮上述〈梅花〉詩，它不正是作者一生的鬥爭精神和理想的寫照嗎？「疏枝橫玉瘦」，既表現出梅花蒼勁挺拔的英姿，又何嘗不是作者風格的象徵呢？「小萼點珠光」，形象地描繪了梅花含苞初綻的形態，也暗示著詩人理想的光芒。「一朵忽先變，百花皆後香。」充分顯示了作者敢於反潮流的精神，以及對自己事業必勝的信念，也是作者對梅花品格真正讚賞的地方。在另一首詠梅的詞裡，他寫道：「看一枝才爆，驚動香浮。」「先天一著，待鬪開，多少旬頭。」（〈漢宮春·梅〉）作者竭力歌頌和用以自比的，正是梅花那種面對寒冬，毅然開放，以迎來春天的精神。所以，下面說：「欲傳春信息，不怕雪裡藏。」形象地披露了作者那種「推倒一世之智勇，開拓萬古之心胸」（〈又甲辰秋書〉）的襟懷。「玉笛休三弄，東君正主張。」在詩的末尾，作者對前人為梅花譜寫的哀曲作了有力的批判，

堅信不疑地預示了春天的即將到來。這首詠梅詩，通篇洋溢著積極向上的情調，充分展示了作者敢於與舊傳統作鬥爭的樂觀戰鬥精神。

反動道學家朱熹也寫過一首以梅花自喻的詩歌：

> 風雪催殘臘，南枝一夜空。
> 誰知荒草裡，卻有暗香同。
> 質瑩輕黃外，芳騰淺絳中。
> 不遭岑寂侶，何以媚孤叢。
> 〈宋丈示及紅梅臘梅借韻兩詩輒復和呈以發一笑〉

朱熹（1130～1200）字元晦，江西婺源人。他是北宋唯心主義哲學家程頤的四傳弟子，孔老二的忠實門徒。在南宋尖銳的階級矛盾面前，朱熹是個地地道道的投降派。他不僅吹捧投降派秦檜，為自己投機主和張目，而且最後成了儒家反動思想的集大成者，為當時的投降路線提供了理論基礎。但是，儘管朱熹十分忠於他的封建主子，宦途上卻不甚得意。「登第五十年，仕於外者僅九考，立朝才四十日。」（《宋史・朱熹傳》）

與陳亮〈梅花〉詩相比，朱熹的詠梅詩完全是另一種情調：零落、淒涼、悲哀、陰暗。歷史上，凡是搞復辟、開倒車的人，總是掩藏不了他們頹廢沒落的心情的。「風雪催殘臘，南枝一夜空。」宦途上的風波變幻，在他看來是多麼的殘酷無情啊。一夜之間，什麼都落空了。「花開已淒涼，花落更愁寂。」（〈落梅〉）「年年一笑相逢處，長在愁煙苦霧中。」（〈梅〉）這種沒落的情調，與孔老二「吾道不行」、「甚矣吾衰也」的悲嘆，不是極為相似嗎？當然，這只是反動傢伙們虛弱的一面，他們也還有頑固凶惡的另一張臉譜。「誰知荒草裡，卻有暗香同。」這裡就隱藏著朱老夫子的殺機。他的所謂香，實

則是臭，是儒家沒落反動思想散發出來的惡臭。作者向我們表明，在與法家主戰派的鬥爭中，他絕不做「爭春」的「萬樹」，以順應時代的潮流，而是要堅持「獨頑」到底的立場，「萬樹爭春我獨頑」（〈見梅用攀字韻〉）。因為，不如此，就沒有他的立足點了。「若向此中生厭斁，不知何處可安身。」（〈次韻擇之見路旁亂草有感〉）可見他的反動志向是至死不會變的，十足一副頑固派的嘴臉。朱熹是一個富有反革命經驗的傢伙，很善於偽裝。什麼「質瑩輕黃外，芳縢淺絳中」呀，什麼「不遭岑寂侶，何以媚孤叢」呀，把自己打扮得多麼的善良和可憐。實際上，不過是他的自我標榜和解嘲罷了。像他那樣窮凶極惡的反動分子，不僅「質」不「瑩」，味也絕不會「香」的。他和孔老二一樣，同是不恥於人類的狗屎堆。

毛主席指出：「在現在世界上，一切文化或文學藝術都是屬於一定的階級，屬於一定的政治路線的。」陳亮的梅花詩，刻畫了不畏強暴，敢於為自己政治主張而奮鬥的法家人物的形象，唱出了主戰派的心聲，是為法家政治路線服務的。朱熹的梅花詩滿篇淒涼，暗藏殺機，活畫出投降派的嘴臉，是一曲服務於儒家投降路線的復辟調。

——原載《思想戰線》，一九七六年第二期，頁五二～五三

朱熹詩四首批注

司苑

不知四海已揚湯[1]，舞殿歌臺樂未央[2]。
五帝威神等牛馬[3]，六王子女盡嬪嬙[4]。
仙心久已攀姑射[5]，辨口從教泣華陽[6]。
行客詎明千古意[7]，虛疑霞佩響琳琅[8]。
〈次擇之韻，聊紀秦事〉

【說明、批判】對於秦始皇的歷史評價，是秦以來儒法鬥爭的關鍵問題之一。朱熹一貫尊儒反法，因而對秦始皇採取完全否定的反動觀點，橫加污蔑。這首詩就是基於這種反動觀點寫成的。

---

1 揚湯——沸騰。比喻大亂已起。

2 未央——沒有完了。

3 五帝——傳說中的中國歷史上最早的五個「帝」，少昊、顓頊、高辛、唐堯、虞舜。

4 六王——戰國時代秦以外的六國（韓、趙、魏、齊、楚、燕）國王。

5 姑射——我國古代神話，有姑射山，上面有神仙。攀，攀登。到姑射山尋訪神仙。這句詩譏諷秦始皇求仙。

6 華陽——《尚書·禹貢》「華陽黑水惟梁州」。周代梁州併入雍州。雍州、梁州所包括的陝西、甘肅、四川等地，正是戰國時期秦國的區域，所以詩中所說的「華陽」，是秦國故地的代稱。「辨」、「辯」古代兩字通用，「辨口」就是「辯口」，指能說善辯的人。這句詩的大意是：縱然是善於為秦朝辯護的人也只好為秦朝的滅亡而唏噓傷感。妄圖以此攻擊法家。

7 詎明——哪能了解。「千古意」，歷史教訓。

8 霞佩——也叫「霞帔」，古代貴婦的禮服。「響琳琅」，婦女佩帶的金玉之類的裝飾品在行走的時候發出的聲音。這句詩承接上句，大意是：一般人既不了解朱熹的所謂「歷史教訓」，路過秦故國的時候，只是想像當年宮中的盛況罷了。

　　「法先王」還是「法後王」？是春秋戰國時期進步和倒退、革新和保守、復辟和反復辟的思想、政治鬥爭焦點之一。法家認為「後王」遠比「先王」為優，這是承認歷史發展的進步觀點。儒家則吹捧「先王」。「五帝」就是「先王」，因而朱熹把「五帝威神等牛馬」看成是秦始皇的罪行。這正好證明朱熹的反動倒退的立場。王安石的「三不畏」中有一條是「祖宗不足法」，是同秦始皇、法家的進步觀點、革新精神相一致的。

　　朱熹詩中還大肆渲染秦始皇只知聲色之樂，把六國的美女都弄到秦宮中去。但《史記》記載，秦始皇每天要處理大量政事，不辦完不休息。可見並不沉緬於享樂。

　　林彪惡毒咒罵秦始皇，借以攻擊無產階級專政，反動伎倆同朱熹是一樣的。

> 年來揭陽郡[9]，牢落海陰墟[10]。
> 雲嶠無幽子[11]，潢池有跖徒[12]。
> 單車亦已稅[13]，蔓草不須鉏[14]。

9　揭陽——縣名，屬潮洲府。

10　牢落——即寥落：稀少，冷靜。墟——村莊。

11　雲嶠——高山。幽子——隱士。

12　潢池——池塘。《漢書》：「盜弄陛下之兵於潢池中耳。」大意是海邊的這些「盜寇」不算什麼，是不值得憂慮的。跖——柳下跖，春秋時期奴隸起義的傑出領袖。孔、孟之徒污蔑他為「盜跖」。

13　單車——用一個牲口拉的車。稅——放置。這句詩和下一句詩，都是描寫農民起義被反動軍隊血腥鎮壓後，官衙事少的景象。不再有緊迫的公事，官吏坐的車擱置一旁。野草也任它生長，以示生活閒散。

14　鉏——同鋤。

比屋弦歌[15]裡，功高化鱷[16]圖[17]。

〈銷寇〉

【說明、批判】朱熹這首詩寫於南宋淳熙八年（1181），是給他住在潮州作官的朋友的和詩。〈銷寇〉這首詩，反映朱熹站在封建統治階級的立場，污蔑農民革命的反動思想。根據《潮州府志》卷三十八，南宋淳熙七年（1180）三月，南粵以沈師為領袖的農民起義軍曾經打到了潮州所屬豐順、揭陽一帶地方，後來被官軍打敗了。

詩的最後兩句，不僅可以看出朱熹鼓吹尊孔讀經，並且進一步對當時瘋狂鎮壓農民革命運動的劊子手們加以無恥的吹捧。而另一方面則把起義的農民污蔑為凶殘的鱷魚，充分暴露了朱熹完全與人民為敵的反動嘴臉。資產階級野心家、陰謀家林彪，也跟朱熹一樣，極力販賣孔丘的「克己復禮為仁」和孟軻的「仁政」，其罪惡目的就是妄圖顛覆無產階級專政，實行封建法西斯式的資產階級專政。

過兼不及總非中[18]，離卻平常不是庸[19]。

二字莫將容易看，只斯為道用無窮[20]。

〈訓蒙詩・中庸〉[21]（兩首）

---

15 弦歌——古代學校裡讀詩，用弦樂器配合歌唱。引申義指孔、孟之徒用「禮樂」來「教化」人民。

16 化鱷——唐韓愈守潮州時，鱷魚為患，韓愈寫了一篇〈祭鱷魚文〉，據說鱷魚便受了感化，連夜遷走了。宋蘇軾的〈潮州韓文公廟碑〉美化韓愈，說他「能馴鱷魚之暴」。這當然是假造的，所以宋王安石有詩說：「不必移鱷魚，詭怪以疑民。」一語揭穿製造這個傳說的反動目的。

17 圖——這裡是「圖謀」的意思。

18 兼——和。

19 平常——朱熹說中庸所行的「道」，就是「日用事物當行之理」，是「平常之理」。這首詩中是教人從平常生活中努力，達到中庸之道。而這種日用的平常的「道」，具體內容就是儒家的「禮」或「人倫」。

20 斯——這個，指「中庸」。

　　【說明、批判】朱熹這首詩鼓吹孔、孟的「中庸」之道。說什麼：「不偏謂之中，不易謂之庸。中者，天下之正道；庸者天下之定理。」不偏離「禮」就叫做「中」，不改變「禮」就叫做「庸」。「中」是天下必須遵守的道，「庸」是天下永恆不變的理。朱熹把反動統治的禮奉為永恆的「定理」，不偏不倚的「正道」，這純粹是欺人之談。在階級社會裡從來就沒有剝削階級和被剝削階級共同的「道」和「理」。剝削階級宣傳中庸之道，無非是要維護剝削制度，怎麼能「不偏不倚」呢？他們剝削人民，只會「過」，而決不會「不及」。至於被剝削階級忍受剝削和壓迫，永遠做牛馬，在他們看來倒是應該「不變不易」的。因此，我們說這首詩是妄圖用中庸之道反對勞動人民對剝削階級的鬥爭，以達到維護封建統治秩序的反動目的。

　　林彪也叫喊什麼「中庸之道……合理」，可見林彪與朱熹之流是一丘之貉。

> 軻死如何道乏人？緣知學字未分明[22]。
> 先除功利虛無習[23]，盡把聖言身上尋[24]。
> 　　　　　　　　　　　　〈學〉

21　〈訓蒙詩〉──錄自《朱子集》。此集為朱熹後裔清人朱振鐸編刻，全詩共一百首，其中如〈克己〉等篇，亦見《朱文公文集》。這裡我們只選批兩首。

　　〈訓蒙詩〉是給初學兒童讀的。朱熹在這些詩裡用孔、孟之道和他的反動理學毒害兒童。特別值得注意的是其中不少是以尊儒反法為主題的。反映了宋代教育戰線的儒法鬥爭是很激烈的。

22　緣知──了解原因。這句詩回答了上句的提問，大意是：原因是對「學」字，也就是怎樣學習的問題沒有弄明白。

23　功利──物質上的功效和利益。朱熹攻擊王安石學說是「以財利兵革為先務」。就是說他以發展經濟、加強戰備為首要任務，是要求功利。

　　虛無習──即習虛無。朱熹強調「為學」要先「正心誠意」。功利具體，「心」、「意」抽象，故稱「虛無」。

24　身上尋──孟軻主張「反身而誠」，在「內省」上下功夫。這句詩的意思是，孔、孟之道「仁」、「義」等等，可以靠「內省」的功夫得到。

【說明、批判】這首詩反映了儒法鬥爭中關於功利的爭論。朱熹所說的「為學」之道，頑固地堅持反對功利的保守反動的觀點。孔丘標榜自己「罕言利」，並將「義」和「利」對立起來；孟軻持相同觀點。朱熹繼承這個「道統」，反對功利。法家恰恰相反，先秦法家幾乎都主張「盡地力」，「富國以農」，發展生產，講求實效，拼絕空論（李悝、商鞅、韓非），要求「功當其事，事當其言」（韓非）。王安石變法的基本精神亦如此。

朱熹極力鼓吹恢復儒家之道要「先除功利」，但他果真是不要功利嗎？不是！每個階級都有自己的功利主義。孔、孟是為沒落奴隸主階級謀功利，先秦法家則為新興地主階級謀功利。朱熹是為宋朝大地主階級謀功利；王安石則為中小地主階級謀功利，在當時有其革新進步意義。攻擊王安石功利主義的朱熹，正如毛主席所批判的，是「口頭上反對功利主義，實際上抱著最自私最短視的功利主義的偽善者。」

在這首詩裡，朱熹還要求「為學」要搞什麼「內省」，林彪說的「靈魂深處爆發革命」，也就是孟軻、朱熹反動理論的翻版，是徹頭徹尾的唯心主義的貨色。

——原載《教育革命通訊》，一九七四年第四期，頁六一～六三

朱熹《四書集注》
反動思想體系的批判

李學勤

　　資產階級野心家、陰謀家、兩面派、叛徒、賣國賊林彪，是一個地地道道的孔老二的信徒。他狂熱地鼓吹孔、孟之道，以孔、孟的反動思想作為他陰謀篡黨奪權、復辟資本主義的精神武器。因此，為了進一步批深批透林彪反革命修正主義路線的極右實質，必須深入批判孔、孟之道，批判尊孔反法的反動思想，把批林批孔的政治鬥爭進行到底。

　　孔、孟之道是歷代反動統治階級的思想體系。生活於春秋戰國時代的孔、孟，代表了正在沒落衰亡的奴隸主階級的利益，竭力反對革命、反對變革，妄想把歷史車輪倒轉到奴隸制的老路上去。他們的徒子徒孫集結成一個反動學派，號為儒家，曾受到作為新興地主階級代表的法家的尖銳批判。在封建社會中，儒法鬥爭在不同形式下繼續著，地主階級中的進步思想家繼承法家的精神，對充當大地主階級頑固勢力的思想代表的儒家，又進行了長期而反復的鬥爭。

　　封建社會後期，程、朱理學對孔、孟的反動思想體系作了進一步的發揮，成為當時居於支配地位的「官學」。理學的創始人司馬光、程顥、程頤、邵雍等，都是在反對王安石政治改革的鬥爭中起家的。他們站在大地主階級立場上，頑固地敵視新法；他們的理學，或稱道

學，更是與王安石新學針鋒相對的極端反動的唯心主義體系。到了南宋初年，二程的四傳弟子朱熹（1130～1200）集理學之大成，是封建社會後期最有影響的反動理學家。他的主要著作《四書集注》（包括《大學章句》、《中庸章句》、《論語集注》和《孟子集注》，共二十六卷），在成稿後即有刊本廣泛流行[1]，使《四書》一躍而為比五經更為重要的「經典」。特別是自元、明以來，《四書集注》由封建朝廷明令規定為科舉考試的重要內容，成了每個讀書人必須背誦的必讀課本。這部書散播孔、孟之道，其影響最大，流毒最深。林彪為了搞資本主義復辟，對《四書集注》十分崇拜，還根據《集注》拼湊了《四書集句》，作為「座右銘」。所以，對朱熹的《四書集注》（以下簡稱《集注》）加以解剖批判，對於揭露林彪反動世界觀的根源，更深刻地認識林彪反黨集團搞復辟倒退的反革命罪行及其修正主義路線的極右實質，將會有一定的幫助。

「明天理、滅人欲」是「克己復禮」的翻版

理學的得名，是由於反動理學家們突出地提出了「理」或「天理」這一範疇。朱熹說：「聖賢千言萬語，只是教人明天理，滅人欲。」[2]所謂「明天理、滅人欲」，在朱熹的思想體系中居於綱領的地位。是理學對反動的孔、孟之道的一個重要發揮。

《集注》全書貫穿著理學的這一綱領性思想，這是它和漢、唐時期以訓詁為主的經注經疏有所區別的特點。《集注》在幾個地方反復強調，孔丘、孟軻的話「皆所以遏人欲而存天理」，只要學者身體力

1　潘宗周《寶禮堂宋本書錄》經部。

2　《朱子語類》卷十二。

行，就可以「知所以克己復禮之端矣」[3]。朱熹自己道破了他的「明天理，滅人欲」正是孔丘「克己復禮」反動綱領的翻版。《集注》在解釋孔丘「克己復禮為仁」一節時說：「禮者，天理之節文也。為仁者，所以全其心之德也。蓋心之全德莫非天理，而亦不能不壞於人欲，故為仁者必有以勝私欲而復於禮，則事皆天理，而本心之德復全於我矣。」[4]這就是說，「禮」的則是「人欲」。「明天理，滅人欲」就是要消滅一切與「禮」不合的思想和行動。

孔丘口中的「禮」，有著非常明確的反動涵義。春秋時代，奴隸和平民的起義前赴後繼，新興封建勢力逐漸興起，打亂了周朝奴隸制的舊秩序，這種革命的大好形勢在孔丘心目裡卻是「禮壞樂崩」。因此，他提出了「克己復禮」，要恢復周禮，復辟奴隸制度社會的階級秩序。在《集注》中朱熹所講的「禮」，則是具體指封建制的階級秩序。朱熹引用了二程的一個形象化的比喻，對這一點作了明白的供認。二程說「禮只是一個序」，譬如兩把椅子，都應當擺正，有一把不正，便是「無序」。封建社會中三綱五常的階級關係也應當擺「正」，如果反了這種關係，便是「無序」，便是非「禮」。封建王朝對勞動人民的血腥統治，地主階級對農民階級的殘酷剝削，都被朱熹裝扮成「禮」，裝扮成「天理之節文」；而慘遭剝削壓迫的廣大勞動人民的階級利益，推翻地主階級反動統治的革命要求，卻被誣蔑為必須克服絕滅的「人欲」。這就是《集注》「明天理、滅人欲」綱領的反動本質！

反動理學家提出通過「明天理、滅人欲」而「復禮」，有著深刻的階級鬥爭的背景。在北宋時期，他們曾攻擊王安石變法為「用富陵

3　《孟子‧梁惠王》集注。

4　《論語‧顏淵》集注。

貴，以邪妨正」[5]。在頑固分子看來，王安石新法的改革是很非「禮」、很不合「天理」的，於是他們陰謀策動了元祐初年的復辟，大搞倒退，使新法歸於失敗。但是，他們的倒行逆施不能阻擋歷史的前進，從北宋晚年到南宋初，農民起義的革命洪流一浪高過一浪，封建制的階級秩序被打亂了，地主階級的反動統治遭到沉重的打擊。這在地主階級頑固派看來，更是極其非「禮」、極其不合「天理」的了。他們為了鎮壓勞動人民的反動需要，出了「明天理、滅人欲」這一綱領，妄圖與反革命的暴力相配合，把起來革命造反的人民的手腳重新束縛起來。

孔丘的「克己復禮」和朱熹的「明天理、滅人欲」是一脈相承的。林彪對這種反動思想的政治涵義很能心領神會，在他陰謀實現反革命復辟時，也拾起了「克己復禮」的黑旗。從一九六九年十月到一九七○年一月，不過三個月的時間裡，他和其死黨竟互題了四張條幅：「悠悠萬事，唯此為大。克己復禮。」這就充分暴露出他的狼子野心正是要復辟資本主義，在中國恢復地主資產階級專政的反革命階級秩序。

唯心主義先驗論的理氣說

反動統治階級哲學的最終目的，在於論證這一階級對人民統治的「合理性」。歷史上形形色色的反動思想家，總是企圖欺騙和麻痺勞動人民，要人民承認反動統治者「應當」統治，而勞動人民則「應當」被統治、被壓迫、被剝削。一句話，剝削有理，壓迫有理，革命無理。為了達到這個罪惡的政治目的，孔丘接續商、周奴隸主階級的

---

5 程顥語，見《續資治通鑑長編》卷二一○。

傳統，拚命地販賣「天命」的反動觀念。朱熹在《集注》中則繞了個彎子，提出了「理」「氣」說，這是比傳統的天命論在形式上更為精緻的唯心主義先驗論。

《中庸集注》一開頭就這樣解釋「天命之謂性」：「命，猶令也。性，即理也。天以陰陽五行化生萬物，氣以成形，而理亦賦焉，猶命令也。於是人物之生，因各得其所賦之理，以為健順五常之德，所謂性也。」據朱熹說，「理」是精神性的，「氣」是物質的。每個人都是由「理」、「氣」兩種因素結合而成；所謂「天命」是指人生來具有的「理」，即「仁、義、禮、智、信」等五種道德品質。這樣，朱熹把「天命」這個宗教性質的範疇，轉化成了「理」、「氣」關係的哲學問題。

朱熹宣稱：「人物之生，天賦之以此理，未嘗不同。」[6]人人都具有同樣的「理」，即道德品質，所以《集注》說「性即天理，未有不善者也」[7]。從表面上看，朱熹唱出的這種論調似乎和孔丘「上智與下愚不移」的反動謬論有所不同，好像他是在主張反動統治階段和勞動人民群眾沒有先天的差別。理學的狡猾和欺騙性正在這裡。

實際上，朱熹一方面大講人人稟受同一的「理」，另一方面又提出人與人在「氣」的稟賦上是有根本差別的，叫做「理同而氣異」[8]。他說：「人之所以生，理與氣合而已。天理固浩浩不窮，然非是氣，則雖有是理而無所湊泊。……然而二氣五行交感萬變，故人物之生有精粗之不同。」[9]對於人的「氣稟」有「精粗」的區別，朱熹還以推磨來比喻，「造化之運如磨，上面常轉而不止，萬物之生似磨中撒

6　《朱子語類》卷五。

7　《孟子·告子》集注。

8　《晦庵先生文集》卷四六〈答黃商伯之四〉。

9　《朱子語類》卷七八。

出，有粗有細，自是不齊」[10]。後來剝削階級分子常把工農群眾惡毒地誣蔑為「粗人」，即來自朱熹這一反動理論。

在朱熹的理學術語中，人的「氣稟」是指由「二氣五行」構成的人的肉體。所以所謂「氣稟」的不齊，用通俗語言來講，就是長得不一樣。理學認為，每個本來天都賦予了同樣的「理」，也即是「性」，但是由於有的人「氣稟」清明，「性」能夠充分體現，這是天生的「上智」；有的人「氣稟」昏濁，由肉體帶來的情欲遮蔽了「性」，這就成了天生的「下愚」。朱熹說：「上智生知之資，是氣清明純粹而無一毫昏濁，所以生知安行，不待學而能。」[11]反動理學家朱熹繞了一個大圈子，最後仍然歸結到「上智與下愚不移」的唯心主義先驗論。

《集注》公然聲稱，人的階級差別是由「氣稟」決定的，「人之稟氣，富貴貧賤長短，皆有定數」。那種所謂「氣稟」完全透明的「上智」，是天命的統治者。請看〈大學章句序〉是怎樣傳播這一反動謬論的：

> 蓋自天降生民，則既莫不與之以仁義禮智之性矣。然其氣質之稟，或不能齊，是以不能皆有以知其性之所有而全之也。一有聰明睿智能盡其性者出於其間，則天必命之以為億兆之君師，使之治而教之，以復其性。

《集注》把反動統治者描繪為天生「聰明睿智」，天然有統治億兆人民群眾的「權利」，這完全是為封建地主階級的反動階級利益服務的。

---

10 同上卷一。

11 同上卷四。

　　林彪反黨集團繼承了宋代理學的這種反動思想，大肆販賣「天才」、「超天才」的唯心主義先驗論和「英雄創造歷史」的唯心史觀。林彪自比「天馬」，以「至貴」自居，妄圖實行「獨往獨來」的反革命獨裁統治。他還恬不知恥，自我吹噓什麼：我的腦袋長得好，和別人的不一樣，特別靈。這和《集注》把封建統治者說成「氣稟」清明純粹的「上智」「生知」，不是一模一樣的反動貨色嗎？

　　毛主席教導我們：「卑賤者最聰明，高貴者最愚蠢。」這是顛撲不破的偉大真理。一切知識才能來源於實踐，只有在三大革命運動中親手變革世界的廣大工農兵群眾才是最聰明、最有智慧的。一切狡猾的人，不照科學態度辦事的人，自以為得計，自以為很聰明，其實都是愚蠢的，都是沒有好結果的。和托洛茨基、布哈林、陳獨秀、張國燾等一切修正主義頭子一樣，林彪大搞陰謀詭計，以「天馬行空」自命，自以為得計，自以為很聰明，結果是人機同毀於蒙古溫都爾汗，落得一個粉身碎骨的可恥下場。

「中庸之道」是反革命的哲學

　　突出地宣揚「中庸之道」，是程、朱理學對孔、孟反動思想的又一重要發揮。

　　「中庸之道」是孔丘思想體系的一個組成部分，他曾說：「中庸之為德也，其至矣乎！」[12]他的孫子孔伋據此寫了《中庸》，收錄在孔門弟子討論禮制的論文集《禮記》裡。但直到程、朱以前，《中庸》的地位不過是《禮記》四十九內的一篇，並沒有得到特殊的重視。程、朱看中了《中庸》的思想有利於大地主階級搞復辟倒退，把

12　《論語·雍也》。

《中庸》專門抽出，在《四書》中排為最後（朱熹規定門人「先看《大學》，次《語》、《孟》，次《中庸》」），看作比《論語》、《孟子》更為高深重要的典籍。林彪也叫囂「中庸之道……合理」，利用「中庸之道」反對革命的辯證法，反對馬克思主義的鬥爭哲學。

「中」和「庸」是兩個互相聯繫的哲學範疇。《集注》引二程說：「不偏之謂中，不易之謂庸。中者，天下之正道；庸者，天下之定理。」「中」是不偏，「庸」是不變，《集注》認為這是一切人必須遵循的永恆「真理」。

《集注》多次解釋「中」為「不偏不倚，無過無不及」，所以「中庸之道」的一個意義是反對所謂「過分」。毛主席指出：「革命不是請客吃飯，不是做文章，不是繪畫繡花，不能那樣雅致，那樣從容不迫，文質彬彬，那樣溫良恭儉讓。」「矯枉必須過正，不過正不能矯枉。」反動統治階級對於革命的行動，總是要提出所謂「過分」的問題，其目的是妄圖束縛革命人民的手腳，破壞革命。林彪用「中庸之道」惡毒攻擊總路線、大躍進、人民公社三面紅旗是「過分」、「過極」，攻擊反修鬥爭為「做絕了」，正暴露了他極端仇視革命的反動面目。

《集注》解釋「庸」為「不易」，所以「中庸之道」的又一個意義是反對一切變革。《中庸》所鼓吹的中庸之德是「素富貴，行乎富貴；素貧賤，行乎貧賤」，「在上位不陵下，在下位不援上。正己而不求於人，則無怨，上不怨天，下不尤人」。如果被剝削壓迫而處於貧賤的勞動人民要起來革命，就被《中庸》譏為「肆欲妄行」，為「行險以徼幸」。由此可見，林彪所奉為至寶的「中庸之道」是徹頭徹尾的反革命的哲學。

必須指出，《集注》所宣揚的「中庸之道」是對勞動人民的欺騙。孔丘說什麼「君子中庸，小人反中庸」，好像反動統治階級最講

「不偏不倚，無過無不及」的「美德」。其實，翻開二十四史，不難看到，反動派用暴力屠殺鎮壓革命人民，從來是不擇手段，無所不用其極的。孔丘執政七天，就殺了少正卯。被《集注》推為繼承了「孔門傳授心法」(《中庸》)的孟軻，凶相畢露地叫嚷「善戰者服上刑」，「辟草萊、任土地者次之」[13]，要把屠刀指向吳起、李悝、商鞅這樣代表新興地主階級進步勢力的法家人物。蔣介石搞了一本《科學的學庸》，他鎮壓共產黨的反革命原則卻是寧可錯殺一千，不可放走一個。林彪更是在陰暗角落裡策劃反革命武裝政變，妄圖顛覆無產階級專政，使革命人民千百萬人頭落地。他們什麼時候對革命人民實行過一絲一毫的「中庸之道」呢？！

在意識形態領域的階級鬥爭中也是這樣。《中庸》假惺惺地說什麼「萬物並育而不相害，道並行而不相悖」。《集注》和林彪異口同聲地攻擊秦始皇焚書坑儒的進步措施。實際上，反動統治者一貫把革命的思想、進步的文化視為「洪水」、「猛獸」，進行反革命的圍剿。孟軻叫囂「正人心，息邪說，距詖行，放淫辭」，《集注》跟著主張「邪說害正，人人得而攻之」[14]。司馬光、二程一夥在復辟得逞後，馬上禁絕王安石新學，清除新學的一切著作。所謂「無過無不及」的「中庸之道」，完全是反動派用以反對革命的騙人鬼話！

倒退復古的歷史觀

孔、孟是最頑固的復古主義者，由於他們的思想代表著當時正在日趨衰亡的奴隸主階級，他們的歷史觀不能不是倒退的。他們哀嘆世

---

13 《孟子‧離婁》經文及集注。
14 《孟子‧滕文公》集注。

風不古、今不如昔，主張「法先王」,「興滅國，繼絕世，舉逸民」,
妄圖扭轉歷史的前進方向。

孔丘說:「齊一變至於魯，魯一變至於道。」春秋末年，齊國以
田氏為代表的新興封建地主階級勢力已經基本上掌握了政權。魯國的
孟孫、叔孫和季孫三家雖然分了公室，採取了新的徵稅制度，改變著
奴隸制的生產關係，但他們的力量不夠穩固,「魯猶存周公之法制」
（後來魯哀公果然勾結越軍，趕走季氏，一時實現了復辟）。客觀的
歷史事實是開始封建化的魯國比西周的奴隸制進步，齊國又比魯國的
變革更快一些，對西周的遺法「變易盡矣」[15]。孔丘卻要倒行逆施，
使齊國倒退到魯國，魯國再倒退回西周。到了孟軻的時代，各國封建
政權已基本建立，孟軻便攻擊為「世衰道微」,「聖王不作，諸侯放
恣，處士橫議」。孔、孟夢寐以求的反動理想，就是開歷史的倒車。

《集注》作於封建社會的後期，朱熹對孔、孟倒退復古的反動歷
史觀點，也作了重要的發揮。

《集注》說:「周公沒，聖人之道不行;孟軻死，聖人之道不
傳。道不行，百世無善治;學不傳，千載無真儒。」[16]朱熹竟認為自
孟軻死後一千五百年的歷史不是前進，而「只是架漏牽補，過了時
日」[17]，好像一間破房子、一件爛衣服，一天一天地破壞下去。這種
荒謬反動的歷史觀，成了他在政治上主張復辟倒退的理論基礎。

與朱熹同時的唯物主義思想家陳亮，對朱熹復古倒退的歷史觀作
了犀利的批判，指出:

> 本朝伊、洛諸公（指司馬光、二程等）……謂三代以道治天

---

15 《論語·雍也》集注。

16 《孟子·盡心》集注。

17 《晦庵先生文集》卷三六,〈答陳同甫書〉。

下，漢、唐以智力把持天下，其說固已不能使人心服；而近世
諸儒遂謂三代專以天理行，漢、唐專以人欲行，……信斯言
也，千五百年之間，天地亦是架漏過時，而人心亦是牽補度
日，萬物何以阜蕃，而道何以常存乎？[18]

陳亮繼承了荀子「法後王」的進步觀點。雖然他的歷史觀不可能達到
歷史唯物主義的高度，但在堅持歷史的進步，反對復古倒退一點上，
是值得予以肯定的。

　　《集注》所傳播發揮的孔、孟之道，是復古之道、復辟之道。正
因為這樣，資產階級野心家、陰謀家、兩面派、叛徒、賣國賊林彪拚
命對孔、孟之道進行鼓吹，為他推行倒退復辟的反革命修正主義路線
服務。孔、孟、朱熹和林彪都是逆歷史潮流而動的反動派。所以，我
們要徹底批判孔、孟的復辟之道，反對倒退，堅持繼續革命，進一步
鞏固和加強無產階級專政。

《四書集注》是束縛勞動人民的精神枷鎖

　　朱熹編著《四書集注》，當時就以這部書作為教授門徒的教本。
在《集注》中，他明確表示要以它指示學者「為學次第」，以經過他
發揮的孔、孟「窮理正心修己治人之道」作為教育的基本內容。朱熹
另外還撰寫了一部更為淺近的反動教材，題為《小學》，與《集注》
相輔而行。

　　在《大學章句》的序言裡，朱熹曾敘述了他對教育的理想。他說
三代的學校「其所以為教」，「皆本之人君躬行心得之餘，不待求之民

18　《龍川文集》卷二十，〈又申震答書〉。

生日用彝倫之外。是以當世之人無不學,其學焉者無不有以知其性分之所固有、職分之所當為,而各俛焉以盡其力。此古昔盛時所以治隆於上,俗美於下,而非後世之所能及也」。原來朱熹是要以反動統治者的思想去教育人民,使勞動人民「安分守己」,俯首帖耳地為統治者出力賣命。這就是他編著《集注》這部教本的根本目的。

《集注》的反動作用,不久就受到封建王朝的極大注意。封建統治者認識到,程、朱理學發揮了「孔、孟之遺言」,有利於鞏固封建制的統治,「其於世代之污隆、氣化之榮悴,有所聯繫也甚大」[19]。元仁宗皇慶二年九月行科舉,程鉅夫建議:「經學當主程頤、朱熹傳注。」[20]得到批准。元代考試規定,蒙古、色目人第一場經問五條,從《四書》內出題;漢人、南人第一場明經經疑二問,也從《四書》內出題,「並用朱氏《章句集注》」[21]。從此《集注》便成為法定的教科書,它究竟翻印過多少次已無法計算。這說明封建統治者非常重視通過《集注》來用孔、孟之道進行反動教育,毒害人民。

在近七百年的漫長歲月中,《四書集注》成為束縛勞動人民的精神枷鎖。但是,廣大革命人民和進步思想家並沒有被封建政權賦予它的權威所嚇倒。明代劉六、劉七所率領的農民起義軍把孔廟中的《四書》等「經典」拋入水池;太平天國更宣布孔丘為「妖人」,《四書》等為「妖書」,充分表示了對孔、孟之道的蔑棄。清代進步思想家戴震對以《四書集注》為代表的反動理學作了比較深刻的揭露,他指出理學是「以理殺人」[22],尖銳地批判了理學唯心主義體系的反動政治實質。

---

19 《宋史・道學傳》。
20 《續資治通鑑》卷一九八。
21 《續通典》卷十八。
22 《戴東原集》卷九,〈與某書〉。

批林批孔的鬥爭是兩個階級、兩條路線的生死鬥爭，是全黨全軍全國人民當前的頭等大事。我們一定要深入批判孔、孟之道，徹底揭露和批判林彪修正主義路線的極右實質，鞏固和發展無產階級文化大革命的成果，搞好上層建築領域的革命。不管風吹浪打，勝似閑庭信步。最後勝利一定屬於無產階級！

——原載《文物》，一九七四年第四期，頁五〇～五五

儒家之徒歪曲化學成果的一份記錄[*]

——批判朱熹的《參同契考異》

李曉

　　自孔老二以來，歷代儒家都竭力推行復辟倒退的政治路線，鼓吹仁義道德，「克己復禮」，來維護腐朽的剝削制度，為沒落反動階級的統治服務，同這條政治路線相適應的，是他們一貫輕視生產勞動，鄙視科學技術，仇視新生事物，從而嚴重阻礙了科學技術的發展。對於科學技術的成果，他們有時加上「離經叛道」等罪名，蠻橫地加以扼殺；有時則用儒家的反動思想加以歪曲竄改，以納入他們的反動說教，朱熹考證煉丹書——《周易參同契》（下簡稱《參同契》），寫了一本《參同契考異》（下《考異》）¹，就是儒家之徒歪曲、糟蹋科學成果的罪證。

　　朱熹是宋代反動理學的集大成者，是繼孔、孟、董仲舒之後最反動的儒家代表人物。由於朱熹對孔、孟之道進行了精心加工，使儒家的說教更系統化，更理論化，從而更反動，更具有欺騙性，使「後之時君世主，欲復天德王道之治，必來此取法矣」²，因此朱熹的思想受到了南宋以來歷代封建統治者以及劉少奇、林彪等黨內機會主義路線頭子的狂熱吹捧，朱熹一生，忙於給儒家經典和五花八門的儒家學說作注釋，而晚年卻研究起「非儒者之本務」的煉丹術來，這是有原

1　朱熹《周易參同契考異》（見《四部備要》）。
2　《宋史·道學傳》。

因的。《參同契》是東漢煉丹家魏伯陽的著作，寫於公元二世紀的中期，是至今保存下來的世界上最早的一部煉丹專著。由於「化學以煉金術的原始形式出現」（《自然辯證法》），阿拉伯和歐洲的煉金術都出現在中國煉丹術之後，並都受到中國煉丹術的影響[3]。《參同契》一書中又含有一些有價值的化學知識，因此這部著作受到國內外化學界的廣泛重視。我國歷代曾有幾十人對該書作過注釋。朱熹是在六十七歲的時候考證《參同契》的。什麼目的呢？朱熹自己講是因為這本書有很多注本，彼此矛盾，錯誤不少，他要通過考證，「寫成定本」，也就是要對《參同契》作一個權威的注釋。但這並不是朱熹的主要目的。朱熹的先師，北宋唯心主義哲學家周敦頤和邵雍，都曾從道家那裡接過一些唯心主義哲學思想，改頭換面，炮製了所謂〈太極圖說〉、先天學等理論，這些迂腐荒誕的東西又被朱熹寶貝搜羅起來並加以發揮，成為程朱理學的組成部分。朱熹考證《參同契》，正是繼承了其先師的衣缽。考證過程和所著《考異》的內容也都表明，朱熹的目的是企圖把道家的某些教義汲取過來，納入儒家思想，拼湊理學體系，這才是朱熹的主要目的。

慶元三年（1197），朱熹的弟子蔡元定被貶謫道州。臨別前，朱熹約他一起考證《參同契》。分手後，書來信往，多次談到《參同契》考證的問題。從這些書信中可以看出，朱熹這個畢生空談仁義道德，對生產實際和科學技術一竅不通的孔、孟之徒，在這本煉丹小冊子面前傷透腦筋，煞費苦心地研究了很長時間，還是稀里糊塗，只好向蔡元定訴苦，說什麼「眼中見得了了如此，但無下手處。自從別後，此等事更無商量處，劇令人憒憒，……」[4]，完全是一副心煩意

3　Lu-Chiang Wu, Tenney L. Davis, ISIS. 18, 210 (1932).

4　朱熹〈答蔡季通〉，《朱子大全》卷四四。

亂的狼狽相。由於一直啃不動，朱熹甚至哀嘆：「《參同契》更無縫隙，亦無心思量，但望他日為劉安之雞犬耳。」[5]劉安是漢高祖劉邦的孫子，承襲父業，被封為淮南王，後因謀反，被漢武帝察覺而畏罪自殺。劉安愛好神仙方術，道家傳說他因此得道成仙，連他家裡的雞犬吃了他留下的丹藥也「升了天」。像朱熹這樣一個一貫給封建統治者充當雞犬的人，考證《參同契》束手無策，希望有一天能成為「劉安之雞犬」，借助他人而取得《參同契》的秘訣，這是不足奇怪的。儒家之徒完全脫離實際，也必然要在實際的領域中碰壁。第二年，蔡元定死了，朱熹的考證還沒有完成。《參同契》總共只有五千多字，一貫以擅長注書而聞名的朱熹，卻一籌莫展，最後弄出一本不倫不類的《參同契考異》，錯誤百出，不像樣子。名為「考異」，實際上只訂正六、七個字，絕大部分不過是隨文稍加箋注。這本《考異》朱熹沒有用自己的真名發表，而是用「空同道士鄒訢」的名義發表。他的弟子後來編《朱子大全》時，也沒有把這本《考異》收進去。這就表明他們自己也承認這是一部不成功的著作。

　　《參同契》是二世紀中期的著作，到朱熹寫《考異》的時候已經經歷了一千年的歷史。如果由於年代久，而且此書寫得隱晦難懂，因此考證感到有困難，是可以理解的。但朱熹之所以碰壁，卻主要是由其儒家的唯心主義造成的。程、朱理學是一個徹頭徹尾的唯心主義哲學體系。這種理學宣揚什麼「理在氣先」，「有理而後有氣」，「理是本」，把精神（理）看作是第一性的，把物質（氣）看作是第二性的，物質從屬於精神，完全顛倒了精神和物質的關係。從這種唯心主義哲學出發，朱熹在考證《參同契》時，完全拋開煉丹術的實際，一頭栽進書中引用的易經和道教的理論中去「窮理」，因此從一開始就

5　朱熹〈答蔡季通〉，《朱子大全》，卷二。

落入了自己設下的唯心主義陷阱中。《參同契》明明是一本煉丹書，朱熹自己也講《參同契》「蓋方士技術，用以修煉」，說明朱熹並不那麼糊塗，但他對此書考證了一年多以後，卻得出了這樣的結論：「竊意此書大要，在於坎離二字。」坎離是《易經》所闡述的八卦中的兩卦。朱熹認為這本書的主要內容是講八卦變化的，這就全然錯了。《參同契》是一部闡述煉丹術的書，主要內容是煉丹術，引用八卦理論只是作為對煉丹術的一種解釋，而朱熹把《參同契》說成是一部論述八卦變化的書，用「坎離」二字可以概括，這就完全歪曲了《參同契》的基本內容。

我們說，《參同契》不但是一部煉丹專著，而且記載了許多樸素的化學知識。

書中說：「河上妊女，神而最靈，得火則飛，不見埃塵，鬼隱龍匿，莫知所存，將欲制之，黃牙為根。」古代煉丹家把水銀稱為「妊女」或「河上妊女」，把硫磺稱為「黃牙」，用現在的話來說，水銀受熱就會揮發，用硫磺就可以把它固定。這個說法是正確的，有它的科學性。而水銀同硫磺反應，生成的硫化汞，經過昇華，就是煉丹家所要得到的所謂「長生不老藥」──還丹。《參同契》闡述了煉製還丹的過程。還丹，作為「長生不老藥」是荒謬的，但作為人類第一次用化學方法製取的與天然產物一致的化合物，在化學發展史上是有重要意義的。

書中又說：「胡粉投火中，色壞還為鉛。」胡粉就是鹼式碳酸鉛。用現在的話來說，就是鹼式碳酸鉛在炭火中可被分解、還原為金屬鉛，並伴隨發生顏色變化。這也是符合化學反應實際的。

書中說：「金入於猛火，色不奪精光，自開闢以來，日月不虧明，金不失其重，日月形如常。」就是說黃金經過火燒後，顏色、光澤、重量都不會發生變化。書中又說：「金以砂為主，稟和於水

銀。」其大意是金子以砂金形式出現，能與水銀生成汞齊。這就把黃金的某些物理化學性質講清楚了。

書中又談到「八石正綱紀」，「八石」就是早期煉丹家常用的八種礦物，即朱砂（硫化汞）、雄黃（As_4S_4）、雲母、空青（孔雀石，即鹼式碳酸銅）、硫磺、戎鹽（即食鹽）、硝石（硝酸鉀）和雌黃（As_2S_3），這就使我們能夠了解早期煉丹家的工作對象。

書中還提出了一個有重大意義的見解，就是物質的相互作用要遵循它固有的規律性。「自然之所為兮，非有邪偽道，山澤氣相蒸兮，興雲而為雨，泥竭乃成塵兮，火滅自為土，若蘗染為黃兮，似藍成綠組，皮革煮為膠兮，曲蘗化為酒，同類易施功兮，非種難為巧」，因此人們只能「以類輔自然」，尊重自然規律，如果違背了客觀規律，「藥物非種，名類不同，分劑參差，失其綱紀」，那就要像「和膠補釜，以鹵塗瘡，去冷加冰，除熱用湯」一樣荒唐可笑。書中嘲笑了一些學者不尊重客觀規律，煉丹中「妄以意為之」，用硫磺燒木頭，把泥土和水銀一起燒煉，結果是「端緒無因緣，度量失操持，……雜性不同種，安肯合體居，千舉必萬敗，欲點反成痴」。這些話，表明魏伯陽已經認識到物質的相互作用有一定的規律性，一種物質，只能和一定的它種物質發生作用。隨心所欲，就不能達到預期的目的。而且必須注意「度量」，即物質相互作用要按照一定的比例。比例不對，「度量失操持」，也不可能成功。憑主觀臆想去煉丹，那當然是弄巧成拙。魏伯陽的這些見解是正確的，是很有科學意義的，在這一點上，體現了樸素的唯物主義思想。

《參同契》所闡述的這些內容，顯然不是魏伯陽憑空想出來的。事實上，遠在魏伯陽之前一千多年的殷商時期，我國勞動人民已經掌握了冶煉銅、錫、鉛等金屬的技術，在製陶、釀酒等化學領域也取得了輝煌的成就。秦、漢以來，由於法家路線的勝利，生產力迅速提

高，強有力地推動了科學技術的發展。因此，在這個時期興起的煉丹術才有了產生和發展的物質基礎。煉丹家通過煉丹實踐，又進一步發展了汞、鉛等方面的化學。可見，《參同契》中所包含的化學方面的內容，來源於勞動人民在生產實踐中積累的化學知識和煉丹家在煉丹過程中取得的化學知識。這些知識從今天的觀點來看，有些是相當淺顯的。書中提到的還有一些化學變化，由於原文難懂，沒有弄清當時的情況，以致難於用現在的知識作出合理的解釋。但是，在一千八百年前具有這樣的化學知識，無疑在全世界是遙遙領先的。《參同契》一書的核心也正是在這裡，而不是在於朱熹所說的「坎離」二字。

然而，在朱熹這樣的反動儒家之徒眼中，生產知識、科學知識都是毫無意義的，都是他們這些「君子」所不齒的，因此朱熹根本不可能把這些有價值的化學知識加以整理，從中引出規律性的東西。相反，在整部《考異》中，凡是碰到這些有價值的化學知識，朱熹一概不感興趣，基本上既不加注釋，又提不出見解，僅有的幾處注釋，又有原則性錯誤。後世道家的煉丹術有外丹、內丹之分，外丹就是用爐火煉製丹藥，內丹就是用靜功和氣功等方法修煉身體內的精氣。《參同契》是講「爐火之事」的，明明是一部關於煉製金丹（外丹）的書，朱熹卻憑主觀臆測，妄加注解，把書中有關物質變化的論述千方百計地歸結為「精氣」，說什麼「坎離水火龍虎鉛汞之屬，只是互換其名，其實只是精氣二者而已」，這就表明朱熹把《參同契》當作介紹內丹的書來加以研究。基本的東西搞錯了，於是一錯再錯。在《參同契》闡述「還丹可入口」和說明還丹「功效」這一節中，朱熹的注文是「此言內丹，而言入口，未詳其旨」。這裡《參同契》所說的還丹明明是外丹，朱熹卻硬講是內丹，這位不懂裝懂的儒家之徒就是這樣被自己的唯心主義弄得昏頭轉向，睜著眼睛說瞎話。

整部《考異》的注文，集中在陰陽八卦上面。凡是《參同契》談

陰陽八卦的地方，朱熹就大注特注，連篇累牘，不厭其煩。有些地方還大加發揮，例如所謂「爻數法」和「策數法」，《參同契》裡面都沒有，朱熹卻當作寶貝硬拉進來，說什麼「故今推得策數一法，似亦整齊，其與爻數之法，雖皆魏君所不言，然此為粗有理也」，其實是毫無道理。就拿所謂「爻數法」來說，根據八卦理論，八卦中每兩卦相組合，構成六十四卦，每卦又有六爻，總共三百八十四爻，「爻數法」就是用一爻來表示一年中的一天，但一年只有三百六十五天，爻多天少，於是砍掉四卦二十四爻來湊數，這真是無聊透頂。朱熹自己也講「爻數法」已非出於自然吻合之度」，也覺得牽強附會，但還是要介紹一番。「策數法」就更是一些荒謬的數字遊戲。把主觀臆造的數量關係強加給客觀事物，正是儒家之徒的慣伎。朱熹把這些魏伯陽沒講的東西硬塞進《參同契》中，這無非是要用儒家思想對《參同契》進行一番加工，使它更合乎孔、孟之徒的口味，更便於為封建統治者服務。所有這一切，都和朱熹認為《參同契》的「大要」是「坎離二字」這個基本結論一脈相承的。

朱熹不但把《參同契》的主要內容搞錯了，而且連該書的書名也解錯了。書名為什麼叫作《周易參同契》呢？朱熹自己沒有直接作回答，但他在《考異》的一開頭，就引了五代彭曉注本序言中對《參同契》一文的解義，說什麼：「參，雜也，同，通也。契，合也，謂與《周易》理通而義合也。」顯然朱熹是贊成這個說法的。在朱熹之流看來，「參同契」就是雜、通、合，因此結論是「謂與《周易》理通而義合」。實際上在《參同契》的《五相類》篇中，魏伯陽自己對書名已作了解釋，說該書的內容是「大易情性，各如其度；黃、老用究，較而可御；爐火之事，真有所據；三道由一，俱出徑路」。大易就是《易經》。黃、老就是黃帝與老子，道家推崇黃、老為教主，「黃、老用究」就是道家理論。「爐火之事」是煉丹術。魏伯陽的這

段話，說明《參同契》是一部把《易經》、道家理論和煉丹術三者結合在一道的書。「參」應解釋為「三」，古代「參」與「三」通用，而不應當解釋為「雜」；「同」是同一，而不應當解釋為「通」；「契」就是書，而不應當解釋為「合」。朱熹引用彭曉的解義，不顧作者原意，從書名起就一刀砍掉了煉丹術，只留下了儒家引為經典的《易經》，這如果不是別有用心，也是十足的主觀武斷。可見，朱熹著的《考異》，不但是一部無稽之談，而且是儒家之徒歪曲、抹煞科學成果的自供。

魏伯陽所處的東漢時期，儒家的思想已在整個社會中居統治地位，孔、孟之徒進一步發揮了董仲舒的「天人合一」、「君權神授」的反動思想，把儒學與神學結合，使讖緯迷信風靡一時。因此魏伯陽所著的《參同契》，也深深打上了階級的和時代的烙印，夾雜了不少封建迷信的糟粕和孔、孟的思想垃圾。《參同契》說，服食還丹可以延年益壽、返老還童，這是不真實的，是封建迷信的荒誕胡說。而且道家搞煉丹的主要目的，是為封建統治者製取「長生不老藥」，這是唯心的，反動的。對於《參同契》這樣一部一千八百年前的含有一些有價值的化學知識的書籍來說，帶有這樣一些糟粕是不足為奇的。「因為問題不在於簡單地拋棄這兩千多年的全部思想內容，而是要批判它，要從這個暫時的形式中，剝取那在錯誤的、但為時代和發展過程本身所不可避免的唯心主義形式中獲得的成果。」（《自然辯證法》）因此，在對待歷史文化遺產的問題上，進步思想家的任務，是取其精華，去其糟粕，從中引出對人民大眾有用的東西；而反動思想家則相反，他們總是閹割其精華，宣揚其糟粕，來為剝削階級的反動統治服務。朱熹考證《參同契》正是屬於後一種情況，大肆發揮了書中唯心主義的、封建迷信的東西，而把有價值的科學知識一筆抹煞。朱熹的所作所為，正表現了儒家在我國科學技術發展中所起的阻礙作用。

　　從魏伯陽到朱熹，中間經歷了一千年的歷史，在這一千年中，封建制度日益腐敗，煉丹術由於其反動的政治目的和唯心主義的指導思想而走向末路，瀕於破產。正在這個時候，朱熹處心積慮地去考證《參同契》，正是看中了煉丹術中的唯心主義糟粕，認為這些東西對維護腐朽的封建制度有用，因此又把那些正被人們拋棄的東西撿了起來，修修補補，以納入儒學。另一方面，在這一千年中，勞動人民廣泛的生產實踐積累了豐富的化學知識，煉丹術也出現了一些比《參同契》較為完善的著作，但朱熹考證《參同契》，卻不但沒有比魏伯陽前進一步，而且更加擴展了書中的糟粕，因此更倒退了一步。這是儒家頑固堅持復辟倒退的政治路線，極端唯心主義的思想路線的必然結果。朱熹考證《參同契》的事實表明，由於儒家之徒輕視生產實踐和科學技術，不但對《參同契》的主要內容不能作正確的注解，而且從儒家復古倒退的立場和唯心主義思想出發，也必然要把科學技術引入歧途。

　　朱熹考證《參同契》的所作所為，只不過是儒家歷來摧殘科學技術，嚴重阻礙我國科學技術發展的一例而已。儒家對我國科學技術發展所造成的危害是多方面的，就拿朱熹來說，主要方面還不在於歪曲一本《參同契》，而在於朱熹一生所大肆宣揚的儒家反動思想對廣大群眾的毒害。以朱熹為集大成者的「程、朱理學」，是一個龐大的唯心主義哲學體系，它把腐朽的封建統治秩序，說成是絕對的、永恆的「天理」所決定的，是不能改變的，因此深受封建統治者的賞識，被欽定為官方哲學，用以強化封建地主階級的思想統治。隨著朱熹的牌位搬進了孔廟，程、朱理學就被歷代封建統治者強加到我國人民頭上，成為束縛人們思想的沉重精神枷鎖。知識分子階層所受的影響尤深。宋代以後，封建統治階級把朱熹的書規定為讀書人的必修課目。在科舉考試中，朱熹的《四書集注》成了儒家經典的標準注釋。這就

更加重了儒家腐朽思想對知識分子的毒害,使大批知識分子成為墨守陳規、毫無創見、思想僵化的孔、孟之徒,死心塌地為封建統治階級服務。因此,這些人完全同勞動人民對立,不可能總結勞動人民的科學創造,也不可能在科學技術方面有所作為。相反,他們追隨封建統治者,千方百計地扼殺科學技術的成果,嚴重阻礙了科學技術的發展。只有少數具有法家思想的知識分子和能夠衝破儒家思想牢籠的知識分子,如宋代的沈括,明代的李時珍等才對我國的科學事業有所貢獻。事實證明,像朱熹這樣的儒家之徒,不但是頑固地維護腐朽的封建制度的衛道士,而且是科學技術發展的絆腳石。

毛主席說:「中國的長期封建社會中,創造了燦爛的古代文化。清理古代文化的發展過程,剔除其封建性的糟粕,吸收其民主性的精華,是發展民族新文化提高民族自信心的必要條件;但是決不能無批判地兼收並蓄。……我們必須尊重自己的歷史,決不能割斷歷史。但是這種尊重,是給歷史以一定的科學的地位,是尊重歷史的辯證法的發展,而不是頌古非今,不是贊揚任何封建的毒素。」遵循毛主席的教導,認真研究我國科學技術的發展史,研究儒法鬥爭對我國科學技術發展的影響,是我們科技戰線的一項重要任務。我們一定要認真學習毛主席關於理論問題的重要指示,堅決遵照毛主席關於「無產階級必須在上層建築其中包括各個文化領域中對資產階級實行全面的專政」的教導,清除科學技術領域中儒家的反動思想影響,促進我國科學技術的迅速發展,使廣大工農兵群眾和科技工作者沿著毛主席的革命路線,為對人類做出較大的貢獻而奮勇前進。

——原載《化學學報》,第三三卷第一期,一九七五年八月,頁一～六

批判朱熹的《四書集注》

河南省歷史研究所大批判組

　　《四書集注》（下簡稱《集注》），是南宋反動理學家朱熹為了維護官僚大地主階級反動統治的需要，而炮製出來的一部黑書。這部書集中地發揮了復辟、倒退、賣國的孔、孟之道，宣揚了儒家的唯心論和形而上學的反動世界觀，傳授了儒家大搞陰謀詭計的一套騙術。它被南宋以後的封建統治者定為學生必讀的教科書和科舉考試的標準答案，成為一切腐朽沒落階級反對革命、奴役人民的反動思想武器，流毒深廣。資產階級野心家、陰謀家林彪對朱熹十分崇拜。他以《集注》為藍本，拼湊了一個《四書集句》，作為篡黨奪權、顛覆無產階級專政，復辟資本主義的思想工具。在批林批孔運動中，對朱熹的這部反動透頂的《集注》進行批判，是我們在意識形態領域裡的一項重要戰鬥任務。

一

　　在宋代，我國封建社會日趨沒落，國內階級矛盾和民族矛盾十分尖銳。北宋中期，在全國已墾土地中，約有百分之七十以上被享有免稅、免役特權的官僚大地主階級所霸占，廣大農民負擔了沉重的租賦和徭役。因此，農民反抗封建統治的鬥爭十分激烈。另一方面，我國北方兩個帶有奴隸制殘餘的軍事政權——遼政權和西夏政權不斷向中

原發動騷擾，給各族人民帶來很大的災難。到了南宋，階級矛盾和民族矛盾愈加激化。就在朱熹出生之年（1130），爆發了鍾相、楊么領導的農民起義。起義農民掙脫了孔、孟「天命論」和「三綱五常」的精神枷鎖，提出了「等貴賤，均貧富」的革命綱領，把鬥爭矛頭直接指向封建制度。此後，農民起義此伏彼起，南宋封建統治陷入了更加嚴重的政治危機之中。

面對著這樣嚴重的局勢，地主階級內部先後出現了以王安石（北宋）和陳亮（南宋）為代表的革新派。他們繼承了先秦法家的傳統，批判儒學，要求限制官僚大地主的特權，改革內政，緩和國內階級矛盾。特別是王安石，他堅持法家路線，提倡「天變不足畏，祖宗不足法，人言不足恤」，主持變法運動，不僅在政治上、經濟上限制了官僚大地主階級的特權，而且從思想上衝擊了儒學。與此相反，司馬光、程顥、程頤（北宋）和朱熹（南宋）等官僚大地主階級頑固派的代表，被農民起義的怒濤和「日新月盛」的「異端邪說」嚇破了膽，頑固地推行一條尊儒反法、守舊倒退的反動路線。他們一方面加強對勞動人民的暴力鎮壓；另一方面拚命抬高儒學的地位，將孔、孟那一套反動說教進行加工和修補，以加強封建道德對勞動人民的束縛。

反動理學就是在這樣的階級鬥爭和路線鬥爭的形勢下出籠作祟的。

理學，又稱道學，是在北宋時期由程顥、程頤打下底子，而在南宋時期由朱熹加工完成的一種龐雜的唯心主義哲學體系。他們把「理」說成是產生和主宰世界的本體，把封建統治秩序和孔、孟之道說成是神聖的、永恆的「天理」，為官僚大地主階級尊儒反法、守舊倒退的反動路線提供理論根據。朱熹的《集注》，就是為了系統地宣揚這種反動理學而精心炮製出來的。

歷代反動的封建統治者總是通過注釋儒家經典為其反動的政治路

線製造理論根據。朱熹正是適應走向沒落的地主階級為強化反動思想統治的需要，以東漢章帝主持下炮製的《白虎通》為樣板來注釋《四書》的。

所謂《四書》，即《論語》、《孟子》、《大學》、《中庸》。《論語》、《孟子》二書是孔、孟反動思想和反動言行的匯集，向來被儒家奉為「聖典」。《大學》、《中庸》二書，原來都是《禮記》中的一篇，其中宣揚了孔、孟唯心主義理論的基礎「天命論」、復古倒退的反動綱領、反革命的中庸之道和處世哲學。北宋的程顥、程頤等反動理學家開始把《四書》作為教授門徒的基本讀物。朱熹繼承程顥、程頤的衣缽，「平生精力，殫於《四書》」[1]。他收集了程顥、程頤等反動理學家對《論語》、《孟子》的注釋，再加上他自己的反動觀點，先後整理成《論語》、《孟子》集注和《大學》、《中庸》章句；並於一一九〇年，將這四部書匯編在一起，以《四子書》之名在福建漳州刊刻行世。這就是所謂《四書章句集注》，一般又簡稱為《四書集注》或《四書》。

二

朱熹繼承和發展了孔老二「克己復禮」的反動綱領，在《集注》中大肆宣揚「存天理，滅人欲」的反動理論，妄圖在意識形態領域中加強日趨沒落的地主階級對廣大人民的專政，以挽救和維護南宋的反動統治。

朱熹說過：「孔子所謂『克己復禮』……，只是教人『存天理、滅人欲』。」（《朱子語類》卷十二）他所謂的「天理」，就是全部封建宗法的思想和制度的哲學概括。在《集注》中，朱熹反復強調「三綱

1　《四庫全書總目》卷三五。

五常，禮之大體」（《論語・為政》注）；「禮者，天理之節文也」（《論語・顏淵》注）。這就是說，封建的統治秩序和維護封建統治的「三綱五常」，都是神聖不可侵犯的，永遠不能改變的「天理」。而一切違反封建統治秩序的思想和行動，都被朱熹說成是與「天理」不能並存的「人欲」。他解釋孔老二「克己復禮」時說：克己，就是克制「私欲」；復禮，就是復存「天理」。「勝私欲，而復於禮，則事皆天理」（《論語・顏淵》注）。由此可見，「存天理，滅人欲」，就是「克己復禮」的翻版。孔老二提出「克己復禮」，是為了反對奴隸起義和新興地主階級奪取政權，妄圖恢復「禮壞樂崩」以前的奴隸制；朱熹「存天理、滅人欲」的目的，在於反對和鎮壓風起雲湧的農民起義，維護日趨沒落的官僚大地主階級的封建統治。朱熹在《集注》中反復強調「天理」是至善的，「人欲」是萬惡的，並說「天理人欲，不容並立」（《孟子・滕文公上》注）。這是封建地主階級與廣大人民堅決為敵的自供狀，也是走向崩潰的封建統治者不甘滅亡、絕望掙扎的反映。

　　為了反對社會變革，朱熹在《集注》中還竭力頌古非今，宣揚復古倒退的唯心史觀。他胡說什麼「古昔勝時」、「治隆於上，俗美於下，而非後世之所能及也」（〈大學章句序〉）。他引用程頤的話說：「周公歿，聖人之道不行；孟軻死，聖人之學不傳。道不行，百世無善治；學不傳，千載無真儒。……天下貿貿焉莫知所之，人欲肆而天理滅矣。」（《孟子・盡心下》注）在朱熹看來，奴隸制鼎盛時代的西周，是「天理」支配的「盛世」，秦、漢以後，則是「人欲」統治的「衰世」。他還惡毒咒罵歷史上的新生事物和社會變革。比如，春秋晚期，齊國新興力量的代表田成子殺掉奴隸主貴族頭子齊簡公，朱熹便認為是「人倫之大變，天理所不容，人人得而誅之」（《論語・憲問》注）。講歷史，總是為當時的現實鬥爭服務。朱熹攻擊歷史上的新生事物和革命行動，與他攻擊宋代農民鬥爭和王安石變法，目的是

完全一致的。

資產階級野心家、陰謀家林彪，對《集注》宣揚的這一套非常欣賞。他接過朱熹「存天理、滅人欲」的反動說教，宣揚什麼「義勝欲則昌，欲勝義則亡」，宣揚「今不如昔」，瘋狂地反對無產階級文化大革命，攻擊無產階級專政。真是惡毒之極！

為了「存天理、滅人欲」，《集注》宣揚了一整套搞反革命兩面派的統治術。

鑒於宋代起義的農民從思想到行動都明確地把鬥爭矛頭指向了封建統治制度，朱熹十分注意兜售儒家搞政治欺騙，要反革命兩面派的經驗。他宣稱為學的目的在於「窮天理，明人倫，講聖言，通世故」（《文集‧答陳齊仲》）。在朱熹心目中，「天理」、「人倫」是同「世故」密不可分的。所謂「世故」，就是反動統治階級的一套陰謀權術。其中包括如何用「仁愛」來掩蓋反動統治的殘暴，如何用「公心」來兜售剝削階級的私利，如何用「容忍」來實現反革命的野心等等。一句話，就是如何學會做偽君子，耍兩面派。朱熹在《集注》裡，滿口「仁」呀、「義」呀、「愛」呀，極力裝出一副慈祥厚道的「仁者」模樣。但所有這一切都是以遵守封建統治者的「禮」為準則的，如果誰傷害了「禮」，那就用殘酷的手段來對付。在朱熹這班偽君子看來，「天下之道，有正有權，正者萬世之常，權者一時之用」。如果「天下大亂，民遭陷溺，亦當從權以援之，不可守先王之正道也」（《孟子‧離婁上》注）。這就是說，如果被統治者不服從統治，起來造反，就該惡狠狠地鎮壓。用朱熹的話說，就是「邪說害正，人人得而攻之」；「亂臣賊子，人人得而誅之」（《孟子‧滕文公下》注）。這就為封建統治者鎮壓農民起義製造了理論根據。朱熹本人不但這樣說了，也這樣幹了。他在湖南做官時，曾經親自上陣把湖南少數民族起義群眾投於血泊之中。列寧指出：「所有一切壓迫階級，為

了維持自己的統治，都需要有兩種社會職能：一種是劊子手的職能，另一種是牧師的職能。」朱熹既是一個牧師，又是一個劊子手。

林彪一向叫嚷「要像朱子那樣去待人」，對於朱熹的反革命兩手，心領神會。林彪在《四書集句》中，學著朱熹的腔調大唱什麼「禮」呀、「和」呀、「仁」呀、「德」呀，等等儒家濫調；而在《「517 工程」紀要》反革命武裝政變計畫裡，則凶相畢露，殺氣騰騰，妄圖一口吃掉我們無產階級專政的國家，謀害偉大領袖毛主席，充分暴露了這個反革命兩面派的反動本質。

《集注》還集中兜售了儒家反對社會實踐，主張閉門修養的反動思想。

提倡閉門修養，反對參加社會實踐，是反動階級加強思想統治的一條毒計。朱熹為了「存天理、滅人欲」，把先秦儒家鼓吹閉門修養的說教，全盤接過來，並把它再加發揮。孔老二的學生曾參，標榜自己每天都要「三省吾身」，朱熹在《集注》中大加讚揚，說這種「專用心於內」的修養方法，「可謂得為學之本矣」（《論語·學而》注）。就是說，只有反省內求，才能得到孔、孟之道的真傳。因此他非常推崇孔老二的孫子孔伋（子思）關於「慎獨」的說教，稱頌這種思想是孔老二的「心法」。他說什麼經常「內省」，就可以「遏人欲於將萌，而不使其潛滋暗長於隱微之中，以至離道之遠也」（《中庸》第一章注）。朱熹還提出了「窒欲」的主張，說什麼「欲只是要窒」（《語類》卷十二），妄圖禁絕人們為改變生活狀況而反對反動的封建統治的念頭。

為了給閉門修養提供理論根據，朱熹在《大學章句》中，編造了一篇〈大學補傳〉，專講所謂「格物致知」問題。朱熹所說的「格物」，並不是研究客觀事物，而是去「窮理」，即關起門來冥思苦想，圍攻各種「人欲」。說什麼「一旦豁然貫通」，就可領悟三綱五常的

「天理」。朱熹就是用這套唯心主義謬論，欺騙人民盲目地去「存天理、滅人欲」，服服貼貼地做封建統治階級的奴隸。

林彪喧鬧一時的「靈魂深處爆發革命」，其實就是朱熹這套反動說教的翻版。

馬克思主義認為，人的正確思想，不是頭腦中固有的，也不是從天上掉下來的，而是從階級鬥爭、生產鬥爭和科學實驗中獲得的。林彪兜售「修養經」，無非是要人們脫離三大革命運動的實踐，使人們不能在鬥爭中掌握馬克思主義、列寧主義、毛澤東思想的真諦，以便他們復辟資本主義。

總之，朱熹把反動的孔、孟之道歸結為「存天理、滅人欲」，在《集注》中反復兜售，其罪惡目的，就是「把孔夫子的一套當作宗教教條一樣強迫人民信奉」，以強化腐朽的封建統治。因此，《集注》很快就被封建統治者奉為「經典」，把它捧到神聖不可侵犯的地位。

三

《宋史‧道學傳》中稱道朱熹等炮製的反動理學說：「後之時君世主，欲復天德王道之治，必來此取法矣。」就是說，後世的封建統治者要實行儒家守舊、倒退的反動路線，就必須來這裡尋找思想武器。事實正是這樣，反動統治者確實都把《集注》視為維護反動統治的無價之寶。在南宋封建統治搖搖欲墜時登上皇帝寶座的宋理宗，就把宣揚朱熹及其《集注》作為救命的妙方，稱頌朱熹的《集注》「發揮聖賢蘊奧，有補治道」[2]，下令「以其《大學》、《語》、《孟》、《中庸》訓說立於學官」[3]，把《集注》規定為封建知識分子必讀的教科書。接

2　《宋史‧理宗本紀》。

3　《宋史‧朱熹傳》。

著，宋理宗又以朱熹搞《集注》使「孔子之道益以大明於世」為理由，下詔將其牌位抬進孔廟；同時，咒罵王安石倡導「三不足」之說，是「萬世罪人」，將其牌位撤出孔廟[4]。這一抬一撤，充分說明，封建統治者越沒落，越虛弱，就越要尊儒反法，越要求助於程朱理學。

科舉考試是反動封建統治者利用孔、孟之道培植奴才、毒害人民的重要手段。在宋代，科舉考試是詩賦與經義並重的。朱熹在一一八七年拋出了一個〈學校貢舉私議〉，極言《四書》之重要，主張科舉考試要專重經義，而考試經義時，「皆兼《大學》、《論語》、《中庸》、《孟子》義一道」[5]。以後，宋理宗就曾想改變科舉考試的科目[6]，但因不久身死而中止。元代蒙古貴族統治全國以後，便「悉本朱熹〈私議〉」[7]，不考詩賦，專考經義，規定科舉考試頭一場須在《四書》內出題，「並用朱氏《章句集注》」[8]，一三一五年第一次正式用《集注》進行了科舉考試。從此，用《集注》取士的制度逐步固定化，一直延續到清末廢科舉為止。

封建統治者還利用政權的力量，把朱熹這個反動偶像及其《集注》神聖化，如有非議朱熹及其著作者，就要受到鎮壓。以致在思想界形成了「非朱子之傳義不敢言，非朱子之家禮不敢行」的統治局面[9]。朱熹本人也被升入僅次於孔、孟的「十哲」之列，成了孔、孟之外最大的反動思想權威。孔、孟的徒子徒孫還根據反動理學的觀點，編寫《三字經》、《女兒經》等讀物，並編造了許多反動「聖人」的故事，把孔、孟和朱熹的反動思想具體化和通俗化，強迫人民誦讀

4　《宋史‧理宗本紀》。

5　《宋史‧選舉志》。

6　《續文獻通考‧選舉考》。

7　《元史‧韓性傳》。

8　《元史‧選舉志》。

9　朱彝尊《曝書亭集‧道傳錄序》。

和接受。

　　到了近代，帝國主義強盜闖入我國，腦子裡只有《四書》、《五經》的封建統治者們，正如魯迅所指出的那樣：「倘是四方的大地，那是很知道的，但一到圓形的地球，卻什麼也不知道，於是和《四書》上並無記載的法蘭西和英吉利打仗而失敗了。」[10]陷入了嚴重危機的清王朝為了維持自己的反動統治，更死死地抓住

　　《四書》、《五經》不放，並且把尊孔讀經與崇洋賣國結合起來。在這些封建統治者的心目中，「事非先聖昔賢之所論述，物非《六經》典籍之所記載，學者不得過問焉」[11]。對於外國資本主義的一切，他們起初是「相戒不談」。以後，大勢逼得他們不得不談了，便說資本主義的東西都無非是「竊取中國聖人之言」。比如對於西方物理學，就說是「原本於《大學》，尤無異於朱子《補傳》（即朱熹自撰的《大學傳》第五章）所言也」[12]。在日益嚴重的民族危機面前，他們極力用反動儒學把人們的耳目封閉起來。到了十九世紀八十年代中，當法國帝國主義者公開向我國發動侵略戰爭時，許多封建知識分子連世界上還有「法蘭西」這個國家都不知道[13]。儘管封建末世的統治者平日開口「尊王」，閉口「攘夷」，實際上大都是崇洋媚外的無恥之徒，《集注》也成了他們賣國投降的思想武器。反動理學家曾國藩就無恥地吹捧「洋人」「有德於我」，主張按照孔老二的遺教，對他們「忠信篤敬」，「謙恭遜順」，公開勾結外國侵略者，以維持清的反動統治，成了近代反動派尊孔讀經與崇洋賣國的鼻祖。帝國主義分子對孔、孟之道和《集注》也十分喜愛，極力加以鼓吹。「帝國主義文化

10　魯迅〈在現代中國的孔夫子〉。

11　《曾惠敏公文集》卷二。

12　《時務報》第二冊，頁十一。

13　朱采《清芬閣集》卷六。

和半封建文化是非常親熱的兩兄弟，它們結成文化上的反動同盟」，進一步把中國拖入半殖民地半封建的深淵。

但是，思想領域的鬥爭是不會停止的。反動統治者吹捧程、朱理學的過程，也就是人民群眾和進步思想家反對這種御用哲學的過程。宋以後，歷代農民起義軍在把鬥爭矛頭指向封建統治的同時，也指向孔、孟之道、程、朱理學，打得孔老二及其徒子徒孫之流威風掃地。明朝中期劉六、劉七領導的農民起義軍於一五一一年攻入曲阜，進駐孔老二老巢，把儒家的「聖典」《四書》、《五經》扔進了污水坑。李自成農民起義軍建立的革命政權，斷然革除了用《集注》和八股取士的科舉考試制度。太平天國革命軍所到之處，孔廟、朱子祠等都被燒毀。《四書》、《五經》都被宣布為「妖書邪說」，「不准買賣藏讀」，對朱熹的「天理」——三綱五常進行了革命的掃蕩，大長了革命人民的志氣，大滅了孔、孟之徒的威風。在此期間，法家和進步思想家對程、朱理學和《集注》也作了有力的批判。李贄、張居正、顏元、李塨等還寫了《四書評》、《四書直解》、《四書正誤》、《大學辨業》等書，直接批判和諷刺朱熹的《集注》。到了近代，先進的中國人從切身的體驗中，更看出程、朱理學的反動性，一論及朱熹之流，就「怒髮裂背」，「必欲摧毀其書，磨滅其名而後快」[14]。

宋以後的歷史告訴我們，在如何對待反動透頂的《集注》這個問題上，反映了尖銳的階級鬥爭和兩條路線的鬥爭。被壓迫、被剝削的革命階級以及統治階級中的革新派，對於朱熹及其《集注》總是批判的、反對的；沒落的、腐朽的階級及其代表人物，總是宣揚朱熹及其《集注》。資產階級野心家、陰謀家、反革命兩面派林彪把這部反動透頂的黑書視為至寶，絕非偶然。他為了「克己復禮」的需要，以

---

14 谷生〈利用中國之政教論〉。

《集注》為藍本，指使一幫子人把孔丘、孟軻和朱熹的一些話摘錄下來，搞了一套所謂《四書集句》。這套《四書集句》，不但打破了《論語》、《孟子》、《大學》、《中庸》和朱注的界限，而且為了反革命政治的需要，對《四書》和注釋的原文隨意增、刪、移、改，其手法之卑劣，較之朱熹搞《集注》有過之而無不及，充分暴露了他妄圖顛覆無產階級專政、復辟資本主義的罪惡用心。

在《四書集句》中，林彪在所謂「辯證法」的幌子下，抄錄了孔、孟和朱熹關於緩和急、先和後、得和失等等的反動說教，妄圖給孔、孟之道披上馬克思主義的外衣，以加強其欺騙性。他特別對「當務之為急」，不厭其煩地抄錄了三條。在這個資產階級野心家、陰謀家心目中，念念不忘的「當務之急」是什麼呢？這就是「悠悠萬事，唯此、唯此為大，克己復禮」。也就是說，妄圖用各種陰謀手段篡黨奪權，顛覆無產階級專政，復辟資本主義，建立林家法西斯王朝。林彪在《四書集句》中還抄錄了「小國師大國」的賣國理論，這就暴露出他效法朱熹《集注》摘《集句》的目的，是想要顛覆我國的無產階級專政，投靠蘇修社會帝國主義，當蘇修核保護傘下的兒皇帝。但是，林彪生不逢時，他不是生活在八百多年前的南宋，而是生活在我國人民已經當家作主的社會主義時期。在用馬克思主義、列寧主義、毛澤東思想武裝起來的中國人民面前，林彪用孔、孟和朱熹的唾餘冒充「辯證法」，結果是受到革命的辯證法的懲罰。「凡屬倒退行為，結果都和主持者的原來的願望相反。古今中外，沒有例外。」倒行逆施的叛徒、賣國賊林彪，和他的復辟祖師爺孔丘、孟軻、朱熹一樣，只能落個遺臭萬年的可恥下場。這是不可抗拒的歷史規律。

——原載《人民日報》，一九七五年一月九日

收入《可惡的朱熹》，頁一一二～一二四

朱熹《中庸章句》的反動實質

施達青

　　叛徒、賣國賊林彪，十分崇拜孔、孟之道的衛道士朱熹。他以朱熹的《四書集注》為藍本，拼湊了一個見不得人的《四書集句》。他也同朱熹大肆宣揚「中庸之道」一樣，鼓吹「中庸之道」「合理」。這個政治騙子，如此熱衷「中庸之道」，完全是由於他要倒退、要復辟的反革命本性決定的。為了徹底清算林彪修正主義路線的思想根源，必須進一步揭露和批判朱熹《中庸章句》的反動實質。

一

　　朱熹（1130～1200），是南宋儒家的主要代表、反動理學的集大成者，是繼孔、孟之後我國封建時代影響最大、毒害最深的唯心主義哲學家。他撰寫的《中庸章句》，同《大學章句》、《論語集注》、《孟子集注》一起，被稱為《四書集注》，是元、明、清三代統治階級欽定的官方哲學，被視為孔丘思想的正宗。

　　南宋時期，中國封建社會已走向下坡。偏安一隅的南宋小朝廷，為了掠取龐大的軍費和向北方女真統治者納貢，對農民進行殘酷的剝削和壓榨，使一直處於緊張狀態的階級關係更為激化。農民的反抗鬥爭此起彼伏，連綿不絕。這一時期農民起義的特點是，在武裝鬥爭的同時，在思想上也向封建倫理綱常發出了勇敢的衝鋒。農民起義「不

事神佛祖先」（《雞肋篇》），「無視君臣上下」（《高峰文集・乞禁妖教
札子》）。他們指斥「三綱五常」的封建「國典為邪法」，主張「等貴
賤，均貧富」、「法平等，無有高下」，才是「天理當然」，把矛頭直接
指向封建專制的等級制度和剝削制度，表現了中國農民反封建的階級
鬥爭進入一個更高的階段。為了對付前所未有的農民階級的思想進
攻，南宋統治者在加緊武裝鎮壓的同時，竭力尋求加強思想統治的方
案。朱熹正是適應統治階級這種需要，開始他的反動學術活動和政治
活動的。

　　朱熹在作官的時候，曾多次向皇帝上書，伏首陳詞。他認為，南
宋的天下這麼「亂」，其原因是「天理有未純，人欲有未盡」。所謂
「天理有未純」，是因為皇帝對他的反動理學重視不夠，沒有充分發
揮它的反革命作用；所謂「人欲有未盡」，就是說農民鬥爭所以此伏
彼起，鎮壓不盡，是因為沒有撲滅鼓動武裝起義的革命思想，沒有把
這「患」連「根」一起除掉。對此，朱熹憂心如焚，賦詩述志：「要
當報答陛下聖，矯言北闕還潛然。……明年定對白虎殿，更誦《大
學》、《中庸》篇。」表示要堅決效法漢代的孔門徒子徒孫，為了封建
統治的當務之急和長遠利益，他要讓「中庸之道」這個反革命思想武
器進一步發揮作用。

二

　　朱熹通過對《中庸》的逐章逐句的解釋，竭力對「中庸之道」作
了加工、改造和發展，使它的欺騙性和反動性達到了空前的高度。

　　首先，朱熹把「中庸之道」打扮成為集中了儒家思想的「道統」
和「心法」。

　　朱熹自稱他的哲學體系是繼承了孔丘以來的儒家道統的。他還認

為道統自孔丘傳至孟軻,「及孟子沒而其傳泯焉」,直到宋朝二程出來,才「有以接乎孟氏之傳」。而他自己則雖然「不敏」,「亦幸私淑而與有聞焉」(〈大學章句序〉)。所謂道統,是指儒家思想的傳授和繼承關係。朱熹以孔、孟道統的直接繼承者自居,認為「中庸」是孔、孟道統最本質最核心的內容。在〈中庸章句序〉中,他把《尚書·大禹謨》所說的「人心惟危,道心惟微,惟精惟一,允執厥中」十六個字,看作是代表孔、孟道統的「真言」,並作了極其反動的解釋。所謂「道心」,朱熹解釋為「天理」。所謂「人心」,朱熹認為其中合於天理的部分,歸於道心,違背天理的就是「人欲」。所謂「人欲」,即指反對封建剝削與壓迫的革命思想和行動。在朱熹看來,「道心」儘管「微妙而難見」,但是作為其精髓的「中庸」,卻是既唯一而又極普遍的。把握住「中庸」,就抓到了孔、孟道統的靈魂。朱熹還以儒家讚頌備至的堯、舜禪讓為例,說:堯讓位給舜,只傳授一句話,就是要行「中庸之道」(「允執厥中者,堯之所以授舜也」)。又說:像堯、舜、禹這樣的「天下之大聖,行天下之大事,而其授受之際,丁寧告戒,不過如此,則天下之理,豈有以加於此哉」。這簡直把「中庸之道」吹噓成為沒有能夠再超過它的「天下之理」了。

頑固地站在維護封建統治反動立場上的朱熹,面對當時農民反封建的階級鬥爭的發展形勢,甚至恐懼和仇恨,狂叫「異端之說,日新月盛」;「天理之公,卒無以勝夫人欲之私矣」(〈中庸章句序〉)。在他看來,要使封建地主階級的反革命專政免於崩潰,就必須有一種統治人民的「心法」。所謂「心法」,指的是從思想上統治人民的方法。朱熹就是把《中庸》一書看作是「孔門傳授心法」之作的。這樣,朱熹既把「中庸之道」打扮成為孔、孟道統最本質、最核心的東西,又強化了作為孔、孟道統的「中庸之道」的反動作用,也就是把儒家思想的體系和儒家思想的反動作用集中地體現於「中庸之道」了。

　　朱熹向封建統治者出謀獻策，要封建統治者實行「中庸」的道統與心法，其目的是妄圖從根本上來瓦解農民起義的革命鬥爭，這就充分暴露了他的極其凶狠、陰險、醜惡的反動嘴臉。

　　其次，朱熹在《中庸章句》裡進一步論證了「存天理、滅人欲」是達到「中庸」的重要途徑。這是他運用「中庸之道」反對農民革命，為反動統治服務的突出表現。

　　他把維護封建統治秩序和倫理關係的「三綱五常」，說成是「永恆」、「至善」的「天理」，「萬年磨滅不得」。而把農民反對封建剝削和壓迫的思想要求，污蔑為萬惡的「人欲」。

　　從漢初董仲舒創立「三綱五常」以來，這個所謂綱常名教，一直是束縛勞動人民思想的鎖鏈。朱熹則進一步將它提到「天理」的高度，以論證封建等級的劃分是「天定」的、「永恆」的、「合理」的，說明他在為封建制度的辯護上，超越了以前的孔學門徒。特別是朱熹把「存天理、滅人欲」的主張與「中庸之道」緊密聯結起來。他在《中庸章句》中，以「天理」為「中庸」的標準，以「人欲」為「中庸」的大敵。認為：「道者，天理之當然，中而已矣。」把「道」、「天理」、「中」三者聯成一氣，極力渲染「中庸」的神秘色彩和威懾力量，然後又落實到「滅人欲」的「心法」上，說：「至於中庸，雖若易能，然非義精仁熟而無一毫人欲之私者，不能及也。」因此，「人欲」與「天理」是對立的，「人欲」與「中庸」也是悖離的，二者勢同水火。只有滅掉「人欲」，才能存乎「天理」，達到「中庸」，即所謂中庸「原出於天」，而「實體備於己。」

　　這樣，「天理」既是三綱五常的同義語，存「天理」也就是存「三綱五常」的封建等級制度。而以「天理」為標準，以「人欲」為大敵的「中庸之道」，必然是維護壓迫有理、剝削有理的反動思想武器。它的鋒芒指向反抗的農民，指向「等貴賤、均貧富」的農民革命

思想。它把革命的思想和行動看做最大的「人欲」，是必須加以「誅滅」的大敵。只有滅掉廣大勞動人民起碼的「人欲」，才能保證地主、官僚肆無忌憚的貪欲。實際上，以南宋皇帝為頭子，包括朱熹在內的貴族官僚、地主惡霸，是荼毒人民、敲剝百姓的最大的吸血鬼。

再次，《中庸章句》發展了「和為貴」的反動思想，鼓吹「中和為用」的調和主義和「不偏不倚」的折衷主義；宣揚「無所爭」，用「至誠」融合階級矛盾。

朱熹在「致中和」上大作文章。他認為「中庸之中實兼中和之義」。所謂「中和」，其實是對立面的無衝突論，即矛盾的調和與消除。朱熹以「中」為「天下之大本」，即「道」的本體。以「和」為「天下之達道」，即普遍規律。甚至認為「中和」就是天地萬物的源泉。朱熹的所謂「致中和」，就是搞「合二為一」，搞階級調和，是為了達到從思想上扼殺被壓迫階級的革命要求和反抗鬥爭的反革命目的。

朱熹所處的時代，階級矛盾的尖銳發展，使他意識到「似若不和之甚」。於是他把「中和」當作一劑起死回生的「靈丹」，要廣大農民同封建統治者講「中和」，搞階級調和主義。朱熹向統治階級獻策，應假裝「愛養民力」，「以役繁稅重求所以寬恤」，避免矛盾激化，不可收拾。對廣大農民，則要「士人鄉老戒子弟使修孝弟忠信之行」，「各依本分」。「佃戶不可侵犯田主」，忍受壓迫而不得起來反抗。只有這樣，「然能使之各得其宜，則其和也，孰大於是」。就是說，在保證舊制度「終變不得」，「截然不可犯」的前提下，對客觀存在的矛盾加以折中調和，使封建統治這個「中」永世長存。這就是朱熹謳歌的：階級調和是「和」的最高境界。這種調和論，實際上掩蓋著階級壓迫的剝削本質。他大唱「中和」高調，要革命人民放棄鬥爭，正是為了麻痺人民，以便一朝捲土重來，把農民起義重新投入血泊之中。

事實正是如此。當封建統治階級向農民革命大舉進攻時，這個滿口「中庸」的朱熹，就根本不講折中、調和了。階級調和論被擱置一旁，劊子手的本來面目暴露無遺。他叫囂為政者「當以嚴為本」，用嚴官「以畏壓人心」，用嚴刑「懲其一以戒百」（〈文公政訓〉）。他告誡反動統治者，「今之世姑息不得」，「當殺則殺之」（〈文公政訓〉）。把鎮壓的刀鋒，對準起來造反的人民群眾。

三

《中庸章句》所宣揚的「中庸之道」，對於維護封建專制統治，起著特殊的作用。它被歷代反動統治者所推崇利用，成為指導封建社會上層建築的總原則，是奴役勞動人民的精神枷鎖和一切反動派復辟倒退、反對革命的思想武器。正如《宋史·道學傳》所說：「後之時君世主，欲復天德王道之治，必來此取法矣。」南宋以後，封建制度更加腐朽不堪。為了撲滅農民起義的熊熊烈火，封建王朝重用大批善於玩弄「中庸之道」這個反革命思想武器的所謂「德行、政事兼有之」的臣僚。這些人執行堅決消滅革命的反動政策，站在鎮壓農民起義的最前線，起著牧師和劊子手的雙重作用。這是從朱熹以來孔門後學最突出的一個特點。

同歷史上行將滅亡的反動派一樣，林彪妄圖建立封建買辦法西斯世襲王朝，也必然要到孔、孟、朱熹那裡「取法」。他處心積慮地把「中庸之道」這劑毒藥，裹上糖衣，精心包裝，貼上「辯證法」、「合理」種種標籤，使它具有更大的欺騙作用。但是，林彪既要反革命，就不可能把自己的狼子野心始終隱藏起來。他同孔丘、朱熹一樣，口裡喊的是和、和、和，實際幹的是殺、殺、殺。他所炮製的反革命政變綱領《「571 工程」紀要》，徹底暴露了隱藏在「中庸」背後的凶殘

的殺機。他鼓吹的「中庸之道」「合理」，就是反革命政變「合理」，復辟資本主義「合理」。毛主席指出：「凡屬倒退行為，結果都和主持者的原來的願望相反。古今中外，沒有例外。」倒行逆施的叛徒、賣國賊林彪，最後只落得個折戟沉沙，粉身碎骨的可恥下場。

階級鬥爭的規律告訴我們，雖然我們取得了粉碎林彪反黨集團的偉大勝利，但是階級鬥爭依然存在。一切反動階級的代表人物在向革命人民發動進攻時，總是把中庸之道」當作思想武器。正像魯迅指出的，「老譜將不斷地襲用」。因此，我們必須堅持馬克思主義的鬥爭哲學，在深入批林批孔的鬥爭中，把「中庸之道」這種反動思想批透，把《中庸章句》這本書的反動實質批透。

——原載《光明日報》，一九七四年七月十二日

收入《可惡的朱熹》，頁一三五～一四二

朱熹《大學章句》批判

單遠慕

　　南宋的反動思想家朱熹（1130～1200），是孔老二的忠實信徒，地主階級的忠實奴才。為了兜售孔、孟之道，宣揚反動理學，他炮製了一部《四書集注》，為封建統治者提供「以理殺人」的思想武器。叛徒、賣國賊林彪對朱熹十分崇拜。為了復辟資本主義，他以《四書集注》為藍本，拼湊了一個所謂《四書集句》，作為他們叛黨叛國的反革命信條。《四書集注》中的第一本書就是《大學章句》。它同《論語集注》、《孟子集注》和《中庸章句》合稱《四書集注》。從元、明以來，由封建朝廷明令規定為科舉考試的標準答案，成為每個念書人必須背誦的課本。流毒很廣，影響極壞。

　　朱熹生活的那個時期，中國封建社會正在急劇衰落，民族矛盾和階級矛盾空前激烈。人民群眾外受異族入侵，內受地主階級殘酷壓迫，農民起義「一年多如一年，一夥強如一夥」（《續通鑑長編》卷一～四十五）。朱熹出生前的一百三十多年，爆發了王小波、李順起義，提出「吾疾貧富不均，今為汝均之」的戰鬥口號（《澠水燕談錄》）。朱熹出生前十年，又爆發了方臘起義，他們大造封建統治者的反，對貪官污吏「皆殺之」（《容齋逸史》）。在朱熹出生那年，爆發了鍾相、楊么起義，他們指出：只有「等貴賤，均貧富」才是「天理當然」（《三朝北盟會編》）。面對一次又一次大規模的農民起義，封建統治階級需要加強思想統治。但是，自漢、唐以來，作為地主階級統治思想的孔、孟之道，由於農民起義和進步思想家的批判，已經千瘡百孔，削弱了它對人民群眾的麻痺作用。為了適應宋代封建統治階級對

內鎮壓人民，對外投降賣國的需要，朱熹繼承孔、孟、董仲舒和程顥、程頤的反動衣缽，以儒家思想為核心，吸收佛教、道教等亂七八糟的東西，建立了一個龐雜的唯心主義思想體系，把孔、孟之道發展到理學階段。《四書集注》就是朱熹集中宣揚反動理學的代表作。

　　《四書集注》是朱熹注釋「四書」的一部反動書籍。《大學章句》就是注釋《大學》這篇反動作品的。《大學》和《中庸》原來都是《禮記》中的一篇。朱熹把它們從《禮記》中抽出來，與《論語》、《孟子》放到一起，竭盡全力進行注釋。在「四書」中，《大學》文字最少，只有一千多字，但朱熹對它進行編注時花的氣力最大。他從年青時就開始編《大學章句》，到六十歲才編成，後來直到臨死前還在進行修改。朱熹說：「某於《大學》用功甚多，溫公作《通鑑》，言平生精力盡在此書，我於《大學》亦然。」（《朱子語類》卷十四）就是說，他注釋一部小小的《大學》，就像司馬光編一部《資治通鑑》一樣，花了畢生精力。

　　注釋工作作為文化工作的一個方面，從來就是階級鬥爭的工具。通過注釋古書來宣傳自己的反動思想，是儒家的一慣手法。為了達到他的反動政治目的，朱熹在編《大學章句》的過程中，絞盡了腦汁，耍盡了花招。為了加強反動說教，朱熹竟然任意顛倒《大學》原文次序，分出經、傳。《禮記》中的《大學》原是一片寫下來的，沒有什麼「經」和「傳」的區別，文章結構也不同於後來的《大學章句》。朱熹把《大學》原文結構打亂，將文句進行重新組合，並把重篇分為十一段，即所謂「經」一章，「傳」十章。為了抬高《大學章句》的聲價，朱熹憑空給《大學》原文斷定了作者。他武斷地說，「經」是孔老二的話，曾參口述的；「傳」是曾參的話，門人記的。其實，《禮記》這部書，是戰國至西漢初年儒家著作的一部總集，內容固然十分反動，但各篇作者大都並不可考。朱熹關於《大學》作者的說法，沒有任何確鑿根據。正如清代毛西河指出：過去注家，對《大學》「斷

無妄逞臆見，可曰某人作者」，「鄭（玄）《注》不言，而孔（穎達）氏《正義》亦未明指」（《西河全集・大學證文》）。朱熹還卑劣地改動《大學》原文文字，編造《大學》原文有「闕略」的謊言，為《大學》補寫〈格物傳〉一百五十個字，集中論述他的客觀唯心主義哲學體系。朱熹按照當時反動統治階級的需要，用理學家的觀點對《大學》加以解釋。反動階級注釋古書都是為了宣傳反動思想。陸九淵曾明確說過：「六經注我，我注六經。」（《象山先生全集》卷三四）朱熹在《大學》上花這麼多功夫，「分經別傳，指為誰作，且變置其文而加以增補」（《大學證文》），其目的就是想使《大學章句》更能為剝削階級加強思想統治服務。

朱熹認為《大學》是「入德之門戶」（《朱子學歸》），是「為學綱目」，「其他經皆雜說在裡許」（《朱子語類》卷十四）。就是說，《大學》是孔、孟之道的入門書，孔、孟之道的主要內容在《大學》中都有了。朱熹還說：「《大學》是修身治人的規模，如人起屋相似，須先打個地盤，地盤既成，則可舉而行之矣。」又說：「《大學》一書，如行程相似，自某處到某處幾里，識得行程，徑便行始得。」（《朱子語類》卷十四）這些話表明，《大學》是學習孔、孟之道的基本教材，是統治者做人行事的指南，只要把《大學》上的基本思想掌握了，並照著去做，就不愁不會開倒車，更不愁不能升官發財。朱熹這些觀點，概括了《大學》的反動實質。宋以來的反動統治階級，就是按照朱熹的觀點，把《大學章句》強迫人們信奉。

在《大學章句》中，朱熹宣揚了一系列反動思想。首先，《大學章句》集中兜售了「存天理、滅人欲」的反革命黑貨。理學，就是由於理學家突出宣揚「天理」而得名。朱熹說：「聖人千言萬語，只是教人存天理，滅人欲。」（《朱子語類》卷十二）「存天理、滅人欲」是反動理學的核心，是對孔、孟之道的重要發揮。《大學》一開頭

說：「大學之道，在明明德，在親民，在止於至善。」朱熹稱之為：
「此三者，《大學》之綱領也。」（《大學章句》）這個所謂《大學》的
「綱領」，朱熹就解釋為「存天理、滅人欲」。「明明德」，就是要統治
者恢復其天生的（「所得乎天的」）「美好」品德。「親民」，原意是要
統治者互相團結起來，朱熹感到這不易說圓，於是按照程頤的說法，
改為「新民」。所謂「新民」，就是要統治者明白自己的統治職能，幫
助人民「去其舊染之污」，即用統治手段消滅「人欲」。「止於至善」，
就是要人們處處符合「天理」的要求，「而無一毫人欲之私」，「為人
君，止於仁；為人臣，止於敬；為人子，止於孝；為人父，止於慈；
與國人交，止於信」（《大學章句》）。其實，所謂「存天理、滅人欲」
就是孔老二「克己復禮」的翻版。朱熹把宇宙萬物和封建統治秩序都
說成是由先於事物而存在的「天理」所決定的。他認為「三綱五常」
這一套封建統治秩序，便是「天理」在人間的體現，而勞動人民反抗
封建統治的要求則是萬惡的「人欲」。「存天理，滅人欲」就是要消滅
一切與封建統治制度不合的思想和行為。宋時，農民起義連續不斷，
打得地主階級難以招架，朱熹認為這是「人欲橫流」；王安石、陳亮
等進步思想家，主張對當時社會進行某些改革，朱熹認為他們是大奸
大惡。朱熹「存天理，滅人欲」的反動思想，就是妄圖束縛農民群眾
和進步思想家手足的一根繩索。其實質就是不許人民起來造反，不許
進步思想家進行革新，好讓封建統治階級永遠過著腐朽的剝削生活，
而把勞動人民永遠壓在十八層地獄。

　　朱熹在《大學章句》中還集中鼓吹了一條「治國平天下」的奮鬥
道路。《大學章句》文字不多，但充滿了「治國平天下」的反動字
眼。所謂「治國平天下」就是復辟開倒車，這是儒家所最迷戀的。沒
落奴隸主階級代表孔老二，就曾把自己吹噓成「治國平天下」的能
手。他宣稱：「苟有用我者，期月而已可也，三年有成。」（《論語‧

子路》）他駕著破車，東奔西走，到處鑽營，妄圖實現復辟奴隸制的迷夢。「亞聖」孟軻，看到戰國時期奴隸制的經濟基礎和上層建築紛紛瓦解，也狂妄叫囂：「如欲平治天下，當今之世，舍我其誰也？」（《孟子·公孫丑下》）立志繼承孔老二的事業，以復辟奴隸制為己任。朱熹也是一個時刻夢想「治國平天下」的瘋狂分子。他的信條是，「聖人無有不可為之事，只恐權柄不入手，若得權柄在手，則兵隨印轉，將逐符行」（《朱子語類》卷九三）。林彪兜售的權力至上反動謬論與此同出一轍。為了奪取權柄，朱熹想盡了一切辦法，時人曾說「朱熹資本回邪，加以忮忍，初事豪俠，務為武斷，自知聖世此術難售，尋變所習，剽張載、程頤之餘論」，「以簧後進」（《四朝聞見錄·慶元黨》）。這就清楚揭露，朱熹本來是一個邪惡、殘忍的人，因為看到搞理學有利可圖，才開始搞理學的。搞理學是他的一件投機買賣。歷史上的反動派如此嚮往「治國平天下」，無非是想維護反動統治，永遠騎在人民頭上，壓迫人民、剝削人民，反對社會變革，讓歷史車輪倒退。復辟、倒退、賣國就是他們「治國平天下」的最好注腳。「治國平天下」的哲學是野心家的哲學。所以歷來的野心家如曾國藩、蔣介石、林彪之流都非常信奉它。但是，歷史的發展，總是和小丑們的願望相反。到頭來，不是反動派「治」了國家，「平」了天下，而是人民「治」了反動派自己。

在《大學章句》中，朱熹還集中宣揚了儒家陰險狡猾的處世手腕。理學家都是偽君子，理學就是「巧偽人」的哲學。《大學》原文說「國不以利為利，以義為利」，要統治階級表面上裝起仁義道德的面孔，去欺騙人民，達到「不欲求利則未嘗不利」的目的（《孟子·梁惠王上》注）。朱熹解釋說：這是「深明以利為利之害」，「其叮嚀之意切矣」！《大學》原文說：「好人之所惡，惡人之所好，是謂拂人之性，災必逮乎身。」要反動派在形勢不利的情況下，學會看眼色

行事，儘量保護自己，以屈求伸。朱熹把這種變色龍哲學說成是「人們的天生的本性」（《大學章句》「人之性也」），如果不這樣做，就是「不仁之甚者也」（《大學章句》）。朱熹本人就是一個表面一套，背後一套的大騙子。他口口聲聲說：「施諸己而不願，亦勿施於人。」（《中庸》注）但他母親死了，為了奪取風水寶地，卻「發掘崇安弓手父母之墳，以葬其母」（《四朝聞見錄・慶元黨》），專幹「人所不欲」的壞事。他一邊說：「自堯、舜以下，若不生個孔子，後人去何處討分曉？」（《朱子語類》卷九三）一邊卻強行把孔老二的偶像從建陽縣學搬出來，搬運時，「設機造械，用大木巨纜絞縛聖像，撼搖通衢鬧市之間，而手腳墜壞，觀者驚嘆」（《四朝聞見錄・慶元黨》）。難怪當時人就罵他：「欺世盜名，不宜信用。」（《宋史・鄭丙傳》）列寧指出：「政治上採取欺騙態度，是軟弱的表現。」（《列寧全集》第十七卷第一五〇頁）朱熹這樣無恥地玩弄兩面派手法，高喊什麼「窮天理，明人倫，講聖言，通世故」（《晦庵先生朱文公文集》卷三九），正表明他所代表的階級已走上窮途末路。

朱熹所宣揚的這一套，都是以他的「格物致知」的唯心主義思想路線作基礎的。所謂「格物致知」的思想路線，就是閉門修養的路線。朱熹在《大學章句》中補寫的〈格物傳〉，就是專門論述「格物致知」問題的。朱熹所說的「物」，不是指客觀事物，而是指的所謂「理」的各種表現。他所說的「格物」，也不是要認識客觀事物，而是要「窮理」，「夫格物者，窮理之謂也」（《晦庵先生朱文公文集》卷十三）。怎樣「窮理」呢？朱熹認為，「心包萬理，萬理具於一心」（《朱子語類》卷九），「理」就在人們心中，只要能「存心」、「盡心」，就能挖掘心內包藏的「萬理」，達到「豁然貫通」的境界。這就是說，只要人們關起門來冥思苦想，搞什麼「格物致知」，就能逐步領悟先於物質而存在的「天理」，就能「治國平天下」。朱熹胡說，人

的天性都是善的，都有遵守三綱五常的本能，「但為物欲之所昏蔽，故暗塞耳」（《朱子語類》卷十六）。他鼓吹「格物致知」的說教，就是要恢復人的所謂「天性」。朱熹夢想，通過「格物致知」的道路，使統治者明白「存天理，滅人欲」的道理，樹立「治國平天下」的決心，學會陰險狡猾的處世手腕；使人民群眾都去閉門修養，不參加社會實踐，人人都成為孔、孟之道的奴隸，俯首帖耳服從剝削階級統治。由此可見，朱熹關於「格物致知」的說教，完全是為了維護反動統治的需要，為他那條復辟、倒退的政治路線服務的，林彪叫喊的「靈魂深處爆發革命」，也就是這類貨色。

由於朱熹的《大學章句》集中宣揚了一整套反動思想，所以，它出籠之後，深得歷代反動統治階級的讚賞。朱熹死後不久，有人就在給他寫的〈行狀〉中指出：原來的《大學》，「次序不倫，闕疑未補」，到朱熹手裡「則補其闕遺，別其次第，綱領條目，粲然復明」，「深得古人遺意於數千載之上」，「使學者有所據依循守，以入於堯、舜之道」（《朱子年譜》卷四下）。元、明、清的反動統治階級更把《大學章句》吹捧到無以復加的地步。他們把它規定為封建知識分子的必讀教科書和科舉考試的標準答案。朱熹本人也被封建統治階級封為「太師」、「百世經師」，並把他的牌位抬進孔廟，成了封建社會後期的「摩登聖人」。

近代的反動派也都把《大學章句》作為他們進行反革命活動的輿論工具。獨夫民賊蔣介石叫囂什麼：「《四書》、《五經》是中國的政治學，其中所講的三綱、八目、九經，可說就是為政的基本要道。……這些道理，都是永久不變的原則。」「九經」是《中庸》上的東西，「三綱」、「八目」都是《大學章句》上的東西。蔣介石就是妄圖依靠這些反動教條，在中國鎮壓革命，大搞法西斯專政。叛徒、內奸、工賊劉少奇也說什麼：「中國宋儒有許多修養身心的方法，……中國

《大學》上說的格物、致知、誠意、正心、修身、齊家、治國、平天下，也就是說的這一套。」並胡說：「人們要求得自己的進步，必須下深刻的功夫、鄭重其事的去進行自我修養與學習。」(〈修養〉)妄圖使我黨「修養」成修正主義的黨，使我黨的幹部都「修養」成「紅色資本家」。資產階級陰謀家、野心家、賣國賊林彪更是抱住《大學章句》不放。在他精心編輯的《四書集句》中就曾多次摘錄《大學章句》中的反動語句，作為他篡黨賣國的反革命座右銘。什麼「德者本也，財者末也」、「楚國無以為寶，惟善以為寶」的反動教條，也被林彪撿來當做攻擊無產階級專政的炮彈。林彪還說《大學》中的「物有本末，事有始終」等話就是「辯證法」，並把「好人之所惡，惡人之所好，是謂拂人之性，災必逮乎身」作為他的處世準則。林彪如此看重《大學章句》，其原因就是妄圖利用朱熹在《大學章句》中宣揚的反動思想，愚弄群眾，麻痺人民鬥志，為復辟資本主義製造輿論。但是，朱熹的《大學章句》，在過去沒有能阻擋歷史車輪的前進，今天的反動派妄圖從《大學章句》中尋找救命稻草，也是斷然無濟於事的。歷史將繼續證明，反動派利用《大學章句》的歷史，不過是他們的一部失敗的歷史記錄。

自從《大學章句》出籠後，勞動人民和法家思想家都對它進行過深刻批判，但是，由於時代和階級的侷限，他們的批判都是不徹底的。無產階級是徹底的革命階級，只有無產階級能與孔、孟之道徹底決裂。在普及、深入、持久開展批林批孔運動的大好形勢下，讓我們繼續努力作戰，徹底肅清《大學章句》的流毒和影響，把孔、孟之道全部掃進歷史的垃圾堆，奪取意識形態領域社會主義革命的更大勝利。

——原載《開封師院學報》，一九七五年第一期，頁五一～五五

收入《可惡的朱熹》，頁一二五～一三四

朱熹《小學》批判

福建師大歷史系福建地方史研究室

資產階級的總代表、黨內最大的不肯改悔的走資派鄧小平，去年夏季前後帶頭煽起右傾翻案風，糾集一股右傾翻案勢力，散布種種奇談怪論，歪曲社會主義社會的主要矛盾，反對無產階級文化大革命，否定社會主義新生事物，妄圖推行一條與毛主席無產階級革命路線相對抗的修正主義路線。這些反動謬論，究其思想來源，蓋出於孔、孟之道。今天，我們對宣揚孔、孟之道的《小學》進行批判，對進一步肅清孔、孟之道的流毒，從思想根源上認清鄧小平推行修正主義路線的反動實質，具有現實的意義。

一

《小學》是朱熹編寫的一部尊儒反法的「啟蒙」讀物，它是作為向兒童灌輸孔、孟之道的罪惡工具和培養地主階級接班人的反動課本。此書出籠於公元一一八六年。它的出籠不是偶然的。宋代是我國封建社會走下坡的時期，反動統治階級極端腐敗，對外一味遷就退讓，對內實行血腥統治，民族矛盾和階級矛盾十分尖銳，農民起義風起雲湧，從北宋的李順、王小波、方臘，到南宋的鍾相、楊么、李金、李棋等，「一年多如一年，一火（同夥）強如一火」。他們「不事神佛祖先」，「無視君臣上下」，提出「均貧富，等貴賤」的戰鬥口

號，把鬥爭的鋒芒直指封建制度，指向維護封建統治的倫理綱常。同時，地主階級的革新派代表，從北宋的王安石到南宋的陳亮，紛紛舉起「新學」理論和「功利」學說的投槍，刺向趙宋賴以維持反動統治的精神支柱——孔、孟之道，沉重地打擊了宋王朝的反動統治。

在這種情況下，反動統治階級深感單靠武力鎮壓人民革命鬥爭是不行的，必須使用反革命的另一手，就是加強從思想上進行欺騙。朱熹為了適應宋王朝反動統治階級的政治需要，煞費苦心地做意識形態工作，一方面編大學的教材——《四書集注》，向成年人灌輸孔、孟之道；另方面編小學的課本——《小學》，向兒童灌輸孔、孟之道。《小學》是通俗化了的《四書集注》，用作「訓蒙士」，「培其根」的基礎教材，其罪惡目的在於培養地主階級接班人，以便穩住封建王朝的反動統治。

二

《小學》究竟販賣哪些黑貨呢？

首先，鼓吹唯心主義的「天命觀」。

《小學》開臺鑼鼓就是「天命之謂性，率性之謂道」。所謂「性」，即是「理」；所謂「率」，即是「循」。意思是說孔丘的「天命」就是《小學》作者所鼓吹的「天理」，各自循著「天理」去故便是「道」。「天命論」是孔丘搞「克己復禮」的重要精神支柱，他胡說什麼「君子有三畏：畏天命，畏大人，畏聖人之言」。他把「天」看做是有意志的、至高無上的、主宰一切的人格神。他要人們相信「天命」、敬畏「天命」，就是要奴隸俯首貼耳地聽從奴隸主的奴役和統治。「天理」是經過《小學》作者加工、並加以理論化的「天命」。朱熹說什麼「帝是理為主」，把地主階級的頭子說成是「天理」的化

身，皇帝壓迫、剝削老百姓是「率性」（循「理」），老百姓被壓迫被剝削也是「率性」（循「理」），二者都符合「道」。這是妄圖借「天」的權力來維護封建的統治秩序，說明地主階級對勞動人民的殘暴專政是順天而行，是合乎「天理」的，是永恆不變的原則。這是《小學》鼓吹「天命觀」的反動實質所在。

為了進一步欺騙和愚弄人民，朱熹還借「天」字這個神秘的觀念，大做文章。他鼓吹「不待慮而知」和「不待學而能」的所謂「良知」、「良能」的「天才論」，宣揚什麼「上品之人，不教而善」，「下品之人，教亦不善」。這都是孔丘「唯上智與下愚不移」的翻版。不論「良知」、「良能」也罷，「不教而善」也罷，目的都是要把那些所謂「上品」、「上智」的人說成是「生而知之」的「天生」統治者，而把那些所謂「下品」、「下愚」的人說成是「教亦不善」的「天生」被統治者。為了給這套反動的說教杜撰理論根據，他編造了一個荒誕無稽的「胎孕之教」，認為「上品」、「上智」的人，如奴隸主的頭子周文王，因太任（周文王母親）妊娠期間「目不視惡色，耳不聽淫聲，口不出敖言」，因而「天生」注定他是「治人」的。而那些所謂「下品」、「下愚」的人，因為「胎教」不好，「感於惡」，結果「凡胎俗骨」，「天生」注定他們是「治於人」的。《小學》宣揚這套極端反動的唯心主義先驗論，就是要說明反動統治階級剝削有理、壓迫無罪，勞動人民造反有罪、革命無理；就是要勞動人民安於貧困，永生永世給反動統治階級當牛做馬。正如馬克思、恩格斯所揭露的那樣：無非是要「人們必須向天生的貴人和賢人屈膝」，而且「應該由貴人、賢人和智者來統治」。

世上究竟有沒有「生而知之」的「上品」、「上智」的「天才」人物呢？沒有。毛主席說：「人的正確思想，只能從社會實踐中來，只能從社會的生產鬥爭、階級鬥爭和科學實驗這三項實踐中來。」就拿

《小學》所狂熱鼓吹的孔丘這號「聖人」來說吧，他自吹是「天生德於予」的，實際上是個「不學無術」的大草包，是個「為權臣所輕蔑，為野人所嘲弄，甚至於為暴民所包圍，餓扁了肚子」的喪家狗。再拿《小學》作者來說吧，雖然他自吹從小知「天命」，儼然以「天生」的「聖人」自詡，實際上是個「嘴上仁義道德，肚裡男盜女娼」的兩面派，是個「被服雅儒，行若狗彘」的偽君子。林彪也捐起「天才論」這面招魂幡，把它作為陰謀篡黨奪權、復辟資本主義的理論綱領。他自比「天馬」，以「至貴」、「超人」自居。一句話，他是不同於勞動人民的「凡胎俗骨」。然而，自命「受於天」的「天馬」林彪，老天也並沒有保祐他，反而落得個死無葬身之地的可恥下場。

鄧小平也繼承孔、孟「天才論」的衣缽，胡說什麼「依靠工農兵是相對的」，污蔑工農兵「文化水平低」，是「粗瓷茶碗，雕不出細花」，是「麻袋繡花，底子太差」，等等。在他的眼裡，工農兵群眾是「蠢才」、「下愚」，既「不配搞科研」，也不配念大學，更不能當領導。相反，那些所謂的「專家」、「權威」、「教授」，才是有「能力」、有「知識」的，才可以當「所長」、「領導」、「管業務」。他散布的這些謬論，同孔、孟之道「唯上智與下愚不移」是一脈相承的，是為他搞翻案復辟製造反革命輿論的，這就把他的反動資產階級唯心史觀充分地暴露在人們的面前。

其次，宣揚復古倒退的歷史觀。

《小學》竭力鼓吹「稽古」，大量羅列儒家美化和歌頌夏、商、周三代奴隸社會的反動言論。在朱熹眼裡，三代奴隸社會是「徹頭徹尾無不盡善」，而漢、唐新興封建社會卻「沒個人樣」；叫嚷什麼三代的人「喜聞過」，而以後的人若「有過」，也「不喜人規」。他得出的結論是：歷史是「退化」的，「現在」不如「過去」。因此，朱熹露骨地宣揚「非先王之法服不敢服，非先王之法言不敢道，非先王之德行

不敢行」和「非禮勿視，非禮勿聽，非禮勿言，非禮勿動」的復古思想。就是說，衣服、言論、道德都要照夏、商、周奴隸主那一套做，「視」、「聽」、「言」、「動」都要照《周禮》那一套辦。這實際上是主張向後看，反對向前看，主張守舊倒退，反對革新前進。《小學》把「禮」當做復古倒退的最高標準，鼓吹人們從小就要「學禮」，胡說「不學禮，無以立」。妄圖用「禮」來挽救當時的「三綱不振」和「人心邪僻」，潛移默化人們的思想，使人們從小具備地主階級所需要的立場、思想和感情，「使他們放棄革命行動，沖淡他們的革命熱情，破壞他們的革命決心」，穩住搖搖欲墜的封建反動統治。《小學》為了宣揚復古倒退，還竭力吹捧那些阻擋歷史前進的歷史渣滓，說什麼「顏淵大賢」，要「學顏淵之所學」；說什麼邵雍是「人非善不交，物非義不取」的「知善」、「知義」的「聖賢」等等。其實，顏淵是孔老二的得意門生，是死心塌地為孔老二「克己復禮」效勞、敵視少正卯革新理論的頑固派。邵雍則是北宋的大腐儒，他同司馬光一樣都是堅持「率由舊章」的復古路線，反對「改弦易轍」的革新路線，是破壞王安石變法的頑固派。《小學》作者嘔心瀝血地為這些逆歷史潮流而動的跳樑小丑塗脂抹粉，充分暴露了他「祖述堯、舜，憲章文、武」的復古嘴臉和頑固立場。

大凡反動派都是「心有靈犀一點通」，他們唱的是一個調子，念的是一本經。林彪也拚命鼓吹復古倒退，為剝削階級的頭子歌功頌德，為所謂的「古賢」唱讚美詩。妄圖從他的「先輩」那裡借用反革命思想武器，以實現其「悠悠萬事，唯此為大，克己復禮」的黃粱美夢。

鄧小平也是一個復古派、復辟狂，他對無產階級文化大革命中湧現出來的社會主義新生事物，總是這也不順眼，那也不如意。他誣蔑文藝革命搞糟了，「是路線問題」；敵視衛生革命，攻擊赤腳醫生「水

平低」，說什麼以後要穿「草鞋」、「布鞋」、「皮鞋」等等；全盤否定
教育革命，胡說什麼現在「教育質量低」，學生「不讀書」，「大學生
真正像大學生還差得很遠」；攻擊這幾年科技工作落後，「要拉整個國
民經濟的後退」等等。總之，在鄧小平看來，舊事物是「盡善盡
美」，新事物是「亂七八糟」，新不如舊，今不如昔，文革前比文革後
好，資本主義比社會主義好。這說明鄧小平同朱熹念念不忘「祖述
堯、舜，憲章文、武」的復古叫囂一樣，日日夜夜妄想恢復封建主
義、資本主義和修正主義的舊事物，開歷史倒車。新代替舊，今勝於
昔，這是歷史發展的必然規律。鄧小平妄圖搞復辟倒退，這只能是癡
心妄想而已。

第三，宣揚「學而優則仕」的反動教育觀。

《小學》竭力宣揚「君子勤禮，小人盡力」的謬論，把做官「勤
禮」當做反動統治階級的事，把務農「盡力」當做勞動人民的事。污
蔑從事體力勞動的農民是「小人」，吹捧壓迫人民的反動派是「君
子」。這完全是「勞心者人，勞力者治於人」和「無君子莫治野人，
無野人莫養君子」的陳腔濫調。《小學》還向兒童灌輸「耕餒學祿」
的反動思想，說什麼「戒爾學干祿，莫若勤道藝，嘗聞諸格言，學而
優則仕」，誘騙兒童走高官厚祿的捷徑——「勤道藝」，教唆兒童從小
勤奮學習綱常名教，把孔家店的剝削之道、壓迫之道、復辟之道學到
手，以便「高官厚祿」、「立身揚名」，成為高踞於勞動人民頭上作威
作福的精神貴族，死心塌地做封建制度的衛道士。

《小學》在鼓吹反動「勸學」的同時，還傳授一套「閉門讀
書」、「靜坐修養」的唯心主義治學方法。胡謅什麼讀書必須做到「靜
室危坐」，一讀「二、三百遍」，搞脫離實踐的閉門修養。《小學》用
一連串所謂死讀經書而飛黃騰達的黑樣板教育兒童，什麼唐柳公綽，
整天關門閉戶啃經書，「歷二十載之久」，終於爬上兵部尚書和節度使

的「寶座」；什麼唐董召南，廢寢忘食，「盡日不得休息」，埋頭鑽經書，結果「屢舉進士」；什麼宋程明道，「終日端坐」攻經史，「如泥塑人」一般，最後也當上御史裡行和宗丞正的官職。《小學》妄圖用這些黑故事來誘騙兒童苦學孔、孟之道，走「十年寒窗無人問，一舉成名天下知」的邪路。這套反動的唯心主義治學方法同「學而優則仕」的「讀書做官論」和「立身揚名」的「勸學」目的是相輔相成的，完全一致的，它是服務於「存天理，滅人欲」的反動政治路線，是適應於封建地主階級培養忠順奴才的政治需要的。

林彪也對「讀書做官論」推崇備至，不僅宣揚孔老二「韋編三絕」的治學精神，而且效法《小學》「執經史」、「講詩書」的說教，「教子讀經」，為已被打倒的地、富、反、壞、右傳宗接代。他接過《小學》「學干祿」的毒餌，用「官、祿、德」腐蝕青少年，妄圖誘使他們脫離工農兵，脫離生產勞動，脫離無產階級政治，走上修正主義死胡同，變成他篡黨奪權、顛覆無產階級專政、復辟資產階級的工具。可見，林彪與孔老二、朱熹是一丘之貉。

鄧小平和教育界奇談怪論製造者也揀起了孔家店「學而優則仕」的破爛貨。他們對教育革命拆掉「讀書做官」的梯子，恨得要命，對批判資產階級法權極端反感，攻擊大學畢業生當工人、農民是什麼「片面性」，「不承認三大差別」，「想在社會主義時期辦共產主義的事」，胡說什麼「學校培養工人、農民」，「還辦大學幹什麼」？按他們的邏輯，上了大學根本就不能再當工人、農民，而只能做官當老爺，成為高踞於工人、農民頭上的精神貴族。這種謬論的要害就是要維護和擴大資產階級法權，培植產生修正主義的土壤，為鄧小平復辟資本主義效勞。

第四，販賣「孝道」和「男尊女卑」的封建道德觀。

《小學》的尾聲竭力為封建倫理道德招魂引幡。它大肆宣揚封建

主義「孝道」。作為道德規範的所謂「孝道」，具有鮮明的階級內容，它歷來都是為反動階級服務的。孔子把「孝道」當做「仁」的根本，當做防止奴隸造反、反對新興地主階級奪權的思想武器，利用「孝道」為他的「克己復禮」服務。《小學》的作者繼承孔丘的反革命衣缽，也揮舞「孝道」的破旗，重彈《孝經》的陳詞濫調，抬出《二十四孝原編》的「孝子」亡靈。如什麼黃香扇枕、江革背母、庾黔婁嘗糞、王祥求鯉等等。其實，這些人無一不是孔、孟之道的信徒，無一不是利慾熏心、官迷心竅的騙子。黃香就以「孝」騙到了東漢東郡太守的官銜，江革以「孝」當上了東漢諫議大夫，庾黔婁以「孝」升了南齊益州長史，王祥以「孝」詐到了晉朝太保爵位。《小學》別有用心地宣揚這些故事，就是要人們學習以「孝」行「詐」的鬼蜮伎倆，學走「孝道」以達「官爵升遷」的道路，做反動統治階級的忠實奴才。《小學》要人們照著「孝道」去立身處事，就是要使人們都成為既「不會飛鳴，也不會跳躍」的恭順奴才，這樣他們夢寐以求的「以孝治天下」的目的就可順順當當得以實現。反動階級儘管把「孝道」說得口沫四濺，但是他們自己並不想去實行。「妄作孝悌，而僥倖於封侯富貴」的孔丘，原是鼓吹「孝道」的開山祖，可是忘了其父葬地，不顧母喪外出赴宴；「百行孝為先」叫的整天價響的朱熹，對母親卻百般虐待，專給她吃霉米。可見所謂「孝道」是一種極端虛偽的道德說教。林彪也是「孝道」的吹鼓手，胡說「孝」可「用其內容」，是社會主義「新的美德」，有「存在的價值」等等，妄圖借行「孝」使他的徒子徒孫效忠林家父子，以達到復辟大地主、大資產階級專政的罪惡目的，充分暴露了林彪是地主、資產階級的代理人。

《小學》在宣揚「孝道」的同時，還向女童灌輸「三從四德」、「餓死事小，失節事大」等「男尊女卑」的反動思想。它污蔑婦女「天生」就是卑賤的，應該遵「三從之道」。所謂「三從之道」，是孔

門惡狗董仲舒「夫為妻綱」的具體化，它規定婦女「在家從父，出嫁從夫，夫死從子」。《小學》宣揚「三從之道」，就是要婦女服服貼貼受男人統治，做男人的附屬品，不允許有絲毫的獨立人格。《小學》還散布「婦德、婦言、婦容、婦功」的「四德」說教，對婦女從小到大、從生到死、從說話到走路、從生活到政治都給她們立下條條清規，套上重重枷鎖，還美其名曰「閨門之修」。這實際上是把廣大婦女的行動嚴密地禁錮在封建禮教之內，把她們修成僅會生男育女的工具，任受欺凌、壓迫和蹂躪。正如馬克思所指出的：在剝削階級的眼裡，「妻子除生育子女外，不過是一個婢女的頭領而已」。不僅如此，《小學》還大肆標榜所謂「貞婦」、「烈女」的事跡，它引用古代兩個故事：一個是陳孝婦年守寡，以自殺表示「從一而終」；再一個是令女年輕守寡，她「刈髮截耳」，以示發誓「不更二夫」。《小學》宣揚了這種「節烈」、「旌門」的封建貞操觀念，就是要利用「貞節」觀念來控制婦女，維繫封建私有制度，為「存天理，滅人欲」的反動政治綱領服務。舊社會各地所流行的「活守寡」、「望門寡」和「殉夫」的陋俗，到處林立的「貞節坊」、「烈女祠」和「貞女墓」等，都是對封建吃人禮教的血淚控訴和無情鞭撻。正如毛主席所指出的那樣：「政權、族權、神權、夫權，代表了全部封建宗法的思想和制度，是束縛中國人民特別是農民的四條極大的繩索。」

林彪為了「克己復禮」，對綱常倫理道德推崇備至，胡說什麼可以「吸取其內容」，用它「統一人民的思想」，真是反動透頂。他還繼承歷代儒家歧視、醜化婦女的破爛，叫嚷婦女「愚笨」、「落後」，「只能料理家務」，「丈夫命運決定妻子的命運」等等，妄圖阻止廣大婦女參加三大革命運動，把她們變成渾渾噩噩的糊塗人，成為他搞反革命復辟的馴服工具。黨內最大的不肯改悔的走資派鄧小平也曾經胡謅什麼「婦女問題就是婚姻問題、家庭問題、婆媳問題、妯娌問題」的謬

論，這是對廣大勞動婦女的污衊，其罪惡目的，在於使廣大勞動婦女整天糾纏在家庭瑣事中，脫離階級鬥爭，忘掉黨的基本路線，以便讓他們搞翻案復辟。

三

《小學》所宣揚的那些極端反動腐朽的觀點，適應了地主階級強化思想統治的需要。因此，它一經問世，就得到歷代反動統治階級的讚賞和推崇，如有的吹捧它是什麼「禮義之宗」、「入德之門」，是什麼「世道升降之本」，是什麼「變化氣質」、「以正根腳」的「法寶」，「人生自小至老不可須臾離開」，要人們對它「信之如神明」、「敬之如父母」等等。吹捧之肉麻，達到無以復加的地步。在一片讚美聲中，那些地主階級的御用文人、反動儒生，如蠅逐臭，為《小學》注釋、訓詁、韻腳。所以自宋以後，什麼《小學詩禮》、《小學大義》、《小學古訓》、《小學補》、《小學集注》、《小學讀記》、《小學集解》、《小學劄記》、《小學義疏》、《小學或問》（兩種）、《小學後編》、《小學考證》、《小學淺說》等毒草競相出籠。漢奸、賣國賊曾國藩的死黨羅澤南為配合鎮壓太平天國革命，還糾合門生將《小學》改編成便於誦讀、記憶的四言一句的《小學韻語》。這部文字重疊、邏輯混亂、雞零狗碎的唯心主義大雜燴，反動派為何如此重視呢？《小學》是童蒙教材，在反動派的心目中，這類貨色對維護封建反動統治具有極端的重要性。北宋大儒二程說：「教人之術，若童牛之牿，當其未能觸時，已先制之。」把兒童比喻為「童牛」，要趁他們小時就加以馴服。近代儒生羅澤南說：「養人之初，首重發蒙。」並且認為要趁兒童「知思未有所主」之時，就給予灌輸孔、孟之道，搞得他們「盈耳充腹」，使其不再接受「異端邪說」的影響。可見，反動階級重視童

蒙教育的用心何其陰險，他們做意識形態方面的工作是無孔不入的，妄圖通過「啟蒙」讀物宣揚孔、孟之道，占領兒童的思想陣地，為維護和鞏固地主階級專政服務。

毛主席說：「一切腐朽的意識形態和上層建築的其他不適用的部分，一天一天地土崩瓦解了。徹底掃除這些垃圾，仍然需要時間；這些東西崩潰之勢已成，則是確定無疑了。」解放以後，我國社會經濟制度變了，意識形態領域中的社會主義革命不斷深入，但舊時代遺留下來殘存在相當大的一部分人們頭腦裡的反動思想一下子還變不過來，「陳舊的東西總是力圖在新生的形式中得以恢復和鞏固」，諸如《小學》、《神童詩》、《弟子規》、《女兒經》、《三字經》、《千字文》等一類反動通俗讀物還會改頭換面出現，徹底清除這些垃圾還需要很長的時間，這是社會上階級鬥爭的反映。劉少奇一夥不是在六十年代還把一些宣揚孔、孟之道的「啟蒙」讀物塞進中、小學課本嗎？鄧小平所散布的種種反動謬論不是也和《小學》所宣揚的孔、孟之道同出一轍嗎？他們妄圖用腐朽沒落的意識形態，毒害人們的思想，腐蝕人們的靈魂，為他們所推行的修正主義路線服務。「剝削者愈是千方百計地拚命維護舊事物，無產階級也就愈要更快地學會把自己的階級敵人從最後的角落裡趕走，挖掉他們統治的老根。」在當前集中火力批鄧，掀起反擊右傾翻案風鬥爭的新高潮中，我們必須繼續深入批判孔、孟之道，廣泛地宣傳馬、列主義、毛澤東思想，用馬、列主義、毛澤東思想占領一切思想陣地，進一步從各個角落肅清孔、孟之道的流毒和影響，實現「無產階級必須在上層建築其中包括各個文化領域中對資產階級實行全面的專政」，奪取批鄧和反擊右傾翻案風的更大勝利！

——原載《福建師大學報》，一九七六年第二期，頁七四～八〇

評《四書集注》

閒錄

　　《四書集注》，是孔老二的忠實信徒、南宋時期的大儒朱熹纂鑽輯的。這個巧偽人把《禮記》中的《大學》、《中庸》兩篇和《論語》、《孟子》合編為《四書》，與《五經》相提並論成為儒家的經典，並將他把孔、孟之道加工為「理學」的毒汁，灌注其中，作《章句》和《集注》，編成《四書集注》。

　　自從朱熹搞了這《四書集注》之後，封建統治階級便把《四書》作為普及封建禮教的必讀課本，科舉考《四書》，並以《四書集注》為標準答案。由於朱熹精製孔、孟之道，為宋代統治階級效了犬馬之勞，所以，宋代統治者便把他的「理學」也欽定為官方哲學。於是他也成了十二「先哲」之一，青雲直上了。什麼「孔子集列聖之大成，朱子集諸儒之大成」（陸其隴著《松柏抄下存》、熊賜履著《學統》卷九）。

　　朱熹為啥把《禮記》中《大學》、《中庸》分取出來，與《論語》、《孟子》相並而輯成《四書》呢？用他自己的話來說，就是「孔子之所謂克己復禮，《中庸》所謂致中和、尊德性、道問學，《大學》所謂明明德，《書》（《尚書》）曰人心惟危、道心惟微、惟精惟一，允執厥中，聖人千言萬語，只是教人存天理、滅人欲」（《語類》卷十二）。所謂「存天理、滅人欲」，他認為，若是人人「克去私欲」，「復乎天理」，則「天下歸仁」了。如果一日「克己復禮」，「施之於一

家，則一家歸其仁」；「施之於一鄉，則一鄉歸其仁」；「施之於天下，則天下歸其仁」。這就是朱熹集注《四書》的罪惡用心。他的用心就是把《四書集注》和「克己復禮」緊緊連在一起，「把孔夫子的一套當作宗教教條一樣強迫人民信奉」，搞復辟、開倒車，「欲復天德王道之治」（《宋史‧道學傳》）。

朱熹所處的時代，是中國封建社會後期，階級矛盾和民族矛盾交錯複雜的南宋時代。偏安一隅的南宋小朝庭，為了掠取龐大的軍費和向北方女真統治者納貢，便對人民進行更加殘酷的剝削和壓榨，使一直處於緊張狀態的階級關係日益激化。壓迫愈甚，反抗愈烈。在南宋統治的一五二年間，農民起義達二百多次。紛紛起義的農民「不事神佛祖先」、「無視君臣上下」，指斥「三綱五常」的封建「國典為邪法」，提出「法平等，無有高下，才是天理當然」。朱熹面對這樣大動蕩的形勢，深感人心「愈危」，道心「愈微」。他多次向皇帝上書，伏首陳詞，認為孝宗在位二十七年，治理國家，「無尺寸之效」，其原因是「天理有未純，人欲有未盡」。所謂「天理有未純，是以為善不能充其量」。也就是說，沒有充分發揮孔、孟之道即理學的作用；所謂「人欲有未盡，是以除患不能去其根」，也就是說，未能把農民起義鎮壓下去，連根除掉。在朱熹看來，一切社會矛盾的根源歸於「人欲有未盡」，而解決社會矛盾的辦法是「終身盡道」，乃「後之時君世主，欲復天德王道之治，必來此取法」（《宋史‧道學傳》）。

「法」是什麼？就是孔、孟之道，即宋代理學。朱熹說：「子程子曰不偏之謂中，不易之謂庸，中者天下之正道，庸者天下之定理。此篇乃孔門傳授心法。子思恐其久而差也，故筆之於書，以授孟子其書始言一理。」（朱熹《中庸章句》）要知其「理」、握其法從哪裡入門呢？「《大學》之書，古之大學，所以教人之法也」（朱熹〈大學章句序〉）。當時統治階級就是把《大學》作為尊孔讀經的入門課。反動

統治階級兜售《大學》、《中庸》的聖道心法，就是為了「克己復禮為仁」。一句話，就是妄圖祭起孔老二的亡靈挽救反動統治階級必然滅亡的命運。

《四書》是儒學的經典。這四篇孔、孟之道的教條，是一條黑線，即「信而好古」、「死守善道」、「克己復禮」貫穿其中，但各有其側重。

《論語》是孔老二弟子纂輯的孔丘的復辟經。《孟子》是孟軻繼承並發揮孔丘反動思想體系的言論集，也是弟子纂輯的。《大學》共十一篇，「經」一章，相傳是曾參紀錄孔老二的言論；「傳」十章，是曾參弟子纂輯參考的言論。《中庸》作者是子思（孔丘的孫子孔伋），是專門傳授「禮之用」的心法的。

《論語》的黑綱，就是「克己復禮為仁」，分十卷共二十篇，從〈學而第一〉到〈堯曰第二十〉都貫穿於「禮」之中，從「禮之用，和為貴，先王之道，斯為美」（〈學而第一〉）到「子曰：不知命，無以為君子也，不知禮，無以立也」（〈堯曰第二十〉）。《論語》是把「立於禮」為支撐點，從天命觀、先驗論、「正名」說、愚民政策等各個側面，來鼓吹「克己復禮」反動綱領。《孟子》是「孟軻……述仲尼之意」。「《孟子》一書，只是要正人心，教人存心養性，收其放心，至論仁義禮智，則以惻隱羞惡辭讓是非之心為之端。」《孟子》共七篇。孟子繼孔老二大講「禮」之後大講「仁」，他鼓吹法先王、施「仁政」、「說性善」，把孔老二的思想體系，精製為道統，歷代統治者「當作宗教教條一樣強迫人民信奉」，變成道統化。《大學》，其綱就在於「大學之道，在明明德，在親民，在止於至善」。它的目的是：格物、致知、誠意、正心、修身、齊家、治國、平天下。用朱熹的話來說：「此八者，《大學》之條目也。」這八個條目中，以「修身為本」，以「格物」為基點。朱熹自己解釋，就是「窮天理，明人

倫」。所謂「天理」、「人倫」就是「三綱之變，五常之本，人倫天理之至」，歸根結蒂還是「去人欲，存天理」。《中庸》是孔、孟之道授心法的。「子程子曰：不偏之謂中，不易之謂庸，中者天下之正道，庸者天下之定理。此篇乃孔門傳授心法。」《中庸》就是圍繞一個「道」字講來講去，什麼「天命之謂性，率性之謂道，修道之謂教。道也者，不可須臾離也，可離非道也」。「中也者，天下之大本也。和也者，天下之達道也。」「誠者。天之道也，誠之者，人之道也。」照朱熹的說法，命就是令，性就是理，天命就是天意之令，率性就是遵循天理。「道」就是事物當行之理。其實「理」是他把孔、孟之道上升到了哲學範疇。從政治上看，「中」就是「禮」，就是奴隸主階級專政，「庸」就是天下必須遵守「立於禮」之道，「庸」就是天下永不改變的「理」。朱熹鼓吹的「理」，就是「天命」之「理」即「天理」。「理」就是他繼承孔、孟和二程的唯心主義哲學體系，把「理」視為「生物之體」，也就是「理」是先於物的「絕對精神」。所謂「理學」，就是孔、孟之道的三綱五常那套反動的東西。朱熹把「理」和「天」聯繫起來，這樣就把孔、孟之道系統化、神秘化、定型化了。他繼承董仲舒的「天人感應」的謬論，又把「理」和「人」結合起來，把「群權神授」形象化，說「理」和「帝」是一回事，而「帝是理為主」，天上的上帝和世上的皇帝是什麼「理」的體現和化身。這樣，誰違反「天理」誰就違反「天意」了，說到底，還是孔老二的「受命於天」，「命」是由天決定的。

「存天理，滅人欲」，就是讓人們去掉「人欲」，奉行「天理」，也就是讓人們克制自己，服從「三綱五常」，其險惡用心和罪惡目的，就是根據這個「天理」，要遵循「大學之道，在明明德，在親民，在止於至善」，明德就是為了復禮，要做到「格物、致知、誠意、正心、修身、齊家、治國、平天下」。這是維護反動統治階級的

反動統治,是束縛被統治階級的精神枷鎖。「去人欲,存天理」,就是不要反「中庸」,受壓迫要「溫良恭儉讓」;受剝削,要義不要利;受迫害,要理不要命。這就不難看出,朱熹鼓吹的「天理」就是壓迫有理、剝削有理,而要革命、要造反則就違反了「天理」。因此,他的險惡用心,就是用精心加工的孔、孟之道成為「理學」,給反動統治提供「理論根據」和精神支柱。明朝李贄指出「理學」「流無窮之毒害」,是害人誤國的「偽學」,「理學」論就是以「理」殺人的犬吠罷了。

宋代的大儒朱熹撰寫《四書集注》是為了「克去私欲」,「復乎天理」,就是為了「克己復禮」。當代的大儒林彪,也搞個《四書集句》還是鼓吹「悠悠萬事,惟此惟大,克己復禮」。這兩個「異世同心」的孔老二的忠實信徒,恰是有行有效,亦步亦趨。古往今來,凡是尊孔讀經的大儒,都是靠謠言過日子的。朱熹吹捧孔老二說「天不生仲尼,萬古長如夜」,李贄斥之以鼻:啊!怪不得孔丘以前的人,都點著蠟燭走路!林彪自比文王,自稱天才,自喻天馬;他的死黨陳伯達吹捧他是「一燈能除千年暗,一智能滅千年愚」。他們祭起孔老二的亡靈,攤出「天命」的招牌,為的是「死守善道」「在止於至善」,結果都成為不齒於人類的狗屎堆。神化先王、聖化自己,是古今大儒政治騙子的騙術。王充在〈實知〉中揭露儒家騙子們施展儒學的騙術時說,儒者談到了聖人,認為他往前能知道千年以前的事,往後能預知萬世以後的事,有先驗的眼力,有先驗的聰明,事情一出現他就「先知」,不學就懂了,不做就會了。所以叫他作「聖」;聖就和「神」一樣,就像著龜能知道吉凶,蓍草就稱作神,龜就稱作「靈」。他又引出,孔子將死,留下了讖書,裡面說:「什麼樣的漢子!自稱秦始皇,上了我的堂屋,坐在我的床上,弄亂了我的衣裳,到了沙丘就死了。」後來秦王併吞天下,自稱始皇,巡行到魯國的地方,去看孔丘的住宅,然後往沙丘去,在中途得病死了。裡面又寫道:「董仲舒整

理我的書。」後來江都相董仲舒研究《春秋》，寫出了關於它的傳記。讖書裡又說：「滅亡秦朝的是胡。」後來，到了秦二世胡亥，真的亡了天下。用這三件事證明，孔老二是預知萬世的「先哲」。孔丘生下來不知道他的父親是誰，因為他的母親不告訴他。他吹律管推測，就知道了自己是殷的後代宋國的大夫子氏的後人。沒有考察圖書，沒有聽人說過，吹律管仔細思考就能自己知道自己身世。這就是聖人能知千年以上事情的證明。這都是不實在的，都是捏造的。

王充引據相駁，如果孔丘有神通，能夠憑空地知道秦始皇、董仲舒。那麼，他自己是殷的後代子氏的後人，也應該默默地知道了，何必再吹律管呢？孔丘不吹律管不能斷定他的氏族，那麼，他預見到秦始皇、董仲舒，也許是用了吹律管一類的辦法。事實上，秦始皇沒有到過魯國的地方，怎能上了孔丘的堂屋，坐在孔丘的床上，弄亂了孔丘的衣裳呢？……既然他（秦始皇）沒有到魯國的地方，讖記是根據什麼而說始皇到魯國的地方呢？到魯的話既不能確定，那麼，說孔丘曾說「什麼樣的漢子」的話則是謊言。「什麼樣的漢子」的話既然是流言，那麼，「董仲舒整理我的書」的話也是捏造的。小誣見大誣，小儒捧大儒，這是他們反動本性決定的。天命挽救不了諸儒們必然滅亡的命運，撒謊也彌補不了「像朱熹那樣作人」騙子的空虛。林彪要當董仲舒，要學朱熹做人，這是不打自招，他是當代的大儒。林彪以朱熹《四書集注》為藍本，搞個《四書集句》，也是孔老二忠實信徒的自供狀。這個妄圖祭起孔老二亡靈，「獨往獨來」的「天馬」，葬身於沙丘，跟他的祖師爺孔老二以及他的師兄師弟董仲舒、朱熹一樣，甘當「猛志常在」——野心不死的大儒，同樣跟他所推崇的董仲舒、朱熹一樣，作為螳臂擋車的歷史小丑，死有餘辜，遺臭萬年！

——原載《延邊大學學報》，一九七四年第三期，頁五七～五九

朱熹《中庸章句》的反動實質

慶思

　　資產階級野心家、陰謀家、兩面派、叛徒、賣國賊林彪，是一個
地地道道的孔老二的信徒。他和南宋以後歷代反動統治者一樣，崇拜
孔、孟的衛道士朱熹，鼓吹朱熹的所謂「待人」哲學。他以朱熹的
《四書集注》為藍本，拼湊了一個《四書集句》，叫嚷「中庸之
道……合理」，用孔、孟的反動道統攻擊馬克思、列寧主義，為建立
林家封建法西斯的世襲王朝製造理論根據。為了深入批林批孔，徹底
清算林彪反革命修正主義路線的思想根源，必須批判朱熹的《四書集
注》，進一步揭露《中庸章句》的反動實質。

一

　　朱熹（1130～1200），南宋儒家的主要代表，反動理學的集大成
者，是孔、孟之後我國封建時代影響最大，毒害最深的唯心主義哲學
家。朱熹撰寫的《大學》、《中庸》章句，《論語》、《孟子》集注，被
稱為《四書集注》，是元、明、清三代統治階級欽定的官方哲學，視
為孔丘思想的正宗。

　　朱熹所處的時代，是中國封建社會後期，階級矛盾與民族矛盾交
錯複雜的南宋時代。偏安一隅的南宋小朝廷，為了掠取龐大軍費和向
北方女真者納貢，對南宋人民進行更加殘酷的剝削和壓榨，使一直處

於緊張狀態的階級關係愈趨激化。在南宋統治的一五二年間，農民起義達二百多次。這一時期農民起義的時代特點，在於武裝鬥爭的同時，農民階級的革命思想也向封建倫理綱常發出了勇敢的衝鋒。農民起義「不事神佛祖先」[1]，「無視君臣上下」[2]。他們焚寺觀神廟，殺僧道巫祝；焚官府與「豪右之家」，殺儒生和官吏。他們指斥「三綱五常」的封建「國典為邪法」，主張農民起來造反，「法平等，無有高下」，才是「天理當然」。特別是鍾相、楊么領導的農民鬥爭，提出了「等貴賤、均貧富」的革命口號，把矛頭直接指向封建專制的等級制度和剝削制度。面對著前所未有的農民階級的思想進攻，南宋統治者在加緊武裝鎮壓的同時，竭力尋求加強思想統治的方案。朱熹就是適應統治階級這種需要開始他的反動學術活動和政治活動的。

朱熹是南宋封建王朝的官僚。他多次向皇帝上書，伏首陳詞，說孝宗在位二十七年，治理國家，「無尺寸之效」，其原因是「天理有未純，人欲有未盡」。所謂「天理有未純，是以為善不能充其量」，就是說皇帝對他的反動理學重視不夠，沒有充分發揮它的反革命作用。所謂「人欲有未盡，是以除患不能去其根」[3]，就是說農民鬥爭所以此伏彼起，鎮壓不盡，是因為沒有撲滅鼓動武裝起義的革命思想，沒有把這「患」連「根」一起除掉。所以朱熹憂心如焚，求救於他的祖師爺孔丘，妄想用孔、孟之道拯救封建制度的危機。他曾賦詩述志：「要當報答陛下聖，矯首北闕還潛然。……明年定對白虎殿，更誦《大學》、《中庸》篇。」[4]表示效法漢代的孔門徒子徒孫，為了封建統治的當務之急和長遠利益，他要用中庸之道這個反革命思想武器，向農

1　《雞肋篇》。

2　《高峰文集·乞禁妖教札子》。

3　《五朝名臣言行錄·朱熹》。

4　《朱熹文集·讀通鑑紀事本末》卷四。

民起義進攻。他對《中庸》作了逐章逐句的解釋,《中庸章句》是朱
熹思想的重要組成部分。

二

朱熹的《中庸章句》,宣揚孔、孟的中庸道統,宣揚「存天理,
滅人欲」的反動思想,鼓吹階級調和的「中和」主義,集中地發展了
孔丘的中庸之道,使它的欺騙性和反動性達到到空前的高度。

宣揚孔、孟的中庸道統

道統是指不同學派的思想的傳授和繼承關係。儒家道統是唐代韓
愈最早提出的。他認為這個道統從堯、舜、禹、湯傳之文、武、周
公,再傳之孔丘、孟軻,以此論證儒家思想在中國社會的正統地位,
宣揚孔、孟之道對維護封建統治的重要作用。在「祖述堯、舜」的道
統中,不僅反映了孔、孟復古守舊、開歷史倒車的反動思想,而且以
中庸作為這個道統的「至矣盡矣」的集中概括。朱熹在〈中庸章句
序〉中,特別強調歷來被認為反映儒家道統的十六字「真言」:「人心
惟危,道心惟微,惟精惟一,允執厥中。」所謂「人心」,朱熹把它
解釋為「人欲」,也就是農民反對封建剝削與壓迫的革命思想,這在
他看來是最危險的。所謂「道心」,就是朱熹所鼓吹的「天理」,而它
的最微妙、最唯一的精髓,就是中庸。這十六字真言是《中庸章句》
的總綱。從孔丘到朱熹都吹捧它是堯、舜、禹「聖聖相承」的統治法
寶。朱熹所處的時代,使他深感人心「愈危」,道心「愈微」,「天理
之公卒無以勝人欲之私」。因此,他注《中庸》,要統治者注意運用這
個道統加強專制主義的統治。他用更明確的語言,說明儒家「道統之

傳」就是傳授中庸之道。他說：像堯、舜、禹這樣的「天下之大聖，行天下之大事。而其授受之際，叮嚀告誡，不過如此（指「允執厥中」），則天下之理，豈有以加於此哉」。朱熹的《中庸章句》，特別吹捧孔丘在儒家道統中「繼往聖開來學，其功反有賢於堯舜者」的地位。並引程頤所說「此篇（指《中庸》）乃傳授孔門心法」，以強調中庸在孔丘思想中的重要地位。所謂心法，其實不過是最隱蔽、最陰險、最狡猾的統治方法而已。

孔丘所謂「中」，就是「不能過」，也不能「不及」。所謂「庸」，就是固定不變的「常規」，「不踰矩」。在階級社會中，無論政治的或道德的標準都是按階級劃分的。孔丘認為奴隸制的「禮」是規定「中」的，是中庸的標準（「夫禮，所以制中也」）。因此，復禮即復辟奴隸制是符合中庸的最高的道德，而違反周禮的「僭越」、「犯上作亂」、「禮崩樂壞」等等，一律被孔丘痛斥為「過」。可見中庸哲學是孔丘克己復禮反動政治綱領的思想基礎，是服務於他「興滅國，繼絕世，舉逸民」的反動政治路線的。

中庸之道，從哲學上講，只承認舊質的永恆性，完全否認事物的矛盾運動，否定質變，否定舊質向新質的飛躍，這是徹頭徹尾的形而上學觀點。作為一種歷史觀，中庸之道把舊的社會經濟形態及其上層建築加以絕對化和神聖化，反對社會的前進運動。這種反動的中庸之道，不僅是儒家思想的重要內容，也是孔學門徒在政治上保守復舊，反對變革的理論根據。

孔丘以後，子思和孟軻所處的時代，階級關係發生更大的變化。他們進一步發揮中庸作為精神枷鎖的作用，突出「中和」思想，（「中也者天下之大本也，和也者天下之達道也」），並用中庸把所謂天命、人性、政治、倫理、修養、教化貫串起來，鼓吹用「至誠」融合階級矛盾。《中庸》篇的輯錄，就是對孔丘中庸道統的繼承和發展。

　　朱熹站在維護封建統治階級的頑固立場上，以繼承堯、舜、周、孔的道統為己任，惟恐「異端之說，日新月盛」，使這個道統「失其傳」。因此，他要像思、孟學派輯錄《中庸》，傳授「孔門心法」那樣，著《中庸章句》，進一步宣揚孔、孟的道統，鼓吹「中和為用」的調和主義和「不偏不倚」的折衷主義哲學；用「性命義理」這些玄而又玄的說教，掩蓋其赤裸裸地為封建統治服務的實質。朱熹把中庸之道誇張為「放之則彌六合，卷之則退藏於密」的普遍規律。他著書立說，立意把這個「道統」獻給封建統治者，使之代代相傳，從而暴露了孔門之徒維護舊制度的醜惡嘴臉。

　　由於朱熹發揚了孔、孟的中庸道統，他的《注》也被以後的統治者視為孔門衣缽真傳的不可動搖的教條。《宋史・道學傳》中說：「道之正統，……由於孔子而後，……至孟子而始著，……由孟子而後，至熹而始著。」可見，儒家道統由孟軻之後「不得其傳」，至朱熹才達到一個新的階段，更加成為腐朽反動階級的精神支柱。林彪鼓吹「中庸之道……合理」就是要繼承孔、孟的道統，以反對無產階級專政下的繼續革命，陰謀復辟資本主義。恩格斯說：「現在也還有這樣一些人，他們從不偏不倚的、高高在上的觀點向工人鼓吹一種凌駕於一切階級對立和階級鬥爭之上的社會主義，這些人……就是工人的最凶惡的敵人，披著羊皮的狼。」（《英國工人階級狀況》德文第二版序言）林彪正是工人階級的最凶惡的敵人，是披著羊皮的豺狼。

宣揚「存天理、滅人欲」的反動思想

　　「存天理、滅人欲」是朱熹為撲滅農民反抗鬥爭提出的反動思想。朱熹把維護封建統治秩序和反動倫理道德關係的三綱五常，說成

「永恆」的「至善」的「天理」，所謂「綱常萬年磨滅不得」[5]。而把人民反對封建剝削和壓迫的思想要求，污蔑為「萬惡」的「人欲」。他胡說：「未有君臣已先有君臣之理，未有父子已先有父子之理。」[6]這樣，三綱五常統統成了先驗的超階級的「天理」。朱熹在《中庸章句》中明白地表述說：「道者，天理之當然，中而已矣。」朱熹以三綱五常為中庸的標準，同孔丘以奴隸制的禮為中庸的標準，在本質上完全相同，都是為鞏固剝削階級的統治服務的。由於朱熹把三綱五常提到「天理」的高度，並以它作為中庸的標準，從而給中庸之道塗上一層神秘的色彩，使它更具有欺騙作用。誰違反了三綱五常就是不中不庸，就是悖離「天理」，背叛「聖道」，而要遭譴受誅。因此，朱熹叫嚷的「存天理」，就是存三綱五常，存孔、孟之道，存剝削有理、壓迫有理，就是造反無理。毛主席曾經指出：「幾千年來總是說：壓迫有理，剝削有理，造反無理。自從馬克思主義出來，就把這個舊案翻過來了。」這是對孔丘、朱熹宣揚中庸之道最有力的批判。

朱熹注《中庸》，還用所謂天理與人欲不容並立的觀點，來說明中庸之道和人欲勢同水火的矛盾關係。他說：「至於中庸，雖若易能，然非義精仁熟，而無一毫人欲之私者，不能及也。」就是說，只有鏟除一切違反封建統治的思想言行，即所謂人欲，忍受殘酷的剝削和壓迫，才能存乎天理，達到中庸。朱熹提出「滅人欲」是針對起義農民的。在他看來，「等貴賤，均貧富」的農民革命思想是最大的「人欲」。為了消除這個最大的「人欲」，他採取攻心的戰術，以配合暴力的鎮壓。他在《中庸章句》中提出「修身」是滅人欲、存天理的一個途徑。要人們「以責人之心責己」，「自責而自修焉」，以便「遏

5　《朱子語類》。

6　《朱子語類》。

人欲於將萌，而不使其潛滋、暗長於隱微之中，以至離道之遠也。」為此，朱熹還鼓吹「正心誠意」，要廣大被剝削者端正所謂「道心」，克服「人欲」，遵守君臣上下的等級名分，維護封建道德，同剝削、壓迫自己的統治者以「誠」相待，「橫逆之來，直受之而不報」，等等。這就是朱熹精心勾劃的、為地主階級所愜意的中庸境界。

朱熹把一切社會矛盾的根源歸於「人欲」，而解決這個矛盾的辦法是「修身盡道」。妄圖把廣大群眾從反封建的鬥爭火線上，誘向關起門來，反躬內省的邪路，以維護地主階級的統治。從孔、孟直到朱熹所叫嚷的內省、慎獨、修身、責己，其反革命用心是一脈相承的。然而，朱熹所要滅的只是勞動人民反對剝削、壓迫的「人欲」，他要興的卻是地主官僚橫徵暴斂、巧取豪奪的貪欲。他提出「存天理，滅人欲」的反動口號，正是為了保證地主官僚肆無忌憚的貪欲。以南宋皇帝為頭子，包括朱熹在內的統治集團，實際是荼毒人民，敲剝百姓的最大的強盜集團。反動統治階級和道學家們，是一夥「口上仁義禮智，心裡男盜女娼」[7]的傢伙。自吹「生平所學惟此四字」（指「正心誠意」），並高喊「盡己之心為忠，推己及人為恕」的朱熹，在生活上也是腐朽糜爛的。就是他借口「革其淫俗」，竟下令婦女纏足，而他自己卻以「宿娼為雅事」，強取二尼姑為妾。為陷害政敵，他刑逼官妓。為搶佔所謂風水好地，他挖了別人的祖墳，如此等等。林彪大肆鼓吹「要像朱子那樣去待人」。從這裡，不是可以看出這個陰謀家、野心家卑鄙陰險的內心世界嗎！他效法朱熹頑固站在反動立場上，瘋狂反對無產階級專政下的繼續革命，仇恨無產階級和廣大勞動人民。他效法朱熹販賣孔、孟之道，用以反對馬、列主義、毛澤東思想。他效法朱熹喬裝道貌岸然，實際口蜜腹劍，兩面三刀，明裡「面帶三分

---

7 《魯迅全集》第一卷，頁二一六。

笑」，暗地緊「磨我的劍」，「當面說好話，背後下毒手」。林彪同孔
丘、朱熹一樣，都是最狠毒、最虛偽的反革命兩面派。

鼓吹階級調和的「中和」主義

《中庸章句》發展了孔丘「和為貴」的反動思想，在「致中和」
上大作文章。朱熹宣揚「中庸之中實兼中和之義。」所謂「中和」，
就是對立面的無衝突論，即矛盾的調和與消除。他吹噓「中」是「天
下之大本」，是「天命之性，天下之理」的根源，即道的本體。「和」
是「天下之達道」，是「天下古今之所共由」，即普遍的規律。所以他
認為「中和」是天地萬物的源泉，達到「中和」「則無往而不善」。簡
直把「中和」吹到天上去了。其實所謂「中和」，是為了從思想上扼
殺被壓迫階級的正義要求和反抗鬥爭，調和和取消階級矛盾的一把軟
刀子。

在奴隸制崩潰的春秋末期，為了絞殺奴隸革命，抑制新興地主階
級進行的社會改革，緩和奴隸主貴族內部的傾軋和分化，孔丘及其門
徒拋出「禮之用，和為貴」[8]的反動主張，妄想借以造成一個「庶人
不議」，即不反抗，而貴族之間，又「恭而有禮」的奴隸制的神話世
界。

南宋時代，階級矛盾的尖銳發展使朱熹意識到「似若不和之
甚」。於是，他把「中和」當作一劑起死回生的「丹方」，要廣大農民
和封建官僚、地主講「中和」，搞階級調和主義。他向南宋統治者獻
策：應略為「愛養民力」，「以役煩稅重求所以寬恤」[9]，避免矛盾激

8　《論語・學而》。

9　《五朝名臣言行錄・朱熹》。

化，不可收拾。對於廣大被壓迫者，則要「士人鄉老戒子弟使修孝弟忠信之行」，「佃戶不可歸犯田主」，「各依本分」。「……使之各得其宜，則其和也，孰大於是」！就是說，在保證舊制度「終變不得」，「截然不可犯」的前提下，對客觀存在的矛盾加以折衷調和，以反對革命的變革和社會的進步，使封建統治這個「中」永世長存，所以朱熹認為階級調和是最理想的「和」，再沒有比這種「和」更重要的了。

列寧指出：「所有一切壓迫階級，為了維持自己的統治，都需要有兩種社會職能：一種是劊子手的職能，另一種是牧師的職能。劊子手鎮壓被壓迫者的反抗和暴動。牧師安慰被壓迫者，給他們描繪一幅在保存階級統治的條件下減少痛苦和犧牲的遠景……從而使他們忍受這種統治，使他們放棄革命行動，打消他們的革命熱情，破壞他們的革命決心。」(《第二國際的破產》) 這段話一針見血地揭露了階級調和論極端虛偽的反動本質。事實也是如此，當農民鬥爭如暴風驟雨，衝擊束縛他們的一切羅網時，這個高唱中庸之道的朱熹，根本不講「中和」。他的劊子手的本來面目立刻暴露無遺。他嚴禁農民起來造反，攻擊他們「鼓眾作鬧」。說「以地客殺地主」是「以下犯上，以卑凌尊」。他叫囂為政者「當以嚴為本」，用嚴官「以畏壓人心」，用嚴刑「懲其一以戒百」[10]。他告誡反動統治者，「今之世姑息不得」，「當殺則殺之」[11]，把鎮壓的刀鋒，始終對準起來造反的人民群眾。由此可見，朱熹注《中庸》，宣揚階級調和論，其目的在於使「中和」這把殺人不見血的軟刀子和封建統治階級血淋淋的暴力，起著同樣鎮壓革命的反動效果。林彪打著「致中和」這面黑旗，反對馬克

---

10 〈文公政訓〉。

11 〈文公政訓〉。

思、列寧主義階級鬥爭學說。他提出什麼「兩鬥皆仇，兩和皆友」，混淆階級界限，抹煞路線分歧，惡毒攻擊我們反擊蘇修社會帝國主義的猖狂進攻是「做絕了」、「罵絕了」；誣蔑我們同漢奸、賣國賊王明的鬥爭是「鬥絕了」。他要把我國置於蘇修核保護傘下，變為蘇修的殖民地，才算「兩和皆友」了。他要「舉」黨內機會主義頭子、地富反壞這幫「逸民」，不讓大地主、大資產階級的統治在中國「絕世」，這樣，才叫「和為貴」。所以林彪的「兩鬥皆仇，兩和皆友」的謬論，是反對我們堅持階級鬥爭學說，反對我們對帝修反的鬥爭。而他在實際上則是滿懷著對黨、對人民的刻骨仇恨，要和馬克思、列寧主義路線作殊死決鬥。他的「和」和「友」，是求和於帝國主義，求和於社會帝國主義，是同國內被打倒的地富反壞牛鬼蛇神為友。這是一種地地道道的民族投降主義和階級投降主義。毛主席教導我們：「共產黨的哲學就是鬥爭的哲學。」鬥則進，不鬥則退，不鬥則垮，不鬥則修。革命人民一定要堅持馬克思、列寧主義的階級鬥爭學說，把無產階級專政下的繼續革命進行到底。

三

《中庸章句》所宣揚並加以發展的中庸之道，對於維護封建專制統治起著特殊的作用，因而被歷代反動統治者所尊崇利用，成為指導封建社會上層建築的總原則。朱熹死後，封建皇帝追贈他為「太師」，封「信國公」，並把他的牌位抬進孔廟，祀稱「先儒朱子」，吹捧他「集諸儒之大成」，「立億萬世一定之規」[12]。每當統治者強化對人民的專制統治，總要召喚朱熹的亡靈，制禮作樂，這幾乎是大規模

---

12 〈朱子全集序〉。

鎮壓活動的先兆。朱熹的偶像成了反動政策的化身。「後之時君世主，欲復德王道之治，必來此取法矣。」[13]

南宋以後，封建制度更加腐朽不堪。為了撲滅農民起義的熊熊烈火，封建王朝重用大批所謂「德行、政事兼有之」的臣僚。所謂「德行」，就是他們善於玩弄中庸之道這個反革命思想武器。所謂「政事」，就是他們執行堅決消滅革命的反動政策。這些人站在鎮壓農民起義的最前線，起著牧師和劊子手的雙重作用。這是從朱熹以來孔門後學最突出的一個特點。

到了近代，農民鬥爭以空前規模出現，封建統治岌岌可危。中庸之道作為統治階級的救命稻草，他們總是抓住不放的。大劊子手曾國藩，就是中庸之道狂熱的吹鼓手。他尤其崇拜朱熹，把朱熹的《四書集注》和《近思錄》奉為「二師」，自稱「以朱子之書為日課」。他和清朝統治頭子咸豐帝一唱一和，一個逐句批閱《中庸章句》，一個大講《中庸章句》，妄圖用中庸之道收拾人心，調和階級矛盾（「息天下之爭」），使孔、孟道統永遠成為禁錮思想的囚籠（「止名教之變」）。然而，曾國藩這個滿口中庸的「巧偽人」，面對轟轟烈烈的太平天國農民革命，卻並不中庸。他凶相畢露，叫囂「實行嚴厲鎮壓……是今日挽救時局之良法。」他責怪部下殺人太少（「殺之惟恐不速，何拘文牽義之有？」），而下令「剿滌淨盡」。僅一八六四年七月，他指揮湘軍攻陷天國京城，瘋狂屠殺起義軍民達十幾萬人，以至「秦淮長河，屍首如麻」。可見，以復辟舊制度為畢生事業的孔丘門徒，他們標榜的中庸，完全是騙人的鬼話。中庸之道就是殺人之道。為了維持大地主、大資產階級的反動統治，中庸之道更是獨夫民賊蔣介石的精神支柱。蔣介石鼓吹中庸之道是「很好的倫理哲學和很好的政治哲

---

13 《宋史‧道學傳》卷四二七。

學」，是「經萬世不變的定理」。其所以是「很好的」「哲學」和「定理」，按蔣介石的狂吠：「端在共產主義之根本鏟除。」這個極端陰險殘忍的傢伙，赤裸裸地道出了他鼓吹中庸之道的反革命「本意」。依附他的狐群狗黨，甚至重組什麼「中和黨」，以反共為「中」，以賣國為「和」，鼓噪什麼「尚中的民族德性是中國民族生存的一貫原理」，「階級鬥爭與中國民族之中庸主義根本不能相容」。以此來反對階級鬥爭，反對我們黨領導的人民革命。但是，螳臂豈能擋車，中庸之道豈能挽救蔣家王朝覆滅的命運。蔣介石用中庸之道扼殺人民革命鬥志的妄想，連同他的反動王朝一起，終於被天翻地覆的人民解放戰爭砸得粉碎。近來，苟延殘喘、朝不保夕的蔣介石，還在督促他的法西斯兒子蔣經國讀《中庸》，叫囂「最重要的是朱夫子在《中庸章句》前面寫的一篇序，指出了中國思想的道統與心法」。可見，中庸之道的陰魂，總是附在行將滅亡的反動勢力身上，而腐朽反動勢力，總要把它當作神靈，頂禮膜拜。從這個獨夫民賊的垂死哀號聲中，不是更可以看出朱熹《中庸章句》極端反動的實質嗎。

　　在無產階級專政條件下，工人階級和資產階級的階級鬥爭，主要是通過黨內兩條路線鬥爭表現出來的。「由混入黨內的走資本主義道路的當權派出來顛覆無產階級專政，比地主、資本家親自出馬要好得多，特別是地主、資本家在社會上的名聲已經很臭的情況下，更是如此。」（周恩來同志《十大報告》）林彪就是混入黨內的地主、資本家的代理人。他打著紅旗反紅旗，披著革命的外衣幹篡黨奪權的勾當，他所鼓吹的中庸之道的反革命手法，要比孔丘、朱熹更為隱蔽，更加陰險。用形而上學和折衷主義來篡改馬克思主義的唯物辯證法，歷來是政治上機會主義在哲學上的反映。林彪處心積慮地把中庸之道這劑毒藥，裹上糖衣，精心包裝，貼上「辯證法」、「唯物論」種種標籤，以售其奸，使它具有更大的欺騙作用。但是，林彪既要反革命，就不

可能把自己的狼子野心始終隱藏起來。他同孔丘、朱熹一樣，口裡喊的是和、和、和，實際幹的是殺、殺、殺。林彪所炮製的反革命政變綱領《「571工程」紀要》，徹底暴露了隱藏在中庸背後的凶殘橫恣的殺機。他鼓吹的「中庸之道……合理」，就是反革命政變合理，復辟資本主義合理。毛主席指出：「凡屬倒退行為，結果都和主持者的原來的願望相反。古今中外，沒有例外。」倒行逆施的叛徒、賣國賊林彪，最後只落得個折戟沉沙、粉身碎骨的可恥下場。「沉舟側畔千帆過」，任何反動勢力都阻擋不了人民革命的滾滾洪流。我們一定要在馬克思、列寧主義、毛澤東思想的指引下，沿著毛主席的無產階級革命路線，堅持共產黨的鬥爭哲學，發揚敢於反潮流的革命精神，把批林批孔運動進行到底！

——原載《光明日報》，一九七四年七月十二日

（四）
評朱子生平行事

朱熹在崇安的罪惡活動調查

福建崇安縣報導組　丹山

　　孔、孟的忠實信徒朱熹（1130～1200），是宋朝反動理學的集大成者。七百多年來，一切沒落腐朽的統治階級，為了維護他們的反動統治，總是借助於他的唯心主義理學，從中尋求「治國平天下」的靈丹妙藥。在社會主義革命時期，叛徒、賣國賊林彪為了搞復辟，開歷史倒車，也拜倒在朱熹的腳下，叫嚷「要像朱子那樣去待人」，把朱熹的唯心主義理學作為陰謀篡黨奪權，復辟資本主義的反動思想武器。

　　地處閩北山區的崇安，是朱熹的老巢。據記載，一一四三年（紹興十三年），十四歲的朱熹便「奉母遷居崇安五夫里」，到一一九二年（紹熙三年）六十三歲上，「始築室於建陽之考亭」（《朱子年譜》）。他寓居崇安五夫里，前後達半個世紀之久。在這裡，他著書立說，聚徒講學，大肆販賣孔、孟之道。因此，作為朱熹「倡道」之地的崇安，曾有「閩邦鄒魯」之稱。在孔、孟之徒的心目中，崇安成了與孔丘的家鄉曲阜和孟軻的家鄉鄒縣一樣的「聖地」。

　　為了戳穿朱熹唯心主義理學的極端虛偽和極端殘忍的實質，進一步揭露和批判林彪及其死黨妄圖復辟資本主義的罪行，我們對朱熹在崇安的罪惡活動進行了調查。事實證明，這個反動統治階級道貌岸然的「大賢」，正是一個利慾薰心、貪婪無恥的偽君子，橫行鄉曲、為非作歹的大惡霸和陰險狠毒的地主階級頑固派。他的唯心主義理學，正是欺騙和愚弄勞動人民、維護日益腐朽的封建統治的反動精神支

柱。

一

朱熹原籍江西婺源，但出生於福建的尤溪。他的父親朱松，做過政和、尤溪縣尉，官至吏部員外郎。晚年流寓建安時，巴結上世居崇安五夫里的官僚大地主劉子羽。為了給兒子找個有財有勢的靠山，他在臨死前，便「寓書以家事為寄」。劉子羽受了朱松的囑託，就在五夫里的潭溪邊上，為朱家蓋了幾幢房屋，朱熹「遂奉母遷而居焉」。這裡就是以後朱熹苦心經營數十年的販賣「孔家店」黑貨的老鋪——紫陽書堂。

在這裡，朱熹從「低心下意做儒家事業聖學工夫」開始，走上了地主階級孝子賢孫的反動道路。他遵照其父的「遺訓」，受學於孔、孟之道的衛道士、二程的忠實信徒籍溪胡憲、白水劉勉之和屏山劉子翬的門下。十四、五歲，他便以「銖累寸積」之功讀《中庸》，「便覺得這物事是好底事，心便愛了」。十六、七歲，更下功夫讀孔孟的書，「只自硬著力去做」。十七、八歲讀《孟子》，以至於「無所不學」。到十八歲，他終於拿了孔丘這塊「敲門磚」，敲開了「富貴之門」。這一年，他舉建州鄉貢；第二年，又中進士；不久就得到了泉州同安主簿的任命。此後，他「既博求之經傳，復遍交當世有識之士」，更加賣力地做他的「儒家事業聖學工夫」了。到同安任滿歸來，還特地跑到延平，師事李侗。李侗是二程的再傳弟子，朱熹從李侗那裡進一步繼承了所謂「伊、洛之學」（《朱子年譜》），並且作了發揮。這套反動的哲學體系——程朱理學，從宋代以來，統治了中國封建社會達七百年之久。

歷來的朱氏門徒，都把朱熹打扮成「安貧樂道」的「寒士」，說

他「往往稱貸於人以給用，而非其道義則一介不取也」。然而，事實究竟怎樣呢？朱熹出身於地主家庭，而他所依附的五夫劉氏家族，更是一個所謂「八閩之望族」（《劉氏宗譜》）。劉子羽祖孫三代，高官顯爵，聲勢赫奕。他們倚仗權勢，巧取豪奪，在建陽、建安、浦城和崇安等地都占有大量土地，擁有「鉅萬之財」。在劉家的豢養之下，朱熹一家過著吮吸勞動人民膏血的豪富生活。他居住的紫陽書堂，房屋寬敞，器用完備，庭院裡「有地可樹，有圃可蔬，有池可漁」（《崇安縣志》），儼然是一個地主的莊園。除了在婺源老家的祖業田產外，他在崇安、建陽等地還占有大量土地。在崇安的下梅里，光是「歇馬莊」一處，就買田二百餘畝。此外，「四方饋賂，鼎來踵至，一歲之間，動以萬計」，又是一筆可觀的外快。至於男婚女嫁，也「必擇富民，以利其奩聘之多」。而為了攀結劉家，謀取其「鉅萬之財」，這個貪得無饜的偽君子，還把妹妹嫁給劉子羽族弟、瀏陽縣令劉子翔，把女兒嫁給劉子羽孫兒、桂林縣令劉學古。他的兒子朱埜，也娶了劉子羽族弟、潭州司戶參軍劉復的女兒為妻。憑恃著劉家的財勢，朱熹橫行鄉曲，無惡不作。他厚顏無恥地誘騙兩個年輕的尼姑為「寵妾」。他公然挖掘崇安弓手父母的墳墓，以葬其母。他看中了上梅里寂歷山「風水地」，遷葬其父，從而霸占了周圍二千多畝的山林。剝開歷代反動統治者披在這位「大賢」身上的五光十色的華服，看到的是一個仗勢欺人、蠻橫無理的大惡霸地主。

毛主席指出：「在階級社會中，每一個人都在一定的階級地位中生活，各種思想無不打上階級的烙印。」朱熹的唯心主義理學，同樣打上了十分鮮明的階級烙印。為了論證日益腐朽的封建制度的合理性和永恆性，他長期蟄伏紫陽書堂，「竭其精力，研究聖賢之經訓」，對儒家學說精心地做了闡微補缺的工夫，先後拋出了幾十種毒草，其中有《四書集注》、《程氏遺書》、《伊洛淵源錄》、《近思錄》、《八朝名臣

言行錄》等等，從而形成了更加周密系統的唯心主義理學體系，使孔、孟之道「章章較著」，進一步適應了封建統治階級在思想領域內加強統治的需要。

二

在五夫上街，有一座古老的倉廠。倉門的楣間，刻著「朱子社倉」四個大字。這就是朱熹在一一七一年（乾道七年）創辦的五夫社倉的舊址。此後，歷代的反動統治者，都把朱熹創辦的這一「救濟事業」奉為「古人之良法美意」，而廣為推行。

當年，朱熹曾以「能為鄉閭立此無容之計」，而標榜其「愛民遠慮之心」。所謂「愛民」，也就是孔丘所鼓吹的「愛人」。在這裡，這個善於「假借大義，竊取美名」的偽君子，是以「慈祥和厚」的「慈善家」的面目出現的。但從五夫社倉的創籌始末，就可以戳穿這個欺世盜名的大騙局。乾道年間（1165～1173），建州一帶，水旱頻仍，餓殍滿道。地主階級的殘酷壓榨，迫使貧苦農民不斷地舉行起義。在五夫里，「每歲春秋之交，豪戶閉糶牟利，細民發廩強奪，動相賊殺，幾至挺變」（《朱子年譜》）。這就危及地主豪紳的身家性命，動搖了封建統治秩序。正由於這一點，作為鄉里地主豪紳的頭面人物的朱熹，從一一六八年（乾道四年）起，就開始從事「救濟事業」。他秉承封建統治者的意旨，「勸豪民，發藏粟，下其直以賑之」，妄圖以小恩小惠消滅農民的「悖逆作亂之心」。但不久，距五夫不到二十里的浦城境內，也發生了農民暴動，致使里中「人情大震」。這時，「藏粟亦且竭」，朱熹憂心如焚，不知所措，只得上書府、縣告急。建寧知府徐嘉聞訊後，立即派船運來六百斛穀子，以救燃眉之急。於是，經過一番苦心的運籌之後，朱熹得意洋洋地宣稱：浦城暴動的農民，

「無復隨和而束手就擒矣」。此後，朱熹又三番五次上書府、縣，「請仿古法，為社倉以儲之」，「以舒民之急」，「塞禍亂源」（《朱子文集・五夫里社倉記》）。這就不打自招地供認，他創立五夫社倉的罪惡目的，就是為了堵塞引起農民造反的根源。可以說，這是地主階級手裡的一把殺人不見血的軟刀子，它和血淋淋的反革命暴力起著同樣反動的作用。

近百年來，五夫社倉在地主豪紳把持下，更露骨地成為鎮壓革命人民，維護反動統治的工具。一八六六年（同治五年），崇安北鄉的嵐谷，爆發了以張老三、王有材為首的農民起義。起義軍攻占崇安縣城，殺知縣申其昌，進而分兵攻打建陽，聲威大振。五夫的地主豪紳驚恐萬狀，「聯頭」張太郎便夥同分司官，把社倉存糧充作軍餉，招募五百名「興化勇」，協同官兵，打敗了這支起義軍。辛亥革命後，自稱是朱熹「裔孫」的「大善人」、清遺老朱敬熙，也不惜花費重金，重建五夫社倉，大辦「慈善事業」，以掩蓋其封建復辟活動，從而獲得賣國賊袁世凱授予的「模範縉紳」的稱號，竊取了崇安的縣政大權。第一次國內革命戰爭時期，以繼承「紫陽道脈」自命的五夫民團團總占繼良，效法大劊子手曾國藩，組織反革命的地主武裝——團練時，也賣掉社倉存糧幾十萬斤，購置了大批槍枝、彈藥，擴充反動的民團武裝，對我紅色根據地實行了殘酷的「圍剿」。之後，五夫社倉就成了國民黨反動政府的官倉。一九四九年四月五夫解放後，大土匪頭子劉午波，還糾集大刀會匪徒攻打五夫，劫走倉中所有存糧，妄圖憑藉這批糧食，擴充土匪武裝，作垂死掙扎。事實說明，在革命與反革命激烈搏鬥的年代裡，朱熹創辦的五夫社倉，從來就是操持在地主階級手裡的反革命工具。

在朱熹歷次出任地方官時，這個精通陰謀權術的地主階級反動政客，在竭力措置「荒政」，實行他所謂「塞禍亂源」的同時，自然絲

毫沒有放鬆對農民實行殘酷的反革命暴力鎮壓。在南康軍任上，時值大旱，他一面「首論小民安分著業，以待賑恤」，一面就凶相畢露地叫嚷：「其貧民妄行需索，鼓眾作鬧，定當重作行遣。」在奉命巡視浙東災區時，他一面公開「宣布賑恤」，安撫人心，一面又建議趙昚「詔安撫、提刑兩司，察其有敢倡亂作過之人，及早擒捕，致之憲典，庶奸民知畏，不至生事」，「由是所部肅然」（《朱子年譜》）。因此，他的政敵攻擊他「疏於為政」時，趙昚卻誇獎他：「朱熹政事，卻有可觀。」（《宋史》卷四二九）在潭州任上，他又調兵遣將，血腥地鎮壓湖南農民起義，抓捕數千名無辜農民，甚至在寧宗趙擴登位「赦書」下達後，還殺害了在押的十八名起義領袖（《四朝見聞錄》）。這就是這個「慈祥和厚」的「慈善家」的「恤民」，就是他的口談「仁義」，手執屠刀的「待人」哲學！

三

在五夫的蟹坑，現存一塊高大的石碑，碑額上刻著張栻的幾行篆字：〈宋故右朝議大夫充徽猷閣待制贈少傅劉公神道碑〉，上端繞以二龍浮雕。碑已部分破損，但碑文尚存四千多字，為朱熹所撰寫。碑的四周，還有一圈精緻的花紋圖案。從碑文的記載，可知這是朱熹在一一七九年（淳熙六年）十月為官僚大地主劉子羽立的神道碑。

朱熹為了維護封建統治秩序，繼承和發展了孔丘的「天命」論和董仲舒的「天人感應」說，鼓吹「天命即是天理」，把宇宙萬物和封建秩序都說成是由先於事物存在的「理」所決定的，而「三綱五常」則是這種「天理」在人間的體現。其中尤以體現封建的君臣、父子關係的所謂「忠孝」為「三綱之要，五常之本，人倫天理之至」（《朱子文集·垂拱奏劄》）。正是從這一反動觀點出發，在這篇洋洋四千多字

的碑文中，朱熹追述劉子羽「三世以忠孝相傳」的家世及其「功勳顯赫」的一生，從而樹立了一個奉行代表著全部封建宗法制度的「三綱五常」的地主階級忠臣孝子的「典範」。

　　然而，這個被朱熹吹捧為有著「忘身殉國之忠」的劉子羽，究竟是什麼樣的人物呢？劉子羽官至右朝議大夫、徽猷閣待制，歷任高官。早年在從守越州時，就曾輔佐其父劉韐，率兵鎮壓方臘起義軍。當河北農民「不堪徵斂」而聚眾起義時，他又隨同劉韐守衛真定，以封官許願的卑劣手段，收買了混進起義隊伍的叛徒，把河北農民起義鎮壓下去。這個「三世以忠孝相傳」的劉氏家族的其他成員，也都是封建宗法制度的衛道士，極端反動的地主階級頑固派。他的父親劉韐，是朱熹極力表彰的「以忠孝大節，殺身成仁」的忠臣。這個鎮壓農民起義的劊子手，在欽宗趙桓時，官拜資政殿學士，當過京城四壁守禦使。但是，面臨著金貴族的大舉侵擾，他卻「以亟戰為非」，奉行投降主義路線。不久，便奉旨出使金營，割地求和，屈辱而死。他的二弟劉子翼，在出知建州時，也曾以軟硬兼施的反革命兩手，分化瓦解了熊志寧、范汝為領導的農民起義軍。而他的兒子，官拜資政殿大學士、知樞密院事的劉琪，更是一個凶狠殘暴、殺人如麻的劊子手。在鎮守潭州時，他曾糾合大批反革命武裝，血腥地鎮壓了湖南李金起義，殺害了李金、黃谷等數十名起義領袖。為此，趙眘還賜予「璽書」，通令嘉獎。劉子羽一家血跡斑斑的罪惡行徑，恰好為朱熹所鼓吹的作為「三綱之要，五常之本」的「忠孝」二字作了精到的注解。所謂「忠」，就是奉旨割地求知，實行投降主義；所謂「孝」，就是子承父業，世代與革命人民為敵。透過「忠孝」的遮羞布，我們也可以清楚地看到朱熹的劊子手的猙獰面目和屈膝投降的「屠奴」的醜惡嘴臉。

四

　　綿亙在崇安境內的武夷山，向稱「東南山水秀異之地」，是我國著名的風景區之一。一一八三年（淳熙十年），朱熹辭官歸來，自稱「偶自愛山水」，便在五曲的隱屏峰下，占據了一片山地，建造了「武夷精舍」。當時，這是武夷山的一大建築，號稱「武夷之巨觀」。此後，這個以繼承孔、孟「道統」自居的道學先生，就在這裡開門授徒，從事反動的教育活動了。

　　教育屬於上層建築的範疇，是從屬於一定的階級，為一定階級的政治服務的。朱熹在政治上屬於大地主階級頑固派，推行的是一條守舊、復古、倒退的反動政治路線，力圖挽救日益腐朽的封建制度。他極力反對當時的社會改革，極端仇恨農民的反封建鬥爭，哀嘆「世道衰微，人欲橫流」，「人材日衰、風俗日薄」。他以維護封建綱常禮教為己任，效法孔丘的「克己復禮」，提出了一套「存天理，滅人欲」的反動政治主張，也就是說，要消滅一切違反封建統治秩序的欲望、要求，以維護代表全部封建宗法制度的「三綱五常」，使「天理」不至於泯滅。正是從這一點出發，朱熹不遺餘力地從事他的教育活動，以培植地主階級的忠順奴才。他總結了孔丘、孟軻辦私塾的經驗，認為只要「成人材」，就能「厚風俗」、「濟世務」而「興太平」了（《朱子學歸》卷二一）。他還聲稱：「只是講明義理，以淑人心，使世間識義理之人多，則何患政治之不舉耶！」（《朱子語類》卷十三）寥寥數語，道破了他的辦教育的反動政治目的，這就是培養奴才，為地主階級的政治服務。

　　這一反動的政治目的，決定了朱熹的教育路線，並貫串於他的教育活動的各個方面。他招收學生是有選擇的，所謂「開門授徒，必引

富室子弟,以責其束脩之厚」(《四朝見聞錄》)。從《武夷山志》開列的「朱氏門人」來看,他在「武夷精舍」招收的學生,確也無一不是官僚地主的子弟。他給學生立了「五教之目」:「父子有親、君臣有義、夫婦有別、長幼有序、朋友有信」(《朱子學歸》卷三),也就是要從封建倫理道德的五個方面來教育學生。他選定的教科書,是清一色的儒家「經典」。他告誡學生「非聖賢之書勿讀,無益之文勿觀」(《朱子學歸》卷二二),只是「修己治人之方,皆所當學」(《朱子語類》卷八)。他把「學者工夫」,歸納為「居敬」、「窮理」二事。所謂「居敬」,就是要學生「有所畏謹,不敢放縱」(《朱子語類》卷十二),要恭恭敬敬地去維護封建統治秩序,不得有半點怠慢、放肆和動搖。為此,他還規定了一整套「敬」的規定,什麼「坐如尸,立如齊」啊,什麼「頭容直,目容端」啊(《朱子語類》卷十二),連走一步路,抬一下手,都要畢恭畢敬,來不得半點含糊。所謂「窮理」,就是「格物致知」的唯心主義修養經。他說「一心具萬理,能存心而後可以窮理」(《朱子語類》卷九),就是要學生關起門來冥思苦想,從內心深處體認和省察先驗的「天理」,自覺地按照封建統治哲學立身處世。因此,在「武夷精舍」,他把學生宿舍取名「隱求室」,所謂「隱去復何求,無言道心長」(〈武夷精舍雜詠〉),就是要學生靜居一室,求得「道心」,完全是一套唯心主義先驗論的反動修養辦法。

　　教育問題,說到底是為那個階級培養人材的問題。朱熹辦教育,始終把「德行」放在第一位,以地主階級的政治標準來衡量學生。他說:「德行之於人大矣!……士誠知用力於此,則不唯可以修身,而推之可以治人,又可以及夫天下國家。」(《朱子學歸》卷二一)在他看來,只要學生的「德行」符合地主階級的政治標準和要求,將來出仕做官,就可以統治人民,治理國家了。由此可見,朱熹聚徒講學,就是要培養維護封建制度的所謂「君子」、「賢人」,而這些「君子」、

「賢人」，應該是篤信孔、孟之道的衛道士；是恭恭敬敬地維護「三綱五常」，「以非禮勿視、聽、言、動」的奴才；是深通處世訣竅，精於「治人之方」的政客；是「陽為道學，陰為富貴，被服儒雅，行若狗彘」的偽君子。

創辦「武夷精舍」時，正是朱熹進行反動教育活動最猖狂的時期。他的「武夷精舍」一開張，四方「學者」便紛至沓來，「不遠千里而聚首」此地，曾被吹捧為「三代以下未有盛於此者也」（宋王遂〈重修武夷書院記〉）。在這裡，朱熹竭力網羅門徒，培植黨羽，籠絡同道，組成了一個標榜著「程氏正宗」的唯心主義理學派別和奉行復古主義的反動政治集團。這個集團的骨幹分子有二十多人。依靠這股反動的勢力，朱熹在一一八五年（淳熙十二年），也就是「武夷精舍」創辦後的三年，發起了對法家陳亮的圍攻。陳亮曾尖銳地批判了朱熹的唯心主義理學。陳亮說：「夫道之在天下，何物非道，千途萬轍，因事作則」（《龍川文集・與章德茂侍郎書》）。他認為「道」體現在日常事物之中，任何具體事物都有它自己的規律。這和朱熹的「理在氣先」、「格物致知」的唯心論的先驗論是針鋒相對的。因此，當陳亮的學說從浙江傳播到江西時，朱熹不由得驚呼：「可畏！可畏！」他意識到：「若不爭辯，此道無由得明。」（《朱子年譜》）這時，他便糾集他的黨羽，伺機進行反撲。他一面在背後攻擊陳亮「議論卻乖，乃不知正」，一面卻又假惺惺地規勸陳亮要「懲忿窒欲，遷善改過」，以「免於人道之禍」（《朱子文集》卷三六）。這場論戰，正好說明了在思想和政治路線的鬥爭中，是絕對沒有任何折中、調和的餘地的，同時也暴露了朱熹這個妄圖獨霸輿論，容不得任何「異端」聲音的大學閥的蠻橫作風！

五

朱熹這個虛偽無恥的偽君子，在他死了以後，被歷代啟動統治階級塗上一層層「聖光」，抬上「大賢」的地位，牌位搬進了孔廟。而他的唯心主義理學，也被欽定為官方正統哲學，成為指導封建倫理道德的總原則。

在宋以後的七百多年間，歷代名儒顯宦、騷人墨客絡繹不絕地來到這個所謂「三朝理學駐足之藪」的武夷山，向著朱熹的亡靈焚香頂禮。這夥恬不知恥的孔門醜類，紛紛拜倒在朱熹的腳下，唱起了令人作嘔的贊歌，什麼「宇宙間三十六名山，地未有如武夷之勝；孔、孟後千五百餘載，道未有如文公之尊」啊（宋熊禾〈重建武夷精舍疏〉），什麼「斯道之行也，非有功於人而實有功於天地」啊（明邱錫〈重修武夷書院記〉），如此等等，不一而足，掀起了一陣陣「尊孔崇朱」的反動逆流。

然而，勞動人民卻是怎樣評價這位「大賢」的呢？在五夫的上街，有一條彎彎曲曲的小巷子，傳說當年朱熹遷來五夫時，曾從這裡走過。因此，五夫的地主老爺們便把它命名為「朱子巷」。可是，多少年來，勞動人民卻都管它叫「豬屎巷」。在勞動人民心目中，所謂「朱子」也者，無非是一堆臭不可聞的豬屎而已！

列寧指出：「唯心主義客觀上就是反動派的武器，反動派的宣傳工具。」（〈我們的取消派〉，《列寧全集》卷十七）同歷代行將滅亡的反動派一樣，叛徒、賣國賊林彪也把朱熹作為他效法的「大賢」抬了出來，把他的唯心主義理學作為搞復辟、開歷史倒車的反動思想武器。他把朱熹的《四書集注》奉為至寶，關起門來，搞了個《四書集句》，當作座右銘來學。他信奉朱熹的「天命即是天理」的說教，把

腐朽沒落的資本主義制度，說成是天命所歸，叫囂「順天者興，逆天者亡」，還胡說什麼「這是辯證法」。他剽竊朱熹的「格物致知」的唯心論的認識論，宣揚「從靈魂深處爆發革命」的修養經。他十分欣賞朱熹的「敬字工夫」，鼓吹「敬勝怠則吉，怠勝敬則滅」，大搞形式主義，以掩蓋其醜惡的面目。他學取朱熹的「待人」哲學，結黨營私，要兩面派，大搞陰謀詭計。歸根結柢，他是要利用朱熹的唯心主義理學，為他的反革命修正主義路線提供理論根據，妄圖復辟資本主義。

毛主席教導我們說：「我們已經取得了偉大的勝利。但是，失敗的階級還要掙扎。這些人還在，這個階級還在。所以，我們不能說最後的勝利。幾十年都不能說這個話。不能喪失警惕。」在社會主義這個歷史階段中，階級鬥爭是長期的、複雜的，只要階級敵人還存在，復辟與反復辟的鬥爭就將繼續下去。朱熹雖然死去七百多年了，林彪也落了個可恥的下場，但是，這堆「豬屎」依然在散發著惡臭，它的反動思想影響還遠遠沒有肅清。一小撮階級敵人，仍然躲在陰暗的角落裡，為朱熹的亡靈招魂，大肆鼓吹朱熹的「待人」哲學，為叛徒、賣國賊林彪招魂。林彪效法孔丘、朱熹的「以屈求伸」的反革命策略，實行「勉從虎穴暫棲身」的「韜諱（晦）」之計，他們也告誡自己「不要把仇恨掛在臉上」，把「英雄能屈能伸，世事有常有變」奉為信條。林彪吸取孔丘「小不忍則亂大謀」的反革命經驗，以朱熹的「戒怒」、「忍忿」為座右銘，時刻提醒自己要「忍耐」，不能為「區區小人、區區小事」，而耽誤自己的「終身大事」，他們也把「忍的一時之氣，免的百日之愁」、「調養怒中氣，須防順口言」當作處世訣竅。林彪對朱熹的「父子相隱，天理人情之至也」的說教心領神會，露骨地聲稱「不說假話辦不成大事」，他們也公然宣揚「逢人只說三分話，未可全拋一片心」。尤其甚者，在批林批孔運動蓬勃興起的時候，崇安的一個地主分子，在堂屋裡仍供奉著孔丘的牌位，每逢陰曆

初一、十五，還要焚香叩拜。階級鬥爭的事實告訴我們：階級敵人是不會自行退出歷史舞臺的，時時刻刻都在妄想奪回他們失去的「天堂」，而當他們進行反革命復辟活動時，總是要借孔丘、朱熹之流的僵屍，還資本主義的陰魂。我們一定要響應毛主席關於「**要抓意識形態領域裡的階級鬥爭**」的教導，以馬列主義、毛澤東思想為武器，深入批判從孔丘、朱熹到林彪的一脈相承的剝削階級思想意識形態，徹底肅清其流毒，把批林批孔的鬥爭普及、深入、持久地進行下去！

——原載《文物》，一九七五年第三期，

一九七五年三月，頁三六～四二

撕下「大賢」的假面具

——揭露批判朱熹在崇安縣的罪惡活動和他的唯心主義理學的反動實質

崇安縣　丹山

　　孔、孟的忠實信徒朱熹（1130～1200），是宋朝反動理學的集大成者，是繼孔丘、孟軻、董仲舒之後封建時代影響最大的唯心主義哲學家。

　　七百多年來，沒落、腐朽的剝削階級，為了維護他們的反動統治，總是乞求於朱熹的亡靈，從他的唯心主義理學中尋求「治國平天下」的靈丹妙藥。在社會主義革命時期，叛徒、賣國賊林彪也拜倒在朱熹的腳下，叫嚷「要像朱子那樣去待人」，把朱熹的唯心主義理學作為其陰謀篡黨奪權，復辟資本主義的反動思想武器。

　　據記載，紹興十三年（1143）朱熹便「奉母遷居崇安五夫里」，到紹熙三年（1192）「始築室於建陽之考亭」（《朱子年譜》）。他寓居崇安五夫里，前後達半個世紀之久。在這裡，他著書講學，大肆販賣孔、孟之道。因此，作為朱熹「倡道」的崇安，曾有「閩邦鄒魯」之稱。在孔、孟信徒的心目中，崇安竟成了與孔丘的家鄉曲阜和孟軻的家鄉鄒縣一樣的「聖地」。

　　在批林批孔運動中，為了撕下朱熹道貌岸然的假面具，戳穿他的唯心主義理學的反動實質，進一步揭露和批判林彪亡國復辟資本主義的罪行，我們對朱熹在崇安的罪惡活動進行了一些調查。史實證明，

這個反動統治階級的「大賢」，卻是一個利慾薰心、貪婪無恥的偽君子，橫行鄉曲、為非作歹的大惡霸。他的唯心主義理學，是封建統治階級欺騙和愚弄勞動人民，維護日益腐朽的封建制度的反動精神支柱。

橫行鄉曲的惡霸大地主

朱熹的門徒，一向把朱熹打扮成「安貧樂道」的「寒士」，說他「往往稱貸於人以給用，而非其道義則一介不取也」。這是彌天大謊！事實是，朱熹出身於地主家庭，他依附著五夫里大官僚大地主劉子羽家族。劉氏家族倚仗權勢，巧取豪奪，在建陽、建安、浦城和崇安等地都占有大量土地，擁有「鉅萬之財」。在劉家的豢養之下，朱熹一家過著吮吸人民膏血的豪富生活。劉子羽為朱熹建的紫陽書堂，房屋寬敞，器用完備，庭院裡「有地可樹，有圃可蔬，有池可漁」（《崇安縣志》）。朱熹除了在婺源老家的祖業田產外，在崇安、建陽等地還占有大量土地。在崇安的下梅里，光是「歊馬莊」一處，就占田二百餘畝。此外，「四方饋賂，鼎來踵至，一歲之間動以萬計」，也是一筆可觀的外快。至於男女婚嫁，也「必擇富民，以利其奩聘之多」。而為了攀結劉家，謀取其「鉅萬之財」，這個貪得無饜的偽君子，還把妹妹嫁給劉子羽族弟、瀏陽縣令劉子翔，把女兒嫁給劉子羽孫兒、桂林縣令劉學古，他的兒子朱埜，也娶了劉子羽族弟、潭州司戶參軍劉復的女兒為妻。憑恃著劉家的財勢，朱熹橫行鄉曲，無惡不作。他厚顏無恥地引誘兩個年輕的尼姑為「寵妾」；他公然挖掘崇安弓手父母的墳墓，以葬其母，他看中了上梅里寂歷山的「風水地」，為遷葬其父，霸占了周圍二千多畝的山林；他甚至縱容兒子們盜竊鄉人的耕牛，幹起偷雞摸狗的勾當。被歷代反動統治者吹為「大賢」的

朱熹，卻是一個仗勢欺人、蠻橫無理的大惡霸、大地主。

在階級社會中，每一個都在一定的階級地位中生活，各種思想無不打上階級的烙印。朱熹的唯心主義理學，同樣打上了十分鮮明的階級烙印。為了論證日益腐朽的封建制度的「合理性」和「永恆性」，他長期蟄伏紫陽書堂，「竭其精力，研究聖賢之經訓」，對儒家學說精心地做了闡微補缺的工夫，先後拋出了幾十種著述，其中有《四書集注》、《程氏遺書》、《資治通鑑綱目》、《八朝名臣言行錄》、《太極圖說解》、《伊洛淵源錄》、《近思錄》、《詩集傳》、《周易本義》和《小學書》等等，從而形成了更加系統的唯心主義理學體系。朱熹的理學，使儒家思想進一步適應了地主階級在思想領域內加強統治的需要。

封建綱常禮教的吹鼓手

在五夫的蟹坑，現存一塊高大的石碑，碑文尚存四千多字，為朱熹所撰寫。從碑文的記載，可知這是朱熹在淳熙六年（1179）十月為大官僚、大地主劉子羽立的「神道碑」。

朱熹為了維護封建統治秩序，繼承和發展了孔丘的「天命」論和董仲舒的「天人感應」說，鼓吹「天命即是天理」，把宇宙萬物和封建秩序都說成是由先於事物存在的「理」所決定的，而「三綱五常」則是這種「天理」在人間的體現。這個「理」，「其張之為三綱，其紀之為五常」。其中尤以君臣、父子關係為「三綱之要，五常之本，人倫天理之至」（《朱子文集·垂拱奏劄》）。因此，他說：「事親須是孝，不然，則非事親之道；事君須是忠，不然，則非事君之道。」（《朱子語類》卷十三）正是從這一反動的觀點出發，在這篇洋洋四千多字的碑文中，朱熹追述了劉子羽「三世以忠孝相傳」的家世及其「功勳顯赫」的一生。

　　然而，這個被朱熹吹捧為有著「忘身殉國之忠」的劉子羽，究竟是什麼樣的人物呢？劉子羽官至右朝議大夫、徽猷閣待制。歷任封疆大吏。早年在從守越州時，就曾輔佐其父劉韐，率兵狙擊方臘起義軍。當河北農民「不堪徵斂」而聚眾起義時，他又隨同劉韐守衛真定，以封官許願的卑劣手段，收買了混進起義隊伍的叛徒，把河北農民起義鎮壓下去。他的父親劉韐，是朱熹極力表彰的「以忠孝大節，殺身成仁」的忠臣。這個鎮壓農民起義的劊子手，在欽宗時官拜資政殿學士，當過京城四壁守禦使。但是，面臨著金人的大舉入侵，他卻「以迎戰為非」，奉行投降主義路線。不久，便奉旨出使金營，割地求和，屈辱而死。他的二弟劉子翼，在出知建州時，也曾以軟硬兼施的反革命兩手，分化瓦解了熊志寧、范汝為領導的農民起義軍。而他的兒子、官拜資政殿大學士的劉琪，更是一個凶狠殘暴、殺人如麻的劊子手。在鎮守潭州時，他曾糾合大批反革命武裝，血腥地鎮壓了湖南李金起義，殺害了李金、黃谷等數十名起義領袖。為此，孝宗還賜予「璽書」，通令嘉獎。劉子羽一家血跡斑斑的罪惡行徑，恰好為朱熹所鼓吹的「忠孝」二字作了絕妙的注解。所謂「忠」，就是推行投降賣國路線的「忠」；所謂「孝」，就是世代與革命人民為敵的「孝」。「世上絕沒有無緣無故的愛，也沒有無緣無故的恨。」透過「神道碑」上的「忠孝」二字，我們也可以清楚地看到朱熹的醜惡嘴臉。

為地主階級培養忠順奴才的學閥

　　淳熙十年（1183），朱熹辭官歸來，便在五曲的隱屏峰下，占據了一片山地，建了「武夷精舍」。以後，這個以繼承孔、孟「道統」自居的道學先生，就在這裡講學傳道，從事反動的教育活動了。

　　教育是上層建築領域的一個重要組成部分，為一定階級的政治服務的。朱熹在政治上屬於北宋以來反對王安石變法的大地主階級頑固派，推行一條復古倒退的政治路線，妄圖挽救日益腐朽的封建制度。正是從這一目的出發，朱熹不遺餘力地從事他的教育活動，以培植地主階級的忠順奴才。他繼承了孔丘、孟軻的衣鉢，認為只要「成人材」，就能「厚風俗」、「濟世務」，從而「興太平」了（《朱子學歸》卷二一）。他還聲稱：「只是講明義理，以淑人心，使世間識義理之人多，則何患政治之不舉耶！」（《朱子語類》卷十三）寥寥數語，道破了他辦教育的反動政治目的，就是為反動的地主階級政治服務。從這一反動的政治目的出發，決定了朱熹的教育路線，並貫串於他的教育活動的各個方面。他招收學生是有選擇的，「必引富室子弟，以責其束脩之厚」（《四朝見聞錄》）。從《武夷山志》開列的「朱氏門人」來看，他在「武夷精舍」招收的學生，也無一不是官僚地主的子弟。他給學生立了「五教之目」：「父子有親、君臣有義、夫婦有別、長幼有序、朋友有信」（《朱子學歸》卷三），也就是要從封建倫理道德的五個方面來教育學生。他選定的教科書，是清一色的儒家「經典」。他告誡學生：「非聖賢之書勿讀，無益之文勿觀。」（《朱子學歸》卷二二）他把「學者工夫」，歸納為「居敬」、「窮理」二事。所謂「居敬」，就是要學生「有所畏謹，不敢放縱」（《朱子語類》卷十二），要恭恭敬敬地去維護封建統治秩序，不得有半點怠慢、放肆和動搖。為此，他還規定了一整套「敬」的規矩，什麼「坐如尸，立如齊」啊，什麼「頭容直，目容端」啊（《朱子語類》卷十三），連走一步路，抬一下手，都要畢恭畢敬，不得越「禮」。所謂「窮理」，就是「格物致知」的唯心主義修養經。他說：「一心具萬理，能存心而後可以窮理。」（《朱子語類》卷九）就是要學生關起門來冥想苦想，從內心深處體認和省察先驗的「天理」，自覺地按照封建統治階級的哲學去立

身處世。所以，朱熹的教育思想是很反動的。

政治上的復辟倒退，必然伴隨組織上的結黨營私。就在這裡，朱熹竭力網羅門徒，培植黨羽，組成了一個標榜著「程氏正宗」的唯心主義理學派別和奉行復辟倒退的反動政治集團。依靠這股反動的勢力，朱熹在淳熙十二年（1185），也就是「武夷精舍」創辦後的第三年，發起了對以唯物主義思想家陳亮、葉適為代表的永嘉學派的圍攻。陳亮、葉適曾尖銳地批判了朱熹的唯心主義理學。當陳亮的學說從浙江傳播到江西時，朱熹不由得驚呼：「可畏！可畏！」他意識到，「若不爭辯，此道無由得明」（《朱子年譜》）。這時，他便糾集他的黨羽進行反撲。他一面在背後攻擊陳亮「議論卻乖，乃不知正」，一面卻又假惺惺地規勸陳亮要「懲忿窒欲，遷善改過」，以「免於人道之禍」（《朱子文集》卷三六）。這場論戰，正好說明了在思想和政治路線的鬥爭中，是絕對沒有任何折中、調和的餘地的。

揭穿林彪吹捧朱熹的陰謀

列寧指出：「唯心主義客觀上就是反動派的武器，反動派的宣傳工具。」（〈我們的取消派〉，《列寧全集》卷十七）同歷代行將滅亡的反動派一樣，叛徒、賣國賊林彪也把朱熹作為他效法的「大賢」抬了出來，把他的唯心論先驗論作為搞復辟、開歷史倒車的反動思想武器。他把朱熹的《四書集注》視為至寶，關起門來，搞了個《四書集句》，鼓吹「要像朱子那樣去待人」。他信奉朱熹的「天命即是天理」的反動說教，把腐朽、沒落的資本主義制度說成是天命所歸，叫囂「順天者興，逆天者亡」，還胡說什麼「這就是辯證法」。他兜售朱熹的「格物致知」的唯心論的認識論，宣揚「從靈魂深處爆發革命」的修養經。他十分欣賞朱熹的「敬字工夫」，鼓吹「敬勝怠則吉，怠勝

敬則滅」，大搞形式主義，以掩蓋其醜惡的面目。他取朱熹的「待人」哲學，結黨營私，耍兩面派，大搞陰謀詭計。歸根結柢，他是要利用朱熹的唯心主義理學，為他的反革命修正主義路線提供理論根據，妄圖實現其「克己復禮」復辟資本主義的罪惡目的。朱熹是歷代反動統治者捧起來的，是反動統治階級的「大賢」。然而，「愚民」們是怎樣評價這位「大賢」的呢？在五夫的上街，有一條彎彎曲曲的小巷子，傳說當年朱熹遷來五夫時，曾從這裡走過。因此，五夫的地主老爺們便把它命名為「朱子巷」。可是，多少年來，「愚民」們都管叫它「豬屎巷」。在勞動人民的心目中，所謂「朱子」者，無非是一堆臭不可聞的豬屎而已！

　　毛主席教導我們：「我們已經取得了偉大的勝利。但是，失敗的階級還要掙扎。這些人還在，這個階級還在。所以，我們不能說最後的勝利。幾十年都不能說這個話。不能喪失警惕。」在社會主義這個歷史階段中，階級鬥爭是長期的、複雜的，只要階級還存在，復辟與反復辟的鬥爭就必然存在。朱熹雖然死去七百多年了，林彪也落了個可恥的下場，但是，這堆「豬屎」依然在散發著惡臭，朱熹的反動思想影響還遠遠沒有肅清。階級鬥爭的事實告訴我們：階級敵人是不會自行退出歷史舞臺的，時時刻刻都在妄想奪回他們失去的「天堂」，而當他們進行反革命復辟活動時，總是要借孔丘、朱熹之流的僵屍，還資本主義的陰魂。我們要以馬列主義、毛澤東思想為武器，深入批判反動沒落階級的意識形態孔、孟之道，徹底肅清其流毒，把批林批孔的鬥爭進行到底！

　　　　　　　　──原載《福建日報》，一九七一年十二月五日

道學家朱熹的真面目

江西省婺源縣文化站　文捷

朱熹（1130～1200），婺源人，南宋道學家。劉少奇、林彪一類騙子，都把朱熹的幽魂請出來為復辟資本主義效勞。林彪就肉麻地說：「要像朱子那樣去待人。」

朱熹究竟是一個什麼人呢？他是個——

陰險毒辣的衛道士

朱熹作為孔、孟之道的衛道士出現在南宋歷史舞臺上，是封建社會趨向沒落的必然產物。朱熹以儒家學說為基礎，匯集了儒、釋（佛）、道三家的破爛貨色，炮製了系統的完整的唯心主義理學（道學），為封建社會後期的地主階級專政提供了思想武器。

朱熹是個頑固的孔、孟之道衛道士。他以《四書》作為他的理論基礎，核心是所謂「存天理，滅人欲」（《朱子語類》卷十二，以下簡稱《語類》）。朱熹不同於其他儒家頭目的抱殘守缺，他大量剽竊佛教的神秘觀點和道教的荒誕理論，並和儒家的「天人感應」、「君權神授」等說法糅合在一起，將「理」說成是永恆的宇宙主體。其實，他所說的「存天理、滅人欲」，是從孔丘的「克己復禮」脫胎而來的。朱熹借道教的語言，牽強附會地說明「仁義禮智信」等封建倫理範疇是五行（金木水火土）的體現，把封建地主階級的道德本性，強說成

是宇宙萬物和全人類的本性。朱熹採取恫嚇的口吻說：「綱常千萬年磨滅不得。」（《語類》卷二四）大至革命造反，小至生活瑣事，凡是違反「三綱五常」的言行，都必須嚴加禁止。

朱熹為了論證他的反動的理、欲觀點，煞費苦心地提出了什麼「天命之性」和「氣質之性」，說什麼「稟得清高者便貴，稟得豐厚者便富，稟得衰頹濁薄者，便為愚不肖，為賤，為夭」（《語類》卷四）。把地主階級的政治代表說成是天生命定的統治者，廣大人民群眾只配接受奴役和統治。同時，朱熹還提出了地主階級唯心主義的修養經作為這種反動理論的補充。他一再提出所謂「敬」字功夫，說：「敬字功夫，乃聖門第一義。」（《語類》卷十二）他認為一個人要修養到聖賢的地位，一定要經過格物這個由不知到知的「夢覺關」，再經過誠意這個除惡務善的「善惡關」，最後達到平天下這個超凡入聖的「聖凡關」。朱熹為這個「敬」字功夫規定了像佛教「坐禪」那樣的形式，所謂「坐如尸，立如齊」，「頭容端，目容直」（《語類》卷十二）。只要對封建制度、封建帝王、封建倫理道德「敬」到頭、修養到家，就可以「安人安百姓」、「治國平天下」。朱熹向人們描繪了一個虛妄縹緲的幻境，用蠱惑人心的廉價謊言，為極端腐朽反動的封建統治蒙上了一塊遮羞布，以期達到麻痺和束縛勞動人民鬥志和革命精神的作用。

在「存天理、滅人欲」的殺人理學背後，以朱熹為代表的理學家們，實際上是一批殺人不眨眼的劊子手。孝宗年間，朱熹曾上書皇帝，認為「刑愈輕，而愈不足厚民之俗，往往反以長其悖逆作亂之心，而使獄訟愈繁」。主張以嚴刑酷吏對付敢於反抗的人民群眾。他為了維護封建統治階級的利益，殺氣翻騰地說：「凡有獄訟，必先論其尊卑、上下、長幼、親疏之分，而後聽其曲直之詞，凡以下犯上，以卑凌尊者，雖直（對的）不右（不寬恕），其不直者，罪也！」

（《朱子文集・戊申延和奏札一》）一句話，不准革命造反。朱熹出任湖南安撫時，正值當地發生農民起義。他一到任，趕忙召集黨徒商討對策，採取軟硬兼施手段，把這次農民起義殘酷鎮壓下去。寧宗登位，搞了一個「大赦」的騙人花招，朱熹卻藏起赦書，「取大囚十八人立斬之」，然後再公布赦書（《四朝聞見錄》和《林下偶談》）。刀光劍影，兩面三刀，充分顯示了這個道學家虛偽而殘忍的本性。

譎詐圓滑的陰謀家

朱熹在回答陳齊仲的信中，曾談到要通過「格物致知」去「通世故」。所謂「通世故」，就是總結和運用歷史上的反動派所用的譎詐圓滑的種種陰謀手段，以達到自己不可告人的目的。

朱熹是以聚徒講學的方式來掩護結黨營私的骯髒活動的。他在福建同安縣擔任主簿時，就積極「選秀民充弟子員」，作為第一批黨徒，並且建立了「小山叢竹書院」，作為第一個據點。朱熹是在福建生長的，在福建活動時間較久，這樣就形成了一個以福建門徒為骨幹的「閩學派」，其中，又有一個包括他女婿黃榦在內的十六個人的骨幹核心。朱熹以福建為基地，把勢力擴大到江西、安徽、浙江和湖南等地，建立了大大小小的「書院」。每一個「書院」，既是他培養理學黨徒的場所，又是他設在各地的理學基層組織。連首都臨安「杭州」的首腦機關內都有他的黨徒任職。宋孝宗的侍講「老師」張敬夫，就是他的密友。朱熹曾大言不慚地說：「若使某一日不見客，必須大病一月，似今日與客談話，卻覺得意思舒暢。」（《語類》卷一○七）朱熹並不是「好客迷」，他所說的「客人」，絕大多數是來自各地的黨羽密友。這些黨羽密友的來見，既可以向他通風報信、出謀劃策，又能通過小道消息的方式把他的旨意傳送到四方去。在朱熹的《語類》和

來往的書信中，常常提到「氣象」二字，「氣象」就是形勢，朱熹以研究形勢來商討進退的鬥爭策略，從而達到「著管天下事」(《語類》卷一○七)的目的。

朱熹慣於趨炎附勢，是個死不要臉的政客。他積極勾結和拉攏了一小撮官僚政客，其中有宰執(宰相)四人，待制以上的官員十三人；其中有的就是他同一條賊船上的黨徒，有的是他的理學的鼓吹者。朱熹慣用題詩寫字，饋贈禮物，特別是推薦入官，來籠絡一批死心塌地為他吶喊的黨徒。一次，他的門徒問他：「孔子若被(諸侯國)用，(他的門徒)顏淵做什麼？」朱熹回答：「如孔子做宰相，顏淵便做參政(副宰相)。」(《語類》卷二六)這段師徒對白，正可說明他們一夥的結黨的動機。朱熹一再告誡黨徒：「若得權柄在手，則兵隨將轉，將逐符行。」(《語類》卷九三)他為了實現自己篡權的野心，厚顏無恥地把自己打扮為「天才」。他在〈賀母生朝〉的詩中吹噓自己說：「熹前再拜謝阿娘，自古作善大降祥。」他這個「貴人」是由於祖宗做過善事才賜予的，他的這個聰明腦袋是他阿娘給的。朱熹明明出生於福建尤溪，而他的婺源黨徒卻煞有介事地製造朱熹在婺源出生時「有紫氣如虹自井騰上」的神話(《婺源縣志》)。

「道學先生」就是兩面派的代名詞，朱熹最善於玩弄兩面派的手段。他主張「知欲圓而行欲方」(《語類》卷九五)，強調言行不必統一；他要求「心大則自然不急迫」(《語類》卷九五)，野心要大，善於蓄謀，不必急於兌現；他強調察言觀色，「先探上意如何？方進文字」(《語類》卷一一二)。朱熹舉了一個生活事例，來說明怎樣玩弄陰謀權術，他說：「譬如一盤珍饌，五人在坐，我愛吃，那四人亦都愛吃，我伸手去拿，那四人亦伸手去拿，未必果誰得之。能恁地思量，便自不去圖。古者權謀之士，雖千萬人所欲得的，他也有計術去取得。」(《語類》卷一一二)珍饌我是要吃的，權我是要抓的，但是

要講手段，要比別人吃得多，要比別人抓得快。這就是朱熹道學的陰謀權術。諸如此類，不一而足。

朱熹裝著反佛的姿態，大罵佛家學說是「破瓮破鍋」（《語類》卷一二六），罵聲還未結束，他就大量偷盜禪宗（佛教的一個派別）的論點以充實他的理學。他明明是一個竊權大盜，但每當召他入朝做官，卻又是有召必辭，扭扭捏捏地表演一番；每辭一次，就抬高一次身份，提高一次官職，然後再去上任。他是一個利慾薰心的貪官贓吏，但他又能夠恬不知恥地罵：「某見此等人（指貪污受贓者），只與大字面配去（意指臉上刺字）！」（《語類》卷一〇七）他在高唱「正心誠意」的同時，卻搶人山地，挖人祖墳，霸占尼姑，隱瞞「諸子盜牛而宰殺」的醜事（《四朝聞見錄》）。真是為所欲為，無惡不作。

朱熹玩弄譎詐圓滑的陰謀，又豈能掩盡天下人耳目。當時，就有人看出朱熹是「欺世盜名，不宜信用」（《宋史·鄭丙傳》），「道學權臣，結成死黨，窺伺神器（權）」（《朱子年譜》）。連朱熹的門徒傅伯壽也罵他：「大遜若慢，小遜若偽。」（《婺源縣志》）明代法家李贄剝開朱熹的面紗，罵道：「真個道學，臉皮三寸！」（《世說新語補》）他們在一定程度上，勾劃出了這個陰謀家的臉譜。

禍國殃民的投降派

南宋王朝建立後，統治者每年向北方金族侵略者交納貢銀二十五萬兩和貢絹二十五萬匹，以換取輕歌曼舞、花紅酒綠的「兒臣」苟安生活。當時，活躍在大江南北的農民「義軍」，不斷地打擊侵略者和漢奸偽軍。「南渡君臣輕社稷，中原父老望旌旗」。廣大勞動人民渴望收復失地。可是，朱熹這時卻密切配合投降路線的反動宣傳和賣國活動。

　　朱熹及其一夥別有用心地借《中庸》來宣傳投降主義。他在注釋
《中庸》時，以「不偏不倚」來掩蓋「和為貴」的投降政策實質。對
北方金族占領中原國土，燒殺掠奪的侵略行徑，則大講「橫逆之來，
直受之而不報」的「君子」、「長者」風度。他還極力讚揚漢奸賣國賊
秦檜為「端人正士」。朱熹經常帶著一幫門徒遊山玩水，到處推廣宣
揚「存天理、滅人欲」，卻從不號召人們抵抗侵略者。清代的唯物主
義思想家顏元氣憤地指出，這是企圖「變天下之人……為弱人、病
人、無用之人」（《存學篇・理性評》）。

　　朱熹的主和言論，勢必引起主戰派的駁斥。當時，主戰派陳亮曾
多次與朱熹辯論，批判了朱熹「舉一世而安於君父之仇，而方低頭拱
手，以談性命」的投降哲學。結果，朱熹咆哮如雷，鼓動他的黨徒通
過各種渠道來中傷打擊陳亮，污蔑陳亮動機不純，是「計功謀利之
私」，是「利欲膠漆盆中」。最後，朱熹赤膊上陣，大打出手，在孝宗
面前，污蔑陳亮的意見是「功利之卑說」，「私褻（音褻）之鄙態」，
攻擊陳亮「所盜者皆陛下之財」，「所竊者皆陛下之柄」（《宋史・朱熹
傳》）。他利用職權，千方百計地打擊愛國的陳亮學派，導致陳亮三次
被捕下獄，幾乎喪失生命。

　　在《朱子文集》裡，有時也能看到幾句「禦敵」的詞句。但一旦
要他上陣殺敵，這個高唱「漢家原有中興期」、「語及國勢不振，則感
慨以至泣下」的偽君子，就完全換了腔調，說：「區區東南，事有不
可勝慮者，何恢復之可圖乎？」（《朱子文集・戊申封事》）恩格斯
說：「手段的卑鄙正好證明了目的的卑鄙。」朱熹追求的目的就是苟
安、妥協、投降，「只欲修葺小文字，以待後世，庶小補於天地之間」
（《朱子文集・與呂伯恭書》）。所謂「後世」究竟是指哪個朝代？不
也可以解釋為向金族侵略者獻媚眼、當兒皇帝嗎！果然如此，光宗紹
熙四年，宋使自金回朝，帶來金族皇帝完顏璟的口信，詢問朱熹還在

不在？身體如何？任何官職（《婺源縣志》）？敵人如此指名道姓地關心朱熹，足見朱熹的投降言行，是完全迎合金族侵略者的侵略意圖的。事實是一面鏡子。南宋滅亡後，大批理學黨徒紛紛投入元帝國的懷抱，把烏紗帽換成大紅羅幔、頂有金十字的「罟罟（音古）」帽。元朝右丞相都總裁脫脫主編、南宋理學先生參加編纂的《宋史》，特地為那些崇拜儒術的漢奸們寫了「貳臣傳」，這正是對朱熹理學「修身、齊家、治國、平天下」的絕妙諷刺。

毛主席說：「輕視反面教員的作用，就不是一個徹底的辯證唯物主義者。」朱熹是一個反面教員。對朱熹的批判，將有助於我們進一步認識林彪吹捧朱熹的罪惡用心，認識那些兩面派們所玩弄的共同手法。

——原載《學習與批判》，一九七四年第十二期，頁一二～一五

朱熹醜史（五則）

北京師範大學　李石重

　　叛徒、賣國賊林彪曾經極力鼓吹朱子的「待人」哲學。

　　「朱子」何許人？就是南宋那個反動道學家朱熹。此人繼承孔、孟之道的衣缽，胡說宇宙萬物和封建秩序都是由先於客觀事物的「理」所決定的，「三綱五常」就是永恆不變的「天理」。為了維護封建秩序，他提出「存天理、滅人欲」的口號，擺出一副道貌岸然的樣子。

　　「被服儒雅，行若狗彘然」，法家李贄一槍戳穿了朱熹的假面。他，口談道德而心存高官，鼓吹仁政而殺人如魔，是一個陰險狠毒的兩面派。

　　這裡發表的是朱熹穢行的幾個片斷。從林彪奉為「楷模」的朱熹身上，我們也可以看出他們那一類騙子的醜惡靈魂。

做「聖人」

　　南宋時期江西婺源縣，有個大地主，叫朱松。朱松這人，平日喜讀孔、孟的書，但他對農民佃戶們，卻又狠又毒，常因催租、逼債而把人弄得妻離子散，家破人亡。

　　一天，朱松叫了個算卦的來家裡，給自己算算富貴命運怎麼樣。算卦的知道朱松為人是尊崇孔、孟的，所以他擺弄了半天，才裝模作樣地說：「你的富貴只能如此了，可是如果有個兒子，也許可像孔夫

子那樣成為聖人。」朱松聽完這話，大喜過望，重賞了算卦的。從此一心想得一個「聖人」兒子來光宗耀祖。可也巧了，朱松的老婆不久就生了個兒子。為了盼兒子長大後前途光明，官運亨通，朱松親自給兒子取名叫「熹」。

朱熹七、八歲時，朱松就教他唸《孝經》。這一天，爺兒倆在書房裡又相對而坐。朱松正在大講敬古賢、忠君主、孝父母的時候，突然捂住胸口，大聲咳嗽起來。朱熹趕忙站過去扶住朱松說道：「爹爹貴體欠安，改日再講吧！」

朱松又咳了一陣兒，才氣喘噓噓地說：「我這病，還是你出生那年氣成的。」

「『氣成的』？咱這地方誰敢頂撞爹爹？」朱熹氣洶洶地問道。

「唉，你小孩子家哪裡知道？」朱松把剛才咳嗽時弄歪的帽子正了正，接著說：「你出生那年，湖南鼎州地方，鍾相和楊么領著一夥窮鬼起來造反。他們提出要和咱們豪富勢家『等貴賤，均貧富』。這貴賤、貧富原是老天爺的聖意，孔夫子不是說『富貴在天』嗎！怎能隨便改動呢？不改，他們就殺紳士劫官府，把聖人的書也都燒了，攪得方圓幾百里不得安寧。連我們這裡的窮鬼也造起反來了。書讀不下去了，成天提心吊膽，爹爹的病就是讓他們氣出來的。」

「這幫窮鬼為什麼要造反呢？」

「他們是小人，不知孔夫子的禮教，不懂三綱五常和皇上的王法。你從現在起，就要學習在家孝父母，出外忠皇上的道理。將來你要像孔夫子那樣，做個聖人，替老天教誨天下人。有敢不聽者，就是犯了天命，就要受到懲罰。犯上作亂的人是不能寬恕的。懂了嗎？」

「懂了！」朱熹恭恭敬敬地回答。

從此，朱熹苦讀《孝經》，還在書上寫下「如果不像這樣做人，就不是人」。他十歲那年又開始學《孟子》。一想到能做聖人，心裡就

得意了不得。

講三綱

南宋到了孝宗即皇帝位，朱熹已經三十歲了。那時，北方的金貴族修戰艦，抓壯丁，不斷南下進犯。

南宋軍隊接連打敗仗，朝廷上一片混亂。大臣為和戰之事，議論紛紛，弄得宋孝宗也頭昏腦脹，只好下詔令地方官員們陳述對和戰的辦法。

朱熹這時正清閑無事，在福建建陽聚眾講學，培植個人勢力，聽到這消息，以為做官的機會來了，趕緊給皇帝上了個密奏，說自己有辦法。

隔了不久，地方官果然傳旨，說皇帝叫他到臨安府面見。朱熹一聽精神抖擻，心花怒放。但一想：「和戰議論鬥爭很是激烈，見皇帝怎麼說呢？」不免為難起來。他左思右想，拿不定主意，於是跑去向老師李侗討教。李侗閉目想了半晌，開口說道：「元晦（朱熹的字）啊！你可非說那三綱五常不可呀！三綱五常是我們儒家的命根。你可別忘了漢朝董仲舒，就靠大講三綱，才做了國相啊！你要說由於三綱不立，金人才興盛，南宋才衰敗，這不就講通了嗎？」朱熹一聽，還是老師說得圓滑，於是笑逐顏開，決心去臨安府。

朱熹曉行夜宿，水陸兼程，不久來到了臨安府。一看臨安府，冠蓋往來，繁華異常，一片昇平景象。福建城鎮哪裡比得上。他心裡高興，覺得躍居龍門，在此一舉。

過了幾天，宋孝宗在垂拱殿上召見朱熹。朱熹畢恭畢敬，小心翼翼地念他的奏札。他忽而說：「誰說國家的根本還不鞏固，進兵的形勢還不成熟呢？」忽而說：「要戰的，要守的，要和的，他們爭論不

休，其實都不過是掩蓋他們的私心罷了。據我看還是慢慢來的好。抗金問題，操之過急會引火燒身啊！皇上要三思。」朱熹胡謅了一通和戰問題後，接著就高聲說：「帝王的學問，在於向古代先王聖賢學習，要修身養性，反躬內省。天下要君為臣綱，父為子綱，夫為妻綱，要講仁、義、禮、智、信，這樣才能抵禦外族，安撫百姓，治國平天下呀！」他把平日死讀的孔、孟之道那一套東西，說得神乎其神。

奏札念完了，皇帝什麼話也沒說。朱熹又小心地退出垂拱殿，長出了一口氣，以為這下子可能得到皇帝的注意，官運來了。於是逢人便說：「皇帝聽完我的奏札很高興。」沒想等了很長時間，皇帝才下旨令朱熹為「武學博士待次」，是個候缺的小官。這有如給朱熹當頭澆了一缸冷水，一直涼到腳心。

當「孝子」

朱熹四十歲那年，有一天鄰家請他老母去吃飯，擺了許多好酒好菜，吃的是建寧好米，朱母很是喜歡。回來後朱母對朱熹說：「給我也買些建寧好米吃吧！」朱熹心想，死不了的老東西，還想吃好米，便說：「哪有什麼建寧好米。」

「鄰人家請我吃的就是建寧好米。」朱母說。

朱熹捋了捋山羊鬍子，說道：「孔老夫子說要『節儉』，我們要按著孔老夫子的話辦事。」

他母親生氣地回到自己的房裡，第二天便病倒了。沒過幾天，就死去了。這下子朱熹可嚎啕大哭起來，媽長母短的亂叫。

墓葬那天，朱熹一家大小披麻戴孝跪在墓前，嗚嗚地大哭了半天。眼看日落西山，參加葬禮的親友都勸他不要過於悲傷，以免傷了

身子。朱熹抽泣著說：「我自幼念《孝經》，如不按著做，就不是人。」接著又是一把鼻涕，一把眼淚，哭得更加傷心。人們見勸阻不住，也就慢慢散了。

過了一會兒，只見朱熹站了起來，抖了抖身上的土，對他的家人喊道：「還哭什麼！人都走了，你們快回去吧！」又回頭對一個家僕說：「你就跪在這裡給我哭吧！」待到朱熹踉踉蹌蹌走進墳旁小屋時，便一下子癱倒在地上了。他有氣無力地說：「做個聖人，真不容易啊！」

搬孔像

一天，朱熹徒步出巡，來到了建陽縣學堂。剛一到這裡，就立即被「侯王風水地」吸引住了。朱熹見景生情地讚嘆道：「啊！這裡的風水可真好啊！我要是到這裡講學，一定能培訓出更多的得意門生來。」想到這裡，朱熹心裡美滋滋的，便打起一定要奪這塊「風水寶地」的如意算盤。於是便三步並做兩步地匆忙返回自己的學堂。

朱熹走進自己的學堂，一看，還是那樣一片陰沉，但見孔丘的「聖像」立在正中，伴隨著稀稀落落的念「經」聲。朱熹自言自語地說：「建陽學堂這塊寶地一定要把它端過來！」接著就對自己的門徒說：「你們到建陽學堂去讀書吧，哪裡有風水，可以得到高官厚祿。」門徒們經朱熹這麼一煽動，都蜂擁般地追在他屁股後面吵著要搬家。他們拿起粗大的繩子，先把孔丘從頭到腳捆綁起來，搖搖晃晃地向建陽學堂拉。孔老二的手和腳都給折斷了，臉上也被碰得一塌糊塗，完全不成人樣了。滿街上看熱鬧的人，看到這情景，都紛紛嘲笑朱熹說：「這就是他對孔丘的尊崇嗎？」朱熹卻得意忘形地吹噓說：「這塊風水寶地就歷史地落在我朱老夫子的手裡了！」

打官妓

朱熹是個官迷，而且一心想做大官。所以朝廷幾次命他出任，他都推辭不幹，好像是學者清高，其實是嫌官小。

這次，皇帝叫他任「提舉兩浙東路常平茶鹽公事」，他又推辭不去，但皇帝幾次下詔，不許他辭，搞得朱熹很是為難。他垂頭坐在書房中想：「『提舉兩浙東路常平茶鹽公事』官是小了點，可它管著台州地方。台州太守唐仲友說過我『不識字，沒有學問』，實在可恨，這下可以報復他一下了。」想到這裡，朱熹不禁高興起來。

朱熹一到任上，就給皇帝連上六道奏折，捏造唐仲友的罪狀。可是捏造終歸捏造，總是抓不住真憑實據。

這天退下公堂來，只見迎面走來兩個女子，問道：「老爺今日為何這般有氣？」朱熹一見這兩個女子，計上心來，他不顧一天的公事完了還沒休息，又以查冤獄為名三步併作兩步跑上堂去。

原來這兩個女子本是庵中的尼姑，因被朱熹看中了，誘騙出來，做為寵妾，一直帶在身邊。朱熹今天看見這兩個寵妾，猛然想到：「皇上禁止官吏宿娼，這獄中現收有幾個妓女，這文章就有作頭……。」

朱熹喝令差役把官妓嚴幼芳提上堂來。

大堂上，朱熹橫眉立目，驚堂木一拍叫道：「嚴幼芳，你與台州太守唐仲友的奸情，要從實招來！」

「大老爺在上，奴婢從來不認得唐大人。」嚴幼芳回答。

「胡說！」朱熹臉全漲紅了，「你今天是認得也要招，不認得也要招，免得挨板子」！

「大老爺真要叫奴婢招沒有的事情，奴婢是被打死也不能。」嚴

幼芳又說。

「不招！打！」朱熹把驚堂木一拍，如狼似虎的差役一擁而上，打了官妓一頓板子。朱熹心想：「唐仲友害不成，這氣卻要出一出。」他親眼看著差役們把昏死過去的官妓拖下去後，才氣鼓鼓地退下堂來。

見孔丘

朱熹五十二歲時，來兩浙東路做官。想趁機出一下風頭，得到皇帝的賞識。當下，朱熹就在宅院召來僚屬商議，怎樣才能露一手。

一個書記官小聲細氣地說：「大人，這地方你還有所不知。北宋末年，方臘以摩尼教組織農民起來造反。他們殺富濟貧，很得農戶擁戴，一下子攻占了六州五十二縣。後來雖說官兵用了很大氣力，可這死灰至今未盡。」

「本官來此正是要給這些小人厲害看看。」朱熹直著脖子大叫。

一個主簿四周看了看，然後：「稟大人，這夥強盜近來成幫結夥與富室豪門鬧事，連官府也不放在眼裡，……。」

「放屁！全是你們姑息養奸，放縱成禍。我堂堂欽任命官哪能讓他們嚇倒！本官主意已定，明日布告示眾。百姓要各依本分，不許結夥鬧事，如有犯者，當殺則殺，絕不姑息。」

講到這裡，朱熹用充滿血絲的小三角眼瞥了瞥眾僚屬，問道：「諸位以為如何？」眾僚屬趕緊低下頭，蹶起屁股答道：「大人忠君忠聖，真是高見。」

這天，朱熹赴宴，深夜方歸，坐在轎中昏昏欲睡。突聽得「撲通」！「撲通」！轎中落進許多碎磚爛瓦來，朱熹驚出一身冷汗，心想不好，撩開轎幔，就抱頭鼠竄。

回家後，朱熹驚魂未定，大病幾天。從此，大門不出，二門不邁，越是到黑夜，越是提心吊膽，風吹樹葉「刷刷」響，都有如碎磚爛瓦又重來。

「還是辭官請朝廷另放他任吧。」朱熹想。

可是官做到哪裡，哪裡都有農民造反，朱熹的恐懼病日甚一日，後來便回家度殘年以修「聖業」去了。

一日，朱熹又在那書房讀孔、孟之書，正要抬起顫抖的手想寫點什麼東西的時候，突然聽到「撲通」一聲，家僕不小心將端來的一杯茶掉在地上。朱熹以為又是一塊瓦片飛來了，心裡一驚，毛筆落地，說話間，兩眼翻白，渾身發直——去見孔老二去了。

——原載《教育革命通訊》，一九七四年第七期，頁五七～六〇

朱熹是投降派、賣國賊嗎？

朱瑞熙

自從叛徒江青出於罪惡的政治動機編造了「法家愛國，儒家賣國」的謬論以後，不少歷史人物被憑空戴上了賣國賊的帽子。朱熹便是其中最典型的一個。兩校大批判組說「以朱熹為代表的反動的道學家們」，「完全是一幫媚敵求榮的無恥的投降派」[1]！廣東某教授，在一九六二年版的《簡明中國思想史》中，曾認為，「朱熹極力主張抗金，反對投降派」，「表現了他很有民族氣節」，但到一九七五年五月出版的《簡明中國哲學史（修訂本）》中，也一反舊說，大罵朱熹「吹捧投降派的秦檜」，「散播失敗主義情緒，認為抗金可以導致亡國，充分暴露出一副投降主義的反動嘴臉」。

朱熹真的是「投降主義者」、「大賣國賊」嗎？

在宋、金的長期對立中，宋朝統治階級在對待金朝的態度方面，不外乎分為抗戰、主守和投降三派。

作為宋朝理學家的朱熹，他在對待金朝侵掠者的態度和主張方面，前後出現過很大的變化，這一變化可以分成三個階段。

第一階段，即宋孝宗即位初年，他積極主張北伐，站在抗戰派的行列。

宋孝宗即位初年，起用抗戰派首領張浚，並為被投降派秦檜殺害

1　《北京大學學報（哲學社會科學版）》一九七四年第四期，北大、清華「大批判組」〈論愛國主義者王安石──兼論歷史上儒法之間賣國與愛國兩條路線的鬥爭〉。

的抗金名將岳飛昭雪，開始作北伐金朝的準備，同時要朝內外陳述時
政缺失。這時，朝野上下，群情振奮。朱熹跟許多士大夫一樣，贊同
「恢復」中原故土，激烈反對與金朝議和。朱熹堅持認為，「人主
（皇帝）義在復仇」。為此，他還跟主張議和的李夙、李浩等人發生
過爭論[2]。

紹興三十二年（1162）八月，朱熹應詔上書，正式提出他的政
見。在奏書中，他指出宋朝的形勢是「祖宗之境土未復，宗廟之仇恥
未除，戎虜之奸謀不常，生民之困悴已極」。現在已經到了決定「國
家盛衰治亂之機、廟社安危榮辱之兆」的關鍵時刻，陛下（指宋孝
宗）應該做三件事：一是熟講帝王之學。即必須首先「格物致知」，
以掌握世上事物的變化，使「義理所存，纖微畢照」，這樣，就自然
意誠心正，能夠妥善處理天下的事務。二是定計（方針）。今天的
「計」不外乎「修政事，攘夷狄」。朝廷所以不能及時定「計」，原因
是被講和之說所疑惑。金朝於宋有不共戴天之仇，則與金朝不能講
和，義理十分明顯。希望罷黜和議，追還使人，任賢使能，立紀綱，
勵風俗，數年之後，志定氣飽，國富兵強，然後衡量自己力量的強
弱、金朝釁釁的程度，「徐起而圖之」，「中原故地不為吾有，而將焉
往」？三是正朝廷。希望任用忠臣賢士，使各盡其才，以修明政
事[3]。朱熹的這封奏書，既向宋孝宗宣講了儒家的《大學》之道，又
表明了他自己反對與金朝議和的立場。

這一時期，朱熹在寫給陳俊卿的信中還痛斥與金議和的主張。他
指出：阻礙國家恢復大計的，是講和之說；破壞邊陲備禦常規的，是
講和之說。對內違背我民忠義之心，對外斷絕中原遺民之望，是講和

---

2 葉適《水心文集》卷十六，〈著作、正字二劉公墓誌銘〉。

3 朱熹《朱文公文集》卷十一，〈壬午應詔封事〉。

之說；雖然現在可免日坐愁城，但養成今後的「晏安之毒」的，也是
講和之說。他在信中還說：「祖宗之仇，萬世臣子之所必報而不忘
者。」如果決定與金朝講和，就會使三綱淪喪，萬事廢棄[4]。

第二階段，即隆興初年張浚北伐失敗至宋、金達成和議以前，他
從積極主戰改變為主張「合戰、守之計以為一」。

宋孝宗隆興元年（1163），抗戰派首領張浚任樞密使、都督江淮
軍馬，開始北伐。張浚派兵進入金境，十分順利地攻占了虹縣、靈璧
和宿州等地。但由於宋軍將領間不和，坐失戰機，反而被金軍在符離
擊敗，宋軍損失慘重。宋孝宗在金朝重兵的威脅下，屈辱求和。

張浚北伐的失敗，使朱熹對宋朝主動出擊勁敵金朝、收復失土的
決策產生了動搖。這一年，他在〈垂拱奏札〉之二中，分析當時社會
上人們應付金朝的三種對策。他認為，「戰，誠進取之勢，而亦有輕
舉之失」。表明他對張浚這一次北伐的評價是準備不足，以致失敗。
「守，固自治之術，而亦有持久之難。」擔心對金朝採取守勢難以持
久。至於和議，他則尤其深痛惡疾。他說：「和之策則下矣！而主其
計者，亦以為屈己愛民，蓄力觀釁，疑敵緩師，未為失計。」他從天
理人欲和三綱五常的理論出發，反駁朝廷上「主計者」（決策者）的
謬論，指出「今日所當為者，非戰無以復仇，非守無以制勝，是皆天
理之自然，非人欲之私忿也」。如今與金朝「釋怨而講和」，不是屈
己，而是違背「天理」。己可以屈，「天理」豈能違背！違背「天
理」，其危害將使「三綱淪，九法斁，子焉而不知有父，臣焉而不知
有君」。他主張立即停止與金朝講和，使全國都知道朝廷復仇雪恥的
本意，然後「表裡江淮，合戰、守之計以為一，使守固而有以戰，戰
勝而有以守」。這樣，持以歲月，「以必復中原、必滅胡虜為期而後

4　同上卷二四，〈與陳侍郎書〉。

已」。這些言論表明，朱熹已經從積極北伐復仇，改變為「合戰、守之計以為一」的主張。

在〈垂拱奏札〉之三，朱熹進一步講述周宣王「側身修行，任賢使能，內修政事，外攘夷狄」的「周道」，認為「制御夷狄，其本不在乎威強，而在乎德業；其任不在乎邊境，而在乎朝廷；其具（備）不在乎兵食，而在乎紀綱」。所以，應以開納諫諍、黜遠邪佞、杜塞倖門、安固邦本等四件事為急務，其餘諸如國威未振、邊備未修、倉庫未充、士卒未練等不足為憂[5]。顯然，朱熹在主張「合戰、守之計以為一」的同時，又開始把內修政事放在外抗金朝之上，認為必須治理好宋朝內政，才能與金朝相抗爭。

第三階段，即隆興初年宋、金和議達成後，他主張固守南宋國土，反對主動北伐，變為十分堅決的主守派。

宋孝宗隆興元年稍後，南宋與金朝達成了和議。南宋作為戰敗者，被迫將唐、鄧、海、泗、商、秦六州之地割給金朝。金朝也作了一些讓步，允許南宋皇帝對金不再稱臣，改稱「姪皇帝」；「歲貢」改稱「歲幣」，每年減少十萬，仍為二十萬。

所謂隆興和議的簽訂，使朱熹對宋朝「恢復」中原故土失去了信心。一方面，他對和議極其「憤嘆」，另方面又認為和議一經成立，「南北再歡，中外無事」，「所謂萬世必報之仇者，固已無所復發其口矣」[6]。所以，從此以後，直到淳熙十五年（1188）前，他不再公開談論「復仇」或「恢復」之事，一意著書講學，逐步完成了他的理學體系。這時，他在治理宋朝內政和對抗金朝方面也形成了固定的看法。

5　《朱文公文集》卷十三，〈垂拱奏札〉二、三。

6　《朱文公文集》卷七五，〈戊午讜議序〉。

　　淳熙十五年，宋孝宗召見朱熹，朱熹乘機上疏詳細闡述自己的政治主張。在內政方面，他提出宋朝的「急務」是輔助太子、選任大臣、振舉綱維、改變風俗、愛養民力、修明軍政等六件事。而比這六件事更需去做的是建議皇帝要「正心」。唯有克去心中的「人欲之私」，才能存下「天理之公」。這樣，朝廷百官、六軍、萬民就「無改不出於正，而治道畢也」。在「恢復」中原故土方面，他提出隆興初年不該倉促罷兵講和，致使「晏安酖毒之害日滋日長，而坐薪嘗膽之志日遠日忘」。近年以來，「綱維解弛，蘗孽萌生，區區東南事猶有不勝慮者，何恢復之可圖乎」！現在朝夕談論「恢復」，實際只是空話，取快一時。真正有志於「恢復」，不在於「撫劍抵掌」之間[7]。朱熹既反對隆興初年與金和議，又反對當時倉促出兵北伐，認為不先治理好內部政事，增強國勢，就談不上「復仇」。這裡，他把治理宋朝內政放在首位，作為恢復中原故土、打敗金朝的前提。

　　如果說在奏疏中必須把自己的政見說得面面俱到，以致觀點不夠明確的話，那麼，在朱熹與弟子的隨便言談之間，他的主張就表達得最清楚不過了。《朱子語類》一書中記錄了他談論「恢復」的好幾條語錄，其中最能代表他的主張的是：「今朝廷之議，不是戰便是和，不和便戰。不知古人不戰不和之間，亦有個且硬相守底道理，卻一面自作措置，亦如何便侵軼得我！今五六十年間，只以和為可靠，兵又不曾練得，財又不曾蓄得，說恢復底都是亂說耳。」[8]表明他既反對向金朝屈辱講和，又反對主動出兵「恢復」，主張在不戰、不和之間堅守南宋國土。朱熹的這一主張，直到他死前，沒有多大的變化。

　　根據以上分析，可以看出，朱熹在早期曾經是積極的抗戰派，但

7　《朱文公文集》卷十一，〈戊申封事〉。

8　《朱子語類》卷一三三，〈本朝七・夷狄〉。

時間很短；中期曾主張「合戰、守之計以為一」，但時間也不長；後期即在他逐步建立理學體系以後，直到死去以前，始終主張固守南宋本土，所以他是十足的主守派。

朱熹為什麼會成為十足的主守派呢？

首先，是因為在宋孝宗以後相當長的一段時間內，南宋社會的階級矛盾即地主階級和農民階級的矛盾成為主要的矛盾。在宋高宗前期和宋孝宗初年，雖然民族矛盾曾經占居主導地位，但自宋孝宗以後，情況就完全變了。這時，金朝的女真族已經完成了封建化，女真貴族作為封建地主，主要依靠剝削漢族佃客、收取地租為生，對外擄掠已不再是一件「榮譽的事情」。金朝統治者的對外掠奪性正在日益減退，並且正在步宋朝地主階級的後塵，逐漸變得腐朽無能，同時，金朝內部階級矛盾逐步尖銳化，這一切都使他們無力和無意對宋朝作大規模的侵掠。所以，金世宗即位不久，就表示願意與宋朝「修舊好」[9]。這一時期，宋、金兩朝統治者最關注的是如何鞏固他們各自國內的統治。這就意味著金朝無力大舉南侵，宋朝也無力全師北伐，雙方互取守勢，固守既有的疆域。以後到宋寧宗初年，雖然抗戰派韓侂冑大展宏謀，主動出兵北伐，但由於軍事上準備不足，缺乏得力的將領，最後仍然歸於失敗。

其次，是因為朱熹把儒家的保守思想和中庸的理論作為自己的信條。朱熹說過：「常人之學，多是偏於一理，主於一說，故不見四旁，以起爭辯。聖人則正中和平，無所偏倚。」[10]他在和、戰之間採取了不和、不戰的主守立場，正好表明他力求實行「正中和平，無所偏倚」的信條。

---

9 《金史》卷一〇七，〈高汝礪傳〉。
10 《朱文公文集》卷八，〈學二‧總論為學之方〉。

　　再次，是跟朱熹哲學上的形而上學觀點也有關。朱熹雖然繼承了北宋哲學家們提出的「無獨有對」的命題，並發展了這一具有辯證法因素的思想，認為「就一言之，一中又自為對」。還列舉了事物互相對立的許多例子[11]。但是，他又否認事物的對立面雙方在一定的條件下可以互相轉化，認為對立的雙方由「天理」的安排互相依賴、永世存在。所以，在宋、金的關係上，他力求維持既成的局面，固守南方。

　　兩校「大批判組」信口開河，胡說以朱熹為代表的道學家是「一幫媚敵求榮的無恥的投降派」。「四人幫」控制的一些報刊所發表的論述朱熹的文章，也隨聲附和，說「朱熹及其一夥」「宣傳投降主義」。似乎理學家及其信徒必定要成為投降派。其實，這都是無稽之談。

　　我們不妨以民族鬥爭最為尖銳激烈的南宋末年為例。南宋末年，確實曾經有不少理學的信徒紛紛向蒙古統治者投降，但是，當時也有很多理學的信徒，如著名的文天祥、陸秀夫、徐應鑣、李成大等人誓師抗敵，最後不屈殉難[12]。南宋後期的大理學家真德秀，也沒有因為信仰理學而成為投降派，相反地，他的「憂國念君之忠」常常溢於言表。他多次提醒宋朝皇帝「宗社之恥不可忘」，並備陳「待敵」之策，尤其反對與蒙古侵掠者講和。這些都證明他堅持民族氣節，伸張民族正義，在南宋後期的大臣中是一位有遠見卓識的政治家，而不是投降派。從南宋的整個時期看，在宋與金、蒙的鬥爭中，當民族矛盾比較緩和的時候，理學家和理學的信徒大多數人是主守派，只有少數人主戰或者主和；當民族矛盾十分尖銳激烈，特別是面臨亡國的危險時刻，主守派就會迅速分化，有些人動搖、妥協，最後向金、蒙侵掠

11　同上卷九五，〈程子之書一〉。
12　《宋史》卷四五一、四五二，〈忠義傳〉。

者投降，有些人則跟侵掠者作不屈不撓的鬥爭。不難看出，在民族鬥爭中理學家並不一定都要成為可恥的投降派。所以，在理學家和投降派之間畫等號，是十分荒謬的。

　　「四人幫」控制的報刊所發表的一些論述朱熹的文章，把朱熹說成是南宋「投降派的理論家」，把朱熹的理學說成是投降派的「反動理論根據」。這也與歷史事實不符。儒家學說一貫宣揚「尊王攘夷」的一大統和排外主義的理論。儒學演變為宋朝的理學後，仍舊包含著這些內容。儒家的經典《春秋》，是當時理學家立論的重要依據。北宋孫復、胡瑗針對唐末、五代十國藩鎮割據的混亂局面，闡發《春秋》中孔丘的「微言大義」，聲討「無王」之罪，極力提倡「尊」[13]。南宋胡安國面對金人的不斷侵掠，申明《春秋》「討賊復仇之義」，主張「用夏變夷」[14]。南宋初年，不少主戰派都引用「《春秋》之法」，譴責投降派頭子秦檜「傾心黠虜」，「力專誤國之謀」[15]。這些事實說明，理學同樣也提倡「尊王」、「愛國」。當然，這裡的「國」是指宋朝封建國家，而「王」是指宋朝地主階級的總代表皇帝。

　　朱熹反對與金朝訂立屈辱的和議，跟孫復、胡安國等人一樣，也是從《春秋》「尊王攘夷」的觀念出發的，不過他又進一步結合綱常的學說來論證。他說：「君臣、父子之大倫，天之經，地之義，而所謂民彝也。故臣之於君、子之於父，生則敬養之，沒則哀送之，所以致其忠孝之誠者，無所不用其極，而非虛加之也。以為不如是，則無以盡乎吾心云爾。然則其有君父不幸而罹於橫逆之故，則夫為臣子者，所以痛憤怨疾而求為之必報其仇者，其志豈有窮哉？」他引用儒家的經典說：「記禮者曰：君父之仇，不與共戴天；寢苫枕干，不與

13　孫復：《春秋尊王發微》。

14　胡安國：《春秋胡氏傳》，〈序〉；卷三，隱公十一年十一月壬辰「公薨」條。

15　《三朝北盟會編》卷一九一、卷一八七。

共天下也。」由此，他進一步闡述：「國家靖康之禍，二帝北狩而不還，臣子之所痛憤怨疾，雖萬世而必報其仇者，蓋有在矣。」[16]儘管他後來根據宋孝宗時的宋、金關係，認為談論「復百世之仇者」是「亂說」。理由是「只要乘氣勢方急時便做了方好，才到一世、二世後，事便冷了」[17]。實際上認為事過境遷，難以「復仇」。但是他仍然從「愛國」的立場出發，主張堅守南宋的國土。同時，必須看到，他建立整個理學體系的目的，是為了使宋朝的封建統治永遠繼續下去，用他的話來說，就是依靠「朝廷三綱五常之教」，「使天下國家」「長久安寧」[18]。這裡自然也包含有「愛國」的意思。不難看出，理學照樣也宣傳「愛國主義」，雖然它的「愛國主義」是地主階級的、封建主義的，其目的也是為了維護宋朝地主階級的長遠利益。所以，在理學和投降、賣國之間畫等號，也是十分荒謬的。

在宋朝與金、蒙的長期鬥爭中，投降派確實也曾利用儒家思想或理學體系的某些方面，為其卑鄙行為辯護。如宋高宗初年，投降派的頭子汪伯彥和黃潛善堅主和議，迫害抗戰派，他們打出「忠君」的旗號，提出「非和則所以速二聖之禍」[19]。言下之意，不向金人投降，就會增加被金人俘去的徽宗和欽宗的生命危險。實際上，他們的邏輯是投降才能忠君，忠君必須投降。秦檜當宰相後，與宋高宗勾結一起，也利用「忠」、「孝」的說教為其投降活動辨解。宋高宗一再宣稱他「不憚屈己，以冀和議之成」，是因為被金人所俘的皇太后「春秋已高，朕朝夕思念，欲早相見」。秦檜更把宋高宗的投降理論提到「孝」與「忠」的高度，他說：「陛下不憚屈己，講和夷狄，此為人

16　《朱文公文集》卷七五，〈戊午讜議序〉。

17　《朱子語類》卷一三三，〈本朝七・夷狄〉。

18　《朱文公文集》卷二三，〈乞放歸田里狀〉。

19　《建炎以來繫年要錄》卷二十，建炎三年二月乙丑條。

君之孝也；群臣見人主卑屈，懷憤憤之心，此為人臣之忠也。君臣之用心，兩得之矣。」[20]即使從儒家的思想來看，秦檜等人所喋喋不休地談論的「忠」和「孝」也是缺乏根據的，但是他們畢竟厚顏無恥地利用了。不過，這一罪責主要應由投降派自己來負。

綜上所述，我們認為，在宋、金的鬥爭中，朱熹既不是抗戰派，也不是投降派和賣國賊，而是一位主守派。雖然他在前期力主北伐「復仇」，但隨著他的理學體系的逐步建立，他改變主意，變成了固執的主守派。

「四人幫」的御用寫作班子挖空心思地要把朱熹打扮成一個「投降派」和「賣國賊」，妄圖借此證明他們所捏造的所謂「法家愛國，儒家賣國」的「規律」，徒見其心勞日拙而已！

——原載《歷史研究》，一九七八年第九期，

一九七八年九月，頁七二～七七

---

20 《三朝北盟會編》卷二二三，万俟卨〈皇太后回鑾事實〉。

朱熹為什麼算王安石變法的帳

歷史系工農兵學員　　林如球

　　朱熹（1130～1200），是我國宋代唯心主義封建理學的集大成者，也是北宋末、南宋初大地主、儒家復辟派對王安石變法實行反攻倒算、翻案復辟的一員黑幹將。

　　北宋時期，隨著我國封建社會走向下坡路，整個地主階級更加腐朽沒落。階級矛盾和民族矛盾十分尖銳。宋王朝對遼、西夏的侵擾，一味「屈己增幣」，妥協投降。同時，由於豪家勢族、官僚大地主瘋狂兼併土地，殘酷的經濟剝削和政治壓迫，迫使農民多次舉行起義。在這種情況下，豪家勢族、官僚大地主為了保持自己的種種特權和既得利益，極力強化儒家的反動統治。在地主階級內部，下層的革新派為挽救社會政治危機，打擊豪家勢族、官僚大地主的特權，反對土地兼併，就要採用法家思想，實行變法。

　　王安石就是作為中小地主階級革新派的代表登上政治舞臺的。他以「天變不足畏，祖宗不足法，人言不足恤」的反儒革新精神，發動了以理財和整軍為中心的「熙寧變法」運動。列寧指出：「王安石是中國十一世紀時的改革家。」[1]但是，由於王安石的階級和時代的侷限，他的變法不能徹底，因此，在宋神宗死後，以司馬光為代表的大地主儒家復辟派重新上臺，就把新法一一推翻。北宋的周敦頤、程

1　《列寧全集》卷十，頁一五二注2。

頤、程顥和南宋的朱熹，便從百孔千瘡的孔、孟之道中剪貼修補，炮製了唯心主義的「理學」，作為他們麻痹人民、鎮壓革命的工具。所謂「理學」，只不過是孔丘的「天命論」和董仲舒的「王權神授」論的翻版。它把官僚大地主壟斷政治、經濟和思想文化的封建綱常倫理和等級制度合法化、神聖化，說成是「天理當然」，不可侵犯；而把一切違反和改變這種「天理」的任何形式的言行和社會變革統統斥為「人欲」，即為「天理」對立、絕不能相容並存而要加以消滅的。所謂「存天理，滅人欲」就是他們的最高信條。為了推行這套反動理學，他們便對歷史上搞變法革新的法家進行瘋狂的圍剿和清算，王安石自然成為他們的最近目標。從司馬光起到陳瓘、陳師錫的《諫議書》及南宋初年邵伯溫的《聞見錄》，前呼後應不乏其人。朱熹作為一個理學的集大成者，也集中了攻擊王安石變法之大成。他惡毒咒罵王安石變法是將「砒霜與人吃」，「其術足以殺人」[2]。他以「理」為綱，揮舞「反理」、「明理」、「復理」三根大棒，翻王安石變法的案、算王安石變法的帳。朱熹的醜惡表演，十足地暴露了這個反動理學家窮凶極惡的反動嘴臉。

　　朱熹算王安石變法的帳，要算什麼？就是算王安石「反理」的法家路線的帳。

　　朱熹大罵王安石變法是「肆情反理」[3]。在朱熹的眼裡，王安石所行的那一套新法是與理學家所鼓吹的「理」格格不入的。在政治上，王安石反對「禮治」，主張「法治」。他不「循常蹈故」，不講理學家的「性命義理」，不遵孔丘的「信而好古」、「述而不作」的祖訓，而採用法家的「刑名度數」，並且「杜塞公論」、「違眾自用」，不

2　《朱子語類》卷八。

3　《朱子文集・書兩陳諫議遺墨》。以下凡引自該文者不再注明出處。

理會司馬光等反對派的盈朝謗議，更不買程頤、程顥這幫「理學權威」的帳，盡「改祖宗之法」。這在朱熹看來，完全不合他的「理」。在經濟上，王安石通過實行青苗法、方田均稅法、農田水利法等一整套新法、企圖「摧制兼併」，抑制官僚大地主兼併土地、「侵牟細民」（包括中小地主）。朱熹大罵他是「剝民興利」，是「乖事理，拂民情」，因為這直接損害了豪家大地主的利益。在組織上，王安石「全不用許多儒臣」，甚至把文彥博、富弼等這些頑固儒臣罷了官，同時，實行法家任人唯賢的路線，進用一批革新派上臺當權，打破了儒家大地主把持政治的一統天下，這在朱熹看來更是「奸賊蒙蔽，禁網嚴密」，「肆情反理」之至！

特別使朱熹不能容忍的是，在思想路線上，王安石變法挖了理學家的祖墳。朱熹一貫以儒家孔學的正統自居，說孔學傳到孟子，「及孟子沒而其傳泯焉」，經過一千四百多年之後，才有程顥、程頤出來「有以接乎孟氏之後」，「雖以熹之不敏，亦幸私淑而有與聞焉」[4]。就是說，他的那套維護官僚大地主獨占利益的理學是從孔老二那裡直接秉承的。因此他把孔、孟之道視為神聖不可侵犯的「天理」。可是王安石在變法時，竟敢非聖無法，「廢《春秋》」，對儒家目為「聖經」的《詩》、《書》、《周禮》等也「以己意穿鑿附麗」，「騁私意，飾奸言」，即以法家觀點進行重新注釋，編成《三經義》、《字說》、《周禮義》等「荊公新學」，為他推行新法製造理論根據。這些書把「先儒傳注，一切廢而不用」[5]，完全違背了過去儒家的傳統注解，成為背叛了儒家正統的異端邪說。朱熹認為，這條「敗國殄民」的反「理」思想路線更是非清算不可！

4　朱熹〈大學章句序〉。

5　《宋史‧王安石傳》。

　　怎樣算王安石變法的帳呢？朱熹學著孔丘「正名」的腔調，打出了「明理」的旗號。

　　朱熹認為，王安石變法的最大毛病是不能「明理勝私」，「反求諸身以驗其實」，把「理」搞亂搞不明瞭。因此，算王安石變法的帳最根本的就必須抓住他路線上「肆情反理之實」，進行「明理」，恢復儒家復古倒退路線的統治，保住官僚大地主的獨占利益，才能「訂以往之謬」，「開後來之惑」。他指摘過去那些儒家復辟派如陳瓘、陳師錫等翻王安石變法的案、算王安石變法的帳皆「未得其要領」，沒有抓住「反理」的要害，進行「明理」，因而造成「言者瀆而聽者疑，用力多而見功寡」。自從二陳算帳後，到他為止「百餘年」，但是王安石變法革新路線的「反理」之源「終未明」，「明理」成了當務之急。為此，他特地寫了一篇〈書兩陳諫議遺墨〉的長文，指明王安石變法的要害是「反理」，即不講禮治而講法治，這是「來者」、「學者」「所不可不知」的。他說，他寫這篇黑文的目的是「俾同志講而擇焉」，是提供儒家復辟派作為翻案算帳的炮彈的。為了「明理」，他赤膊上陣，對王安石變法時非聖反儒、把「理」注釋得不「明」了的儒家經典花一番重新「整頓」、「明理」的功夫，以「理」為綱，編輯注釋了《四書集注》、《詩集傳》、《周易本義》等浸透孔、孟之道歪「理」的黑書，遺臭萬年，決東海之波流惡不盡。

　　為了算王安石變法的帳，光從經書上「明理」還不夠。在朱熹看來，對王安石變法攻擊得越厲害，越是說得一無是處，那麼翻案、算帳也就越徹底，他的「理」也就越明。因為如果把王安石變法搞臭了，就無異於肯定美化了王安石變法前儒家官僚大地主壟斷政治、經濟和思想文化的反動統治是「合理」的。朱熹的這個狼子野心驅使他對王安石變法的攻擊不擇手段，無所不用其極。邵伯溫偽托蘇洵之名，炮製了一篇詆罵王安石變法的黑文〈辨奸論〉，說王安石是個

「陰賊險狠」、「衣臣虜之衣，食犬彘之食，囚首詬面而談詩書」的「大奸慝」，必為「天下之患」等等。朱熹毫不懷疑〈辨奸論〉是蘇洵所作，而且如獲至寶。他效法孔老二修《春秋》的反革命實踐，編寫了一部《五朝名臣言行錄》，竟把蘇洵也作為名臣之一而放在該書的最後，並把〈辨奸論〉摘錄進去。蘇洵生前官位極微，朱熹對於蘇洵其人本來也認為「有九分來許罪」，並不推崇。假使邵伯溫不冒蘇洵之名而炮製這篇臭文，朱熹也許不會把蘇洵擺在「名臣」之列而錄其言行的。朱熹在他編的另外一部「變天帳」《三朝名臣言行錄》中，雖不能不把王安石作為名臣之一而列入，但他在王安石的「言行錄」中所收錄的，卻全是北宋後期以來的那些儒家復辟派攻擊王安石變法、進行翻案、算帳的文字記載，而凡屬於王安石的所謂「嘉言懿行」者，其中「概付闕如」。因而在這兩部《言行錄》傳世後，那些儒生頑固守舊派就像蒼蠅逐臭一樣，以這兩部書作為口實，對王安石變法進行攻擊，使王安石受到了更惡毒的謾罵和污蔑。清朝蔡上翔在《王荊公年譜考略》一書中指出：「安石得謗於天下後世，固結而不可解者，尤莫甚於《言行錄》。」更卑鄙的是朱熹平日滿口「禮義廉恥」，可是為了對王安石變法進行總清算，竟不惜對王安石進行人身攻擊。說他不能「修身」，「至與僧臥地而顧客褌衣」。也不能「齊家」，「至於使其妻窮奢極侈，斥逐娣姒，而詬斥官吏」，「使其子囚首跣足箕踞於前，而干預國政」。既不能「修身」、「齊家」，當然更談不上「治國」、「平天下」了。真是「欲加其罪，何患無辭」。

朱熹算王安石變法的帳目的是什麼呢？就是「復理」，也就是「克己復禮」。

朱熹說，他要翻案、算帳就是因為王安石不知「以格物致知、克己復禮為事」。何謂「格物致知」？「格猶窮也，物猶理也。猶曰窮

其理而已矣。」[6]就是說王安石不能「克去己私，復乎天禮」[7]。這真是不打自招地一語道破了他搞克己復禮、妄圖扭轉歷史車輪倒轉的險惡用心！

　　朱熹為什麼要在這個時候高喊「復理」呢？這是因為南宋比北宋時期，民族矛盾和階級矛盾更加尖銳。一方面是我國北部女真貴族建立的金王朝的不斷侵犯，使南宋小朝廷時刻有覆巢之禍；另一方面是北宋以來農民階級反「理」鬥爭的烈火越燒越旺。北宋初年的王小波、李順起義提出「均平富」的口號，公開向維護封建等級與綱常的唯心主義「理學」挑戰；北宋末年的方臘起義「不事神佛祖先」[8]，「無視君臣上下」[9]，對理學家所宣揚的君權、神權進行了猛烈的衝擊，方臘直接指斥封建剝削壓迫的行為是「安有是理」！主張要「是法平等，無有高下」，才是「天下國家本同一理」[10]。南宋初年的鍾相、楊么起義，提出「等貴賤，均平富」是「天理當然」[11]。農民起義軍對「理學」的革命批判，使得「堯、舜、三王、周公、孔子所傳之道，未嘗一日得行於天地之間」[12]。面對這種形勢，南宋官僚大地主統治集團為了保住他們的既得利益，一面充當漢奸賣國賊，如秦檜、趙構者流；一面又血腥鎮壓農民起義。同時，極端害怕任何社會改革，唯恐因此打破他們的罈罈罐罐，只要有人對他們的腐朽統治稍表異議，便被斥為「又一個王安石出現了」！朱熹這時拚命鼓吹「存天理，滅人欲」、算王安石變法的帳正是適應了儒家官僚大地主這樣

6　《二程遺書》卷二五。

7　《朱子文集・仁說》。

8　《雞肋篇》。

9　《高峰文集・乞禁妖教札子》。

10　《容齋逸史》。

11　《三朝北盟會編》。

12　《朱子文集・答陳同甫》。

的政治需要。他企圖以此說服中小地主安分守己，「明理勝私」，不要搞什麼變法革新，而要團結一致，共同鎮壓農民革命，跟著官僚大地主投降賣國。同時，他也企圖通過這種反動說教，宣揚剝削有理、造反無理，麻醉人民的革命鬥志，要人們做到「居處恭，執事敬，與人忠」，「事親孝，事兄弟（悌）」[13]，這樣一來，「存天理，滅人欲」的目的就達到了，儒家官僚大地主壟斷政治、經濟和思想文化的反動統治就可以永世長存了。這就是朱熹算王安石變法帳的目的所在。

朱熹算王安石變法的帳是王安石變法以來儒法鬥爭的繼續和深入。它告訴我們：從「反理」、「明理」到「復理」，不但集中體現了朱熹的復辟倒退的路線，而且說明：理學家所宣揚的「理」就是復辟之「理」、倒退之「理」，是逆歷史潮流而動的反革命歪「理」。從朱熹算王安石變法的帳這一歷史事實中，使我們認識到在一次大的社會變革之後，必然伴隨著一場翻案和反翻案、復辟和反復辟鬥爭，儒家復辟派總想翻法家的案、算法家的帳，鬥爭十分長期而又複雜。

歷史是一面鏡子。王安石變法，不過是在剝削階級內部進行一次權力和財產的再分配，便遭到他的當代和後代的儒家復辟派如此深惡痛絕；朱熹之流又是翻案，又是算帳。今天，我們要進行社會主義革命，要推翻一切剝削制度，實現共產主義。特別是「無產階級文化大革命，實質上是在社會主義條件下，無產階級反對資產階級和一切剝削階級的政治大革命」，她「對於鞏固無產階級專政，防止資本主義復辟，建設社會主義，是完全必要的，是非常及時的」，這就更不能不遭到一切搞「克己復禮」的地主資產階級復辟派的瘋狂反對。黨內最大的不肯改悔的走資派鄧小平步朱熹的後塵，拋出「三項指示為綱」的修正主義綱領，否定以階級鬥爭為綱，瘋狂扼殺社會主義新生

---

13 《朱子文集·仁說》。

事物，叫囂「就是要扭」、要「以整頓為綱」，要翻文化大革命的案、算文化大革命的帳。鄧小平的拙劣表演，同朱熹又何其相似乃爾！朱熹算帳是為了「復理」。今天，鄧小平要翻文化大革命的案、算文化大革命的帳，其目的也和朱熹一樣，就是要實現孔丘「克己復禮」的反動說教，妄圖顛覆無產階級專政、復辟資本主義。但是，歷史的車輪不容倒轉，「翻案不得人心」。在毛主席的領導下，反擊右傾翻案風的鬥爭迅猛向前，勢不可擋。搞翻案復辟的人最終給歷史留下的只能是失敗的記錄。

—— 原載《廈門大學學報》，一九七六年第二期，頁五八～六二

朱熹在岳麓書院的罪惡活動

金鑫

　　南宋儒家的主要代表、反動理學的集大成者朱熹（1130～1200），為了維護和鞏固南宋封建王朝的反動統治，從一一六七～一一九四年，先後兩次竄到湖南，將黑手伸進當時全國著名的四大書院之一的岳麓書院，以辦教育、講學為名，大肆販賣唯心主義理學，積極培養理學黨徒，血腥鎮壓農民起義。今天，在學習無產階級專政的熱潮中，揭露批判朱熹在岳麓書院的罪惡活動，對於批駁教育界的奇談怪論，在上層建築加強對資產階級全面專政，使學校成為無產階級專政的工具，是很有意義的。

一

　　馬克思主義告訴我們，在有階級的社會中，作為上層建築重要組成部分的教育，是屬於一定的階級，屬於一定的政治路線的。正如斯大林指出的：「教育是一種武器，其效果是決定於誰把它掌握在手中，用這個武器去打擊誰。」（〈和英國作家威爾斯的談話〉，《斯大林文選》頁十五）幾千年來，無論是奴隸主階級、封建地主階級，或者是資產階級，都是把教育緊緊抓在自己手裡，作為宣揚本階級意識，推行本階級政治路線，培養本階級接班人的工具。

　　書院是封建社會後期的一種重要教育組織，它興起於趙宋王朝絕

不是偶然的。我國封建社會走過了它的確立、鞏固和發展的階段，到了宋代進入了後期。地主階級更加反動沒落，封建制度日益腐朽。農民起義風起雲湧，「一年多如一年，一夥強如一夥」（李燾《續資治通鑑長編》卷一四七，慶曆四年三月記事），比以往任何時候都更加猛烈地震撼著搖搖欲墜的封建大廈。農民起義軍燒「官府」、殺「官吏」，把封建社會神聖不侵犯的「三綱五常」、等級制度打得落花流水。加之作為地主階級上層建築組成部分的教育——京師太學、州縣官學，在科舉制度的控制下，已經十分空疏腐敗，名存實亡。正如「中國十一世紀時的改革家」王安石指出的「方今州縣雖有學，取牆壁而已」，而太學又「朝夕從事於無補之學」（〈上仁宗皇帝言事書〉）。在這種情況下，封建統治階級為了維護其反動統治，除了拚命強化國家機器，殘酷鎮壓農民起義之外，迫切需要在意識形態方面作一番修補加工。於是一些封建士大夫便以私人名義，另起爐灶，辦起書院來，作為在意識形態領域裡加強反革命專政的工具，以取代官學所不能起的反動作用。朱熹在〈衡州石鼓書院記〉中談到這個書院興建的原由就曾供認：「予惟前代庠序之教不修，士病無所於學，往往相與擇勝地，立精舍，以為群居講習之所。」岳麓書院和其他大大小小的書院，就是經過封建統治階級修補加工以後，在意識形態領域裡對人民群眾實行專政的工具。而朱熹正是代表當時統治階級掌握這種工具的反動政客之一。

朱熹在書院講學時，發展形成了一套唯心主義理學。他把維護封建統治秩序的「三綱五常」說成是永恆不變的「天理」，而把廣大勞動人民因饑寒交迫而起來造反的革命鬥爭污蔑為萬惡的「人欲」，並繼承和發展了孔老二「克己復禮」的反動政治綱領，說什麼「孔子所謂『克己復禮』……只是教人明天理，滅人欲」，為封建統治階級的「剝削有理」、「壓迫有理」製造根據。他極力鼓吹尊孔讀經，胡說

「《六經》、《論》、《孟》,全是天理」,並把集中代表孔孟之道的《大學》、《中庸》、《論語》、《孟子》精心編纂、注釋,彙集為《四書章句集注》;他還拚命鼓吹閉門修養,宣稱「讀書千遍,其義自見」,要求學生半天閉目靜坐,半天專心讀書,「讀了又思,思了又讀」,認為這樣就可以「革盡人欲,復盡天理」,妄想由此封建統治就可以永世長存了。

二

朱熹第一次竄到岳麓書院是在宋孝宗乾道三年(1167)八月。在這前後,湖南地區的農民起義如火如荼,公元一一三〇年濱湖一帶有以鍾相、楊么為首的農民起義,公元一一六五年郴州地區有以李金為首的農民起義,公元一一七四年賴文政在湖北領導的茶販起義一度進入湖南,公元一一七九年宜章一帶又有以陳峒為首的瑤、漢族起義……

當時湖南的安撫使劉珙在鎮壓以李金為首的農民起義的同時,便重建岳麓書院,「以張栻主教事」。這時,「朱子聞栻得五峰胡氏學」,立即「自閩來潭訪栻,留止兩月」,與張栻在岳麓書院「論中庸之道」,晝夜不歇;並「手書忠孝廉節四大字於堂」,還與張栻、林用中等到南岳遊山玩水(《新修岳麓書院志》卷三、卷一,咸豐辛酉重刊),大肆兜售「存天理、滅人欲」的反動理學,妄圖禁錮勞動人民的思想,遏制任何反抗和革命的發展。後來,反動統治階級把朱熹這次訪問張栻的地方命名為「朱亭鎮」,「朱亭鎮,湘潭縣西,相傳朱子訪張栻於此」;把朱熹和張栻到岳麓書院宣揚反動理學的地方名為「朱張渡」,「宋朱子、張栻講學麓山,多由此渡,又名靈官渡」(王先謙《湖南全省掌故備考》卷八、卷十。以下簡稱《備考》)。

　　朱熹第二次竄到岳麓書院是在宋光宗紹熙五年（1194）。當時，湖南地區有少數民族起義，南宋王朝「恐其滋熾」，就任命朱熹為潭州（今長沙）知事兼荊湖南路（今湖南省）安撫使。他一上任，就殺氣騰騰對其部下說：「期以某日，不俘以來，將斬汝。」（《朱子文集大全類編‧年譜事實》）把這次少數民族起義殘酷地鎮壓下去。《宋元學案‧晦翁學案》記載說：朱熹「會洞獠擾屬郡，先遣人諭以禍福，皆降之」。南宋王朝為了表彰朱熹這一「功績」，就在岳麓書院右側建造了一個「諭苗臺」（《新修岳麓書院志》卷二），這是朱熹血腥鎮壓農民運動的歷史見證。

　　朱熹這個儒很可惡。他深深懂得，以刀殺人遠不如「以理殺人」收效大，他在「嚴武備」的同時，還效法孔老二，更建岳麓書院，「增廣學舍至百餘間，田五十頃」，並聘請其門徒、醴陵貢生黎貴臣充講書執事，活現出一副牧師兼劊子手的醜惡嘴臉。

　　為了造就統治階級的「孝子」、「忠臣」，朱熹「日治郡事，夜親講論」（《長沙縣志》卷十六，乾隆十二年版），並把他親手制訂的臭名昭著的〈白鹿洞書院學規〉搬到岳麓書院來，作為辦學的指導思想（《新修岳麓書院志》卷三）。規定「父子有親，君臣有義，夫婦有別，長幼有序，朋友有信」，為「五教之目」；「言忠信，行篤敬，懲忿窒欲，遷善改過」，為「修身之要」；「正其宜，不謀其利，明其道，不計其功」，為「處事之要」；「己所不欲，勿施於人，行有不得，反求諸己」，為「接物之要」。他還在岳麓書院「塑先師十哲之像，畫七十二賢」，「朔望恭謁聖賢」，無怪乎他的門徒說：「今見先生如見先師也。」（《備考》卷二八）總之，朱熹要求其門徒處處按照孔、孟之道去立身行事，妄圖達到培養「存天理、滅人欲」理學黨徒的猙獰面目。

三

　　朱熹在岳麓書院的時間雖然不長，但其反革命活動的能量卻很大。在他的鼓動和誘惑下，「不獨長沙士子彬彬問學，鄰郡生至千人」，當時的岳麓山下，出現了「一時輿馬之眾，飲池水立竭」（《新修岳麓書院志》卷三）的局面。他以岳麓書院為據點，四處招徠官僚大地主階級的子弟，精心培育，因而在湖南培養了一批理學黨徒。據《朱子門人》記載，其中核心骨幹分子就有十人（長沙府四人，岳州府三人，衡州府三人）。後來，這批理學黨徒有的爬到了「知州事」的高位（《備考》卷二六），成為大地主階級的得力幫凶。絕大部分門徒則秉承朱熹的旨意，在各地建立了大大小小的書院，如湘潭縣的「主一書院」，醴陵縣的「昭文書院」，衡山縣的「集賢書院」，平江縣的「陽坪書院」，沅陵縣的「崇正書院」（《備考》卷十三、卷二八）等等，作為培養理學黨徒的基地。從此以後，程、朱的反動理學便在湖南地區大為泛濫。

　　朱熹在岳麓書院培養的理學黨徒，對加強封建專制主義，鞏固地主階級專政發生了很大的影響。因此他死後，便被歷代統治階級捧上了天。叛徒、內奸、工賊劉少奇，當年在湖南從狗洞爬出來時，就雙手捧上軍閥趙恆惕賜給他的《四書》，作為其座右銘。林彪也吹捧朱熹，鼓吹要學朱熹的「待人」哲學。但是，歷史的巨輪是拖不回來的。在風起雲湧的農民起義運動推動下，南宋王朝及其以後的封建王朝，統統被掃進了歷史的垃圾堆。而朱熹在歷史上所起的反動作用，連封建社會裡的進步思想家也早一眼看出。清代唯物主義哲學家顏元，就曾一針見血地指出：「千餘年來，率天下入故紙堆中，耗盡人心，作弱人、病人、無用人者，皆晦庵為之。」（《朱子語類評》）

　　朱熹和一切反動沒落階級千方百計地抓教育陣地這一歷史現象告訴我們，教育領域絕不是單純傳授文化知識的場所，而是革命階級與反革命階級生死搏鬥的一個重要戰場，如果革命階級不抓包括教育在內的上層建築，革命果實就有付諸東流的危險。今天，正在進行社會主義革命和建設的無產階級，必須十分重視教育陣地，堅持黨的基本路線，使學校成為無產階級專政的工具。

　　──原載《湖南師院學報》，一九七六年第一期，頁八二～八四

撕破朱熹在湖南的反動嘴臉

金鑫

朱熹（1130～1200）是南宋唯心主義理學（又稱道學）的主要代表人物，是一個反動透頂的大儒。七百多年前，他在湖南殘酷鎮壓農民起義，並將其黑手伸到岳麓書院，大肆宣揚反動理學和培養理學黨徒，犯下了不可饒恕的罪行。今天揭露其罪惡活動，對於進一步剖析林彪吹捧朱熹「待人」哲學的罪惡用心，進一步鞏固無產階級專政，是有現實意義的。

揮舞屠刀的劊子手

公元一一九三年，南宋王朝任命朱熹為湖南安撫，當時正值湖南少數民族和漢民族的農民起義。據朱熹自己供認：「頃在湖南見說溪洞蠻猺略有四種；曰獠，曰犵，曰狑，而其最輕捷者曰貓。近年數出剽掠，為邊患者多此種也。」（《朱文公文集》卷七一，〈記三苗〉頁一三〇四，上海商務印書館編印明刊本。以下簡稱《文集》）「臣昨於去冬，伏蒙聖恩，除知潭州，方具辭免，未及起發，即聞湖北猺人侵犯邵州界分。及今年春，伏奉聖旨，不許辭免，臣遂即日就道，比及到官，湖北已進兵攻討，賊氣漸衰，遂就招降，一向寧帖。卻據邵州守臣潘熹申到，見得從前邊防全無措置，以致小丑敢肆侵犯，因條畫到，移置寨柵，增拔戍兵，利害數條。臣與漕臣何異，潘熹所申頗有

條理，遂行詢究。見得委的合行措置，遂已具奏，乞賜施行。」（《文集》卷十四，〈甲寅行宮便殿奏札四〉，頁二○六）朱子「年譜云：紹熙四年十二月除湖南安撫，辭；五年正月再辭；二月詔，疾之任。會洞獠侵擾屬郡，恐其滋熾，遂拜命。四月啟行，五月三日至鎮」（《新修岳麓書院志》卷三，頁五四）。朱熹一到任，就趕忙召集黨徒商討對策，採取軟硬兼施的手段，把湖南少數民族和漢民族的農民起義投於血泊之中。對於這件事情，一些史書均有記載：「會洞獠擾屬郡，先遣諭以禍福，皆降之。」（《宋元學案・晦翁學案》）朱熹也特別為此向主子報功說：「臣昨招到猺賊（按：對農民起義的污蔑。下同）蒲來矢等，已赴安撫司公參。其人衰弱，初無能解，但恃險阻，敢爾跳樑，今已伏降，則於事理不得不加存恤。欲乞聖慈行下本司常切照管，毋失大信，庶幾異日復有此輩，易以招納。伏候聖旨。」（《文集》卷十四，〈甲寅行宮便殿奏札四・貼黃〉，頁二○六）南宋王朝為了表彰朱熹鎮壓農民起義的罪行，就在岳麓書院右側建築了一個「諭苗臺」（王先謙《湖南全省掌故備考》卷十二，光緒十四年長沙刊本。以下簡稱《備考》）。這是朱熹鎮壓湖南少數民族和漢民族農民起義的罪證。

後來朱熹在湖南期間，對「盜賊蠻獠相挺而起」，「深以為憂」，念念不忘鎮壓農民起義。他自己供認：「臣前任備員潭州兼管制湖南路安撫司事……竊念本路東望朝廷遠在二千餘里之外，而北據重湖南撫，諸峒形勢所關，亦無他道之比，萬一民不堪誅剝，一旦屯結，自為擾亂，而盜賊蠻獠相挺而起，則不知議者何以處之。臣自到任以至去官僅及三月，曾未及詳密究其曲折，然其大勢如此，亦不待智者而後知矣，故嘗深以為憂。欲為料理，但以召還之，遽未暇仔細詢查畫……。」（《文集》卷十四，〈甲寅行宮便殿奏札三〉，頁二五○）

為了鎮壓農民的革命鬥爭，朱熹在湖南採取了一系列「嚴武備」

（《宋元學案·晦翁學案》）的反革命措施：首先，奏請將「飛虎軍」
調至湖南，專為鎮壓農民起義之用。朱熹在〈乞拔飛虎軍隸湖南安撫
司札子〉中說：「熹竊見荊湖南路安撫司飛虎軍，原係帥臣辛棄疾刱
置，所費財力以數萬計，選募既精，器械亦備，經營葺理，用力至
多。數年以來，盜賊不起，蠻猺帖息，一路賴之以安……竊詳當日刱
置此軍，本為彈壓湖南盜賊，專隸本路帥司。本路別無頭段軍馬，唯
賴此軍以壯聲勢，而以帥司制御此軍……」（《文集》卷二一，頁三三
三）其次，編練一支地方反動武裝。朱熹認為「本州諸色軍兵不過三
千餘人」（《文集》卷十四，〈甲寅行宮便殿奏札五〉，頁二〇六），不
足以鎮壓農民起義。因此他下令：「照對諸縣：弓矢土軍，係專教
閱，務要武藝精熟，仍月具所教人數姓名，升加武藝帳狀，申州以
憑。逐月三分點一赴州按教，行下諸縣，並各縣巡尉，各仰速便先行
速說。弓手土軍姓名年甲，所習武藝，文籍供申，仍於籍內，便將弓
兵分作三番。自今年七月十九日為始，先要第一番所發，弓手齊集到
州按教，須是向後月十九日以前解發到州，應期諸縣合教。」「契勘
諸軍，武藝最是弓弩可用，近下諸縣，點喚弓手土軍，赴州按教。據
各處具到帳籍，多是將不會武藝之人裝作槍牌手名色解發，是有誤緩
急使喚。行下諸縣巡尉，各日下盡將所管弓手土軍，並令專習弓弩，
務要捉親射，射精絕，聽候點喚赴州按教，仍令兼習義槍小牌諸般武
藝，不得私設弓兵妨廢教閱。」（《文集》卷一〇〇，《約束榜》，頁一
七八七）再次，發布長達四十八條的〈約束榜〉，動員地主階級的力
量對農民階級的反抗鬥爭進行殘暴的鎮壓。這個〈約束榜〉凶相畢露
的恫嚇「未獲盜賊限一月」追捕，「盜賊發露，當催捕判」，它咬牙切
齒地對農民說：「湘潭、衡山、湘鄉、瀏陽、攸縣五縣拖欠紹熙四年
秋稅，遂將錢差官下縣受納……依舊差官到彼開場，即行送納，各令
知委。」如「抵拒官司」，「當使廳弓押」（《文集》卷一〇〇，頁一七

八五－一七九○）。

　　從這些材料裡，不難看出，朱熹對農民階級的反抗鬥爭，怕得要死，恨得要命，千方百計調兵遣將進行鎮壓，妄圖斬盡殺絕。朱熹是一個最凶殘、最狠毒的劊子手，是湖南各族人民最凶惡的敵人。

兜售「理學」的大牧師

　　列寧指出：「所有一切壓迫階級，為了維護自己的統治，都需要有兩種社會職能：一種是劊子手的職能，另一種是牧師的職能。」劊子手朱熹也不例外。他在鎮壓湖南各族農民起義的同時，還效法孔老二，竄到岳麓山黃抱洞下，更建岳麓書院，增廣學舍至百餘間，田五十頃，手書「忠、孝、廉、節」四大字於堂，把岳麓書院作為他尊儒反法、宣揚反動理學的大本營，和培養理學黨徒的黑據點，極力兜售他炮製的那套龐雜的客觀唯心主義的「理學」，極力為封建等級制度進行辯護，大肆宣揚「存天理、滅人欲」的反動政治綱領，妄圖把農民的革命思想消滅於萌芽狀態之中。

　　當時朱熹在岳麓書院散布的反動言論，由其門徒記錄下來，後來刊入《朱子語類》一書中（《備考》卷二八）。這本書是他的門徒黃士毅等合九十九人的筆記編成，既是朱熹施政的言行錄，也是他培養理學黨徒的自供狀。在這些自供狀中，他胡說什麼農民起義是由於「人欲橫流」，「人欲」勝過了「天理」所致，因此朱熹就規定「學者須是革盡人欲，復盡天理，方始是學」（《語類》卷十三），要求其門徒「窮天理，明人倫，講聖言，通世故」（《文集》卷三九，〈答陳齊仲〉，頁六四八）。換句話說，就是要求其門徒精通反動的孔、孟之道，處處按照封建統治哲學去立身處世。朱熹認為要精通反動的孔、孟之道，就必須「先讀《大學》，以定其規模；次讀《論語》，以立其

根本;次讀《孟子》,以觀其發越;次讀《中庸》,以求古人之微妙處」(《學規類編》卷五)。讀完《四書》,再讀《六經》,「《六經》是三代以上之書,曾經聖人之手,全是天理」(《學規類編》卷六)。他要學生「半日靜坐,半日讀書」(顏元《朱子語類評》)。朱熹還把儒家《禮記》一書中的《大學》、《中庸》兩篇,和《論語》、《孟子》合編成《四書》,加上注解,叫做《四書章句集注》(簡稱《四書集注》或《四書》),並於一一九〇年在福建漳州刊刻行世,作為其門徒的基本讀物。南宋以後,這部書成為元、明、清封建統治者開科取士的欽定標準,流毒達數百年之久,影響極壞。正如魯迅在〈在現代中國的孔夫子〉一文中所揭露的:在「聖道支配了全國的時代。政府對於讀書的人們,使讀一定的書,即《四書》和《五經》;使遵守一定的注釋;使寫一定的文章,即所謂『八股文』,並且使發一定的議論」。林彪為了「克己復禮」的需要,指使一幫子人以《四書集注》為藍本,搞了一套所謂《四書集句》,充分暴露了他妄圖用孔孟之道顛覆無產階級專政、復辟資本主義的罪惡用心。

朱熹為了使其門徒處處按照封建統治哲學去立身處世,他在〈朱子書院教條〉(《新修岳麓書院志》卷三)中,對其門徒的「修身」、「處事」、「接物」都作了具體的規定。朱熹把《論語》和《易經》中的「言忠信,行篤敬。懲忿窒欲,遷善改過」作為其門徒「修身之要」。就是說,做臣子的要絕對服從君主,即是君主叛國投敵了,也應該「懲忿窒欲」,絕對不能有改變現實和抗金的念頭。朱熹的所作所為,深得侵略者的讚賞,當南宋使者出使金的時候,金貴族統治者非常關切地詢問:「朱先生安在哉!」(《朱子年譜》)表明金貴族已經看中朱熹,要把他作為金貴族在南宋政府的代理人。朱熹不僅強調「忠」,而且特別推重「敬」,「敬字工夫,乃聖門第一義」,「修身、齊家、治國、平天下,都少個敬不得」(《語類》卷十二)。他還為這

個「敬」字功夫規定了一整套像佛教「坐禪」那樣的形式：「坐如
尸，立如齊，頭容直，目容端，足容重，手容恭，氣容肅，皆敬之目
也。」(《語類》卷十二) 從言論到行動都要恭恭敬敬地去維護「三綱
五常」，不能有半點怠慢、放肆和動搖。但是，撕下道貌岸然的畫
皮，骨子裡卻是陰謀欺詐，男盜女娼，什麼壞事都幹得出來。他搶人
山地，挖人祖墳，霸占尼姑，隱瞞「諸子盜牛而宰殺」的醜事 (葉紹
翁《四朝聞見錄》) 等等，真是無惡不作。這正如明朝法家李贄揭露
的：「真個道學，臉皮三寸。」(《世說新語補》卷四) 宋以後，「道學
先生」，就成了偽君子的代名詞。

朱熹把董仲舒〈賢良對策〉中的「正其誼，不謀其利。明其道，
不計其功」作為其門徒「處事之要」。其實，「世界上沒有什麼超功利
主義，在階級社會裡，不是這一階級的功利主義，就是那一階級的功
利主義」。朱熹口頭上標榜「不謀其利」，「不計其功」，實際上是一個
利慾熏心、貪得無饜的偽善者。紹熙四年 (1193) 十月九日，南宋王
朝任命朱熹為荊湖南路轉運使副使時，他三次申請辭免 (《文集》卷
二三，〈辭免湖南運使狀一、二、三〉)，每辭一次，就抬高一次身
份，提高一次官職，後來任命他為「潭州軍州事主管湖南安撫司公
事」時，卻「立即赴任，並於五月五日交割職事」(《文集》卷八五，
〈潭州到任謝表〉，頁一五三五)。朱熹還經常用推薦入官來籠絡他的
門徒。有一次，他的門徒問他：「孔子若被用，顏淵做什麼？」朱熹
回答：「如孔子做宰相，顏淵便做參政 (副宰相)。」(《語類》卷二
六) 朱熹一再告誡門徒：「若得權柄在手，則兵隨將轉，將逐符行。」
(《語類》卷九三) 並用具體的生活事例告訴他的門徒：「例如一盤珍
饌，五人在坐，我愛吃，那四人亦都愛吃，我伸手去拿，那四人亦伸
手去拿，未必果誰得之。能憑他思量，便自不去圖。古者權謀之士，
雖千萬人所欲得的，他也有計術去取得。」(《語類》卷一一二) 諸如

此類，不一而足。朱熹是一個譎詐圓滑的陰謀家。林彪要學朱熹的「待人」哲學，就是為了結黨營私，糾集一小撮死黨，搞陰謀詭計，妄圖在中國復辟資本主義。

朱熹還把孔老二和孟軻的「己所不欲，勿施於人。行有不得，反求諸己」作為其門徒「接物之要」。然而在階級社會中，剝削階級與被剝削階級的利益是根本對立的，根本沒有什麼「己所不欲，勿施於人」。朱熹對勞動人民從來不講什麼「恕道」，他咬牙切齒地說：「佃戶不可侵犯田主……若負頑不還之人，仰田主經官陳論，當為監納，以警頑慢。」（《文集》卷一〇〇，〈勸農文〉，頁一七八三）還殺氣騰騰地聲稱：「凡有獄訟，必先論其尊卑、上下、長幼、親疏之分，而後聽其曲直之詞。凡以下犯上，以卑凌尊者，雖直不右；其不直者，罪加。」（《文集》卷十四，〈戊申延和奏札一〉，頁一九九）寧宗趙擴登位時，於紹熙五年（1194）七月七日搞了一個「大赦」的騙人花招（《文集》卷一〇〇，〈約束榜〉，頁一七八九），朱熹卻藏起赦書，「取大囚十八人立斬之」，然後再公布赦書。「朱晦翁帥潭日，得趙丞相簡，已立嘉王為上，當首以經筵召公。晦翁藏簡袖中，竟入獄取大囚十八人立斬之，才畢而登極赦至。翁恐赦至而大惡脫網也」（《長沙縣志》卷二八、〈拾遺〉，頁五－六，乾隆十二年版）。刀光劍影，兩面三刀，充分顯示了這個道學家陰險毒辣的本性。朱熹就是妄圖用「反求諸己」的唯心主義修養經，培養其門徒成為虛偽而殘忍的道學家。林彪口口聲聲要「像朱子那樣去待人」的哲學，說穿了，就是要學道學家的虛偽殘忍、狡猾陰險的反動本性。

朱熹以聚徒講學為名，大肆搜羅和培養理學黨徒進行反革命活動的罪惡行徑，又豈能掩盡天下人的耳目。當時，就有人看出朱熹是「道學權臣，結成死黨，窺伺神器（權）」（《朱子年譜》），「欺世盜名，不宜信用」（《宋史·鄭丙傳》）。明代法家李贄剝開朱熹的面紗，

罵道：「口講道德，而心存高官，志在巨富。」（《焚書‧與焦弱侯》）
這在一定程度上也勾劃出了朱熹在岳麓書院的罪惡活動。

還「理學家」的真面目

由於朱熹鎮壓農民起義，宣揚反動理學和培養理學黨徒為地主階
級立了大功，所以歷代的反動統治階級都很崇拜他。朱熹死後，宋理
宗讀了朱熹的書大發感慨地說：「朕讀之不釋手，恨不與之同時。」
追封朱熹為「太師」，下令把法家王安石的牌位搬出孔廟，而把朱熹
的牌位抬進孔廟（《宋史‧理宗紀》）。從此以後，「非朱子之傳義不敢
言，非朱子之家禮不敢行」（朱彝尊《曝書亭集‧道傳錄序》）。朱熹
成了孔、孟之道的反動「權威」。為了表彰他在湖南的「功績」，除在
他鎮壓農民起義的地方建造了一個「諭苗臺」外，還特地抬高了岳麓
書院的身價。宋理宗淳祐五年（1245），就「賜御書岳麓書院揭之於
門」（《備考》卷十三）。明孝宗弘治七年（1494），長沙通判陳綱專門
在書院建造了一個「崇道祠」，「合祀宋朱子、張栻並朱洞、周式、劉
琪」（《備考》卷十三）。清高宗乾隆九年（1744）正月初九日親書
「道南正脈」匾額賜岳麓書院（《續修岳麓書院志》卷首，同治六年
新刊，半學齋藏版）。甚至連朱熹在岳麓山種的一棵樹都名之曰「朱
子樟」而載入史冊，岳麓「有朱子樟，相傳為朱子手植」（黃本驥
《湖南方物志》卷二，道光二十六年，知敬學齋刊）。

哪裡有壓迫有剝削，哪裡就有反抗鬥爭。儘管反動統治者怎樣吹
捧朱熹和抬高他的地位，也無救於封建王朝的滅亡，相反，它更加激
發了農民階級革命鬥爭的意志。南宋以後，湖南的農民起義仍然連綿
不絕，其鬥爭鋒芒總是對著封建等級制度以至封建道德，同時也總是
猛烈地衝擊著宣揚孔、孟之道的反動理學。在農民起義和整個階級鬥

爭的推動下，法家和一些進步思想家對朱熹也作了有力的批判。與朱
熹同時代的法家思想家陳亮（1143～1194）指出：只知空談「盡心知
性」、「學道愛人」，結果「終於百事不理而已」（《陳亮集・送吳允成
運干序》）。明朝法家李贄（1527～1602）否認朱熹一夥理學家的所謂
「天理」，認為百姓的「穿衣吃飯，即是人倫物理」（《焚書・答鄧石
陽》）。他痛斥這幫道學家，完全是「陽為學道，陰為富貴，被服儒
雅，行若狗彘然也」（《續焚書・三教歸儒說》）。他還寫了《四書評》
（即《四書評點》），直接批判朱熹的《四書集注》。

　　明末清初的法家王夫之（1619～1692）集中批評了朱熹一夥反動
理學的唯心主義體系。他肯定「氣」是宇宙的本體，指出「陰陽二氣
充滿太虛，此外更無他物，亦無間隙，天之象，地之形，皆其所範圍
也」（《張子正蒙注・太和篇》）。他提出「氣外更無虛托孤立之理」，
帶有批判性的唯物主義命題，批判朱熹理在氣之先、理在氣之上的唯
心主義。他提出「據器而道存，離器而道毀」（《周易外傳》卷二），
並批判了朱熹之流編造的「三代盛世」的歷史倒退論，指出：「洪荒
無揖讓之道，唐、虞無弔伐之道，漢、唐無今日之道，則今日無他年
之道者多矣。」（《周易外傳》卷五）可以說，王夫之對朱熹一夥反動
理學的批判，是地主階級革新派對頑固派在思想領域內所作的一個比
較系統、比較徹底的批判。清朝顏元（1635～1704）寫了《朱子語類
評》一書，尖銳地批判了朱熹一夥的啟動理學，指出：「千餘年來，
寧天下入故紙堆中，耗盡人心，作弱人、病人、無用人者，耗竭心思
氣力，深受其害。」清朝戴震（1728～1777）揭露朱熹一夥反動理學
「以理殺人」尤甚於「酷吏以法殺人」（〈與某書〉），一針見血地揭露
了理學殺人不見血的反動本質。到了近代，先進的中國人從切身體驗
中，更看出朱熹一夥的反動性，一論及朱熹之流，就「怒髮裂眥」，
「必欲摧毀其書，磨滅其名而後快」（谷生〈利用中國之政教論〉）。

　　南宋以後的階級鬥爭告訴我們：被剝削、被壓迫的革命階級以及地主階級中的革新派，對朱熹總是批判的、反對的；沒落腐朽的階級及其代表人物，總是宣揚朱熹及其反動理學。資產階級野心家、陰謀家、反革命兩面派林彪對朱熹也十分崇拜，大力提倡朱熹的反動學說，鼓吹「要像朱子那樣去待人」的哲學，還以朱熹的《四書集注》為藍本，搞了一套所謂《四書集句》。這就說明，林彪和朱熹是一路貨色，都是陰險奸詐的反動傢伙。林彪口口聲聲要學朱熹那套「待人」哲學，就是要學道家的虛偽和殘忍，妄圖用陰險狡猾的手段，糾合一小撮死黨，篡黨奪權，顛覆無產階級專政、復辟資本主義，建立林家法西斯王朝。但是，「凡屬倒退行為，結果都和原來主持者的願望相反，古今中外，沒有例外」。倒行逆施的叛徒、賣國賊林彪，和他的祖師爺孔老二、朱熹一樣，只能落個遺臭萬年的可恥下場。這是不可抗拒的歷史規律。

　　　　——原載《湖南師院學報》一九七五年第三期，頁七三～七七

從「神道碑」看朱熹的醜惡嘴臉

崇安縣　洪五夷

　　在崇安的五夫里（今五夫公社五一大隊），有一塊宋朝反動理學家朱熹親筆撰寫的劉子羽「神道碑」。劉子羽，曾任宋朝右朝議大夫，是鎮壓方臘起義的劊子手，雙手沾滿了農民的鮮血。對於這樣一個不齒於人類的反動傢伙，朱熹卻極力為之歌功頌德，樹碑立傳。借機推銷他那一套「理學」的破爛，妄圖以此來毒害人們，從思想上維護封建地主階級的反動統治。

　　在「神道碑」中，朱熹極力鼓吹孔老二的唯心主義「天命觀」。他胡說什麼劉子羽「天姿英俊」，「自少卓犖不群」，把這個罪惡累累的劊子手，描繪成天生的「英雄」，超群的「天才」。朱熹在劉子羽碑上所宣揚的「天姿英俊」、「自少卓犖不群」，就是他經常所鼓噪的：「稟得精英之氣」的「聖賢」。至於勞動人民，則被他說成是「稟得衰頹薄濁」之氣的「愚不肖」。他把皇帝的旨意說成是「理」的化身，把「理」即「三綱五常」說成是永恆不變的絕對精神，把剝削和被剝削、壓迫和被壓迫說成是天生命定的，不能懷疑，更不能造反，只能為牛做馬，服服貼貼。這就是朱熹的「天理」的反動實質所在。

　　在「神道碑」中，朱熹為了推銷孔、孟之道「仁義道德」、「三綱五常」那一套反動說教，極力鼓吹「忠孝大節」、「以忠孝相傳」、「殺身成仁」等黑貨。要人們事君以忠，事父以孝，做到「內無妄思，外無妄動」，「各依本分，凡事循理」，服服貼貼地忍受封建統治階級的宰割。朱熹用反革命的兩手對付勞動人民，瓦解人們的鬥志，並要地

主階級內部「以下事上」，各循其禮，維護其反動統治秩序。但是，「忠孝大節」也好，「殺身成仁」也好，這只不過是一切腐朽沒落階級走投無路、無計可施時的絕望哀鳴。

在「神道碑」中，朱熹還十分賣力地兜售他那一套唯心主義的「修養」經和虛偽反動的「待人」哲學。朱熹經常鼓吹「修身、齊家、治國、平天下，都少個『敬』不得」。在「神道碑」上，他也忘不了宣揚「開心見誠」之類的鬼話。所謂「開心見誠」，與孟軻的「反身自誠」是一路貨色。在孔、孟之徒看來，只要「三省吾身」，自會達到「誠」的境界，於是便可以「萬物皆備於我」了。這是徹頭徹尾的主觀唯心主義。朱熹的所謂「誠」，只不過是一種偽裝，是一切反動派搞陰謀詭計的心法。他以「誠」自詡的道學，實則是腐朽不堪的「偽學」。朱熹口口聲聲「誠者，真實無妄之謂」也，但實際上他是一個什麼壞事都幹得出來的偽君子。就是他，看中了崇安一個戰士（弓手）父母墳墓的「風水」，於是便叫人挖了去，而把他母親的棺材葬在那兒。就是他，為了打擊自己的政敵，竟以嫁禍於人的陰險毒辣手段，把一個無辜的官妓嚴刑拷打。事實證明，朱熹標榜的所謂「誠」，無非就是這些「大人」們「言不必信，行不必果」的裝飾品而已。

野心家林彪十分欣賞朱熹的兩面派看法，他在他的反黨黑筆記裡說：「我常考慮，要像朱子那樣去待人。」他不但「常考慮」，而且身體力行。但是，正如毛主席所指出的：「凡屬倒退行為，結果都和主持者的原來的願望相反。古今中外，沒有例外。」朱熹也好，林彪也好，都已經被歷史所審判，成為不齒於人類的狗屎堆。這正是「爾曹身與名俱滅，不廢江河萬古流」。

——原載《福建日報》，一九七四年七月二十七日

朱熹在浙江的罪惡活動

黃昌喜　劉小令　趙貫東

　　朱熹（1130～1200）是我國宋代反動理學的總頭目，一生「以克己復禮為事」，是個頭上長瘡，腳底流膿，一身是儒氣毒汁的尊孔死硬派。一一八一年冬，朱熹爬上了提舉兩浙東路常平茶鹽公事的寶座，把他那面「存天理、滅人欲」的破旗扛到了浙江。他一面叫囂浙江是重災區，他是來救災荒，「學道愛人」，行「仁」施「德」於民的；一面卻伸出罪惡的黑手，摧殘打擊陳亮、葉適等法家人物，在浙江幹盡了壞事。揭露朱熹「行仁」的反動實質，剝下道學先生「學道愛人」的畫皮，可以加深我們對無產階級專政理論的理解，同時對繼續深入開展的批林批孔運動，是很有幫助的。

一

　　在南宋，浙江地區是階級矛盾與民族矛盾交織的焦點。我國北方契丹貴族和西北部的黨項貴族，不斷發動掠奪性戰爭，腐朽透頂的宋王朝，執行儒家賣國投降主義路線，「輸幣稱臣」，甘願當兒皇帝。宋王朝每年將大量的銀錢與絹匹貢納侵略者，當然不會自己掏腰包，而是把沉重的負擔轉嫁到廣大勞動人民的頭上。於是向稱民阜物庶的東南地區江浙一帶，便成了反動統治者壓榨掠奪的重點。浙江農民起義領袖方臘，就曾憤怒地指出：「西北二虜，歲幣百萬；朝廷軍國，經

費千萬；多出東南。」在階級與民族的雙重壓迫下，「東南之民苦於
剝削久矣」（方勺《青溪寇軌》）。一一二〇年，終於在浙江境內爆發
了規模巨大的方臘起義。起義號角一響，其勢如暴風驟雨，迅猛異
常。幾個月內，席捲六個州，橫掃五十二個縣，震撼了東南半壁。

農民起義軍鋒芒所向，不僅有力地搖撼了封建社會制度，而且猛
烈地衝擊了大地主階級的精神支柱——孔、孟之道，掃蕩了宋王朝腐
朽的上層建築堆積起來的垃圾。起義軍所到之處，燒孔廟，毀神像，
殺儒生，對地主階級實行全面專政。如「事親以孝聞」的婺州教授胡
埜（音野）、仙居縣反動儒生蔣煜等，頑固抗拒起義軍，都受到嚴厲
鎮壓（《兩浙名賢錄》）。

在農民革命鬥爭的影響與推動下，不僅地主階級營壘中，分化與
衝殺出像太學生呂將那樣直接參加農民起義，並堅持戰鬥到底的革命
知識分子；同時也激化了地主階級內部儒法兩條路線的鬥爭，在浙江
地區出現了法家思想的活躍與繁榮，形成了一支以功利主義為思想武
器，以反動理學為批判對象的法家理論隊伍，這就是我國法家思想史
上著名的陳亮、葉適為代表的浙東學派。

「斬新換出旗麾別」（陳亮〈賀新郎·酬辛幼安〉）。浙東學派高
舉反理學大旗，直斥反動理學是「相蒙相欺」的欺人之談，理學家是
一夥「風痺不知痛癢」的「嚼木屑之類」。同時還一反孔門禁令，「談
王說霸」，「賤王尊霸」，甚至說出諸如「秦始皇賢於湯、武，管仲賢
於夫子（孔老二）」等「異論」（《朱文公文集·答潘叔昌》）。這真真
是「怪論百出」，影響所及，不僅「浙人信向已多」，還流傳到江西。
這就使得朱熹之流大為驚恐，十分害怕，大呼「赤幟已立」（《朱文公
文集·答潘叔昌》），把浙東學派比做「洪水猛獸」，山移河決，連連
驚呼「可畏，可畏」（朱子語類）卷一二三）！

本來朱熹大講理學的目的，就是為了維護搖搖欲墜的宋王朝，對

內為鎮壓勞動人民的反抗進行牧師式的說教，對外為賣國投降主義搖旗吶喊製造輿論。所以朱熹從大地主階級利益出發，對在方臘起義影響下出現的、代表中小地主階級革新派利益的浙東學派，視為眼中釘，肉中刺，恨之入骨，千方百計要加以撲滅。因此，朱熹因浙東大旱成災薦任浙東提舉，竟一反以往那種就職前忸怩作態，推三讓四一番的常態，破例「即日單車就道」（王懋竑《朱子年譜》），迫不及待地來到了浙江。

二

　　當朱熹一踏上浙江這塊曾經農民革命戰爭洗禮的土地，憑他多年的反革命嗅覺，立刻意識到這是一個即將爆發的火山口。為了維護他們的反動統治，於是朱熹拿出儒家的老譜，採用寬猛相濟，軟硬兼施，鎮壓與欺騙相結合的兩手，而首先施展寬、軟、騙的一手。用朱熹的話來說，就是「仁是個溫和柔軟底物事」。這軟的一手，就做「行仁」，這是歷代反動派慣用的伎倆。面對「市聚蕭條極，村墟凍餒稠……民望甚饑渴」（陸游〈寄朱元晦提舉〉）的饑荒景象，朱熹假惺惺地說什麼「武義坊郭已有饑民」，「蘭溪金華山谷，流殍已眾」；又是什麼「餓損人口頗多，其死亡者不可勝數，道殣相望，深可憐憫」……哎喲喲，朱熹一臉「學道愛人」的氣象，說起來可真是要掉眼淚的，你看他似乎要「行仁」、「施德」於民了。再看他那個勁頭，一一八二年的春節還沒過完，正月初四便破例「出巡所部」了。「窮山長谷，靡所不到」。朱熹的足跡，幾乎遍及浙江各地，什麼地方都把狗頭伸進去看一看、聞一聞。在不到一年的時間裡，朱熹就出巡了兩次。第一次，一、二兩個月，經嵊縣、諸暨，歷婺州的浦江、義烏、金華、武義，由蘭溪入巨州的龍游、常山、開化、江山。第二

次，七、八、九三個月，經新昌，入天台，坐鎮台州彈劾唐仲友近一個月，再由處州（麗水）、遂昌入巨州常山等地。一路大灑救濟粉。這就是被儒家吹噓得神乎其神的「朱子救荒」，據說是施行「仁政」的黑樣板，曾博得孝宗皇帝連聲喝采，誇為「浙東救荒煞究心」（《朱文公文集》卷十六）。

難道朱熹真的要「學道愛人」，施行「仁政」了嗎？就在這次巡視期間，他向孝宗上的〈乞修德政以弭天變狀〉，已不打自招地把他的「煞究心」和盤托出。原來朱熹奉勸孝宗把平時敲骨吸髓搜括來的人民膏血「國庫之錢」，拿點出來，賑濟災民，完全是出於「下結民心，消其乘時作亂之意。不然，臣恐所憂者，不止於饑殍，而將在於『盜賊』，蒙其害者，不止於官吏，而上及於國家也」（《朱文公文集》卷十七）。一句話，就是千方百計防止農民「乘時作亂」，「天變」，起來造反，推翻地主階級的封建國家機器。這就是「朱子救荒」、「行仁」的奧妙所在。朱熹這個「我只有寸鐵，便可殺人」，對人民「當殺則殺之」，「以殺為能」的劊子手（以上見《朱子語類輯略》），是人民的死對頭，雙手沾滿了起義農民的鮮血。就是這個朱熹，在湖南安撫任內，一下子就抓了幾千個起義農民，還親自「取大囚十八人立斬之」（《四朝聞見錄》）；又嚴令軍校「期以某日」內，鎮壓起義的少數民族，超過期限，「將斬汝」，就是要砍腦袋（《朱子年譜》卷四）。就是這個朱熹，在同安時，親自登城指揮弓箭手，射殺起義農民（《朱文公文集·射圃記》）。他的岳父劉子羽，早年在越州（紹興）隨父劉韐率兵鎮壓方臘起義。就是這個朱熹，他曾赤裸裸地說：「某嘗作郡來，每見有『賊』發，則惕然皇恐。」於是他便下毒手，「百種為收捉，捉得便自歡喜，捉不得便自皇恐」（《朱子語類》卷一〇六）。你看，朱熹就是這樣咬牙切齒，磨刀霍霍地與人民為敵，那有一絲一毫的「愛人」心腸！所以儘管朱熹這個巧偽人裝得多

像，「乘單車，屏徒從，所歷雖廣而人不知」，簡直活像一個「清官」模樣，但是人們還是一眼看穿他的險惡用心，「嗟來之食，吃下去肚子要痛的」，在「救災行仁」的背後，是一把殺人刀。因此朱熹出巡期間，就連郡縣官吏，一聽說這個劊子手來了，也不是知恩感激，而是「倉皇驚懼，常如使者壓其境」，以致有被嚇得聞風逃跑的（見《朱子年譜》卷二）。朱熹的門徒曾無可奈何地供認，在坐鎮浙東時，「大抵措置，悉如南康時」，鎮壓農民起義一個樣，「而用心尤苦」，「尤以『緝盜』為急」（《朱子年譜》卷二）。一語洩露了天機，朱熹的「行仁」，原來就是要「緝盜」，要吃人，要屠殺起義農民；朱熹的「學道愛人」，其實正是「學道害人」。林彪不是惡毒攻擊無產階級專政是「暴政」，是「絞肉機」，大肆詆毀無產階級「不行仁政」嗎？說什麼「不行仁政，則百姓會造反」。原來唱的就是朱熹的老調子。林彪口口聲聲叫嚷「要像朱子那樣待人」，其目的也正是要他們的「小艦隊」，成為孔老二──朱熹式的害人精。

三

朱熹的「行仁」、「愛人」，在意識形態領域裡的表現，就是千方百計壓制、禁錮法家思想的傳播，殘酷打擊迫害法家代表人物。槍打出頭鳥。朱熹首先把矛頭集中在浙東學派的首領陳亮身上。他曾經對他的女婿黃直卿說：「婺州近日一種議論愈可惡，大抵名宗東萊，實主同甫。」（《朱子續集・答黃直卿》）可見朱熹對陳亮早就懷恨在心，伺機加以打擊了。

這樣的機會終於來了，導火線是朱熹來浙江前兩個月，陳亮的一篇〈祭呂東萊文〉。文中，陳亮借題發揮，痛揭理學家的虛偽道德說教，指出「孝悌忠信不足以趨天下之變」，意思是道學先生那一套道

德教條，凝固僵化，根本不能適應當前抗金鬥爭的形勢需要。這一下可把朱熹之流氣壞了。「屈己議和，人主之孝」（《宋史‧秦檜傳》）。「孝」是投降派的理論基礎。朱熹的〈白鹿洞書院學規〉，把「孝悌忠信」列為「修身之要」（《朱文公文集》卷七四）。而陳亮膽敢蔑視學規，嗤之以鼻，這還了得！據岳珂《桯史》記載，當時朱熹看了這篇帶刺的祭文，「大不契」，暴跳如雷，火冒三丈高，破口大罵「若如此，雞鳴狗盜不可無」，目陳亮為「狂怪」（《朱子語類》卷一二三）。

此次朱熹巡視，一到金華，先來個「哭呂祖謙」，也拋出一個祭文，吹噓當時的所謂業儒呂祖謙「孝友絕人」，倒打一耙，進行瘋狂反撲，攻擊陳亮等人「未足以議兄（指呂祖謙）之彷彿」（《朱文公文集》卷八七）。接著朱熹在第一次巡視巨州、婺州交界的山間召見陳亮，以「截然不可犯」的大學霸架勢，向陳亮反撲過來。這次思想鬥爭是十分激烈的，朱熹發了一通「盡出所聞之外」的奇談怪論，陳亮仍堅持「頑悖」，「尤與世論不合」的立場，朱熹雖「意有不與而不能奪也」（葉適〈龍川文集序〉），沒討到半點便宜。

就在同年，朱熹還是不肯罷休，在巡視途中，採用一拉一打的辦法，竄來陳亮家鄉龍窟，進行拉攏。但是儒法兩家具有「不可兩存之仇」，路線鬥爭從來沒有調和的餘地，所以一談就崩，沒幾天，朱熹就灰溜溜地走了。

面對陳亮這個始終不肯「豎降幡（旗）」的「強不可合者」，朱熹「心竊駭之」，非常驚恐，竟歇斯底里大發作，吹鬍子大罵陳亮等人「怪論百出」，是「率獸食人」，「全然不是孔、孟規模」，竟然「蹴踏董仲舒」……還陰險地說「這是落草由徑之計」，意思是陳亮等人的法家理論，是造反暴動的理論，非加以「痛排之」，徹底撲滅不可（以上見《朱子年譜》卷二）。

於是朱熹採取各種卑劣手段，對陳亮進行圍攻。他發出一封又一

封的〈與婺人書〉，大肆散布流言蜚語，又通過「頃歲入漸，從士大夫遊」中，進行挑撥離間，還利用親戚關係（朱熹大媳婦是金華人），製造空氣，妄圖進一步孤立陳亮。就在朱熹的教唆、挑動下，一一八四年春，封建統治者終於露出「仁」者吃人的凶相，「竟用空言羅織成罪」，下毒手將陳亮投進了監獄。在嚴刑拷打，鐵鏈皮鞭的同時，伴隨而來的是朱熹的牧師般的說教。朱熹一連發出兩封信給陳亮，說什麼陳亮的入獄，是由於平時「不樂聞儒生禮法之論」的結果，「有以召之」，罪有應得，禍由自取，活該！還警告陳亮「痛自收斂」，「絀去義利雙行，王霸並用」，立即放棄法家觀點，「遷善改過」，閉門修養，乖乖地做個忠實的孔、孟之徒，只有這樣，才能「免於人道之禍」，「有補於將來」，以後還有「光大而高明」，升官發財的一天（《朱文公文集·答陳同甫》）。

這真是一篇絕妙的道學先生醜惡嘴臉的自我寫照。陳亮當然不吃這一套。出獄後，冒著「一命存亡，僅絲毫許」的生命危險，「擁戈直上」（陳傅良〈答陳同甫〉），對朱熹之流的虛偽說教，給予有力的回擊。

陳亮公開聲明，自己「本非閉眉合眼，朦瞳精神，以自附於道學」。立誓要擺開法家的「堂堂之陣」，舉起功利主義的「正正之旗」，與反動理學戰鬥到底（〈又甲辰秋書〉）。

進而，陳亮與朱熹展開一場以「王霸義利」為題的大論戰，痛斥朱熹「尊王賤霸」的理論，「迂闊不切事情」。在這場持續二年之久的大論戰中，陳亮的那些「河奔海聚」的法家理論如一發發炮彈，打得朱熹「驚魂未定」，「抬頭不起，轉身不得」（《朱文公文集·答潘叔昌》），自嘆「獨力不能支」。正如馬克思所指出「如果說他在理論上一竅不通，那麼他在幹陰謀勾當方面卻是頗為能幹的」。朱熹這隻老狐狸，就是這樣一面裝死躺下，哀求休戰，說什麼「以往是非不足深

較」,「今老已矣,不能復成書」(〈答陳同甫〉);一面卻在背地裡拍桌子,打板凳,百般詆毀陳亮,甚至進行人身攻擊,胡說陳亮已掉到「利欲膠漆盆中」,「志在脫賺富貴」,簡直是「將禮義廉恥一切除了」的「忘八蛋」(《朱子語類》卷一二三)。又煽動門徒出面圍攻陳亮,以致朱熹的爪牙,一見陳亮的論辯書信,便「怒髮衝冠」,跳踉狂叫,一見陳亮來便不與同坐一條板凳(陳亮〈丙午秋書〉)。對此,陳亮投以輕蔑眼光,仍堅持「謬戾顛倒」的立場,「分與世違而無所恤」的反潮流精神,一反到底。一一八八年,陳亮會同法家詞人辛棄疾,相約朱熹到江西與福建交界的紫溪,「極論世事」,繼續辯論。一肚子陰謀鬼計的朱熹,表面上仍裝死躺下,死皮癩臉地說「奉告老兄,且莫相攛掇(鼓動)」,保證自己「與人無相干涉」。橋歸橋,路歸路,各走各的路,叫陳亮放心「老兄勿過慮也」,朱熹不會來搞他了。但是,就在同一個時刻裡,朱熹殺氣騰騰地向孝宗皇帝遞上〈戊申封事〉,大肆攻擊「浙學」,說什麼「近日紀綱不振,風俗頹弊」,而「浙中尤最」,「以不分是非,不辯曲直為得計」,接著一把鼻涕,一把眼淚地向孝宗皇帝訴苦,說陳亮等人把朱熹這樣的「守道循理之士」,加以「群譏眾排」,「指為道學之人」,實在是大逆不道,「上惑聖聰,下鼓流俗」,最後,朱熹進行挑撥,禍心畢露地要孝宗「先以東南之未治為憂」(《朱元晦文集》卷十一)。

就在朱熹毒口惡舌的一再挑動下,「當路見憎」,「作意欲殺之」,加上朱熹一夥「群小之鑿空」(〈謝葛知院啟〉),一一九〇年陳亮又一次被投入監獄,備受折磨,「憂患困折,精澤內耗,形體外離」(葉適〈陳同甫王道甫墓誌銘〉),出獄後不到三年便死去了。

陳亮之死,再次證明朱熹「行仁」、「愛人」的反革命吃人本質。

四

朱熹這隻瘋狗，聽到異端「邪」說就狂吠，看見法家人物就咬一口。他不僅迫害陳亮，同時在巡視台州地區時，構陷具有法家思想傾向的台州知府唐仲友。

唐仲友（1135～1187），字與正，金華人。他的學說傾向法家思想的「永嘉學派」接近，曾在信州（上饒）當過知府，「以善政聞」，後來調到台州當知府，「鋤治奸惡甚嚴」。他從中小地主革新派的利益出發，對大地主大官僚的特權進行了一些限制，在這次浙東大災荒時，又「令富室有蓄積者」，出穀度荒，量出利息，俟年豐時官為收索，因而觸犯了大地主利益。同時他還印刊了「荀子」等法家著作，平時對低頭拱手以談性命的朱熹之流的道學先生，大概頗說了一些諷刺挖苦的話，如說朱熹不學無術，尚不識字，他的學說不過是拾取二程（程頤、程顥）的餘唾。如此等等，摸了一下朱熹的老虎屁股。再加唐仲友在社會上影響也很大，「從遊嘗數百人」（《宋元學案·說齋學案》），對道學集團是一個威脅。這就使得朱熹大為惱火，平時早就咬牙切齒，懷恨在心了。現在大權在手，如何肯輕易放過這個「悖逆」。所以在一一八二年朱熹一到台州巡察時，一連就告了唐仲友六狀，坐鎮台州近一個月，挖空心思，搜集黑材料，欲置唐仲友於死地而後快。

魯迅辛辣地指出：「道學先生是躬行『仁恕』的，但遇見不仁不恕的人們，他就也不能『仁恕』。所以朱子是大賢，而做官的時候，不能不給無告的官妓吃板子。」（《且介亭雜文·論俗人應避雅人》）。魯迅所指朱熹給無告官妓吃板子的事，就發生在這次朱熹構陷坑害唐仲友的事件中。朱熹這個滿口仁義道德、肚子裡男盜女娼的巧偽人，

他自己曾霸占兩個小尼姑當小老婆，是個衣冠禽獸的大流氓，但是一到台州，卻把自己打扮成「光明寶藏獨數儒者自得」（陳亮〈又乙巳秋書〉）的樣子。他為了要捏造事實，虛構狀詞，鍛鍊人罪，陷害唐仲友，竟下毒手對一個平白無辜的天台營軍妓嚴蕊，進行逼供信，「一再受杖，委頓幾死」（周密《齊東野語》卷二十），把個嚴蕊打得死去活來，硬要她誣認與唐仲友有不正當關係。從這件事中，不難看出，林彪佩服得五體投地的朱熹究竟是個什麼東西。

朱熹構陷唐仲友的罪狀中，有一條是非法開雕「荀子」等著作的印板。朱熹不惜代價，詳細察訪，搜集材料。朱熹甚至連這些書如何包裝，何人經手，分幾擔挑運婺州等細微末節，也大做文章，上告孝宗。朱熹為什麼死死抓住這個辮子不放呢？原來朱熹這個極端頑固的尊孔分子，對大法家荀子，懷有刻骨仇恨，他曾惡毒攻擊「荀子著書之言，無所顧藉，敢於異論」，「教得個李斯出來，遂至焚書坑儒（《朱子語類輯略》卷五、卷八）。這就是說，儒家所竭力攻擊的秦始皇鎮壓儒生，燒毀儒家反動書籍的革命行動，是「起於荀卿」創立了法家理論的結果。而唐仲友居然刊印荀子的書，傳播法家思想，破壞在意識形態領域裡的大地主階級專政，這還了得。「邪說橫流，壞人心術，甚於洪水猛獸之災」（《四書集注・孟子・滕文公下》），這就是朱熹所以坐鎮台州，非把唐仲友告下臺不可的原因。而宋、元、明、清一些筆記，總把朱、唐事件，說成是私人之間的意氣用事，竭力抹煞這場鬥爭的政治性，這實在是大錯特錯的。

此外，朱熹還對被李贄讚為「無半點頭巾氣」、「真用得，真用得」的法家思想家葉適，進行打擊。朱熹大罵以葉適、陳傅良為代表的「永嘉之學」，「沒頭沒尾，大不是學問」。特別是葉適，曾揭露朱熹賣國投降的嘴臉，說朱熹之流「坐而講堯、舜、三代之舊，不思夷夏之分」（《水心文集・始論一》）。朱熹氣黃了臉大罵「葉正則（葉

適）說話，只是杜撰」，「作文論事，全不知些著實利害，只是虛論」
（《朱子語類》卷一二三）。

朱熹在浙江的罪惡活動，是一份難得的反面教材。它如一面鏡
子，透過朱熹，使我們由此及彼地看清一切反動派，如何利用「仁
政」、「愛人」等耀眼的名詞，達到害人、吃人的反革命目的。

——原載《浙江師院學報》，一九七五年第二期，頁五三～五八

舊制度的衛道者

——朱熹

婺源縣文化站寫作組

　　朱熹何許人也？歷來就有兩種截然不同的評價。儒家如蠅逐臭地圍著這具僵屍唱贊歌；法家則反之，他們在一定程度上勾劃出這個理學家的醜惡臉譜。直到全國解放以後，劉少奇、林彪一類騙子又把孔丘、孟軻、朱熹的靈牌捧了出來，叛徒、賣國賊林彪在為孔、孟戴上「桂冠」的同時，還肉麻地叫喊：「要像朱子那樣去待人。」在批林批孔運動深入發展的今天，徹底揭露朱熹的反動面目，對於識別林彪一類騙子很有意義。

反動階級的辯護士

　　朱熹（1130～1200）婺源人，是所謂「新理學」的炮製者，其實並沒有什麼學問，在他那個自命為「醇儒」的理學世界，塞滿了儒、釋、道三家的毒草敗絮，他的理論無非是反動統治的辯護詞而已。

　　理學的出籠，有著一定的歷史背景。被「尊為一統」的孔孟之道，經歷了東漢、晉、隋、唐直到北宋的一千多年的儒法鬥爭，特別是歷代農民革命的衝擊，已是丟盔棄甲，屢屢敗陣。形勢變化，逼得儒家這個破落戶，只有向佛、道兩家伸出乞文袋求援，經過北宋程顥、程頤的炮製，勉強湊成雜交品種的理學，來保持搖搖欲墜的官方

哲學地位。

南宋趙構（高宗）政權，是腐朽的北宋王朝的繼續，對外實行投降路線，對內殘酷剝削壓迫農民。於是，農民不斷舉行起義，提出了「等貴賤，均貧富」的政治綱領，並且把矛頭直指反動的理學。為了阻擋農民運動的洪流，適應南宋反動統治階級「安外攘內」反動路線的需要，自命為「醇儒」的朱熹，竊取了佛教禪宗和道教的學說，湊成了所謂「新理學」。

朱熹將「理」說成是永恆的主體，是「理在先，氣在後」（即精神第一，物質第二），「理」是產生萬物、包括人類在內的根源。這一論點，和佛教法相宗在「緣生論」中所說的精神的「種子」是構成世界的起因的論點是一致的，朱熹不過是採取隱蔽的形式，把抽象的理來代替抽象的神佛而已。人間的「理」是什麼呢？朱熹說，這就是「三綱五常」，就是人間最高最完善最精緻的道理。誰要是觸犯「三綱五常」，就是「大逆」，是最大的罪惡！朱熹就是妄圖用「三綱五常」一類的說教，來維護搖搖欲墜的反動階級的統治。

怎樣才能存天理呢？朱熹像孔、孟一樣，也高唱抽象的「人性論」。朱熹照佛教的觀點，把人性分為「天命之性」和「氣質之性」。「天命之性」屬於天理，故善，「氣質之性」是「理與氣雜」，故有善有惡，這是上天給予人類的稟賦不同。這種說教是董仲舒和韓愈的「性三品說」與佛教淨土宗（佛教一派，後併入禪宗）的「無量壽經」的揉合為一的東西。佛教談「宿命」，理學談稟賦，佛教講善惡，理學講天理、人欲，提法不同，實質一樣。朱熹認為理是天賦予每一個人的，只要克去氣質之性之中的人欲（也叫物欲），就像寶珠洗去污泥一樣，立即恢復「天理」光澤。於是，朱熹得出六個字的總結：「聖人千言萬語，只是教人存天理、滅人欲。」這就是妄圖使廣大勞動人民不鬥爭，不反抗，甘心情願地受反動統治階級的壓迫和剝

削。清朝的進步思想家戴震，把理學比作「忍而殘殺之具」，是「以理殺人」！可見，這個被剽竊偷盜而進行了加工精製的理學是什麼貨色了！

陰險狡詐的權勢迷

革命導師馬克思在批判第一國際時代的陰謀家巴枯寧時，說：「如果說他在理論上一竅不通，那麼他在幹陰謀勾當方面卻是頗為能幹的。」這段話放在朱熹身上也是十分合適的。

朱熹是個「只恐權柄不入手」的權嗜官迷。他在福建同安縣擔任主簿（秘書），已開始聚徒講學，結黨營私。他常用題詩寫字，封官許願來籠絡收買黨徒。一次，黨徒問他：「孔子若被（諸侯國）用，顏淵做什麼？」朱熹回答：「如孔子做宰相，顏淵便做參政（副宰相）。」一語洩露天機，朱熹要的是「一人得道」，死心塌地跟隨他的徒子徒孫，也可以「雞犬升天」了。當時，凡是和朱熹同流合污而被保薦入朝的，僅五品以上的官，有二十餘人之多。與此相反，凡對朱熹稍有逆忤的，就鼓動黨徒造謠中傷，挑撥離間，或拉攏分化，圍攻脅迫。朱熹對同時期的樸素唯物主義永嘉學派的陳亮，就採取各種卑鄙手段來陷害打擊，向皇帝告狀，在權官面前播弄是非，派黨徒呂伯恭「整治」。

朱熹豢養了一批親信，又拉攏勾結了一小撮官僚政客，把勢力擴展到福建、江西、安徽、浙江、湖南各地，首都臨安也設了據點，連孝宗的老師也是他的同黨密友。朱熹一再說：「若得權柄在手，則兵隨將轉。」朱熹為了「權柄在手」，絞盡腦汁。他主張「心大則自然不急迫」，勃勃野心，躍然紙上。他要求「知欲圓而行欲方」，兩面派手段活形活現。

朱熹初進官場，勢力還單薄，「著書立說」也沒有宣揚出去，所以裝著一副可憐相，他寫信給吏部尚書汪應辰，說：「窮空已甚，若有數月之缺，即不可待！」幾個月不當官，已沒辦法生活，所以有一個縣令之職，很是滿足。過了一段時間，胃口大了，則要當「漕司」（茶鹽提舉）。到了黨徒力量增強，則擺出盛氣凌人的市儈樣子，無實權的官不當，無肥差不幹。他在南宋四朝（高宗、孝宗、光宗、寧宗）從一個小小主簿，爬到知府、漕司、提刑（管一省刑法）、安撫（省長）到侍講（寧宗皇帝的老師）。朱熹利用他抓到的權力，大搞倒退、復辟，殘酷鎮壓農民革命。

頑固不化的復辟狂

朱熹所說的「存天理、滅人欲」，完全是孔丘「克己復禮」的翻版。他自己也承認：「理者，禮也。」他把「克己」換上「滅人欲」，「復禮」改為「存天理」。在當時，它為南宋王朝的「安外攘內」的反動路線服務。而最終目的，是復辟夏、商、周三代的奴隸社會。他在和陳亮的辯論中，把奴隸社會吹得天花亂墜，說：「夏、商、周三代是天理流行，一切都是至善光明，三代以後是人欲橫行，一切都是混亂黑暗。」他又說：「若論三代之世，則封建（分封世襲諸侯）好處便是君民之情相親，可以久安而無患，不似後世郡縣（秦始皇的郡縣制），一二年輒易，雖有賢者善政，必做不成。」夏、商、周三代都是好的，三代以後都是壞的。在朱熹看來，一切都要恢復孔老二所說的那種「禮」。他任同安縣主簿時，看到「里巷之民，貧不能聘，或至奔誘……引伴為妻」的自由戀愛，認為是「乖違（孔、孟之道）禮典，瀆亂國章」，主張婚娶要參酌周禮。他還在〈趙婿親迎禮大略〉一文中，大吹大擂孔丘制訂的繁儀褥節，還親自掌儀司禮。他又

要恢復孔丘所提倡的「孝」，父母死了，守孝三年，若「忘哀作樂，徒三年，雜戲（穿五彩的衣服戲耍）徒一年，即遇樂而聽及參預吉席者（偶爾聽了音樂或婚壽酒宴幫了忙）各杖一百（打一百屁股）」。當他發現了「專以講究經旨為務」（研究復辟言論）的柯翰之流的復辟活標本，欣喜若狂，自己動手總結，撰文舞墨，為之大吹大擂。他對帝王宗室祖廟，更是叩頭下跪地要求皇帝帶頭恢復周禮，以「遠跡三代之隆，一正千古之謬」。就是在臨死前，他還在編寫《儀禮經傳》的復辟書，其中包括家禮、鄉禮、學（校）禮、邦國禮、王朝禮，並以喪、葬二禮，囑咐他的女婿完成。這個頑固僵化的復辟狂，在臨死前的一刹那，帽子碰歪了，他還想到孔丘「君子死，冠不免」的話，示意門徒把帽子戴正，「畢恭畢敬」地去見祖師爺。

——原載《江西日報》，一九七五年一月二十九日

朱熹在漳州地區的罪行

漳州第一中學
漳州市第五中學　　理論學習小組

　　朱熹（1130～1200）字元晦，在福建又有「朱考亭」、「朱紫陽」的別號。這個鼓吹「天不生仲尼，萬古如長夜」的孔、孟信徒，是南宋反動理學的集大成者。

　　這個可惡的大儒，生於福建尤溪。他所處的時代，正是階級矛盾和民族矛盾異常激烈的南宋。就在他出生的那一年，湖南洞庭爆發了鍾相、楊么的農民起義，福建尤溪附近也爆發了范汝為的起義。起義農民提出了「等貴賤、均貧富」的革命綱領，把鬥爭矛頭指向孔、孟的「天命論」和董仲舒的「三綱五常」，指向日趨沒落的封建制度。南宋小朝廷在農民起義的衝擊下，陷入了更加嚴重的政治危機，搖搖欲墜。

　　朱熹「年十八貢於鄉，中紹興十八年進士第，主泉州同安（今福建同安縣）簿」（《宋史‧朱熹傳》）。就在他任職同安期間，曾於紹興二十六年（1156），竄到漳州活動。紹熙元年（1190）四月，在他積累了一整套鎮壓人民的反動伎倆之後，來漳州當知府，他在漳州任職雖然只有一年，卻犯下了滔天罪行。他極力推行治人、騙人、殺人的反動理學，殘酷地鎮壓漳州地區人民。其後歷代啟動統治階級的「遵用遺教，越數百年，若金科玉條」（《漳州府志》），流毒非常深廣。

著書「解經」毒害人民

為了維護官僚大地主的反動統治，朱熹瘋狂地鼓吹反動的理學。他把勞動人民反抗反動統治階級剝削壓迫的革命和地主階級中主張革新的進步思想，統統斥為「萬惡」的「人欲」，把維護封建等級制度、束縛毒害勞動人民的「三綱五常」，稱為不可抗拒的「天理」。認為只有實行「存天理、滅人欲」，也就是像孔老二那樣「克己復禮」，才能做到「利欲淨盡，天理流行」。因此，他惡毒地攻擊法家，對法家思想的傳播怕得要死，恨得要命。他破口大罵中國十一世紀時的改革家王安石，說王安石「惑亂神祖」，不知「克己復禮為事」，是「一世禍敗之原」。對南宋法家陳亮，也恨之入骨。他來漳州的前幾年，在福建崇安武夷精舍講學時，說：「陳同甫（即陳亮）學已行到江西，浙人信向已多，家家談王霸，……不說孔、孟，……可畏可畏。」又說：「近日一派流入江西，蹴踏董仲舒，而推薦管仲，……尤可駭異。」（《朱子語類》）為了進一步發揮孔、孟之道，宣揚反動理學，反對法家思想，以便在意識形態領域中加強日趨沒落的地主階級對廣大勞動人民的專政，他拚命著書「解經」，講學論道。

朱熹五歲便開始讀《孝經》，接著又苦讀《論語》、《孟子》，對於《大學》、《中庸》更是拚命去鑽。他說「《論》、《孟》、《中庸》、《大學》」，乃是治人之道的「根本」（見《朱子文集·答呂子約》）。他「平生精力，殫於《四書》」（《四庫全書總目》），把《禮記》中的《大學》、《中庸》加以整理，並對《論語》、《孟子》加以注解，合編成為《四書章句集注》，簡稱《四書集注》或《四書》。他還規定要「先讀《大學》，以定其規模；次讀《論語》，以立其根本；次讀《孟子》，以觀其發越；次讀《中庸》，以求古人之微妙處」（《朱子語類大

全》)。這套極端反動的書是在朱熹任職漳州知府前後編注的,從南宋理宗以後,就被歷代反動統治者定為生員必讀的教科書,其中的注釋被確定為科舉考試的標準答案,成為一切腐朽沒落階級反對革新、收復人民的反動思想武器。

在這部《四書集注》中,朱熹通過注釋,宣揚了孔、孟之道反對社會變革的復辟經,宣揚了搞陰謀詭計、政治欺騙的權術經,宣揚了閉門思過的修養經。讓我們舉幾個例子:其一,他把孔老二的「禮」,解釋為「天理之節文」;把孔老二的「克己復禮」,解釋為「利欲淨盡,天理流行」,當成「心法之要」、「天理之全」。孔老二復辟奴隸制的反動綱領,經過朱熹的注釋,就成了地主階級鎮壓農民起義、反對革新的反動思想武器。就因為這樣,林彪這個復辟狂也把「克己復禮」當成萬事中最大的事。其二,孔老二說:「父為子隱,子為父隱,直在其中矣!」朱熹則解釋道:「父子相隱,天性人情之至也,故不求為直,而直在其中。」孟軻說:「大人者,言不必信,行不必果。」朱熹注釋說:「大人言行,不先期於信果;但義之所在,則必從之,卒未嘗不信果也。」這些,完全是為南宋統治者殘酷鎮壓人民、投降賣國進行詭辯。這套反動的權術經,林彪則用以反對人民,搞陰謀詭計,妄圖顛覆無產階級專政。他乾脆地說:「不說假話辦不成大事。」其三,《論語》中記載曾參「吾日三省吾身」,朱熹在注釋中說這「可謂得學之本矣」。這種反動理論就是要人民閉門修養,服服貼貼地做封建統治階級的奴隸。林彪也心神領會,叫囂要「靈魂深處爆發革命」,妄圖阻礙革命人民在三大革命運動中實踐,在鬥爭中掌握馬列主義、毛澤東思想,以便他們復辟資本主義。

朱熹來漳州的前一兩個月,剛炮製了《大學章句》、《中庸章句》兩書。來漳州後,就馬上親自到處拋售。據記載,朱熹「嘗以暇日登白雲山講〈誠意〉之章」(〈誠意〉就是《大學》的一章)。他在離漳

前夕，還把這些書「付壬（即方壬）刊示學者」，以繼續放毒。就在他臨死的前半天，還在「改《大學・誠意》章」（《朱子文集・本傳》）。可見他是多麼重視這套黑書的反動作用。

血腥的鎮壓　殘酷的迫害

列寧指出：「所有一切壓迫階級，為了維護自己的統治，都需要有兩種社會職能：一種是劊子手的職能，另一種是牧師的職能。」朱熹一方面宣揚反動的理學，進行騙人的說教；另一方面又總結出一套鎮壓人民、治人、殺人的辦法，說「縣事大要有三：刑獄、詞訟、財賦也」。就是說，要統治一個縣，就必須利用監獄、刑罰來鎮壓人民的反抗，利用詞訟來壓迫人民，利用賦斂盤剝榨取民脂民膏。

漳州府始建於唐朝垂拱二年（686），唐景雲二年（711）第一個漳州太守陳元光在鎮壓起義軍時，被起義軍的將領蘭奉高殺傷而喪命（《漳州府志・寇亂》）。朱熹這個劊子手一到漳州，就叫喊漳州地區「地險民頑」，「上不知有禮法，下不知有條禁」，並咬牙切齒地說：「故於此輩，……則必痛治之，蓋惟恐其不嚴，而無以警動於愚俗。」他在漳州一年，始終根據其「存天理、滅人欲」的信條，從「刑獄、詞訟、財賦」三方面，殘酷地壓迫剝削勞動人民。

朱熹迫害勞動人民的重要手段之一，就是用封建禮教殺人，他一到漳州，就「首述古今禮律開諭之，又採古喪葬嫁娶之儀揭示父老，令解說訓其子弟」（《漳州府志》），並親自「布孝悌之訓」，解釋並散發《孝經》，還親自制定、頒布〈諭俗文〉、〈曉諭詞訟教〉、〈曉諭居喪持服教〉、〈勸女道還俗教〉和《朱子家禮》等反動法律和道德條文，強迫人民遵守。

據《漳州府志》和《尤溪縣志》記載，這套按「三綱五常」炮製

出來的禮節，提倡「孝子、順孫、義夫、節婦」，鼓吹「鄉黨宗姻（即封建的宗族）所宜親睦」。「古喪葬嫁娶之儀」規定嫁娶必須「納采、納幣、請期、迎親」，居喪則必須「易服、披髮、徒跣、不食」（即要換上孝服、披頭散髮、赤腳、不吃），要「設魂帛、設靈座、設布帷、設靈床」，還要舉行「朝夕奠」等等。朱熹制定這些法律、禮節條文，就是要強迫勞動人民事事都要按照封建的「禮」來辦，以「復先王禮義之教」，從而維持其反動統治。

為了強迫人民實行，他規定：喪父母未服三年喪禮，而「忘哀作樂」的，要「徒三年」，「雜戲」的，要「徒一年」，「參與吉席者杖一百」。當時勞動人民無力花費巨資，按他的規定辦理喪事，「停喪在家及攢寄寺院」或「停寄棺柩灰函」，朱熹則「限一月安葬」，「如違依杖一百」。他規定：婚娶「不待媒聘而潛相奔誘犯法違禮者」，則要「陷辟刑」。但就是這個法律條文上規定「士民當知夫婦婚姻人倫之首」，嚴禁「非妻妾而公然同室」的朱熹，在漳州時已六十一歲了，還騙了一個十七、八歲的姑娘，荒淫無恥，正是李贄說的「真個道學，臉皮三寸」、「被服儒雅，行若狗彘」。

封建法律完全是維護大地主階級利益的。《漳州府志・朱子守漳實跡記》中就清楚地記載著，朱熹「凡庭訟所斷，必以人倫為重」，即「凡聽訟必先論其尊卑、上下、長幼、親疏之分，而後聽其曲直之詞」。斷案之「曲直」，根據的是「尊卑、上下、長幼、親疏」，凡「以下犯上，以卑凌尊」，「以地客（佃戶）殺地主」者，一律嚴加殺害。這正是孔老二「刑不上士大夫，禮不下庶人」的翻版。

封建禮教是一把殺人不見血的軟刀子，《漳州府志》記載：「自淳熙至今（指清乾隆年代）五百年，漳民婚娶喪葬率遵《家禮》（指朱熹制定的《朱子家禮》）。」可見其流毒之久遠。單說「節婦」這一項，由於朱熹極力鼓吹「旌賞節婦」，叫嚷「失節」是違反「天理」

的極大罪惡，在他軟硬兼施之下，產生了極其惡劣的影響。查一下
《漳州府志》，從宋至清同治三年（1864）太平天國起義軍進漳之
前，（府志）上記載的「烈女」就有四千四百九十八名，「烈女」的名
目繁多，有「節烈」、「節孝」、「節德」，也有「貞節」、「苦節」。視其
內容，更是令人髮指，有「婆媳同孀」、「三世苦節」、「五世四節
婦」、「四世五節婦」，有「未嫁守寡至八十歲」，有苦節「備悉艱苦，
孑然一身」，有婢女被迫終身代主婦守寡，有夫亡「投井」、「自縊」、
「絕粒（絕食）」而亡等等。魯迅早就指出：「由漢至唐也並沒有鼓吹
節烈。直到宋朝，那一班『業儒』的才說出『餓死事小，失節事大』
的話。」從此以後，「各府各縣誌書傳記類的末尾，也總有幾卷〈烈
女〉。」「古來不曉得死了多少人物。」（〈我之節烈觀〉）《漳州府志》
的「烈女」部分共有四卷，這就是朱熹「以理殺人」的罪證。至今，
漳州地區還流傳著朱熹迫害婦女的「朱文公兜」、「朱文公簾」、「朱文
公襖」等等傳說。「朱文公兜」就是婦女出門時頭上罩的花帕。當時
婦女出門都必須用這種花帕把整個臉遮住，僅留兩個小孔用以看路。
「朱文公簾」就是在住家門口，掛上一塊竹編格簾，婦女不能隨便走
出格簾，也不能隨便向外窺看。「朱文公襖」就是一種袖子很長的衣
服，婦女出門甚至勞動時都要穿上這種衣服。清朝的唯物主義者戴震
尖銳指出「以理殺人」尤甚於「以法殺人」，因為「人死於法，猶有
憐之，死於理，其誰憐之」？一語戳穿了朱熹以封建禮教殺人的反動
實質。

　　朱熹迫害勞動人民的另一手法，就是利用賦斂進行巧取豪奪。宋
朝時，漳州人民極端窮困，北宋王安石曾指出，當時漳州「山川鬱霧
毒，瘴癘春冬作」，「居人特鮮少，市井宜蕭索」（〈送李宣叔倅漳
州〉）。《漳州府志》也記載，當時「地狹人貧，終身傭作。僅能了得
身丁」。對於繁重的賦稅，勞動人民「不能輸納者，父子流移，逃避

他所，又有甚者，往往生子不舉」。朱熹一到漳州，一方面假惺惺地奏請朝廷減免漳州已收不到的舊欠賦稅，行使其騙人的一手。另一方面又著手落實賦稅。他知道「州縣坐失常賦」，問題就在「本州田稅不均，隱漏官物，動以萬計」，因此就向光宗趙惇提出「經界法」，想通過丈量田畝經界，「依畝數課稅」，來解脫州府收不到稅的窘境，為搖搖欲墜的反動政權提供進一步剝削人民的方法。所謂丈量田畝經界，絲毫不能解決大地主瞞田漏稅的問題，丈量的對象主要是那些無勢無權受壓迫的勞苦人民。他還看到當時漳州地區「荒廢寺院田產頗多，目今並無僧行住持。田被侵佔（其實是老百姓在耕作），失陷稅賦」。於是就挖空心思，由「本州出榜，召人實封請買」。這樣，他既從中撈到一大筆錢財，又可以逐年向買田的人徵收稅賦。朱熹晚年回閩北建陽時，大買田宅，大興土木，於建陽雲谷建立別墅「晦庵」，於建陽考亭築滄州精舍。這些別墅、精舍，就有從漳州地區勞動人民身上榨取的血汗。

推行反動教育　培養封建地主階級的孝子賢孫

宋朝的學制，「縣置小學」、「縣學生選考升諸州學，州學生每三年貢太學」，並規定「太學生以八品以下子弟及庶人之俊異者為之」（《宋史‧選舉志》）。王安石變法時，改革了科舉制度、學校教學內容，還改革了教育制度，改組原來為大地主反動集團所壟斷的太學，擴大招生範圍。王安石變法失敗後，朱熹這些理學家瘋狂地對王安石的教育改革進行反撲。為了培養封建地主階級的「忠臣」和「孝子」，維護封建地主階級的反動統治，朱熹根據孔、孟一整套反動的教育思想，賣命地推行儒家的反動教育，對辦學的路線、教材、課程設置以及教師等，都作了具體的規定。

朱熹極力鼓吹教育制度要像夏、商、周三代那樣:「人生八歲,則自王公以下,至於庶人之子弟,皆入小學」,「及其十有五年,則自天子之元子眾子,以至公卿大夫元士之適子、與凡民之俊秀,皆入大學」。就是說:「小學」招「庶人之子弟」,「大學」只能招大官僚地主的子弟,「凡民」子弟只有「俊秀」的才能入「大學」。可見,朱熹為封建地主階級辦學的階級路線是多麼的明確。對於教材,朱熹要求必須突出「國家化民成俗之意,學者修己治人之方」,為大地主階級政治服務。他還要求像三代一樣「小學」教以「灑掃、應對、進退之節,禮、樂、射、御、書、數之文」,即教給學生為統治階級服務的知識和技能;而「大學」,則教以「窮理、正心、修己、治人之道」,即統治人民的辦法。對於教師,朱熹在一一五六年竄到漳州時,就對當時的州學教授陳知柔提出「教授者,以天子之命,教其邦人」,對邦人「有以率屬化服之」,「蹈繩矩,出入不悖」(《朱子文集・漳州教授廳題壁》),就是說,教師必須忠實地為地主階級培養接班人。斯大林指出:「教育是一種武器,其效果是取決於誰把它掌握在手中,用這個武器去打擊誰。」朱熹這個可惡的大儒,就是利用掌握在手上的教育大權,一方面把大地主階級的子弟培養成「人上人」,以便鞏固大地主階級的統治;另一方面,又利用教育這個陣地,對「庶人之子弟」進行奴化教育,使他們馴服地讓大地主階級統治。列寧在批判舊學校時早就指出:「整個舊學校都浸透了階級精神,只讓資產階級的子女學到知識。……工農的年輕一代在這樣的學校裡,與其說是受教育,倒不如說是受資產階級的奴化。教育這些青年的目的,就是訓練資產階級有用的奴僕,既能替資產階級創造利潤,又不會驚憂資產階級的安寧。」

歷代反動統治階級,不但用《四書》、《五經》等壞書毒害人民,而且還大量地編寫通俗「蒙書」向兒童灌輸孔、孟之道,朱熹也煞費

苦心地編寫了一部《小學》授之童蒙。編書的目的就是「於幼稚之時，欲其習與知長，化與心成，而無扞格不勝之患也」（〈題《小學》〉）。孔老二提出對學生要防止「發然後禁，則扞格而不勝」（〈學記〉），意思是：學生違「禮」的行為出現後再去禁止，就會遭到牴觸抗拒不能有所收效。朱熹提出要使兒童從小就「無扞格不勝之患」，這正暴露了他對兒童從小就灌輸孔、孟之道，以防止他們反抗大地主階級的陰險用心。

為了加強對學校的控制，朱熹還親自出馬，每「旬之二日」，「領官屬下州學，視諸生，講《小學》，為正其義」，「六日下縣學，亦如之」（〈朱子守漳實跡記〉）。對辦學論道賣力的，朱熹則給予表彰。《漳州府志》記載，他的忠實門徒方壬辦學有功，朱熹則「以壬所上講課義等十事，令屬邑仿之學」。朱熹還不斷擴大學校的規模。宋時規定，「州置教授二員」（《宋史‧選舉志》），而朱熹在漳州州學裏開設了「賓賢館」，網羅了理學信徒、土豪劣紳黃樵仲等八人講學，做為諸生的「表率」。他還一再要擴大漳州府學，「使其規模擬容萬人之座，以為後來百年之計」，其體制「一如太學之制」（就是要把州學辦成與當時京師太學一樣），已造好計畫，派人測量土地，準備在一一九一年秋動工（見《漳州府志‧郡齋錄後序》），後因朱熹離職才作罷。可見朱熹和歷代反動派一樣，十分重視抓住教育這塊剝削階級的「世襲領地」，以鞏固和維持封建地主階級反動統治的「百年之計」。

朱熹的反動理學，就是大地主階級治人、騙人、殺人的哲學，它集中了從奴隸主貴族到地主階級的反動、腐朽的意識形態之大成，是孔老二「克己復禮」的翻版，對於朱熹這套反動的道術，古今中外的反動派都奉若至寶。叛徒、內奸、工賊劉少奇，當年在湖南從狗洞爬出來時，就雙手捧上軍閥趙恆惕賞賜給他的《四書》；叛徒、賣國賊林彪也以朱熹的《四書集注》為藍本，拼湊了《四書集句》掛在牆

上，叫囂「我常考慮，要像朱子那樣去待人」。蘇修叛徒集團也吹捧朱熹的《四書集注》，吹捧朱熹的理學。為什麼這些反動傢伙都對朱熹的治人、騙人、殺人之道如此傾心？《宋史・道學傳》早就對儒家的徒子徒孫提出：「後之時君世主，欲復天德王道之治，必來此取法矣！」叛徒劉少奇、林彪及蘇修叛徒集團，都是要復辟資本主義，妄圖開歷史倒車，「復天德王道之治」，所以他們就必然要效法孔老二搞「克己復禮」，向封建衛道士朱熹去取法。

　　歷史的車輪滾滾向前，「凡屬倒退行為，結果都和主持者的原來的願望相反，古今中外，沒有例外」。朱熹在漳州統治一年，離職時，漳州地區人民用送葬的鑼鼓將他「送走」。朱熹死後，儘管各級封建官僚在漳州府及所屬各縣建立「朱文公祠」十八所，朱熹被追封了「太師」、「信國公」、「徽國公」、「文公」等等嚇人的稱號。但是勞動人民是不買他們的帳。朱熹制定那麼多殘酷鎮壓人民的法律，可是漳州人民「雄心熾而喜爭」的「習俗」「終復難革」（見明張燮《清漳風俗考》），公元一八六四年，太平軍進漳，漳州地區人民配合太平軍，把漳州城的「朱文公祠」和「孔氏家廟」搗毀掉。

　　朱熹妄圖用他的反動思想阻擋歷史前進，結果被掃進了歷史的垃圾堆，劉少奇、林彪販賣孔、孟和朱熹的反動思想，妄圖復辟資本主義，最後也被掃進歷史垃圾堆，蘇修叛徒集團吹捧孔老二、朱熹，也將逃脫不了必然滅亡的命運！

　　──原載《文史哲》，一九七五年第二期，頁七三～七七，轉頁八六

戳穿朱熹的畫皮

歷史系福建地方史研究室

　　朱熹（1130～1200）是宋代儒學集大成者，也是反動理學（又稱道學）的主要代表人物。他的反動理論是地主階級維護封建統治的重要精神支柱。宋末以後，封建帝王為鞏固自己的地位，無不向他求取「統治術」，因此對他備加讚賞。他們對他百般吹捧，喻之為「泰山」、「北斗」，稱之為「大儒朱子」。他的牌位也放在「文廟」裡，同他的老祖宗孔老二平起平坐，臭名昭著。在他死後七百多年，資產階級野心家、陰謀家、反革命兩面派、叛徒、賣國賊林彪，又把他這具政治僵屍抬了出來，加以喬裝打扮，給他戴上「古賢」、「歷史唯物主義」的桂冠。鼓吹他的「待人哲學」是「處理人事關係的準則」。林彪為什麼如此狂熱吹捧朱熹呢？因為他要「克己復禮」，復辟資本主義，就必然要借屍還魂，把朱熹的破爛貨作為搞反革命復辟的思想武器。因此戳穿朱熹的畫皮，對進一步認識林彪反革命的修正主義路線的極右實質，具有現實的意義。

一　「吃人」制度的衛道士

　　魯迅在《狂人日記》中說：翻開封建社會的歷史一查，歪歪斜斜的每頁上都寫著「仁義道德」幾個字，仔細一看，「才從字縫裡看出字來，滿本都寫著兩個字是『吃人』」。這是魯迅對萬惡的封建社會所

作的最本質最深刻的概括。廣大農民對極端反動殘酷的「吃人」制度，深惡痛絕。因為，「農民被束縛於封建制度之下，沒有人身自由。地主對農民有隨意打罵甚至處死之權，農民是沒有任何政治權利的」[1]。苦難迫使他們多次地舉行起義，而每一次起義，都打擊了當時的封建統治，推動了社會生產力的發展。如宋代，農民革命運動風起雲湧，在鬥爭中提出「法分貴賤貧富，非善法也。我如行法，當等貴賤，均貧富」等反映本階級利益的政治主張，嚴重地動搖和打擊了當時的封建統治地位。「吃人」制度的衛道士朱熹，是宋王朝豢養的御用文人，他在搖搖欲墜的社會危機面前，憂心忡忡，製造種種荒謬的理論，借以論證封建統治的合理性和永恆性。他繼承和發展了孔老二的唯心主義「天命觀」，鼓吹「天命即是天理」[2]。無論孔老二的「天命」，還是朱熹的「天理」，都是借「天」字這個神秘的觀念，用以欺騙和愚弄勞動人民。什麼是「天命」？朱熹說：「嘗謂命，譬如朝廷誥敕。」[3]他把皇帝和天連在一起，就是說皇帝是受命於天的，皇帝統治百姓是上天賦予的絕對權力，不可抗拒的。什麼是「天理」？朱熹說：「宇宙之間，一理而已。……其張之為三綱，其紀之為五常。」又說：「三綱五常，終變不得。」[4]他把「三綱五常」當做「天理」在現實社會中的普遍體現，而它又是由上天規定了的原則。誰也不能改變，誰都得遵守，不得逃避，都必須在封建的綱常倫理道德的規範中生活。朱熹竭力宣揚這套反動理論，無非是借「天」的權力來維護封建的統治秩序，無非是要說明地主階級對人民的殘暴專政是順天而行的，它們是合乎「天理」的。

1　毛主席〈中國革命和中國共產黨〉。

2　《朱子類語》卷四六。

3　《朱子類語》卷四。

4　《朱子類語》卷二四。

　　同時，朱熹還叫囔什麼封建統治制度是萬古不變的、永恆的「天理」。他說：「三綱五常，禮之大體，三代相繼，皆因之而不能變。」[5] 即使過了一萬年，「綱常」也是「磨滅不得」的[6]，即使是山河大地都沒有了，這個合乎「天理」的封建「綱常」也依然存在[7]。這些自欺欺人的胡謅，不過是朱熹為封建社會的永恆性提供荒謬的理論根據而已。社會歷史的發展，是按照自身的規律進行的，朱熹的胡謅和任何人的主觀意志都無法挽救封建制度的必然崩潰。

　　儘管如此，朱熹還是頑固地站在沒落腐朽的地主階級的反動立場上，逆社會歷史發展的潮流而動，聲嘶力竭地狂叫，他要「存天理、滅人欲」，就是說他要鞏固封建社會的全部綱常倫理道德，維護封建社會的全部等級關係，即統治秩序；他要消滅一切破壞、違反這種「綱常」、「秩序」的思想和行動。正因為這樣，朱熹對歷史上所有主張革新和進步的人物，都恨之入骨。對厚今薄古的專家秦始皇，只因為他下令把那些宣揚復古、反對革新的儒家黑書燒掉，對那些堅持反動立場、以古諷今、陰謀復辟的儒生，嚴加鎮壓。被就朱熹攻擊為「暴秦」、「苛虐禍世」、「秦至無道」[8]等等。對被列寧稱為「中國十一世紀時的改革家」[9]的王安石，因為他的「新學」和其他革新的政治主張，如「天變不足畏，祖宗不足法，人言不足恤」等理論，衝擊了反動理學，朱熹及其道學信徒們即群起而攻之，咒罵「王安石用事，陷溺人心，至今不自知覺，人趨利而不知義」[10]；罵他是把砒霜

5　《論語章句‧為政第二》。

6　《朱子類語》卷二四。

7　《朱子類語》卷一。

8　《朱子學的》卷下，《朱文公文集》卷七二。

9　列寧〈修改工人政黨的土地綱領〉。

10　《宋史‧道學傳》卷四二八。

給病人吃的醫生,「其術足以殺人」[11]等等。對同時代的主張革新的人物陳亮,因為他的唯物主義理論同朱熹的唯心主義理學針鋒相對,朱熹就對他惡毒攻擊,污蔑他的理論是:「指鐵為金,認賊為子,而不自知其非也!」[12]這充分暴露了朱熹維護舊制度的醜惡嘴臉和頑固立場。

一切反動派都是主張守舊、復古,搞倒退、復辟的,孔老二是這樣,朱熹是這樣,林彪也不例外。他繼承了他的老祖宗的反動衣鉢,大搞反革命復辟活動,從一九六九年十一月到一九七〇年一月,不到三個月時間,連續四次把「悠悠萬事,唯此為大,克己復禮」寫成條幅,妄圖顛覆無產階級專政,復辟資本主義。他要對無產階級專政的對象,「一律給予政治上的解放」,讓地、富、反、壞、右重新上臺,恢復地主資產階級專政,使我們的國家再淪為半封建半殖民地的社會,把全國人民推入血泊深淵。然而,林彪這個當代的復辟狂,終於被歷史的車輪輾得粉碎。

二 鎮壓革命的劊子手

朱熹生活的年代,是我國封建社會向後期過渡的南宋時期,地主階級完成了從進步向反動的轉化,階級剝削和壓迫更加殘酷,民怨沸騰,苦不堪命,社會危機四伏,農民革命烽火連天。自北宋末年以來,農民起義成為普遍的現象,規模大的,在北方有宋江、在東南有方臘、在中南有鍾相、楊么等為首的農民大起義。規模小的,各地此起彼伏,層出不窮。這是一個革命與反革命搏鬥的年代。朱熹站在反

---

11 《朱子類語》卷一三〇。
12 《晦庵先生文集》卷三六。

革命立場上,在鎮壓農民革命中扮演了極其可恥的角色。他「把過去舊制度的一切鎮壓手段都混合起來(從所有過去制度的武庫裡取出一切鎮壓的武器),無情地加以運用」[13]。其一,從思想上麻痺勞動人民的革命意志,朱熹「天理觀」出發,把現實的階級關係說成「都是天所命的」[14]。因此「富貴果不可求,貧賤果不可避」[15],這就是說富貴者,是「受命於天」的,天生的統治者,用朱熹的話說,就叫「此古今不易之理」;貧賤者,是命中注定的,天生的被統治者,你們「內不妄思」、「外不妄動」,只能按照我「朱聖人」的說教,自己「就命上理會」[16]。這實質上是要廣大勞苦群眾安於貧困,永生永世給封建統治階級當牛做馬。尤其惡毒的是他拋出所謂人須知「廉恥」和不可「為惡」[17]的兩枝毒箭。「廉恥」也罷,「為惡」也罷,都具有鮮明的階級性,朱熹對起來造反的廣大勞苦群眾,統統誣之為「不知廉恥」和「為惡」的人,胡說什麼「人須知恥方能過而改」,一旦「為惡」,「縱有善不足以自贖」[18]。換言之,就是說反動統治階級壓迫剝削有理,被統治階級反抗造反有罪。這是朱熹鎮壓農民革命的一把殺人不見血的「軟刀子」。

其二,朱熹妄圖採用假仁假義,收買人心,破壞革命。他利用科舉和在各地任職的機會,不斷上書朝廷,假惺惺地說:「天下國家之務莫大於恤民。」[19]他出謀劃策,建議在各地設立「義倉」(即「社倉」),實施所謂賑濟之類的「恤民」政策。把這種騙人的措施,吹為

---

13 馬克思《法蘭西內戰》。
14 《朱子類語》卷二。
15 《朱子學的》卷上。
16 《朱子學的》卷上。
17 《朱子學的》卷上。
18 《朱子學的》卷上。
19 《朱子學的》卷下。

「萬世之良法」，朱熹在崇安、浙東等地都搞過這類鬼把戲。孝宗乾道年間，崇安饑荒，朱熹寫信給知府事徐嚞，徐立即運來「賑濟」糧六百斛，朱熹裝模作樣帶「鄉人」去領取。孝宗淳熙年間，浙東災情嚴重，朝廷派朱熹前往巡視，他又擺出一副救世主的架勢，從邊郡調來一點糧食「賑濟」饑民[20]。用其所謂「恤民」、「愛民」把自己偽裝起來。但是，「假的就是假的，偽裝應當剝去」。其實，朱熹的「恤民」策與西漢反動儒家董仲舒的「災異」論是一脈相承的，董仲舒認為「災異」造成「徭役眾，賦斂重，百姓貧窮叛去，道多饑人」[21]，使封建統治不免要垮臺。他要皇帝從「災異」中採取必要的措施扼殺農民起義。朱熹也在上書中明白供認「恤民」只是一種手段，而真正的目的在於「下結人心，消其乘時作亂之意」，使封建統治階級不受「盜賊之害」[22]。真是「心有靈犀一點通」，大有異曲同工之妙。他們的險惡用心，狠毒至極。

第三，血腥鎮壓。不論朱熹採取任何無恥狡猾的手段，都無法阻止人民的革命行動。紹興二十二年，他出任同安主簿，「蒞任伊始」，就大耍威風，發動諭榜，行保伍法，設射圃，練兵勇，逼農民限期交納捐稅，過違者，採取「嚴刑以為威」，「懲其一以戒其百」[23]的反動方針，結果激起同安人民的反抗。光宗紹熙五年，朱熹知潭州（長沙）兼荊湖南路安撫使，一上任，長沙一帶就發生了少數民族起義。面對農民革命的興起，朱熹再也按捺不住他那顆「善良」的黑心，撕掉一切假仁假義的遮羞布，舉起明晃晃的屠刀，對革命農民橫加鎮

---

20 《宋史‧道學傳》卷四二九。

21 《繁露‧五行變救》。

22 《宋史‧道學傳》卷四二九。

23 《朱子學的》卷下。

壓。他殺氣騰騰地說「我若得權柄在手」,「有寸鐵,便可殺人」[24]。同安的農民反抗鬥爭,被他血腥鎮壓下去。對於長沙的少數民族起義,朱熹這個凶神惡煞對其部下田升說:限期把他們抓來,否則就要殺你的頭(「諭以某日,不俘以來,將斬汝」)[25]。田升秉承朱熹的黑旨意,採取軟硬兼施的反革命策略,殘酷鎮壓了這次起義。朱熹同起義農民有不共戴天之仇,他在長沙任上,朝廷以經筵之故,調他去臨安(杭州),眼看就要卸任進京,「竟入獄取大囚十八人立斬之」[26]。殘暴之極,駭人聽聞!

朱熹明明是一個心狠手毒殺人不眨眼的劊子手,卻偏要唱什麼「慈祥」、「和厚」之類的高調,又要做婊子,又要立牌坊,「真個道學,臉皮三寸」[27]。林彪和朱熹是一丘之貉,他恬不知恥地販賣什麼「以仁愛之心待人」,「以君子長者之道待天下,故曰忠厚之至也」之類的黑貨,為地、富、反、壞、右鳴冤叫屈,攻擊我們對赫魯曉夫罵絕了,對王明鬥絕了,叫嚷要對他們講「仁愛」、講「忠恕」,妄圖復辟資本主義,在蘇修的核保護傘下當「兒皇帝」。為了達到這個罪惡的,林彪糾集死黨用最野蠻、最毒辣、最卑鄙的手段,妄圖謀害我們的偉大領袖,這就是林彪鼓吹「仁愛」、「忠恕」的反動實質。和朱熹一樣,林彪是一個地地道道的戴著「仁愛」、「忠恕」假面具的吃人不吐骨的魔鬼。

---

24 《朱子類語》卷二。

25 民國《婺源縣志》卷二十〈朱子世家〉。

26 《宋人軼事彙編》卷十七。

27 《世說新語補》卷四。

三　矯言偽行的兩面派

　　朱熹不僅是一個「吃人」制度的衛道士、鎮壓革命的劊子手，也是一個矯言偽行的兩面派，口是心非的偽君子。這是歷史上所謂「大聖賢」的共同特點。他們「口上仁義禮智，心裡男盜女娼」[28]。譬如朱熹的老祖宗孔老二，對婦女極端鄙視，平時對他們竭盡謾罵污蔑之能事，什麼「小人」呀！「難養」呀等等。可是當他鑽營到衛國，見到衛靈公的愛妾南子時，態度迥然不同，趕緊施禮磕響頭，爾後，又坐著車子跟著她去逛鬧市，這時「小人」、「難養」早已無影無蹤了。朱熹學著孔老二的腔調，用「小不忍，如婦人之仁」、「婦人無非無儀為善」之類的黑話醜化婦女。但是，勾引兩名尼姑為妾，就是朱熹幹的。他高唱「婦人貞節第一義」，而「家婦無夫而自孕」[29]的醜事，就發生在朱熹家裡，「易衣巾，攜妓女於湖山都市之間」[30]，幹著烏七八糟的事，也是他們這些道學先生們。好個「理學大師」！就像魯迅所說的那樣「才從私窩子跨出腳，便說『中國道德第一』」，虛偽到了極點。

　　朱熹還特別強調在「敬」字上狠下工夫，說什麼「敬」是「萬善之根本」[31]。他自己當然是執行「敬」字的「模範」，對「坐如尸、立如齊、頭容直、目容端、足容重、手容恭、口容止、氣容肅」這些「敬之目」[32]，成天掛在嘴邊。對他的老祖宗孔老二更是畢恭畢敬，

28　魯迅〈墳・論「他媽的」〉。
29　《宋人軼事彙編》卷十七。
30　《宋人軼事彙編》卷十七。
31　《朱子學的》卷上。
32　《朱子學的》卷上。

簡直「敬」到天上，什麼「天不生仲尼，萬古如長夜」，什麼「聖賢之言明如日月」[33]等等，肉麻吹捧達到無以復加的地步。這無疑是要人們相信他朱熹敬「孔聖人」之虔誠，捍衛「孔聖人」之堅決，是古今中外獨一無二的。事實勝於雄辯，當他為了耍權術、搞陰謀，拿孔老二當「敲門磚」時，可以「敬」個沒完沒了，暫時不需要也可甩到九霄雲外。有一次，他聽「妖人」蔡元定（朱熹的朋友）說：建陽縣學所在地「有風水」，是「侯王之地」。這個追名逐利，官迷心竅的傢伙，想當侯王之心急不可待，為了奪占這塊地方，把豎在縣學裡的孔老二的「聖像」，用大木粗繩，像捆盜賊一樣捆綁起來，像拉死狗一樣拉出去，經過「通衢鬧市之間」，腿也壞了，胳膊也斷了，鬧得輿論嘩然[34]。可見朱熹在尊孔下「敬」字功夫的時候就「已經懷著別樣的目的」。

朱熹還兜售所謂「己所不欲，勿施於人」的黑貨，妄圖以此騙取正人君子的美名。讓人相信朱熹是個具有「極高的人類美德」的「聖賢」，而實際上卻是個「己所不欲，施於人」，無所不為的大惡棍。在建陽，挖掘別人的墳墓，埋葬自己的母親；霸占別人的山業，擴大自己的地方[35]；家裡又偷了別人的牛，而且加以宰殺[36]。朱熹也許因為「慈悲」，「不忍見牛的臨死的觳觫，於是走開，等到燒成牛排，然後慢慢的來咀嚼」[37]，魯迅這段話，把朱熹這個偽君子的面目，揭露得淋漓盡致，維妙維肖。

矯言偽行的朱熹，貫於耍弄兩面派的卑劣手法，林彪繼承了朱熹

---

33 《朱子類語》卷九三、卷二。
34 《宋人軼事彙編》卷十七。
35 《宋人軼事彙編》卷十七。
36 《宋人軼事彙編》卷十七。
37 魯迅〈病後雜談〉。

的衣缽，並加以「妙用」。他處心積慮耍權術，玩花招，好話說盡，壞事做絕。什麼「高舉」、「緊跟」，什麼「光輝榜樣」、「一貫正確」，什麼「學得最好」、「用得最活」等一頂頂華麗的桂冠統統往自己頭上戴，儼似一個「志壯堅信馬、列」的「蓋世英雄」。但是，他信奉的是孔、孟之道，崇拜的是董仲舒，學的是朱熹的「待人哲學」，是個地地道道的孔、孟、董、朱的信徒。他表面上裝著何等「謙恭而又敬重」，「萬歲不離口，語錄不離手」，而在背後卻磨刀霍霍，伺機下毒手，是一個典型的陰謀家、兩面派。

林彪這個資產階級陰謀家、野心家、反革命兩面派，叛徒、賣國賊，妄圖從他的「先輩」哪裡借用反動的思想武器，「以昨天的卑鄙行為來為今天的卑鄙行為進行辯護」[38]，以實現他的反革命復辟的罪惡目的，這只能是癡心妄想。歷史是無情的，凡是代表沒落的剝削階級利益的反動派，都將被革命人民掃進歷史垃圾堆。林彪在國際上代表帝國主義、社會帝國主義的利益，在國內代表被推翻的地、富、反、壞、右的利益，是同人民根本對立的。因此，不管他抬出孔老二的僵屍，還是招來朱熹的亡靈，都無法挽救最終滅亡的命運，其可恥下場，就是歷史的結論。

——原載《福建師大學報》，一九七四年第三期，頁三六～四一

---

38 馬克思〈黑格爾法哲學批判導言〉。

假道學掩蓋不了陰謀家的嘴臉

——駁斥朱熹掩蓋孔丘陰謀家嘴臉的卑鄙手法

黎洪

孔丘是一切反革命陰謀家的祖師爺，在批林批孔運動中，揭露孔丘的大騙子、大陰謀家嘴臉，可以從他的身上，透視劉少奇、林彪這些鬼蜮的魔影。

《論語·子罕》記載了孔丘極重要的一段話，這是他無恥地主張搞陰謀權術的鐵證。

《論語》這一段話的原文是：「子曰：可與共學，未可與適道；可與適道，未可與立；可與立，未可與權。唐棣之華，偏其反而。豈不爾思？室是遠而！子曰：未之思也，夫何遠之有？」

孔丘這段話的意思是：可以和他學習同一個道理的人，未必能和他同走一條路；可以和他同走一條路的人，未必能和他同幹一番事業；可以和他同幹一番事業的人，未必能和他共同使用陰謀、權術。為了達到復辟奴隸制的反動目的，必須採取陰謀、權術，正好像棠棣的花瓣先開而後合那樣[1]。你為什麼不仔細想想這個道理，就認為講

---

1 唐棣，即棠棣，一名郁李。梁朝皇侃疏證《論語》時說：「夫樹木之花，皆先合而後開，唐棣之花，則先開而後合，是華反而後合也。」清朝郝懿行引牟庭相的說法：棠棣「其華初開反背，終乃合併」。意思是：其它的樹木的花，都是先打苞（合）、後開花（花瓣向相反方向散開）。棠棣花相反，不經打苞，初開就反背（花瓣向相反方向散開），然後才合攏起來結果。這是古人的一種觀察。所以經學家們解釋孔子引那首詩的意思是：「用權」像棠棣花「先反後合」、「反而後合」，

這種必要性，像朋友的房子那麼遙遠不清呢？你說像朋友的房子那麼遙遠不清，那是沒有深想罷了。只要你深思深想，朋友的房子不就在你的心裡顯現得很清楚了嗎？搞陰謀、權術的必要性，不也就心領神會了嗎？

孔丘主張採用陰謀、權術，而且反覆強調，即使對於那些和自己走一條路幹一種事業的人，陰謀、權術這一套，也不能輕易和他們共同使用。孔丘這段話充分暴露出他陰謀家的嘴臉。為了教唆學生懂得搞陰謀權術，他還引古詩反覆打譬喻，真是卑鄙無恥到了極點！

從漢以來的許多儒家，對於所謂「聖人用權」，作了種種解說。有的說那是「反經合道」，「反於善而後有善」的，雖然搞陰謀、權術，是用不善的手段去達到「善」的目的，違反儒家講的那套虛偽的道德標準，但只要符合反動階級的根本利益，能達到目的，就可以採用。有的說那是「勢不得不然也」，是反動統治階級的形勢危急，不能不採用這種非常不正道的手段。有的則進一步認為「懷其常道而挾其變權，乃得為聖賢」，堅持反動階級的立場，善於搞陰謀、玩權術的人，才是真正的聖賢。有的甚至說「權者，聖人之大用」，陰謀、權術是聖人的高著、絕招。還有的說「權者，聖人之所獨見也」，「辭不能及，皆在於指，非精心達思者其孰能知之」？這是說，只有「聖人」才精通一套陰謀、權術。儒家們的種種解說，有的想竭力說明孔丘主張搞陰謀、權術表面上雖不符合儒家通常的道德說教，但骨子裡卻合乎反動統治階級的根本「大義」。有的則乾脆認為善於玩弄權術才能做到「聖人」。這真是欲蓋彌彰！孔丘那副大騙子、大陰謀家的嘴臉，經過這番描畫，反而愈描愈醜惡了。

先用違反經道的陰謀權術等非常手段，然後才能達到合乎「道」的要求。這是剝削階級的反動邏輯。

　　漢以後的許多名儒，包括董仲舒在內，對「聖人用權」的解說，還在一定程度上反映了孔丘陰險狡詐的面目。但到了宋朝的程頤、朱熹，這兩個假道學家，竟然想把孔子主張「用權」的罪證一筆勾銷了。他們說：「權，稱錘也，所以稱物而知輕重者也。可與權，謂能權輕重使合義也。」「漢儒以反經合道為權，故有權變、權術之論，皆非也。權只是經也。自漢以下，無人識權字。」由漢至宋一千多年，沒有人懂得這個「權」字，那麼多名儒的解釋全錯了。程、朱妄圖掩蓋孔丘主張搞陰謀權術的心情何其急切[2]！

　　就字論字，權字可以做許多解釋，如權衡、權宜、權謀、權術、權詐等等。問題是在《論語》那一章裡，權字應該怎樣解釋？用馬克思主義的觀點看問題，剝削階級為了維護、鞏固其反動統治，主張權變、權術、權謀等等，都應斥之為搞陰謀詭計。何況孔丘在那一章裡，從「可與共學」，說到「未可與權」，竭力強調「用權」的重要，強調「用權」要極其謹慎、小心，對於同學、同道甚至同黨，都不能輕易讓他們參與，和他們共同使用。孔丘還用棠棣「花開反背」，「先反後合」，譬喻所謂「權」是和他通常所說的道德是相反相成的東西。這不是陰謀權術是什麼？程、朱解釋「權」字只是「權輕重使合義」，「知時措之宜」，把事情辦得合乎道理，合乎實際。如果真是這一類的「通權達變」，孔丘為什麼要引「唐棣之華，偏其反而」作譬喻，講目的和手段的相反相成呢？

　　朱熹正是十分害怕孔丘引「唐棣之華，偏其反而」譬喻「用權」，主張陰謀、權詐的含意太明顯，太難掩蓋了。所以他便要詭計，說《論語》這一章到「未可與權」為止，以下引古詩的話是另一

2　歷史上有關《論語》此處的解釋，引自《論語正義》、《論語注疏》、《四書集注》、《淮南子·氾論訓》。

章，篡改《論語》原意。但朱熹提不出任何事實根據，只是憑「先儒
誤」三個字，並不能把孔丘的話一刀兩斷。朱熹說什麼「唐棣之華，
偏其反而」「於六義屬興」，「無意義」，也是信口雌黃，胡說八道。漢
代鄭眾解釋：「興者，託事於物也。」[3]「興」就是取譬喻以發揮，這
是古代儒者用以表現其社會政治觀點的常用手法。朱熹本人在《詩經
集傳》中，解釋《詩經》的第一首詩：「關關雎鳩，在河之洲。窈窕
淑女，君子好逑。」也說：「興也，關關雌雄相應之和聲也。」這也
就是說詩裡用雌雄雎鳩在河灘上一唱一和地叫，比喻貴公子在找漂亮
的小姐求愛。朱熹還從其僧侶主義出發，胡說雎鳩「生有定偶而不相
亂，偶常並游而不相狎」。似乎這種水鳥也信仰朱熹的道德說教，既
「貞潔」，又不輕浮，所以才用來譬喻公子、小姐的。這不明明說
「興」大有意義嗎？朱熹還說：「後凡言興者，其文意皆放（仿）此
云。」既然以後解釋「興」的文意，都要模仿和按照這個，為什麼朱
熹注釋孔丘引的古詩「唐棣之華，偏其反而」，便胡說這屬於「興」，
沒有意義呢？這不是自己打自己的嘴巴嗎？

　　其實引用「唐棣之華，偏其反而」，已經足以說明孔丘所講的
「權」是陰謀，權術了。許多經學家也正是這麼解釋的。由漢到宋到
清，經學家們注釋孔丘主張「用權」，大都以戰國時《公羊傳》對祭
仲「用權」的評論為根據。所謂祭仲「用權」的故事是：鄭國執政祭
仲，連續搞了兩次宮廷政變，一會兒趕走國君公子忽，改立公子突，
一會兒又搞掉公子突，迎回公子忽。《公羊傳》評論說祭仲這麼做，
應付了宋國的威脅，保住了鄭國，古人「用權」都像這樣。「權者
何？權者，反於經然後有善者也」。「權」就是運用陰謀、權術，表面
上與儒家經典的道德說教相違背，但把事情辦好了，其結果與聖人的

3　見《文心雕龍》卷八，〈比興〉。

道德說教也就不違背了。「何賢乎祭仲？以為知權也。」為什麼稱祭仲為賢人呢？就是因為他懂得用陰謀、權術。西漢董仲舒在《春秋繁露‧玉英篇》解釋孔子「用權」說：玩弄權術、權詐的手段，「於性雖不安，於心雖不平，於道無以易之」，用這類手段，雖然連自己都感到內心有愧，但為了鞏固封建王朝反動統治的大道，卻又別無他法，非用不可。懂得這個道理，就懂得了孔丘講的「可與適權矣」。《淮南子‧氾論訓》引了孔丘主張「用權」一節，解釋說「權者，聖人之所獨見也」。怎麼樣的獨見呢？書中舉了許多例子：「信反為過，誕反為功。」講究信用反而壞事，說謊欺騙反而成功。能屈能伸，能卑能剛。裝做卑弱時，則「柔如蒲葦」；發威嚇人時，則「剛強猛毅，志厲青雲」，凶猛的氣焰衝上了雲霄。「乘時應變」，「無常儀表」。善於隨機應變，使人不能通過觀察他的外表，捉摸到他行動的規律。「禮者，實之華而偽之文也，⋯⋯是故聖人以文交於世，而以實從事於宜。不結於一跡之塗（途），凝滯而不化。是故敗事少而成事多。」聖人把有實效的手段用禮的外表偽裝起來，用偽裝的外表和天下人打交道，但用確有實效的手段去解決問題，玩弄手段又變化多端，不像書呆子那麼固執僵化，所以聖人失敗少而成功多。儘管用的種種手段是虛偽而狡詐的，但只要成功了，便「號令行於天下，而莫之能非矣」。董仲舒以「反經合道」，為孔丘主張玩弄權術、權詐辯解；《淮南子》則乾脆說剝削階級的反動統治者，只要成功了，手段不論多麼卑鄙，誰也不敢說半句壞話。

東漢高誘在注釋《淮南子》時，作了這樣的解釋：孔丘講的「權」是「能令醜反善，合於宜適」。用醜惡的手段反而辦好了事情，符合統治階級的根本利益就是「宜適」，就是權。梁朝皇侃、劉勰都說：孔丘引詩，是用唐棣之華的「先反後合」、「反而後合」，譬喻「權」「反經合道」，「反於善而後有善」。連北宋的經學家、程朱理

學的老祖宗之一邢昺，也是這麼解釋孔丘的「用權」的：唐棣「其
華」偏然反而後合。賦此詩者，以言權道亦先反常而後至於大順也。
孔丘引詩，是說用反經的手段，去奪取最巨大的成果。這就是漢到北
宋經學「大師」們對孔丘引古詩譬喻「權」的解釋，他們把孔丘主張
用陰謀、權詐那一套反革命手法講得再露骨也沒有了！

　　這一切都證明，朱熹將孔丘主張用陰謀權術和他引用「唐棣之
華」加以割裂，又胡說此詩無意義，不過是妄圖銷毀孔丘主張用陰
謀、權術的罪證罷了。然而，歷史是無法篡改的，孔丘是個陰謀家的
鐵證，朱熹用斧頭也砍不掉的！

　　朱熹妄圖篡改事實，完全是徒勞的，直到清代，一些考據學家也
不同意他的解釋，而沿用朱熹以前的說法。

　　朱熹是最有名的假道學，連孔丘編進《詩經》的二十四篇涉及愛
情的詩，他都詆毀為「男女淫佚之詩」。朱熹既然把封建制度說成是
理想的王國，奉孔、孟之道為這個王國中權衡一切的標準，從其僧侶
主義的道德觀點和反動的政治觀點出發，為了更有效地欺騙麻痺人
民，他絕對不能容許《論語》留下孔丘主張用陰謀、權術的罪證。這
就是他所以拚命地掩蓋孔丘主張「用權」的反動目的。其實一切反動
派是一天也離不開陰謀詭計的。朱熹和孔丘是一丘之貉，也是一個陰
謀家、政治騙子。無論他怎樣為孔丘掩蓋，也難免要露出馬腳，如他
在《四書集注》中，引了所謂洪氏的一段議論，很能說明這個問題。
洪氏說：「權者，聖人之大用，未能立而言權，猶人未能立而欲行，
鮮不僕矣」。「權」這個玩意兒，是聖人的絕招、高著，對於學儒未
精、功業未立的人講「用權」，就像小孩子還不會站，便要他走路一
樣，一定要跌跤、出亂子的。這真是富有反革命經驗的老奸巨猾。看
來他們不過是認為陰謀、權術這一套可用而且還要善於用罷了。朱熹
集中發展了孔、孟唯心主義思想和反動的社會觀，朱熹比孔、孟更虛

偽、更狡詐了。

當然，歷史的發展是不依人們的意志為轉移的，反動的剝削階級不論是用殘殺，還是用欺騙，用明槍，還是用暗箭，用陰謀還是用陽謀，都不能堵擋革命人民的怒濤狂飆，也無法挽救其覆滅的命運。大陰謀家、大叛徒、大賣國賊林彪，完全繼承了孔老二和朱熹的衣缽，他是一個極端陰險、奸詐的反動傢伙，他「語錄不離手，萬歲不離口，當面說好話，背後下毒手」，口頭上大講「德」、「仁義」、「忠恕」，暗地裡則鼓勵其死黨對無產階級逞其凶殘。他專心研究中外古今的政變中，妄圖在一個早上，將中國人民推入反革命的血泊之中。但是，在偉大的馬克思列寧主義時代，無產階級專政的時代，中國的歷史命運掌握在億萬勞動人民的手裡，絕不是任何陰謀家、野心家用奸詐的手段可以逆轉的。混在我們黨內的野心家，他們搞陰謀詭計絕不會有好下場。黃粱未熟迷夢破，折戟沉沙遭火焚。林彪比之歷史上所有的野心家、陰謀家，結局更可恥，更短命。這就是歷史的裁決！

——原載《文史哲》，一九七四年第二期，頁二八～三一

可惡的儒家朱熹

徽州地區歙縣、安徽勞動大學批朱小組

本刊編者的話：在反擊右傾翻案風的偉大鬥爭中，為了深入批判黨內那個不肯改悔的走資派的反革命修正主義路線，我們必須堅持以階級鬥爭為綱，繼續批孔。徽州地區歙縣的工人、農民、幹部和我校師生聯合組成的批朱小組，編寫了批判南宋大儒家、投降派朱熹反動一生的通俗小冊子。全書共十九篇，我們從中選登了有代表性的十一篇，基本上反映了朱熹的主要反動活動，以作繼續批孔的參考。

前言

毛主席說：「宋朝的哲學家朱熹，寫了許多書，說了許多話，大家都忘記了，但有一句話還沒有忘記，即：『以其人之道，還治其人之身。』」（〈論人民民主專政〉）毛主席讚揚了人民反儒的革命精神，又說明朱熹是個反面教員。可是，叛徒劉少奇，在黑〈修養〉中，大肆吹捧「宋儒也有許多修養身心的方法」，要人們像他們那樣「鄭重其事的去進行自我修養」。叛徒、賣國賊林彪，更是極力尊孔崇朱，叫囂「要像朱子那樣去待人」。他以朱熹的《四書集注》為藍本，搞了《四書集句》，作為他篡黨奪權、復辟資本主義的反動思想武器。他信奉朱熹「天命即是天理」的說教，叫嚷「順天者興，逆天者亡」。他販賣朱熹「一旦豁然貫通」的唯心主義黑貨，宣揚「靈魂深

處爆發革命」。他十分欣賞朱熹對「中庸」的解釋，鼓吹「中庸之道……合理」。他還從《四書集注》中抄錄了「小國師大國」的賣國理論，妄圖充當蘇修核娘護傘下的兒皇帝。

劉少奇、林彪如此狂熱崇奉的朱熹到底是個什麼傢伙？他的所謂「理學」又是什麼貨色呢？

朱熹是我國南宋時期的大儒家和投降派，是我國封建社會集孔、孟之道大成的反動思想家。

朱熹字元晦，號晦庵，歙州婺源縣（現屬江西）人，大地主階級家庭出身，生於公元一一三○年，死於一二○○年。他所處的時代，正是我國封建社會走向下坡路，國內民族矛盾和階級矛盾空前激化的南宋時期。南宋是一個十分反動、腐朽的王朝，在我國北方女真貴族進攻下，節節退讓，偏安江南，奉行一條民族妥協投降的路線。在南宋內部，由於官僚地主階級瘋狂兼併土地，殘酷壓榨人民，迫使農民不斷舉行起義。革命農民提出了「等貴賤，均貧富」的戰鬥口號，向地主階級所有制和封建的綱常名教，發起了猛烈的攻擊，給宋王朝以沉重的打擊。南宋王朝為了鞏固其封建統治，維護苟安的局面，對農民起義實行血腥鎮壓，同時加強了對農民的思想統治。

朱熹是一個鎮壓農民起義的劊子手。他公開聲言「佃戶不可侵犯田主」，凡是「以下犯上，以卑凌尊」，「以地客殺地主」者，一律嚴加鎮壓，絕不寬恕。他不僅親自出馬，血腥鎮壓起義農民；而且經常採用招撫誘降等陰險毒辣的反革命手法，分化、瓦解農民起義隊伍。

朱熹是封建社會後期尊儒反法的急先鋒。他大肆鼓吹「天不生仲尼，萬古如長夜」，把孔、孟之道捧上了天；惡毒咒罵法家思想「功利邪說」，攻擊秦始皇、王安石等法家的變革活動。

為了替南宋統治集團對內鎮壓、對外投降的反動路線服務，朱熹

對孔、孟之道作了一番加工，吸收了佛教和道家的思想，炮製了一套反動的唯心主義理學（又叫道學）。朱熹繼承了孔老二的「天命論」，認為「天命即是天理」，「天理」是產生天地萬物的本原。他說：「未有天地之先，畢竟也只是理。有此理便有此天地。」「天理」是什麼呢？朱熹說：「宇宙之間，一理而已。……其張之為三綱，其紀之為五常。」所謂「天理」，就是三綱五常。可見，理學就是妄圖用唯心論和形而上學來強化封建綱常對勞動人民思想和行動的束縛作用。

朱熹接過孔老二「克己復禮」的反動綱領，把它解釋為「存天理、滅人欲」，說什麼「孔子所謂『克己復禮』……只是教人『存天理、滅人欲』」。他把維護封建統治秩序的「三綱五常」說成是永恆的「天理」，把一切違反封建統治秩序的言行罵為萬惡的「人欲」，甚至把人民的衣食這些生活的起碼要求，都看作是違犯「天理」的「人欲」。他還叫嚷什麼「餓死事極小，失節事極大」，要人們即使餓死，也不能違犯「三綱五常」。這真是以「理」殺人[1]！

朱熹這個儒很可惡。他在以「理」殺人的同時，還大幹以「理」賣國的勾當。他攻擊愛國的主戰派是追求「功名」的「巧言之士」，反對抗擊女真貴族——金的入侵，散布民族投降主義的反動謬論，胡說什麼「區區東南，事有不可勝慮者，何恢復之可圖乎」[2]！

朱熹同孔老二一樣，是一個典型的虛偽的「道學家」、「巧偽人」。他有一條處世格言，叫做「知欲圓而行若方」。就是說，做人應該言行不一。他表面上裝得一本正經，滿口仁義道德，為國為民，而肚子裡卻是男盜女娼，無惡不作。他是怎樣待人的呢？魯迅曾深刻地指出：朱熹之流的待人哲學，就是教人「怎樣敷衍，偷生，獻媚，弄

1　《朱子語類》（以下簡稱《語類》）卷十二。

2　《朱文公文集》（以下簡稱《文集》）卷十一，〈戊申封事〉。

權，自私，然而能夠假借大義，竊取美名」（〈十四年的「讀經」〉）。

朱熹一輩子的主要精力是為封建統治者炮製反革命輿論。他的理學，就是鼓吹剝削有理，壓迫有理，投降有理，革命有罪的反革命理論。隨著封建社會日趨沒落，朱熹及其理學被反動統治者越捧越高。朱熹被追封為「太師」，他的牌位也被抬進孔廟。他那部浸透孔、孟毒汁的《四書集注》，成為封建士大夫必讀的教科書。他的理學，成了宋元明清時期占絕對統治地位的官方哲學。它滲透到了當時的社會政治、法律、道德、文藝等各個方面。宣揚投降主義的小說《水滸》，也充滿了理學的反動說教。

正是由於朱熹的理學是反對革命、欺騙和奴役人民的凶惡的思想武器，所以後來曾國藩用它來鎮壓太平天國革命，蔣介石用它來反對革命。劉少奇、林彪妄圖在我國復辟資本主義，對朱熹及其理學如此推崇，也就不足為怪了。

歷史經驗說明，在我國，凡是要搞修正主義，往往都乞求於孔老二和朱熹的亡靈，都要從孔、孟之道中尋找反革命思想武器，來對抗馬克思主義，反對無產階級革命和無產階級專政。今天，黨內那個不肯改悔的走資派也是用孔、孟之道來搞復辟倒退的。這個特點，還會在今後的鬥爭中表現出來。因此，以馬列主義、毛澤東思想為指導，揭露朱熹的醜惡面貌及其理學的反動實質，對於徹底批判劉少奇、林彪一類的修正主義路線，鞏固無產階級專政，是具有重大意義的。為此，我們編寫了這本通俗小冊子，供廣大工農兵和青少年參考。

從小就想當「聖人」

南宋初年，天下大亂。農民起義的烈火，燃遍了東南各地，南宋小朝廷的半壁江山，處於風雨飄搖之中……

　　就在朱熹出生的一一三○年，湖南鼎州爆發了鍾相、楊么領導的農民起義。他們提出「等貴賤、均貧富」的戰鬥口號，攻州奪縣，斬殺官吏、儒生，焚燒官府、孔廟。在短短的時間內，就形成了一支擁有四十萬人的農民革命大軍，占據了洞庭湖一帶的六州十幾個縣，嚴重地動搖了腐朽沒落的封建統治。與鍾相、楊么起義相呼應，福建西北也燃起了農民革命的熊熊烈火。建州范汝為，建甌張萬金，建陽劉時舉，順昌余作霖，崇安廖公昭，一支支農民起義隊伍，活躍在閩江中上游的崇山峻嶺之中。義旗所向，勢不可擋。那些平日作威作福、欺壓百姓的貪官污吏、土豪劣紳，一個個喪魂落魄，疲於奔命。

　　在這「兵荒馬亂」之時，朱熹的父親朱松，由福建政和縣尉調任尤溪縣尉。他匆匆地雇上幾頂大轎，一路上東躲西藏，跌跌撞撞，顛簸了一個多月，才趕到了尤溪縣城。

　　這朱松原是歙州婺源縣大地主，篤信孔、孟之道。他年輕時在歙州城郊紫陽山讀書。他的岳父祝確是城裡最有錢有勢力的大富商，城內商店大都為他所有，所以有「祝半州」之稱。在祝確的幫助下，朱松中了進士，當上了政和縣尉。不久，歙縣方臘領導的農民起義，占領了歙州一帶，不但他老家婺源的地主莊園因此衰落下去，祝家也在頃刻之間變成了破落戶[3]。

　　朱松這一生飽嘗了農民起義拳頭的滋味，一聽說農民造反就心膽俱碎。他想：何時能有個聖人再世，平定「叛亂」，使天下「太平」起來，我朱家照舊有著享不盡的榮華富貴。

　　恰巧這年九月，朱松的老婆祝氏生了個男孩。朱松樂極了，猛然想起幾年前算命先生的話，說朱家的運數是：「富也只如此，貴也只

3　《文集》卷九八，〈外大父祝公遺事〉。

如此，生個小孩兒，便是孔夫子。」[4]自從娶祝氏為妻，十多年才得了這個寶貝兒子，莫不正是應了那位算命先生的卦？朱松喜不勝喜，給這個剛出世的心肝寶貝取了個吉利的名字，叫做「熹」。

自此，朱松天天盼，日日想，恨不能一口氣就把兒子吹成大人，早日拾掇好當今「盜賊橫行」的亂世。……

幾年後的一天傍晚，尤溪縣衙旁邊的一所古裝寓舍內，八歲的朱熹，正規規矩矩地趴在書桌上，手捧一本《孝經》，一字一句地念叨著：「敬古賢，忠君主，孝父母，……」念了一陣，忽然停了下來，只見他伸出小手，從筆架上抓起一枝毛筆，在《孝經》上歪歪扭扭地寫了幾個字：「我若不照此去做，就不是人。」[5]

不知在什麼時候，老朱松悄悄地踱了進來，一眼瞥見兒子寫的這幾個字，不由得滿心歡喜，笑呵呵地拈著山羊鬍子連聲讚道：

「寫得好！寫得好！就是要這樣。」

小傢伙得到了父親的誇獎，高興地從凳子上跳了下來，賣乖地說：「爹，你平時對我講的當年方臘造反，把婺源老家和歙州外祖父家搞得傾家蕩產的情景，我都一直記在心裡，一點也沒忘掉。」

一提到這些事情，朱松臉上的笑容頓時消失了。打朱熹懂事的時候起，朱松就不厭其煩地對兒子訴說這些舊日的「淒苦」，盼望兒子發憤讀經，有朝一日兒子「化魚成龍」[6]，替朱家重整家業，耀祖光宗。現在聽到兒子這番賣乖的話，朱松緊鎖的眉頭，又舒展開來。

「記住就好啊！」朱松說：「我朱家日後就全靠你了。俗話講：不吃苦中苦，難為人上人。你現在就要遲遲睡，早早起，下死勁讀書，將來才能成氣候。」接著，又嘮嘮叨叨地給孩子講了些古人刻苦

4　《宋人軼事彙編》。

5　王懋竑《朱子年譜》（以下簡稱《年譜》）卷一。

6　朱松〈送五二郎讀書詩〉：「驥騄寧似犬，龍化本為魚。」

讀書、衣錦還鄉的故事，啟發朱熹要像「古賢」那樣，快點啃完孔、孟的那些經書。

在這位「嚴父」的督導之下，朱熹讀經更是著了迷。一次，當他讀《孟子》，念到「聖人與我同類者」時[7]，不禁高興得手舞足蹈起來，心想熬它個「十年寒窗苦」，把那堆經書背得滾瓜爛熟，還怕成不了聖人？

朱熹十一歲那年，有一天，朱松把他喊進書房，打開一本破舊的《後漢書》，親自給他講授〈光武本紀〉。當講到「昆陽之戰」時，朱熹聽得入了神，不禁問起劉秀「重興漢室」的奧妙。朱松便將南陽大地主劉秀如何鑽進農民起義軍內，如何玩弄權術，先利用農民軍的力量，在昆陽消滅了王莽的百萬軍隊，接著又調轉頭來吃掉農民軍，後來做了皇帝的事情，數落了一番，還特地抄錄了蘇軾的〈昆陽城賦〉，令其誦讀[8]。朱熹聽後心領神會，嘖嘖稱讚，暗暗發誓。要學會劉秀那樣「隨機應變」的反革命權術，將來好為朝廷幹一番事業。

子未成「龍」，父已喪命。朱熹十四歲時，朱松舊病復發，臥床不起。快斷氣的時候，他把朱熹叫到跟前，說：「孩子，爹這病是那年泥腿子造反害的，你可要記住爹是怎麼死的。」說著，用他那枯柴一般的手，從枕頭下拿出一份遺書交給朱熹。

朱熹雙膝跪地，接過遺書。

朱松又斷斷續續地說：「我死後，你可帶著這封遺書同你娘到崇安去，找少傅劉子羽和他兄弟劉子翬，還有胡憲、劉勉之諸位。他們都是爹的老朋友，精通孔、孟之學。你到哪裡，要把他們當作生身父母一樣地敬奉，好好聽他們的話，要把那些經書……」

---

7 《年譜》卷一。

8 《年譜》卷一。

話沒講完，就一命嗚呼了。

這個反動的地主官僚，懷著對農民階級的刻骨仇恨，到孔老二哪裡報到去了。臨死時，還念念不忘要他兒子讀經當聖人。

朱熹在朱松的亡靈前，披麻戴孝地嚎啕了幾天。過了些日子，便跟母親投奔崇安劉子羽去了[9]。

劉子羽，是崇安有名的豪門地主，為人凶殘狡詐。年輕時，曾隨同他父親劉韐，帶兵鎮壓過方臘起義軍。當河北農民「不堪徵斂」而聚眾起義時，他又隨同劉韐守衛真定，以封官許願的卑劣手段，收買了混進農民起義隊伍中的叛徒，把河北農民起義鎮壓了下去[10]。他的兄弟劉子翬，在興化郡任通判時，也曾賣力地與郡將張當世策劃抵擋過楊就率領的農民起義軍的進攻[11]。這兄弟倆都是殺人不眨眼的劊子手。

物以類聚，人以群分。朱松在世時，與劉氏家族臭味相投，打得火熱。那劉子翬和胡憲、劉勉之，還是朱松的同窗好友。劉家見朱熹母子二人來到，看在「老交情」的份上，也就很樂意地把他們收留下來，安頓在一座寬宅大院裡[12]。

在劉家，朱熹遵照父親的遺訓，對劉子羽兄弟二人畢恭畢敬，百依百順，還與劉子羽的兒子劉珙結拜為兄弟。劉子翬、胡憲、劉勉之這三個老儒，對朱家這根獨苗苗也十分器重，總是「循循善誘」，用「聖賢之學」著力點化他。後來，劉勉之還把女兒嫁給了他[13]。

有了這麼多的「生身父親」的撫教，朱熹讀經的興頭更大了。他

9　《年譜》卷一。

10　《宋史》卷三七〇，〈劉子羽傳〉。

11　《宋史》卷四三四，〈劉子翬傳〉。

12　《年譜》卷一。

13　《年譜》卷一。

夜以繼日，埋頭書案，一心只想著：快點成為一個「聖人」。

一天，劉子翬在書房裡對著朱熹詭祕地問道：「熹兒，你讀了這些年數的經書，知不知道做聖賢的訣竅？」

「什麼訣竅？」朱熹急切地問。

「做事情不要鋒芒畢露」，劉子翬說：「要隱晦一點。從今天起，我給你另起個名字，就叫『元晦』[14]吧！要時時想到這個『晦』字。」

「噢！」朱熹用心地聽著，不由得又想起了早年讀的那篇〈光武本紀〉和〈昆陽城賦〉，想起了大地主劉秀玩弄權術的「高招」，便心領神會地點點頭。

光陰荏苒，一晃四年過去了。朱熹仗著劉家的權勢，又有了孔、孟之道這塊敲門磚，終於敲開了榮華富貴之門。他十八歲中舉，次年又中進士，二十二歲授迪功郎，任泉州同安縣主簿[15]。

朱熹告辭了母親，得意洋洋地坐進四人大轎，便往同安上任去了。

拜師學「理」

在同安，朱熹接連當了三年縣主簿。按規定任期已滿，可是，新任主簿因病不能到職，使他意外地又增加了一年做官的機會。為了報答朝廷的恩典，他發狠要在這一年大顯身手，做出點成績給皇上看看。

他看到勞動人民沒有照三綱五常去做，就訂出種種清規戒律，強

---

14 《年譜》卷一。

15 《年譜》卷一。

迫人民嚴格按照三綱五常行事,稍有違反,嚴加懲罰。莊稼歉收,他凶狠地催捐逼稅,先出告示,要人民限期交納,如有差誤,絕不寬恕。他對縣裡的日常稅務工作,也抓得很緊,各種帳本,都親自過問,以防錯漏,影響宋王朝的財政收入。

不料,沒過兩月,一場意想不到的風暴打亂了朱熹的如意算盤。一天晌午,他正得意地坐在衙門公堂上,清點著帳本上徵收的錢糧數字,一個差役慌慌張張地奔了進來,報道:「稟告主簿大人,大事不好!許多村莊的農民造反,我們下鄉催稅都被趕了回來。聽說那些饑民還準備結夥打進縣城,開……倉分糧……」

「啊──」

這突如其來的消息,嚇得朱熹臉色灰白,不禁出了一身冷汗。他驚魂稍定,便趕緊命令:「快!快!關閉城門,嚴加防……防守。」說完,便像霜打的茄子一樣,癱在椅子上。

三十六計,走為上計。朱熹感到這樣的官當下去實在太危險:要是失掉倉庫的糧食,不但前功盡棄,而且還要受朝廷責罰,說不定還要腦袋搬家。他越想越可怕,還未等到新主簿到來,便借口任職期滿,溜回了家。

回到家裡,朱熹懊喪極了,一連許多日子,閉門不出。他看看自己已經快三十歲了,按孔夫子的話說,是到了立身成人的時候了,可是當聖人的希望仍很渺茫,怎麼辦呢?用什麼辦法去對付那些踐踏三綱五常、犯上作亂的小人?他一籌莫展。

朱母見兒子整天愁眉不展,自己心裡也很焦急,便替他出了個主意:「兒呀,你父親在世的時候,不是常常說到那位李侗老先生很有學問嗎?我看你還是去求教求教他吧。」

一句話提醒了朱熹。「對,對,對!我怎麼倒忘了,李老先生是程(頤)夫子的嫡傳弟子,父親過去經常稱讚他的學問像冰壺秋月一

樣純正無瑕，在今世上恐怕就數他對孔、孟之道學得深，見得透。」[16]

朱熹說的那個李侗，是個死心塌地維護封建統治的反動道學家，他和朱熹的父親朱松曾一道受學於道學家羅從彥的門下，是程頤的三傳弟子。朱熹初到同安當主簿的時候，拜見過他兩次，並和他一道研討過孔老二的「忠恕之道」。李侗還以長輩身份告誡過朱熹，要朱熹專心於孔孟之道，多讀聖賢的書。當時朱熹正在做官，對這些話，嘴上雖唯唯諾諾，心裡卻不大介意。現在，經過了一番挫折，朱熹才感覺到，自己的本領之所以還不到家，是因為沒有學到聖門真傳之學；當年孟夫子不是因為受學於子思的門人，通讀了孔聖人的經典，後來才成為聖人的嗎？他這樣想著，便打定主意，去拜李侗為師。

為了表示求學的誠意，朱熹決定既不坐轎也不騎馬，步行前往李侗的住所——延平。

延平，這座古老的山野府城，在嚴寒的冬季，更顯得蕭條冷落。離城不遠的一座荒山腳下，就是李侗居住的深宅大院，周圍雜草叢生，好像這裡從來就沒人到過似的。

院內，在一間擺著孔丘牌位的屋子裡，李侗那乾瘦的臉上像木頭刻的一樣毫無表情，他頭戴一頂高高的青色布帽，一件又肥又大的長袍子掃著地面，蹬著一雙方頭大鞋，有氣無力地踱著四方步，走到孔丘的牌位前，小心地點燃了一柱香。一縷青煙冉冉而起，穿過斜掛在上面的蜘蛛網，一隻正捕食的大蜘蛛，吃驚地向網心爬去。李侗擺好了香火，虔誠地拜了幾拜，更低著頭，弓著腰，咕咕嘟嘟地禱告起來：「孔夫子啊孔夫子，如今這世道真叫人沒辦法呀！那些下愚的小人，不信天命，不行正道，一味地追求功利，目無聖人之言，肆意糟蹋天理，世道已到了三綱不振，義利不分的地步，……弟子李侗終生

---

16 《宋史·道學傳·李侗》。

信奉您的道，眼看您的道就要失傳，真叫人痛心啦⋯⋯」¹⁷

他那沙啞的聲調，斷斷續續地絮叨著，有時還傷心地擠出幾滴眼淚。那柱香早已燒光了，他還在不停地嘀咕著。

「先生！」

背後傳來一聲叫，打斷了李侗沒完沒了的禱告。他慌忙用衣袖揩乾眼淚，回頭一看，小書僮正垂手侍立在門口：「有個姓朱的後生帶著禮物，來到這裡，說是要求拜先生。」

說話間，朱熹躡手躡腳地走了進來，向李侗深深作了一揖：「學生朱熹拜見先生。」

李侗楞了一下，當他看清面前這個不速之客，原來就是前幾年來過的朱熹時，不禁詫異地問道：「你不是在同安──？」

「學生已於前年任滿回鄉，深感學問貧乏，難以立身治世，不能為朝廷效勞。先生乃聖門嫡傳，精通孔、孟之道，先父在世時，多次讚頌先生學識淵博，學生上次又親聆教誨，頓開茅塞，至今念念不忘。今特備薄禮一份，不遠數百里來見先生，萬望先生收我為弟子，教以聖人治國平天下的聖道。」說罷，又彎腰一拜。

像落水的人抓住根稻草一樣，李侗聽了朱熹這番話，喜出望外，那種淒涼的心情似乎好轉了一些。他打量著面前這個畢恭畢敬的後生，心裡萌發出一線新的希望：看來，孔、孟的門庭不會冷落下去，這不就是接道統的好苗子嗎。他不由得輕鬆地吁了口氣，說道：

「像你這樣樂善好義，熱衷於孔、孟之道的人，倒是舉世難得的啊！不過──」李侗說到這裡，有意頓了一下，他要考驗考驗朱熹求學的誠意究竟如何。「要想學得聖人治世之方，可不是一件輕而易舉的事情，須得下苦功夫鑽研聖人詩書，苦心孤詣地日讀夜思，長此下

---

17 《宋史・道學傳・李侗》。

去，才能漸漸有所長進。」

「正是！正是！老師言之有理，沒有臥薪嘗膽之功，如何學到聖
門真傳之學。」朱熹連聲附和著。見李侗已經有收留他的意思，便正
式稱李侗為老師了。

「好吧，到書房裡再細談。」李侗吩咐著，開始跟跟蹌蹌地向外
走。這時，朱熹才注意到，他的老師已經和幾年前的模樣大不相同
了，花白的鬍鬚和兩鬢，圍著一張憔悴的臉孔，瘦骨稜稜的身軀，似
乎一陣風就可以吹倒。這種奄奄一息的景象，使朱熹情不自禁地打了
個寒顫。他略呆了一下，便下意識地模仿著李侗的四方步，搖晃著身
體跟了上來。

驀地，朱熹好像想起了一件重大的事情，轉回身來，在孔丘的牌
位前，拱著手，恭恭敬敬地鞠了一躬。看到這個舉動，李侗滿意地點
點頭，毫無表情的臉上，終於露出了一種乾巴巴的笑容。

打那以後，朱熹在李侗的家裡，開始了他誦經學理的新生活。白
天，他全神貫注地聽著老師的說教，專心致志地翻看著孔丘、孟軻和
程顥、程頤的那些破爛古書，尋找維護封建統治的良方妙藥。晚上，
他盤著腿，閉著眼，思索著書中的「奧妙」，琢磨著壓迫勞動人民的
統治術。

李侗見這位得意門生如此用功，十分歡喜，經常誇獎他「進學甚
力」[18]。朱熹對自己求學的效果，也不免有點沾沾自喜。不過，最使
他感到滿意的，是在程顥、程頤的那些書中，學到了一個新的字
眼──「理」。

原來，那些書中說到的這個「理」，簡直神秘極了。說什麼在未
有天地之先，這個「理」就有了。而且，這個「理」還有著無限的神

---

18 《年譜》卷一。

通，它不但創造和支配著自然界的萬事萬物，還預先安排好了人世間的等級秩序和綱常倫理。這樣一來，封建制度也就成了「天理所定」，不容置疑，永遠不可改變。

這個新的字眼，引起了朱熹的極大興趣。可是，這個「理」到底是怎麼來的呢？這倒還是個謎，得問問。

「老師，那個神妙的『理』，最初是怎樣產生的？」

「這個嘛」，李侗慢條斯理地答道：「這是我們道學先師程夫子自家『體貼』出來的。」[19]

「哦！」朱熹恍然大悟，「這真是個了不起的發現啦！可惜我知道得太晚了⋯⋯」他甚至有點後悔起來：在同安的時候，如果拿這個「理」教訓那些犯上作亂的小人，準得使他們俯首聽命，這真是個好法寶哩。

其實，宋朝道學家們所鼓吹的「理」，只不過是孔老二唯心主義天命論的改頭換面。因為長期以來，孔老二的天命論，已經被勞動人民和一些進步思想家批駁得千瘡百孔。露出了許多自相矛盾的破綻，道學家們為了挽救孔、孟之道的滅亡，他們捏造出這個「理」來，對孔老二的天命論進行了一番修補，換上一塊「天理」的招牌，披上一件「哲學」的外衣，以便更巧妙地欺騙人民，禁錮農民階級的反抗意志。

正因為如此，朱熹才覺得這個「理」很合他的口味，像得了一件無價之寶似地高興起來。從此，他更加煞費苦心地去琢磨這個「理」，一心想在這個「理」字上搞出一條新的治國平天下的道理來。

---

19 見《程氏外書》卷十二程顥語：「吾學雖有所授受，天理二字卻是自家體貼出來的。」

第二年春天，李侗突然得了重病。得病的原因，朱熹是清楚的——

不久前，朱熹陪著李侗，去看望在建安縣當主簿的李侗二兒子李信甫。哪知到了建安後，李信甫卻皺著眉頭，對他們訴說了一椿倒楣的事情：

建安縣這年鬧春荒，饑餓著的農民，結夥成群，手持木棍、鋤頭，強行分掉了幾家大戶地主方錢糧布帛。李信甫帶兵到鄉下捉拿造反的農民，可是崇山峻嶺，地形複雜，造反的農民在山區和他們周旋，官兵毫無辦法，結果只扯回來幾張寫著「等貴賤、均貧富」的紅綠揭貼。更糟糕的是，老百姓都在紛紛議論朝廷的壞處，說朝廷都是些貪官污吏，地方官像虱子一樣吸著勞動人民的血；有的竟敢指責當今皇上，說宋高宗是個對外妥協投降，對內搜刮民脂民膏的昏君……

當時，朱熹被這些驚天動地的事件嚇得目瞪口呆。他親眼看到，聽了李信甫的訴說，他的老師氣烏了嘴唇，花白的鬍子都抖動起來。回家後，就病倒了。

這天夜晚，朱熹惴惴不安地走進李侗的臥室。小屋子裡，一支燃了半截的蠟燭，顫動著微弱的火光，黯淡的光線，映著床上一張蒼白的面孔。李侗吃力地抬了抬手，示意朱熹坐到床沿上。好久，誰也沒說一句話，屋子裡死一般地沉寂，終於，李侗用他那僅僅可以聽得見的聲音，打破這令人窒息的靜默：

「那個盡善盡美的『理』，你現在搞通了沒有？」

朱熹小心謹慎地把學「理」的心得敘述了一遍。末了，還討好地說：「多虧恩師的耐心教誨。」

「看來，你已經學得很不錯了，在我們道學家中，像你這樣的學問是很少有的。我怕是不行了，將來光復孔、孟道統的大任，就要靠

你來擔當了。」[20]

朱熹連忙起身答道:「老師放心,不完成孔聖人克己復禮的大業,我絕不罷休!」

「嗯,應該這樣。」過了一會,李侗又長嘆一聲,咬牙切齒地說:「可恨那些愚昧的小人,以『人欲』蔽住了『天理』,連皇帝都不放在眼裡。哎,大逆不道,大逆不道……」

「人欲……天理……」朱熹口中不斷重複著李侗的話,雙眼布滿了血絲。

蠟燭燒到了盡頭,屋裡一片漆黑。黑暗中,師徒二人牙咬得格格響。

從此,朱熹這個可惡的儒,從李侗哪裡接過了反動道學家的衣缽,開始幹起他「以理殺人」的罪惡勾當來了。

拋出「天理」經

從延平回到家中,朱熹神氣起來了。他自以為學到了「理」,處處擺出一副道貌岸然的架式,連說話、走路,都模仿著聖人的風度。

朱熹的好友——五夫里的大財主劉如愚,聽說朱熹得到了聖門真傳之學,特地登門向他道賀。

朱熹將客人迎進內室。二人倚椅而坐,敘起了別後之情。

談著談著,劉如愚訴起苦來:「元晦啊,現在那些泥腿子吵吵嚷嚷,要鬧什麼『等貴賤,均貧富』,這不明擺著是要侵犯我們富貴門第,難道我們的財產就這樣白白地讓他們均了去?」

「沒那麼容易!兄弟此次投師學理,已經琢磨出對付他們的辦

---

20 《文集》卷八七,〈祭李延平先生〉。

法。」

「唔」！劉如愚似乎覺得有了指望。

朱熹接著說：「尊卑貴賤乃『天理』所定，哪能隨便改變。農民要『等貴賤、均貧富』，那都是『人欲』在作怪。只要滅去『人欲』，保存『天理』，一切都好辦了。所以，聖人千言萬語，只是教人『存天理、滅人欲』。」[21]

「存天理、滅人欲？」劉如愚好像沒有完全聽懂朱熹的意思，「怎樣才能實現呢？」

「這個嘛」，朱熹眨眨眼睛，像傳授祖傳秒方似的，神秘地對劉如愚說：「這個存天理呀，就是要順著老天爺的意思辦事。你知不知道，人間的皇帝就是天理的化身，代替老天爺行使至高無上的權力。」[22]

「皇帝就是天理的化身，這話對極啦！你能不能講得詳盡些。」劉如愚讚許地說。

「你想想看」，朱熹說：「皇帝既然是天理的化身，受命於天，誰還敢反對皇帝？只要我們這樣一倡導，使人人都忠於皇帝，都照三綱五常去做，在朝作忠臣，在家作孝子，盡忠盡孝，就再也沒有人敢造反了。沒人造反，不就是沒有『人欲』了嗎？」

劉如愚張大著嘴巴，聚精會神地聽著。

「誰要是再造反」，朱熹又補充一句：「就是大逆不道，就要將他斬盡殺絕！」他把手一劈，擺出個拿刀殺人的架式。

朱熹的這套說教，道出了他的「存天理、滅人欲」就是維護以皇帝為頭子的封建統治，就是鎮壓農民革命。

21　《朱子語類》卷十二。

22　《朱子語類輯略》（以下簡稱《輯略》）卷一，原話是：「帝是理為主。」

　　兩人正在津津有味地談論著，忽然，門外傳來了一陣喧囂聲。他們連忙立起身來，走出門去，聽見幾個書生打扮的富家公子，正在嘰嘰喳喳地議論著一件事：

　　「皇帝下詔書啦！詔求天下有識之士上書獻策哩！」……

　　朱熹聽到這消息，頓覺喜從天降。他來不及和劉如愚道別，便急急忙忙地向縣城趕去，親自打聽一番。

　　原來，這一年正好是孝宗趙眘接位當皇帝。那時，金主完顏亮剛死，金朝內政混亂，孝宗心想可以乘此機會喊喊「抗金」和「收復失地」，以便轉移人民的視線，平息日益高漲的人民反抗鬥爭。於是，他裝模作樣地起用了幾個主戰派將領，同時，下詔書，要天下有識之士，為國獻計獻策。

　　朱熹在崇安城裡探準了消息，眼看又有個向上爬的機會，心裡癢癢的。他想：自古以來，聖人要實現自己的主張，不依靠皇帝那是不行的，如今皇上下了詔書，真是天賜良機，不可錯過。

　　回到家中，他捲起袖口，研墨操筆，動手給皇上寫奏章。在奏章中，朱熹大吹了一通孝宗皇帝的隆恩盛德；接著，便把他那精心設計的治國平天下的妙計，一古腦地端了出來；末了，朱熹還來了個毛遂自薦，勸皇上務必重用像他那樣的「真儒」。

　　奏章送上去的那天晚上，朱熹躺在床上翻來覆去，興奮得睡不著覺。

　　想著想著，便迷迷糊糊地進入了夢境，彷彿他的兩隻胳膊變成了翅膀，輕輕地飛了起來，飄飄然來到了皇帝的金鑾殿。孝宗見了，非常賞識他的才華，御筆一揮，封他為當朝宰相。他得意洋洋地往孝宗身旁一站，滿朝官員向他躬身賀喜。他從此掌了朝政，把那套「存理、滅欲」的主張，強令推行下去……。

　　朱熹高興得笑出聲來。在笑聲中，他醒了過來，原來是黃粱一

夢。雖然只是個夢，朱熹卻認為是個吉祥之兆，心裡像灌了蜜一樣。

自從奏章送上去的那日起，朱熹每天早晨一起來，臉顧不得洗，就跑到大路上張望，看看有沒有聖旨下來。可是，從早到晚，從夏到秋，眼睛都快望穿了，仍然不見影子。

大路兩旁的小草開始枯萎了，陣陣秋風把門前的小樹颳得光禿禿的。此時，朱熹的心境，也如同這蕭條的秋景一樣，涼颼颼的：成敗與否，就在此舉啦。若皇上不採納我朱某的主張，那這幾年來下的苦工夫，豈不白費了！

不久，他日夜盼望的喜訊終於來到了。孝宗看到他的奏章，傳他進京「入對」。

「到底是皇天不負苦心人啦！」朱熹喜不自勝。「我早就看準了，當今皇上是我大宋之盛主，至聖至明，是不會不識人的。」

他連夜打點行裝，興沖沖地踏上馬車，喝令僕人日夜兼程，向京城臨安趕去。

路上，朱熹似乎覺得世間一切都變了樣，就連馬車吱吱呀呀的怪叫聲，在耳邊也成了最好聽的音樂。一路上顛顛簸簸，全然不覺得累。眼看快到京城了，猛然「嘎」地一聲，家人剎住了車。

朱熹連忙打開車簾，探頭一看，只見前面有一輛斷了軸的馬車，歪倒在路中間，那趕車的人，正吃力地扳著塌下去的車身。一個儒生模樣的老頭子，站在車旁邊急得直打轉，嘴裡還在不停地嘟囔：

「霉氣！霉氣！昨天在朝廷講先王的仁政，遭到幾個大臣反對，今天路上又出了這麼個岔子。哎，禍不單行，禍不單行……」

朱熹隱隱約約聽得此人是「入對」回來，便走下車，向那老儒生打了個招呼：

「先生是從京城來的？」

老儒生「嗯」了一聲，心不在焉地回答：「應詔進京，給皇上獻

策。沒想到……」

命運與共，朱熹頓時和老儒生客套起來，向他仔細探詢了朝廷政事的動向。攀談中，老儒生得知朱熹要去講什麼「正心誠意」，「存天理、滅人欲」，便搖搖頭，關切地對朱熹說：

「你要說的那一套，只怕也不太行時，我勸你還是找點別的講講。」

「那——，那怎麼行？」朱熹有點著急。「先聖孔子所說的『克己復禮』、『中庸』，就是教我們『存天理、滅人欲』；要實現『存天理、滅人欲』，首先就要皇上『心正意誠』。我一生學就是這些東西，要是不講的話，豈不是犯了欺君之罪！」

老儒生見朱熹口氣頗硬，便苦笑了一聲，轉身照料他的破車子去了。

離別了老儒生，朱熹的心裡打起鼓來。從剛才的談話中，他覺察到皇帝的心已被那些不明義理的大臣攪亂；君心一亂，要實現「存天理、滅人欲」就困難了。想到這裡，他心急如焚，恨不得立刻飛到皇帝身邊，把君心「正」過來。

到了臨安，朱熹又焦灼地等了五、六天，才接到通知，皇上要在垂拱殿上召見他。

宮殿內，文武百官分立兩旁。朱熹戰戰兢兢地走到孝宗面前，施過三拜九叩之禮，便閃在一邊，聽候旨意。

孝宗對他說：「你的奏章，朕已過目。你還有哪些見解，再詳細說說吧。」

朱熹鄭重地從袖筒掏出一卷奏札，伏地念道：

「自古以來，帝王平治天下，必須遵循聖人的修己治人之道。凡合乎『天理』的事，就大力提倡；凡是背天理、徇人欲的行為，就嚴

加制止。……只要陛下能夠這樣做，國家就安穩了。」[23]

念畢，他撩起衣袖，揩著頭上豆大的汗珠，心裡七上八下，不知這番話是否合乎皇帝的口味。

少頃，孝宗問道：「你說了這半天，這『天理』、『人欲』究竟是什麼，你再說清楚點。」

「天理即是天命。」朱熹連忙回答。「天理在人間，擴大之為『三綱』，理而不亂為『五常』。小人不畏天命，不顧三綱五常，不忠不義，這就是『人欲』。一旦滅盡『人欲』，復盡『天理』，那麼陛下想怎麼幹就可以怎麼幹，而犯上作亂的事情就不會再出現了。」

孝宗面露喜色，點了點頭。

朱熹見此情形，覺得火候到了，該「正」君心了。想了想，故意賣弄玄虛說：「不過，要實現這一切，還有一件最根本的事情。」

「什麼事？」孝宗急忙追問。

「陛下必須親近賢臣，疏遠小人，以聖賢之道正心術。心術一正，陛下就會明白該做什麼，而絕不會去做那種不應該做的事。」[24]他一邊說著，一邊瞟了一下兩邊的文武大臣。只見一些主戰派官員早已聽得不耐煩了，個個橫眉怒目，咄咄逼人。朱熹感到不妙，正思量對策時，只聽得耳邊響起鏗鏘有力的聲音。

「陛下，切不可輕信腐儒爛言。這些無用的儒生，只知搖舌鼓唇，根本不懂什麼治國之策。」一個青年武將厲聲斥責著。

「在此國難當頭之時，空談什麼『正心誠意』，這就是儒生們所標榜的『賢臣』。」另一個官員譏諷地駁斥朱熹。

接著，宮殿裡議論紛紛。有幾個儒臣，聽了朱熹的那套「天理」

---

23 參見《歷代通鑑輯覽》（以下簡稱《通鑑輯覽》）卷八八。

24 見《文集》卷十三〈己酉擬上封事〉、〈垂拱奏札二〉，《通鑑輯覽》卷八八。

論，十分欣賞，便起勁地為朱熹辯護。

孝宗這時也在躊躇難決。他覺得朱熹所說的「存天理、滅人欲」這一套，對於保住自己的安樂窩倒是能奏效的；但是，那段「親近賢臣，疏遠小人」的話，使他很反感。心想：「這分明是在非議我不知用人！我只不過是任用了幾個主戰派將領，這裡面我自有安排，你懂得什麼？」

實際上，前一段「抗金」的呼聲起來以後，孝宗擔心觸犯女真貴族，已經暗中派了使臣，到金朝去說好話。

孝宗看到滿朝官員爭論不休，便慢慢地閉上眼睛，冷淡地對朱熹說：

「你先回去吧，所奏之事，朕自有處置。」說罷，宣布退朝。

朱熹面色蒼白，惶惑不安地退出了垂拱殿。

兩天以後，朝廷頒下聖旨，給朱熹封了個武學博士待次——一個候缺的小官兒。朱熹一聽，大失所望，一氣之下，打了個辭官狀子，灰溜溜地離開了京城。

攻擊王安石

儘管朱熹拚命尊孔，法家思想卻深入人心。南宋王朝面臨的社會危機日益加劇，人們迫切要求對外抗擊女真貴族的入侵，對內革新弊政，變法圖強。一些具有進步思想的人士拋棄了孔老二復古倒退的說教，重新研究起當年王安石變法革新的主張。甚至在一些州府的學宮裡，有的青年教官也公開講授法家的功利思想，反對道學家空談性命的爛言。

風聲傳到朱熹的耳裡，朱熹大吃一驚：這還了得！讀書人不專心看經書，卻去搞這種異端邪說，可怕！可怕！

　　為什麼一聽到有人談論王安石變法，就引起了朱熹如此恐慌？

　　原來，王安石是北宋時期一位傑出的法家。公元一〇六九年，王安石擔任了宰相的職務，先後制定了一系列發展生產、富國強兵的革新措施，統稱為「新法」。「新法」頒行後，抑制了豪強勢力的土地兼併，加強了國家的軍備，使北宋在一段時間內出現了較為興旺的景象。由於王安石變法，觸犯了官僚大地主的特權，他提出的「天變不足畏，祖宗不足法，人言不足恤」的響亮口號，針鋒相對地批駁了孔老二的天命論和儒家復古主義的信條，因此，朱熹和那些大地主階級頑固派都對王安石恨之入骨。

　　現在，又有人推崇王安石，想搞變法革新，朱熹簡直像如芒刺背，坐立不安。

　　黃昏時分，朱熹獨自在書房裡來回踱著，憂心忡忡，滿面愁容。忽然，房門被推開，朱熹的學生劉叔通冒冒失失地跨了進來，從他那臉上緊張的神色可以看出，外面準是發生了什麼事情。

　　「老師」，劉叔通劈頭劈腦地說：「那個搞變法的王安石，至今還有不少人在稱讚他哩。」朱熹一怔：他沒想到！連自己的學生也受到影響。

　　「什麼變法不變法」，朱熹瞪著眼睛訓斥道：「那是與民爭利！」朱熹所說的「民」，顯然指的是官僚大地主。劉叔通嚇得吐了吐舌頭。

　　朱熹又氣呼呼地說：「王安石搞變法，貽患無窮。就好比是一條大河的河堤被掘開，水流光了，河裡的魚也就乾死了；大宋王朝就像這河裡的魚，而王安石就是那個掘河堤的罪人。」[25]

　　其實，朱熹所形容的那個像死魚一樣的北宋王朝，是由於在司馬

25　《文集》卷七十，〈讀兩陳諫議遺墨〉。

光一夥大地主階級頑固派重新掌握朝政之後,全部廢除王安石的「新法」,推行儒家復辟倒退的路線,才走上了急劇衰落的道路,最後亡於女真貴族之手。朱熹卻顛倒黑白地給王安石加上了這個「敗國殄民」的罪名。

可是,劉叔通並沒有完全弄明白朱熹的意思,他想:王安石既然犯了那麼大的罪過,為什麼現在還有許多人讚揚他呢?他不解地問道:「當初王安石搞變法,可能也想治好社會的弊病,只是後來下面執行的人弄壞了,這大概不算是他的罪過吧?」[26]

朱熹一聽,十分惱怒。他本想痛罵一頓這個不開竅的學生,轉而又想,覺得這樣做,有失師道尊嚴,便只好耐著性子開導起來:

「我問你,一個醫生給人看病,難道他不想給病人治好嗎?」

「當然想治好。」

「如果這個醫生給病人吃的藥卻是砒霜,病人一吃下去就被毒死了,你能說這個醫生沒有犯罪嗎?」[27]

「這,……這麼說,莫非王安石變法是用砒霜害人麼?」

朱熹冷笑了一聲,說:「王安石實行『新法』,其實是在殺人。」[28]

用砒霜給人治病,這是朱熹對王安石變法的惡毒攻擊,也是對整個法家路線的咒罵。他把王安石的「新法」污蔑為「殺人之術」,恰好說明,「新法」的實行,是給了儒家以沉重打擊。

朱熹費了好大的勁,總算把劉叔通打發走了。現在,他精疲力盡地躺到床上,嘴裡嘟囔著:「變法,變法,多麼可怕!」腦海裡頓時浮現出一幕幕驚心動魄的場面:

戰國時,魏用吳起,齊用孫臏、田忌,秦用商鞅,奴隸制的典章

---

26 《輯略・論本朝人物》。

27 《輯略・論本朝人物》。

28 《輯略・論本朝人物》。

禮樂，幾乎都被摧毀。孟軻大講「仁政」，宣揚孔丘的「復禮」，到處碰壁。

秦始皇實行法家的耕戰政策，統一了六國。儒家和奴隸主貴族的復辟勢力暗中勾結，企圖搗亂，秦始皇一道令下，焚燒了大批儒家的經書，坑掉了四百六十個反動儒生。

王安石當政，任用許多革新派人士管理各級執法機構，那些反對變法的大小儒臣都統統受到打擊，大地主頑固派頭子司馬光被迫離開中央，在洛陽「閒居」了十多年；大官僚富弼貶汝州；韓琦貶相州；反動文人蘇軾，不但從這裡貶到哪裡，還被抓到牢裡審訊[29]。……

「不行！」朱熹一骨碌從床上坐起來，滿頭大汗，毛骨悚然：難道要我們也遭到同樣的厄運？他惡狠狠地咬著牙，苦苦思索，終於想出一條陰險毒辣的反法詭計。

第二天一早，朱熹把黃榦等幾個貼心的學生叫到跟前，鄭重其事地說：「你們大概都聽到了，現在有些風聲，又要重演王安石那套害民新法。對異端邪說之害，絕不能等閒視之，我們一定要除惡務盡！」

一個身材矮小的門徒，捏著蒜頭般的拳頭晃了晃：「是要找那些傢伙辯辯理！」

朱熹不屑地掃了他一眼，說：「那樣做無濟於事。」

「該怎麼幹？」幾個門徒齊聲發問。

「有辦法」，朱熹胸有成竹地說：「以前我們儒家中也有許多人在朝廷當過大官，他們都是大宋王朝的有功之臣，說過不少貶斥王安石的話。有的還直接和王安石較量過。我想，要是把這些名臣的言論匯

---

29 《宋史·神宗本紀》。

集起來，整理整理，讓今人看看，豈不是一件有補於世教的大事？」[30]

「噢，老師的意思，是要編一本王安石的罪行錄？」黃榦最先領會了朱熹的妙計。

朱熹詭秘地點點頭。接著，他把手一揮，張羅起來；黃榦抄寫，眾門生分頭行動，搜集整理。

幾個學生亂哄哄地散開了，屋子裡只剩下朱熹和黃榦兩人。朱熹倒背著手，在屋裡轉了幾圈，便一字一頓地念道：「王安石推行青苗、免役、水利、均輸等新法，司馬光在神宗面前極力反對。神宗問他：『祖宗之法就不能變嗎？』司馬光說：『當然變不得，如果夏、商、周三代之君，永遠遵守其開國君主禹、湯、文、武之法，那麼他們的國運可以延續到今天，不會亡國，由此言之，祖宗之法，不可變也。』這是宰相司馬光對皇上說的話，給我記上。」他伸出一個指頭，朝紙上一點，做了個斬釘截鐵的動作。想了想，又說：「這句話後面還要加個注：夏、商、周三代以後的宰相，只有溫公（司馬光）一人學術最正，他的話很重要。」[31]

黃榦搖筆疾書，把朱熹的話一字不漏地抄了下來。

「荊公王安石之罪，不可勝數。」沒容黃榦歇口氣，朱熹又迫不及待地口授：「這是韓（琦）丞相所言。」……

「王安石變法，遭到許多老臣宿儒的反對，他就選用一批新進之士，擔任要職。可是他這些門生個個跟他作對，王安石後來非常孤立。」——「這是內翰蘇軾的話，給我收在〈丞相荊國王文公的言行錄〉裡。」

黃榦詫異地問：「這分明是蘇文忠公的話，怎麼收在王荊公的言

---

30 《年譜》卷一。
31 《三朝名臣言行錄》卷四。

行錄裡？再說，老師既然要揭王荊公的罪行，怎麼還要把他列在『名臣』的行列裡？」

朱熹獰笑了一下：「眼下，還有人信仰王安石，為了表示我們恪守不偏不倚的中庸之道，暫時把他叫『名臣』，然後把別人說他的壞話和記載他的醜惡言行，統統寫在他這個號頭上，豈不一舉兩得！」

朱熹口沫四濺，連叫：「還有楊龜山兩條語錄，也給我收在王安石的言行錄裡！──『王氏只是以政刑治天下，全然不用孔夫子道之以德，齊之以禮的道理。』『他搞的那些青苗免役，公家得利，沒做到藏財於民，而是與民爭利。比如，青苗取息十分之二，那麼民間那些放貸的豪富、商賈就得不到五分、七分以至十分的利息了！』」

他一連串搬出許多顯赫的權臣，什麼「丞相韓琦」，「太師文彥博」，「內翰蘇軾」……全是些反法先鋒。那些污蔑謾罵的言詞，都成了朱熹射向王安石及其「新法」的一枝枝毒箭。

挖空心思，惡言滿紙。一個多月以後，這本黑書已經編得差不多了。朱熹不放心地從黃榦手中拿過草稿，一頁一頁地審查起來。他一面得意地輕聲念著，一面扳著手指，數著王安石的條條「罪狀」。

數著數著，朱熹的眉頭皺了起來，似乎覺得還不過癮，他沉吟了一陣，拿起筆來，又添上一節王安石本人的「言行」，胡說王安石在晚年的時候，常常夢見他死去的兒子王雱在陰間戴著鐵枷，如同囚犯一樣。還說什麼王安石在這時也發覺到自己搞變法是犯了罪，並且把他自己所著的書燒了許多[32]。

這種王安石晚年「悔過」的情節，是在王安石去世以後，反動祈生邵伯溫一夥捏造出來的。朱熹在《三朝名臣言行錄》中特意安上這一段，用心十分惡毒。

---

32 《邵氏聞見錄》。

「哈哈哈！」朱熹擱下筆放聲狂笑。「王安石呀，王安石呀！我這本書一問世，管叫你遺臭萬年！這對今日不畏聖言的狂徒，也是一個儆誡！」

精心炮製的《三朝名臣言行錄》就要問世了。朱熹吩咐大小門徒，人手一卷，外出遊說，即日起程。

臨行前，朱熹把他們召集起來訓話。他從遠古談到近古，有聲有色地描繪著堯、舜、禹、文王、周公的「神威盛德」，說夏、商、周三代是如何如何的天理流行，說那時「人材之盛，風俗之類」，後世簡直無法相比。學生們都被這般神話著了迷，如入五里霧中。

「可是」，朱熹突然轉了腔調，無限悲哀地說：「自從出了個秦始皇，把五帝的神威搞得牛馬一樣[33]，王安石挾管（仲）、商（鞅）之術，專講財利兵刑，一點不留意格君之本（正心），親賢之務（用儒生），養民之政（保護大地主官僚利益），善俗之方（三綱五常）這些主要的事情，真是捨本逐末，先後倒置！他如此倒行逆施，違眾自用，根源就在於他完全不懂得克己復禮這個最最重要的聖人之道。王安石幾乎斷送了我大宋王朝。這一千多年以來天理難行，人欲橫流，異端邪說紛起，小人造反不斷。」說到這裡，他嘆息不已。

「哎呀！這怎麼辦？」

門徒們也一個個垂頭喪氣。

朱熹望了望眾門徒的神色，猛然察覺到自己把話說過了頭。原先只不過是要讓學生知道一下法家的禍害，好讓他們在遊說中清算王安石變法以來的思想影響，沒想到話一多了就收不住場，火沒點成，倒澆了一瓢水，要是他們都洩了氣，不是沒人替我遊說了嗎？不行，得鼓鼓氣。

---

33 見《文集》卷五，〈次擇之韻聊紀秦事〉。

朱熹緩了口氣，拍拍胸脯說：「沒有什麼可怕的，有了這本東西。」他舉起《三朝名臣言行錄》，揚了揚。「王安石的影響指日可除，天理即可恢復。」

可是，事實並不像朱熹所想的那樣順當。出去遊說的門徒都陸陸續續地跑了回來。一個個無精打彩的樣子，表明遊說頗不順利。

「怎麼樣？」朱熹預感不妙，心神不安地追問回來的門徒。

「恐怕不行了，我們的書很少有人願意看，……」

朱熹大驚失色，茫然不知所措。

「串錢」的學問

為了統一思想，有效地對付法家的「異端邪說」，朱熹應反動文人呂祖謙的邀請，同陸九淵兄弟等一夥道學家，在江西鉛山鵝湖寺聚會了[34]。這幾個大儒湊在一起，打躬作揖地寒喧了一陣，就各顯「神通」，一個個地把他們加強封建思想統治的「法寶」端了出來。

朱熹為了顯示一下自己的不凡，便搶先發言！「依鄙人之見，天理就是三綱五常。要使人人恭恭敬敬地遵守三綱五常，做到內無邪思，外無妄動，就好比把手腳放在木匣子裡一樣，安分守己，規規矩矩，那麼天下就太平了。」

「對呀！」呂祖謙好像受了啟發似地隨聲附和著。「小人所以造反，其源蓋出於對三綱五常的不恭不敬。」

朱熹得意地晃了晃腦袋，然後正了正身體，雙手筆直地放在兩膝上。那副神態，好像真的要擺到木匣子裡一樣。

頗有點「名氣」的陸九淵，從根本上也贊成朱熹的說法。不過，

---

34 《年譜》卷二。

他是一個主觀唯心論者，認為「心即是理」。於是，就亮出自己的觀點：「朱先生說要恭恭敬敬地遵守三綱五常，這很重要！要實現這一點也並非難事，因為人的心靈本來就具有三綱五常這個天理，只要教人照著本心之理去做就行了。」

陸九淵和朱熹一樣，也是個頑固地維護三綱五常的傢伙；所不同的是，朱熹把三綱五常說成是老天爺安排的，陸九淵則認為是人的腦子裡本來就有的，所以他說，只要人們把頭腦裡固有的三綱五常發揮出來就行了。

朱熹見陸九淵把這件事情說得如此輕而易舉，覺得不對頭，因為朱熹畢竟是碰過幾次釘子的，知道要人們老老實實地遵循三綱五常，不費點工夫是不行的。於是，便反駁陸九淵說：「老天爺是給人的心裡存放了三綱五常這個天理，但是，這個本心固有之理，只有聖人才能全部發揮出來。一般的人只有讀聖人之書，以聖人所說的道理，來啟發本心中被人欲遮蔽了的天理；然後再以本心啟發了的天理，去把萬事萬物中的天理串通起來；這樣串得多了，有朝一日豁然貫通，才能使本心固有之理全部發揮出來。」說到這裡，朱熹朝著陸九淵譏諷地笑了笑。「照陸先生剛才那樣的說法，未免太簡單了。」

朱熹翻來覆去地說了這麼多「天理」，意思是要人們心裡想的，行動上做的，都必須符合孔老二所規定的那些框框條條，他所謂「串通萬事萬物中的天理」，就是要人們以三綱五常為最高準則去看待一切。

陸九淵見朱熹那副傲慢的樣子，很不服氣，索性和朱熹頂了起來：「我看朱先生的這一套，也未免太繁瑣了。」

就這樣，兩人竟爭得臉紅脖子粗。呂祖謙竭力勸解說：「都是為聖人立言，何必爭吵？」這次聚會，不歡而散。

朱熹回到家中，幾個學生都圍上來打聽鵝湖聚會的情況。在學生

面前，朱熹照例自吹自擂了一番：「我的學問，就好比是串錢。」說著，他從腰裡掏出一貫錢，比劃起來。「這串錢的繩子，就是老天爺擺在我們心中的『天理』，這一個個銅錢，就是體現在萬事萬物中的『理』。我的理論是『一以貫之』，就是說，這個總括一切的天理是貫穿萬事萬物的理的。這好比攢了許多散的銅錢，用一條繩子來把它們一串穿了。所謂『一貫』，即先必須攢它許多散的銅錢，然後這條繩子就容易把握著。如果不攢得許多銅錢，空有一條繩子，把什麼來穿呢？我們儒家主張先要去積攢銅錢，這就是孔聖人所教誨的『格物致知』的意思。可是，像江西學派陸九淵先生們的主張，就好比沒有銅錢，只有一條光繩子，那不知把什麼來穿。」[35]

學生聽了，都暗暗佩服，覺得自己的老師真高明。

一天，朱熹在外面閒逛了一會，晌午時回到家裡，只見書院大門敞開，學生都不在。朱熹感到納悶，這些傢伙跑到哪裡去啦！猛地一陣風吹來，把桌上的幾本《大學》、《中庸》呼啦啦地颳到地下。他心疼地從地上把書拾起來，口中喃喃自語：「這怎麼得了，作賤了聖人，作賤了聖人。」

忽然，門外一陣咚咚咚的腳步聲，朱熹抬頭一看，只見一個矮墩墩的新來的學生，急匆匆地從外面跑來。

「站住！跑什麼？！」朱熹滿腦子火氣正沒處發，便朝著跑進來的學生喝斥了一聲。

學生連忙回答：「剛才我們在田野裡，看到有的禾苗枯槁了，覺得很奇怪，大家都鬧不清楚是何道理，他們幾個要我回來請老師指教指教。」

「誰要你們去看禾苗的？」朱熹感到莫名其妙。

---

35 《語類》卷二七。

「老師不是說要我們格物致知，要我們去串通萬事萬物的理嗎？所以⋯⋯」

「瞎胡鬧！瞎胡鬧！」沒等學生說完，朱熹就扳起面孔，厲聲斥道：「快去把他們叫回來！」

過了一會，學生一個個從田裡趕了回來，都不聲不響地坐到座位上。他們困惑地望著朱熹滿臉怒氣的神態，不知究竟犯了哪條學規。

朱熹乾咳了幾聲，這才訓了起來：「像你們這樣散兵游勇般地到處亂跑，還想從枯苗裡面找天理，這叫什麼格物致知？簡直是想把沙子煮成飯，異想天開！」[36]

一頓訓斥，弄得學生丈二和尚──摸不著頭腦：老師前幾天還在說，要串通萬事萬物的理，今天又不許我們到外面去，不到外面去又怎能找到物中之理呢？

這是個令人費解的問題，但學生見朱熹正在火頭上，誰也不敢把這個疑問提出來。

「我跟你們說過多少遍，要讀書明理。」朱熹餘怒未息。「可你們對聖人的書還沒讀好，本心之理還沒有啟發出來，就要去找物中之理。哼！沒有繩子，怎能把錢串住。」

學生這才明白了朱熹的意思，原來是先要關門讀書，把聖人書上的道理都搞通了才能出去。這樣說來，那要搞到什麼時候才能通啊？

一個剛從湖南回來的學生叫王子充的，忍不住，站起來說：「老師，我在湖南見到一位老先生，總是教人家不要待在書房裡，要到外面去親手幹點事情。我看這樣做倒乾脆。」[37]

「什麼？」朱熹見學生聽信了別人的話，很不滿意。「不讀書，

---

36 參見《語類》卷十八、《文集》卷三九，〈答陳齊仲〉。

37 《輯略》卷二。

不明白聖人所說的天理，就去幹事情，哪能幹好嗎？」

「我聽他說，行得便見得，只要幹下去，終久會懂得事情的道理，也就能越幹越好。」

「不可信，不可信」，朱熹連忙說：「那老先生不照聖人說的去做，卻要另搞一套。這就是異端。」說到這裡，他生怕學生真的會走，便一揮手，下了一道禁令：「從今天起，誰也不准離開書院。」

果然，自從朱熹的這一頓訓斥之後，學生老實得多了，整天坐在書房內「子曰」、「詩云」地念著，沒有一個敢輕易到外面走一走。

一天上午，朱熹笑眯眯地走進書房。學生一見老師來到，擔心又要挨訓，便更起勁地念起書來。

「停一停。」朱熹一聲招呼，讀書聲嘎然而止。「都跟我來。」

學生們惴惴不安地尾隨著朱熹，穿過堂屋，走進了後面的花園。朱熹停住腳，學生們自動圍成一圈。他們猜想，老師一定又要傳授什麼新的絕招。

「你們看」，朱熹伸手朝一棵花樹一指。「那上面飛的是什麼？」

「蜜蜂！蜜蜂！」幾個學生同時爭著回答。

「不錯，是蜜蜂。」朱熹眯眼一笑。「可你們知道蜜蜂中的天理是什麼？」

「蜜蜂中也有天理呀？」學生驚訝地反問。

「當然有。」朱熹煞有介事地說：「不管什麼東西裡面都有天理。這蜜蜂中有蜂王，群蜂採花造蜜都是為了供養蜂王。誰要是碰了蜂王，群蜂就會拚死命地螫牠。你們看，這蜜蜂多講忠義。它們也都懂得君為臣綱的這個天理。」[38]

朱熹越吹越有勁：「不但蜜蜂講忠，虎狼也還講仁哩！虎狼雖

38　《語類》卷二四。

狼，卻不傷其同類，可見虎狼也是講仁愛的。」³⁹

朱熹說到這裡，看看學生仍在聚精會神地聽著，便又轉入正題：

「我們提倡多讀聖賢之書，懂得三綱五常的大道理，這叫讀書明理；我們有時也要從外界事物中尋找一些像『蜂蟻之忠』、『虎狼之仁』等事例，來證明三綱五常這個天理是無處不在的。把我們從書上學到的和從外界事物中體會得來的理，像串錢似地一個個串起來，串得多了，自會窮悟『天理』。有了這套學問，你就不會對三綱五常發生懷疑，而只會老老實實地照著去辦了。」

朱熹這個「串錢」的學問，是地地道道的騙人鬼話。他宣揚「蜂蟻之忠」、「虎狼之仁」，無非是要為反動的封建統治階級提供「剝削有理，壓迫有理，造反無理」的理論根據。

正當朱熹在花園裡對學生兜售三綱五常的時候，一個鋤完地回家去的壯年農民路過這裡，隔著半身高的籬笆，聽到了朱熹的這一頓胡說八道，便質問說：

「你說虎狼都講仁愛，可是虎狼為什麼還吃人呢？」

「這……」朱熹回答不出來了。

「哈哈哈！」壯年農民見朱熹那副窘相，便爽快地笑了一陣，扛起鋤頭，揚長而去。

朱熹直楞楞地站在哪裡，望著壯年農民的背影，又氣又惱，可一時又想不起一句話來自圓其說。

「是呀，講仁愛的虎狼為什麼還要吃人呢？」學生帶著這個疑問，離開了花園。

---

39 《語類》卷二四。

「稟氣」的鬼話

　　江南的三月，正是繁忙的春耕季節，在歙州婺源城南的一個枯井周圍，許多人正在挑土、抬石頭、和泥⋯⋯忙個不停。一個高個子的農民，突然把扁擔往地上一摔，橫坐在上面擦擦汗，生氣地說：「這井多年沒有水了，在這大忙季節，把我們徵來修建廢井，一個錢不給，真是豈有此理！」

　　「這是個廢井？簡直胡說八道！快別多嘴了，給我好好幹！要是讓縣太爺知道了，當心你的腦袋！」說話的是縣裡派來監工的小吏。「縣太爺說，為了歡迎朱大人衣錦還鄉，大家要好好幹，提前完工。」

　　原來朱熹這時掛上了京官的頭銜，還有升遷的希望。他在婺源的學生程洵和當地一些豪紳們，就把他吹捧為「天生的聖人」，胡謅什麼婺源城南朱熹老家的一口廢井裡，在他出生那天，突然冒出像虹一樣的紫氣來。縣令張漢聽說朱熹不久要到婺源老家來掃祖墓，知道他是個有點「名氣」的人，趕緊親自下一道命令，要在清明節以前把「虹井」整修一新。

　　「什麼紫氣如虹！我在這裡住了六、七十年，從來沒見過，也沒聽人說過。現在朱熹當了官回來，居然有人造出這些奇譚怪事來！」一個七十來歲的老漢在旁邊氣憤地說：「還不是官官相護，你吹我捧，愚弄老百姓！」

　　這些話傳到張漢耳朵裡，他想，這些刁民竟然不畏天命，撥弄是非，對抗官府，非得從嚴查辦不可！

　　不久，朱熹和門徒蔡元定等一行到達婺源。張漢只好把查辦的事情暫且擱下，約了十幾個官紳陪同朱熹去觀看「虹井」，對當年虹井

冒氣的事大肆吹捧了一番。朱熹邊聽邊點頭,然後捋捋山羊鬍子:
「嗯,是有天命呀!先父出生時,這井冒氣如虹,他老人家後來還寫
了一篇〈井銘〉[40]。到我出生時,這井又冒紫氣。這種祥瑞不就是天
命嗎?」

張漢長嘆了一聲,接口說道:「唉!這些年來,異端邪說橫行,
一些小人不畏天命,竟然對『虹井』肆意誹謗,本官正準備從嚴查
辦。」

朱熹一聽,心想:還是以教化為宜,不如趁此機會把我那套「稟
氣說」宣揚一番。他隨即說道:「歷史上許多聖人賢士,出生時往往
出現許多祥瑞、異兆。這樣的例子可多著呢!諸位不妨翻翻史書上那
些傳記。我今天不想談那些『紫氣』、『虹氣』,先說說一種無形的
『氣』,也就是人和萬物——草木禽獸——剛生長出來時,從天上哪
裡稟受得來的氣。這就是稟氣說。」

朱熹說得神乎其神,玄之又玄,官紳們目瞪口呆,有點莫名其妙
了。他感到這不是在書院裡給門徒們講學。對官紳,要說得淺近些,
使他們容易領會。

「你們看」,朱熹用右手指向前面一片樹林:「那些樹木,有的高
大,有的矮小,那高大的可用來作棟樑,矮小的只能作廁料。這是因
為每棵樹木沒有長出來之前,從老天爺哪裡稟受到的氣就不一樣呀!
飛禽走獸也是這樣,有的大,有的小,有的能活上幾百年,有的只能
活幾個時辰。人更是這樣!有的生下來時稟受得清明之氣,從小就聰
明,長大了又富又貴;有的生下來時稟受得污濁之氣,從小就愚笨,
一輩子只配服苦役。這都是稟氣不同,能怪誰呢?」

朱熹這一套「稟氣於天」的謬論,實際上是孔老二「受命於天」

---

40 《婺源縣志》,參見王懋竑《朱子年譜考異》卷一。

的翻版。

「先聖說：『死生有命，富貴在天。』[41]鄙人研究了幾十年的理和氣的關係，得出這個『稟氣說』，這和孔聖人的『天命論』可是一脈相承的呀！」

「對，朱公的『稟氣說』是對孔聖人『天命論』的重大發揮，對治國平天下之道，真是大有裨益。請您詳盡地給我們講一講。」張漢恭維了朱熹幾句。

朱熹覺得張漢把「治國平天下之道」和「稟氣說」相聯繫起來，很符合自己的意思。於是故弄玄虛地說：「這『稟氣說』是關係到治國平天下的大事，我們都應當知道一些，用它來教育百姓，不使犯上作亂。不過這門理論深奧，研究它得花幾十年的工夫。諸位地方官員，公務繁忙，哪能抽出這麼多時間？這種事，只能由我們治學的人去專門研究。」朱熹口講「我們」，同時又指指自己的鼻子，意思是：只有他一個人才懂得深，說得透。

婺源縣丞劉德昌插了一句：

「我們歙州婺源這一帶，近年來也很不平靜，小民們動輒要鬧『平等』、『平均』，真是難對付！」

朱熹看到地方官正為統治農民的事束手無策，心想：你們如用我的「稟氣說」去對付，就不會有什麼困難了。於是，他越說越來勁：「就用我這『稟氣說』去征服他們！世間的人和萬事萬物從上天哪裡稟受得來的『氣』，幾時平均過？人的五個指頭都不一樣齊嘛！富貴貧賤能拉得平嗎？那是逆天悖理之談！」

縣令張漢一邊聽，一邊悄悄地對一個官員說：「用朱公這番道理來對付窮小子們，比起我們那套硬辦法高明得多！」

---

41 《論語・顏淵》。

第二天正是清明節，朱熹帶著蔡元定去掃墓。

「這裡風水挺好，朱家早該出貴人。可恨小民無知，隨意開墾田地，斷了龍脈，害得墳山不貫氣啦，可惜，可惜！」蔡元定是個「風水迷」，一邊指指點點，一邊討好朱熹說。

「我對風水這門學問畢竟是外行，今天倒要聽聽你的『墳山貫氣說』。」朱熹彷彿悟出什麼大道理來似的，破例地向門徒請教起來了。

「朱公，您看」，蔡元定指著正前方。「這山像個笏（笏，是封建時代大官僚到皇宮大殿裡朝見皇帝時用的器具），令祖的墳正對著它，子孫合該一品當朝；那山……，如果把對面那些山上和平地上開墾的田地統統平掉，讓龍脈重新接通起來，這千里來龍的墳山就貫氣了。最好設法把墳山周圍幾里的地都圈起來，劃作禁區。」

朱熹聽到「墳山貫氣，能出一品當朝大官」的這番話，心中十分高興。又想到憑空能增加上千畝田地，心裡樂滋滋的。

他越想越上勁，眼珠子骨碌一轉，興奮地對蔡元定說：「畢竟子孫是祖宗之氣[42]。這使我從天地之氣，聯想到祖宗之氣，聯想到我家虹井冒紫氣的事。老弟這個『墳山貫氣說』很有價值，對我的『稟氣說』起了補充作用，使它更為完善，更有益於治國平天下。」

蔡元定沒聽懂朱熹的話，以為他小題大作，請他解釋一下。朱熹平常把蔡元定當得意門生看待，所以講話沒有什麼顧忌。他開門見山地說：

「看墳地，講風水，找龍脈，……這只有富貴人家才能辦得到。那些窮人們死了，連埋骨頭的地方都沒有，還能講究這些？好啦，按照我這個『稟氣說』，富貴人家本來就稟受了好氣，現在又請你們這

---

42 《輯略》卷一。

樣的行家尋找風水寶地，使得墳山貫氣，那麼，他們的子孫後代不就會世世代代享受榮華富貴了嗎？這樣，我們就更有理由使那些窮小子們俯首聽命了。」

蔡元定連忙向朱熹一鞠躬：「還是你老人家看得深，想得遠。」

朱熹到縣衙裡，和張漢提到圈墳山的事。張漢巴不得給朱熹多效點勞，便拍拍自己的胸脯說：「好，好，我立刻辦！」[43]

第二天，縣衙門外貼出一張布告：「後龍山周圍幾里內，東至小溪，西抵……，原係朱宣教郎（熹）家祖墳地。年來附近小民，竟敢擅自開墾，破壞風水，殊屬違法，自即日起，勒令人戶遷居，將所墾田地全部毀除，劃為禁區，違者嚴懲不貸！」

消息傳開，周圍幾個山莊的農民都轟動起來，一齊湧向縣衙門，要找朱熹講理。朱熹走出來，膽怯地看了一眼，面前站著一大群農民，個個怒氣逼人，他心裡發慌，腿有點顫抖。

一個農民直衝到朱熹面前，責問他：「你憑什麼要圈地毀田？」

「聽說你成天講什麼『存天理』，你到底憑什麼『理』奪我們的田？」又一個農民衝上去質問朱熹。

「到底憑什麼？」農民齊聲質問，喊聲在山谷中迴響。

這時有幾個官吏從衙門裡出來，瞪眼捋袖，嚇唬群眾。朱熹又神氣起來。他臉一板，說：「富貴貧賤都是由於稟氣不同。你們本來就沒有稟受清明之氣，命該貧苦，就應安分守己，不要希求非分之財。」接著他凶神惡煞似地大聲喊道：「這祖墳周圍幾里之內的山林田地，本來就是我朱家所有，這些年我一直在福建那邊住，這裡沒有人管業，你們就擅自開墾，這已經是太不講理了。我不補收這許多年的田租，就算很仁慈的了！」

---

43 為朱家圈墳山一事，依據婺源縣文化館提供的材料。

有個農民厲聲問他：「這一帶都是你朱家的？有什麼證據！」

朱熹哪裡有什麼證據！他搔搔頭皮，回答不出來。這時縣令張漢跑出來給朱熹撐腰：「朱宣教郎怎會說假話？本縣衙門怎會無中生有，亂出布告？後龍山一帶確確實實是朱家的祖墳地，本縣衙門裡存有契據。你們敢怎樣？」

張漢說完，趕緊拉著朱熹躲進衙門裡去了。這時，後場上有個老農指著朱熹一夥的背，憤怒地罵道：「你們官官相護，欺壓老百姓！什麼『紫氣』、『稟氣』、『貫氣』，全是騙人的鬼話，殺人不見血的軟刀子！乾脆說，你們這些達官貴人要世世代代騎在我們勞苦人民頭上好啦！」

朱熹從此懂得了講風水的妙用。他怕那些「正統派」儒家罵他是旁門左道，在公開場合不大講「風水」，但實際上，他和蔡元定打得火熱，東奔西跑，也成了一個「風水迷」。他為父母和自己選擇墓地，真是費盡了心機。

朱熹的父親朱松最初葬在崇安縣五夫里西塔山，朱熹說「風水不好」，遷到白水鵝子峰下，後來又遷到武夷鄉上梅里的寂歷山。朱熹母親的葬地寒泉塢，在建陽崇泰里，原屬劉家的墳地，朱熹看中了這塊地的「風水」，勾結官府，強迫劉家把所有的祖墳遷出去，葬上他的母親。朱熹活著的時候，就經營他自己和老婆合葬的墓地了。他和蔡元定等「風水」行家在武夷山一帶跑了多年，最後選中了建陽九峰。墓地原來是徐家所有，朱熹看中後，就把徐家的墓挖掉。朱熹勾結官府，把他父、母和自己墳墓周圍好幾千畝的山林田地全都劃為「禁區」。這三個「禁區」的一草一木，都受到官府的嚴格保護，不許群眾砍伐割刈，違者輕則罰錢罰物，重則坐牢[44]。

---

44 朱熹父、母和自己墓地情況，取材於《年譜》卷一和福建師大歷史系有關調查材

朱熹的「稟氣說」，連同蔡元定所鼓吹的「墳山貫氣說」等，都是愚弄廣大人民、加強封建地主階級統治的精神枷鎖，也是保護那些封建世襲貴族騎在勞動人民頭上作威作福的反動思想武器。

血淚斑斑的貞節牌坊

朱熹四十九歲的時候，得了個南康軍（州）太守的官兒[45]。手下管轄星子、都昌、建昌三縣（今江西所屬）。這太守雖然只是個地方官，但比起空有其名的「宣教郎」、「秘書郎」來，實權大得多了。

一朝權在手，便把令來行。朱熹一到南康軍任上，就迫不及待地要試行他多年來精心琢磨的那一套「治民權術」。他一會兒想著要大張旗鼓地祭奠先聖先儒，一會兒想著要親往學宮講解「義理性命」，一會兒又想到要將農民的那些賦稅快點催上來⋯⋯。

正在這時，州衙內的一個老吏，唉聲嘆氣地從門外蹣跚而入，不住地搖著頭。朱熹覺得有點蹊蹺，便問道：「什麼事？」

「啊！是這麼回事。」老吏一抬頭，見是新來的太守大人，便連忙稟道：「此地城南，有座『節婦牌坊』，是當年太宗皇帝為表彰寡婦陳氏守節建造的。誰知昨夜來了一夥歹徒，將牌坊搗毀了半截，還在那留下的半截上捽了許多大糞[46]。唉，把皇上下令建造的牌坊都毀了，太沒王法啦！」

原來，這座「節婦牌坊」，是當地幾個信奉孔、孟的紳士、儒生，為了用「三從、四德」的繩索將勞動婦女束縛住，硬逼著一位農家寡婦陳氏「守節」，結果陳氏無依無靠，終於餓死在寒舍之中。陳

料。

45 《年譜》卷二。

46 《文集》卷九九，〈知南康軍榜文〉。

氏死後，這夥紳士、儒生又聯名向皇上稟奏，建造了這座牌坊。很多知道這座牌坊底細的農民，早就氣憤不過。近年來，又有幾家寡婦遭受到同樣的命運，農民一怒之下，便乘著星夜，搗毀了這座牌坊。

朱熹聽完了老吏的報告，不禁火了起來：「真是無法無天，敗壞綱常！」

「敗壞綱常的事情還多著哩。」老吏嘆了口氣，又說：「現在許多寡婦根本就不守節了，丈夫一死就自行改嫁，而且無媒無聘，說什麼『家貧難以守節』呀，『窮困無法媒聘』呀，有的人還說什麼當年王安石的兒子死後，媳婦都改嫁了……」

「什麼？」朱熹越聽覺得問題越嚴重，立即大發雷霆。「寡婦改嫁，這是違反『夫為妻綱』的大事。『夫為妻綱』都不遵守，那臣、子不是也可以對君、父不忠不孝了嗎？這些人竟拿王安石做榜樣！王安石是什麼人？他不聽聖人之言，搞異端邪說。從治國到齊家，有哪一點值得效法？」

朱熹決定從「三綱五常」入手，來個「明教化，整綱紀」。他連忙吩咐擊鼓升堂，傳下一道命令：

「明日重修『陳氏節婦牌坊』，緝拿昨夜搗毀牌坊的歹徒，再把那些改嫁的寡婦與那無媒無聘的不法夫妻，統統抓來。」

次日，盛暑的午後，酷日當空。在城南那座毀了半截的牌坊下，幾十名工匠正在忙碌，個個揮汗如雨；兩名身掛腰刀的公差，在周圍來回監視。

一個富紳打扮的傢伙，手搖紙扇，踱著方步，朝這邊走來。此人姓劉，名叫子澄，和朱熹頗有些交情，今日特來州府拜訪朱熹。

劉子澄走到這座半截牌坊跟前，不由得停住腳步，仔細看了看這繁忙的場面，心裡立刻明白了八、九分，便會意地笑了笑。忽然，發現前面圍著一堆人，好像正在議論什麼事情，他便連忙湊了過去，想

聽個究竟。

「重修牌坊，又是派工，又是派款，真是百姓遭殃！」一個頭髮花白的老農民氣憤地說。

「什麼『節婦牌坊』，全是騙人的把戲！」又是一個憤怒的聲音。

「什麼『寡婦守節』呀，這是要把我們婦女活活推進墳墓！」說話的是一位衣衫襤褸的老太太。……

劉子澄越聽越不對勁，真想訓斥一番，但眾怒難犯，只好急忙離去，憋著一肚子悶氣，跨進了州衙門。

此時，朱熹正趴在書案前，聚精會神地抄寫著什麼東西，聽到腳步聲，抬頭一看，見是劉子澄，便連忙站起來，很客氣地說：「稀客，稀客！子澄兄來得正是時候，有一件事情正想與你商討商討。」

劉子澄餘怒未息，往椅子上一坐，一聲不吭。

「你今日怎麼啦？」朱熹發覺劉子澄的情緒有點反常。

沉默了一會，劉子澄才把剛才那些反對寡婦守節和修牌坊的事說了一遍。誰知朱熹聽後，破例地沒有發火，卻不緊不慢地說：「子澄兄不必著急，你說的那些我已經知道了。子曰：『唯女子與小人為難養也。』對付這些難養的人，我自有辦法。」說著，他從書案上拿起一本書和一張墨跡未乾的「告示」遞給劉子澄：「你先看看這兩份東西就清楚了。」

劉子澄接過一看，原來是一本《家禮》[47]，和一張重修牌坊的文告。書裡面盡說些冠、婚、喪、葬之類應遵守的禮，特別是對婦女定了許多清規戒律。那「告示」中，是要那些死了丈夫的婦女，日不出戶，夜不下樓，終日無笑容，年年穿素衣，守節到老不再嫁。劉子澄

---

47 《年譜》卷二。

目不轉睛地看了一遍之後，這才又高興起來，連聲說：「寫得實在
妙，要是使那些難養的女子都照此去做就好了。」

「當然是要他們照此去做。」朱熹說：「我準備派人把這本《家
禮》送往朝廷，申請禮部頒行全國。到那時，這上面每一條文都成了
『王命』就好辦了。還有這個。」他用手指指那張「告示」：「馬上貼
出去，曉喻南康軍各縣的寡婦，務必照此守節。要是有寡婦再嫁，出
村出戶必須背朝外，腳不准沾地，過河收過河錢，過山收過山
錢，……」[48]他越說越快，唾沫都飛濺到劉子澄的臉上。

「好，好，好！」劉子澄一邊用絲帕揩掉臉上的唾沫星，一邊稱
讚道：「朱公想得周到了！真是深謀遠慮。」

「還有哩」，朱熹又洋洋自得地接著說：「我還準備再編一本專論
婦女的書，書名還未定。我看那東漢人班昭所著的《女戒》，雖然為
婦女規定了『三從、四德』，但書的內容太淺薄，舉例失當，說得不
深不透，以此書作為婦女遵從的典範還是不夠的[49]。我打算……」

「報告太守大人！」朱熹正在津津有味地和劉子澄商討著怎樣為
婦女制定新戒規的時候，那個老吏走進來稟報公事：「大人傳來的那
些『不法夫妻』現已在堂上，請大人發落。」

「嗯，升堂。」朱熹神秘地一笑。「子澄兄，在此稍坐一時，看
看我今天怎樣對付這些改嫁的寡婦吧。」說罷，他整頓衣冠，步入公
堂。

公堂上，十來個青年男女，怒目圓睜。四名手執棍棒的差役，凶
神惡煞地分立兩側，朱熹強拉著笑臉，面對這一群男女青年，訓教起
來：

---

48 參照福建師大歷史系調查材料。
49 羅大經《鶴林玉露》。

「自古『夫為妻綱』，乃是天理人倫所定，女子嫁雞隨雞，嫁狗隨狗，『從一而終』，才是最高的美德。本府目前重修『陳氏牌坊』，正是為了表彰守節之婦的順良德行。但是」，朱熹臉色一沉，從案上拿起一列名單，「李氏、王氏等五家寡婦，拒不守節，擅自改嫁，敗壞綱紀，應立即回原來夫家，終身守節。而你們」，他又用手指了指那幾個男子，「無媒無聘地娶了這五家寡婦，實屬不法婚姻，本衙決斷，立即拆散」。

「呸！」

沒等朱熹說完，十來個男女青年同時發出一陣憤怒的反抗聲。一個年輕婦女怒不可遏地反問道：「我們孤兒寡婦無依無靠，硬逼我們守節不嫁，難道非得把我們餓死不成？！」

「這是什麼話！」朱熹霍地一下從座位上站起來。「餓死事極小，失節事極大！」[50]這個口不離「天理」、「仁道」的朱夫子，終於撕下了「慈善家」的假面具，露出了豺狼的凶殘本性。

「真殘忍啦！」幾個男子以仇恨的眼光逼視著朱熹，雙手緊捏著拳頭。

朱熹連忙轉向那幾個男青年說：「你們再不要胡來，我已派人叫媒婆去找幾個門當戶對的女子，配給你們。這樣明媒正娶，名正言順，豈不是一件美事？嘿，嘿，嘿。」他一邊說，一邊奸笑著。

「收起你的好心吧！太守大人。」男青年中，一個赤腳袒胸的小伙子跨前一步，冷冷地說：「我們莊稼人不懂什麼『名正言順』，也不稀罕這樣的美事。」

朱熹一聽，惱羞成怒，拍著桌案吼道：「不識抬舉！來人！把這幾個再嫁之婦攥回原家。」

---

50 《近思錄·家道類》。

「寧死不從！」

「拚了！」……

公堂上一片喧囂，氣氛有點緊張。四名執杖的差役，急忙上前，推著十來個怒氣沖天的男女青年。

一直坐在後堂的劉子澄，聽到這裡，再也坐不住了，三步併作兩步地走到朱熹身邊，附在他耳邊低聲說道：「這樣下去會出亂子，還是從長計議……」

「哎——，退堂。」朱熹懊喪地長嘆一聲。「這些難養的女子和小人……」

朱熹這場好戲沒能演成。他感到還要進一步對婦女灌輸「三從四德」，於是，到處宣揚「夫為妻綱」和「餓死也得守節」的衛道理論，使得套在婦女脖子上的「夫權」這條繩索束得更緊了。

從此以後，一座座「貞女樓臺」、「節婦牌坊」，如同一座座人間地獄，坑害了成千成萬的勞動婦女。勞動人民把這種殘害婦女的「活地獄」，編成了一首悲憤激昂的歌謠：

貞女樓臺血淚河，
節婦坊下白骨多，
……

一場論戰

朱熹在「恤民」的幌子下，施展反革命兩手，暫時撲滅了浙東農民起義的烈火，為此，孝宗特地誇獎了他一番。奴才得到主子的寵愛，勁頭更大了。連月來，他馬不停蹄地四處奔波，幾乎把浙東所有州、縣都巡視了一遍。

一日，朱熹帶著隨從，結束了在衢州的巡視，一行車馬剛剛駛入婺州（金華）境內，他猛然想起一件惱火的事情，不禁咬了咬牙齒，渾身不自在地顫動起來。原來，朱熹的死對頭陳亮，就住在婺州永康縣。正是這個陳亮，一貫反對朱熹的「王道」、「義理」，使朱熹很感棘手。前幾年，朱熹曾不斷派人帶信給陳亮，勸告他不要作對頭，可是陳亮根本不買他的帳。反而在回信中痛斥朱熹這夥道學家是空談「義理」，招搖撞騙，毫無實際知識的廢物。搞得朱熹十分狼狽。

「嗨，真是冤家路窄。這次路過永康，若遇上那陳亮，少不了又是一場舌戰。」朱熹在沉思後嘆道。

隨從中，有個叫葉味道，是朱熹的門徒。他聽到朱熹的這幾句話，便湊近，討好地說：「那陳亮真是個狂妄之徒，竟敢誹謗道學。對此異端邪說，若不及早剪除，後患無窮哩！」

「是呀！」朱熹贊同地點點頭，說：「陳同甫（陳亮的別名）粗豪氣銳，議論太險，事情做絕。他的文章盡是講些駭人聽聞的『霸道』、『功利』[51]，像他這樣以邪害正，人人均得而攻之。不過嘛，我們儒家歷來是重教化的，總不能不教而誅之吧！」

其實，朱熹早就恨不得將陳亮置於死地而後快，但由於陳亮倡導「功利」之說，極力主張恢復中原，收復失地，為人心所向，使朱熹感到既恨又怕，不敢輕易動手，只好用什麼「重教化」來為自己圓場。

葉味道聽了朱熹的這些話，不住地點頭稱是。朱熹埋著頭尋思了一陣便對葉味道說：「過些日子我要親自上門去訪一訪陳同甫，用聖人之言開導開導他，好叫他『頓悟前非』。」

過了一段時間，朱熹真的帶了些貴重禮物，到陳亮門上「拜訪」

---

51 《年譜》卷二。

去了。

　　陳亮祖居永康前黃，家境並不十分寬裕。他自幼喜讀法家那些重視農戰、提倡改革的著作，平素講求「實事實功」，一生力主抗金[52]。這天，陳亮見朱熹到來，又瞧見了那一擔沉甸甸的「見面禮」，心裡立刻明白了朱熹的來意，便譏諷地招呼道：「朱先生遠道而來，必有要事。請在堂前坐一坐吧！」

　　兩人讓坐後，朱熹心懷鬼胎，首先開腔：

　　「尊居依山傍水而築，清雅之至。只是房舍稍嫌狹窄……，不過，這也無妨。孔夫子講過嘛：貧而樂道。老兄當之無愧了！」

　　這些酸臭話，陳亮聽了心裡直發膩，當即駁斥道：

　　「朱先生過譽了！很抱歉，你們道學家那個道，我是學不到家的，更談不上什麼樂不樂的了。要說道嘛，我一直認為道在物中，理在事中[53]。以當今局勢而言，就得講中興、論恢復。」

　　朱熹被駁得面紅耳赤，但心猶不甘，勉強支吾道：

　　「老兄為國事日夜操心，令人敬佩。不過，中興大計，朝廷自有措置，你我讀書之人，還應以儒家事業、聖人功夫為妥。果能如此，他日定能青雲直上！」

　　他一面說著，一面暗示門徒把一包包貴重禮物送到陳亮面前。

　　陳亮一聽這些骯髒話，又掃了一眼那些骯髒東西，就像看到一堆蛆蟲，心頭直想作嘔。他強忍住滿腔怒火，嚴正地說：

　　「收復失土，統一中國，這才是我平生之志。老實說，我為的是要給國家富強統一打下百年根基，絕不為個人去撈一官半職，更不圖什麼榮華富貴。」[54]

52　《陳亮集》卷二八，《宋史·陳亮傳》。

53　《龍川文集》卷九、十。

54　《陳亮碓》卷一。

　　說著，他把那些禮物推向一邊。朱熹碰上這個釘子，半晌開不得口，只好夾著尾巴閉著嘴，免得再討沒趣。後來，看看在陳家實在賴不下去，便一溜煙返回了婺州城。

　　從這次碰壁之後，朱熹更把陳亮看作眼中釘、肉中刺，指使黨徒，拚命攻擊陳亮。對此，陳亮毫無畏懼，一一予以駁斥。

　　時隔不久，陳亮從永康到達婺州城，找到府衙上，要同朱熹再次進行辯論，決心打掉這夥道學家的囂張氣焰。

　　朱熹的臨時寓所設在一家大地主的廳堂上。他正襟危坐，道貌岸然，一群充當幕僚的道學門徒則動舌鼓唇，極力為之搖旗吶喊。

　　陳亮在朱熹對面坐下，正義凜然。

　　朱熹見來勢不妙，擺出學霸架式，想一開頭就把陳亮壓下去。他氣勢洶洶地說道：

　　「同甫老兄口口聲聲主霸道，講功利，這是後生輩糊塗，小家口議論，全然不是孔、孟氣派，簡直是同孔、孟之道背道而馳，真是不守法度[55]！你知道嗎？孔夫子一身以『克己復禮』為事，他要復的，就是夏、商、周三代的王道盛世。『克己復禮』是孔聖人的宗旨，講王道，行仁政，是聖人之道。難道你不畏聖人之言麼？古時五尺童子，一提到『王霸』尚且感到羞恥哩！」

　　陳亮聽了朱熹這套復古論調，淡然一笑。他尖銳地指出：

　　「你們這些道學先生，總是左一個王道，右一個仁政。其實，掛的是羊頭，賣的是狗肉。哪一個朝代不是王霸並用、義利雙行？你們講三代是王道樂土，事實上何嘗有那回事？三代以上並不那麼美妙，即使有一點好東西，但因時代不同了，也不可盡以為法，三代以下也絕非你所講的那麼壞。如果說秦漢以來都不如三代，那麼，為什麼會

55　《文集》卷三八，〈答陳同甫〉。

人口繁衍，物產富庶，社會日益興盛而發展呢[56]？歷史的進展絕不是一代不如一代，而是一代更比一代強。」

朱熹被駁得無言可對，急忙調轉話題，大談「存理、滅欲」，胡說什麼「天理為義，人欲為利」，「天理、人欲不兩立」。污蔑陳亮的抗金主張是「計功謀利之私」[57]。

陳亮呵呵發笑，質問道：

「試問，哪一個朝代不講功利，不講實事實功？功到成處便是有德，事到濟（成）處便是有理。我認為當前最大的政事就是恢復中原，統一國家，實行革新。能實現這個最大的事功，便是有德、有理！」[58]

朱熹一看自己的「義理之說」又站不住腳，趕緊變換花招，信口雌黃地說道：

「漢、唐之君，心術不正。漢祖、唐宗無一念不出於人欲。」[59]

陳亮劍眉怒豎，斥道：

「不對！劉邦和李世民在歷史上都是有本領的人物，根本不是你們所指的『無一念不出於人欲』，他們統一了分裂的國家，發展了社會經濟文化，這些歷史功蹟是抹煞不了的。至於『人欲』的事，三代的帝王就那麼清淨？」[60]

朱熹被問得目瞪口呆，心想，如再繼續爭論下去，自己將會輸得更慘，便趕緊收場：

「算了，算了！同甫老兄，你我犯不著為古人爭是非。」

---

56 《陳亮集》卷二十。

57 《文集》卷三八，〈答陳同甫〉。

58 《陳亮集》卷二十。

59 《文集》卷三八，〈答陳同甫〉。

60 《陳亮集》卷二十。

陳亮乘勝追擊，截住去路：

「朱先生，你心裡自然是很明白的。今天我同你的這場爭論，並不光是為漢、唐爭是非。老實說，目的就在於解決今日之事，當務之急。我之所以要考今古沿革之變，肯定漢、唐文治武功，無非是要學習歷史經驗，使大宋中興強盛起來，統一分裂的國家[61]。你天天講『義理性命』，談『王道仁政』，就能夠富國強兵，攆走入侵者了嗎？大敵當前，道學先生們反而低頭拱手，空談義理，難道是害了麻瘋病，連一點知覺痛癢都沒有了嗎？」[62]

陳亮這一席話，擊中了朱熹的要害，使得他暈頭轉向，渾身發抖，直冒冷汗。在無計可施的情況下，他狼狽地溜進後堂去了。

著名的王霸義利之辯，使朱熹醜態百出，黔驢技窮。從此，朱熹一夥道學家對陳亮更加恨之入骨，他們勾結官府，捏造罪名，陰謀陷害陳亮，三次捕陳亮入獄，嚴刑摧殘。陳亮堅貞不屈，出獄後繼續堅持戰鬥。此後，信奉他的學說的人愈來愈多。朱熹一夥只得無可奈何地哀嘆：「家家談王霸……不說孔、孟，可畏！可畏！」

編寫反革命教科書

朱熹龜縮在武夷山，轉眼間度過五個寒暑，這年冬季，朝廷給了他一個漳州知府的官兒。朱熹接到任命後，照例假意推辭了一陣，便又志滿意得地走馬上任了。

一到漳州，朱熹便盤算起來：前些年在南康軍和浙東做地方官時，也曾想把他編寫的《論語》、《孟子》注釋和《大學》、《中庸》章

61　《陳亮集》卷二十。

62　《陳亮集》卷一。

句整理刊印，公之於世。但那時碰上荒年，東奔西走，無暇顧及。現在，有條件坐下來，他打定主意，要把這四部書整理彙編，刊印出來。

想到這裡，朱熹連忙把門徒方壬叫到跟前說道：「這四部書是我用了畢生精力，研究歷代儒家的經典和古往今來的治亂得失，才編寫成功的呀！」

方壬連連點頭稱是。

朱熹又接著說道：「現在我打算把這四部書合編在一起，刊印發行，好為皇上立下個治國平天下的標準，使老百姓都照著這個標準去做；這樣，我一生『存天理、滅人欲』的願望也就落實了。」說到這裡，他對著方壬吩咐道：「你快點幫助整理一下，及早刊印出來。」

「一定照辦！」方壬順從地說[63]。

朱熹注釋的這四部書，原來就是沒落奴隸主階級復古倒退的反動綱領和統治勞動人民的權術經。提起這四部書的注釋，朱熹確實花費了不少心血。

早在那二十年前的一天，朱熹正在崇安老家給門徒們講授「修己治人之道」的時候，突然城裡傳來了一個消息：廣西李楫作亂，自稱李王，罵官軍為賊，公開宣布十年不納稅，響應的人很多[64]。這消息如同晴天霹靂，使他心驚膽戰，坐立不安。從李楫起義聯想到以前的鍾相、楊么起義，從「十年不納稅，罵官軍為賊」，又聯想到「等貴賤、均貧富」。他不由得越想越氣，越想越怕。

這天深夜，朱熹翻來覆去睡不著。各地農民起義軍殺官吏、打地主、焚經書的情景，一幕幕地浮現在他跟前。猛然，一個蓄謀已久的

---

63 《漳州府志·朱子守漳實跡記》。

64 《語類》卷一三三。

念頭從他腦子裡閃了出來：按照「存理、滅欲」的要求，把孔、孟的那些經書注釋一下，再用這些道理去管教那些犯上作亂的農民。

第二天清早，朱熹眼裡布滿了血絲。他急忙召集了幾個門徒，指著桌上四部書，大發感慨地說：

「這《論語》、《孟子》和《大學》、《中庸》，是治人之道的根本，是我們儒家的命根子呀[65]！可惜漢、唐以來，受到亂民和異端邪說的攻擊，已經沒有多少人信奉了，為了維護三綱五常，消滅小人的『離叛散亂之心』，我要重新注釋這四部書。」

「對，先生高見。當今非注釋這《四書》不可。」隨著朱熹的話音過後幾個門徒唧唧嗡嗡地附和著。

打造以後，朱熹整天坐在書房裡，捧著《四書》和程頤、程顥等儒家對《四書》的解釋，翻來覆去地吟誦揣摩。他時而查東閱西，抄抄摘摘，把那幾架滿是蛛絲蛀洞的經書都翻爛了；時而哼哼唧唧，自言自語，搖著筆在本子上記下點什麼來。

一個寒夜，鼓交二更，朱熹還在燈下寫《論語集注》。一個門徒一邊謄寫，一邊打呵欠。當抄到春秋晚期齊國的新興力量代表陳恆殺掉奴隸主頭子齊簡公的一段批語「人人得而誅之」時[66]，便停下筆站起來問道：「先生經常說，要以王道治天下，以『仁義』待人。陳恆是齊國的著名人物，當時許多人贊成他的主張。在這裡注上『人人得而誅之』，怕不恰當吧？」

「不恰當？」朱熹立刻虎起臉來，說：「君臣之理是先天就有的。臣事君以忠，這是天理所定[67]。陳恆是齊國的大夫，大夫殺君就是大逆不道。」說到這裡，他嘴巴劇烈地顫動，咬牙切齒地說：「當

65　《文集・答呂子約》。

66　《論語集注・憲問》。

67　《語類》卷九五。

今天下是人欲橫流的『衰世』，農民造反此伏彼起，異端邪說日新月盛。我在這裡注上『人人得而誅之』，是要讓犯上作亂的人看了懼怕，不敢再幹這種違反天理的事情。」

幾個門徒見老師發了火，都嚇得不敢作聲。朱熹望望門徒的臉色，覺得大家對他的這一番話並不理解，於是嘆了口氣說：「你們要知道，我注《四書》就是為了讓人人都遵守三綱五常這個天理。對那些傷害天理的人該殺就要殺。如果後人都學陳恆那樣以下犯上，那我大宋的綱常倫理何在！」

幾天以後，朱熹注釋到孟軻的一段話「大人者，言不必信，行不必果」時，沉思半晌。心想：孟夫子這段話說得太露骨了，這裡必須給他圓圓場。於是，他裝出一副神秘的樣子對門徒說：「必，是期望的意思。孟夫子是說，大人物，言和行不預先講究信果。但只要按照『三綱五常』去做，最後信果卻在這裡。」[68]

門徒們聽了，臉上都露出迷惑的神色。一個高個子的門徒問道：「孔夫子的『父為子隱，子為父隱』，又怎樣解釋呢？」

一提起「父子相隱」的騙人說教，朱熹的話就多了。他不假思索地回答道：「父子想隱，這是君臣、父子的天理人情。故不求正直而正直卻在其中。」[69]他怕門徒還聽不懂他的意思，又煞有介事地指著一堆古書說：「聖人說，當事情牽涉到王朝和君子的生死存亡的問題時，那就應該幫著隱諱。像這樣的隱諱，是符合天理的，完全應該的。」朱熹這個沒落地主階級的忠實奴才，只要能維護反動階級的利益，是越能騙人越好。

春去秋來，兩年過去了，朱熹把《論語》、《孟子》注完，接著又

68　《孟子集注・離婁下》。
69　《論語集注・子路》。

注釋了《大學》、《中庸》。

次年，清明時節，陰雨霏霏。在衡山（湖南省）雲峰寺，朱熹和張栻對坐飲酒。張栻舉起了酒杯：「先生編寫的《論語集注》和《孟子集注》，我最近又細讀了一遍，覺得寫得很好，深合聖人之意。但是，對於孔、孟之道如何才能復興，農民作亂的念頭如何才能消滅？你還有什麼妙計？」

朱熹欠了欠身，回答說：「我也在想，要復興孔、孟之道，消滅農民造反的念頭，單單注釋《論語》、《孟子》兩書還很不夠。」

張栻笑了笑，問：「你還準備幹些什麼呢？」

這兩人素來親密：張栻也是二程的嫡傳弟子，是道學派的另一個頭目，且又當過孝宗皇帝的侍講[70]，所以朱熹對他比較尊敬，不遠千里帶著《大學章句》和《中庸章句》草稿，趕來向他請教。這時，朱熹清了清嗓子，回答道：「那《禮記》中的《大學》和《中庸》，在論述『化民成俗』、『修己治人』方面的經驗，比《論語》、《孟子》要深刻、透徹得多。特別是那篇《中庸》說的是不偏不倚的道理，就是為了教化老百姓不要有過激的念頭。所以我要把這兩篇單獨抽出來加以編注。」

朱熹隨手從袖管裡取出兩疊文稿：「這就是我最近編寫的《大學章句》和《中庸章句》草稿，特送來向張公請教。」

張栻展開《大學章句》文稿，一頁一頁地翻著，不覺漸漸攢緊眉頭，顯出迷惑不解的神色。原來朱熹已經把原《大學》結構打亂，重新組合，分出「格物」、「致知」、「修身」、「齊家」等八個條目。並編造了〈大學補傳〉一篇。於是，張栻反問道：「我讀《禮記》中的《大學》都是一古腦寫下的，沒有『經』和『傳』的劃分，更未見

---

70 《宋史・道學傳・張栻》。

〈補傳〉一篇，先生這樣大刀闊斧地改動和刪補，不怕人家議論嗎？」

「這……」朱熹被問得直楞著眼，一時竟回答不上。他想了片刻，神秘地一笑，答道：「現在天下大變，異端邪說日盛，都說我們儒家學說支離破碎，不成體系。為了反駁這些『非聖滅道』之論，我想把《大學》編成為學綱目，讓今後學者先讀《大學》，以定綱領；次讀《論語》、《孟子》，以立其根本；再讀《中庸》，以求古人之微妙處。所以，我不得不把《大學》來一番加工。」

張栻聽了幾乎跳起來，高興地贊道：「先生真不愧是群儒之冠，高，就是高！」說時，他又把《大學章句》稿翻了一遍，說：「只是可惜！這本儒家好經典，沒有一個作者。」

朱熹被張栻這麼一提，頓時皺起眉頭。他轉而一想，《大學》作者早已無從查考，我不如說是孔子和曾子。這樣既可以彌補《大學》無作者的缺陷，又可以提高《大學》的地位。主意已定，他提筆寫道：「《經》是孔子的話，曾參口述的；《傳》是曾參的話，門人記的。」

「嗯，不錯，不錯！老兄大有長進。」張栻看後稱讚不已。

「哈，哈，哈」，兩人都笑了。……

朱熹自從和張栻商討了一番以後，十多年來，他還多次對這四部書進行校閱和修改。現在，他已經六十一歲了，眼看著一生奉行的「存天理、滅人欲」的計畫未能實現，於是他打定主意，要把這四部書編在一起，刊印發行，以便讓他們的信徒來繼承他所未完成的事業。這部書，就是被後來歷代反動統治階級當作教科書的《四書集注》。

在門徒方壬等夜以繼日的操勞之下，《四書集注》很快就刻印出來了。朱熹自以為給朝廷立了一功，決定要在漳州大搞一番祭孔活

動，一方面抬高自己的身價，一方面擴大《四書集注》的影響。

這天上午，在漳州府孔廟門前，停著幾十輛華麗的車馬。廟內，香煙繚繞，吹吹打打。祭臺上，端端正正放著一部《四書集注》，兩旁還擺著牛、羊等祭品。朱熹拖著枯柴似的身子，恭恭敬敬地在孔像前拜了幾拜。接著，便高聲朗讀「《四書集注》刊成，告先聖祭文」[71]。

正當朱熹眉飛色舞地念到《四書集注》是什麼「聖人之道」、「修己治人之方」時，圍在孔廟門前看熱鬧的一群農民，也都紛紛地私下議論開來。

「呸！這些害人蟲，居然也有套歪理！」

「什麼『聖人之道』，『治人之方』？完全是騙人之道，殺人之方！」

女真貴族的奴才

朱熹在漳州鬧騰了一年，看看光宗皇帝對他搞的那一套並不怎麼賞識，只好悻悻地返回閩北，在建陽同由橋寓所又幹起他的老行當，講起學來。

對學生講授「天理」，朱熹是不厭其煩的。每當他講到「皇帝就是天理的化身」時，更是津津樂道，眉飛色舞。

「金朝皇帝是否也是天理的化身？」一個門徒向朱熹提出這樣的疑問。

「當然也是天理的化身。」朱熹毫不遲疑地回答：「孟夫子說過，舜是東夷之人，文王是西夷之人。凡為君主皆受命於天。聽說，金朝皇帝尊孔崇儒，為政以德，有人稱他為小堯、舜，我看稱得上當

---

71 《年譜》卷四：原刊《四經》成，告先聖文。此處借用。

今的大堯、舜。」[72]

「那這個『為政以德』的大堯、舜，為什麼要派兵侵犯我大宋的疆土呢？」門徒又追根究柢地問。

「讀書人不要問這樣的事情！」朱熹立即收起笑容，十分反感地說：「今世許多文人才士，開口便說國家利害，把筆便述時政得失[73]，動不動就要朝廷發兵抗金。真是世風日下，人心不古！」

朱熹忌諱別人議論金兵入侵和主張抗金的事情。幾十年來，每當他聽到主戰派要求朝廷收復失地的呼聲，心裡總是忐忑不安，生怕滅掉了金朝皇帝這個「大堯、舜」的神威，又惟恐「小民」乘機作亂，會動搖南宋小王朝的統治。但是，他做賊心虛，擔心露出自己那副投降賣國的醜惡嘴臉，會遭到舉國上下的斥責。所以，這個陰險的民族投降派，從來不在公開場合直言反對抗金，而是偷偷摸摸地幹著投降賣國的罪惡勾當。

朱熹本來是個血腥鎮壓農民的大劊子手，但對金貴族入侵者，卻主張「修政攘夷」、「卻敵非干櫓（戈），信（伸）威借紀綱」[74]，根本反對武裝抵抗侵略，甚至一聽到對外的「軍」字就反感。對於皇帝任命他的軍事職務，因為要管理邊防，他惟恐得罪於金朝，一概辭不赴任。在知南康軍時，他看到一些作坊為前線趕製步弓箭手的鐵甲，非常惱火，上了一個「乞住招軍買軍器、罷新寨」的狀子[75]；到浙東巡視時，又給朝廷上奏章，要求大量裁減抗金軍費，改撥給地方使用，好讓他們這夥大地主階級的投降派中飽私囊。

那一年，有一次，一個道學門徒，特地趕來建陽稟告朱熹：

---

72 《語類》卷一三三。

73 《語類》卷十三。

74 《文集》卷二，〈感事〉。

75 《文集》卷二十。

「外界輿論不好，謗議先生對金兵南侵無動於衷，成天空談義理，不為社稷著想，不思勵志復仇。朝中那些狂妄之士又紛紛聲言：要興師北上抗金，收復中原。」

朱熹聽了，緊鎖著雙眉，滿腹牢騷地說：

「報仇雪恥，盡是廢話！」

朱熹發了發牢騷，仍然餘怒未息。他暗想：我朱某何嘗不為大宋宗廟社稷操心？如今，農民到處造反，內亂甚於外患，一旦朝廷興師北上抗金，江南再出個方臘，那就會鬧得不可收拾了。想到這裡，他便急急忙忙地給皇帝寫了一道奏章。

在奏章中，朱熹憂心忡忡地對孝宗皇帝說：「東南這一小塊地方，值得憂慮的事可多著哩！哪裡還顧得上北伐抗金、恢復中原？臣勸陛下，先集中力量除盡東南各地小民造反的禍患，鎮壓暴民比抗金還重要得多。」

孝宗原來就患有「恐金症」，一見到朱熹這套「攘外必先安內」的論調，正合心意，對那些主張抗金的奏章連看都不看了。……

這次，他自己的門徒也不明事理，居然向他打聽什麼金兵入侵的事，就毫不客氣地把那個門徒訓了一頓。訓畢，拂袖而起，怒容滿面地離開書房，躺在內室生悶氣。

猛然，一個門徒慌慌張張地走了進來，報告說：

「先生！剛才聽得從臨安來的人講，朝中那些狂妄之徒認為：黃河南北的老百姓恨透了金主的暴政，起兵造反的人成千成萬，形勢對大宋王朝十分有利，奏請皇上收編北邊的各路義軍，南北夾擊，共同抗金。」

朱熹一聽這話，急得連聲嚷道：

「此事萬萬行不得！北邊的那些什麼忠義民軍，根本不可靠，他們同南方的暴民一個樣，都是一夥犯上作亂的盜賊。朝廷收編這種

人，定會觸怒金朝，貽患無窮。」說到這裡，他不禁聯想到自己的密友張栻當年在宋金邊境上的一項「德政」，接著說道：

「當年，敬夫（張栻名）任荊湖北路安撫使時，有一批從北邊逃來的亡民，夥同疆界南邊的暴民，專向金兵惹事生非。敬夫派人把這批亡民押送金營，這才免掉一場禍端，連金主都稱讚我們南朝有人才[76]。我一定上書皇上：推行我們道學家這一主張。」

門徒退出後，他的小兒子朱在又從外邊闖了進來。一進門，就嘟嘟囔囔地說：「爹！現在外面鬧得真不像話！」

「出了什麼事？」朱熹吃驚地問道。

朱在順手從腰裡掏出一張紙條，遞給朱熹：「瞧，有人竟敢把爹比作漢奸秦檜！」

朱熹接過一看，原來是一張揭貼，上面寫道：

「陳同甫云：『論天下之形勢，而後知江南之不必憂，和議之不必守，虜人之不足畏，而書生之論不足憑也。』[77]評曰：偉哉！愛國志士之言也。」

「朱元晦云：『今朝廷之議不是戰便是和，不和便戰，不知古人不戰不和之間亦有個且硬相守底道理……，今五、六十年間只以和為可靠……說恢復底都是亂說耳。』[78]評曰：講守不講戰，實則要投降，乃秦檜之徒也。」

朱熹看後，不由得連打了幾個寒顫，繼而又故作鎮定地對他兒子說：「這種謗議，我一生見得多了。」看過之後，笑了一下。

他一邊說著，一邊把紙條撕得粉碎。接著，又嘆了口氣，說：「我怎麼會同秦檜一個樣？早些年，我就稱讚過那刺秦檜的施全是個

---

76 《宋史・道學傳・張栻》。

77 《陳亮集》卷一。

78 《語類》卷一三四。

舉世難得的忠義之士。」⁷⁹

朱熹知道漢奸秦檜的名聲已經很臭，蓄意掩蓋地吹捧秦檜、主和投降的罪行。其實，他對秦檜稱頌備至，罪證如山，怎能抵賴得掉？他讚揚秦檜是什麼「端人正士」（正人君子），有「氣魄」，有「骨力」。左一個「秦太師」，右一個「秦老」、「秦丞相」，叫得令人肉麻。他甚至散布說：「秦檜被俘時，見女真貴族過著花天酒地的生活，不想打仗，不再南侵了。所以，秦檜回宋以後，主張和談，並沒有什麼過失。」⁸⁰

他朝著朱在的渾身上下掃了一眼，惟恐在他兒子面前露出馬腳，故意訓斥道：

「以後好生在家讀書，別去管那些烏七八糟的事。」

「是，是！」朱在唯唯諾諾地退了出去。

朱熹叫他兒子不要理睬外面的流言蜚語，可他自己心裡卻實在急得慌，過了些日子，外面又議論紛紛，說他是個地地道道的投降派，朱熹更慌得坐不住了，趕快把門徒集攏起來，鼓動一番。

「我們道學家歷來是最重信義的。」朱熹大言不慚地說：「如今，宋金兩朝，和議簽訂多年，局勢已定。眼下若不照和議守下去，那豈不是背信棄義嗎？」

頓了一下，他又說：「以後，你們就用我這樣的話，去開導那些叫喊收復失地的狂妄之徒。」

「假如人家問我們，說金人也不講信義，一再向南進犯，我們該如何回答呢？」一個門徒流露出為難的情緒。

「這個──」朱熹不假思索地說：「遠人不服，則修文德以來

---

79 轉引自《宋金戰爭史略》第七章。

80 《語類》卷一三三。

之。就是金人不講信義，我們大宋也該以德待之。你們沒聽說『仁義為重』的道理嗎？」

說到要以「德業」去對待外敵，朱熹的話就更多了：

「我早就向朝廷申述過：對付金人，根本的辦法不是依靠強大的兵力，而是依靠修德政：防禦敵人，不在於邊防牢固與否，而在於朝廷是否篤守和議；國家軍備力量是否雄厚，不在於嚴格的軍事訓練，而在於大立綱常名教……。」[81]

朱熹這番投降賣國的謬論，同孔、孟的「信義」、「仁義道德」、「去兵去食」完全是一脈相承的。

大敵當前，朱熹不講抗戰，專講孔孟之道，實際上，是要人們放棄抗金的要求和行動，把大好河山，拱手獻給女真貴族，規規矩矩地當「順民」和奴隸。這也表明，朱熹和一切反動儒家尊奉的孔、孟之道，正是投降賣國之道。

在投降賣國之道的「開導」下，朱熹的門徒一個個心領神會，又分頭去「開導」別人去了。

朱熹的「投降有理」和「攘外必先安內」的賣國理論，被南宋統治集團奉為人人必須遵守的典章。統治階級一方面對入侵的金朝奴隸主政權奴顏婢膝，歲貢不絕；一方面又揮舞屠刀，扼殺農民革命。南宋的這幾代皇帝也都靠著朱熹這套冠冕堂皇的賣國理論，一個接著一個，心安理得地坐上了兒皇帝的寶座。

朱熹曲意逢迎入侵者，用心良苦，終於得到了金朝「大堯、舜」的賞識。公元一一九三年，南宋一位使臣到了金朝，金主十分關切地向使臣打聽：「你們南朝那位朱先生還好嗎？現在他擔任什麼官

---

81 《文集》卷一三，〈垂拱奏札三〉。

職？」[82]

使臣返朝後，把金主對朱熹的問候，照直稟告了皇帝。宋光宗一聽，著了慌，沒想到「太上皇」對朱熹如此器重，便趕緊打聽他的下落。當皇帝得知朱熹此時只在家當祠官閒職時，大為不安，立即頒下聖旨，委任朱熹這個「大賢」為荊湖南路安撫使，掌管七州三十幾個縣的軍政大權。

在「大堯、舜」的關照下，朱熹這個為入侵者效勞的忠實奴才，又重返官場，大顯他的反革命身手了。

口誦「中庸」　手執屠刀

「長沙巨——屏，得賢——為重。」[83]

朱熹接到朝廷派他出任荊湖南路安撫使的「聖旨」，反覆咀嚼著「聖旨」上的這兩句話。心想：這分明說長沙是個要地，派我朱某去，是因為我深通聖賢之道。可見，皇上對我是多麼器重呀！

過了幾天，有個門徒跑來告訴朱熹，湖南各州的瑤人、峒人和漢人聯成一氣造反了。他一聽，十分惱火，死勁在書桌上拍了一下：「我馬上去長沙赴任，來它個軟硬兼施，定叫那些頑民束手就範。」

次日清晨，朱熹就心急火燎地匆匆忙忙向湖南趕去。

湖南是南宋王朝極感頭痛的地方，自從建炎年間爆發鍾相、楊么起義後，農民起義的烽火就連綿不斷，而且逐漸擴展到各少數民族地區。

朱熹前往赴任的整個荊湖南路，北起大江，南到五嶺，那時差不

---

82 《年譜》卷四。

83 《年譜》卷四。

多都是瑤、峒、漢等各族人民雜居的地區，他們在實際鬥爭中結成了深厚的友誼。他們把大片大片的荒地開成良田，但自己卻享受不到勞動的果實。漢族豪紳官吏和少數民族的酋長們互相勾結，巧取豪奪，把這些開墾好的良田據為己有，強迫各族農民繳納高額地租；加上南宋王朝名目繁多的苛捐雜稅，以及對鹽、茶等人民必需品實行壟斷，賤買貴賣，逼得各族勞動人民無法生活下去。為了反抗共同的敵人，各民族齊心協力，組成了許多支聯合起義隊伍。

孝宗即位的第三年，這裡爆發的以峒族李金為首的峒、瑤、漢等族農民起義，就是繼鍾相、楊么之後，湖南規模最大的一次起義。義軍到處攻州縣，打地主，分糧食，深得各族勞動人民的擁護。鎮壓這次起義的劊子手，就是朱熹的乾兄弟劉珙。朱熹的道學密友張栻，又是劉珙鎮壓這次起義的狗頭軍師[84]。劉珙、張栻每次對朱熹提到這件事，總是「談虎色變」。

此時，劉、張雖已死了，但朱熹對這件事卻記憶猶新。

如今，朱熹又與劉、張一樣，要到湖南去鎮壓各族農民起義。他在往長沙的路上，一直在琢磨：對待農民造反，單靠武力鎮壓是不行的，我朱某一定要用寬猛相濟、剿撫並用的辦法。

這次以瑤族為主力的起義隊伍，有的從湖北境內向南擴展，有的從湖南的西南各州向北進攻，長沙城內一片驚慌，達官豪富紛紛準備逃走。

朱熹一到長沙，看到這種混亂局面，內心十分焦急，感到有些棘手。但自己被朝廷視為「大賢」，而今又獨當一面，總得要臨大事而不亂。

他花了幾天時間東查西訪，然後在府衙大廳裡，召集各州、縣前

---

84 《宋史・劉珙傳》、《宋史・張栻傳》。

來「告急」的官員商定對策。

大廳上，朱熹擺出「聖賢」的派頭，訓誡他的部下：

「就是因為諸位平日沒有用『存天理、滅人欲』的道理去教化百姓，所以小民為『人欲』所縛，才幹出那些敗壞三綱五常的事來。」

「要做到『存理、滅欲』，就要大講中庸之道。中庸者，不偏不倚，無過無不及之謂也。小民懂得了這個道理，就會安分守己，不會犯上作亂。」

說到這裡，朱熹似乎想到了什麼，突然提高嗓門，以命令的口吻說：

「立即擴建岳麓書院，各地也要辦好州學、縣學，傳授孔、孟之中庸之道[85]；建立忠烈祠，表彰潭州一帶忠君死難的忠義之士[86]。」

官員們覺得這位安撫使的話有點文不對題，有幾個聽得不耐煩了。

坐在後排的湘鄉縣令張宏，悄悄地對旁邊那個太守官說：「再過十幾天，起義軍就要打到長沙來了，還提什麼書院這類事！有人稱他朱夫子，我看他真是迂夫子！」

「你可不要小看他！」那太守不以為然地提醒張宏：「那次劉珙去打李金，不是也把岳麓書院修理一新，請張栻去講學嗎[87]？你聽吧，還有下文呢！」

朱熹冷眼向大廳兩側掃視了一下，發現有的官吏不那麼注意聽。朱熹心想，這些人真是鼠目寸光，不知道用聖賢之道去平息禍源。他伸出幾個指頭，在案邊使勁敲了幾下大聲說：

「本職身為荊湖南路安撫使，就是要『安撫』這一路的七州三十

85　《年譜》卷四。
86　《年譜》卷四。
87　《年譜》卷四。

多縣的大小臣民，用中庸之道去感化他們，這是最要緊的一著。但是，聖人有言，『君子中庸，小人反中庸』，對那些無法無天，頑固不化的反民，一個也不能寬恕，有多少，殺多少！」

有些州、縣官吏，原先聽朱熹講了那麼多的「中庸」，一時莫名其妙，這下子才恍然大悟。那個原來譏笑他是「迂夫子」的張宏，也連連點頭：「到底是道學家高明，這回我們有指望了。」

最後，朱熹向部下宣布了兩件事：

第一，禁軍第八將指揮陸景升，荒廢職責，作戰不力，已奏皇上，撤銷職務[88]；

第二，各州、縣應加強武備，整頓土軍（地主武裝），配合官軍剿滅盜寇[89]。

官吏們回到各州、縣，按照朱熹的布置，一面組織地主豪紳到處販賣中庸之道；一面集結兵力，向各股起義軍撲去，進行血腥鎮壓。

過了一程，朱熹聽說從湖北來的瑤族義軍打到了湖南邵州一帶，不禁嚇了一跳。立即派潘熹去代理州太守，蔡咸代理州通判，並撥出大批官軍，交給這兩個劊子手，前往邵州鎮壓。

進入邵州的瑤族義軍，憑險還擊，打得官軍節節敗退，使潘熹、蔡咸被迫多次「移屯置寨」[90]。

長沙周圍各州縣的義軍，聽到瑤族義軍在邵州大敗官軍的消息後，群情振奮，士氣高昂，許多小股義軍在鬥爭中逐漸形成了幾支聲勢浩大的各族聯合起義隊伍，把朱熹派去鎮壓的官軍和土軍打得七零八落，潰不成軍。各族人民起義隊伍乘勝追擊，分頭向長沙進發，南面兩支隊伍，離長沙城只有幾十里了。

---

88 《文集》卷十九，〈劾將官陸景升狀〉。

89 《文集》卷一〇〇，〈約束榜〉。

90 《文集》卷十九，〈同監司薦潘熹、韓邈、蔡咸、方銓狀〉。

朱熹慌了手腳，連忙下令各州、縣死命固守，擋住義軍向長沙進逼。

慌亂中，朱熹想出了一個鬼主意：連夜趕忙草擬奏章一道，呈請朝廷把隸屬於襄陽的「飛虎軍」，撥歸湖南安撫司統一指揮，參加對義軍的鎮壓。寫好後，便派人星夜送往朝廷[91]。

原來，「飛虎軍」是用以抵禦南侵的金兵的。因為朱熹歷來就覺得「攘外必先安內」，對付農民起義比對付金兵重要得多，所以才急急忙忙地要把飛虎軍的指揮大權抓到手，以便儘快撲滅各族人民起義烈火。

不料，還未等到朝廷的批覆下來，各路義軍已經緊逼長沙，形成了甕中捉鱉之勢。

長沙城裡，朱熹急得像熱鍋上的螞蟻，坐立不安。心想：各路反民來勢洶洶，官軍無法對付，眼看長沙難保，不如在其首領中招安幾人，許以高祿，令其自相殘殺，以寇治寇。

他打聽到義軍中有個首領，名叫蒲來矢，原是個酋長，從小就想做個出人頭地的達官貴人，但是未能如願。因此，懷著不可告人的目的，混入了農民起義的隊伍，並竊取了一路義軍首領的職位。

朱熹不由得心中一陣暗喜，連忙把軍校田升找來，商議大計：

「田軍校，你在長沙幹過多年公事，辦事精細，決定交給你一項重要任務。」

「什麼任務？大人只管吩咐。」田升欠身答道。

「派你今晚到賊營中走一趟，面見其首領蒲來矢，就說：本職素知將軍有忠義之心，已經奏請朝廷，特來安撫，將軍如願改邪歸正，戴罪立功，朝廷自當重用。他日封妻蔭子，青史留名，豈不美哉！」

---

91 《文集》卷二十一，〈乞撥飛虎軍隸湖南安撫司札子〉。

田升吃了一驚，說：

「大人前些日子不是說，對反賊有多少，殺多少，這蒲來矢乃是盜賊之首，怎麼能對他招撫呢？」

朱熹狡黠地一笑：

「此一時也，彼一時也。如今朝廷大軍未到，反賊又步步逼近，此時惟有招撫才是上策。軍校不必多慮，本職此計已定，照此去做就是了。」

田升心裡總覺得駭怕，因為要他單騎進入義軍營中，若是招撫不成，被義軍扣住，那怎麼辦呢！他想到這裡，不禁擔心地問道：「不知那蒲來矢會不會來降？」

朱熹哈哈大笑一聲：

「本職已經得知，那蒲來矢並非頑民，只是早年求官不成，誤入盜賊之夥。」

他隨即從袖筒裡掏出一張「告身」（委任官吏的證書），洋洋得意地說：

「你將這張『告身』面交於他，蒲來矢得到這張『告身』，就會感恩不盡，率部歸順。只要蒲來矢受招，以寇治寇，就能一舉攻破賊軍！」

田升這才恍然大悟，連連點頭，表示佩服。

「田軍校」，朱熹又說：「這一著關係本路七州三十幾縣的安危。你見到蒲來矢後，要以我平日對你們所講的那番『中庸』的道理，好好地開導他。如果招撫不成──」

朱熹臉色一沉，厲聲說道：「你也休想活著回來見我！」[92]

當夜，田升秉承朱熹的旨意，悄悄地溜進了蒲來矢的軍營。

---

92 《年譜》卷四。

蒲來矢收到「告身」以後[93]，果然滿心歡喜，納頭便拜，連連謝恩。

田升急忙扶起他來，拍拍他的肩膀說：「老兄現在已是大宋官員了，讓我們攜起手來，共扶大宋！」

蒲來矢叛變後，偷偷來到長沙城與朱熹密謀策劃，採取裡應外合的毒計，殘殺了大批起義士兵，還逮捕了十八名堅貞不屈的義軍首領，使湖南這場瑤、峒、漢各族人民的聯合起義，受到了慘重的損失。剩下的幾支義軍，為了保存實力，只得且戰且退，撤離長沙城郊，轉入邊遠山區。

朱熹採取軟硬兼施、剿撫並用的手段，才暫時平息了這場農民起義。

他覺得心腹之患已除，便又心安理得地到岳麓書院裡，講起「仁者愛人」和「不偏不倚」的中庸之道來了。

七月的一天，驛道上一匹快馬飛奔而至，馬背上跳下一個公差，給朱熹捎來一封公函。

朱熹拆開一看，原來是丞相趙汝愚寫的密信，信中寫道：

「光宗已傳位給太子，道學集團得勢，新皇上即將召你進京，請速作準備……。」

朱熹看後，真是喜出望外，慶幸自己將很快登上高位。但是，他立即想到，按照慣例，新皇帝即位後要頒布「大赦令」，萬一把那十八個義軍首領放出去，各地又會大亂起來。一不做，二不休，乾脆把他們先殺掉再說！

他立即下令，把十八名義軍首領全部處死[94]。

---

93 《年譜》卷四。
94 《宋人逸事彙編》、《長沙府志》。

　　朱熹任荊湖南路安撫使，先後不到幾個月，就這樣屠殺了數以千計的勞苦大眾。長沙城內外，人們憤怒地咒罵朱熹是個口誦「中庸」，手執屠刀的劊子手。

帶著花崗岩腦袋去見孔老二

　　公元一二〇〇年，是朱熹「落職罷祠」後的第三年。這年他已是七十一歲了。

　　正月初，考亭周圍一片蕭條凋零的冬景。那條尾巴脫光了毛的看門狗，懶洋洋地蜷縮在臺階上曬太陽。朱熹一個人踱到前院，對著一棵枯槁的臭椿在發怔。

　　這些年來，接二連三的事實，打破了他「存天理、滅人欲」的黃粱美夢。不僅他的一套反動理學沒有被人們所接受，而且自己已被攆出朝廷，丟掉了官職。禁道學以來，他的門徒也大都改換門庭，虧得黃榦支撐著書院的工作[95]，勉強留下了十幾個學生，但已遠非昔比了。想到這裡，朱熹心慌意亂，神情不安。

　　突然，黃榦急匆匆地從外面跑來，叫道：「先生，書院裡的學生又走了好幾個。」

　　朱熹被這一叫，心裡一怔，停了一會，才問道：

　　「唉！他們為什麼又走了？」

　　黃榦喃喃地說：「他們聽說韓侂冑禁道學越來越厲害，怕大禍臨頭，都各自另找門路去了。」

　　一提起韓侂冑，朱熹恨得咬牙切齒：

　　「韓侂冑是什麼東西！他遠君子，近小人，不按聖道辦事，必定

長久不了。我們的理學就是治國妙方，終久要被皇上所採納，推行全國。」

說到這裡，他湊近黃榦推心置腹地說：

「要繼承孔、孟之道，復盡『天理』，就必須使理學後繼有人。現在當務之急是要穩住這些學生。你去跟他們講清楚，只要真心誠意地學理、行理，不半途而廢，將來必定會有飛黃騰達之日。」

黃榦對朱熹的這番話，心領神會，馴順地答道：

「先生放心，我一定按照您老人家的吩咐，把他們穩住，把書院辦好！」

朱熹陰沉沉的臉上，這時露出了一絲微笑。他說：

「直卿（黃榦）啊！你弘大剛毅，從來不違背天理，將來必是有用人材。我們道學有你這樣的人繼承，我死也瞑目了！」[96]

二月的一天，有人給朱熹送來一幅畫像。這畫像是十年前人家給他繪的。公元一一九〇年，光宗派他當漳州知府，那時志滿意得，馬蹄得得響，車往高峰爬，一直爬到待制兼侍講的顯要職位。可是好景不長，剛爬上去，就跌了下來。

如今不僅名聲很臭，再也爬不上去，而且老年多病，活也活不長了。他想來好不難受，但又不甘心就此放棄他「存理、滅欲」的夢想，於是傷心地在上面寫了一首詩：

「蒼顏已是十年前，把鏡回看一悵然。
履薄臨深諒無幾，且將餘日付殘編。」[97]

---

96 《年譜》卷四。
97 《年譜》卷四。

他在詩裡頑固表示，要在他的殘年繼續著書、講學，為宣揚孔、孟之道，維護三綱五常，豁出他的這條狗命。

打這以後，朱熹像發瘋似地拚命寫《書傳》、《大學》[98]。由於身體虛弱，他支持不住，只得寫寫停停，停停寫寫。

門徒蔡沈看到了他這副樣子，就勸慰他說：「先生，您身體欠佳，還是注意休息休息。」

朱熹聽了不大高興，教訓說：

「你們懶惰，也要我跟你們一樣懶惰，天生一個人，便須管著天下事。我們就要為繼承儒家正統不遺餘力。」

蔡沈看見朱熹臉色鐵青，便悶聲不響。

朱熹瞥了蔡沈一眼，又耐著性子說道：

「你可知道？孔、孟道統是上接堯、舜、禹、湯和文、武、周公的，孔子之後，只有孟子才是正宗，孟子死了，聖人之學不傳。直到二程夫子和我，道統才又復活[99]。現在，孔、孟的書我已重新注釋。堯、舜、禹、湯、文、武、周公的典章和訓詁，都記載在《書經》上，至今還是眾說紛紜，沒有統一解說。我若不把《書經》加以闡發注釋，寫成《書傳》，後人如何得知孔、孟道統的由來。」

朱熹所謂的「道統」，實際上是從孔老二開始的一條黑線。這條黑線，並不是到孟軻而中斷，也不是到朱熹而結束。朱熹一夥之所以鼓吹「道統」，重新注釋《書經》，其目的就是反對農民的革命思想，抵制法家的革新思想，為自己的道學爭「正統」地位，以適應地主階級復古倒退的需要。

陽春三月，建陽城外山花爛熳，百鳥啁啾。朱熹面若死灰，雙目

---

98 《文集》卷九〈南城吳氏社倉樓為余寫因題其上〉。
99 《年譜》卷四。

發呆，埋頭在寫《禮書》。他過了一會兒，走到窗前，凝視著庭院裡的花、樹。一陣西北風，撲簌簌地飄下無數花片，在地下翻滾。他連打了幾個寒顫，頭腦昏昏沉沉。他知道自己病入膏肓，活不久了，要寫完這部維持封建統治的《禮書》，已經來不及了。怎麼辦？

他想起了最稱心的門徒黃榦。

於是，他回到書桌旁，哆哆嗦嗦地搖筆寫遺書，囑咐要黃榦來收集他寫的《禮書》底稿，參考他擬寫的提綱，把這部《禮書》編成，並勉勵黃榦要下苦工夫，為繼承和復興理學而努力[100]。

夕陽西下，幾隻烏鴉飛來「呱呱」亂叫，他的兒子朱埜和幾個門徒來看他了。朱熹拉著兒子的手，用顫抖的聲音說：

「埜啊！你來了。昨夜，我夢見自己死了，睡在懸空掛著的一個棺材裡。」

朱埜聽了，心裡十分難受，但仍強作鎮靜地安慰父親說：

「醫生講，您的病，會好的。」

朱熹沒有在意兒子的回答，接著說：

「這是一種『懸棺法』。術家云，用這種『懸棺法』，可使斯文不墜[101]。我死以後，墓穴裡要造一個大廳，把棺材懸空掛在大廳中間。」

說到這裡，他咳嗽一陣，勉強打起精神說下去：

「我是孔、孟嫡傳，你們一定要給我用『懸棺法』，使孔、孟之道世世代代連續不斷地傳下去啊！」

這個逆時代潮流而動，一生搞復古倒退的反動分子，臨死還念念不忘繼承和發展孔、孟之道，真是頑固透頂。

---

100 《年譜》卷四。
101 《年譜》卷四。

三天以後，朱熹大瀉不止，口不能言。他的幾個門徒看到他就要死了，便問：

「先生萬一不諱，喪禮用司馬溫公（司馬光）的《書儀》如何？」

朱熹搖了搖頭。

蔡沈心想，朱熹一生好古，早就說過司馬溫公寫的《書儀》太疏略，不如孔夫子訂定的《儀禮》那麼完善。

於是他便上前問道：「用《儀禮》如何？」

朱熹點了點頭，表示要用《儀禮》[102]。

當天晚上，朱熹這個頑固不化，到處兜售「存天理、滅人欲」的反動道學家，走完了他的窮途末路，帶著花崗岩腦袋，見他的先師孔老二去了，終於結束了他那反動可惡的一生。

　　　——原載《安徽勞動大學學報》（哲學社會科學版），
　　　一九七六年第一期，頁四九～八三

---

102 《宋人軼事彙編・韋居聽輿》。

批判朱熹在泉州地區的流毒

濤泗

　　林彪這個孔老二的信徒，說什麼「要像朱子那樣待人」。林彪請出的這個歷史的亡靈，就是南宋時的朱熹，也是一個道道地地的孔老二的信徒。他長期在泉州地區活動，是孔、孟之道的狂熱的吹鼓手，流毒不小，必須予以清算和批判。

　　朱熹（1130～1200）出身於官僚大族家庭，祖籍徽州婺源（今屬江西省），生長在福建，從小學的就是孔、孟之道。紹興十八年考中進士以後，一面做官，一面講學，嘔盡心血地鼓吹孔、孟之道，吹捧孔老二是什麼「繼往聖，開來學」的第一大「聖人」。他把《論語》、《孟子》、《大學》、《中庸》編為一套書，逐章逐句作了注釋，名為《四書章句集注》。這套《四書》，在封建社會走下坡路的時候適應了封建統治階級需要，因而得到封建統治者的推崇，後來的幾百年間成為官定的必讀教科書。劉少奇這個叛徒第一次叛變後，湖南反動軍閥趙恒惕便曾賞賜給他一部《四書》。朱熹還站在反動地主階級的立場上，發展了孔、孟之道，炮製了一整套唯心主義體系的「理學」，成為南宋以後歷代反動統治者用來鎮壓農民運動，毒害勞動人民，維護封建統治的主要精神支柱。

　　紹興二十一年（1151），朱熹來泉州同安縣當「主簿」以後，就在古泉州所轄晉江、南安、永春、安溪等縣，四出活動，搜羅培植自己的勢力，到處宣揚反動的「理學」。據《泉州府志》記載，他在同

安「選秀民充弟子員，一時從學者眾。建『經史閣』作『思教堂』，
訪求名士，以徐應中、王賓為表率，日與論正學，規矩甚嚴」。又
《同安縣志》稱：「同自朱子簿邑以來，以聖賢身心之學，啟迪名
士。」可見他鼓吹孔、孟之道是非常賣力的。他在同安縣做官，還在
泉州設立了一個據點，稱「小山叢竹書院」，還有「建學所」、「過化
亭」遺址，就是他進行反動說教的地方。他稱泉州為「海濱鄒魯」，
「泉南佛國」，並寫了一副對聯「此地古稱佛國，滿街都是聖人」，並
親手寫了「正氣」兩字的一場匾額。鄒，是孟軻的出生地；魯，是孔
丘的出生地；「海濱鄒魯」的用意就是說泉州也是出「聖人」的地
方，而這個「聖人」就是他朱熹，並在他這個「聖人」的「教化」之
下，「滿街都是聖人」。簡直是恬不知恥。他還極力鼓吹英雄史觀，把
皇帝說成是稟「正氣之盛」的「天才」，把人民群眾說成是「稟衰頹
濁薄之氣」的「愚才」，他企圖把泉州地區搞成在封建專制主義統治
之下，遵守「三從」、「四德」，維護封建秩序的「模範區」。但是，這
畢竟只是這個封建統治階級代言人的夢想，泉州地區既成不了封建統
治階級所需要的「佛國」，廣大勞動人民也絕不會當封建統治階級的
「聖人」。哪裡有壓迫，哪裡就有反抗。事實正是這樣。明正統年
間，泉州地區農民，在鄧茂七的領導下，攻破泉州城，殺了知府熊尚
初。清咸豐年間，永春縣有林俊起義，惠安縣有邱二娘起義，攻打泉
州，嚇得封建統治者喪魂失魄。就是在士大夫階層中，也出現過像明
代泉州李贄（字卓吾）那樣尊法反儒的思想家，他反對孔、孟之道，
反對以孔丘之是非為是非，寫過不少批判「理學」的文章。

　我們從歷代封建統治階級對朱熹的誇獎讚美當中，可以進一步看
出他的反動性。例如《宋史·朱熹傳》中稱，孔、孟之道「至熹而始
著」，說他是能夠把孔、孟之道加以發揮而成為繼孔、孟以後的最大
「聖人」。所以宋王朝把他的「《大學》、《語》、《孟》、《中庸》訓說，

立於學宮；又有《儀禮經傳通解》未脫稿，亦在學宮」（《宋史·朱熹傳》）。還把他的牌位放進孔廟，陪著孔老二一起享受封建統治者的祭祀。又如，清代的統治者大肆讚揚朱熹的「忠君愛國之誠」，說他為封建統治「立億萬世一室之規」（康熙〈朱子全書序〉）。由於封建統治階級的吹捧和頌揚，所以朱熹的反動的「理學」思想流毒很深。在泉州地區，繼朱熹之後，明代泉州士大夫當中販賣孔、孟之道的論著，就有蔡清的《四書蒙引》、陳琛的《四書淺說》、林希元的《四書存疑》，以及王晦生的《四書達指》等。泉州的「賜恩岩」過去有一副對聯，下聯是「《蒙》、《存》、《淺》、《達》有遺書」，就是吹捧這四部黑書的。從各縣的縣志和遺跡當中，更可以證明朱熹這個反動傢伙宣揚孔、孟之道是不遺餘力的，他的足跡遍及各地。如《晉江縣志》記載：「得朱紫陽（即朱熹）簿同，往來過化，海濱鄒魯之風，閩南佛國之號，由來舊矣。」《同安縣志》、《永春縣志》、《南安縣志》都有類似的記載。另外，歷代統治階級還特意為朱熹樹碑立傳，凡是朱熹反動說教的地方，便建祀祠，築亭堂，立石坊。如安溪有「仰朱堂」、「仰朱坊」；永春有「環翠堂」，留宿題詩的「空谷亭」，祀奉朱熹的「懷古堂；同安有他的祀祠，又有「紫陽舊治坊」；泉州有「講學所」、「過化亭」、「朱文公祠」等共七處之多。清乾隆二十六年（1761）泉州知府懷蔭布，在大修孔廟時，還將「海濱鄒魯」的匾額樹在孔廟前的亭子上。解放以前，在泉州東門外東岳大道上，曾經樹立有數十處宣揚「貞烈」、「節婦」、「節孝」的碑坊，可見朱熹反動的「理學」思想這把殺人不見血的軟刀子，曾經坑殺了多少無辜的婦女！今天，這些有關吹捧朱熹的文字記載，以及這些曾經被士大夫瞻仰憑弔津津樂道的祠堂、亭臺、石坊之類，通通都是朱熹販賣孔、孟之道的歷史罪證，正是我們用來批判、清算他那一套唯心主義先驗論的所謂「理學」的反面教材。林彪這個陰謀家、野心家鼓吹「要像朱

子那樣待人」，就是要把「三綱」、「五常」，「忠孝節義」之類的枷鎖和繩索，套在群眾的脖子上，捆綁住群眾的手腳，以便建立他林家父子世襲的封建法西斯王朝。

歷史是無情的。搬起石頭砸自己的腳，這是一切妄圖開倒車的反動復辟勢力的可惡下場，孔老二的「克己復禮」，沒有能夠挽救奴隸制的必然崩潰；朱熹的唯心主義理學，也不是醫治必然滅亡的封建制度的靈丹妙藥；林彪的反革命復辟陰謀，不過是黃粱一夢，結果成了不齒於人類的狗屎堆。歷史的辯證法就是如此！

（泉州市文物管理委員會　泉州海外交通史博物館供稿）
　　　　—— 原載《文物》一九七四年第三期，一
　　　　九七四年三月，頁三七～三九
　　　　收入《批判朱熹文集》，頁八六～八九

朱熹醜史

歷史系工農兵學員　　薛隼

廟堂無策可平戎，坐使甘泉照夕烽。
初怪上都聞戰馬，豈知窮海看飛龍！

南宋初年，天下大亂。

我國北方境內的女真奴隸主貴族繼續不斷南侵。剛剛登上皇帝寶座的宋高宗趙構，與他老子、兄弟一樣患有「恐金症」，屢次遣使求和不成，只好帶著一班文武官員狼奔豕突，拚命南逃。

他們先是逃到揚州，以後又逃到鎮江，隨即逃向杭州。不料金兵依舊窮追不捨，逼得趙家君臣跑出杭州，狂奔越州（紹興），又從越州逃至明州（寧波），在那裡捨輿登舟，「乘桴浮於海」，總算沒當上金人的俘虜。後來，由於各地愛國軍民的英勇抗擊，金兵被迫北撤，趙構才得從海上「駕回」臨安（杭州），又體體面面做起「天子」來。

從此，南宋君臣對金更是一味卑躬屈膝，百般獻媚求和。他們橫徵暴斂，極盡敲骨吸髓之能事，榨取更多的民脂民膏向金族統治者納貢，換取輕歌曼舞、紙醉金迷的苟安生活。「山外青山樓外樓，西湖歌舞幾時休？暖風薰得遊人醉，直把杭州作汴州。」南渡君臣媚敵求榮，偏安一隅，醉生夢死。什麼「靖康奇恥」、「中原失地」，他們一古腦兒全拋到九霄雲外去了。

　　南宋統治者的倒行逆施，大官僚大地主愈演愈烈的土地兼併，加上南侵金兵瘋狂的燒殺擄掠，使得廣大農民飢寒交迫、苦不堪命，紛紛揭竿而起。農民起義的熊熊烈火燃遍了東南各地，南宋小朝廷的半壁江山處於風雨飄搖之中。……

「驥羈寧似犬，龍化本由魚」

　　公元一一三〇年（宋高宗建炎四年）二月，湖南鼎州爆發了聲勢浩大的鍾相、楊么起義。起義軍發出的「等貴賤、均貧富」的戰鬥口號，極大地鼓舞了廣大貧苦農民。幾天之內，應者雲集，起義隊伍發展成為一支擁有四十萬人的農民革命大軍。起義軍到處攻州打縣，誅官吏，殺儒生，焚孔廟，嚴重地動搖了南宋王朝的封建統治。

　　一波未平，一波又起。不到半年時間，向稱「安定無事」的福建，竟也響起了農民暴動的陣陣驚雷。范汝為、劉時舉、廖公昭、張萬金，一支支起義勁旅馳騁轉戰在閩北的崇山峻嶺之中，摧枯拉朽，所向披靡。那些平日耀武揚威、魚肉百姓的官僚豪紳，此刻都成了驚弓之鳥。一有風吹草動，他們便喪魂落魄，拔腳逃命。

　　六月的閩北，千山萬嶺，巔連相接，鬱鬱蒼蒼。一條崎嶇的山間小道上，幾頂大轎正跌跌撞撞地朝前沒命奔跑，這是剛到任的尤溪縣尉朱松帶著他的家小在倉皇「逃難」……

　　七月裡，朱松一家逃回尤溪，驚魂未定，又聽到了范汝為起義軍大敗官軍的消息，嚇得全家大小朝夕提心吊膽，終日愁眉相對。從盛夏到深秋，一家人東奔西竄，戰戰兢兢地過日子，「未嘗有一枕之安」。直到九月十五日這天，朱松的老婆祝氏生了個男孩，才給愁愁慘慘的家裡添了點「生氣」。

　　這年朱松已三十歲了。他二十一歲討老婆，十來年才得了這麼個

心肝寶貝，若不是兵荒馬亂、心緒如麻，他準要大張喜筵，紅火熱鬧地炫耀一番的。看著這「盜賊橫行」的世面，朱松又恨又怕、又急又愁，心想什麼時候能有個孔夫子再世，這天下也就太平了。泥腿子嘛，老老實實種田交租、吞糠嚥菜；官家豪門嘛，照舊收租放債、吃喝玩樂……想著想著，眼前一亮，猛然記起前年一位風水先生對他說的，朱家的運數是：「富也只如此，貴也只如此，生了個小孩兒，便是孔夫子。」這時，朱松不覺腳下飄飄然起來，旋即給兒子取個大吉大利的名字，叫做「熹」。熹者，光明也。這孩子將來必是前程光明、官運亨通，說不定還真的會成為孔子那樣的聖人哩。

從朱熹懂事的時候起，朱松便天天不厭其煩地把朱家當年如何顯赫富貴、以後如何因窮小子方臘作亂被迫從婺源老家遷來福建的情形嘮叨給他聽，也時常講些「古賢」「錐刺股」、「頭懸樑」，刻苦讀書終於衣錦還鄉的故事。為的是要讓兒子早點明白「學而優則仕」的道理，從小發奮讀經，日後好出人頭地、重振祖威。

朱松對兒子雖是百般溺愛，視若掌上明珠，然「玉不琢不成器」，朱熹剛滿五歲，就被他送往學舍「穿牛鼻子」（發蒙）去了。臨走時，朱松特地寫了首〈送五二郎讀書詩〉（朱熹排行第五十二，故稱五二郎），叮囑兒子「夜寂燈遲滅，晨興髮早梳」，要晚睡起早、下死勁讀書；又反覆地教導他「驥羈寧似犬，龍化本由魚」，寧可現在像條被拴住的狗，一聲不吭埋頭念書，將來才有「化魚成龍」的一天。詩的末尾寫道：「成家全賴汝，逝此莫躊躇。」朱松把振興家族的希望全寄託在兒子身上了。

打這以後，在「嚴父」與塾師的督導之下，朱熹成天關在書房裡，飯來張口，衣來伸手，只管子曰詩云地死啃儒家經書。偶爾跟鄰居的小孩到河邊玩玩，也老是記掛著書上寫的，嘴巴裡念念不絕，有時竟蹲在沙灘上用手指頭兒畫起八卦來。八歲那年，還提筆在《孝

經》上歪歪扭扭地寫了「不若是，非人也」幾個字，表明他已經開了竅，務必照書上說的那樣去做，否則就不算一個人。到了十來歲，朱熹更讀入了迷。當他唷《孟子》念到「聖人與我同類者」時，不禁高興得手舞足蹈起來，心想再埋頭幾年，把那堆經書全背得滾瓜爛熟的，還怕當不了聖人？

誰知天有不測風雲。朱熹十四歲時，朱松竟一病不起。快嚥氣的時候，他把兒子叫到床前，喘吁吁地對他說：「你爹不行了！家住崇安五夫里的少傅劉子羽，還有他兄弟劉子翬以及胡憲、劉勉之諸位，都是我的莫逆之交。我死後，你可去投靠他們，把他們當作生身父親那樣服侍敬愛。要好好聽他們的話，日後，才……」話沒完，朱松就嗚呼哀哉了。朱熹嚎啕大哭一場，過些天，便與母親一道投奔崇安的劉子羽去了。

劉子羽出身豪門，為人詭計多端、殘忍凶狠，年輕時曾幫他父親劉韐鎮壓過方臘領導的農民起義，是個殺人不眨眼的混世魔王。朱松在世時，與他氣味相投，很是合得來。看在老交情的份上，劉子羽差人收拾了座大宅院讓朱熹母子住下，並時時接濟些錢糧。生活有了依靠，朱熹就遵照父親的遺命，拜劉子翬、劉勉之、胡憲三位老儒為師。這三人與朱松是同窗老友，當年曾一道在名儒羅從彥門下研習「洛學」。他們看朱熹能說會寫、十分乖巧，都樂得收他作徒弟，後來，劉勉之還認他做了女婿。有這三位師傅的「循循善誘」，朱熹益發「勵志聖賢之學」，夜以繼日，埋頭伏案，心裡只有這麼個念頭：「十年寒窗無人問，一舉成名天下知！」

仗著劉家的聲威權勢，朱熹十八歲中舉，隔年又中了進士，二十二歲授官泉州同安縣主簿。可謂一帆風順、如願以償了。

荼毒閩南

宋高宗紹興二十三年仲夏，朱熹打點行裝，走馬上任。臨行前，特地跑到延平去謁見老儒李侗，向他討教。原來，這老頭子非但是朱松的同門友，而且還是羅從彥的高足，在福建很有點「名氣」。朱熹小時就常聽到父親稱讚他，自是耳熟得很，如今將登仕途，特來請他指點指點。聽了朱某人的自我介紹之後，李侗捻著鬍子沉吟了半晌，才慢條斯理地談開來：「當今之世，欲成大事，惟有恪守孔、孟教義，守道循理，專精致誠。捨三綱五常不能治國平天下，非正心誠意不能修身成大器……」朱熹聽了，連連點頭稱是。在延平待了好些時日，朱熹自覺得益匪淺，然王命在身不可久留，只得拜別李侗，啟程赴任。

新官上任三把火。七月裡朱熹一到同安，聽說本縣賦稅年年催收不齊，同僚們個個大感棘手，便拿定主意先從這裡下手，讓上司瞧瞧自己的能耐。

眼下秋收已近，穀子即將登場。朱熹連夜起草了一紙告示：各鄉農戶應於某月某日之前到某地交納錢糧。超過期限或繳納不齊或弄錯地點者，罰款、用刑、坐牢，「定斷不恕」！次日，他即派人四出張貼。「做大事豈可以小不忍為心？」期限一到，朱熹果真帶著一幫如狼似虎的差役，東奔西走，四處巡查，邊遠僻靜的村落一個也沒放過。凡是稍有違反告示規定的，不分青紅皂白，先毒打一頓，然後押回衙門治罪。憑著這「懲一戒百，使之無犯」的狠毒手腕，朱熹總算把全年的賦稅如數收齊，博得了上司和同僚的嘖嘖讚賞。

壓迫愈甚，反抗愈烈。那時，同安和周圍各縣不斷有農民起義發生，農民軍神出鬼沒，經常前來襲擊同安城，搞得縣衙門裡上上下下

肉跳心驚、寢食不寧。身家性命所繫,朱熹也急得像熱鍋上的螞蟻一般。他心裡明白,農民軍一進城,像他這樣作惡多端的害民賊是要死無葬身之地的。於是,朱熹顧不上什麼「文質彬彬」、「溫良恭儉讓」了,捋袖揎拳,擺出一副「投筆從戎」的架勢。他想方設法在城西張羅了一處射圃(射擊場),親自率領本縣的兵丁到那裡舞刀弄槍、彎弓射箭,恨不得一個早上把那夥「頑民」斬盡殺絕……

但是,朱熹也懂得,要成就自己的「大事」,只憑心狠手辣是不行的,還得借助「先師」們的法寶。「捨三綱五常不能治國平天下」,他時時叨念著這句師訓。平日裡,朱熹總是頭戴方巾、身著儒服,在縣學裡指手畫腳、呹東喝西。他看到縣學的「釋奠禮」(祭祀先師的典禮)不合「古禮」的規矩,便依照《周禮》、《儀禮》一一重作規定,要師生們「朝夕觀覽,臨事無舛」。他又利用職權撥出大批公款,將縣學裡的教室、宿舍修繕一新,重金聘請幾位宿儒前來任教,並親手選拔了一批官僚豪紳的子弟入學,「日與講說聖賢修己治人之道」。

同安「地處海隅」,交通閉塞,儒家書籍較少。朱熹即下令蓋起一座「經史閣」,遣人四處搜羅、抄寫,先後湊了一千多卷儒家「經籍」堆在閣上,讓弟子們去胡啃亂鑽。如此一來,這個遠近聞名的「鐵腕主簿」便成了「誨人不倦」的「朱夫子」了。

在同安主簿任內,朱熹還僕僕風塵,跑遍了泉州府所轄各縣,到處「訪求名士」、設館開教。他以泉州城內的「小山叢竹書院」為據點,招集各縣的孔、孟信徒「日與講論正學」。泉州境內一時弦歌不絕,儒生們人來車往,十分熱鬧。朱熹好不得意,聲稱泉州乃「海濱鄒魯」,並揮毫大書對聯一副:「此地古稱佛國,滿街都是聖人。」魯、鄒,孔、孟出生之地也。言下之意,泉州也是個出「聖人」的福地,有我朱某「過往教化」,很快就會「滿街都是聖人」的。

「蒞職勤敏，纖悉必親。」朱熹沒日沒夜地大賣力氣，到底贏得了上司的青睞。幾年之間，他成了閩南紅得發紫的風流人物，「郡縣長吏，事倚以決」，郡縣的政事，他都可以左之右之了。

光陰荏苒，三年一晃而過，任期既滿，朱熹便滿懷升遷的熱望，帶著老婆孩子回崇安靜候佳音了。

棲棲遑遑十五年

寒來暑往，轉眼已是第二年冬天。

望著窗外草木凋零、水瘦山寒的蕭殺冬景，朱熹心裡就像這歲暮的天空一般，陰霾密布、旬日難開。

一年來，他早也盼來晚也盼，望得脖子酸，可「青鳥不傳雲外信」，等來的只是失望、懊惱和滿腹的牢騷。而每當想起孔夫子三個月沒官做便「惶惶如也」，朱熹更是抓腮撓耳，心如火燎。子曰：「三十而立。」過得這冬去，就是三十歲的人了，可自己依舊屏處山間，默默無聞，整天只能靠讀經吟詩來打發日子，長此以往，何年何月才能「成龍」啊？他越想越不是滋味，實在熬不了這種度日如年的苦日子。於是抓起筆給建寧府寫了封申狀，說是自同安任滿返鄉以來，入不敷出，生計日窘，家中老母和妻兒都快餓飯，委實不能再等待下去了，請上頭賞個臉隨便安排個差事罷。

不久，委任狀下來了，朱熹被派去監管潭州南岳廟。在宋代，監管寺廟宮觀是朝廷為顧全罷官人之體面而設的閒散差使。領有這種頭銜的人並不必親往某廟觀去供職，而只是住在家中坐領乾薪，「俸錢粟絮帛，歲計千緡有畸」。差使固屬賤微，油水可是不少，朱熹也就暫領了下來。

「味無味處求吾樂」。借酒澆愁、苦中尋樂的生活又過了近兩

年，日子一長，朱熹可就樂不下去了：難道一輩子幹這見人矮三分的掛名差事？往後的路子該怎麼走哇？驀地，他又記起那位鬍子稀疏、說話有氣無力的乾癟老頭李侗來。前程悠關，不可稽延。翌日清晨，朱熹便匆匆上路，往延平奔去……

數年不見，師徒不免寒喧一陣。嗣後，朱熹便大倒苦水，發了一通懷才不遇的牢騷。李侗聽了，卻扳起臉教訓道：「元晦呀，你那浮躁淺露的性子還得好好治一治啊！君子不患無位，患所以立。只要你把『修、齊、治、平』的聖賢功夫真正學到手，還怕沒有衣金腰紫的日子？趙鼎丞相當政的那個時節，程子（程頤）之學被朝廷尊為聖學，大凡程子門人，哪個沒有加官晉爵的……」這席話全說到朱熹的心坎裡去。他下了個狠心，跟老頭子好好再鑽它幾年經，待翅膀長硬了，好往高枝兒飛去。

打這起，朱熹便在李家附近的西林院住了下來，「朝夕來往受教」。他照著師傅的話，朝朝暮暮「刻意經學」。白天，他啥「閒書」也不看，只是正襟危坐，抱著《大學》、《中庸》拚命啃；夜裡，他則盤腿靜坐，將書中的「微言大義」反覆揣摩、苦苦思索，有時竟至通宵達旦。「讀來讀去，一日復一日，覺得聖賢言語漸漸有味」。久而久之，「先聖古賢」的「傳心之奧」他也就慢慢地心領神會了。朱熹對「祖述堯、舜，憲章文、武」的孔夫子益發佩服得五體投地，對「繼往聖開來學」的程頤更是「心嚮往之」、竭力仿效。

兩年多的「潛心聖門求仁之學」，使得朱熹「盡棄異學」，讓承繼孔、孟道統的「儒家正宗」——周、程理學在自己的腦袋裡紮下了根。這時，朱熹自覺羽毛已豐，該振翅而起了。

一一六二年夏天，宋高宗傳位給他的過繼兒子趙眘，這就是宋孝宗。趙眘即位之初，看到金主完顏亮新死，金方政局不穩，認為正好趁此揮軍北上「收復失地」，既可重振宋廷之威，又可轉移國內人民

的視線，消弭日漸醞釀的「內亂」。一箭雙雕，何樂而不為！於是乎，又是起用主戰的張浚為樞密使，籌劃「恢復」；又是「詔求直言」，明令各地官吏士人踴躍獻計獻策。朝廷上下頓時瀰漫起抗戰的火藥味來。

機不可失，時不再來。朱熹瞅準這是個千載難逢的良機，趕緊關上大門，謝絕賓客，一連幾天廢寢忘餐、搖筆疾書，寫成了一道洋洋數千言的奏章。在奏章裡，他大談所謂「古聖賢十六字心傳」，把《大學》吹得神乎其神，請求皇帝務必充分重視，「延訪真儒深明厥旨者，置諸左右，以備顧問」。言外之意，我朱某正是深明孔學旨趣的「真儒」，理應置身皇上左右，為「王者師」的。為著迎合宋孝宗此時的「聖意」，朱熹還發了一大通慷慨激昂的「抗金」議論。

由於措辭激烈、危言聳聽，這道奏章到底引起了皇帝的注意。隆興元年春上，宋孝宗下旨召朱熹去臨安面奏。

人逢喜事精神爽，春風得意馬蹄疾。朱熹一路曉行夜宿，水陸兼程，很快就抵達日夜想望的京城臨安。

不幾天，皇帝在垂拱殿召見了朱熹。朱熹畢恭畢敬地向主子行過三跪九叩之禮，就照臨行前李侗教給他的套數繪聲繪色地講起來。他說宋室正由於「不講大學之道」，三綱不立、義利不分，因而國勢老是不振。他一忽兒振振有詞：「今日所當為者，非戰無以復仇」；一忽兒又尖聲細氣，說方今「德業未修，紀綱未立」，根本談不上抵禦外侮……舌頭原是軟的，拐來拐去並非難事。朱熹一口氣說了好幾個時辰，直說得唇焦舌敝喉嚨冒煙，一撮山羊鬍子全叫唾沫星兒沾滿了。

奏畢退身出來，朱熹長長地出了口氣，暗自想道：憑俺三寸不爛之舌，平步青雲，致位卿相，指日可待矣！眼巴巴等了六天，聖旨好不容易下達了，任命朱氏為「武學博士待次」。朱熹接到這道詔令，有如一桶冷水從頭頂澆下，連腳底心都涼了，「武學博士待次」不過

是個候缺的小官，掛個名領點俸祿而已。

　　幾天後，朱熹強打起精神，呈上一個奏折，要求續任南岳廟主管。也等不得覆諭，便像隻鬥敗的公雞，搭拉著腦袋回家去了。

　　屋漏更遭連夜雨，船破偏遇打頭風。朱熹剛跨進家門，又聽說李師傅前些日子已一命歸陰。他一時百感交集，竟呼天搶地大哭起來。痛定思痛，每當想起臨行時先師的殷切期望和自己立下的宏願，他不禁聲淚俱下，黯然神傷。

　　朱熹整日不思飲食，唉聲嘆氣，大有悲觀厭世之意。一天，實在無聊，他又胡亂翻起書來。一行黑字赫然映入眼簾：「子曰：小不忍則亂大謀。」他玩味再三，倍覺親切。對！欲圖鴻謀、成大事，得學會「忍」。「吃得苦中苦，方為人上人。」朱熹痛下決心，要往孔學上狠下苦功，來個搜羅拼湊、闡微補缺，「勒成一家之言」，先在群儒中樹起權威，為日後的「大事業」打好根基。

　　從此，朱熹大門不出，後園不進，整日整夜待在書房裡，捧著孔、孟、周、程的書硬是翻來覆去地諷誦揣摩。他時而查東閱西、抄抄摘摘，把那幾架滿是蛛絲蟲洞的經書翻得都快爛了；時而哼哼唧唧、自言自語，搖著筆在本子上記下點什麼來。不久，他連續編成了《論語要義》與《論語訓蒙口義》兩本書。過了一年，朱熹又把自己多年來讀經的心得、札記等匯集整理，印成《困學恐聞》一書。

　　這幾本書很快就在儒生中產生了影響，朱熹好不得意。於是他擺開了「憂道不憂貧」的「醇儒」架勢，飲食起居，說話走路，樣樣都按「周禮」去做。碰上有人來訪，他愈加裝腔作勢，開口道德性命，閉口涵養居敬，什麼「格物窮理」呀、「盡心知性」呀，說得唾星四濺，吹得天花亂墜。

　　然而，朱熹絕不是只知坐而論道、皓首窮經的書呆子。為著抬高身價、擴大影響，他與各地名儒過從甚密，講經論道、詩詞唱和、互

相標榜、吹捧，忙得不亦樂乎。同時，朱熹還特別注重借機要一要「治民」的手腕，藉以提高自己的政治「聲望」。

宋孝宗乾道四年春夏之交，崇安一帶大鬧饑荒，鄰縣浦城發生了農民暴動，地主豪紳「人情大震」。就在這當兒，朱熹跳了出來，裝著個「學道愛人」的臉孔，親自出面向官庫借來六百擔大米「賑貸」災民，要他們按百分二十的利息於秋後還清。就這樣，朱熹行使著牧師的職能，瓦解人民的革命鬥志，配合官軍把浦城農民起義鎮壓下去。

如此「賑貸」了三年，單是「息米」就淨收了幾百擔。朱熹又建議鄉紳仿效「古法」修築「社倉」，把這幾百擔糧食收藏入倉，以供日後「應急」之需。過後，朱熹即上書地方官府，請求將此法予以推廣，說是既可籠絡人心、防止百姓「騷動」，又能使官倉裡的糧食時常「易新以藏」、不致因堆放過久而發霉爛掉，堪稱「萬世之良法」。

幾年的埋頭苦幹、奔波勞碌，力氣並沒白花。朱熹「好學苦讀」、「忠君愛民」的聲名漸漸在儒生中傳開來，朝廷也好幾次安排個閒官散職要他擔任。但「吃一塹長一智」，朱熹絕不肯貿然行事了。他懂得「以屈求伸」。因此，凡有徵召，他不是推說身上有毛病，便是以老母無人服侍為借口，一辭再辭，執意不肯從命。請辭之中，既提高了自己的身價，又乘隙觀察形勢，以求一逞……長年累月的窮思竭慮使得朱熹「容髮凋悴」，未老先衰。四十剛出頭，滿腦袋的灰白頭髮就已掉得稀稀拉拉，常常自嘆「衰悴目昏，燈下全看小字不得」。可他毫無反悔之意，仍然表示「當盡此生之力而後已」。

四十三歲這年，朱熹又接連編寫了《論孟精義》、《資治通鑑綱目》、《三朝名臣言行錄》、《西銘解義》四部書。他揚言要「明聖傳之統，成眾說之長，折流俗之謬」。即是說要進一步闡明、發展孔孟道統，集群儒學說之大成，拚立自家的理學體系，用以抵制、消滅法家

思想的影響。

這幾部書印行之後，朱熹在士大夫中間的名氣更響了。來年五月，丞相梁克家在御前替朱熹吹了一氣，說他「宜蒙褒錄」，其他大臣也隨聲附和，說了不少好話。於是宋孝宗下了道嘉獎令：「朱某安貧守道，廉退可嘉。」特令其將職名提升為「左宣教郎」，主管台州崇道觀，「任便居住」。

蒙獎後，朱熹愈加「積慮潛心於聖賢之學」。不多久，他又拋出《程氏外書》、《伊洛淵源錄》、《古今家祭禮》、《近思錄》等書。公元一一七五年，朱熹送來訪的老友呂祖謙至江西信州，在鉛山的鵝湖寺與陸九齡、陸九淵、劉清之等「當代大儒」聚會，講玄論虛，相互駁難，一時轟動遠近，被儒生們譽為「鵝湖盛事」。時隔一年，朱熹的嘔心之作《論孟集注》、《論孟或問》刊印問世，《詩集傳》和《周易本義》也相繼出籠。一時間，儒生們如蠅逐臭，跟在他屁股後捧場、拍馬，甚而以門徒自命，大有其人。朱熹儼然成了一位遐跡聞名的「經學大師」。

行其所學　為害天下

自隆興元年從京城落魄而歸，朱熹已整整被「閒置」了十五個年頭。十五年間，他棲棲遑遑，走南竄北，吃了多少苦頭，嘔了多少心血，捱過多少不眠之夜啊！皇天不負苦心人。宋孝宗淳熙五年（1178）秋天，好光景終於盼到了。剛上臺的宰相史浩看上了朱熹，委派他去南康軍當太守，手下管得數縣，官職可算不小。朱熹強按住心頭的狂喜，故技重操，假意推辭了一番，直至來年正月才姍姍上路。這時他已經五十歲了。

一朝權在手，便把令來行。到得南康軍，朱熹又是「下教三

條」，修建祠堂紀念南康先儒，以「宣明老化、敦厲風俗」；又是親往學宮講解《大學》、《論語》，闡明「聖經正意」。連月來事事得心應手，眼看就要政聲大振了。

可老天偏不成人之美。這年夏天南康所轄諸縣一連幾個月滴雨未下，方圓數百里內，觸目皆是「野田禾稻半枯焦」的荒涼景象。秋後，旱情愈甚，顆粒無收，活活餓死的人，在山間、田野、路旁隨處可見。農民挖野菜吃樹皮，賣兒鬻女，還是活不下去。各縣時有砸官倉、搶糧食的風潮發生。

朱熹這時活像隻落湯螃蟹，慌得六神無主，急得手忙腳亂，過了許久才定下了神來；要保住烏紗帽、置身君王側，豈能「小不忍為婦人之仁」！他一邊遣人星夜趕往各縣張貼「勸諭救荒榜」，惡狠狠地「勸諭」道：「凶荒年月，貧民下戶必須各依本分，凡事循理。如妄行需索、鼓眾作鬧，至奪錢米，定當決配遠惡州軍，其尤重者，更有重處！」一邊下令各縣加強戒備，派出官兵協助稅務官挨家挨戶徵收本年賦稅並「催理舊欠」。沒錢沒糧交納的，沒收家具房屋抵押，就是瘦骨頭也要榨出四兩油來！天災人禍，接踵而至，逼得貧苦農民扶老攜幼，四處逃難。南康軍境內，千村薜荔，萬戶蕭疏，滿目淒涼……

餓莩遍野，怨聲載道，朱熹卻視而不見，聽若不聞，只是暗自慶幸沒出大亂子、沒丟烏紗帽。為了掩蓋暴行、粉飾太平，這年十月，他不惜重金，在所謂「天下四大書院」之一的白鹿洞書院廢墟上大興土木，重行修建。次年三月，書院落成，朱熹喜形於色，延請四方名儒，舉行隆重的慶祝典禮。隨後即大貼廣告，廣招生徒。各地的儒生紛紛跑來入學，門庭若市，煞是熱鬧。

朱熹親自為書院制訂了繁縟苛密的「學規」，強迫生員們嚴格遵守。每逢休假，他總要前往書院觀察、訓話。而一有名儒過訪南康，

他也總要請來「白鹿洞」觀摩、講學。日子一久，朱夫子「守道循禮、執法甚嚴」的聲名也就隨著白鹿洞書院的香火日旺而愈傳愈遠了……

淳熙八年八月，朱熹升任「提舉浙東常平茶鹽公事」，執掌一路的政治、經濟、檢察大權。到得十二月，皇帝又下旨頒行朱熹的「學安社倉法」，命令各路仿照施行。真是明主優容，皇恩浩蕩！

朱熹受寵若驚，感激涕零。他晝夜兼程趕去臨安謝過聖恩，隨即馬不停蹄地急奔浙東赴任。

臘月，朔風凜烈，雪花紛飛。年過半百的朱熹卻像懷裡揣火，喝了迷魂湯，終日頂寒風冒大雪，四出巡行視察，「窮山長谷，靡所不到」。他要出當年「鐵腕主簿」的威風，拿出知南康軍時的手段，哪個郡縣捐稅收繳不齊，他就親往哪裡催逼；哪個地方有點風吹草動，他就撲向哪裡彈壓，純粹是一頭忍饑耐寒、忠誠不二的趙家鷹犬。

不過，朱熹也深知，單靠啃咬撕抓這一手是保不住宋室江山的，要使小朝廷得以長治久安，就非「寬猛相濟」不可。淳熙九年，即朱熹蒞任的第二年，浙東路所轄縣「災傷至重，疾疫大作」，死者不可勝數。朱熹看到「兵愁民怨盜賊間作」，大勢甚是不妙，急忙給宋孝宗上了封「修德政以弭天變狀」。請求皇帝立即撥出內庫錢糧「賑恤災民」，並詔令各路官員放寬收繳賦稅的期限、暫勿「催理舊欠」，同時查辦幾個民憤較大的貪官污吏。他說，如此方能「下結人心，消其乘時作亂之意」；要不然，恐怕文武百官乃至朝廷國家都要蒙受「盜賊之害」的。

朱熹獻上的錦囊妙計很快就為朝廷所採用。他的一片惓惓忠心，也頗為皇上所賞識。趙眘曾當著新宰相王淮的面稱讚說：「朱熹政事卻有可觀！」

此時，朱熹更是趾高氣揚，不可一世。這年七月，他巡歷紹興府

屬縣進入台州地界，突然恨得牙癢癢的。原來，朱熹與台州大守唐仲
友先前積怨頗深，老早就想摺倒他，只是一直沒有機會。如今大權在
握，正好倚勢置之死地，豈能輕易放過。眼珠一轉，計上心來。朱熹
下令把台州有名的官妓嚴蕊抓來，不由分說，打得她皮開肉綻，強迫
她承認曾與唐太守「淫亂」。想不到嚴蕊雖一再受刑，被折磨得奄奄
一息，卻寧死不肯服誣。朱熹無奈，只得把她扔進牢房，另打鬼主
意。幾天之內，朱熹又捏造了大量罪名栽到唐仲友頭上，誣告他「貪
污淫虐」、「違法擾民」、「蓄養亡命」等等。彈劾奏章接連上了六道，
最後朝廷只好依了他，革去唐仲友新任職務了事。私仇已報，陰謀得
逞，朱熹更加抖了起來。

秋後的螞蚱畢竟蹦不了幾時。道學先生假借大義排斥異己、玩弄
職權陷害無辜的卑劣行徑，到底激起了公憤。控制朱熹罪惡的書札、
奏折扮至沓來。御史大夫陳賈面奏皇帝說：所謂道學先生，大多是
「假名以濟偽」的野心家，請陛下「考察其人，摒棄勿用」。朝野上
下，斥罵假道學之聲一時不絕於耳。

「識時務者為俊傑」。朱熹自知形勢對他極為不利，倘不盡速來
個急流勇退，遲早總要遭罹血光之災。三十六計，溜為上策。他再三
再四地辭掉新任，聲稱「早歲即甘退藏」，要求讓他回家去「種田」、
「教書」。宋孝宗雖是有意重用朱熹，無奈朝野輿論嘩然，宰相王淮
也極力反對，只得於來年正月下詔命朱熹「主管台州崇道觀」。

武夷蟄居

如今學得烏龜法，得縮頭時且縮頭。

回到闊別多年的崇安五夫里，朱熹便縮頭躲在家裡避風頭。平日
裡，朱家大門緊閉，冷冷清清，就像遭了什麼大喪事一般。村裡不知

底細的人都以為朱老爺這下子心灰意懶，要恬然隱居了。實際上，朱熹雖然深居簡出，表面上一副陶然忘機的模樣，可待在家中卻整天坐也不是，臥也不是，日子十分難挨。

春暖花開，飛紅流翠，景色宜人。一天，朱熹實在悶得發慌，便踱出來散散心。野外的明媚春光，觸動了他的事，惹得他情不自禁、大抒憤懣：「川原紅綠一時新，暮雨朝晴更可人。書冊埋頭何日了，不如拋卻去尋春！」

不久，朱熹居然「尋」到了「春」。他看中了碧溪丹峰、林木翁鬱的武夷五曲山水，打定主意要在這裡重整旗鼓，東山再起。說幹就幹，他略施小技，給業主花染安上個莫須有的罪名，便順順當當地把一大片山林劃歸己有，隨即擇吉破土動工，營建別墅。三個月後，朱熹搬進這座依山傍水、幽靜清雅的「武夷精舍」來「做大事」了。

風景秀麗的武夷山早已馳名天下，現在又住了朱熹這尊「活佛」，前來朝拜的「香客」真是日日絡繹不絕。朱熹拿足了「經學大師」的架子，在精舍裡掛起帷幔，正式收徒講學。來自福建各地以及外省的儒生濟濟一堂，很有點孔夫子杏壇授徒的氣派。

在「武夷精舍」，朱熹開的是「理學」這門課。從早到晚，他向學生講的不是「理」、「氣」，便是「心」、「性」，把他們引到那迷魂陣裡團團轉。

「理」究竟是什麼呢？朱熹故意把它講得玄之又玄。他說：沒有天地以前，已經有「理」的存在了；「理」是天地萬物產生的，沒有「理」，就沒有天地萬物和人類。而且，這「理」是永恆不變的，縱使天地全毀滅了，它還是照樣存在。

聽了先生的講述，許多徒弟如墮五里霧中，百思不得其解。朱熹索性直截了當地說道：「理」就是仁義禮智，「其張之為三綱，其紀之為五常」，做君臣的有君臣之理，做父子的有父子之理……至此，學

生們才恍然大悟：先生拐彎抹角講的「理」、「天理」，原來就是董仲舒夫子創立的「三綱五常」的花樣翻新。

「帝是理為主」，朱熹還鄭重其事地指出，天上的上帝和人間的皇帝都是「天理」的化身，世界的主宰，誰也忤逆不得。他教學生務必一輩子謹守「虛心順理」四字，老老實實遵照三綱五常做人，服服貼貼接受「天子」的統治。

學生懂得了「虛心順理」，算是入了「理學」之門。接著，朱熹講起「性」、「命」，要帶領他們「登堂入室」了。

朱熹把經過自己精心修繕、發揮的先儒的「人性」說搬上了講壇。他煞有介事地講道：由於每個人先天稟受的氣質不同，因而人類有賢愚、貴賤、壽夭的差別，人心之中也就有善有惡。合乎「天理」的便是善，違背「天理」的就是惡，也叫做「人欲」。他反覆教導學生說：「聖人千言萬語，只是教人明天理，滅人欲。」要想成為「聖賢」，就得時時遵循三綱五常這個「天理」，滅盡心中所有的「人欲」，做到「內無妄思，外無妄物」。

在學堂裡，除了講解「正學」，朱熹還常常談古論今、評人說物，從中「啟導」諸生。

每當提起三代，他總是懷著無限嚮往的心情擊節讚歎：「其人才之盛，風俗之美，後世莫能及之！」他滿懷深情地對學生說：「天不生仲尼，萬古如長夜。」「自堯、舜以下，若不生個孔子，後人去何處討分曉？孔子後若無個孟子，也未有分曉。」老天若是沒生下孔孟來，世間就要漆黑一團，人類都將愚昧無知、如同禽獸一般了。他一再告誡弟子們說：聖人的話即是「天下之理」，所以要「畏聖人之言」，「非聖賢之書勿讀」。

與此相反，一談及三代以後的政治、人物，朱熹便哭喪著臉哀歎：三代以下，人欲橫流、「全無人權」，一代不如一代。他咬牙切齒

地咒罵秦始皇「以荷虐禍世」,「絕無久存之理」;指責漢高祖、唐太宗、「假仁借義,以行其私」。對北宋著名法家人物王安石,他尤為深惡痛絕,極盡污蔑誹謗之能事。大罵王安石「肆情反理」、「敗國殄民」、全不知「以克己復禮為事」。

嚴師門下出高徒。在朱熹這位「嚴師」的教誨、薰陶之下,儒生們一個個峨冠博帶,道貌岸然,整日價捧著「聖賢書」高談闊論,言必稱孔、孟、周、程,口不離「存理滅欲」。他們走起路來抄著手踱方步,說起話來慢悠悠字頓句挫。至於拱手靜坐、「涵養自省」的功夫更是一個強似一個。朱熹看在眼裡,喜上心頭:心血總算沒白費,俺理學後繼有人矣!

道高一尺,魔高一丈。正當朱熹得意忘形之際,當時有名的法家人物、愛國志士陳亮卻針鋒相對地提倡注重實事實功的「功利之學」,猛烈地抨擊空談義理心性的「理學」,給朱熹以當頭棒喝。陳亮憤怒地指出:那些自以為學得「正心誠意」之類理學功夫的儒生,全都是患了癱病而不知痛癢的人。大敵當前,民族危機與社會危機日益深重,他們卻麻木不仁,「低頭拱手以談性命」,造成了盡廢天下實務、破壞抗金的惡果。

陳亮對理學的有力批判,震動了整個社會。他的「義利雙行、王霸並用」的學說不脛而走,傳遍了浙江、江西等地,產生了巨大的影響。就連朱熹的門人呂祖儉及其一幫學生也都「立腳不住」,紛紛「廢經而治史,略王道而尊霸術」,講起經世致用的「功利之學」來。

消息傳來,朱熹恐慌萬狀,坐臥不安。他暗地惡毒攻擊陳亮「直在利欲膠漆盆中」、「不低低心下意做儒家事業」,要生徒們引以為戒,煞住腳跟;明裡又以「知己」的身分給陳亮寫了好幾封長言。一會兒責備他「氣太銳、論太險、跡太露」;一會兒誘勸他拋棄自己的

學說,「從事於懲忿窒欲、遷善改過之事,粹然以醇儒之道自律」。可是陳亮非但沒有聽從朱熹的「忠告」,反而針對他信中的種種謬論一一予以駁斥,嘲罵理學家們不過是一群「守規矩準繩而不敢有一毫走作」的俯儒,是一堆毫無用處的廢物。

在這場激烈的儒法論戰中,朱熹理屈詞窮,醜態百出,敗下陣來。但他豈肯善罷甘休。朱熹一面繼續編纂闡發孔、孟「聖道」的書籍,兩年間先後編出《易學啟蒙》、《孝經刊誤》、《小學》等,變本加厲地兜售儒家的破爛;一面到處招徒講學、培植黨羽,把勢力擴展到江西,浙江、安徽、湖南等地,甚至朝廷的達官要員中,也頗有幾個是他的門生或密友。

五十八歲那年,朱熹轉任南京鴻慶宮主管時,感觸萬端地寫下一首絕句,透露了自己的心機:「舊京原廟久煙塵,白髮祠官感慨新。北望千門空引籲,不知何日去朝真?」深諳孔丘「屈伸」三昧的朱熹,就像一條蟄伏在洞穴中的毒蛇,時時都在磨牙,只待嚴冬一過、地氣轉暖,就要爬出來傷人。

威赫赫爵祿高登

在武夷山,朱熹已經「屈」了五年。

公元一一八八年五月,丞相王淮被罷了官。朱熹看到自己的死對頭已垮臺,再也按捺不住,決計要「伸」出來「致用」了。他顧不得腳氣病正發作,興沖沖地要上臨安去見皇帝。有個老朋友勸他說:您的「正心誠意」那一套皇上早已聽厭了,還是別去冒風險罷。不料朱熹卻「義正辭嚴」地回答道:我平生所學的就這麼四個字,目下正好輔讚聖上,怎能裝聾作啞,對國事不聞不問,以此欺慢君主呢!

「筍因落籜方成竹,魚為奔波始化龍。」朱熹把心一橫,抖膽上

路了。

六月初，朱熹剛抵京城，就一拐一瘸地挨上延和殿謁見宋孝宗。他不減當年之忠，沙啞著嗓子給皇帝分析了一番當今時勢，說天下之所以這麼亂，全是「天理有所未純，人欲有所未盡」的緣故。隨著，他亮出「存天理、滅人欲」這看家寶，拍著胸脯說，只要學會用它來「修己治人」，陛下您就能為所欲為、萬事稱心如意……磨了點嘴皮，朱熹竟「升職二等」，撈了個「朝奉郎」的頭銜。

「真是運來錢成金啊！」朱熹心裡一塊石頭算是落了地，膽子也愈來愈壯。過了五個月，他又呈上一道洋洋灑灑的萬言封事。在封事中，他批判種種「弊政」，數落滿朝文武的過失，然後寓有深心地指出：目下國勢已如重病之人，若無扁鵲、華佗之類的神醫授以靈丹妙劑，早晚是要叫人「寒心」的。隨後，朱熹便以再世華佗自命，為執政者開起「祖傳秘方」來——他懇望皇帝識得「正心誠意」這味仙丹，以「古先聖賢」為楷模，不斷「正心克己」，便可「百病皆除、益壽延年」。他再三強調，歷年不絕的農民暴動才是宋王朝的心腹大患，什麼收復失地、報仇雪恥根本無須去考慮。他建議宋孝宗「先以東南之未治為憂」，迅速採取措施加強對內統治，才不致「別生患害，以妨遠圖」。

南渡君臣是一群「聞北風而戰慄」的軟骨蟲。朱熹這套「攘外必先安內」的「崇論宏議」，正合他們賣國投降、苟且偷安的胃口。宋孝宗連夜「秉燭讀之終篇」，讚賞不已。隔天，便下詔任命朱熹「主管太乙宮兼崇政殿說書」。過了幾日，又提升為秘閣修撰。

公元一一八九年二月，宋孝宗「內禪」，繼位的是大昏蟲宋光宗趙惇。三月，朱熹把「完著已久」、十多年來「修改不輟」的《大學章句》和《中庸章句》整理付印。他洋洋自得地吹噓：「某一生只看得這兩件文字透，見得前賢所未到處。」以後，他把這兩部「力作」

連同十幾年前出版的《論孟集注》合成《四書章句集注》，以它作為向門徒傳授「窮理正心修己治人之道」的教科書。為時不久，這部書就被儒生們視為攫取高官厚祿必不可少的「敲門磚」。朱熹也便名震遐邇，成了繼往開來的「一代儒宗」了……

八月裡，朱熹接到「江東轉運副使」的任命，他找了個借口辭掉。到了冬天，改任漳州知州，他才「勉強」應命。

翌年初夏，朱熹來到三十多年前初露頭角的閩南，不免「別是一般滋味在心頭」。一入漳州城，朱老爺便幹了許多「化民成俗」的「勛業」——

看到婦女在街上露面往來，他皺眉蹙額，覺得「不成體統」、「有傷風化」，立即示令女人出門一律要戴遮面巾。

聽說此地有「逃叛」、「奔誘」的風氣，他氣得下巴頦兒直打顫，斷然採取了「防微杜漸」的措施：下令強迫婦女穿一種後跟釘有硬木塊的「高跟鞋」，使她們走起路來嘎嘎有聲，以防「不虞」。

他頻頻發布「勸諭榜」，竭力宣揚「餓死事極小，失節事極大」；命令書坊大量翻印「四經四子書」，並下力整頓州學。

朱熹一心一意要來番「潛移默化」，把漳州變為「禮義之邦」。

與此同時，朱熹多次上疏，懇求朝廷頒行所謂清丈土地、按田畝徵收賦稅的「經界法」，企圖以此緩和日趨激化的階級矛盾，騙取「抑富濟貧」的美名。沒想到皇帝老子對這項「經世濟民之策」毫無興趣，遲遲才批准他在漳州試行。不少達官貴宦表面上模稜兩可，背地裡則拚命反對。

碰了這麼個軟釘子，朱熹大為惱火。失望之餘，又接到長子朱塾的死訊。他狠狠心，寫了個「丐祠歸治喪葬」的奏折呈上，酸著鼻子離開他曾寄予重望的漳州，悻悻地到建陽去。在離城不遠、溪山清邃的考亭，朱熹蓋了座大屋住了下來。

　　公元一一九三年冬，有個宋使自金返朝時，金人十分關切地向他打聽：「南朝朱先生安在？」使者回來後照直報告上去。宋光宗聽了慌得不行，萬想不到朱竟蒙金人如此看重，急忙下詔起用朱熹為漳州知州兼湖南安撫使。

　　朱熹早已獲悉消息，自是身價百倍，推辭再三，豈肯輕易出任。直到來年二月，湖南爆發了瑤民起義，他深怕蔓延開來不可收拾，才急匆匆趕往長沙赴任。

　　趕到任所，朱熹立即招集手下諸官制定了「招安」的策略，當下採用軟硬兼施的手段誘降了起義軍首領蒲來矢，將這場瑤民起義無聲無息地鎮壓下去。

　　「大患」一除，朱熹如釋重負，又心安理得地整頓州學、修復「岳麓書院」，延請四方名儒前來「傳道授業」，簡直是個熱心倡導「學道愛人」的大慈大悲觀世音。

　　七月裡一天，朱熹突然接到丞相趙汝愚的一封密信，得知宋光宗已當了「太上皇」，寧宗趙擴不日即將登基。按照老例，新皇帝即位後是要舉行「大赦」的。讀罷密信，朱熹殺機頓起，立刻差人趕入監獄將十八名「大囚」就地處死。這位觀音菩薩手上的血跡還沒揩淨，登極赦令果真下達了。

　　由於趙汝愚和侍講黃裳、彭龜年等人平日的交口稱譽、極力舉薦，宋寧宗對「朱先生」傾心已久。登位後，他即下旨召朱熹速來京中奏事。

　　天朗氣清，金風送爽。九月底，朱熹來到臨安，先在郊外住下，幾場宦海風波，已使他變得小心翼翼，敏感而又多疑。數日後，探明了皇上確有「崇儒重道之意」，朱熹才坦然入宮應對，欣然拜命供職。

　　過了些天，身兼待制、侍講的「朱夫子」開始上邇英殿去給寧宗

講解《大學》，要以「先聖古賢之道」來「感悟上心，開益上德」。

果然，開講沒幾天，宋寧宗便「聖聰」大開，對朱先生大為賞識。繼授他「朝清郎」的官銜之後，又賜給紫金魚袋，以示激賞。

「士為知己者死。」朱熹感激得差點沒磕破了頭，暗自立誓要竭忠盡誠來報答「明主」的知遇之恩。

一天，又有聖旨降下：封朱氏為「婺源縣開國男」，食邑三百戶。「置身君王側」的夙願已遂，而今又封官授爵、宏幸迭加，朱熹可真是躊躇滿志，做夢都要笑醒過來了！

這天傍晚，他像往日一樣挺胸凸肚地捧著幾函經籍去邇英殿給寧宗上課。講罷退身歸來，不過一盞茶的功夫，竟有「御批」降到。朱熹接過來一看：「朕憫卿年老體衰，方此隆冬，恐難立講，已除卿宮觀，可速之任。」猶如劈頭一記悶棍，朱熹只覺天旋地轉，兩眼發黑，身子一軟便癱在地上……

「且將餘日付殘編」

拖著疲憊不堪的身子昏昏沉沉地回到考亭，朱熹真的是「居則忽忽若有所忘，出則不知其所往」，有點麻木了。

老頭子傷心欲絕地痛苦了好些日子，咬咬牙根，轉念一想，又有新的主意。

這年年底，在考亭傍溪的一片茂林修竹中，朱熹營造了十餘棟屋宇，取名「竹林精舍」。他在大門口貼出「道述前聖統，朋誤遠方來」的大紅門聯，就又經營起老行當來。幾天內，慕名前來受教的儒生很是不少，死一般靜寂的樹林裡立時馬嘶驢叫、人聲鼎沸了……

朱熹本想重操舊業，再來一次「以屈求伸」。可惜好夢難圓。老營生還幹不上半年，慶元元年五月，朱熹的「恩師」趙汝愚被他的政

敵韓侂冑攆下臺，貶到永州去了。

　　真是多事之秋，禍不單行口。慶元二年，朝廷上下又掀起了一陣陣猛攻道學的聲浪。右諫議大夫姚愈上殿揭發：「道學權臣，結為死黨，窺伺神器。」太常少卿胡紘也面奏皇帝說：「近年來道學家愈見猖獗，到處活動，圖謀不軌。」監察御史沈繼祖羅列了六大罪狀，直接彈劾朱熹。指控他為騙取「節儉」的美名，專買霉臭的倉米給他老母吃；為著霸占建陽縣學這塊「侯王風水地」，竟差人用粗繩巨索把縣學裡的孔夫子「聖像」強拉硬拖到佛廟裡去；甚至幹出勾引尼姑作妾、強占百姓山林墳地等等傷天害理的骯髒勾當。劾章把朱熹矯言偽行卑劣無恥的偽君子面目揭露得淋漓盡致，請求皇帝立即將朱熹「褫職罷祠」，將朱熹的得力助手蔡元定「追送別州編管」。

　　這年十二月，朱熹被剝奪了所有職務，就連看管宮觀這碗閒飯也吃不上了。風聲仍然越來越緊。各地官府都在搜捕蔡元定，有個叫余嚞的竟上書籲請砍朱、蔡的腦袋「以謝天下」。

　　凶訊傳來，朱熹嚇得臉色刷白，渾身直冒冷汗，成天囁囁嚅嚅自言自語：「某如今頭常如黏在頸上！」過了些時日，風聲不那麼緊了，他知道不再有掉腦袋的危險後，就雄赳赳地對學生說：「自古聖人不曾被人殺死！」說罷，還給徒弟們打氣，要他們「臨大事有靜氣」、「殺身以成仁」。

　　但學生們可沒朱夫子那股「靜氣」，也不打算「成仁」。幾個月後，一聽說蔡元定被押送道州管制，儒生們便如鳥獸散，爭相逃命。有的躲進深山老林「隱居」不出；有的易名換姓改拜他人為師；還有的則喬裝打扮，終日在市井街頭尋花問柳、狂賭濫飲，以此表示自己絕非朱家門徒⋯⋯不過幾天功夫，書聲琅琅的考亭書院竟變得「冷冷清清淒淒慘慘戚戚」。

　　朱熹六十九歲時，被他視若老友的得意門生蔡元定在貶所死去。

老頭子聽到這噩耗，失聲大哭，痛不欲生。幾年來，親故知己死的死、老的老，門徒弟子散的散，逃的逃，可謂「惶恐灘頭說惶恐，零丁洋裡嘆零丁」。

遭了這一連串的沉重打擊，朱熹支持不住了。過了七十歲，身子愈見羸弱，經常不能下床。但是，「不見棺材不落淚」。朱熹仍舊硬撐著病軀，修改《四書集注》，編纂《儀禮經傳通解》；「接待」來自各地的黨羽，密謀大事，面授機宜，「毫無倦色」。那幾個還留在身邊的心腹獻殷勤地勸他少見賓客，好好休息養病，朱熹卻厲聲叱罵道：「你們懶惰，教我也懶惰！」「天生一個人，便須著管天下事。關著門不見客，可怎麼過日！」他日夜盼望著重登金鑾殿的一天。

公元一二○○年，朱熹七十一歲。二月裡，有人給他畫了一幅肖像。朱熹在上面題了這麼一首詩：「蒼顏已是十年前，把鏡回看一悵然。履薄臨深諒無幾，且將餘日付殘編。」他知道自己活不久了，但還是執迷不悟，頑固地表示要為維護孔、孟道統鞠躬盡瘁、死而後已。

三月陽春，建陽城外，山花爛漫，百鳥啁啾，大地萬物呈現出一派生機勃勃的景象。朱家大門卻關得緊緊的，那條尾巴脫光了毛的看家狗懶洋洋地蜷在臺階上曬太陽，沒有一丁半點兒生氣。屋裡，病入膏肓的朱熹還在抖抖索索地搖筆修改《大學》中的「誠意」這章⋯⋯

三天後，朱熹上吐下瀉，呻吟不絕，「抱無涯之悲」見他的「先師」孔老夫子去了。

——原載《福建師大學報》，一九七五年第二期，頁一一○～一二四

自畫像和自供狀及其禍心

——批判反黨黑文〈林彪與朱熹理學〉

謝卓

　　一九七五年八月十三日，《江西日報》第三版刊登了一篇題為〈林彪與朱熹理學〉的署名文章。一看這篇文章的標題和署名，人們不禁要問：此人怎麼會批判林彪和朱熹呢？原來，作者就是林彪的那位準「駙馬」。他曾經夥同林彪死黨為「固守江西」賣盡了力氣。林彪垮臺後，他又一頭栽進了「四人幫」的懷抱，成了「四人幫」在江西的代理人。他秉承其主子的旨意，在江西幹盡了禍國殃民的壞事。這樣一個人，居然寫起批判林彪和朱熹的文章來，豈不滑天下之大稽！

　　再稍一看文章的內容，人們就明白這是一篇反黨黑文，其作者是在扮演一場賊喊捉賊的醜劇。「好像唱戲一樣，有些演員演反派人物很像，演正派人物老是不大像，裝腔作勢，不大自然。」這個反派人物向來就把朱熹、林彪奉若神明。一個是他的祖師，一個是他的衣食父母。他怎能真的去批他們呢？他之所以要裝腔作勢，演個正派人物的樣子，不過是蒙起一張畫皮，妄圖把這篇黑文當作一枝毒箭，射向毛主席和周總理，射向江西省委，以實現篡黨奪權、復辟資本主義的罪惡目的。

　　偽裝揭開露本相，畫皮剝去現原形。黑文作者正是毛主席早就指出過的那種蠢人，想搬起石頭打人，結果恰恰砸了自己的腳。黑文寫

的朱熹云云、林彪云云，恰恰是「四人幫」及其在江西的代理人的自畫像和自供狀。稍加對照，竟是維妙維肖。請看：

一曰：「『理在先，氣在後』，這是朱熹理學的基本內容。」不錯，古往今來，一切反動派都是搞唯心主義的。南宋的朱熹鼓吹「理先氣後」，現代的林彪鼓吹「天才」，「四人幫」及其代理人卻用唯心主義冒充唯物主義，用形而上學冒充辯證法，把政治與經濟、革命和生產、理論與實踐等一系列的關係，絕對對立起來，把人的思想搞亂。至於他們公然提出以反經驗主義為「綱」，就更是明目張膽地反對實踐第一，反對唯物論的反映論，反對馬列主義普遍真理同中國革命實踐相結合的毛澤東思想。其罪惡目的，與他們的同黨林彪一樣，都是妄圖把一大批堅持毛主席革命路線的中央和地方的黨政軍負責同志統統打倒，以便他們取而代之。這種險惡用心較之其前輩有過之而無不及。黑文作者說「跟在朱熹後面亦步亦趨」，真是不打自招，「夫子自道」。跟在朱熹、林彪屁股後面亦步亦趨的，正是「四人幫」及其在江西的代理人自己。

一曰：「『存天理、滅人欲』，這是朱熹反動理學的核心。」不夠，「存天理、滅人欲」是孔丘的「克己復禮」的翻版，是朱熹的反動政治綱領。朱熹把鎮壓農民起義看成是「天理」，把農民反封建的革命鬥爭，農民反對封建壓迫和剝削，為爭取生存權利的鬥爭看成是「人欲」。因此，朱熹一夥，還狂叫什麼「餓死事極小，失節事極大」。農民只應該餓死，而不應該革命。這就是朱熹的「存天理、滅人欲」的反動實質。林彪把「克己復禮」看成是「悠悠萬事，唯此為大」，也就是把它作為顛覆無產階級專政，復辟資本主義的反動政治綱領，而步林彪後塵的王、張、江、姚反黨集團全部反革命罪行的要害，則不外乎是大搞修正主義，大搞分裂，大搞陰謀詭計，妄圖篡奪黨和國家的最高領導權，建立法西斯專政的幫天下。為了達到這個罪

惡目的,他們拚命反對抓革命、促生產,瘋狂破壞國民經濟。他們恬不知恥地將自己過著窮奢極侈、花天酒地的糜爛生活,幹著篡黨奪權的陰謀勾當當成「天理」,而任意顛倒黑白,把被他們插手搞得亂成一團、長期不生產的工廠,說成「那裡的形勢大好」,甚至喪盡天良地把唐山地震造成的嚴重災害,說成「地震不過是那麼幾百平方公里受影響,不過是那麼幾個月的問題」。其在江西的代理人也學著他們的黑主子的模樣,滅絕人性地拒不參加省委關於支援唐山災區的活動。在他們看來,生產、救災,都是「人欲」,都要「滅」掉。把社會主義的家業搞光,讓八億人民喝西北風、穿麻袋片,凍死、餓死都活該!「四人幫」如此的「存天理、滅人欲」,比起朱熹、林彪來,難道不更加青出於藍而勝於藍嗎?

一曰:「『帝是理為主』,這是朱熹反動理學的政治要害。」不錯,它不僅是朱熹、林彪的政治要害,也是「四人幫」及其在江西的代理人的政治要害。白骨精江青不是口口聲聲把自己比作呂后、武則天,朝思暮想要當女皇嗎?江西有那麼一個人,不是揚言「江青當主席,我這一票是投定了的」嗎?在江西的幾個「四人幫」的親信的心目中,哪有毛主席、周總理、華主席、黨中央?他們的「中央」,就是「四人幫」。去年春,他們為了向「四人幫」告省委負責同志的黑狀,不但把黑信改成黑電報,並把「電頭」:「毛主席、黨中央」一筆改為「姚文元並黨中央」,真是狗膽包天!事實上,他們的一舉一動都是按照「四人幫」的指揮棒轉的。就連〈林彪與朱熹理學〉這篇反黨黑文,也是秉承狗頭軍師張春橋的旨意寫的。黑文上說:「皇帝、君王的意旨……都是天理,萬萬不可以違反,如果違反了,就是違反了『天理』,就是對上帝的背叛,就是罪該萬死。」妙哉!這個「四人幫」在江西的代理人對「帝是理為主」的體會何等地深刻,對秉承「四人幫」的旨意何等地堅決,真可謂刻骨銘心、肝腦塗地了。

一曰：「『修身』與『居敬』，這是朱熹理學所宣揚的『待人』哲學。」不錯，朱熹、林彪都是反革命兩面派。朱熹滿口仁義道德，一肚子男盜女娼。林彪「語錄不離手，萬歲不離口，當面說好話，背後下毒手」。他們都是殺人不眨眼的劊子手。什麼「修身」、「居敬」，什麼「敬勝怠則吉，怠勝敬則滅」，都是他們的騙術。「四人幫」及其在江西的代理人和他們的祖宗有沒有不同呢？沒有。毒蛇可以化為美女，強盜也能假裝正經，拉大旗作為虎皮，把屠刀藏在腋下，一旦時機到了，龍袍加身，當了女皇，搞成法西斯專政的幫天下，大旗立即扯掉，屠刀馬上舉起，千百萬人頭就要頓時落地。張春橋、姚文元不是惡狠狠地叫嚷要「殺人」嗎？他們在江西的代理人不是也像瘋狂一般，狂吠「要殺一批、關一批」嗎？「四人幫」及其代理人所奉行的待人哲學比起朱熹和林彪來，既可謂心心相印，一脈相承，又可謂變本加厲，後來居上。

夠了。黑文寫了這四點，我們也對照了這四點。瞧，這算不算作者的自畫像和自供狀呢？鐵證如山，毫髮不爽，白紙黑字，抵賴不了。當然，要說這是作者心甘情願的自畫與自供，那是冤枉。作者的本意是用來打人的。這篇反黨黑文是作者為了篡黨奪權而搞的陰謀詭計的一個組成部分，蓄謀已久，包藏禍心。只是他貌似點而實愚，首雖藏而尾露，狐狸的尾巴畢竟掩蓋不住，言為心聲，想不到一篇反黨黑文，竟成了自畫像和自供狀。這雖非作者的始料所及，然而，它卻是事物的辯證法，對作者來說確乎無可奈何。

現在，輪到我們來解剖這篇反黨黑文所包藏的那顆禍心了。

這篇黑文早不發表，遲不發表，單單要選在一九七五年八月十三日發表，這究竟是為了什麼？

眾所周知，這一天，《江西日報》第一版套紅刊登了毛主席的〈七・三〇指示〉。毛主席的光輝指示，是對江西共大和全省人民的

極大關懷和鼓舞。它不僅為無產階級教育革命進一步指明了方向，而且對於現實勞動人民知識化，知識分子勞動化，造就工人階級知識分子的宏大隊伍，反修防修，鞏固無產階級專政，建設社會主義，以及逐步縮小三大差別，過渡到共產主義，都具有重大的現實意義和深遠的歷史意義。省委號召各級黨委一定要認真學習和貫徹執行〈七‧三〇指示〉，把它作為深入學習和落實毛主席關於理論問題的重要指示，在上層建築領域對資產階級實行全面專政的一項大事來抓。黨委負責同志要切實抓好共大工作，抓好教育革命，搞好調查研究，總結和推廣先進經驗。要充分利用各種宣傳工具，大造聲勢，使毛主席的〈七‧三〇指示〉家喻戶曉。報社、電臺、出版社、電影院、劇團、展覽館都要廣泛深入地宣傳毛主席的光輝指示，宣傳共大和各條戰線貫徹落實〈七‧三〇指示〉的先進典型。可是，「四人幫」及其在江西的代理人一面明目張膽地對抗省委決定，不配合宣傳，在報紙版面上孤立毛主席的光輝指示，孤立省委的決定，同黨分庭抗禮；一面在同一天的報紙第三版上偷偷塞進這篇反黨黑文，作為一枝毒箭，射向毛主席的光輝指示。

　　黑文的作者本來就是一貫反對毛主席的教育方針的。他在另一個場合裡，曾公開叫囂，要「把學校辦成同走資派作鬥爭的練兵場」，要「培養學生成為頭上長角、身上長刺的敢於同走資派作鬥爭的堅強戰士」。這就是說，他要把學校辦成「四人幫」篡黨奪權、顛覆無產階級專政、復辟資本主義的御用工具；他要培養的學生，就是要像張鐵生那樣的新生的反革命分子。因此，他對《江西日報》套紅刊登毛主席的〈七‧三〇指示〉，當然極為仇恨。於是，他在這篇反黨黑文裡就別有用心地把「『帝是理為主』，這是朱熹反動理學的政治要害」一語，作為一枝毒箭射將出來，並說什麼朱熹「把『天理』說成是萬事萬物的主宰，而封建社會的帝王，就是『天理』的化身，是上帝在

人間的代表，從而使董仲舒的『王權神授論』更加哲理化，具有更大的欺騙性」。再聯繫到去年九月初毛主席病危期間，他狂犬吠日般地咒罵「活不了幾天」、「太陽快要落山了」等等，其項莊之劍，所指之處，豈不是一清二楚了嗎？在這裡，禍國殃民的「四人幫」及其代理人竟把毒箭直接射向毛主席的光輝指示，把攻擊的矛頭直指偉大的領袖和導師毛主席，真是罪大惡極，罪不容誅。

這篇黑文的另一個禍心，就是把右傾復辟的罪名栽到省委主要負責同志頭上，為篡黨奪權造反革命輿論。究竟誰搞右傾復辟，誰執行毛主席的革命路線，群眾的眼睛是雪亮的。在前年學習無產階級專政理論的運動中，省委堅定地站在毛主席的革命路線一邊，代表兩千八百萬井岡山兒女的利益，對「四人幫」在江西的代理人的倒行逆施，進行了多次嚴肅的批判和耐心的教育，對由於他們的插手而亂成一團的個別部門和單位，也及時作了嚴肅認真、正確妥善的處理。可是，他們不僅毫無悔改之意，反而在「四人幫」的唆使、慫恿下，更加變本加厲地反噬過來，狂叫什麼「×××的案是冤獄，一定要翻」！「這個案翻定了，一萬年也要翻過來」云云。為此，作者在這篇黑文裡又玩弄起顛倒黑白、混淆是非的慣伎，喻古諷今，借朱熹為了打擊台州太守唐仲友而迫害一個官妓的故事，以影射、攻擊省委搞了「冤獄」，叫囂要翻案，妄想打倒堅持毛主席革命路線的省委主要負責同志。事情就是這樣明明白白地擺著：高喊反覆辟倒退的黑文作者自己卻在肆無忌憚地大搞復辟倒退；大嚷反擊右傾翻案的黑文作者自己卻在猖獗瘋狂地大颳右傾翻案妖風。其罪惡目的，就是妄圖把江西搞亂，把省委和各級黨委搞垮，以實現其篡黨奪權，復辟資本主義的勃勃野心。這就是黑文作者對黨對人民所犯下的滔天罪行的又一個鐵證。

歷史終究是無情的。從前年的「八‧一三」到去年的「八‧一

三」，這篇反黨黑文的作者，自以為上有主子「四人幫」的撐腰，下有幾個幫凶的打氣，洋洋得意，不可一世。前年的「八‧一三」發表反黨黑文，去年的「八‧一三」游鬥省委主要負責同志，「文攻武衛」，政治文痞加流氓打手，一應俱全，真乃天下莫予毒也。然而，曾幾何時，在英明領袖華主席為首的黨中央領導下，一舉粉碎了「四人幫」反黨集團篡黨奪權的陰謀，「四人幫」及其在江西的代理人頃刻葬身於億萬人民群眾憤怒聲討、控訴、揭發、批判的汪洋大海之中，遭到了滅頂之災。這篇反黨黑文成了作者的自畫像、自供狀及其禍心的大暴露，被扔進歷史的垃圾堆，遭到人民的唾棄。

——原載《江西日報》，一九七七年一月二十二日

經學研究叢書・經學史研究叢刊

文革時期評朱熹
〔下〕

林慶彰、姜廣輝　主編

蔣秋華　編輯

目次

上冊

一　單篇論文

（一）朱熹總評

（二）評朱熹理學

（四）評朱子生平行事

下 冊

（五）評朱子與陳亮

（七）評朱子科學

二　專著

朱熹的醜惡面目

上饒地區革命委員會政治部宣傳組婺源縣革命委員會政治宣傳部

略評朱熹　江西人民出版社編

可惡的朱熹　贛南師範專科學校中文科編

第一輯

林彪什麼要鼓吹朱熹的「待人」哲學？（略）

　　　福建師大政教系大批判組

陳亮反對朱熹的鬥爭──南宋前期一場儒法論戰（略）

　　　鄭州大學大批判組

王夫之對朱熹唯心主義理學的批判（略）

　　　八一九九部隊　張政清　武漢師院　張傳湘

批判朱熹的《四書集注》（略）　河南省歷史研究所大批判組

朱熹《大學章句》批判（略）　單遠慕

朱熹《中庸章句》的反動實質（略）　施達青

第二輯

批判朱熹文集　福建省圖書館編

（五）評朱子與陳亮

反投降派與投降派的一場大辯論
——淺析南宋時期陳亮與朱熹的論戰

二輕局工人歷史研究組

在我國歷史上，有一個以苟且偷安受人唾棄的南宋王朝。就在這個時代，衝出來一位敢於同投降派、反動理學家朱熹分庭抗禮的批儒闖將。他，就是南宋時期著名的法家代表人物，討伐投降派的英勇鬥士——陳亮。

提起朱熹，可以說在儒家諸霸中，是除了所謂「孔子、孟子」之外，再也沒有誰能夠比得上的一霸。但是，為什麼就是這樣一個不可一世的惡霸，卻對一個接二連三地讓官府抓進監獄的陳亮怕得要死，驚呼亮之「怪論」「可畏，可畏」呢？探討這個問題，不僅可以使我們進一步認識投降派不得人心的本質，而且可以使我們認識到現代投降派和古代投降派是一脈相承的，看清革命的反投降派與反革命的投降派，歷來就是勢不兩立的。

一

公元一一八四年，在南宋，陳亮與朱熹之間，曾經爆發了一場激烈的前後延續了三年之久的大辯論，這就是歷史上有名的「王霸義利」之辯。我們要弄清這場辯論的實質，就應當把「王霸義利」之辯提到一定的歷史範圍之內。

　　陳亮、朱熹置身的歷史時期，是屈辱投降的南宋王朝強迫人民忍受雙重壓榨，不僅要聽任他們的嚴苛的搜刮，而且要在金侵略者腳下蠕作奴隸的時期。那時，由女真奴隸主貴族建立的金朝，是剛剛擺脫原始部落制不久的奴隸主統治政權。對內，它殘酷剝削，瘋狂壓榨本族勞動人民；對外，不斷向南宋發動野蠻的掠奪性戰爭，破壞和阻礙社會生產力的迅速發展。在這種情況下，是任憑金奴隸主把南宋的歷史拉向倒退，還是不准他們倒行逆施，就成了此時此地的反投降派與投降派鬥爭的焦點。北宋亦如此。正因為宋徽宗對瘋狂入侵的代表反動奴隸主階級利益的金貴族，奉行徹頭徹尾的投降主義政策，連京都都放棄了，他就成了北宋的最大的賣國賊。人民是不甘心倒退，不堪忍受金貴族強加的慘重奴役的。為了擺脫這種局面，一些反投降的將領曾經借助人民的力量，幫助趙構在商丘把南宋支撐起來。然而，願望是一回事，實際往往是另一回事。宋高宗趙構借人民之手爬上皇座之後，不但不思謀收復失地，反而與賣國賊秦檜串通一氣，害死了抗金名將岳飛，與金貴族約歡和好，簽訂了以割地納貢為主要內容的臭名昭著的「紹興和議」。宋高宗為了保住自己花天酒地的生活，不惜賣國求榮。這就不可避免地激起人民的反抗怒火，把這個惡貫滿盈的賣國賊從皇座上打了下去。宋孝宗即位後，雖然作了一些蠱惑人心的假姿態，但仍以屈辱投降和簽訂賣國條約為拿手好戲。在新的「隆興和議」中，宋孝宗不但繼續承認金政權對南宋失地的擁有權，繼續向掠奪者交納巨額貢物，而且把宋帝稱金帝為叔父作為正式條文規定下來。這樣，南宋的廣大人民重新陷入南宋大地主階級殘酷剝削和金侵略者瘋狂掠奪的雙重壓榨之下。他們為了爭取生存下去，舉旗揭竿，風起雲湧地同金政權和屈辱投降的南宋政權展開了激烈鬥爭。就是在這樣的階級矛盾、民族矛盾交織迸發的時候，朱熹在那裡搖唇鼓舌，左一個「存天理」，右一個「滅人欲」，鼓吹投降賣國。這就不能不激

起地主階級革新派的滿腔仇恨。陳亮的「義利雙行，王霸並用」的主張，就是在人民革命鬥爭的影響推動下，朝著朱熹的「存天理，滅人欲」的政治綱領，針鋒相對地打出來的一面反投降的旗幟。

這裡，雖然陳亮也講了「王」，提到「義」，但只要聯繫一下當時的形勢，就不難看出，公開打著功利主義旗幟的陳亮為了服務於當時的鬥爭，著重強調的是對入侵者要「霸」，要「利」。正像他在駁斥朱熹關於老祖宗是靠王道治國，所以南宋也必須尊崇王道時所說的，應當根據實際情況的變換，交替使用王道、霸道。南宋既然國勢危殆，不就應當以眼還眼，以牙還牙，對金侵略者施以「霸道」嗎？

當然，陳亮如果能擯棄儒家的所謂「王道」，對於揭露朱熹會更有利，但我們不能離開當時的歷史條件，用今天的標準去苛求於前人。即使這樣，我們仍然可以說，作為對朱熹的「存天理，滅人欲」的投降賣國哲學的批判，陳亮的「義利雙行，王霸並用」的主張是順應歷史進步，體現人民願望的。因此，這個反投降主義的口號一提出來，就遭到朱熹的惡毒攻擊，說陳亮是「浸」在「利欲膠漆盆之中」。

那麼，這個很像是什麼欲望也不要的朱熹的「存天理，滅人欲」，又是什麼貨色呢？我們剝去他冠冕堂皇的畫皮，聯想一下當時人民的此伏彼起的抗金鬥爭，就不難看出：為了維護腐敗的南宋王朝的反動統治，他的目的還是要把金的入侵和宋的退讓納入「天理」之中。然而，做了婊子是立不住牌坊的。我們透過「天理」的帷幕，除了可以領悟朱熹的道道地地的投降派有理、反抗有罪的謬論之外，就再也看不到任何別的什麼了。

偉大領袖毛主席指出：「中華民族的各族人民都反對外來民族的壓迫，都要用反抗的手段解除這種壓迫。他們贊成平等的聯合，而不贊成互相壓迫。」陳亮的主張並不是，也不可能改變南宋大地主階級

統治的本質，只是要求用抗戰這樣的所謂「霸道」保衛地主階級的國家，減輕南宋人民的一重壓迫。對此，朱熹也不容忍，還把它作為主要內容，列進要「滅」的「人欲」之列，這就充分證明：尊「王」，其實是「尊」投降。陳亮與朱熹的「王」、「霸」之辯不是學術之爭，而是一場搞屈辱投降的賣國主義，還是搞勇驅強暴的愛國主義的尖銳的路線鬥爭。

二

圍繞「王」、「霸」之辯這個主題，陳亮還以無可爭辯的論據，把朱熹自認為可以給自己的投降路線安身立命的「三代」、「醇儒」之說，駁得體無完膚。

有一回，朱熹裝出一副偽善的面孔，對陳亮說什麼，你不必為了推翻我的天理人欲之說，從古到今地去尋王霸並用，又如何興旺的歷史。並斷言：「看史只如看人相打，相打有甚好看處？」朱熹真的是患著忌諱歷史的癖病嗎？我們翻一翻記載當年辯論的資料，就可以明白，朱熹的所謂不必求古，只是不必求法家的「霸道」盛世之古，而儒家的所謂「王道」之古，不但要「求」，而且可以「編」。那個奴隸制的夏、商、周，就是因為被朱熹貼上了「仁政」治國的標籤，立刻好得不得了。什麼「都無利欲」呀，什麼「都無要富貴」呀，簡直就是一個絕妙的「仙山瓊閣」。而一過了「三代」這個所謂的「仁政」的檻檻，孔、孟之道一被輕視、譏笑，「人欲」便挾「霸」而出，天地間由於混雜了「霸道」，立刻就進入了夜一樣的漫長的一千五百年的「霸道」衰世。

詭辯是裹不住真相的，事實證明，自從人類進入階級社會，沒有一個階級、階層，不是根據自己的政治需要、從自己的立場出發去陳

述歷史，解釋歷史的。朱熹拚命給「三代」抹粉，把夏、商、周吹捧為「王道」盛世，把「三代」以後法家執政時期的漢、唐，竭力詆毀、歪曲為「霸道」衰世，也不是驀地生起了思古之幽情，而是與他的「存天理，滅人欲」的投降路線息息相關。他是要通過「厚」孔、孟推崇的「三代」，「厚」王道仁政；通過「薄」法家執政時期的漢、唐的鼎盛，「薄」抗金的「霸道」。這一薄一厚，不就能讓人認為「尊王賤霸」（即尊儒反法）的結論正確嗎！尊王賤霸正確了，不就應當像他的鼻祖孔老二叫嚷的，「遠人不服，就用仁義道德把他招來」嗎？陳亮看透了朱熹鼓吹「夏、商、周三代是全部按天理行事，漢、唐是全部按人欲行事」的險惡目的，一針見血地指出，三代聖人其實也是滿肚子的「私欲」，只不過經孔老二、朱熹的搓洗、粉飾，才變得像朱熹吹捧的這麼「淨潔」。他責問朱熹，你的話如果成立，周朝以後的一千五百年就是「東扯西補」地煞過來的。那麼，劉邦的漢、李世民的唐為什麼萬物繁榮生長？就這樣，通過否定朱熹的「天堂」，通過對西漢以劉邦為代表的法家對反動的奴隸主階級實行一系列的「霸道」政策，例如發兵征剿，把他們集中到關中，不准佩帶武器，不准做官；對唐太宗李世民怒斥群儒對入侵者要「請禮面遣之」的投降主義論調，親自帶兵，敢於同突厥奴隸主的二十萬騎兵英勇作戰進行謳歌，陳亮有力地論證了南宋也應當像漢、唐，講求地主階級國家的「功利」，推行金貴族的「霸道」。

研究陳亮同朱熹的鬥爭，我們又一次地看到了這樣的帶有規律性的特點，舉著什麼樣的旗幟，必然聚集什麼樣的隊伍，以「道德」賣國為主要特徵的投降派朱熹，為了讓人們都能信奉他的掩藏在「天理」之中的投降路線，還居心叵測地炮製了一個做人的規範，叫做人人應以「醇儒之道自律」。意思就是既要有「樂聞儒生禮法之論」的心緒，又要有言行不越「先聖規矩準繩之外」的標尺。對於反投降

派，就是要「遷善改過」，「懲忿窒欲」，不計較國土多少，不宣傳對侵略者應實行「霸道」。物以類聚，人以群分。勢力眼窺測官職奉祿，賣國賊重視「懲忿窒欲」，而討伐投降派的英勇鬥士陳亮，凡人、凡事，始終把有沒有「復興中原」的計策，具不具備反投降的膽略，做為衡量世人的第一個標準。所以，當朱熹趁他剛剛出獄，想要挾他「粹然以醇儒自律」，他不但斷然予以拒絕，又一次無情地嘲弄了包括朱熹在內的那夥「賤儒」，而且涇渭分明，意氣風發地描述了革新派的做人之道。同朱熹的「醇儒」說相對抗，陳亮激情滿懷地歌頌了法家的愛國主義思想。這裡，陳亮的一些話雖然有英雄史觀的痕跡，但作為在當時給愛國志士樹立一面做人的旗幟，還是有進步意義的。

南宋時期的愛國主義者陳亮對民族投降派朱熹的批判，實際上是先秦儒法鬥爭的繼續和發展，早在戰國時期，孔家店的二老板孟軻就曾經打著「尊王賤霸」這面黑旗，給江河日下的奴隸制揚幡招魂。實際證明，孔、孟之道既是反動派復辟倒退的理論根據，又是他們投降賣國的政治路線的發源地。地地道道的尊孔派，必然是貨真價實的投降派。曾國藩、袁世凱、蔣介石是這樣，林彪也是這樣。林彪常常告誡自己：「要像朱子那樣待人。」他正是像朱熹那樣妄圖要我們黨對蘇修的叛賣和顛覆「懲忿窒欲」、「正心誠意」地向莫斯科的新沙皇暗送秋波的。這就難怪他一聽說反修就心驚膽顫，誣蔑我們揭露蘇修是什麼把事情「做絕了」，難怪他要反對我們強化無產階級專政，叫嚷「恃德者昌，恃力者亡」。

其實，這些假慈悲的投降派們從來就不是一概「賤霸」。對人民，對進步力量，對反投降派的革命派，他們總是「稱霸」，總是迫害，總是鎮壓的。古往今來，這樣的例子比比皆是。

今天，世界各種基本矛盾正在進一步激化。蘇修社會帝國主義氣

急敗壞，恨不能把中國的無產階級專政一口吞掉。面對著這種革命和戰爭的因素都在明顯增長的形勢，我們一定要認真落實毛主席為我們制定的「備戰、備荒、為人民」這個偉大戰略方針，把各項工作做得好上加好。我們要清醒地看到，信了林彪的「恃德者昌，恃力者亡」，對擴張成性的蘇修社會帝國主義講仁講義，那就要上敵人的當，八百年前南宋對金貴族侵略者百依百順，到頭來國土淪陷，人民遭殃的悲劇就要在中國重演；社會主義的新中國，就要變成支離破碎、千瘡百孔的舊中國。這個歷史的教訓，我們要牢牢記住，一天也不能忘記。

　　　　　　　　——原載《旅大日報》一九七六年二月十七日

陳亮、朱熹論戰是南宋愛國與賣國之爭

足遍全球冷軋帶鋼廠工人理論小組

上海師大政牧系　鄭良

　　北宋末期，我國北部帶有嚴重奴隸制殘餘的金，不斷侵擾邊疆。由於北宋統治者推行尊儒反法路線，實行忍辱退讓的投降主義政策，致使金貴族步步進逼，終於導致北宋的淪亡和南宋的建立。南宋建立以後，黃河以北已逐步淪陷，貪得無厭的金貴族統治集團又再加緊侵犯淮河南北的廣大土地。南方與北方的愛國軍民與金貴族侵略者的矛盾更加尖銳，並且成為南宋前期和中期的一個主要的社會矛盾。這個矛盾反映在南宋統治階級內部就是愛國主義與賣國主義之間的劇烈鬥爭，陳亮與朱熹之間的儒法兩條路線的論戰，就是這場鬥爭的表現。

堅持抗戰　反對「和議」

　　南宋高宗趙構在位的三十多年，主戰與主和之爭、愛國與賣國之爭一直沒有停止過。愛國名將宗澤、岳飛、韓世忠等人在前線率領士兵痛擊金貴族入侵者，取得很大勝利。漢奸賣國賊汪伯彥、黃潛善、秦檜等人，在後方破壞抗戰，力主「和議」，陰謀投降。公元一一四一年，南宋統治者與金貴族入侵者簽訂了投降條約（即歷史上所謂的「紹興和議」），以割送淮水中流以北的土地、歲貢銀、絹二十五萬

兩、匹為代價，換取短暫的和平。南宋王朝當權的一小撮官僚大地主階級分子，完全滿足這種偏安一隅的屈辱局面，粉飾太平，一心只想從南方人民那裡榨取更多的財富，向金貴族納貢，「竭民膏血，以餌犬羊」。但是侵略者的腰包是填不滿的。「紹興和議」的結果，是金貴族「大舉入寇」，要割「海、泗、唐、鄧」四州。這時高宗退位，孝宗趙昚（音慎）上臺，秦檜雖死，餘黨猶在，繼「紹興和議」之後又出現了「隆興和議」的叫囂。

　　孝宗時期的愛國與賣國之爭是圍繞著「隆興和議」而展開的。以史浩、湯思退這些秦檜餘黨為核心的投降派，拚命攻擊主戰派是「大言誤國，以邀美名」，是「興不教之士，取快一時」。他們大肆宣揚抗戰就要亡國，和議、投降則我軍民得以休息，才是「萬全之計」。賣國、投降空氣，一時甚囂塵上。但是，那裡有賣國主義，那裡就有愛國主義，就有愛國主義對賣國主義的堅決鬥爭。「隆興初，與金人約和，天下忻然，幸得蘇息，獨亮持不可」。陳亮是南宋時期的法家代表人物，是一位愛國主義者，他同投降派堅持鬥爭了二十多年。公元一一六九年，當他受試禮部未被錄取，年僅二十六歲的時候，就針對當時賣國投降的謬論，向孝宗皇帝寫了〈中興五論〉的上疏，堅決主張實行抗戰中興的國策。公元一一七八年和一一八八年又先後幾次上書孝宗，進一步批駁投降派的言行，重申抗戰中興的決心。陳亮與投降派的鬥爭，成為南宋孝宗時期愛國與賣國之爭的主要表現和主要內容。

　　陳亮與投降派鬥爭，主要採取了給皇帝上疏的形式，其內容則表現為兩個方面，一是駁斥投降派的賣國謬論，二是提出了與投降派完全對立的抗戰救國的具體措施。在批判投降主義方面，陳亮側重批判了和議可以「久安」，和議可以「救國」（「以待中原之變圖之」）的謬論。投降派胡說只有和議才能使偏於一隅的南宋王朝「久安無事」。

胡說「兵者凶器」，一旦抵抗，反會「含冤萬世」。針對這種投降主義論調，陳亮指出：如果把「元氣偏注一肢，其他肢體往往萎枯，……則其所謂一肢者，又何恃而能久存哉」？歷史表明，凡「息心於一隅」的王朝，入侵者總是「無歲不尋干戈」，「而江左亦不得一日寧然」。「一日之苟安」，必然釀成「數百年之大患」。投降派鼓吹和議，必然使「國家之恥不得雪，臣子之憤不得伸，天地之正氣不得而發泄也」。社會的發展不會以一小撮賣國賊的意志為轉移。「豈以堂堂中國，而五十年之間無一家傑之能自奮哉！其勢必有時而發泄矣」。賣國賊搞投降，人民卻一定會起來反抗。至於「和議救國」，更是欺人之談。靠你們這些「口談性命」的儒生，「擊毬射雕」的小丑，既不能使「府庫充滿」，也不能使「甲冑鮮明」，「兵端一開，則其跡敗矣」，哪裡談得上什麼救國？「安坐而久繫」，不能解決問題。人要在使用當中發現其才能，「安坐而能者，不足恃也」；兵食也要在使用中看出盈虛，「安坐而盈者，不足恃也」。陳亮認為要抗戰救國，就一定要「嚴政條以核名實，懲吏奸以明賞罰」，「揀將佐以立軍徵」，「置大帥以總邊陲」；同時還要「大建屯田」，使「財自阜」。這樣，「富國強兵」，「中興之功」可成。迷信和議，「而天下之氣惰矣」。只有堅持抗戰，才是挽救國勢的唯一途徑。為此，陳亮又批判了投降派的「捨淮保江」以及「江南不可保」的論調，針鋒相對地提出了「據形勢以動中原之心」的戰略計畫。「進取之道，必先東舉齊，西舉秦，則大江之南、長淮以北固吾腹中物」。從當時敵我形勢的具體情況出發，他強調指出要以「控引京、洛，側睨淮、蔡，包括荊、楚，襟帶吳、蜀，沃野千里，可耕可守，地形四通，可左可右」的荊、襄地區，作為進取中原的戰略基地，來達到「中興」、「復仇」的最後目的。

陳亮堅持抗戰、反對議和的主張，激起了投降派極端的恐怖和仇恨，他們千方百計地尋找機會，誣害陳亮，欲置之死地而後快。他們

利用陳亮喝醉酒、講大話的機會，立即加給「言涉犯上」的罪名，把他抓進堅牢，後來又幾次借故把他拋入監牢，嚴刑拷打。陳亮雖「屢罹大獄」，但並未放棄與投降派的鬥爭。可以說他的一生是在同賣國主義鬥爭中度過的。

腐朽沒落的南宋反動統治者，對陳亮的這些主張，當然是聽不進去的，陳亮最後只能帶著「復仇自是平生志」的抱負死去。陳亮一生的悲劇遭遇清楚地告訴我們：腐朽沒落的反動階級，總是把自己的階級利益和侵略者的利益，緊緊勾結在一塊的，在他們面前，沒有什麼民族的界限。為了維護他們的反動統治，鎮壓人民革命運動，他們總是不惜投降侵略者，以維護其反動統治。因此，魯迅早年揭露反動統治者「寧贈友邦，不予家奴」的信條，的確倒是歷史上一切反動沒落的統治集團恪守的共同格言。

「王霸義利之辨」的實質是愛國與賣國的大論戰

在深重的民族危機面前，圍繞主戰派和主和派兩條政治路線的鬥爭，在陳亮和朱熹之間開展了一場意識形態領域裡的論戰，這就是我國史上著名的「王霸義利之辯」。

朱熹是北宋二程（程顥、程頤）反動理學的集大成者，是南宋投降派的理論家。在孝宗時期，他也多次上疏，中心內容是勸皇帝「正心誠意」，不為利害所感。他自供「平生所學，惟此四字」。朱熹認為要「正心誠意」，就要「存天理，滅人欲」。朱熹發揮了孔、孟的「君子喻於義，小人喻於利」的反動說教，認為「天理」是「義」，「人欲」是「利」，強調理欲不並存，義利不兩立。「天理存則人欲亡，人欲勝則天理滅」。他認為南宋天下所以這麼亂，就在於「天理有未純，人欲有未盡」，講利不講義。因此，挽救危機的唯一辦法，只有

「格物致知」，閉門修養，「懲忿窒欲，遷善改過」，以義滅利。

陳亮不但不諱言功利，而且公開地舉起功利主義的旗幟，同朱熹的反動理學展開了堅決鬥爭。他批判朱熹把「義」和「利」對立起來的觀點，提出「功到成時，便是有德；事到濟處，便是有理」的論斷，強調義理存在於功利之中。人的慾望就如「耳之於聲，目之於色，鼻之於臭，口之於味」一樣，是出於人的本性，是消滅不了的。陳亮極力反對理學家空談義理，不求實際的歪風，譴責朱熹之流的理學給國家帶來的禍害，指出：「自道德性命之說一興，……為士者恥言文章行義，而曰『盡心知性』。居官者恥言政事書判，而曰『學道愛人』。相蒙相欺，以盡廢天下之實，則亦終於百事不理而已。」與朱熹之流「盡廢天下之實」，「終於百事不理」相反，陳亮十分重視實際行動，主張有所作為。指出「風不動則不入，蛇不動則不行，龍不動則不能變化。今之君子欲以安坐感動者，是真腐儒之談也」。

陳亮、朱熹之間的論戰，由「義利之辯」進到「王霸之辯」。朱熹從「義」與「利」、「天理」與「人欲」對立出發，把歷史割裂為三代（夏、商、周）以上與三代以下兩截，認為「三代以上以天理行，三代以下以人欲行」；三代是「王道」盛世，秦、漢以來是「霸道」衰世。胡說自孔、孟死後的一千五百年來，只是「架漏牽補，過了時日」，一代不如一代。

陳亮駁斥了朱熹的歷史退化論。他說：朱熹「以為三代以前都無利欲，……亮以為才有人心，便有許多不淨潔。」指出：如果三代以下都是「牽補度日」，請問「萬物何以阜蕃」？針對朱熹的「尊王賤霸」論，陳亮指出：「外賞罰以求君道，迂腐之論也；執賞罰以驅天下者，霸者之術也。」漢、唐的君主，建功大業，統一中國，抵禦外敵，為什麼不如三代？朱熹的「這些好說話，且與留著裝景足矣」。

南宋的「王霸義利之辯」，實質仍然是愛國主義與賣國主義的論

戰。秦檜死後，金貴族統治者非常關切地詢問「朱先生安在」？表明金貴族已經看中朱熹，要把他作為金貴族統治者在南宋的代理人，朱熹是第二個秦檜。他有時也談什麼「戰」、「守」，但這是假的，實質是要「和」、要「降」。他攻擊主戰派是「馳騖於利害之末流」，他認為「制馭夷狄之道，其本不在威強，而在於德業，……其具不在兵食，而在乎紀綱」。大敵當前，他要人們「安坐感動」，就是要人們坐以待斃，讓賣國賊坐以待主。強敵深入，他要人們「正心誠意」，就是要人民馴馴服服地甘當金貴族的奴隸。在民族危亡之際，他要人們「懲忿窒欲」，連人民抗戰的要求也不許有，更不用說抗戰的行動了。朱熹是一個大賣國賊。陳亮所以要與朱熹論戰，正在於陳亮已明顯地看出「世儒之論不破……天下之亂無時而息矣」。批判朱熹的謬論，完全是為抗戰救國這個目的服務的。陳亮對朱熹的鬥爭，在當時有重大的政治意義。

　　當北宋二程形成自己的反動理學的時候，法家王安石起來同二程作了鬥爭。當南宋朱熹承繼二程完成反動理學體系的時候，法家陳亮又起來同朱熹作了鬥爭。王安石和陳亮是封建後期法家反理學的先鋒。陳亮抓住朱熹的「天理人欲」進行批判，是批對了。這種批判在當時有其進步性。「世界上沒有什麼超功利主義，在階級社會裡，不是這階級的功利主義，就是那一階級的功利主義。」朱熹口頭上反對功利，實際上還是要功利的，他所要的是一小撮反動大地主階級的功利。由於階級的局限，陳亮不可能用階級分析的方法對反動理學進行徹底批判，他用抽象的功利觀反對朱熹「存天理，滅人欲」的謬論，這就決定了陳亮的批判必然是不徹底的。

　　還必須指出，陳亮作為地主階級的知識分子，他的歷史觀還是唯心主義的英雄史觀，他看不見當時積極抗戰的人民群眾的力量，不知道人民群眾才是歷史的創造者，當他抗戰中興的願望不能被統治者所

接受時，他就找不到出路，只能閉門不出，悲觀失望。這是陳亮所處時代和他所屬的階級所給予他的局限。

南宋時期的儒、法鬥爭突出地表現為主戰與主和的兩條路線鬥爭，這是和當時的歷史條件分不開的。南宋時期民族矛盾非常突出，階級矛盾也很尖銳。鍾相、楊么領導的農民起義提出了「等貴賤、均貧富」的革命口號，向封建統治階級展開了激烈的鬥爭，同時又積極推動抗金的愛國運動。陳亮作為南宋時期傑出的法家人物和愛國主義者，所以敢於起來同秦檜餘黨以及朱熹等賣國主義者作堅決鬥爭，正是南宋社會基本矛盾和主要矛盾推動的結果。

由於南宋王朝的反動統治者頑固地堅持尊儒反法的路線，對外屈膝投降，對內壓制迫害，打擊一切主張革新、主張進步的力量，因而南宋王朝終於不久就滅亡了。南宋的滅亡再次宣告了朱熹之流鼓吹的孔、孟之道的破產。然而直到二十世紀的今天，叛徒賣國賊林彪卻再次抬出朱熹來，大肆吹捧，其目的就是為了效法朱熹所推行的那條尊儒反法的投降賣國的反動路線。這就再次表明林彪是被推翻的地主資產階級和帝修反的代理人，是一個混進我們黨內的大儒，是全黨全軍全國人民最凶惡的敵人。

——原載《文匯報》一九七四年十二月十八日

愛國有理　賣國有罪

——陳亮和朱熹的一場大辯論

卞成

　　南宋時期，陳亮和朱熹之間圍繞「王霸義利」問題展開過一場激烈的辯論。辯論的實質，是堅持愛國主義還是主張投降賣國。

　　南宋時，唯心主義理學更加盛行。偽君子、兩面派朱熹，號稱一代宗師，獨得孔、孟「心傳」，他把違反孔、孟之道三綱五常的言行叫做「人欲」，要人們「存天理，去人欲」，按照豪強大地主階級的要求「修身養性」、「正心誠意」，俯首貼耳當奴隸，不得反抗。他雖然有時也說幾句什麼「君父之仇」一類的漂亮話，但那是為了掩人耳目。反動的唯心主義理學，始終是南宋大地主集團奴役人民，對侵略者屈服投降的反動理論根據。

　　陳亮堅決主張改革政治，抗擊女真貴族的侵略，收復中原。他指出，苟且偷安的局面不能長久維持下去，強調在女真貴族占領下，「赤子嗷嗷無告，不可以不拯」，而「國家憑陵之恥，不可以不雪，陵寢（北宋末期徽宗、欽宗等被擄，死於女真貴族統治區）不可以不還，輿地不可以不復，此三尺童子之所共同」。

　　陳亮從地主階級革新派的愛國主義立場出發，贊揚漢、唐盛世，肯定漢高祖劉邦和唐太宗李世民，用朱熹的話說，陳亮是「推尊漢、唐」，「貶異三代」。而「所以為說者，則不過以為古今異宜，聖賢之事不可盡以為法。但有救時之志，除亂之功，則其所為雖不盡合義

理,亦自不妨為一世英雄」。朱熹這個偽君子,對於陳亮的愛國主張氣得要死,攻擊陳亮「全然不是孔、孟規模」,而按法家商鞅的觀點做事。朱熹忽而驚呼「可畏」,連連「駭嘆」,把陳亮駁斥他的文章說成「不可正視」。他堅持以「克己復禮,天下歸仁」為標準評論古人。按照他的標準,劉邦、李世民是「鐵中之金」,曹操「則鐵而已」,而「聖人者,金中之金也」。他攻擊劉邦維護統一打擊分裂的功績,「一時功臣,無不夷滅」;他攻擊唐太宗李世民「無一念不出於人欲」,完全抹殺唐太宗主張抗擊突厥貴族侵略的作用。對於朱熹的這種謬論,陳亮斥之為「腐儒」之論,說他們把一切屈辱放在一邊,低著頭,拱起手來大講什麼「性命」之說,都是些「風痹不知痛癢之人」,揭露了朱熹之流的反動面目。因此,所謂「王霸義利」之辯,乃是奉行屈辱投降的賣國路線,還是勇驅強暴的愛國路線的鬥爭。在這場鬥爭中,陳亮主張的王霸之學,當時就有人指出,「皆今人所未講,朱元晦(朱熹字)意有不與,而不能奪也」。其實,在侵略者面前,愛國有理,賣國有罪,古往今來,莫不如此。叛徒、賣國賊林彪尊儒反法,步朱熹之流的後塵,也只能落得個遺臭萬年的可恥下場。

——原載《文匯報》一九七四年十月三十一日

陳亮與朱熹的「王霸之辯」

——評南宋時期儒法兩家的一場大論戰

浙江師範學院理論組

　　南宋時期，具有強烈法家觀點的進步思想陳亮，曾與我國封建社會後期孔、孟之道的集中代表朱熹，展開了一場以王道與霸道為中心論題的大論戰。這場我國政治思想史上著名的「王霸之辯」，集中地反映了儒、法兩家之間，革新與守舊、前進與倒退的兩條路線的鬥爭。這是宋、明反理學鬥爭中短兵相接的前哨戰。研究和總結這場鬥爭的歷史經驗，對於當前認真學好無產階級專政的理論和深入開展批林批孔運動，反修防修，鞏固無產階級專政，是會有幫助的。

一

　　陳亮（1143～1194），字同甫，號龍川，浙江永康人。他生活在民族矛盾和階級矛盾相互交織、鬥爭異常激烈的南宋中葉。十二世紀初，我國北方女真族貴族，建立帶有嚴重奴隸制殘餘的軍事政權金王朝，侵據中原領土，嚴重破壞中央集權。使中國長期不能統一。處於中國封建社會開始走下坡路的趙宋王朝，媚金求和，苟安江南，殘酷剝削與壓榨人民，以支持金人大量貢銀和滿足朝廷窮奢極欲的生活需要。當時社會矛盾異常尖銳，廣大農民相繼起義，比較著名的有南宋初的鍾相、楊么領導的農民起義，孝宗時期的湖南李金的起義，公元

一一七九年的湖南陳綱、廣西李楫的起義,地主階級內部的主戰派也紛紛抨擊朝廷。面對著嚴重的社會和政治危機,官僚大地主階級為了保護自己的既得利益,防止這個沒落的趙宋王朝的崩潰,竭力加強政治壓迫與思想箝制。於是,以朱熹為代表的程(程顥、程頤)、朱理學(也叫道學)代表大官僚大地主的利益,適應反動封建統治的政治需要,就出現了。

朱熹是個死硬的尊孔分子,他從小狂熱地信奉孔學,骨子裡浸透了孔、孟之道的毒液。他一生「以克己復禮為事」,寫了很多書,繼承和發展了孔學的反動思想,被封建知識分子吹捧為「集諸儒之大成者」。朱熹對搖搖欲墜的南宋王朝,當然不會置之不顧,他使出吃奶力氣,拚命鼓吹唯心主義理學,大唱「王道」高調,為維護大官僚大地主階級對農民的專政和繼續推行他們的投降主義路線大造反動輿論。因此,一時間,反動理學壟斷一切,氣勢逼人,正如陳亮所揭露的那樣,好像貧人不能欣賞風景。雖咳嗽一聲,也要遭到道學的指責,認為不合他們的道德標準(《龍川文集‧文書》)。

有壓迫,就有反抗。儘管反動的南宋統治集團拚命加強思想鉗制,但是一些進步思想家,仍然勇敢地進行反孔學、反理學的鬥爭,「異端的聲音」衝擊著毒氣彌漫的理學世界,搖撼著腐臭四散的南宋宮殿。陳亮就是南宋時期高舉破儒反理學旗幟的一位進步思想家。他激於強烈的愛國主義義憤,以大無畏的戰鬥姿態,向朱熹為代表的理學展開了主動進攻。

一一八二年初春,當朱熹以浙東常平茶鹽司之職巡視喬州、婺州(金華)地區時,身為布衣的陳亮找上門去,圍繞著「王道」與「霸道」、「天理」與「人欲」以及歷史觀等問題,與朱熹展開了為時十來天的面對面的辯論,此後,又通過書信來往,繼續辯論,論戰持續了數年之久。

二

陳亮和朱熹辯論的中心問題，是賤王尊霸還是尊王賤霸問題。陳亮主張「賤王尊霸」，旨在衝破束縛人們思想的儒家陳腐說教，實現收復中原，這卻遭到了「尊王賤霸」的頑固派朱熹的竭力反對。這是儒法兩家「禮治」與「法治」兩條政治路線鬥爭在新形勢下的繼續。所謂「禮治」，本質上與「王道」、「仁政」、「德治」是一個東西。它是孔、孟之道政治思想的核心。在這場儒、法兩條路線鬥爭中，朱熹以「截然不可犯」的學霸架勢，向陳亮反撲過來，攻擊他提出的賤王尊霸理論是「後生輩糊塗」，是「小家口議論」，「全然不是孔、孟規模」，根本「不可聽」。朱熹儼然以封建主義衛道士自居，狂叫「人君當黜霸功，行王道」（《四書集注》）。對霸道諱莫如深，說什麼「五尺童子，羞稱五霸」（同上）。不以自己閉口不談，當人家一「談王說霸」時，還裝出一副縮脖閉身的可笑樣子。

列寧指出：「國家是階級統治的機關，是一個階級壓迫另一個階級的機關。」歷史上任何一個剝削階級要想奪取政權並鞏固它的反動統治，要想維持他們貪得無厭、荒淫無恥的生活，都不能不對勞動人民進行殘酷的鎮壓，但是任何一個剝削階級都不願意也沒有勇氣承認這樣一個嚴酷的現實。他們總是千方百計地將「真事隱去」，煞費苦心地把自己的血腥統治遮蓋起來。所謂「王道」、「仁政」云云，不過是剝削階級用來掩蓋他們罪惡統治的遮羞布。

陳亮看穿了朱熹鼓吹尊王賤霸不過是想用「王道」來掩飾反革命暴力的罪惡用心。他尖銳地指出：「諸儒自處曰義曰王，漢、唐做得成者曰利曰霸。一頭自如此說，一頭自如彼做，說得雖甚好，做得也不惡，如此則義利雙行，王霸並用。」（《龍川文集·甲辰答朱元晦

書》)意思是說,你們這批孔、孟之徒,盡往自己的鬼臉上貼金,左一個「王道」,右一個「仁義」,而把你們看不起的漢代、唐代,扣上你們所不樂聞的「霸道」、「功利」的帽子。你們說的是「王道」,行的是「霸道」,這實際上不正暴露了你們也是王道與霸道並用嗎?他明確提出「外賞罰以求君道者,迂腐之論也;執賞罰以驅天下者,霸者之術也」(《龍川文集·問答七》);痛斥那些不明賞罰,低頭拱手,空談「王道」的道學先生;極力主張實行法治,達到富國強兵的政治目的。

陳亮同朱熹的鬥爭,擊中了道學先生們的要害。事實不正是這樣嗎?朱熹這批人一面高唱「王道」,說什麼「王道之要,不過推其不忍之心。以行不忍之政而已」(《四書集注》),一面卻嗜血成性。行凶殺人。他在南康軍當地方官時,對三個所謂「強盜」判處「配隸嶺海」,後又派人嗜下毒手,加以殺害(《朱子文集·答林擇之》)。他在潭州知州任內,預知次日新皇登位,例行大赦,他不甘心放過「悖逆」,便在當天迫不及待地親自「入獄取大四十八人立斬之」(吳子良《林下偶談》)。對此,陳亮尖銳地指出:「惟學道之君子,始惓惓於肉刑焉,何其用心之相反也。」(《龍川文集·問答七》)他憤怒地控訴「數年以來,典刑之官,遂以殺為能」;「雖然有僥幸活下來的,與死的也差不多」(《龍川文集·廷對》)。真是一語破的!儒家的「王道」,正如陳亮所揭露的,是地地道道的殺人之道!而道學先生正是一夥「以殺為能」的劊子手。他們高喊「王道」、「仁義」,在「王道」和「仁義」的背後卻是屠刀和鎖鏈。這就是儒家「王道」、「仁義」的本質。林彪叫囂「要像朱子那樣待人」,他的所謂待人哲學就是「語錄不離手,萬歲不離口,當面說好話,背後下毒手」。這可真把朱熹那一套儒家的反革命兩面派本領「活學活用」到手了。我們從陳亮和朱熹的「王霸之辯」中,剝開儒家的畫皮,林彪的陰險毒辣的

嘴臉也就一目了然了。

三

在「王霸之辯」中，朱熹扯起唯心主義「天理論」的破旗，為他的「王道」、「仁義」尋找理論依據，給它披上一件神秘的外衣，使它更富有欺騙性和反動性。

在朱熹看來，天理則王，人欲則霸，「扶盡天理」，則「王道」行；「滅盡人欲」，則「霸道」息。因此他一再叫嚷要「存天理，滅人欲」，他說：「孔子所謂克己復禮……聖人千言萬語，只是教人存天理，滅人欲。」（《朱子語類》）朱熹竭力鼓吹「存天理」，其險惡的政治目的無非是借以論證反動官僚地主階級專政的「王道」、「仁政」的天然合理，說明壓迫有理，造反有罪。朱熹叫「滅盡人欲」，就是要把勞動人民的正義要求和革命行動全部消滅掉，做一個規規矩矩的封建王朝的順民。林彪叫嚷「順天者興、逆天者亡」，還胡說「這是辯證法」，原來與朱熹唱的是一個調子，都是為了鎮壓革命，鞏固反動統治制度。

陳亮首先從理論上批判了朱熹所謂在宇宙之間，有一種先天就有的脫離具體事物的神秘本體──「理」或「道」的謬論，他說「道在物中」、「理在事中」，根本沒有什麼在「天」之「理」，物外之「道」。陳亮還進一步揭露了朱熹「天理」論的虛偽性，他指出道學先生鼓吹玄妙莫測的「天理」，無非是：一、「蓋其所無」，掩蓋他們內心的空虛；二、「相蒙相欺」，麻痹、愚弄人民，讓人們去「安坐感化」，「做閉眼之人」，把民族壓迫，國家命運，置之度外，聽憑「天理」安排，造成對國家的大事「百事不理」的態度。（《龍川文集·送吳允成運幹序》）

陳亮從唯物主義的立場出發，對朱熹的唯心主義的反動謬論進行批判。他大聲疾呼：「天下大勢之所趨，天地鬼神不能易，而易之者人也。」（《林下偶談》）陳亮以大無畏的戰鬥精神，一腳踢翻儒家長期以來所塑造的天地鬼神的神秘偶像，而強調人的主觀能動作用，號召人們不要相信朱熹一伙鼓吹的「天理」的那一套，在國家統一與分裂鬥爭的嚴重時刻，馳騁沙場，建功立業。他說：「但有救時之志，除亂之功，則其所為，雖不盡合義理，之不自妨為一世英雄。」（轉引於《晦庵先生文集‧答陳同甫》）

四

在「王霸之辯」的論爭中，朱熹一方面從神靈、上「天」那裡找護身符，一方面又從死人的腐屍骸骨裡尋找精神武器，妄圖用死人來壓活人。他搬出幾千年前被儒家視為「理想世界」的「三代」（夏、商、周）來，為「王道」、「天理」作辯護。朱熹胡說什麼「三代專以天理行，漢、唐專以人欲行」（《龍川文集‧甲辰答朱元晦書》）。在朱熹看來，夏、商、周的社會，是十分美妙的，是儒家津津樂道的「王道」，而漢、唐的社會一場糊塗，是儒家切齒痛恨的「霸道」。朱熹就是這樣，以古非今，頌儒貶法，把三代以下的歷史描繪成一片漆黑，一代不如一代。

陳亮繼承了法家「法後王」、「美當今」的思想，批判了朱熹的歷史退化論。他指出：「秘書（指朱熹）以為三代以前，都無利欲，都無要富貴底人，今《詩》、《書》載得如此淨潔，只此是正大本子，亮以為才有人心，便有許多不淨潔。」（《龍川文集‧乙巳文書》）這裡，陳亮一針見血地戳穿了「三代」的所謂「王道樂土」，是儒家那些「正大本子」的《四書》、《五經》吹出來的，實際上並不是那麼回

事。接著陳亮贊美儒家所竭力攻擊的漢、唐，他說：「漢、唐之君，本領非不洪大開廓，故能以其國與天地並立，而人物賴以生息。」（《龍川文集‧又甲辰答朱元晦書》）這就是說漢、唐初期，國家強盛，人民富庶，就是因為漢高祖、唐太宗是很有本領的人。可見，歷史不是倒退的。陳亮又進一步反問朱熹說：「信斯言也，千五百年之間，天地亦是架漏過時，而人心亦是牽補度日，萬物何以阜藩而道何以常存乎？」（《龍川文集‧甲辰答朱元晦書》）意思是說，如果相信你朱熹那套今不如昔的胡說，那麼，三代以後一直到宋朝的歷史都是支離破碎的，社會又怎能繁榮與發展呢？陳亮這種堅持前進，反對開歷史倒車、崇法蔑儒的觀點，在當時是進步的。

陳亮與朱熹這場關於歷史的辯論，並不光是為漢、唐作辯護，目的就是要解決「今日之事，當務之急」（《龍川文集‧周禮》），在當時來說就是要解決南宋小朝廷到底向何處去的問題。因此，陳亮反對朱熹之流開口「先王」，閉口「三代」的復古守舊思想，他指出「古今異宜，聖賢之事，不可盡以為法」（轉引自朱熹《答陳同甫書》）。這就是說時代不同了，孔老二那一套東西不能完全符合當時形勢了。因此，他認為必須「考古今沿革之變」，肯定漢代、唐代的文治武功，學習歷史上的「中興」的經驗，使南宋強大起來，恢復中原，統一中國。陳亮的這種觀點，反映了廣大人民要求進步，要求統一的正義呼聲，也是對「忍恥事仇，飾太平於一隅以為欺」的大官僚大地主階級有力的鞭撻。

五

陳亮與朱熹的「王霸之辯」，絕不是什麼打筆墨官司，或是什麼「秀才爭閑氣」，而是革新與守舊，前進與倒退，統一與分裂的儒法

兩條路線之間的你死我活的激烈搏鬥。

　　陳亮「賤王尊霸，謀利計功」的政治主張、痛快淋漓、大膽酣暢的反對理學的思想言論，撕下了朱熹一夥「醇儒」用來遮醜的面紗，揭露了隱藏在「王道」、「仁義」背後的暴政，這就觸犯了大官僚、大地主階級的利益，被視為洪水猛獸。朱熹驚呼：「家家談王霸，不說孔、孟，可畏，可畏！」（〈甲辰答呂子約書〉）為了拔掉陳亮這枚眼中釘、肉中刺，朱熹等人千方百計對陳亮進行威脅、利誘。他們散布流言蜚語，攻擊和污蔑陳亮是什麼「狂怪」、「異端」、「粗豪」……，甚至連「雞鳴狗盜」這些話也罵出來了。對此，陳亮投以輕蔑的眼光，「揚揚焉以資一笑」（《龍川文集・又甲辰答書》）。此計不成，又生一計。朱熹又擺出大學霸的架勢，對陳亮施加壓力，下最後通牒，要陳亮立即放棄賤王尊霸的思想，悔過檢討，重修養，老老實實地做個孔、孟的忠實信徒。同時，朱熹又挑唆他的門徒黨羽孤立陳亮。儘管惡浪逆流不斷襲來，陳亮毫不畏懼，仍高舉起破儒反理學的旗幟，繼續戰鬥。他一再聲明，「寧負一世之謗」，而「不能一一敬遵其戒」，放棄法家觀點，去做「較禮於分寸」、「以涵養為正」的道學先生。他立志要做一個「推倒一世之智勇，開拓萬古之心胸」（《龍川文集・甲辰答朱元晦書》）的愛國志士。

　　朱熹之流對陳亮的迫害一一宣告破產以後，終於拋棄了「王道」、「仁義」的假面具，將莫須有的罪名加在陳亮身上，陳亮被投進監獄，備受嚴刑拷打。由於統治階級的迫害，陳亮「憂患困折，精澤內耗，形體外離」（葉適《龍川文集序》），五十二歲便憂憤而死。

　　陳亮無所畏懼的戰鬥精神和閃爍著論戰鋒芒的論辯書信和策論，在我國儒法鬥爭史上，留下了不可磨滅的一頁。他的思想和著作對當時與後世都有深刻的影響。著名法家李贄、龔自珍都十分讚賞陳亮。但是，由於所處的時代和階級的局限。陳亮同朱熹論戰中，還不可能

運用辯證唯物論和歷史唯物論，徹底揭露批判朱熹「王道」、「天理」等主張的反動本質。因此他雖看到了「王道樂土」的「不淨潔」，但不能與孔、孟之道作徹底的決裂，由於他們唯心主義英雄史觀來觀察問題。因此，看不見當時積極抗戰的人民群眾的力量，陷於悲觀失望。同時，他對朱熹抱有許多幻想，給朱熹獻壽詩、送禮，至死還沒有看守朱熹的猙獰面貌。

從陳亮和朱熹的「王霸之辯」中，我們清楚地看到，意識形態領域裡的階級鬥爭的長期性和複雜性。在社會主義社會這個歷史時期內，「王道」、「仁政」的老調子還會有人重彈，孔、孟之道的復辟經還會有人再念。為了鞏固無產階級專政，防止資本主義復辟，把社會主義革命進行到底。我們就必須狠狐意識形態領域裡的階級鬥爭，在當前，要把學習無產階級專政的理論同普及、深入、持久地開展批林批孔運動很好地結合起來。

——原載《浙江日報》一九七五年五月十九日

南宋時期儒法兩家的一次大論戰

──陳亮痛斥朱熹的反動「理學」

李耕　沈侃

　　我國南宋時期的著名法家代表人物陳亮同儒家反動勢力的代言人朱熹，展開過一場激烈的論戰。論戰的實質是「戰與和」的問題。這是南宋時期儒法鬥爭的一個重要內容。

　　公元一一二七年，北宋王朝被我國東北的金朝女真貴族所滅，漢奸投降派宋高宗趙構逃到江南建立了南宋「臨安政權」。南宋封建王朝昏庸無能，繼續推行北宋末年的儒家政治路線，對金朝貴族讓地求榮、屈膝投降，對內打擊抗金勢力，鎮壓人民反抗。殘酷經濟剝削和政治壓迫，迫使農民多次起義，沉重地打擊了官僚大地主勢力和金朝貴族的入侵，動搖了南宋王朝的統治。孔老二的忠實徒朱熹（1130～1200），從維護南宋官僚大地主的利益出發，一方面竭力散布「區區東南，事有不可勝慮者，何恢復之計可圖乎」的亡國論，為南宋封建王朝的投降主義路線製造輿論；另一方面大肆鼓吹唯心主義的「理學」，妄圖撲滅人民反抗鬥爭的烈火及南宋王朝的統治。朱熹的尊孔反法、賣國投降的反動思想，受到了投降派尊法反儒思想家的嚴厲批判，陳亮就是其中的一個著名代表。

　　陳亮（1143～1194）浙江永康人。他從中小地主的利益出，竭力主張改革腐敗的官僚政治，實行法治，抵抗金兵入侵，收復失地，統一中國。他對朱熹的唯心主義「理學」、復古主義和降敵求榮的賣國主義理論進行了尖銳批判。

　　陳亮把批判的矛頭首先指向朱熹的「正心誠意」說。朱熹的所謂「正心誠意」，就是要人們脫離實際鬥爭，進行「即物窮理」的唯心主義修養。陳亮一針見血地指出，朱熹的「盡心知心」、「學道愛人」修養論，只能造成「相蒙相欺，盡廢天下之實」、「百事不理」的局面，對民族的前途、國家的命運，極為有害。他嘲笑朱熹之流自以為得正心誠意的聖學，其實是一群得了麻痹症不知痛癢的家伙。

　　陳亮對朱熹的批判，使孔、孟之徒大為恐懼。公元一一八二年，朱熹帶著厚禮，專程趕到陳亮的家鄉，妄圖用榮華富貴收買陳亮，使之放棄「功利之學」。但是陳亮不買他的帳。朱熹之流惱羞成怒，轉而對陳亮實行政治迫害，污蔑他是「狂怪」、「邪惡」，將其逮捕入獄，企圖靠嚴刑拷打來改變他的政治主張。但是陳亮堅貞不屈。出獄以後，他繼續堅持鬥爭，批判朱熹的「理學」。

　　朱熹的「理學」，是孔、孟之道的變種。由於宋朝農民起義對封建禮教的衝擊，對孔丘「天命論」的批判，使朱熹感到「天命論」已經不能繼續欺騙人民、阻止人民的反抗鬥爭，需要用一種更加狡猾更加隱蔽的形式來控制人們的思想，於是他精心炮製了一個客觀唯心主義的「理學」。他把「天」、「神」說成是一種絕對精神，就是「理」或者「天理」。他把維護封建統治秩序的「三綱五常」說成是永恆不變的「天理」，把一切違反封建統治秩序的欲望、要求，對侵略者的反抗，說成是「人欲」。朱熹認為，「天理」與「人欲」不能並存，主張必須「滅人欲」，以保「天理」。顯然，朱熹當時大談「存天理，滅人欲」，其目的就是要人民群眾心甘情願地當奴隸，俯首帖耳任人宰割，為他的賣國投降製造理論根據。

　　陳亮痛斥了朱熹的「存天理，滅人欲」的說教。他用「理在事中，道在物中」的樸素唯物主義觀點來批判朱熹的「理在事先，道在物先」的唯心主義觀點。他認為「人欲」就是「事功」，「功到成時便

是有德,事到濟處便是有理」。他提出當時最大的政事就是洗刷國
恥,收復失地,並認為當時能夠完成抗金革新的「事功」,就是有德
有理。他指出朱熹之流離開了抵抗金兵的入侵,侈談什麼「外賞罰以
求君道」純粹是「迂腐之論」。

陳亮在批判朱熹的「存天理,滅人欲」的反動「理學」的同時,
還批判了他的復古主義謬論。朱熹認為,夏、商、周三代,由於「天
理存」,因此社會光明,國家昌盛。而漢、唐以來,社會混亂,國家
衰弱,是因為天理「失傳」。所以,他鼓吹「不作三代以下人物」的
所謂一代不如一代的復古主義謬論。陳亮針鋒相對地指出,「天理」
和「人欲」在人類歷史上是並存的:所謂王道與霸道在歷史上也從來
是交雜並用的,根本不存在什麼「三代以上」和「漢、唐以下」的絕
對鴻溝。他認為只要有「救時之志,除亂之功」,即使不符合孔、孟
之道的「理」,「亦不自妨為一世英雄」。他對朱熹吹捧的那些「守規
矩準繩而不敢有一毫走作」的復古守舊的謬論,表示了極大的輕蔑。

陳亮對朱熹的批判和揭露,戳穿了朱熹利用孔、孟之道鼓吹賣國
投降的陰謀,沉重打擊了官僚地主階級尊孔反法、賣國投降的反動路
線。朱熹的日子很不好過。他寫信給陳亮,希望「休戰」,說什麼
「已往是非,不足深較」。但是陳亮沒有被朱熹的「免戰牌」所迷
惑,而是猛追窮寇。公元一一八八年,他遠遊京口、金陵等地,親臨
抗金前線考察攻守情勢,次年又跋山涉水,與抗金名將辛棄疾相會於
江西上饒地區的鵝湖,「長歌相答,極論世事」,痛斥朱熹之流賣國求
榮的可恥勾當,抒發收復失地的壯志豪情。當然,陳亮看不到人民群
眾的力量,把抗戰救國只是寄托在南宋統治者身上,這是他的階級局
限性。儘管如此,陳亮仍不愧為一個愛國主義思想家。

——原載《解放日報》一九七五年三月二十一日

從陳亮朱熹論戰看南宋時期
愛國主義和賣國主義的鬥爭

岳華

一

距今八百年前，我國南宋時期傑出的愛國主義思想家陳亮，不怕「負一世之謗」，以大無畏的反潮流精神，同號稱「一代儒宗」的唯心主義理學集大成者朱熹展開了一場尖銳的理論鬥爭，極大地震動了當時「爛熟委靡」的思想界。他們辯論的雖然是天理人欲、王霸義利一類哲學問題，實質上則反映了南宋統治階級內部抗戰愛國還是投降賣國、革新前進還是復古倒退兩條思想政治路線的鬥爭。這是繼北宋時期王安石反對以司馬光為代表的大地主階級頑固派的鬥爭之後，儒、法鬥爭的又一個重要回合。

當時，崛起於我國東北境內的女真族貴族，於公元一一一五年稱帝建立金朝，一一二五年滅遼，一一二七年滅北宋，勢力擴展到黃河流域一帶。依靠武力征服發展起來的金王朝，雖已具有封建國家的性質，但還是一個帶有嚴重奴隸制殘餘的軍事政權，它一方面殘酷剝削、壓迫統治下的勞動人民；另一方面，對南宋不斷進行野蠻的掠奪性戰爭，嚴重破壞社會生產力的發展。

女真族貴族集團的野蠻掠奪和壓迫，激起了各族人民的強烈反抗，八字軍、紅巾軍等農民武裝奮起抗金，反掠奪、反壓迫的革命烈火燃遍大河上下、長江南北。正是我國各族勞動人民英勇不屈的抗金

鬥爭，才阻遏了金朝統治者吞併江南的野心，否則，南宋王朝的偏安局面是一天也維持不下去的。

面對金政權不斷發動的軍事進攻，是堅決抵抗還是妥協退讓，是抗戰救國還是投降賣國，南宋統治集團內部始終存在著兩條路線的激烈鬥爭。代表腐朽的官僚大地主階級利益的投降派，為了保住自己的財產和剝削人民的封建特權，不顧半壁河山陷落和北方人民受蹂躪，頑固推行一條屈服求和的投降主義路線。他們打擊戰派，鎮壓農民軍，心甘情願向殘酷壓迫各族人民的女真族貴族統治者稱臣納貢。為了欺騙人民，他們還打起尊孔崇儒的黑旗，宣稱「以儒治國」，「儒道之振，獨優於前代」。由程顥、程頤奠基、朱熹集其大成的唯心主義理學，正是他們投降賣國的反動理論根據。

在人民群眾英勇抗金鬥爭的推動下，南宋地主階級中的抗戰派（即革新派）則堅持了應有的民族氣節，主張革命弊政，富國強兵，抗擊金朝統治集團的武裝侵擾，並爭取進兵中原，重新恢復國家的統一。他們的主張，在一定程度上反映了廣大人民反抗民族壓迫的強烈願望

法家陳亮就是地主階級抗戰派的一個突出代表。

二

陳亮出身於一個「散落為民，譜不可繫」的庶族地主家庭。少年時就「慨然有經略四方之志」，曾飽讀兵書，寫成一部具有獨特風格的軍事著作《酌古論》，總結了曹操、諸葛亮等十九位歷史人物用兵成敗的經驗教訓，作為「中興」、「復仇」事業的借鑒。一一六九年，陳亮以滿腔愛國熱忱，向宋孝宗趙眘上〈中興五論〉。他痛切地寫道：「海內塗炭，四十餘載矣！赤子嗷嗷無告，不可以不拯；國家憑

陵之恥，不可以不雪；陵寢不可以不還，輿地不可以不復。此三尺童子之所共知。」希望統治者留神政事，勵志恢復，改變南宋王朝苟且偷安的局面。他還提出政治革新和軍事「中興」的具體方案，認為應以荊、襄為中心，派遣有能力的大臣積極經營，屯田養兵，立隱腳跟；然後進取齊、秦，合圍京、洛，則「中興」、「復仇」、收復中原的大事可成。由於投降主義思想籠罩著當時的南宋朝廷，〈中興五論〉不僅未被採納，甚至未能送到孝宗手裡。十年之後，陳亮再次來到臨安，以更加激昂的辭句，更加堅決的主戰態度，大聲疾呼時局的危殆，尖銳地批判了投降主義路線給國家和人民造成的災難。這些上書雖然送到了「御前」，孝宗表示「赫然震動」，但腐敗的南宋統治者，事實上已沒有勵志恢復的理想和能力，不可能真正接受陳亮的意見，只想給他一官半職以搪塞之。陳亮慨然回答說：「吾欲為社稷開數百年之基，寧用以博一官乎！」悲憤地離開臨安，回鄉繼續講學。

又過了整整十年，陳亮第三次採取「伏闕上書」的辦法，申述自己的抗戰主張。這次上書前，他曾親自到京口、建業觀察形勢，提出了利用長江天險設防的軍事計畫，向孝宗講明「江南之不必憂，和議之不必守，虜人之不足畏」的道理，有力地駁斥了投降派所謂「江南不易保」的亡國謬論。直到臨死前一年（1193），陳亮還寫出了「復仇自是平生志，勿謂儒臣鬢髮蒼」的豪壯詩句，表明他一生始終堅持愛國主義的立場。

陳亮從抗金鬥爭的實際需要出發，大力提倡實事實功的功利之學，堅決反對朱熹一類道學家們脫離實際、空談心性的委靡學風。在他看來，「為士者必以文章行義自名，居官者必以政事書判自顯，各務其實而極其所立」。他提出「務實」的口號，鮮明地表現了法家的求實精神。

反動道學家朱熹把陳亮注重事功、講求適用的學問目為「粗

豪」，譏為「功利之學」。相反，陳亮極端鄙棄朱熹等人那種「不著實
而適用」的道德性命之學，嘲笑那種只會空發議論「而不知事功為何
物」的「書生之智」是毫無不用處的「腐儒之談」。陳亮痛罵那些
「低頭拱手，以談性命」，「自以為得正心誠意之學者」，都是些「風
痹不知痛癢之人」，他們對社會危機和民族恥辱已經麻木不仁，就如
同枯木死灰一樣。在這裡，陳亮深刻揭露了道學不過是投降派手裡的
一塊遮羞布而已。

朱熹在對金和戰問題上的態度，最典型也說明了道學家們假抗
戰、真投降的賣國賊嘴臉。

朱熹這個孔老二的忠實信徒，極端虛偽而又狡猾。他有時也說幾
句「君父之仇，不共戴天」一類的漂亮話，但那完全是從儒家的「忠
孝」觀念出發，痛念北宋的兩個末代昏君——徽宗趙佶和欽宗趙桓被
金朝俘去，死在北方，而不是考慮社會前進和國家人民的利益。徽、
欽二帝的墳土未乾，朱熹就拋出了「斯世復仇無意思」的謬論，說什
麼「孝宗即位，銳意雪恥，然事已經隔，與吾敵者，非親殺吾父祖之
人，自是鼓作人心不上。所以當時號為端人正士者，又以復仇為非，
和議為是；而乘時喜功名輕薄巧言之士，則欲復仇」。他把漢奸、賣
國賊秦檜及其餘黨史浩、湯思退之流吹捧為「端人正士」，而指名攻
擊虞允文等抗金將領是追求富貴功名的「輕薄巧言之士」，「孝宗盡被
這樣的欺，做事不成」。在金朝入侵、民族危亡的時刻，朱熹還無恥
地鼓吹：「制御夷狄之道，其本不在乎威強，而在乎德業；其任不在
乎邊境，而在乎朝廷；其具不在乎兵食，而在乎紀綱。」這同西漢時
期那些賢良文學們鼓吹「去武行文，廢力尚德，罷關梁，除障塞」的
投降賣國理論如出一轍，而同法家陳亮提出的「兵食以其用而見其盈
虛」的主戰方針是根本對立的。試想，不建設強大的軍隊，不給兵民
以武器和糧食，甚至還要取消邊境的軍事部署，那還談得上什麼「抗

金」呢？天天講「三綱五常」、「仁政」、「德治」，能把敵人不消化和攆走嗎？由此可見，朱熹鼓吹的地地道道的投降主義路線，儒家主張的是貨真價實的賣國哲學。

朱熹到了晚年，南宋偏安的局面相對穩定，國內階級矛盾日益激化的時候，他就徹底撕掉了抗戰的假面具，向皇帝大講什麼：「區區東南，事有不可勝慮者，何恢復之可圖乎？」主張把抗金救國、恢復中原的旗號拋在一邊，「先以東南之未治為憂」，用全力來鎮壓南宋王朝統治地區內的農民起義。

在南宋時期民族矛盾和階級矛盾十分尖銳複雜的情況下，朱熹一類道學家們，口裡唱著「抗金」的調子，實際上兜售「攘外必先安內」的賣國哲學，空談道德性命，不顧民族危亡，正好適應了一小撮官僚大地主投降派的政治需要。他們也以道學作為護符，變本加厲地推行儒家的投降賣國路線，文恬武嬉，使國勢日趨衰弱。由於反動統治階級的提倡，「低頭拱手，以談性命」的唯心主義理學，即道學曾風靡一時，造成極其惡劣的社會風氣。陳亮生活在那個時代，痛感道學禍國殃民之深，曾予以猛烈抨擊。他指出，自道德性命之說一興，人們爭相趨附，這些人只會打拱靜坐，徐行緩語，不學實際技術才能，不講求事功效用，專以「盡心知性」、「學道愛人」一類空洞議論自欺欺人，實際上是最無知無用的廢物蛋。這種風氣流行，就會導致「盡廢天下之實」，以致「百事不理」的危機，不說「中興」、「復仇」，就連偏安一隅的局面也是難得保住的。陳亮雖然還是從維護封建統治的立場出發，但是他對反動道學禍國殃民、為投降派效勞的本質的無情揭露和批判，在當時是具有進步意義的。

三

一一八一年秋，朱熹被任命提舉浙東常平茶鹽公事，在赴任途中，到永康訪問了陳亮。次年春，陳亮回訪朱熹於衢、婺間。此後若千年中，他們有大量書信往還，就所謂「王霸義利之辯」問題展開了一場大論戰，這是南宋愛國和賣國兩條政治路線鬥爭在意識形態領域的集中反映。

朱熹從「天理人欲，不容並立」的反動哲學前提出發，把歷史割裂為三代以上和三代以下兩截，認為「三代專以天理行，漢、唐專以人欲行」，所以，三代是「徹頭徹尾，無不盡善」的王道盛世，三代以下則是黑暗的霸道衰世，宣稱一代不如一代。這種歷史退化論完全是為南宋官僚大地主階級的投降賣國路線製造輿論的。面對著金政權的武裝威脅，他們不搞富國強兵，大搞尊孔復古，認為挽救當時社會危機的唯一辦法，就是把歷史拉回到孔老二極力推崇的三代奴隸社會去，恢復「天理」統治的王道政治。朱熹把社會的前途看成漆黑一團，也就是說，除了妥協投降之外，簡直沒有別的路可走。

陳亮繼承了法家的進步歷史觀點，認為「古今異宜，聖賢之事，不可盡以為法」，堅決反對朱熹復古倒退、投降賣國的反動主張。

他用「道在物中」的樸素唯物主義觀點說明，在整個歷史過程中，道都有所體現。「天地之間，何物非道？赫日當空，處處光明。」只有瞎子才把世界看成漆黑一團，「豈舉世皆盲，便不可與共此光明乎」？漢、唐也是萬物阜蕃，為什麼道就不存在了呢？三代以後一千五百年的歷史，同三代一樣，都體現了常存不滅的道，並不存在什麼三代以上和三代以下的絕對鴻溝。陳亮認為，在人類活動中，天理和人欲並不是絕對對立，而是交雜並用的。三代的帝王並非純乎

「天理」，也是滿腦子「利欲」，同樣追求富貴。「亮以為才有人心便有許多不淨潔」。反之，漢、唐的君主也有「救民之心」，並非如朱熹所說「無一念之不出於人欲也」。他們「禁暴戢亂，愛人利物」，統一中國，建立功業，其「本領非不洪大開廓」，完全可以和三代「聖人」媲美。陳亮批判朱熹割斷歷史，「謂二千年之君子皆盲眼不可點洗，二千年之天地日月若有若無」，「盡絕一世之人於門外」，正是否定人民群眾創造歷史的偉大作用，打擊廣大人民抗金的積極性，叫人們苟且偷安，因循守舊，做個「半死半活」的可憐蟲，使「中興」、「復仇」的事功，永無完成之一日。他對此表示無限憤懣。陳亮根據「天地常運而人為常不息」的觀點，強調積極的人為，反對因循守舊，苟且偷安。他崇拜的是像漢高祖、唐太宗這樣「有救時立志，除亂之功」的法家或是有法家傾向的人物，希望南宋王朝能夠像漢、唐一樣強盛，富國強兵，抗敵雪取恥，收復中原，海內一統。

朱熹這個偽君子，開口「天理」，閉口「仁義」，公開打出反功利主義的旗號，大講什麼「正其義不謀其利，明其道不計其功」。在他看來，漢高祖、唐太宗雖然建立了功業，但其動機純出於「利欲」，所以要全盤否定。朱熹提出所謂「義利之辯」問題，是把矛頭指向以陳亮為代表的地主階級抗戰派，攻擊他們的進步主張是出於「計功謀利之私」。陳亮不但不諱言功利，而且高舉功利主義的旗幟，作為自己學說最顯著的特徵。他批判了朱熹把「義」和「利」絕對對立起來的觀點，主張「功到成處，便是有德；事到濟處，便是有理」，強調事功的實際效果，認為道德義理就表現在事功之中。陳亮主張的功利主義，是以富國弘願，抵抗外侮，「中興」、「復仇」為目的的。一切以對抗金鬥爭是否有利來衡量。毛主席說：「世界上沒有什麼超功利主義，在階級社會裡，不是這一階級的功利主義，就是那一階級的功利主義。」實際上，朱熹反對一切功利是假，他反對農民階級要求

「等貴賤，均貧富」的革命功利主義，反對地主階級革新派講求實事實功、富國強兵的功利主義，維護一小撮官僚大地主階級最反動最腐朽的功利才是真。陳亮的功利主義，雖然從本質上說還是地主階級的功利主義，有其階級和時代的局限性。但是，他能堅持法家路線，主張革新政治，抵抗侵擾，有力地批判了儒家復古倒退、投降賣國的反動路線，在當時顯然是進步的。

四

愛國主義者陳亮，終生以「除天下之患，安天下之民」，「必使天下定於一」作為自己的志願，在趕走女真、恢復中原的目的未達到之前，未嘗一日忘記平生抱負。他常發出「堯之都，舜之壤，禹之封：於中應有，一個半個恥臣戎。萬里腥羶如許，千古英靈安在」的感慨，痛恨腐朽的南宋統治者遷延了大有為之歲月。一一八八年，陳亮第三次上書孝宗皇帝不報後，舉朝目為「狂怪」，他仍堅持抗金救國的正義立場。這年冬天，陳亮和著名的愛國詩人辛棄疾有信州鵝湖之會，他們曾約朱熹在紫溪相見，共商恢復大計。偽君子、賣國賊朱熹拒絕前往，在復信中說什麼：「近方措置種得幾畝杞菊，若一腳出門，便不得此物吃，不是小事。」在他看來，抗金救國事情不大，居家品菊事情也不小。正是這一年，朱熹在給孝宗皇帝上書中，狂叫鎮壓農民起義比抗金更重要，露骨地鼓吹投降賣國理論。難怪金朝統治者對他如此關懷，向使者專門詢問「朱先生安在」？把他當作在南宋的代理人。陳、朱所代表的兩條政治路線的根本分歧，亦此亦可見一斑。

陳亮不怕朱熹這個大反動權威，敢於反潮流的鬥爭精神，他的鮮明的愛國主義立場和尊法反儒思想，他的與政治實踐密切結合的唯物

主義功利學說，在當時的思想界引起了巨大的震動，嚴重威脅著儒家理學的統治地位。朱熹簡直是被這種學說的流行嚇破了膽。他一再驚呼：「頃來議論一變，如山移河決，使學者震蕩回撓，……令人憂懼。」「陳同父學已行到江西，浙人信向已多，家家談王霸，……可畏！可畏！」他對此恨之入骨，進行了猖狂的反撲。朱熹惡毒攻擊陳亮「血氣粗豪」，「乖乃不知正」，污蔑他沒有「跳出功利窠窟」。朱熹的門徒也咒罵陳亮是「怪人」，誹謗的法家學說是「異說」，甚至每讀陳亮的書信就「怒髮衝冠」，每見他來「輒捨路去不與共坐」。

由於陳亮始終堅持愛國主義立場，同大地主投降派進行了多次針鋒相對的鬥爭，因而遭到當權者的嫉恨。他曾兩次被人陷害，關進監獄，慘遭毒刑，幾乎喪失性命。可見當時儒法兩條路線鬥爭是多麼尖銳！

總結陳、朱論戰的歷史經驗，我們可以看到，凡是對內鎮壓人民，反對社會變革，大搞尊孔復古的反動派，在侵略勢力面前，大都是屈服投降的賣國主義者；而堅持進步、反對倒退，堅持變革、反對守舊的法家革新派，一般都是愛國主義者。陳、朱論戰還表明：凡是搞復古倒退、投降賣國的反動派，總是要利用一套反動哲學來作為他們的反動政治路線的「理論」基礎，而法家則堅持一條同進步的政治路線相適應的樸素唯物主義思想路線。哲學鬥爭和政治鬥爭是緊密配合的。

同聲相應，同氣相求。叛徒、賣國賊林彪，繼承了歷史上儒家的賣國主義衣缽。他特別欣賞偽君子朱熹的「待人哲學」，包括那一套假抗戰、真投降的反革命兩面派伎倆；他逞大肆宣揚經過朱熹發揮的復辟、倒退、賣國的孔、孟之道，作為復辟資本主義，對內搞封建買辦法西斯專政，對外投降蘇修社會帝國主義的反動理論根據。因此，用馬克思主義觀點研究和總結南宋時期階級鬥爭和儒法鬥爭的歷史經

驗，弄清陳、朱論戰的實質，對於進一步批判林彪尊儒反法、投降賣國的反動路線，普及、深入、持久地開展批林批孔運動，堅持無產階級專政下的繼續革命，有著重要的現實主義。

——原載《天津日報》一九七五年七月十二日

論陳亮同朱熹的「義利王霸之辨」

青島造船廠工人理論小組

公元一一八五年至一一八八年，南宋法家代表人物陳亮同反動理學家朱熹，展開了一場「義利王霸之辨」的大論戰。這場論戰涉及到政治、哲學、歷史等學領域，歸根到底集中到是抗戰、統一還是投降、分裂，是愛國還是賣國的問題。用馬、列主義、毛澤東思想正確評價這場論戰，對於認識儒、法鬥爭與階級鬥爭、民族鬥爭的關係，認識南宋愛國主義、賣國主義兩條路線鬥爭，認清林彪吹捧朱熹的反動嘴臉，具有一定的意義。

公元一一二七年，我國東北部的金（女真族）貴族政權大舉南侵，滅亡了北宋，並把趙宋王朝殘餘趕到淮河以南。其間金貴族政權不斷發動侵宋戰爭，給各族人民造成深重災難。當時趙宋王朝代表漢民族大地主保守勢力的階級利益，一味投降、求和，推行了一條分裂、賣國的路線。他們一方面放手賣國，一方面又拚命尊孔。他們公開宣布「以儒立國」，大倡儒學，重用儒生，每到關鍵時刻都要抬出孔、孟之道，作為他們投降、賣國的理論根據。臭名昭著的賣國賊秦檜，就經常用「以誠對敵」之類的謊言，遮蓋天下人的耳目。到了朱熹，用理學為投降賣國辯護，搞得更加隱蔽、玄虛，因而更加迷惑人心。

這時，南宋廣大人民和北方地區的各民族人民一起，紛紛舉起反壓迫、反賣國的革命大旗，到處痛擊金貴族的侵擾。在人民抗戰的推

動和鼓舞下，在金軍入侵中經濟利益受到損害的中小地主也要求抗戰、統一，堅持反投降、反賣國鬥爭。當時著名將領李綱、宗澤及岳飛等，都堅持要求抗戰，並在不同程度上都取得了抗金戰爭的勝利。但是，他們對於孔、孟之道和當時投降賣國路線的關係認識不足。就在這時，陳亮舉起了尊法反儒的愛國主義旗幟、猛烈抨擊南宋投降、賣國路線，提出改革政治、北上抗戰的法家愛國主張。他遭到大官僚、大地主及反動儒生「上下交攻」的瘋狂攻擊，三次被捕入獄，受盡了殘酷迫害。他同朱熹互通了十幾封信，展開了「義利王霸之辨」。主要圍繞以下三個方面論爭。

天理、人欲之辨。朱熹理學的核心，就是一個「理」字，他把「理」說成是上帝的意志，是所謂「天理」。同時，他又把「欲」說成是凡人的私心，胡說天理和人欲是絕對對立的。他從理欲觀念出發，繼承了孔、孟的「君子喻於義，小人喻於利」謬論，揉合董仲舒、韓愈的「三綱五常」和「性三品」說，把人劃為三等：第一等是專行天理的聖人，他們絲毫沒有人欲；第二等是漢高祖、唐太宗等法家，他們不能認識天理，但人欲還沒有十分濃烈；第三等是「無一念不出於人欲」的勞動人民，他們「有眼皆盲」，根本不能認識天理。朱熹在煞有介事地胡編出來這套謬論以後，進而把當時反動統治階級「低頭拱手」、「屈膝投降」說成是行天理，是天經地義的，誰也不許干涉；把勞動人民的抗金起義和法家的主戰活動，說成是「人欲橫流」，並說這種人欲是「十惡不赦」的，必須「存天理，滅人欲」，堅決予以撲滅。很明顯，朱熹這種反動說教，是為反動統治階級投降、賣國披上「神聖外衣」，扼殺人民抗戰、愛國的欲望。朱熹在出任湖南按撫期間，就揮動屠刀赤膊上陣，鎮壓農民起義，並多次恫嚇陳亮這樣的愛國人物，要他「遷善改過」，不要「以欲害理」。

對於朱熹這些謬論，陳亮進行了毫不留情的批駁。首先，他從樸

素唯物論和在當時來說具有進步意義的普遍人性論出發，堅決反對把古今、聖凡絕對對立。他認為「理」是一種客觀規律，是古今一樣存在的，是人人可以認識的。「欲」也是與生俱來，「人之所同」人人都有的。他戳穿了朱熹的唯心主義天命觀和反動的等級觀念，指出：世界上根本沒有什麼天理，沒有什麼「絕世美器」的聖人！把理欲絕對對立是「劃界而立」，人為地製造等級差別。陳亮進而站在中小地主的立場上，號召人們根本不要聽朱熹那套天理、人欲的謊話；聖賢們的「義理」，不妨「棄而不講」，愛國者的「人欲」，不妨自由噴發。他幾次冒死上書孝宗皇帝，為中下層的「人欲」大聲疾呼，大義凜然地給當權者當頭棒喝；人民的苦難不可以不拯救，國家的恥辱不可以不報雪，民族的領土不可以不收復，這是三尺童子也懂得的！

從這裡我們可以清楚地看到，陳亮、朱熹的「理欲之辨」，是兩條路線的鬥爭。朱熹的「天理」，實質上是投降、賣國之理；而陳亮的「人欲」，正是抗戰、統一的要求。朱熹為了保住一小撮上層大地主利益，不惜犧牲國家的民族的人民的利益，而陳亮則要求採用中小地主中主戰派的愛國主張，動員人民力量，北上抗金，統一祖國。

仁義、功利之辨。朱熹理學的另一個重要內容，就是鼓吹空談仁義、修身養性。他高唱起孔、孟「吾日三省吾身」的老調子，胡說談論仁義、修身養性就能救國，「須是先得吾身好，方能天下國家好」，因此修身養性比救國還重要。人們不應該去過問什麼抗戰，什麼救國，而應該閉門思過，從靈魂深處狠下功夫。他深恐別人看透他玩的鬼把戲，再三宣稱「正其義不謀其利，明其道不計其功」，標榜他宣揚仁義沒有什麼具體的政治目的。其實，朱熹正是那種「口頭上反動功利主義，實際上抱著最自私最短視的功利主義的偽善者」。朱熹宣揚修身養性就是要人們放棄抗戰，坐以待斃；他鼓吹空談仁義，則是為了用孔、孟之道進行奴化教育，腐蝕抗戰力量。這在他給陳亮的信

中完全暴露了出來。他告訴陳亮，修身養性「修養」好了能求得高官厚祿。他在武夷山中講學時，更赤裸裸地鼓吹「橫逆之來，直受之不報」。就是說，人們要有「涵養」、有度量，侵略者打來了也不要抵抗，要老老實實，束手就擒，聽任金貴族反動統治者宰割、蹂躪。

對於朱熹這一反動謬論和政治陰謀，陳亮舉起了功利主義的旗幟，進行了嚴肅的揭露。他指出，「不計其功」的人在世界上是沒有的，就像外出打獵的人不甘心空著手回來一樣。指出朱熹空談仁義本身也是有明確的目的，那就是要人們變成「低頭拱手」的賣國主義者，變成「相蒙相欺」的政治騙子，變成「無所能解」的廢物。陳亮特別厭惡「閉眉合眼，矇瞳精神」的「今世儒士」，十分痛切地意識到空談仁義、修身養性的嚴重危害；能「盡廢天下之實」，使百事俱廢。因此，他敢於在上孝宗皇帝書中指出：「皇上你重用無用的廢物，籠絡腐朽的儒生，坐失抗戰救國的大好時機，我感到無比憤慨！」並大膽地提出，要對天下儒生「反其道以教之」，不要空談「盡心知性」、「學道愛人」這一類孔、孟濫調，而應懂得「文章行義」、「政事書判」這類實際事務。不要成天價勾心鬥角，光想升官發財，而要從事「富國強兵，復仇謀敵之道」，長點愛國的志氣，學點抗戰的本領。「上率其下，下勉其上」，為統一祖國而戰鬥。

從這裡我們又可以清楚地看到：「世界上沒有什麼超功利主義，在階級社會裡，不是這一階級的功利主義，就是那一階級的功利主義。」朱熹的「仁義」，是要人們「兩耳不聞抗戰事，一心只讀聖賢書」，並且用冠冕堂皇的仁義道德，為投降賣國的無恥行徑辯護。陳亮的「功利」，則是要人們走出書齋，投身現實鬥爭，並把是否能為抗戰、統一建功立業作為用人的標準。儘管陳亮的功利主義同他的普遍人性論一樣，具有時代的、階級的局限性，但在當時卻具有一定的進步意義，發揮了很大的戰鬥作用。

王道、霸道之辨。朱熹理學的再一個重要內容，就是鼓吹「王道」、「禮治」，他把孔丘比作宇宙明燈，胡說：「天不生仲尼，萬古如長夜。」宣稱他要接過孔老二「克己復禮」的破旗，恢復夏、商、周三代「王道盛世」。在和陳亮的論爭中，朱熹把歷史劃為三代和三代以下兩截，說奴隸制的三代是「王道盛世」，三代以下是霸道「衰世」。他大肆神化三代「王道」，說三代王道「徹頭徹尾，無不盡善」，鼓吹要用「王道」救國，不要搞什麼改革政治、富國強兵。與此同時，還大肆攻擊漢、唐法家夷狄之侵，統一祖國的霸業，說漢高祖劉邦鎮壓奴隸主復辟是「亂倫逆理」；唐太宗李世民統一天下是「假仁借義以行其私」。惡毒咒罵法家是「賊」，是「聖門罪人」。要人們以三代王道為學習的榜樣，而不要以漢、唐霸業為標準。他又通過鼓吹一代不如一代的歷史倒退論，把世界的命運和抗戰的前途描繪得一團漆黑。在回答陳亮的抗戰建議時，大肆散布中興之事「八九分是罷休矣」的亡國論調，並在論戰結束的那年，公開叫嚷：「區區東南，事有不可勝慮者、何恢復之可圖乎？」意思是說，南宋小朝廷龜縮在東南角上，有許多諸如鎮壓農民起義這樣的事情要做，談不上什麼抗戰不抗戰，統一不統一的問題。言外之意就是，攘外必先安內，抗戰根本無望。

針對朱熹這個赤裸裸的賣國亡國論調，陳亮懷著強烈的愛國義憤，進行了反覆批駁。陳亮繼承歷代法家尊霸道反王道的傳統，從歷史進化論出發，指出三代並不比後世好，後世並不比三代差。他總合他的霸道思想和歷史進化思想，大力頌揚秦、漢以來法家抗擊夷狄之侵、統一祖國的霸業，宣布要像他們一樣「視天下猶吾事」、「謂強敵之可勤」。針對朱熹散布的世界末日的消極、悲觀論調，他提出了「天地常運而人為常不息」的思想，就是地球是永遠要轉動的，人們是永遠要前進的，社會和民族的前進是無限光明的，只要堅決執行法

家路線，採用法家的政治主張，就一定能像漢、唐法家那樣，建立
「執賞罰以驅天下」的霸業，像雷電卷那樣掃平中原，統一祖國。這
就是說，朱熹鼓吹王道是為了反對統一祖國，反對抗戰，而陳亮主張
霸道則是為了進行北上抗金的思想動員。

陳亮同朱熹的「義理王霸之辨」，歸根到底是愛國與賣國之爭，
儘管陳亮作為南宋地主階級的進步思想家，有英雄史觀等時代的、階
級的局限性，但他的鬥爭處處打中朱熹反動理學的要害，使得朱熹這
個假斯文的大儒，窮途末路地發出了「可畏！可畏」的哀嘆。

南宋愛國主義同賣國主義兩條路線的鬥爭，從李綱、宗澤同黃潛
善、汪伯彥的鬥爭開始，經歷了岳飛同秦檜的鬥爭，到陳亮同朱熹的
「義利王霸之辨」，達到了一個新的高潮，朱熹的理學包攝了當時的
賣國論調。陳亮的法家思想也概括了當時主要的抗戰、愛國主張。因
此，陳亮與朱熹的「義利王霸之辨」，是整個南宋時期愛國主義同賣
國主義兩條路線鬥爭的縮影。

從「義利王霸之辨」可以看出，孔、孟之道就是復辟、倒退、賣
國之道，這一點是「貫古今、通內外」的。就近百年而言，曾國藩、
袁世凱、蔣介石、汪精衛都是一邊唱著孔、孟之道的老調子，大肆吹
捧朱熹，一邊幹著投降、賣國的無恥勾當。叛徒、賣國賊林彪，在這
方面超過了他的前輩，林彪鼓吹「要像朱子那樣待人」，效法朱熹搞
《四書集注》搞了《四書集句》；他販賣朱熹的修身養性，叫嚷要在
「靈魂深處爆發革命」；揀起朱熹三代王道的破旗推行「克己復禮」。
其目的，就是要像朱熹那樣鼓吹投降主義，向蘇修社會帝國主義屈膝
投降，變新中國為新沙皇的殖民地，顛覆無產階級專政，復辟資本主
義。我們一定要努力學習馬、列著作和毛主席著作，普及、深入、持
久地開展批林批孔運動，認真學習無產階級專政的理論，在各個領域
包括上層建築領域裡對資產階級實行全面專政、挑起反侵略和防復辟

的重擔，進一步發展各族人民的大團結，把我們多民族的偉大社會主義祖國建設得更加強大！

——原載《大眾日報》一九七五年五月九日

南宋時期儒法兩家的一場大論戰
——略論陳亮與朱熹的鬥爭

施議對

　　南宋時期，儒法兩家的鬥爭，進入了一個新的階段。當時，代表地主階級內部頑固派、投降派的儒家人物和代表地主階級內部革新派、抗戰派的法家人物，圍繞著社會階級矛盾和民族矛盾中的一系列重大問題，展開了一場激烈的鬥爭。法家思想家陳亮，就是這場鬥爭中「異軍特起」的一員，他在和反動理學家朱熹的鬥爭中，表現了大無畏的反潮流的戰鬥精神，他的許多戰鬥論文，都閃耀著唯物主義的思想光輝。認真分析陳亮與朱熹這場鬥爭的實質，從中吸取有益的經驗教訓，對於開展現實的階級鬥爭和路線鬥爭，批判林彪反革命修正主義路線的極右實質，肅清尊儒反法思潮的反動影響，是有一定的意義的。

一

　　陳亮（1143～1194）和朱熹（1130～1200）生活的時代，正是我國歷史上階級矛盾和民族矛盾十分尖銳的時代。當時，統治中國北半部的女真貴族的金政權，不斷向南方發動軍事進攻，代表官僚大地主利益的南宋小朝廷，屈辱苟安，妄圖與女真貴族建立反動政治同盟，共同壓迫和剝削各族廣大勞動人民。在這種情況下，北方人民在女真

貴族的極其殘酷、凶惡的統治下，過著水深火熱的生活；南方人民因為南宋官僚大地主集團的投降苟安，也更加重了負擔。所謂「醜虜未滅，邊防尚擾，財匱兵乏，士怨民離」[1]云云，正反映了這一社會狀況。因此，各族廣大勞動人民，不顧以漢奸賣國賊趙構、秦檜等人為代表的頑固派、投降派的阻撓和破壞，在全國各地，燃起了反掠奪、反壓迫、反投降的革命火焰。各族廣大勞動人民的反抗鬥爭，有力地推動了南宋時期儒法鬥爭的展開。

當時，激烈的社會矛盾，反映到政治思想領域裡，鬥爭也是十分尖銳的。究竟是主和還是主戰？是賣國還是愛國？是閉眉合眼、空談心性，開倒車、搞分裂，還是面向現實，改變現狀，爭取抗金鬥爭的勝利，統一中國，實現「恢復」大業？圍繞著這一系列重大問題，儒法兩家展開了一場激烈的論戰。

代表地主階級內部頑固派和投降派的反動理學家朱熹，在民族矛盾上升之際，極力鼓吹「養兵補盜」，狂叫鎮壓農民起義比抗金更重要。他無恥吹捧秦檜之流，惡毒攻擊革新派和主戰派人士。朱熹一夥，官居要職，掌握了輿論工具，以名師巨儒自居，教人「粹然以醇儒之道自律」，脫離現實鬥爭，專門從事明心見性，考求義理的「聖賢事業」[2]。他們把歷代統治階級用以統治人民的孔、孟之道，加以發揮和改造，使之更加系統化和定型化，用孔、孟之道毒化社會輿論，腐蝕當時的思想界和學術界，從而更加頑固地方官僚大地主階級的投降賣國、分裂倒退的反動政治路線服務。然而，代表地主階級內部革新派的法家思想家陳亮，卻不顧重重壓力，勇敢地站出來，和以朱熹為代表的反動理學，展開針鋒相對的鬥爭。

---

1 見〈與周參政（葵）〉，《龍川文集》卷十九。

2 見〈與陳同甫〉，《朱子全集》卷二八，頁二三。

　　在政治上，陳亮堅決反對和議，積極主張「恢復」。他痛斥秦檜之流是「國賊」，一生為了祖國的統一事業，奔走呼號。早年時，陳亮就「慨然有經略四方之志」，要肩負起國家社稷之大任[3]。他反對唯心主義理學學風，主張面向現實，提倡「用」。他曾經研究古人軍事鬥爭的經驗教訓，著《酌古論》[4]；又著《英豪錄》，「備尋古之英豪之行事」[5]，用來寄寓自己用世的懷抱。他還多次上書當朝最高統治者，陳述「恢復」大計，責斥「文恬武嬉」的腐敗朝政和「以和誤國」的奸臣賣國賊，勇敢地反對官僚大地主集團所推行的投降賣國的反動政治路線，積極要求變革現實[6]。而且，還以「推倒一世之智勇，開拓萬古之心胸」，擺開了「堂堂」、「正正」的陣容，以「風雨雲雷，交發而並至，龍蛇虎豹，變見而出沒」的架勢，向「睟面盎背」的龐然大物——以朱熹為代表的唯心主義理學家，公開宣戰[7]。陳亮對於朱熹一類迂腐無能的道學先生給予無情的揭露和批判，尖銳指出：「今世之儒士，自以為得正心誠意之學者，皆風痹不知痛癢之人也；舉一世安於君父之仇，而方低頭拱手以談性命，不知何者謂之性命乎！」[8]揭露他們這些官僚知識分子，不過是一伙「相蒙相欺」[9]政治騙子。在當時，陳亮鬥爭的鋒芒十分尖銳，致使所謂名師巨儒的朱熹招架不住，連聲驚呼陳亮為：「才太高，氣太銳，論太險，跡太露！」[10]驚嘆：「可畏，可畏！」[11]

3　見〈中興五論跋尾〉，《龍川文集》卷二。

4　見《宋史》本傳。

5　見〈英豪錄序〉，《龍川文集》卷二十。

6　〈上孝宗皇帝第一書〉，《龍川文集》卷一。

7　見〈甲辰答朱元晦書〉，《龍川文集》卷二十。

8　《上孝宗皇帝第一書》，《龍川文集》卷一。

9　見〈送吳允成（運幹）序〉，《龍川文集》卷十五。

10　見〈答陳同甫〉，《朱子全集》卷二八，頁二四。

　　毛主席指出：「不是東風壓倒西風，就是西風壓倒東風，在路線問題上，沒有調和的餘地。」在「當路之意，主於治道學」的政治環境中，敢於反潮流的陳亮，要想衝破沉悶的道學風氣，改變「偏安」現實，為國家統一，幹出一番事業來，就不能不遭到種種排斥和迫害。當時，陳亮的愛國主義思想，堅定的尊法反儒立場，以及他「直言無諱」的大無畏精神，被「眼孔淺」的頑固派、投降派、唯心主義道學家們，斥為「異說」，「目為狂怪」，而加以「謗議」「譏刺」。[12]當權的主和派還接連二次以「莫須有」的罪名，把他告入大理，幾乎置之於死地。在這種情況下，反動理學家朱熹則投井下石，乘機進行百般威迫，妄圖逼陳亮轉變立場，改變觀點，向道學家投降，去從事道學家的所謂「懲忿窒欲，遷善改過」[13]的事業。而且，朱熹還對陳亮進行惡毒的攻擊，污蔑他的理論是「指鐵為金，認賊為子，而不自知其非也」[14]！有一次，陳亮被捕出獄，朱熹給他一封信，勸陳亮反省一番，從此改變他的思想，陳亮看過之後，當即寫了一封長信，嚴厲地進行駁復。陳亮直率地表白自己的政治立場和治學處世的態度，斷然和以朱熹為首的道學先生們劃清界線，說：「亮雖不肖，然口說得，手在得，本非閉眉合眼，矇瞳精神，以自附於道學者也。」表明自己和「低頭拱手」空談心性的道學家們，原是不在一股道上的，要想叫他歸附道學，那是絕對辦不到的。在這封長信中，陳亮還給朱熹們予有力的一擊，暗譏他們「氣不足以充其所知，才不足以發其所能，守規矩準繩，而不敢有一毫走作」[15]等等。充分表現了陳亮與頑

---

11 見《朱子語類》卷一二三。

12 見〈甲辰答朱元晦書〉，《龍川文集》卷二十。

13 見〈與陳同甫〉，《朱子全集》卷二八，頁二三。

14 〈答陳同甫〉，《朱子全集》卷二八，頁三一。

15 見〈甲辰答朱元晦書〉，《龍川文集》卷二十。

固派、投降派和反動理學家鬥爭到底的不屈不撓的戰鬥精神。

陳亮的一生是受排斥、受迫害的一生，但他一生為為圖謀恢復，主張國家統一，堅持尊法反儒而頑強戰鬥。然而當時的反動理學家朱熹，在他和陳亮論爭節節敗退的時候，卻不顧國家和民族的利益，躲在武夷山中繼續他那「儒家事業，聖學功夫」，為官僚大地主集團的投降賣國大造反革命輿論[16]。陳亮和朱熹代表著兩條不同的政治路線和思想路線，他們的激烈鬥爭，是儒、法兩家的一場大論戰。歷代反動統治者，尊儒反法，把陳亮打入「冷宮」，把朱熹奉為「太師」，抬進孔廟。叛徒、賣國賊林彪為了搞陰謀搞復辟，也把法家斥為「罰家」，猖狂叫囂「要像朱子那樣去待人」。十分明顯，林彪就是要人們像朱熹那樣，站在反動沒落階級的立場上，忠誠於孔、孟之道，以孔、孟之道律己，以孔、孟之道待人，高舉孔、孟之道，使之成為一種永遠統治人民的思想，從而為其推行投降賣國、復辟倒退的反動政治路線服務。對於林彪一類孟子所代表的尊儒反法思潮以及他們所推行的反革命修正主義路線，必須痛加批判。

二

陳亮和朱熹的鬥爭，是南宋時期儒法兩家的一場大論戰。在這場論戰中，法家思想家陳亮，對以朱熹為代表的唯心主義理學，在政治上和理論上予以全面而深刻的批判：

第一，堅持唯物主義觀念，有力批判頑固派、投降派所推行的反動政治路線的理論基礎。

在宋朝，唯物主義和唯心主義鬥爭的語心，是怎樣看待「理」和

---

16 見〈答陳同父（甫）書〉及〈答陳同甫〉，《朱子全集》卷二八，頁十九、頁二八。

「氣」的關係問題。「理」就是觀念、思想,「氣」就是物質。朱熹認為「理在先,氣在後」[17],世間萬事萬物,都是由「理」派生出來的。他把「理」和孔、孟所宣揚的「天」聯結起來,加以神秘化,把「理」說成是萬事萬物的根源。而且,竭力鼓吹「天命即是天理」[18],天上的上帝和人間的皇帝都是「理」的體現和化身。從這一反動觀點出發,「天理」、「人欲」為標準,把人類分為「聖」、「凡」二品,認為人有所謂「天命之性」(又稱為義理之性或道心)和「氣質之性」(又稱為人欲、人心),就是說,有天生的「聖人」和天生的「凡人」兩種人。而且,進一步推斷,人們的社會地位不同,貧富不均,乃至社會上的所有等級差別,「都是天所命」[19],是永遠不變的事之常理。於是,道學家們,就以「存天理,滅人欲」的反動理論為依據,不讓革命,不讓造反,不讓變革現實,以達到萬世久遠地維護君臣父子等等封建秩序的反動目的。在階級矛盾、民族矛盾空前尖銳的南宋時代,朱熹一夥的猖狂叫囂,就是為了反動收復失地、反對統一中國。

　　陳亮首先強調事物存在的客觀性,認為事物是宇宙間真實的客觀存在。他指出:「夫盈宇宙者,無非物;日用之間,無非事。」[20]對於「物」和「道」的關係,陳亮也進一步作了論述,他說,「道」或者「理」,是存在於具體的物質當中的,並不是由精神產生的。他反對唯心主義理學家以「道」「出於形氣之表」,把「道」看作是形而上的精神本體的說法,認為:「夫道之在天下,何物非道?千途萬轍,

---

17 見《朱子語類》卷一。

18 見《朱子語類》卷四六。

19 見《朱子語類》卷四。

20 見〈經書發題‧書經〉,《龍川文集》卷十。

因事作則。」[21]他堅持「道在物中」的唯物主義觀點，有力批判朱熹一夥理學家所鼓吹的「天人合一」的反動理論。同時，陳亮還強調了人的主觀能動作用，指出：「天下大勢之所趨，天地鬼神不能易，而易之者人也。」[22]並說：「人只是這個人，氣只是這個氣，才只是這個才，而之金、銀、銅、鐵，只是金、銀、銅、鐵，煉有多少，則器有精粗，豈有於本質之外，換出一般，以為絕世之美器哉？故浩然之氣，百煉之血氣也。」[23]在陳亮看來，人同是這個人，無所謂先天生成的「聖人」和「凡人」，就像「金銀銅鐵」一樣，其「才」、「氣」之間的差別，完全取決次後天的「鍛煉」，因此，這就有力地否定了所謂「聖」、「凡」二品的反動謬論。而且陳亮還針對那些道學先生的反動說教，如所謂「天資」，進行了分析，他認為：只要「用吾力」、「盡吾心」，「惟理之徇，惟是之從」，努力使自己的心力順應世間萬物的發展變化，「勉強於其所當行」，做到「目與物接，心與事俱」，就可以成就天下之大功，根本不依靠所謂「天資之高」[24]。陳亮站在唯物主義認識論的立場上，給孔、孟的反動的「天命觀」，予有力的批判。因此，對於儒家學派的所謂「君臣父子，定位不易」[25]的反動說教，在一定程度上，起了某些否定的作用，這在當時是有一定的進步意義的。

第二，主「用」，重實踐，提倡變革，反對空談心性的腐儒學風。

陳亮從唯物主義世界觀出發，認為世間萬物，也就是他所說的

---

21 見〈與應仲實〉，《龍川文集》卷十九。

22 見〈王應麟困學紀聞二則〉之一，《龍川文集》卷三十（補遺）。

23 見〈與朱元晦秘書〉，《龍川文集》卷二十。

24 見〈勉強行道大有功〉，《龍川文集》卷九。

25 見〈甲寅行宮便殿奏劄〉一，《朱子全集》卷四，頁九。

「氣」，都是發展變化著的，因此，他注重實踐，強調「用」。他說：「風不動則不入，蛇不動則不行，龍不動則不能變化。」[26] 說明了發展變化是事物存在的必要條件。聯繫到社會實踐，他認為「人才以用而見其能否，安坐而能者，不足恃也；兵食以用而見其盈虛，安坐而盈者不足恃也」[27]。陳亮十分注重實事實功，他把「道在物中」的唯物主義哲學觀點，運用到政治上來，在與朱熹的激烈論戰中，毫不諱言地承認自己是個功利主義者，對當時理學家脫離實際的學風進行了有力的抨擊。

陳亮以「用」作為衡量一切的標準。對他自己來說，則特別注重以實學為主，他的目標，是做個有益於社會的現實中的人。對一個國家或者當權者來說，他認為，應該「勵志復仇」，為成就「大有為」的「恢復」事業而奮鬥。陳亮關心國家大事，「自少有驅馳四方之志，常欲求天下豪傑之士而與之論今日之大計」[28]。他理想中的人物不是什麼「聖賢」，自不是什麼「醇儒」，而是他所標舉的「成人」或「英雄」。他以為「古今異宜，聖賢之事，不可盡以為法；但有救時之志，除亂之功，則其所為雖不盡合義理，亦自不妨為一世英雄」[29]。這裡，他所說的人，正是面對現實腳踏實地的人，是以實用為主，以合時宜為主的人。所以在當時的儒法鬥爭中，陳亮沒有一時「蘇息」過。一一七〇年，陳亮二十七歲，當時，「與金人約和，天下忻然幸得蘇息」，但認為不能這樣下去。他雖應考落第，但還以「恢復」為己任，在臨安上〈中興五論〉，論中研究當時形勢，建議朝廷當權派

---

26 見〈又癸卯通書〉，《龍川文集》卷二十。

27 見〈上孝宗皇帝第一書〉，《龍川文集》卷一。

28 見〈上孝宗皇帝第一書〉，《龍川文集》卷一。

29 《朱子全集》卷二八，頁二六〈答陳同甫〉中所引。

側重荊、襄，移都建業，以成奮發之勢[30]。過了十個年頭，還是不得見用於世，而他不屈不撓，還是積極進取；在他三十六歲的時候，他就連續三次上書孝宗皇帝，深刻地分析敵我形勢，分析戰和的利害關係，希望當時的統治者能夠振作起來，「明大義而慨然與虜絕」，不要錯過「今日大有為之機」而「苟安以玩歲月」[31]。而且，陳亮還提出了幾條變革現實的措施，建議當權者從政治上、軍事上、財政上各個方面，為實現「恢復」大業，統一中國，積極創造有利的條件。

與陳亮的觀點和態度相反，當時的反動理學家朱熹，則把國計民生拋置九霄雲外，安於忍辱苟安的現狀，退而從事其道德性命的「聖賢事業」。在他和陳亮的論戰過程中，就曾軟硬兼施地進行威迫利誘，說：「如今日計，但當窮理修身，學取聖賢事業，使窮而有以獨善其身，達而有以兼善天下，則庶幾不枉為一世人耳。」[32]這裡，所謂「窮」、「達」說教，完全是大政治騙子孔老二的處世哲學，當時，陳亮曾以戰鬥的姿態，予以猛烈的回擊。陳亮指出，道學先生的「窮理修身」，則是玄妙空疏的學問，這種風氣一開，天天空談「盡心知性」、「學道愛人」，必然害人害己誤國，「盡廢天下之實」[33]。他尖銳地指出，「欲以安坐感動者，是真腐儒之談也」[34]。他反對封建統治階級的用人標準，蔑視朱熹一類的官僚知識分子，表示堅決與之劃清界線。陳亮一生，在認識論上，堅持唯物主義的路線，在政治上，講求事功，提倡變革現實，始終不渝地為「恢復」大業而鬥爭。

第三，堅持前進，反對倒退，堅持統一，反對分裂，批判朱熹復

---

30 《宋史》本傳載：「隆興初，與金約和，天下忻然幸得蘇息，獨亮持不可。」
31 見〈上孝宗皇帝第一書〉，《龍川文集》卷一。
32 見〈答陳同甫〉，《朱子全集》卷二八，頁三二。
33 見〈送吳允成（運幹）序〉，《龍川文集》卷十五。
34 見〈又癸卯通書〉，《龍川文集》卷二十。

古主義的反動歷史觀。

　　陳亮的唯物主義思想，體現在歷史觀上，他認為世界的客觀性質，古今是一樣存在的，因而，他有力地批判了朱熹把歷史割裂為三代以上和三代以下兩截的唯心主義歷史觀。朱熹從他的「理在氣先」的唯心主義觀點出發，強調「天理」和「人欲」的不可兩立，認為三代專以「天理」行，三代以下則專以「人欲」行，所以三代以下的歷史長期陷入了黑暗狀態。他說：「夫人只是這個人，道只是這個道，豈有三代、唐、漢之別？但以儒者之學不傳，而堯、舜、禹、湯、文、武以來轉相授受之心不明於天下，故漢、唐之君雖或不能無暗合之時，而其全體卻只有利欲上，此其所以堯、舜、三代自堯、舜、三代，漢祖、唐宗自漢祖、唐宗，終不能合而為一也。」[35]在朱熹看來，決定歷史變化的主要原因，是人心的好壞，特別是帝王心術的好壞。夏、商、周三代「天理」流行，是王道政治，三代以後「人欲」橫行，是霸道政治。因此，朱熹就是要開歷史倒車，把歷史拉向後退。朱熹的唯心主義歷史觀是歷史的退化論，一代不如一代。陳亮以進步的歷史觀，否定了朱熹的唯心主義說教。他認為世界萬物以「氣」為本體，社會歷史的發展也是由「氣」在起著主宰的作用。這個「氣」體現了物質的運動、發展和變化。他相信，「氣」是運動的，有盛有衰，國家民族的命運也是由「氣」決定的，也有盛衰。就是說，社會歷史是不斷發展變化著的。所以，他說：如果認為「三代以道治天下，漢、唐以智力把持天下」[36]，則是三代而非漢、唐，那是不能令人信服的。他從發展的觀點看歷史，以為三代的政治並不是頑峰；三代的治道也未必最理想、最完美。他強調「因時制法」，反

35　見〈答陳同甫〉，《朱子全集》卷二八，頁二九。

36　〈二程遺書〉卷十一載程顥言：「三代之治，順理者也；兩漢以下，皆把持天下者也。」

對孔丘及世之儒者關於「治至周公而術已窮」[37]的謬論，並且大膽指出，孔丘的《春秋》，「其名是也，其實非也」，無論如何，「正」不了周公的「名」，扭轉不了歷史前進的車輪[38]。同時，陳亮還指出，如果像朱熹所說的那樣，「三代專以天理行，漢、唐專以人欲行」，那麼「千五百年之間，天地亦是架漏過時，而人心亦是牽補度日」，也就是說人類歷史便成「一大空闕」[39]。陳亮還尖銳地指出，朱熹的抑漢、唐而揚三代，是閉著眼睛說瞎話，把歷史看作一團漆黑，這是不符合歷史發展情況的。他不相信「三代以前，都無利欲，都無要富貴底人」。他說：「才有人心，便有許多不淨潔。」陳亮深刻地揭露了朱熹們這些「一世之自號開眼者」，即使「眼無翳」，他們的眼力，「元（原）靠不得」[40]。陳亮認為，歷史是不斷前進的。「漢、唐之君，本領非不洪大開廓，故能以其國與天地並立，而人物賴以生息。」[41]他以為歷史的發展是「今勝於昔」，而不是「今不如昔」。陳亮還從唯物主義的觀點出發，否定了儒家學派有關「君權神授」的反動觀點，他說：「方天地設位之初，類聚群分，以戴其尤能者，為之長君，奉其能者，為之輔相，彼所謂后王君公，皆天下之人推而出之，而非其自相尊異，據乎人民之上也。」[42]同時陳亮反對「學古從事」，以為漢高祖劉邦之所以奪得天下，「此天下之大變，而古今之所無也」，並非「學古」的結果[43]。因此，陳亮主張向前看，反對朱熹們復古倒退的反動歷史觀。

---

37 見〈經書發題・周禮〉，《龍川文集》卷十。
38 見〈經書發題・春秋〉，《龍川文集》卷十。
39 見〈甲辰答朱元晦書〉，《朱子全集》卷二十。
40 〈又書（乙巳）〉，《龍川文集》卷二十。
41 見〈甲辰答朱元晦書〉，《龍川文集》卷二十。
42 見〈答（之六）〉，《龍川文集》卷三。
43 見〈答（之二）〉，《龍川文集》卷三。

　　陳亮在這一進步歷史觀的指導下，積極主張國家民族的統一，強烈要求扭轉偏安江左的分裂局面。他從歷史的經驗中，有力論證國家民族統一的重大意義。他說：「東晉自元帝息心於一隅，而胡、羯、鮮卑、氐、羌迭起中國（指中原）；中國無歲不尋干戈，而江左卒亦不得一日寧。」他希望南宋當權者，不應重蹈東晉之復轍，以一日之苟安，招來數百年之大患。他積極主張加強中央集權的群縣制，充分調動天下的人力和財力，堅持抗戰，以結束「南北兩朝」的分裂局面[44]。然而，南宋的當權者大官僚、大地主，卻安於現狀，甘心北向稱臣，在臨安（杭州）這一「銷金窩」裡，過著醉生夢死的糜爛生活。反映在意識形態方面，代表大官僚、大地主利益的反動儒生朱熹之流，則要把當時的知識界和學術界，引向脫離現實的道路，講究「明心見性」，以為其投降賣國、分裂倒退的反動政治路線服務。對此，陳亮曾予有力的抨擊和批判。陳亮立志「恢復」，要求統一的愛國主義思想，在當時，反映了各族廣大人民的共同利益和願望，是應該予以肯定的。

三

　　「復仇自是平生志，勿謂儒臣鬢髮蒼。」[45]陳亮在當時的歷史條件下，敢於衝破濃厚的道學風氣，堅持變革現實，主張國家統一，和當權者所推行的投降賣國、分裂倒退的反動政治線線，展開不屈不撓的鬥爭，堅定地站在愛國主義的立場上，有力批判地主階級內部頑固派、投降派的賣國行為，有力批判反動的唯心主義理學，表現了尊法

---

44 見〈上孝宗皇帝第一書〉，《龍川文集》卷一。
45 見〈及第謝恩和御賜詩韻〉，《龍川文集》卷十七。

反儒的進步思想,這種反潮流的精神,在當時是難能可貴的。儘管,陳亮的唯物主義思想是不徹底的,其歷史觀還是唯心主義的,他在闡述他的理論時,也運用了一些唯心主義者所應用的命題,他的某些觀點,受到了唯心主義傳統觀念的束縛,而且,對於歷史上的某些革新派思想家的某些變革活動,仍未能給予正確的評價等等。但是,這一些都是時代和階級所帶給他的局限性。列寧指出:「在分析任何一個社會問題時,馬克思主義理論的絕對要求,就是要把問題提到一定的歷史範圍之內。」(《列寧全集》第二十卷第四〇一頁)因此,我們認為,用歷史唯物主義的觀點分析問題,陳亮的思想在當時是進步的。陳朱這場儒法兩家的大論戰,是南宋時期地主階級內部革新派同頑固派之間兩條路線鬥爭在意識形態領域裡的反映。今天,我們在深入進行上層建築領域裡的革命鬥爭中,認真分析研究陳朱之爭的實質,從路線上分清歷史上不同思潮和流派,就能更清楚地看清林彪尊儒反法,推崇朱熹攻擊法家的險惡居心。我們一定要努力學習馬列主義、毛澤東思想,徹底批判林彪所推行的投降賣國、復辟倒退的反革命修正主義路線,把批林批孔進行到底!

——原載《福建師大學報》一九七四年第四期,頁八～十五

陳亮與朱熹的「王霸之辯」

——評南宋時期儒法兩家的一場大論戰

浙江師範學院理論組

　　南宋時期，具有強烈法家觀點的進步思想家陳亮，曾與我國封建社會後期孔、孟之道的集中代表朱熹，展開了一場以王道與霸道為中心論題的大論戰。這場我國政治思想史上著名的「王霸之辯」，集中地反映了儒、法兩家之間，革新與守舊，前進與倒退的兩條路線的鬥爭。這是宋明反理學鬥爭中短兵相接的前哨戰。研究和總結這場鬥爭的歷史經驗，對於當前認真學好無產階級專政的理論和深入開展批林批孔運動，反修防修，鞏固無產階級專政，是會有幫助的。

一

　　陳亮（1143～1194），字同甫，號龍川，浙江永康人。他生活在民族矛盾和階級矛盾相互交織、鬥爭異常激烈的南宋中葉。十二世紀初，我國北方女真族貴族，建立帶有嚴重奴隸制殘餘的軍事政權金王朝，侵據中原領土，嚴重破壞中央集權，使中國長期不能統一。處於中國封建社會開始走下坡路的趙宋王朝，媚金求和，苟安江南；殘酷剝削與壓榨人民，以支付金人大量貢銀和滿足朝廷窮奢極欲的生活需要。當時社會矛盾異常尖銳，廣大農民相繼起義，比較著名的有南宋初的鍾相、楊么領導的農民起義，孝宗時期的湖南李金的起義，公元

一一七九年的湖南陳峒、廣西李楫的起義，地主階級內部的主戰派也
紛紛抨擊朝廷。面對著嚴重的社會和政治危機，官僚大地主階級為了
保護自己的既得利益，防止這個沒落的趙宋王朝的崩潰，竭力加強政
治壓迫與思想鉗制。於是，以朱熹為代表的程（程顥、程頤）、朱理
學（也叫道學）代表大官僚大地主的利益，適應反動封建統治的政治
需要，就出現了。

　　朱熹是個死硬的尊孔分子，他從小狂熱地信奉孔學，骨子裡浸透
了孔、孟之道的毒液。他一生「以克己復禮為事」，寫了很多書，繼
承和發展了孔學的反動思想，被封建知識分子吹捧為「集諸儒之大成
者」。朱熹對搖搖欲墜的南宋王朝，當然不會置之不顧，他使出吃奶
力氣，拚命鼓吹唯心主義理學，大唱「王道」高調，為維護大官僚、
大地主階級對農民的專政和繼續推行他們的投降主義路線大造反動輿
論。因此，一時間，反動理學壟斷一切，氣勢逼人。正如陳亮所揭露
的那樣，好像貧人不能欣賞風景，雖咳嗽一聲，也要遭到道學的指
責，認為合他們的道德標準（《龍川文集・文書》）。

　　有壓迫，就有反抗。儘管反動的南宋統治集團拚命加強思想鉗
制，但是一些進步思想家，仍然勇敢地進行反孔學、反理學的鬥爭，
「異端的聲音」衝擊著毒氣瀰漫的理學世界，搖撼著腐臭四散的南宋
宮殿。陳亮就是南宋時期高舉破儒反理學旗幟的一位進步思想家。他
激於強烈的愛國主義義憤，以大無畏的戰鬥姿態，向朱熹為代表的理
學展開了主動進攻。

　　一一八二年初春，當朱熹以浙東常平茶鹽司之職巡視衢州、婺州
（金華）地區時，身為布衣的陳亮找上門去，圍繞著「王道」與「霸
道」、「天理」與「人欲」以及歷史觀等問題，與朱熹展開了為時十來
天的面對面的辯論，此後，又通過書信來往，繼續辯論，論戰持續了
數年之久。

二

　　陳亮和朱熹辯論的中心問題，是賤王尊霸還是尊王賤霸問題。陳亮主張「賤王尊霸」，旨在衝破束縛人們思想的儒家陳腐說教，實現收復中原，這卻遭到了「尊王賤霸」的頑固派朱熹的竭力反對。這是儒法兩家「禮治」與「法治」兩條政治路線鬥爭在新形勢下的繼續。所謂「禮治」，本質上與「王道」、「仁政」、「德治」是一個東西，它是孔、孟之道政治思想的核心。在這場儒、法兩條路線鬥爭中，朱熹以「截然不可犯」的學霸架勢，向陳亮反撲過來，攻擊他提出的賤王尊霸理論是「後生輩糊塗」，是「小家口議論」，「全然不是孔、孟規模」，根本「不可聽」。朱熹儼然以封建主義衛道士自居，狂叫「人君當黜霸功，行王道」（《四書集注》），對霸道諱莫如深，說什麼「五尺童子，羞稱五霸」（同上）。不僅自己閉口不談，當人家一「談王說霸」時，還裝出一副縮脖閉耳的可笑樣子。

　　列寧指出：「國家是階級統治的機關，是一個階級壓迫另一個階級的機關。」歷史上任何一個剝削階級要想奪取政權並鞏固它的反動統治，要想維持他們貪得無厭、荒淫無恥的生活，都不能不對勞動人民進行殘酷的鎮壓，但是任何一個剝削階級都不願意也沒有勇氣承認這樣一個嚴酷的現實。他們總是千方百計地將「真事隱去」，煞費苦心地把自己的血腥統治遮蓋起來。所謂「王道」、「仁政」云云，不過是剝削階級用來掩蓋他們罪惡統治的遮羞布。

　　陳亮看穿了朱熹鼓吹尊王賤霸不過是想用「王道」來掩飾反革命暴力的罪惡用心。他尖銳地指出：「諸儒自處，曰義曰王，漢、唐做得成者，曰利曰霸。一頭自如此說，一頭自如彼做，說得雖甚好，做得也不惡，如此則義利雙行，王霸並用。」（《龍川文集・甲晨答朱元

晦書》）意思是說，你們這批孔、孟之徒，盡往自己的鬼臉上貼金，左一個「王道」，右一個「仁義」，而把你們看不起的漢代、唐代，扣上你們所不樂聞的「霸道」、「功利」的帽子。你們說的是「王道」，行的是「霸道」，這實際上不正暴露了你們也是王道與霸道並用嗎？他明確提出「外賞罰以求君道者，迂腐之論也；執賞罰以驅天下者，霸者之術也」（《龍川文集・問答七》）；痛斥那些不明賞罰，低頭拱手，空談「王道」的道學先生；極力主張實行法治，達到富國強兵的政治目的。

陳亮同朱熹的鬥爭，擊中了道學先生們的要害。事實不正是這樣嗎？朱熹這批人一面高唱「王道」，說什麼「王道之要，不過推其不忍之心，以行不忍之政而已」（《四書集注》），一面卻嗜血成性，行凶殺人。他在南康軍當地方官時，對三個所謂「強盜」判處「配隸嶺海」，後又派人暗下毒手，加以殺害（《朱子文集・答林擇之》）。他在潭州知州任內，預知次日新皇登位，例行大赦，他不甘心放過「悖逆」，便在當天迫不及待地親自「入獄取大囚十八人立斬之」（吳子良《林下偶談》）。對此，陳亮尖銳地指出：「惟學道之君子，始惓惓於肉刑焉，何其用心之相反地。」（《龍川文集・問答七》）他憤怒地控訴「數年以來，典刑之官，遂以殺為能」；「雖然有僥幸活下去的，與死的也差不多」（《龍川文集・廷對》）。真是一語破的！儒家的「王道」，正如陳亮所揭露的是地地道道的殺人之道！而道學先生正是一夥「以殺為能」的劊子手。他們高喊「王道」、「仁義」，在「王道」和「仁義」的背後卻是屠刀和鎖鏈。這就是儒家「王道」、「仁義」的本質。林彪叫囂「要像朱子那樣待人」，他的所謂待人哲學就是「語錄不離手，萬歲不離口，當面說好話，背後下毒手」。這可真把朱熹那一套儒家的反革命兩面派本領「活學活用」到手了。我們從陳亮和朱熹的「王霸之辯」中，剝開儒家的畫皮，林彪的陰險毒辣的嘴臉也

就一目了然了。

三

在「王霸之辯」中，朱熹扯起唯心主義「天理論」的破旗，為他的「王道」、「仁義」尋找理論依據，給它披上一件神秘的外衣，使它更富有欺騙性和反動性。

在朱熹看來：天理則王，人欲則霸，「扶盡天理」，則「王道」行；「滅盡人欲」，則「霸道」息。因此他一再叫嚷要「存天理，滅人欲」，他說：「孔子所謂克己復禮……聖人千言萬語，只是教人存天理滅人欲。」（《朱子語類》）朱熹竭力鼓吹「存天理」，其險惡的政治目的無非是借以論證反動官僚地主階級專政的「王道」、「仁政」的天然合理，說明壓迫有理，造反有罪。朱熹叫嚷「滅盡人欲」，就是要把勞動人民的正義要求和革命行動全部消滅掉，做一個規規矩矩的封建王朝的順民。林彪叫嚷「順天者興、逆天者亡」，還胡說「這是辯證法」，原來與朱熹唱的是一個調子，都是為了鎮壓革命，鞏固反動統治制度。

陳亮首先從理論上批判了朱熹所謂在宇宙之間，有一種先天就有的脫離具體事物的神秘本體——「理」或「道」的謬論，他說「道在物中」、「理在事中」，根本沒有什麼在「天」之「理」，物外之「道」。陳亮還進一步揭露了朱熹「天理」論的虛偽性，他指出道學先生鼓吹玄妙莫測的「天理」，無非是：一、「蓋其所無」，掩蓋他們的內心的空虛；二、「相蒙相欺」，麻痺、愚弄人民，讓人們去「安坐感化」，「做閉眼之人」，把民族壓迫，國家命運，置之度外，聽憑「天理」安排，造成對國家的大事「百事不理」的態度（《龍川文集・送吳允成運幹序》）。

陳亮從唯物主義的立場出發，對朱熹的唯心主義的反動謬論進行批判。他大聲疾呼：「天下大勢之所趨，天地鬼神不能易，而易之者人也。」（《林下偶談》）陳亮以大無畏的戰鬥精神，一腳踢翻儒家長期以來所塑造的天地鬼神的神秘偶像，而強調人的主觀能動作用，號召人們不要相信朱熹一夥鼓吹的「天理」的那一套，在國家統一與分裂鬥爭的嚴重時刻，馳騁沙場，建功立業。他說：「但有救時之志，除亂之功，則其所為，雖不盡合義理，亦不自妨為一世英雄。」（轉引於《晦庵先生文集·答陳同甫》）

四

在「王霸之辯」的中，朱熹一方面從神靈、上「天」那裡找護身符；一方面又從死人的腐屍骸骨裡尋找精神武器，妄圖用死人來壓活人。他搬出幾千年前被儒家視為「理想世界」的「三代」（夏、商、周）來，為「王道」、「天理」作辯護。朱熹胡說什麼「三代專以天理行，漢、唐專以人欲行」（《龍川文集·甲辰答朱元晦書》）。在朱熹看來，夏、商、周的社會，是十分美妙的，是儒家津津樂道的「王道」，而漢、唐的社會一塌糊塗，是儒家切齒痛恨的「霸道」。朱熹就是這樣，以古非今，頌儒貶法，把三代以下的歷史描繪成一片漆黑，一代不如一代。

陳亮繼承了法家「法後王」、「美當今」的思想，批判了朱熹的歷史退化論。他指出：「秘書（指朱熹）以為三代以前，都無利欲，都無要富貴底人，今《詩》、《書》載得如此淨潔，只此是正大本子，亮以為才有人心，便有許多不淨潔。」（《龍川文集·乙巳又書》）這裡，陳亮一針見血地戳穿了「三代」的所謂「王道樂土」，是儒家那些「正大本子」的！《四書》、《五經》吹出來的，實際上並不是那麼

回事。接著陳亮讚美儒家所竭力攻擊的漢、唐，他說：「漢、唐之君，本領非不洪大開廓，故能以其國與天地並立，而人物賴以生息。」（《龍川文集‧又甲辰答朱元晦書》）這就是說漢、唐初期，國家強盛，人民富庶，就是因為漢高祖、唐太宗是很有本領的人。可見，歷史不是倒退的。陳亮又進一步反問朱熹說：「信斯言也，千五百年之間，天地亦是架漏過時，而人心亦是牽補度日，萬物何以阜蕃而道何以常存乎？」（《龍川文集‧甲辰答朱元晦書》）意思是說，如果相信你朱熹那套今不如昔的胡說，那麼，從三代以後一直到宋朝的歷史都是支離破碎的，社會又怎能繁榮與發展呢？陳亮這種堅持前進，反對開歷史倒車、崇法蔑儒的觀點，在當時是進步的。

陳亮與朱熹這場關於歷史的辯論，並不光是為漢、唐作辯護，目的就是要解決「今日之事，當務之急」（《龍川文集‧周禮》），在當時來說就是要解決南宋小朝廷到底向何處去的問題。因此，陳亮反對朱熹之流開口「先王」，閉口「三代」的復古守舊思想，他指出：「古今異宜，聖賢之事，不可盡以為法。」（轉引自朱熹〈答陳同甫書〉）這就是說時代不同了，孔老二那一套東西不能完全符合當時形勢了。因此，他認為必須「考古今沿革之變」，肯定漢代、唐代的文治武功，學習歷史上的「中興」的經驗，使南宋強大起來，恢復中原，統一中國。陳亮的這種觀點，反映了廣大人民要求進步，要求統一的正義呼聲；也是對「忍恥事仇，飾太平於一隅以為欺」的大官僚大地主階級有力的鞭撻。

五

陳亮與朱熹的「王霸之辯」，決不是什麼打筆墨官司，或是什麼「秀才爭閑氣」；而是革新與守舊，前進與倒退，統一與分裂的儒、

法兩條路線之間的你死我活的激烈搏鬥。

陳亮「賤王尊霸，謀利計利」的政治主張，痛快淋漓、大膽酣暢的反對理學的思想言論，撕下了朱熹一夥「醇儒」用來遮醜的面紗，揭露了隱藏在「王道」、「仁義」背景的暴政，這就觸犯了大官僚、大地主階級的利益，被視為洪水猛獸。朱熹驚呼：「家家談王霸，不說孔、孟，可畏，可畏！」（〈甲辰答呂子約書〉）為了拔掉陳亮這枚眼中釘、肉中刺，朱熹等人千方百計對陳亮進行威脅、利誘。他們散布流言蜚語，攻擊和污蔑陳亮是什麼「狂怪」、「異端」、「粗豪」……，甚至連「雞鳴狗盜」這些話也罵出來了。對此，陳亮投以輕蔑的眼光，「揚揚焉以資一笑」（《龍川文集・又甲辰答書》）。此計不成，又生一計。朱熹又擺出大學霸的架勢，對陳亮施加壓力，下最後通牒，要陳亮立即放棄賤王尊霸的思想，悔過檢討，閉門修養，老老實實地做個孔、孟的忠實信徒。同時，朱熹又挑唆他的門徒黨羽孤立陳亮。儘管惡浪逆流不斷襲來，陳亮毫不畏懼，仍高舉起破儒反理學的旗幟，繼續戰鬥。他一再聲明，寧「具一世之謗」，而「不能一一敬遵其戒」，放棄法家觀點，去做「較禮於分寸」、「以涵養為正」的道學先生。他立志要做一個「推倒一世之智勇，開拓萬古之心胸」（《龍川文集・甲辰答朱元晦書》）的愛國志士。

朱熹之流對陳亮的迫害一一宣告破產以後，終於拋棄了「王道」、「仁義」的假面具，將莫須有的罪名加在陳亮身上，陳亮被投進監獄，備受嚴刑拷打。由於統治階級的迫害，陳亮「憂患困折，精澤內耗，形體外離」（葉適《龍川文集序》），五十二歲便憂憤而死。

陳亮無所畏懼的戰鬥精神和閃爍著論戰鋒芒的論辯書信和策論，在我國儒法鬥爭史上，留下了不可磨滅的一頁。他的思想和著作對當時與後世都有深刻的影響。著名法家李贄、龔自珍都十分贊賞陳亮。但是，由於所處的時代和階級的局限，陳亮同朱熹論戰中，還不可能

運用辯證唯物論和歷史唯物論，徹底揭露批判朱熹「王道」、「天理」等主張的反動本質。因此他雖看到了「王道樂土」的「不淨潔」，但不能與孔、孟之道作徹底的決裂，由於他用唯心主義英雄史觀來觀察問題，因此，看不見當時積極抗戰的人民群眾的力量，陷於悲觀失望。同時，他對朱熹抱有許多幻想，給朱熹獻壽詩、送禮，至死還沒有看穿朱熹的猙獰面貌。

從陳亮和朱熹的「王霸之辯」中，我們清楚地看到，意識形態領域裡的階級鬥爭的長期性和複雜性。在社會主義社會這個歷史時期內，「王道」、「仁政」的老調子還會有人重彈，孔、孟之道的復辟經還會有人再念。為了鞏固無產階級專政，防止資本主義復辟，把社會主義革命進行到底，我們就必須狠抓意識形態領域裡的階級鬥爭，在當前，要把學習無產階級專政的理論同普及、深入、持久地開展批林批孔運動很好地結合起來。

——原載《浙江日報》一九七五年五月九日

陳亮對朱熹投降主義哲學的批判

《陳亮著作選》注釋小組

陳亮字同甫，號龍川，浙江永康人，中等地主出身。他生於南宋高宗紹興十三年（1143），死於光宗紹熙五年（1194），一生堅持抗金統一，反對妥協投降，在思想理論上無情地批判了投降路線的理論基礎──朱熹為代表的反動「道學」，為抗金鬥爭大造了輿論。陳亮是南宋時期一位堅定的愛國主義者，著名的法家代表人物。著有《龍川文集》三十卷。

一

在陳亮出生前，我國東北境內的女真族逐漸興起，一一一五年女真貴族建立金國。金滅遼後，一一二七年又滅北宋，勢力擴展到黃河流域，並一度進軍江南。金貴族最初建立的是一個奴隸制國家，後來雖然逐漸向封建制轉化，但在它身上卻長期拖著一條奴隸制的臍帶，成為一個帶有嚴重奴隸制殘餘的貴族軍事政權。金貴族殘酷地壓迫剝削本族的勞動人民，並對中原地區不斷發動軍事侵擾，「進行掠奪在他們看來是比進行創造的勞動更容易甚至更榮譽的事情」。金貴族所到之處，財產被掠，人口被殺被虜，田園荒蕪，廬舍丘墟，嚴重地阻礙了生產的發展和社會的進步。

金貴族的野蠻行為，激起了勞動人民的強烈反抗，八字軍、紅巾

軍等民眾抗金組織紛紛成立，反抗的烈火燃遍大河上下，長江南北。在金兵的掠奪中受到損害的中小地主階級，也要求抵抗。在這樣的形勢下，抗戰浪潮阻止了金貴族吞併江南的野心，南宋政權才得以建立和維持。面對金貴族的軍事侵擾和尖銳的民族矛盾，抗戰還是投降，就成為擺在各個階級和集團面前必須回答的重要課題。南宋內部始終存在著抗戰與投降兩條路線的激烈鬥爭。大官僚大地主集團，為了維護自己的特權地位，把遍地燃起的農民抗金烈火視若洪水猛獸，頑固地推行一條對內鎮壓、對外屈服求和的極其反動的投降主義路線。在人民群眾抗金鬥爭的影響下，地主階級中的抗戰派，則反對苟安投降，主張革命弊政，提出了一條抗擊金朝貴族軍事侵擾，重新恢復國家統一的抗戰路線。這是一條反對民族壓迫，保護比金貴族先進的生產力和文化的有進步意義的路線。

由於南宋政權是北宋腐敗政權的繼續，儒家投降勢力在這個政權中一直占著優勢。他們千方百計地壓抑、迫害抗戰勢力，抗戰與投降這兩條路線的鬥爭一直在激烈地進行著。在陳亮出生以前，就曾出現過兩次鬥爭高潮。第一次是一一二七年南宋剛剛建立之際，圍繞著要不要聯合「義軍」堅決抗金的問題展開的鬥爭；結果雖然李綱被貶，抗戰派人士陳東等被殺，但黃潛善等人的投降嘴臉暴露無餘。第二次鬥爭高潮是在建都臨安後，圍繞著要不要北上抗金恢復中原的問題展開的；結果雖然岳飛等人被害，秦檜與金訂了賣國的「紹興和議」，但秦檜的罵名，卻為婦孺皆傳。陳亮與朱熹的鬥爭，則是南宋建國以來兩條路線鬥爭的第三次高潮的開端。

這時，由於人民抗金鬥爭的高漲和金統治集團內部矛盾的激化，金政權的力量大大削弱，暫時無力併滅南宋。因此，它很需要以談判議和的一手來爭得戰場上所得不到的東西。在這種形勢下，南宋的主戰派主張趁其立足未穩，發兵北上統一中國。可是投降派卻極力推行

投降苟安政策，以迎合金統治者的願望。陳亮出生前兩年的「紹興和議」和以後的「隆興和議」都是這條路線的產物。隨著投降條約的簽訂，恥辱的短暫和平局面的出現，抗戰將領被貶被殺，投降派封官加爵，政治腐敗，國勢日衰。

尤其值得注意的是，自秦檜死後，以孝宗為頭子的投降派並不公開高喊投降，而是在「攘外必先安內」的反動政策鎮壓人民，在「安坐」、「待時」的口號下，苟安享樂，置海內塗炭、山河破碎於不顧。「山外青山樓外樓，西湖歌舞幾時休！暖風薰得遊人醉，直把杭州作汴州！」這是詩人林升對南宋統治集團苟安享樂的真實寫照和絕妙諷刺。以朱熹為代表的反動「道學」，就是適應統治者粉飾昇平，苟安投降的政治需要而泛濫一時的。因此，「道學」也就成了抗戰派的一個大敵。抗戰派反對投降苟安，必然要反對為投降苟安路線辯解的反動道學。因此，陳亮與朱熹的鬥爭，是地主階級內部抗戰與投降兩條路線鬥爭在思想領域中的表現，是儒、法鬥爭在新的歷史條件下的繼續。

二

陳亮對南宋投降苟安的局面極為憤慨。他在〈上孝宗皇帝第一書〉中指出，自秦檜「忍恥事仇，飾太平於一隅以為欺」以來，政治一片腐敗。有志抗戰的愛國人士，不被任用，而一味妥協投降的「庸人」、「小儒」氣焰囂張。他們對「君父之大仇，一切不復關念」，耽誤了抗戰的大好時機，把國家推到了滅亡的邊緣。陳亮旗幟鮮明地反對「主和」的謬論，尖銳地批判了統治者苟安享樂的腐朽之風。他認為「通和者，所以成上下之苟安，而為妄庸兩售之地也」。

他具體分析了金政權的矛盾重重和局勢不穩，指出敵人沒有什麼

可怕。可怕的是「上下晏安」，委靡不振。陳亮說：南渡偏安之後，「風俗固已華靡，士大夫又從而治園囿臺榭以樂其生於干戈之餘」，這樣下去無異於自取滅亡。陳亮提出，要挽回頹局，必須改革朝政，「勵志復仇」[1]，積極準備抗戰統一。他建議趙眘，「移都建業，百司庶府，皆從草創，軍國之儀，皆從簡略，又作行宮於武昌，以示不敢寧居之意」[2]，然後任賢使能，組織有戰鬥力的軍隊，實現恢復統一的大業。

陳亮對政治腐敗的揭露，是與他對「道學」的批判同時進行的。秦檜投降賣國臭名遠揚，「天下之兒童婦女，不謀同辭，皆以為國之賊」[3]。這使投降派不能不有所顧忌。南宋道學家的代表朱熹，是一個偽君子，不同於秦檜等公開的投降派。他有時也裝腔作勢地罵罵秦檜，虛偽地喊幾句抗戰的口號，什麼對秦檜等人「欲食其肉而寢處其皮」，「金人於我，有不共載天之仇」，「非戰無以復仇，非守無以制勝」等等[4]。然而這層薄薄的畫皮，絕對掩蓋不住他投降賣國的本質，他為南宋統治集團的「安坐」、「待時」的投降苟安政策所提出的一條「正心誠意」的思想路線就是鐵證。有人勸他見皇帝不要大談「正心誠意」，朱熹頑固地說：「吾生平所學，惟此四字。」可見這是他政治思想路線的一個核心內容。按照朱熹這條路線，人們先要閉門讀經、「正心誠意」，心性修養好了再去「抗戰」。這是一條徹頭徹尾的投降主義思想路線。無怪乎後來他就撕下「抗戰」的假面具，向皇帝大講：「區區東南，事有不可勝慮者，何恢復之可圖乎？」[5]公開地

1　一九七四年中華書局版《陳亮集》頁十。

2　《陳亮集》頁八。

3　《陳亮集》頁一一～一二。

4　《朱子大全》，《文集》卷七五《宋史·朱熹傳》。

5　朱熹〈戊申封事〉，《朱文公文集》卷十一。

兜售投降主義論調了。

陳亮對朱熹為代表的道學，進行了尖銳地批判。他說「道德性命之說一興，迭相唱和」[6]，一些儒家之徒「自托於其間」，「務為不可窮測，以蓋其所無……相蒙相欺，以盡費天下之實，則亦終於百事不理而已」[7]。這就一針見血地揭露了道學先生故作高深，招搖撞騙，荒廢政事，禍國害民的反動實質。

陳亮深刻地指出：「今世之儒士自以為得正心誠意之學者，皆風痹不知痛癢之人也。舉一世安於君父之仇，而方低頭拱手以談性命，不知何者謂之性命乎！」[8]這就是說：在大敵當前，國家危亡之際，他們在那裡低頭拱手侈談心性，使人心不振，政事不明，軍隊廢弛，國家委靡，他們所談的「性命」真不知道是什麼東西。陳亮在此已經尖銳地指明，「性命」之學實際上就是投降賣國之學。

陳亮在揭露和批判「安坐待時」、「正心誠意」的投降路線的同時，從抗金鬥爭的實際需要出發，繼承了法家的「功利觀」，提出了「實事實功」的「務實」的抗戰主張。他說：「為士者必以文章行義自名，居官者必以政事書判自顯，各務其實，而極其所至。」[9]「務實」口號的提出，鮮明地表現出了抗戰派積極有為，講求實效的精神。要抗戰，就要有行動，就要實幹，不能說空話或坐在屋子裡苦思冥想。「風不動則不入，蛇不動則不行，龍不動一分不能變化。今之君子欲以安坐感動者，是真腐儒之談也。」[10]這些鋒利的言詞對朱熹的「正心誠意」說，是全面的否定和有力的批判。

6　《陳亮集》頁一七八。

7　《陳亮集》頁一七九。

8　《陳亮集》頁八。

9　《陳亮集》頁一七九。

10　《陳亮集》頁二七七。

　　陳亮的「實事實功」的路線是為抗金鬥爭服務的，是與道學家們低頭談「心性」，閉門搞修養，而置敵國於腦後的賣國行徑根本對立的。「正心誠意」的「修養」路線和「實事實功」的「務實」路線的鬥爭，是投降與抗戰、賣國與愛國的鬥爭，是儒、法兩條政治路線的鬥爭。

三

　　隨著陳亮和朱熹兩條政治路線鬥爭的激化，他們在哲學思想上也出現了短兵相接的衝突。其中最突出的是兩人用書信形式展開的「王霸義利」之辯。

　　朱熹繼承二程的反動哲學思想，把他虛構的「理」或「天理」說成是一種獨立於物質世界之外的絕對精神，人們只能遵從不能違反。這種精神原則的社會內容，就是大地主統治集團賴以生存的封建制度和綱常倫理。他又把一切不利於大地主統治的思想和要求，都說成是「人欲」，得出「天理人欲，不容並立」和「存天理，滅人欲」的反動主張。朱熹武斷地把歷史分為兩截，胡說什麼「三代」以上「天理流行」，是「王道」社會，「三代」以下「人欲橫流」，是「霸道」社會。「天理」為「義」，「人欲」為「利」、「義利之辨」，也就是「天理人欲」之辨。朱熹所謂「人欲」，實際上是指勞動人民的革命要求和法家的進步主張。他妄想用「存天理，滅人欲」的反動主張，撲滅一切革命的進步的思想，以便他們可以肆無忌憚地去「克己復禮」，投降賣國。

　　陳亮對朱熹的這套反動理論進行了堅決的回擊。他針對朱熹的「理在氣先」的客觀唯心主義的命題指出，世界是物質的客觀存在，

「盈宇宙者無非物，日用之間無非事」[11]。在「道」（或理）和
「物」的關鍵問題上，他認為「道非出於形氣之表，而常行於事物之
間」[12]。「道之在天下，平施於日用之間」[13]。既然「道」就在平常日
用之間，那麼人們日用之間的一些欲望要求，也應是和「道」沒有矛
盾，而是一致的。這就否定了朱熹的「天理人欲，不容並立」的謬
論。在此，陳亮所肯定的人們欲望要求的合理性，當然還不是勞動人
民要求的合理性，這是由他的階級局限性所決定的。但是他肯定法家
抗戰要求的合理性，也是有進步意義的。既然「道」就在事物之中和
日用之間，而不是在它之外，那麼要尋求和認識「道」，就必須接觸
事物，走向社會，要認識抗戰的理，就必須投身到抗戰的活動中去，
而不能脫離抗戰坐在屋子裡苦思冥想。他批評道學家們「玩心於無形
之表」，即把心思用到虛無飄渺的唯心主義的圈子裡去，「豈不可
哀」[14]！可見陳亮的這種認識論是屬於唯物主義認識路線的，是為他
的「實事實功」「務實」的抗戰路線服務的。在義、利問題上，朱熹
說「義」、「利」是絕對對立的，陳亮認為「義」就在「利」中。朱熹
罵陳亮是「計功謀利」的人，陳亮不但不否認這一點，而且是高舉功
利主義的旗幟，主張「功到成處，便是有德，事到濟處，便是有
理」[15]，「義」、「理」就表現在實際的功利之中。陳亮所肯定的功、
利，首先就是抗金之功，中興復仇之利。對抗金有功有利就合乎
「義」，否則就是不義。一切是非是以對抗金是否有利來衡量。毛主
席說：「世界上沒有什麼超功利主義，在階級社會裡，不是這一階級

11 《陳亮集》頁一〇〇。
12 《陳亮集》頁九七。
13 《陳亮集》頁一〇〇。
14 《陳亮集》頁二五九～二六〇。
15 黃宗羲《宋元學案》卷五六引。

的功利主義，就是那一階級的功利主義。」朱熹雖然口頭上反對功利，實際上是追求一小撮投降派的最狹隘的功利，因之是反動的。陳亮的功利主義有利於抗金，因之是有進步性的。

陳亮反對朱熹把歷史分成三代以前的光明社會和三代以後的黑暗社會的倒退歷史觀，他以「道在物中」這一樸素唯物主義觀點為依據，指明三代以前的事物中有「道」，三代以後的事物中也有「道」；三代以前光明，三代以後也是「赫日當空，處處光明」[16]。反過來說，三代以後有「人欲」，三代以前也不像朱熹所說純是「天理」，三代的帝王也是滿腦子「利欲」，所以不能把歷史截然分為兩段，更不能把三代以後的漢、唐社會說得一無是處。陳亮在進步的歷史發展觀的指導下，對歷史上一些法家人物加以肯定。他反對朱熹把劉邦、李世民說成「無一念之不出於人欲」[17]，而認為劉、李統一國家，革除舊習，抵禦外侮，是「大功大德圖已暴著於天下」[18]的英雄。既然漢、唐以後也是「處處光明」，那就應當投身現實，參加鬥爭，投入到抗金統一的戰爭中去，而不能像朱熹那樣鼓吹復古，要人們以三代的「天理」為標準去閉門修養。

路線鬥爭是激烈的。朱熹這個大學閥，妄想利用威嚇、謾罵、詭辯等手段迫使陳亮就範，然而陳亮以抗金復仇「必使天下定於一」[19]的堅強意志，以「復仇自是平生志，勿謂儒臣鬢髮蒼」[20]的鬥爭精神，有力地批駁了朱熹，使朱熹發出了「可畏！可畏」[21]的慘叫。

陳亮畢竟是代表與商人有聯繫的中小地主階級利益的抗戰派，他

---

16 《陳亮集》頁二九二。

17 朱熹〈答甲辰離棘寺歸書〉。

18 《陳亮集》頁三三。

19 《陳亮集》頁七三。

20 《陳亮集》頁二〇。

21 朱熹《語類》卷一二三。

既反對金貴族的掠奪戰爭和大地主的投降活動，又害怕農民起義觸犯了封建制度。這就使他不能也不敢發動和依靠下層群眾，在投降派當權的南宋時代，他把抗金的希望寄託在封建知識分子和帝王將相身上，這就決定了抗戰主張的必然失敗。他的抗金言論帶有大漢族主義色彩，沒有把女真族的貴族和勞動人民加以區分。對朱熹的唯心主義思想，也還沒有從理論上更深入地進行揭露。陳亮的這些缺點，是由他的時代和階級局限性所決定的。

一切民族投降主義者為了掩蓋其投降賣國的本質，欺騙人民群眾，總要鼓吹一種為其政治路線服務的反動輿論。朱熹在大敵當前戰火紛飛的年代，反對「實事實功」，叫囂「正心誠意」，胡說這樣才能救國，他的這套唯心主義道學，是地地道道的投降主義哲學。劉少奇在抗日戰爭烽火連天的形勢下，要人們閉門「修養」，林彪在蘇修擴張主義氣焰囂張，陳兵百萬於中蘇邊境、我國人民奮起鬥爭時候，他別有用心地鼓吹什麼「恃德者昌，恃力者亡」，「兩鬥皆仇，兩和皆友」，這同樣是一種適應敵人需要，麻痺人民抗戰鬥志的反動輿論，是不折不扣的投降主義謬論。用馬、列主義觀點，研究和總結南宋時期抗戰和投降兩條路線鬥爭的歷史經驗，給陳亮以歷史的肯定，把朱熹的虛假面貌揭露出來，徹底批判其投降主義哲學，這對於進一步批判林彪尊儒反法，投降賣國的反動行徑，普及、深入、持久地開展批林批孔運動，堅持無產階級專政下的繼續革命，鞏固無產階級專政，是有現實意義的。

——原載《破與立》一九七五年第二期，頁五十～五四

陳亮痛斥朱熹

開封師院儒法鬥爭史話組編寫

　　南宋時期反動理學家朱熹在《朱子語類》中，有這麼一段話：
「陳亮的學說傳佈到江南去了，兩浙地區信奉他的學說的人已經很多
了。……這種情況真是可怕！真是可怕！」陳亮究竟是怎樣一個人？
他的學說為什麼使朱熹連聲驚呼呢？

　　陳亮（1143～1194），字同甫，和朱熹是同時代人。這個時代，
正是南宋王朝政治極端腐敗，金人南侵，國勢危急的時代。以宋高宗
趙構為首的大地主階級頑固派，對內殘酷鎮壓，對外屈辱投降。朱熹
是這個腐朽反動集團在政治思想上的代表。陳亮是一個愛國主義者，
他在人民抗金鬥爭的推動下，幾次向宋朝皇帝上書，批判了禍國殃民
的反動佛學，主張革新政治，富國強兵，以抗擊金朝入侵者。陳亮與
朱熹的鬥爭，是北宋王安石、張載等人與程顥、程頤唯心主義鬥爭的
繼續，是當時兩種社會思潮，兩條不同的政治路線和思想路線激烈搏
鬥的集中表現。所以陳亮學說的傳佈，使得朱熹這個孔、孟之徒連聲
驚呼：「可怕，可怕！」

　　朱熹是反動理學的集大成者。他胡說理在事先，道在物先，精神
是第一性的，是萬事萬物的根本。反覆強調什麼「理是主體」啦，
「理是根本」啦，甚至說：「沒有天地以前，已經有了這個理。有了
這個理，才有這個天地；如果沒有這個理，天地也沒有了，人也沒有
了，萬事萬物也沒有了。」對於朱熹的這種謬論，陳亮進行了嚴厲的

駁斥。他指出：根本沒有什麼先天地而存在的「理」。他認為道在物中，理在事中，充塞天地之間的無非是具體的事物，而宇宙間任何普遍原則都只能存在於客觀的具體事物之中，絕不能存在於事物之外。這是一種樸素的唯物主義思想。在世界觀這個根本問題上，陳亮和朱熹是屬於兩個不同的營壘，兩個不同的陣線的。

陳亮的唯物主義思想表現在政治上，主張變法，改革腐敗的官僚政治，提倡富國強兵，堅決抗金。他批判了禍國殃民的理學，指出：朱熹之流的「儒士」只知「低頭拱手，以談性命」，是一群得了麻痺症「不知痛癢」的家伙。他們「相蒙相欺」，口頭上「學道愛人」，其實是搞政治騙術，叫人無所作為，投降敵人。他強烈要求收復失地，以雪國恥，並痛斥秦檜為「國家之賊」。這充分表現了陳亮的愛國主義思想。陳亮還進一步揭露了朱熹等繼承孔、孟、董仲舒和二程的反動觀點，用「天理」來壓制「人欲」，用「仁義」來反對「功利」的罪惡目的，指出：「天理」與「人欲」，「義」與「利」，在人類的活動中，從來是並存的，是交雜並用的。他認為物質欲望是人的天性，統治者應當順應人的天性來進行統治節制。他說，只要做到天下「無一民不安，無一物不養」，把天下的事情都辦好了，國富民強，萬物滋生，才算有理有道有功，他認為，做人要學管仲那樣，做一個「當得世界輕重有無」的人，就是說，要像法家人物那樣，敢於擔當歷史的重任，而絕不能做一個腐朽無能的「儒者」。一個人只要有「救時之志，除亂之功」，即使他的所作所為不符合孔、孟之徒所說的「天理」和「仁義」，也可以稱為「一世英雄」！凡事應從事功效果著眼，只要功成事濟，作出了成績，便是正確的。陳亮的這些言論不僅是對朱熹的批判，而且是對朱熹的祖師爺孔老二的批判。所以朱熹對陳亮的「事功」之學，非常惱火，多次他的學生他：不破除陳亮的「謬說」，孔、孟之道就不能昌明，甚至還對陳亮進行人身攻擊，污

蔑他「心地不清和」，利欲太重，簡直是坐在「利欲膠漆盆中」。從南宋小朝廷苟安偷生，積弱不振和孔、孟之徒崇尚空談義理的情況來看，陳亮提倡「因事作則」，提倡「事功」是有進步意義的。

圍繞「王霸」問題，陳亮同朱熹也展開了一場大論戰。朱熹把孔老二的「克己復禮」解釋為「私欲盡淨，天理流行」。根據這個解釋，朱熹提出了「尊王賤霸」論，胡說什麼三代之君（即夏、商、周三代奴隸主總頭子）的心術最好，專行「天理」，以「道」治天下，所以三代是「天理」流行的「王道」盛世，三代以下漢、唐之君，心術越來越壞，專行「人欲」，以「智力」把持天下。因而是人欲橫流的「霸道」衰世。陳亮激烈反對朱熹的這種復古主義的歷史退化論，堅持歷史進化論。他反駁朱熹說：三代的帝王並非專以「王道」治天下，同樣追求富貴，其心地並「不淨潔」，也是滿腦子的「人欲」。相反，漢、唐的君主，建立功業、統一中國，「人物賴以生息」，講「霸道」，並不比三代壞。朱熹自命是得孔、孟真傳的「醇儒」，是夏、商、周「三代」以上人物，他還要求陳亮也做那樣的人。陳亮對這樣的「醇儒」嗤之以鼻，譏笑他不過是古人的傳聲筒，既不合時宜，又沒有一點用處。陳亮認為社會在變化，古今時代不同，所謂「三代聖人」，並不一定值得效法。陳亮明確提出了根據時代發展而不斷變革的觀點，強調以適合時代的需要，「有益於現實」。這與朱熹的復古守舊、復辟倒退的思想，恰成鮮明的對比。

陳亮對朱熹的揭露和批判，戳穿了朱熹利用孔、孟之道鼓吹賣國投降的陰謀，因而多次遭到反動腐朽勢力的迫害，曾三次被誣入獄，遭到嚴刑拷打。但他每次出獄之後，仍繼續戰鬥，英勇不屈。終因屢遭折磨，身體受損，只活了五十一歲，正當大有作為的時候，便與世長辭了。

由於階級和時代的局限性，在陳亮的思想中也有一些錯誤的東

西。他反對朱熹不顧社會危機空談仁義而強調事功，這是有積極意義的，但是他走向另一極端，認為凡是成功的都是正確的，這是片面的，錯誤的。在階級社會中，由於反動勢力過於強大，革命的正確行動有時也會失敗。因此具體問題還要具體分析，不能簡單地以成敗定是非。另外陳亮也還沒有突破唯心主義的英雄，他把歷史的發展歸於「本領宏大」的帝王，就是明顯的例證。當然，這些在陳亮的思想中是次要的，從總的方面看，他對朱熹的反動理學的批判是正確的，有積極意義的。陳亮不愧是一位進步思想家。

——原載《河南日報》一九七四年十二月十一日

一場主戰與投降的尖銳論戰

——讀陳亮〈上孝宗皇帝第一書〉

蒲圻縣文化科　　馮金平

　　陳亮（1143～1194）字同甫，浙江永康人。他出生在民族矛盾和階級矛盾十分尖銳、朝廷屈辱苟安、國勢危殆的南宋時代。陳亮堅決主張抗擊金朝貴族統治者的侵擾，反對苟安求和。他同主和派、孔、孟的徒孫朱熹進行了堅決的鬥爭。我們從陳亮與朱熹的往來信件中，從陳亮的〈上孝宗皇帝第一書〉這篇對朱熹進行全面批判的奏疏中，清楚地看到：陳亮與朱熹的爭論，實質上是當時主戰與投降的兩條路線鬥爭。

　　在山河破碎、民不聊生的情況下，是主張變革、準備抗戰，還是主張復禮，準備投降？在這個問題上，陳亮與朱熹有著不同的回答。在〈上孝宗皇帝第一書〉中，陳亮主張「考古今沿革之變，以推極皇帝王伯之道」，「積財養兵以待時」，「他日將用之以決勝」。朱熹惡毒地攻擊陳亮等人力主抗戰是為了「功利」、「人欲」，切齒地咒罵「陳同甫直在利欲膠漆盆中」，提出「孔子之所謂克己復禮，《中庸》之所謂致中和」，這些「聖人千言萬語只是教人存天理，滅人欲」。陳亮對此進行了堅決的回擊，他給朱熹的信中說「所謂『克己復禮』者，蓋無時不以為言，亮不能一一遵其戒則有之」，因為這種倒退的理論，阻礙了政治上的變革圖強，這正是國家變得屢弱不堪的原因：「南渡以來，大低遵祖宗之舊，雖微有因革增損，不足為輕重有無。」陳亮

希望國家像漢、唐一樣強盛，他強烈主張變革，他對朱熹的法夏、商、周三代奴隸制的反動思想進行了嚴肅的批判。

在主戰派與主和派進行的多次較量中，由於宋高宗趙構頑固地推行投降路線，主和派占了上風，朱熹於是更加囂張、更加露骨地販賣儒家的投降理論，他根本不談抗戰，不談收復失地，卻把孔、孟之道捧上了「天理」的地位，進一步鼓吹「君權神授」論，把一切都說成是天的意志，解決宋、金矛盾只能按孔老二的「中庸」辦事。陳亮當即駁斥了朱熹的「君權神授」的反動說教，尖銳地揭露了朱熹之流投降屈膝的可恥嘴臉：「始悟今世之儒士、自以為得正心誠意之學者，皆風痺不知痛癢之人也，舉一世安於君父之仇，而方低頭拱手以談性命，不知何者謂之性命乎？」陳亮憤慨地指出「國家之恥不得雪，臣子之憤不得伸」，這是什麼道理？他指斥朱熹用「天理」「使忠民義士斥死南方，而天下之氣惰矣」。朱熹在皇帝面前為他的投降路線狡辯說：「區區東南，事不可勝慮者，何恢復之圖乎？」這說明他的主張是要集中力量對內鎮壓農民起義，對外妥協投降。陳亮駁斥朱熹的這個反動主張說：「只圖一日之苟安，數百年之大患也。」他力主恢復失地，並且警告說，苟安的局面是絕不可能長久維持下去的。這些激昂的文字如一柄柄鋒利的匕首，對南宋政府的因循苟安、投降屈膝的反動路線投下了勇敢的一刺，對儒家的老祖宗孔老二也進行了無情的批判。

南宋的儒、法鬥爭史充分證明了尊孔讀經必然要走向民族投降的道路，只有法家路線才是堅持抗戰，堅持前進的正確路線。南宋政府內主戰與投降的兩條路線鬥爭，正是北宋以來儒法鬥爭的繼續。在現代中國歷史上的一些大賣國賊，如袁世凱、蔣介石、林彪，無不跟南宋的朱熹一樣，一面大搞尊孔讀經，一面主張投降賣國，他們在帝國主義的侵略面前，總是大談「中庸之道」，實際上準備以出賣祖國的

代價，來換取在帝國主義的卵翼下當一個兒皇帝。

陳亮的〈上孝宗皇帝第一書〉對孔、孟之道的批判，對朱熹等主和派投降主義謬論的駁斥，是具有積極意義的。但陳亮對王安石變法的看法是不正確的，特別是他否定了儒家的「天不變，道亦不變」之後又提出了「世道六十年一次循環」的看法，說明他仍然沒有脫離唯心主義的範疇。由於時代的局限，階級的局限，陳亮不可能成為一個徹底的唯物主義者。陳亮為恢復失地而奮戰了一生，三次被主和派誣告入獄，晚年憂憤而死，他這種堅持法家路線，主張抗戰救國的愛國主義精神是值得肯定的。

——原載《湖北日報》一九七五年三月九日

陳亮和朱熹的論戰

廣州氮肥廠電氣車間工人理論組
廣東師院中文系三年級四班學員

　　南宋初期，圍繞著當時階級矛盾和民族矛盾中的一系列重大問題，陳亮（1143～1194）和朱熹（1130～1200）在思想政治領域裡展開了一場激烈的論戰。論戰的中心是主戰還是主和？是愛國還是賣國？研究陳、朱論戰，從中吸取有益的經驗教訓，對於深入開展批林批孔運動，頗有現實意義。

　　宋代，封建社會逐步向後期過渡，社會危機日益深重。當時，北宋王朝面對接踵而至的外來民族農奴主的武裝掠奪，一貫採取苟安妥協的路線，以至在北方女真族（金）農奴主大規模武裝侵略時，節節敗退，乃至滅亡。南宋王朝偏安江南，這個小朝廷是北宋腐朽政權的繼續，它在侵略者的步步進逼面前，仍然推行一條儒家投降賣國路線。嚴重的民族危機，進一步激化了農民階級和地主階級的矛盾。廣大勞動人民既苦於南宋地主階級殘酷的經濟剝削和政治壓迫，又苦於女真族農奴主的蹂躪，多次舉行起義。公元一一三〇年～一一三五年，洞庭湖地區爆發了以鍾相、楊么為首的農民起義，此後數十年間，洞北地區的農民起義此起彼伏，連綿不斷。這一時期的農民起義，帶有對內反壓迫、對外反侵略的顯著特點。在階級矛盾和民族矛盾的制約和推動下，統治階級內部抗戰派和投降派的矛盾鬥爭進一步激化了，反映在思想政治領域中就是陳亮和朱熹的論戰。

　　朱熹認為當時的主要「禍害」不是女真族農奴主的侵略，而是農民起義。他把農民起義污蔑為「盜賊」，胡說農民起義的結果，受其害者下至「官吏」，上及「國家」，並氣勢洶洶地大嚷必須堅決鎮壓，「以嚴正本」。對待女真族農奴的侵略，他卻主張投降妥協。他無端指責主戰派人士是好表現自己的「輕薄巧言之士」，無恥吹捧秦檜之流為識時務的「端人正士」。宋孝宗即位後，初時有出兵恢復中原的打算。可是朱熹卻對他說：「古先聖王所以攘外之道，其本不在威強而在德業，其備不在邊境而在朝廷，其具不在兵食而在紀綱。」[1]公開打出「攘外必先安內」的破旗。朱熹不愧為孔、孟的忠實信徒，大敵當前，不主張積極抵抗，卻高喊什麼「德業」、「紀綱」，徹底暴露了他的投降賣國的真面目。

　　法家思想家陳亮，積極主張抗戰，恢復統一大業。他認為最大的危險是女真族農奴主的侵略，最大的禍害是投降妥協。他痛斥秦檜之流是「國賊」，批判南宋王朝偏安一隅，把它比作一個人「元氣偏注一肢，其他肢體，往往萎枯而不自覺矣，則其所謂一肢者，又何恃而能久存哉」？他認為，如果滿足偏安的局面，南宋王朝一定會滅亡。他大聲地疾呼「一日之苟安，數百年之大患也」[2]，表示要肩負起國家社稷之大任，為祖國的統一事業而鬥爭。為此，他積極調查研究敵我雙方的情況，多次提出抗戰光復的建議。在〈中興論〉中，他向宋孝宗建議，應以荊、襄為中心，派遣有能力的大臣去經營，「輯和軍民，開布大信，不爭小利，謹擇守宰，省刑薄斂，進城要險，大建屯田，荊楚奇才劍客，自昔稱雄，徐行召募，以實軍籍，民俗剽悍，聽於農際時講武藝」，把荊、襄作為進取京、洛，恢復中原的橋頭堡。陳亮的一生，就是為抗戰恢復而奔走呼號的一生。

1　《續資治通鑑》卷一三八。

2　〈上孝宗皇帝第一書〉。

　　起義農民是抗金鬥爭的主力，也是投降派推行賣國路線的最大障礙。朱熹要搞賣國，必然視農民起義如水火。他一方面主張堅決鎮壓農民起義；另一方面，極力鼓吹「王道」政治，妄圖從精神上扼殺起義農民的革命思想。所謂「王道」政治，用他自己的話來說，就是「仁義禮智」，「其張之為三綱，其紀之為五常」[3]。他還打出堯、舜這張儒家的王牌，把「王道」政治說成是「堯、舜相傳之密旨」，可以使天地至善光明，達到「聖境」。他給「三綱五常」披上堯、舜的虎皮，是為了論證其天然合理，不可變更，從理論上否定起義農民對內反壓迫、對外反侵略的革命行動，以禁錮人民的思想和手腳，維護封建秩序，為其投降賣國路線掃清道路。為此目的，他空談心性，鼓吹做「醇儒」。他說「三綱五常」是先天就存在於人心的，只要通過內心的反省，做「涵養」、「積累」的功夫，就能掌握「三綱五常」，做一個「醇儒」。他還深怕人家在修養的過程中突破了儒家的圈子，明確地規定：「勿出於先聖規矩準繩之外，而用力於四端之微。」[4]這種「窮理修身」的唯心主義說教，表明反動理學家朱熹閉目不看現實，把國計民生完全拋直九霄雲外，忍辱苟安，還要人民服服貼貼準備當亡國奴，用心何其險惡！

　　陳亮與朱熹針鋒相對，要求變革現實，主張「雜霸之道」。他認為，「王道」和「霸道」之間沒有絕對區別，「謂之雜霸者，其道固於王也」[5]。指出諸儒侈談「王道」，「一頭自如此說，一頭自如彼做，說得雖甚好，做到亦不惡，如此卻是義利雙行，王霸並用」[6]，揭露了「王道」政治的虛偽性，他還十分鄙視地說：「外賞罰以求君道

3　《晦庵先生文集》卷七十，〈讀大紀〉。
4　《晦庵先生文集》卷二六，〈答陳同甫書〉。
5　《龍川文集》卷二十，〈又甲辰答書〉。
6　《龍川文集》卷二十，〈又甲辰答書〉。

者，迂腐之論也。」[7]他提出「執賞罰以驅天下者，霸者之術也」[8]。皇帝不能以個人的喜怒好惡作為衡量「善」、「惡」賞罰的標準，而應該據以公意：「故私喜怒者，亡國之賞罰也；公欲惡者，王者之賞罰也。」[9]因此，陳亮主張依據民心、時勢來制定政策，只有「順民之心，因時之宜」，才能「處其常而不惰，遇其變而天下安之」[10]。他針對當時「驅委庸人，籠絡小儒」的腐朽的用人路線和腐敗無能的官僚機構，提出要「任賢使能」、「減進士以列選能之科」的改革措施，做到「簡法重令，以澄其源」、「嚴政條以覈（核）名實，懲吏奸以明賞罰」[11]。如不這樣改革，就擔負不起抗擊金兵，收復失地的任務。

　　陳亮從唯物主義思想出發，講求事功，注重實踐，提倡做有用於國的英雄。他猛烈抨擊朱熹的「醇儒」論，憤怒指出：「今之儒士，自以為得正心誠意之學者，皆風痹不知痛癢之人也。舉一世安於君父之仇，而方低頭拱手，以談性命，不知何者謂之性命乎！」[12]揭露他們這樣搞，只能造成「相蒙相欺，以盡廢天下之實，則亦終於百事不理」[13]，任人侵略的惡果。陳亮認為，處於民族危機深重的時刻，應該做一個具有「推倒一世之智勇，開拓萬古之心胸」[14]的英雄，做一個於國有用的人。他強調「人才以用而見其能否，安坐而能者，不足恃也」[15]，要從抗戰的實踐中培養出頂用的人才來。當然，陳亮所講

7　《龍川文集》卷三，〈問答七〉。
8　《龍川文集》卷三，〈問答七〉。
9　《龍川文集》卷三，〈問答七〉。
10　《龍川文集》卷十，〈經書發題〉。
11　《龍川文集》卷二，〈中興論〉。
12　〈上孝宗皇帝第一書〉。
13　《龍川文集》卷十五，〈送吳允成運幹序〉。
14　《龍川文集》卷二十，〈又甲辰答書〉。
15　〈上孝宗皇帝第一書〉。

的實踐，是少數英雄人物的實踐，不是廣大人民群眾的社會實踐，跟馬、列主義的實踐的觀點是根本不同的。但是，他的進步思想，對於掃除理學家空談「道德性命」所造成的委靡不振的社會風氣，鼓勵人們積極投身抗戰，是有積極作用的。

「復仇自是平生志，勿謂儒臣鬢髮蒼。」[16]堅持抗戰，收復失地，統一中國的思想貫串著陳亮的整個思想，他不愧為南宋時期愛國主義思想家。而朱熹不顧國土被分裂，民族受壓迫，要人們「閉門修養」，開倒車，搞分裂，是一個儒家賣國賊。林彪為了搞復辟，對朱熹十分崇拜，叫嚷「要像朱子那樣去待人」，並學著朱熹的樣子，搞了個《四書集句》，把孔、孟之道作為其復辟資本主義的思想武器。認真分析陳、朱論戰的實質，可以幫助我們更清楚地看到林彪推崇朱熹，尊儒反法的險惡用心，把無產階級專政下的繼續革命進行到底！

——原載《廣東師院學報》一九七五年第二期，頁七十～七三

---

16 《龍川文集》卷十七，〈及第謝恩和御賜詩韻〉。

陳亮李贄對儒家朱熹反動
教育思想的批判

廣東師院教育學教研室寫作組

　　叛徒、賣國賊林彪出於他搞復辟的反革命政治需要，十分崇拜朱熹，公然叫囂「要像朱子那樣去待人」。朱熹究竟是什麼樣的人物呢？他是宋代理學的集大成者，是一個反動透頂的大儒。他發展了孔丘、孟軻及董仲舒以來的儒家說教，繼承周敦頤、二程（程顥、程頤）的理學傳統，形成了極為反動的唯心主義哲學體系。朱熹的反動教育思想流毒也很深，成為地主階級日益走向下坡路階段維護封建反動統治的重要工具之一。地主階級內部的進步人物，具有法家思想的南宋陳亮和明代李贄，在農民起義的推動和影響下，不但在政治思想領域內同朱熹對抗，而且在教育思想上也對朱熹展開了尖銳的鬥爭。鬥爭的焦點集中在下面三個問題上：

　　（1）是「存天理，滅人欲」，還是革「天理」，存「人欲」。

　　這個問題是法家陳亮、李贄同儒家朱熹等理學頭子在教育思想領域內鬥爭的核心問題。朱熹認為「理」就是「天命」，就是「三綱五常」；而「天理」和「人欲」是對立的，「天理存則人欲亡，人欲勝則天理滅」（《孟子・滕文公上》注）。因此，朱熹提出教育的中心問題是「存天理、滅人欲」。因為，在兩宋農民革命不斷興起的狂風巨浪中，朱熹感到反動統治的根基大大動搖了，認為要維護這個動搖的封

建反動統治，只有大家按照「天理」（天命）行事。在他看來，農民革命是由於「人欲橫流」，「人欲」勝過了「天理」所致。因此，他妄想通過教育培養出大批「存天理、滅人欲」的人物。至於如何去達到「存天理，滅人欲」的目的呢？朱熹則主張「讀書窮理」，就是關起門來死啃儒家孔、孟的經書，從讀書中領會「天理」，體驗「三綱五常」的意義作用，成為封建社會的「忠臣」、「孝子」和「節婦」，以維護封建社會的反動統治。他又主張「格物致知」，即通過接觸或實行有關事君、事親、敬長、慈幼這一套「三綱五常」封建禮教的事情，來使內心上真正領悟或體會「窮天理、明人倫、講聖言、通世故」的反動知識。朱熹自己辦學就是按照這一套行事的。

法家陳亮和朱熹在思想上是針鋒相對的。首先，他認為朱熹等所謂的「天理」根本是不存在的。「理」（即所謂「道」）並非從天上掉下來的東西，而是體現在具體事物之中，任何道理都不能離開具體的事物。這就以樸素的唯物主義觀點從哲學上批判了所謂「天理」的說法。他承認人有私欲，但反對朱熹「滅人欲」的主張。他認為應當用賞罰的手段來節制人欲，而不是從根本上否定人欲。當然，陳亮受階級與時代的局限，不能用階級的觀點看待「存天理、滅人欲」問題的反動實質。但他主張革「天理」、存「人欲」，要求革新，要求富國強兵，抵抗金人貴族的侵略，在當時是進步的。陳亮對於培養人材的方法與朱熹也是截然不同的。他認為人材只有在實際使用才能考驗其是否有真實本領，只坐在房子裡誇誇其談的人是不可靠的，所以單純讀書或學劍盾技術，都不能算作有真正的才智。他這種講求「務實」的思想，有樸素的唯物主義認識論的傾向。

李贄更為激烈地反對朱熹「存天理、滅人欲」的教育主張。他認為人不能離開物質生活而存在，物質的欲望是大家所有的；朱熹的話是完全行不通的，是欺騙人的假話。他指出，人必有私，「雖聖人不

能無勢利之心」，這就戳穿了「聖人」閃光的外衣，暴露了理學家的虛偽面貌。應該指出，李贄主張以人類物質生活來決定社會倫理道德，反對所謂「天理」的「三綱五常」，在當時是帶有反封建道德的意義的，也是進步的。可是，他把自私自利說成人類普遍的本性，那是錯誤的。

李贄不但對朱熹提出的「存天理、滅人欲」主張進行了批判，並且正面倡導培養敢於衝破儒學束縛的人。他理想中的人材就是「以堂堂之陣，正正之旗，日與世交戰而不敗者」。亦即是旗幟鮮明、意志堅定，敢於同世俗的理學家作鬥爭的不屈不撓的戰士。這同王安石「天變不足畏，祖宗不足法，人言不足恤」的革新精神有相類似的地方。

（2）題吹捧和崇拜孔老二，還是批判孔、孟及其徒子徒孫。

朱熹是儒家孔老二在宋代的忠實代言人。他十分崇拜孔老二，說什麼「天不生仲尼，萬古如長夜」（《語類》），又說什麼：「自堯、舜以下，若不生個孔子，後人去何處討分曉？」（《語類》）他以孔老二道統的當然接班人自居。他在吹捧儒家的同時，卻惡毒地攻擊歷史上的法家代表人物，說他們違背了「聖賢之教」，違背了「天理」，叛逆了「道統」他咒罵法家思想是「功利邪說」，污蔑「秦至無道，決無久存之理」（《文集》卷七二）。說什麼中國經過「秦始皇變法」一切都弄壞了。他對於北宋王安石的變法，攻擊得更厲害，罵王安石「其術足以殺人」（《語類》）。

和朱熹相反，法家陳亮從根本上否定孔、孟「聖賢」的正確性。他給朱熹的信裡說：「亮以為古今異宜，聖賢之事，不可盡以為法。」另一方面，他讚揚秦始皇以武力統一六國的革命措施是鞏固封建主義的中央集權制度，堅決反對復辟。明朝尊法反儒的卓越戰士李贄對於孔、孟及其徒子徒孫進行了更加尖銳的批判。他指出孔老二實

際上是個「無學無術者」，只愛喝酒的傢伙。他指斥道學家程、朱等都是「口說道德，而心存高官，志在巨富」的兩面派（《焚書》·又與焦弱侯》）。李贄在揭露、批判孔、孟及其徒子徒孫的同時，大力贊揚法家。他說：商鞅是「大英雄」；荀況的學說「真實有用，與俗儒不同」。他對秦始皇的事業給予高度評價，肯定了他的廢分封、置郡縣和「焚書坑儒」等革命措施，稱秦始皇為「千古一帝」。他對歷史上許多法家人物如李斯、晁錯、曹操、諸葛亮等，都加以贊揚。

對孔老二是吹捧崇拜還是敢於批判，這實質是復古倒退與革新前進的兩條路線鬥爭。在教育思想範圍來說，就是教育青年一代，迷信反動的封建「權威」，還是破除「聖人」偶像？是以儒家的教條束縛青年一代的思想，還是鼓勵他們具有反潮流的精神？在這些問題上陳亮、李贄的態度是鮮明的。

（3）是以儒家經典為永恆真理，還是蔑視和反對儒家經書的是非標準。

這個鬥爭也是教育內容方面的兩條路線鬥爭。朱熹對於儒家經典奉若神明，作為永恆不變的真理。他主張並且實行以儒家的《四書》、《五經》等事實去教育學生，並親自把《大學》、《中庸》、《論語》、《孟子》四書加以注釋和發揮，編成《四書集注》，成為南宋以後至清末的封建社會教科書。他又注重《詩》、《書》、《易》、《禮》、《春秋》（《五經》）的教學，並把它加以解釋，作為科學考試的標準答案。朱熹認為這些儒家經典，都是合乎「天理」的教材。而實際上這是復辟經、騙人經，是宣揚「壓迫有理、剝削有理」、「造反有罪」的反革命教材。這套經典正符合了封建反動統治者欺騙人民、壓迫人民的需要，所以為反動統治階級官方所採用並加以推廣。南宋末年，許多學校已開始用《四書集注》作課本。元朝的國子監（即大學）教材也規定學習《四書》、《五經》，而元朝的科學考試則以《四書》內

出題，並根據朱熹集注來寫文章。關於《五經》的考試，也以朱熹及其一派的注疏為根據。明代官學衰敗，但科舉考試也是從《四書》、《五經》內容來命題，以朱熹及其一派的注釋為標準答案。到了清朝，私塾都要學生先讀《四書》，進一步讀《詩》、《書》、《易》等，主要以朱熹及其一派所編注的為教本。

值得注意的是：自南宋朱熹之後，民間通俗讀物中出現了《三字經》、《千字文》、《幼學詩》等所謂啟蒙讀本。這些讀物不外是配合儒家經典的封建說教，作較通俗易懂的敘述，廣泛流毒民間，宣揚聽天由命，「學而優則仕」、隨遇而安、中庸之道等反動思想，從思想上壓制人民造反。

陳亮在用什麼內容去教育培養人的方面也對朱熹進行了批判和鬥爭。他說「但有救時之志」，「則其所為雖不盡合義理，亦不自妨為一世英雄」（《晦菴先生集・答陳同甫書》）。這就是反對一切以儒家經典所說的「義理」為標準。他又說：「聖賢之所謂道，非後世之所謂道也。」（〈勉彊行道大有功論〉）因為時代變了，教學的內容就必須隨著時代的改變而改變，不能因循守舊，按老教條辦事。李贄更以輕蔑的態度嘲諷儒家經典的虛偽本質。李贄寫了《四書評》，從這本書的名稱便可知他對儒家經典的蔑視態度。因為按照傳統的作法，對《四書》、《五經》，只能用注、疏、詁、解、訓和釋等，而李贄則大膽地稱「評」。他指出：《六經》、《論語》、《孟子》等儒家經書，是門徒隨筆記錄，有頭無尾，漏洞百出，後代儒生以為「出自聖人之口」，定為神聖的經典著作，實在可笑（見《焚書》）。他又說：「中國千百餘年獨無是非者，豈其人無是非哉？咸以孔子之是非為是非，故未嘗有是非耳。」（《藏書・世紀列傳總目前論》）這就明顯地表達了他反對以孔老二的是非為標準。同時，李贄反對孔老二男尊女卑的反動思想，主張男女平等，並在他辦的私學中，破格招收女學生。

　　法家陳亮、李贄反對以儒家經典為永恆真理，反對「以孔子的是非為是非」，具有厚今薄古精神。但他們不能運用階級觀點去揭露批判儒家經典的反動性，不是從人民群眾的利益出發去反儒，而是作為地主階級部的革新派去反對孔、孟及其徒子徒孫的守舊保守態度，因而他們的反儒是不徹底的。

　　──原載《教育革命參考資料》第十一輯，一九七四年，頁三～五

陳亮對朱熹投降主義哲學的批駁

潘甌

　　南宋時期民族矛盾和階級矛盾都異常激烈。女真族武裝集團驅入中原，據有長江以北所有的土地。偏安江南的南宋小朝廷大地主統治集團「忍恥事仇」，向女真貴族稱臣稱姪，納幣求和，露出一副奴才相：對勞動人民，則敲骨吸髓，百般壓榨。階級仇、民族恨，激起了農民起義的怒濤。起義軍提出「均貧富，等貴賤」的革命口號，浴血奮戰在抗金第一線。大地主階級妥協派卻嚇破了膽，竭力主張和議。圍繞著政治上主和與主戰的鬥爭，當時，在哲學上也展開唯物主義和唯心主義的辯論。

　　理學集大成者朱熹，是當時投降主義理論的積極鼓吹者。他在和、戰問題上耍盡了兩面派手法。在主戰派占上風時，他標榜自己是「主戰的」，揚言「非戰無以復仇」，似乎激進得很。但一當主和派得勢，他就馬上回過頭來攻擊主戰派和革新派是「輕薄巧言之士」，「大言誤國」，並散布「江南不易保」，「抗金必敗」，「和議」可以「久安」等投降主義論調，卑躬屈膝地拜倒的女真族入侵者的腳下。

　　與朱熹投降主義哲學進行針鋒相對鬥爭的是愛國思想家陳亮。陳亮痛斥朱熹之流的賣國言論，指出：「東南一隅，絕不足以圖中原！」「一日之苟安，數百年之大患也。」他還揭露朱熹之流把反動理學作為宣揚投降主義的工具，並一針見血地指出社會之所以造成危亡的局面，根子就在於「以儒立國」，是當時統治者推行了一條復古倒退、

賣國求安的儒家路線。所以，他表示，對於儒家的反動謬論，要從理
論上一一加以擊破。否則，「天下之亂無時而息矣」。就從這樣的現實
的政治鬥爭出發，他駁斥了鼓吹投降主義、抹殺階級鬥爭的反動理
學。

「道在物中」還是「理在氣先」，是陳亮和朱熹在哲學的根本問
題上進行論戰的一個首要問題。朱熹認為「有是理，然後有是氣」。
朱熹所謂的「理」或「天理」，實際上是孔老二的「天命」。從這種唯
心主義「天理」觀出發，朱熹虛構出一個「空闊淨潔理想世界」來愚
惑人民，妄圖將人民的視線移向彼岸的理念世界，脫離客觀現實，不
顧民族的危亡，忘掉反動統治者的凶殘，實行階級投降、民族投降。
對此，陳亮給予有力的批駁。他堅持樸素唯物主義世界觀，認為世
界是物質性的客觀存在，人們生活在現實社會中，必須解決現實問
題，所謂「道」和「理」不是在天上，而是「在物中」。陳亮尖銳地
指出朱熹之流整天空談玄虛的理學，誘使人們「百事不理」，甚至在
民族存亡的緊要關頭仍然麻木不仁，「不知痛癢」，其目的就是為女真
族入侵者的侵擾大開方便之門。這正揭露了理學家們為復辟倒退、投
降賣國的反動路線製造輿論的醜惡面目。

朱熹「存天理、滅人欲」的反動觀點還貫徹在他的唯心主義認識
論中。他認為人們要獲得知識，就得進行所謂「格物窮理」，即從自
己內心上「格」去「物欲」、「私念」這些所謂「昏蔽」了「理」的東
西。從而一旦「豁然貫通」，「悟」得那個先大潛在「理」，也就有知
識才能了。朱熹究竟「悟」出些什麼來？他說：「吾生平所學惟此四
字」，即「正心誠意」。他甚至赤裸裸地宣稱：「正心誠意，克己復禮
為事。」顯然，他所「悟」出來的那個「天理」，就是復古倒退，投
降賣國。陳亮則從唯物主義觀點出發，駁斥了朱熹的這種唯心論的先
驗論。他認為既然「道在物中」，人們就必須從對客觀事物的觀察中

去了解事物的道理。他肯定了事物的可知性，人們在實際生活中可以用「察知」了解事物的規律，並能掌握它。人的才智是在後天經歷了許多事情，熟知了許多事物之後才形成的。因而陳亮非常重視人的「行」、「動」對於認識的重要意義。他認為人的知識才能的高低必須從其實際的「事功」的大小來判斷。他舉例說，搞文的人有「處事之才」，搞武的人有「料敵之智」，也都是從實際的政治活動和軍事鬥爭中鍛煉和培養出來的，這就駁斥了朱熹所說的才智乃是「天理」所稟賦的謬論。

朱熹狂熱鼓吹「古昔勝時」，是一個地地道道的復辟狂。可是，他為了掩蓋他復古倒退的極右實質，卻往往搬弄「激進」的詞句。他揚言改革派搞改革如同「補鍋，謂之小補」還是不行的，應該打破銅「重鑄」。高調唱得震天價響，簡直像個「革命家」了。但這不過是一種障眼法，是用來欺騙人的。他在同陳亮論爭「義利王霸」的問題時就暴露出他復辟狂的醜惡嘴臉。朱熹認為「三代」以上乃是「天理流行」的王道政治，三代以後則是「人欲橫流」的霸道政治，一代不如一代。很清楚，朱熹所謂「重鑄」鍋子，就是妄圖使歷史回復到「三代」去。對於朱熹的歷史倒退論，陳亮給予嚴厲的批駁。他明確地指出不能以「三代」的前後來劃分「王道」和「霸道」，他認為自然界和人類社會都是向前發展的，凡能「順民之心，因時之宜」，順應時代發展潮流的就是好。

陳亮還公開打出「功利」的旗幟，對朱熹之流空談心性、義理進行猛烈的抨擊。他認為「功到成時，便是有德，事到濟處，便是有理」。凡是有「救時之志，除亂之功」便是英雄，否定儒家侈談義利、性命、復古、賣國的政治路線，大膽譏諷「孔、孟之學真迂闊矣」。朱熹這個險惡的大儒從大地主階級投降派的利益出發，對陳亮的功利言論深痛惡絕，他寫信給陳亮進行威逼利誘，遭到陳亮的堅決

拒絕。朱熹便老羞成怒，破口大罵陳亮是「怪論百出，駭人聽聞，壞人心術」的一個「怪人」。最後竟捏造種種「罪名」把陳亮陷害下獄。

哲學鬥爭總是為一定歷史時期的政治鬥爭服務的。「這種鬥爭歸根到底表現著現代社會中敵對階級的傾向和思想體系。」南宋時期朱熹之流在辯論中的種種醜惡表演，充分暴露出地主階級反動派哲學上的虛偽和腐朽。他們為了達到不可告人的政治目的，不惜喬裝打扮，製造種種奇談怪論，對革新派進行威脅利誘，造謠中傷，殘酷迫害，施盡了種種卑劣的手段。

——原載《解放日報》一九七六年五月二十四日

陳亮反對朱熹的鬥爭

——南宋前期的一場儒法論戰

校大批判組

　　陳亮（1143～1194），字同甫，浙江永康人，是一個愛國的唯物主義的政治思想家。他生活於南宋前期，同唯心主義理學的主要代表人物、孔、孟之道的忠實信徒朱熹（1130～1200）同時。當時，國內民族矛盾和階級矛盾都很尖銳。統治著中國北部的女真貴族，不僅奴役北方各族人民，還不斷向南宋王朝進犯，蹂躪南方各族人民。苟安江左的南宋王朝，竟置南北各族人民於不顧，只知殘酷壓榨江南各族人民，沉湎於西湖的風光景物與歌舞逸樂之中。面對這樣的政治、軍事形勢，應當採取怎樣的對策，就不能不在當時的地主階級內部引起論爭。代表中小地主利益的陳亮與代表官僚大地主利益的朱熹之間的鬥爭，就是這種論爭的集中表現。陳亮與朱熹之間的這場論戰，以書信往還的形式，反映了愛國與賣國、革新與守舊、唯物與唯心的兩條路線的生死鬥爭，也是先秦以來的儒、法之爭在新的歷史條件下的繼續。因此，用馬克思主義觀點，研究陳亮反對朱熹的鬥爭，對於闡明南宋前期的儒法鬥爭和深入批林批孔，都是十分必要的。

愛國與賣國之爭

　　女真族社會制度比較落後。當他們向中原地區進行掠奪戰爭的時

候，正處於由奴隸制向封建制過渡的時期。由於奴隸制殘餘的嚴重存在，女真奴主貴族對中原地區各族人民的掠奪、壓迫也格外殘酷。凡女真貴族所到之處，各族人民的財產，無不被掠奪一空。莊季裕在其《雞肋篇》中說「凡（女真貴族）所經過，盡皆焚爇」，「中原之禍，自書契以來未之有也」，就是指這種情況而言。他們還殘暴凶狠地任意擄掠和殺害各族人民，「華人男女，驅而北者無慮十餘萬」；「殺人如刈麻」，往往「臭聞數百里」（《繫年要錄》卷四）。被他們擄掠的中原各族人民，大都成了奴隸，供其驅使。有的還被他們用鐵索鎖著，耳上刺一「官」，或解送邊郡，或轉賣於蒙古、室韋、高麗等地作奴隸，或用之於同西夏交換馬匹。大量勞動人民淪為戰俘奴隸的狀況，幾乎意味著社會制度的倒退。此外，女真貴族還任意強占各族人民土地，一人占田數十頃至數百頃不等；至於被指為「官田」、劃為「牧地」者，尤屬不勝枚舉。他們一旦占有了土地，「盡令漢人佃蒔，取租而已」（《金史·食貨志》）；有的則任其拋荒，以供放牧。於是膏田沃土，盡成荒蕪。土地既荒，而賦稅不已。既有兩稅，又有各種「調發」；「加賦數倍，預借數年」的情況屢見不鮮。至於濫徵徭役和嚴刑酷罰，更是慘不能言。各色民夫，動輒數十萬，往往半數死於苦役；各族人民不得穿本民族的傳統服裝，也不得說「南頭去」等詞語，如有違犯，動輒被「擊其腦而殺之」。就是這樣，整個北部中國的各族人民，處於女真貴族的殘酷階級壓迫和種族奴役之下，暗無天日，慘絕人寰。與此同時，他們還不斷南下長江流域進犯和掠奪，妄想把整個中國置於他們的殘暴統治之下。如果女真貴族的暴行得逞，全中國的各族人民將淪為他們的種族奴隸。於是，以漢族為主體的各族人民同女真貴族之間的矛盾就激化了。這是以國內民族矛盾的形式表現出來的階級矛盾。馬克思、恩格斯指出：剝削制度「是造成一些民族剝削另一些民族的原因」（《馬克思、恩格斯選集》第一卷第二八七

頁）；毛主席說：「民族壓迫基於民族的剝削，推翻這個民族剝削制度，民族的自由聯合就代表民族的壓迫。」因此，當這種民族之間的壓迫與剝削嚴重破壞社會生產力、阻礙社會的進步時，就必然產生以漢民族為主體的各族人民同女真貴族之間掠奪與反掠奪、壓迫與反壓迫的鬥爭。在這樣的鬥爭面前，是支持還是反對，在當時的歷史條件下，是區分愛國與賣國、前進與倒退的分水嶺。

面對女真貴族的壓迫與掠奪，南方和北方的各族勞動人民都是堅決反抗的。以北方來說，以漢族為主體的各族勞動人民，紛紛自動組織起來，靠山的結為山寨，靠水的結為水寨，以進行反抗鬥爭。活動於太行山一帶的「八字軍」，鬥爭於河東、河北、山東等地的「紅巾軍」和梁山泊地區的水上義軍等，就是當時北方抗金義軍的主力，他們有力地打擊了女真貴族的反動統治。趙宋統治的洞庭湖地區人民，一方面受到反動的官僚地主階級的殘酷壓迫與剝削，同時又受到女真貴族的掠奪、蹂躪與騷擾，引起了以鍾相、楊么為領袖的農民起義，既打擊了南宋官僚大地主階級，又反抗了女真貴族的南下掠奪。這些事實雄辯地告訴我們：當時中國境內的各族人民，都反對民族壓迫，「都要用反抗的手段解除這種壓迫」。

面對各族勞動人民反抗民族壓迫和階級壓迫的鬥爭，南宋地主階級的不同階層和集團，有著不同的態度。官僚大地主階級，為了維護其反動的階級利益，不惜出賣民族的利益，正如馬克思在揭露資產階級國家政權的本質時所指出的：「在民族義務和階級利益二者發生矛盾的時候，沒有片刻的猶豫便把自己變成了賣國政府。」（《馬克思、恩格斯選集》第二卷第三五四頁）以賣國賊趙構、秦檜為首的官僚大地主，採取了一條對女真貴族投降賣國、屈膝求和與對革命農民實行殘酷鎮壓的反動路線。反之，南宋地主階級的中、下層，他們一方面受到官僚大地主兼並的威脅，隨時有破產的可能；另一方面，也是女

真貴族掠奪、蹂躪的對象。於是他們在各族人民抗金鬥爭的影響與推動之下，也產生了抗金的政治主張。在當時的歷史條件下，前者是不利於國內各民族的聯合、不符合民族利益和阻礙社會前進的賣國路線，後者則是有利於國內各民族之間經濟文化交流、有利於社會前進的愛國路線。南宋理學家朱熹，就是賣國路線的主張者，陳亮就是賣國路線的堅決反對者。

朱熹同北宋官僚大地主一樣，在國內少數民族貴族分子發動的掠奪性軍事進攻面前，完全喪失了應有的民族氣節，只要官僚大地主階級的利益得到維護，便把整個民族的利益拋到九霄雲外，公開主張對金貴族屈膝投降。為此，他極力吹捧賣國賊秦檜之流，胡說他們是什麼「端人正士」；反之，他肆意攻擊主張女真貴族掠奪、壓迫的主戰派，是追求「功名」的「巧言之士」；污衊他們的主張「狂妄」，是「不樂聞儒生禮法之論」的表現，是一些「持論太險」的危險人物。為了替這條賣國路線辯護，朱熹還恬不知恥地杜撰了「賣國有理」的反動理論，叫囂什麼「區區東南，事有不可慮者，何恢復之可圖乎」？以無力抗金來掩蓋其賣國投降的實質。

陳亮針對朱熹的賣國投降主張，給予了有力地回擊。當南宋孝宗皇帝剛剛即位的時候，正是朱熹之流的賣國投降路線得勢之時，官僚大地主階級都主張「與金人約和」，無恥地叫囂什麼「天下忻然幸得蘇息」，儼然「賣國有功」。年方二十左右的陳亮，不顧個人安危，堅決反對這條「與金人約和」的投降賣國路線。為此，他研究了歷史上反對民族掠奪與壓迫的事實，論述了南宋抗金的可能與條件，寫成了〈中興五論〉，力主抗金。當他的主張被官僚大地主扼殺以後，他又進一步研究歷史上法家人物的思想、作為和主張，為抗金路線奠定理論基礎。最後，於孝宗淳熙五年（1178）以後，一連幾次上書，主張抗金，反對投降，雖然遭到官僚大地主的多方迫害，三次下獄，其抗

金主張，仍毫不動搖。他針對朱熹吹捧秦檜的反動叫囂，指出「南渡之初，君臣上下，痛心疾首，誓不與之（指女真貴族）俱生」，只是由於「秦檜邪議以沮之」，使「忠臣義士，斥死南方」，才落得當亡國奴的危險。有力地駁斥了朱熹認為秦檜是「端人正士」的賣國賊叫喊。他總結了歷代法家關於強兵足食的措施和戰略戰術的內容，指出了荊、襄地區在戰略上的重要地位，例如三國的法家諸葛亮，就是「由此起輔先主」的。究其原因，在於其地「東通吳會，西連巴蜀，南極湖湘，北控關洛，左右伸縮，皆足以為進取機」。因此，他認為南宋朝廷，如果能把這些「荒落之邦」，加以「開墾」；然後，再「命一重臣」，「鎮撫荊、襄」，採取一些強兵足食的法家措施，就可以作為抗擊金貴族和統一中國的最好軍事陣地，就可望取得抗金鬥爭的勝利。這樣，又批駁了朱熹無力抗金的反動謬論。

此外，為了抗金，陳亮還痛斥了朱熹之流只知道「低頭拱手，空談生命」，不務實際，委靡不振的亡國奴作風。朱熹之流為了反對抗金和反對革新，極力把人們引上不求進取，不講實效，無所作為，聽天由命的邪路，作「謹守祖宗之成法」的庸人，甘當投降敵人的國賊。陳亮針對朱熹提倡的這種亡國奴作風，予以無情的揭露和批判。他指出：這些人不學無術，只知「論安之計，動引聖人」；實則「群疑滿腹，眾難塞胸」（〈與周參政必大〉）。他們口頭上講的全是「盡心知性」、「學道愛人」這一套，其實是玩弄政治騙術，「相蒙相欺」；其目的在於「盡廢天下之實」，「終於百事不理」（〈送吳允成運幹序〉），以便賣國投降，為了反對這一批「枯木死灰」（〈與應仲實〉）、「風痹不知痛癢之人」（〈上孝宗皇帝第一書〉），他提倡「務實」，講求實幹，反對「安坐而感動」敵人的投降主義幻想（〈壬寅答朱元晦秘書〉）。他發誓要作具有「推倒一世之智勇，開拓萬古之心胸」的戰士；決不為只知「研窮義理之精微，辨析古今之同異，原心於秒忽，

較禮於分寸」的「腐儒」。表現了陳亮力主抗金愛國的決心和氣概，也反映了他同朱熹之間愛國與賣國的勢不兩立的鬥爭。

革新與守舊的論戰

從愛國與賣國的不同政治立場出發，必然導致政治主張上的革新與守舊的對立與鬥爭。這是因為，既要愛國，要抗金，就需要改革南宋王朝極端腐朽的官僚政治，起用抗金派人才；也得發展生產以強兵富國。只有這樣，才有抗金的條件與可能。而要做到這些，必須在政治上實行改革。因之，當時的地主階級戰派，大抵都是政治上的革新派。陳亮就是這樣革新派的代表。反之，賣國的官僚大地主，他們極端虛弱，又無比卑劣，心目中只有極少數特權分子的階級私利，為了維護其特權利益，他們只想維持現狀，那怕是一點也不觸及封建制度的細微改革，也視之如洪水猛獸，堅決反對。因此，投降派與守舊派有著本質的聯繫。朱熹就是這樣守舊派的典型。就是這樣，陳亮與朱熹之間，基於愛國與賣國的鬥爭，又產生了政治上的革新與守舊的兩條路線鬥爭。

朱熹反對革新，主張守舊，其突出表現之一，就是主張「禮治」。儒家的老祖宗孔老二，曾經以「克己復禮」的反動政治綱領反對新興地主階級的革新，妄想復辟奴隸制。到了南宋時期的以朱熹為代表的官僚大地主，他們所妄想的雖然不是復辟奴隸制了，但反對革新卻同孔老二一致。於是，他把孔老二的「克己復禮」這一政治綱領，解釋為符合官僚大地主階級反對革新的政治綱領，說什麼人們只能按照孔老二的「克己復禮」去行動，只能「相與謹守而共學」，絕「不可須臾離」其道，只有做到了「私欲淨盡，天理流行」，就算是「克己復禮」了。為此，他提出了「存天理，滅人欲」的反動口號。

所謂「天理」，就是指封建社會的「三綱五常」；所謂「人欲」，就是指勞動人民反壓迫反剝削的革命鬥爭和地主階級革新派的抗金與革新主張。所以，「存天理，滅人欲」主張「禮治」，維護「三綱五常」，反對革命和革新，這是朱熹的反動政治綱領。所以朱熹咒罵法家思想是「功利邪說」，是「人欲」的集中表現；所有法家都不免於「利欲之私」，「其立心之本，在於功利」，因之，法家是破壞「天理」的罪人。傑出的法家秦始皇，就被他咒罵為歷史上最大的「無道」「暴君」，先王的禮制被秦始皇「敝壞」，造成了秦的滅亡。另一個被他橫加攻擊的著名法家，就是王安石。他罵來罵去，最後還是為了咒罵與他同時的主張革新的法家陳亮。他公開寫信給陳亮，要陳亮不要「作壞」三代之制，必須改變「狂妄」的主張，「以醇儒之道自律」，威脅陳亮將「陷於收司連坐之法」，不免大難臨頭。可見朱熹反法在於反對革新。

陳亮針對朱熹的猖狂反對，給予了迎頭痛擊。首先是主張「法治」，反對「禮治」。朱熹從三代「聖人」都能「克己復禮」、「都無利欲」之私、「都無要富貴底人」等反動觀點出發，從而提出了「存天理，滅人欲」的反動政治綱領；陳亮則反其道而行之，一開頭就指出朱熹的這些說法，都只是儒家的「詩書載得如此淨潔」而已，實際上都是騙人的鬼話。他認為「才有人心，便有許多不淨潔」，即都有物質的欲望。既然如此，就不能搞什麼「存天理，滅人欲」的「禮治」路線，而只能是「因其欲惡而為之節」（《龍川文集·問答七》）。所謂「為之節」，就是「君制其權，為之賞罰」，「使為善者得其所同欲」，「為惡者受其所同惡」。離開了賞罰，就無以節制人的物質欲望。於是，陳亮得出結論：說「外賞罰以求君道者，迂腐之論也；執賞罰以驅天下者，霸者之術也」，就是說要執行「法治」才能節制人欲。正因為如此，雖然有人無時不在勸告他實行「克己復禮」那一套，而他

的回答是「不能一一敬遵其戒」，與朱熹主張「克己復禮」針鋒相對。

其次，是陳亮高舉尊法反儒的大旗，指斥「孔、孟之學，真迂闊矣」。他肯定歷史上的法家如漢武帝、諸葛亮和曹操等人，都是有所作為的「英雄」。正是在總結了這些法家代表人物革新措施的基礎上，他主張南宋朝廷也應採取限制土地兼並的措施，還應當在荊、襄地區，「大建屯田」，「興雜耕之利，為久駐之基」；他力主作帝王的要像漢武帝一樣，不用「孔、孟之學」，而「奮其雄材大略」（〈勉強行道大有功〉），作官吏的要像諸葛亮等法家一樣，在政治上實行改革，屬行「法治」，作到「嚴政條以核名實，懲奸姦以明賞罰」，「任賢使能」，「減進士以列選能之科，革任子以崇荐舉之實」（〈中興論〉），這樣就可以作到「法令明備」，實現全國統一和加強中央集權（〈上孝宗皇帝第一書〉）。

他的「法治」主張，表現在用人上，就是堅決反對使用像朱熹之流的「以端愨靜深大體，以徐行緩步為用」、「喪其所有」、「不知適從」的「腐儒」（〈送吳允成運幹序〉），而主張起用有革新思想、有實幹精神的人。所以，他主張用人以才能為貴，不僅同法家曹操一樣提倡「唯才是用」（〈與徐大諫良能〉）；而且主張從使用中鑒定其是否有真實才能，認為「人才以用而見其能否，安坐而能者，不足恃也」（〈上孝宗皇帝第一書〉），其目的就在於把那些只知「空談性命」、毫無實際才能的道學家們排除在使用範圍之外，以利於革新措施的推行。

正因為陳亮在政治路線上與朱熹針鋒相對，所以，朱熹對陳亮恨之入骨。當他看到「陳同甫學已到江西，浙人信向已多」的時候，便氣急敗壞地叫吠：「可畏！可畏！」（《朱子語錄》卷一二三）為什麼這麼害怕呢？因為在朱熹看來，「後輩未知三綱五常之正道」，如果讓

他們「據聞此說（指陳亮的主張）」，「其害將有不可勝俟者」（《龍川文集》卷末附錄朱熹〈答陳同甫〉）。原來朱熹正是害怕陳亮的主張會危害「三綱五常」的維繫，會破壞他的「克己復禮」的反動綱領。為此，他大罵陳亮是「直在利欲膠漆盒中」的危險人物。反之，陳亮也毫不妥協。雖然，他自知他的「賞罰形勢」之論，「龍與世論不合」（〈又與朱元晦秘書〉），但他仍然堅持鬥爭。他指斥朱熹之流，是一些只知道「遵祖宗之舊」法，「不究變通之理」的腐儒（〈上孝宗皇帝第一書〉）；他「恨舉世未有肯可其論者」；他聲稱：絕不「閉眉合眼，矇瞳精神，以自附於道學」，發誓要以「雖死而目不瞑」的精神鬥爭到底，不對「一世之儒生」存任何幻想。由此可見，陳亮與朱熹之間的革新與反革新的鬥爭，同樣是勢不兩立的。

唯物與唯心的對立

政治上的兩條路線鬥爭，必然反映到思想領域。朱熹為了替南宋官僚大地主的反動政治路線辯護，便繼北宋官僚大地主之後，極力宣揚孔、孟道的「天命論」、形而上學思想和「今不如昔」的歷史退化論，作為其反動政治路線的精神武器。他狂熱地吹捧孔、孟之道，吠叫什麼「天不生仲尼，萬古如長夜」，把孔老二吹捧為光照宇宙的明燈，把孔、孟之道美化為萬古不變的永恆真理，妄想以孔、孟關於「三綱五常」的「天理」，去消滅反對掠奪、反對壓迫和主張革新、主張抗金的「人欲」。反之，陳亮既要抗金、要革新，要需要認識當時的現實和改變當時的現實，從而必然要繼承歷史上法家的唯物主義思想路線，把自己的抗金和革新主張建立在唯物主義的理論基礎之上。因此，陳亮的唯物主義思想，是在同朱熹的唯心主義理學作鬥爭中闡發出來的，也是直接為他的抗金和革新的政治路線服務的。

　　以「道在物中」的唯物論，反對「理在氣先」的唯心論的「天命論」，是陳亮與朱熹在哲學上論爭的焦點之下。

　　孔丘以來的儒家唯心主義者，無不宣揚反動的「天命論」。北宋的二程，繼承了孔、孟的這一反動思想，進一步提出了「天即理」的唯心主義命題，說什麼「天下只有一個理」，「此理，天理也」，這不過是化妝了的孔、孟「天命論」。南宋的朱熹，又在二程的基礎上進一步發展了和裝飾了這種反動的「天理論」，認為天地萬物是由「理」和「氣」兩種東西構成的，而其中「理」是萬物的本源，由「理」生「氣」，由「氣」構成萬物，故「理在先，氣在後」，天地萬物都是「理」派生出來的。因此，封建社會的一切也都是「天理」的體現，都是違反不得的。正因為如此，他叫嚷「三綱之要，五常之本」，都是「人倫天理之至」。可是，當「天理」決定「人性」的時候，往往受到「氣質」的影響；因之，表現著「天理」的「人性」，就雜入了「人欲」的因素。「人欲」與「天理」是對立的，「此勝則彼退，彼勝則此退」，故「人欲」是破壞「天理」的，二者不能並立。這樣一來，就得出了必須「存天理，去人欲」的反動結論，也就為他搞「克己復禮」、推行「禮治」路線以反對革新與抗金的反動政治主張提供了反動的精神武器。

　　陳亮繼承了王安石的「理在事中」的唯物主義思想，針對朱熹「理在氣先」的「天理論」，提出了「道在物中」的唯物主義命題。他指出「盈乎宇宙者無非物，日用之間無非事」（〈書經〉），意即世界是物質的真實存在，而不是精神的，不是先於萬事萬物的「理」決定的。由此出發，他把萬事萬物的內在規律稱之為「道」。「道」與「物」的關係，不是道在物先，而是「道在物中」。所以，他一再指出「天下豈有道外之事哉」？「夫道非出於形氣之表，而常行於事物之間者也」；「天地之間，何物非道」！意即有「物」就有「道」，道

不能脫離事物而存在，任何事物都有其內在的道理即規律。這樣，就與朱熹的「理在氣先」的唯心主義「天理論」劃清了界線。

在認識論方面，也是一樣。在陳亮看來，既然萬事萬物都有其內在的道理即規律，那麼人們要想知道它，就不能脫離具體事物，只能從具體事物中去尋找其規律。故陳亮指出「大道之在天下，何物非道；千途萬轍，因事作則」，要求人們去仔細「體認」（〈與應仲實〉）。而且事物的規律，也是可以「體認」的，因為「天人之際」，並不神秘，是「昭昭焉可察而知」的（〈上孝宗皇帝第一書〉）。陳亮認為：必須接觸實際，才能獲得知識。他指出「耳目不洪，久聞不慣」的人是孤陋寡聞的。人的「才」與「不才」、知識的多與少，像金、銀、鋼、鐵一樣是錘煉出來的。只因「煉有多少」，才使「器有精粗」。而「煉」是離不開物質的，故人要獲得知識也是離不開「耳目」與「見聞」的。因此，在事物的「本質之外」，想「換出一般」，「以為絕世之美器」，是根本沒有的事。這樣就從根本上否認了朱熹的「人心之靈，莫不有知」的唯心論的先驗論。陳亮認為所謂「聖人」，並不比一般老百姓特殊，所不同的僅僅是「錘煉」的多少不同而已。這不僅批駁了朱熹之流自「以為得（聖賢）不傳之學」的謊言，也有力地揭露了「天才論」的虛偽性，還為敢於抗金、敢於實踐的政治主張提供了理論上的依據。

以變化發展的樸素辯證法思想，反對「天不變，道亦不變」的形而上學觀點，是陳亮與朱熹在哲學上論爭的又一焦點。

毛主席指出：「在中國，則有『天不變，道亦不變』的形而上學的思想，曾經長期地為腐朽了的封建統治階級所擁護。」漢的董仲舒和北宋的二程是這樣，南宋的朱熹也是這樣。二程口頭上承認事物「有對」，即有對立面，但對立面是不能相互轉化的，從而否定了事物的變化發展。朱熹也學會二程的腔調，口頭上也承認「天下事物之

理」,「無無對者」(〈答胡廣仲〉),但是,事物的對立面是「天理」決定的,如「有高必有下,有大必有小,皆是理必當如此」(《朱子語類》)。「天理」既是永恆不變的,被它決定的事物的對立面自然也是不能相互轉化的即不變的。把它運用到人類社會,就是「君臣父子,定位不易,事之常也」(〈甲寅行宮便殿奏札〉),即封建統治秩序是永恆不變的,當然不需要鬥爭、不需要革新了。

陳亮批駁朱熹的這種形而上學觀點時指出「天地盈虛消息之理,陽極必陰,陰極必陽,迭相為主而不窮也」(〈與徐大諫良能〉);又說「天下之事,無有窮時」(〈復吳叔異〉),即事物都是變化發展的。正因為如此,人類社會的事情,也是「古今異宜」,所以「聖賢之事不可以盡為法」,即需要變革。怎樣去變革呢?這就需要「明於事物之故」,然後「發言立政」,才能「順民之心,因時之宜」(〈書經〉),根據變化發展的客觀世界而確定自己的政策和辦法。這樣就為他的革新時政以抗金的政治主張奠定了理論基礎。

以歷史進化論反對「今不如昔」的歷史退化論,是陳亮與朱熹在歷史觀方向的鬥爭。

朱熹站在反動的官僚大地主立場上,從他的「理在氣先」的反動「天理論」出發,編造了一個歷史退化論的謊言,大罵「漢、唐之世」不如「三代之制」,「三代專以天理行,漢、唐專以人欲行」,簡直是一代不如一代,是「今不如昔」。其原因就在於孔丘之後,「千五百年間」,「堯、舜、三王、周公、孔子所傳之道,未嘗一日得行於天地之間」。於是糾正之法,自然是「存天理,去人欲」,實行「克己復禮」的反動政治路線。

陳亮嚴肅地駁斥了朱熹的這一套,他認為:既然天下萬事萬物都有「道」即規律存在,那麼這個「道」,就無所不在,無時不存。為此,他引用荀子〈天論〉的話說:這個「道」是「不為堯存,不為舜

亡」的（〈與朱元晦秘書〉）。無論是三代之世與漢、唐之時，都是這個「道」，並沒有一日間斷。如果像朱熹所說的「道」中斷了一千五百年的話，陳亮質問道：則天地何以運轉、「萬物何以阜蕃」？豈不是漢、唐之世成了「舉世皆盲」的黑暗世界嗎？豈不是千五百年的歷史成了「一個大空闕」嗎？

接著，陳亮又指出漢、唐之世之所以能建功立業，有所前進，這在於有漢武帝、曹操、諸葛亮與唐太宗等這樣「本領閎闊」的英雄人物敢於鬥爭、敢於革新的結果。在這裡，陳亮雖然誇大了個人在歷史上的作用，但在反對朱熹的歷史退化論和強調人的主觀能動作用等方面，是有其積極意義一面的。

陳亮反對朱熹的鬥爭，是南宋前期一場激烈的從政治路線到思想路線的儒、法鬥爭，是當時民族鬥爭和階級鬥爭的反映。

從陳亮反對朱熹的鬥爭中，可以清楚地看出：思想上的路線鬥爭，總是和政治上的路線鬥爭聯繫在一起的。凡是反對革新、主張守舊的反動社會勢力，總要死死守住孔老二的「克己復禮」的「禮治」路線，總是要宣揚那一套「天命論」、形而上學和「今不如昔」的歷史退化論。從董仲舒到朱熹、從朱熹到今天的林彪，莫不如此。

陳亮反對朱熹的鬥爭向我們表明：儒家在其反動階級利益支配下，既貪婪殘暴，又虛弱腐朽，犯有害怕人民、害怕革命的頑固症，這就決定了他們在推行其反動政治路線時，總要同壓迫民族的統治者相勾結的賣國本質，正如毛主席所指出的：「在他們面前沒有當不當亡國奴的問題，他們已經撤去了民族的界線。」反之，法家因為主張革新，多少是面向實際，相信自己的事業是正義的，因此，他們並不指望獲得壓迫民族統治者的支持，於是當他們實行革新措施時，在當時勞動人民的推動下，往往也主張反對國內民族之間的壓迫與掠奪，表現出不同程度的愛國色彩，這是一個合乎規律的現象。林賊繼承

孔、孟、尊奉朱熹，狂叫「克己復禮」，大喊「天命論」、「天才論」，
終於叛黨、叛國，這是不難在歷史上追尋出淵源的。

　　然而，陳亮畢竟是地主階級的政治家和思想家。他反對朱熹的鬥
爭，是不徹底的。他一方面指斥「孔、孟之學，真迂闊矣」，表現出
反儒鬥爭的堅定態度；另一方面，為了批判朱熹的理學，又推崇孔
丘，給他戴上「聖人以道揆古今之變」（〈書經〉）的桂冠；假托儒家
「經典」以發揮自己的觀點，表現了與儒家藕斷絲連；他既反對朱熹
對漢、唐歷史和法家人物的污蔑，自己又落入了英雄史觀的窠臼，崇
拜漢高祖、唐太宗等是「有救時之志、除亂之功」的「一世英雄」，
認為歷史就是這樣的帝王將相創造的；他既承認事物是變化發展的，
又說什麼「天運六十年一變」，等於是說歷史的發展要服從於神秘的
氣數循環論的支配，陷入了神秘主義的泥坑等等。所以陳亮不能徹底
駁倒朱熹的唯心主義理學，也不能阻擋朱熹從思想領域掀起的逆流的
泛濫。這就告訴我們：用法家的思想觀點去批判儒家，是不可能徹底
的。只有用馬克思、列寧主義、毛澤東思想的立場、觀點和方法去批
判儒家，才能真正從根本上徹底駁倒一切唯心主義。因此，我們必須
遵循毛主席的教導「認真看書學習，弄通馬克思主義」，並用這個銳
利武器，去研究儒、法鬥爭和整個階級鬥爭的歷史，把歷史經驗同現
實的階級鬥爭和路線鬥爭聯繫起來，完全過去一切時代的先進思想家
們所不能完成的任務。

　　　──原載《鄭州大學學報》一九七四年第三期，頁一八～二五
　　　收入《可惡的朱熹》，頁八三～九九

（六）評朱子與林彪

評朱熹的「待人哲學」

武漢大學哲學系工農兵學員大批判組

　　朱熹（1130～1200）在我國歷史上是繼孔、孟之後封建時代影響最大的唯心論哲學家。宋末以來，他為歷代反動統治者所尊崇，其地位僅在孔、孟之下。他的一套反動的孔學即極端唯心主義的理學或道學，成了反動階級不可侵犯的正統的官方哲學。他所注解的《四書》成了封建統治階級必讀的教科書，成了他們的敲門磚。近代的大劊子手漢奸曾國藩、獨夫民賊蔣介石都把朱熹奉為「大臣」，佩服得五體投地。叛徒、賣國賊林彪及其死黨也把朱熹作為他們所效法的「古賢」抬了出來，並叫嚷「要像朱子那樣去待人」。因此，仔細解剖一下朱熹的所謂「待人哲學」，對於我們深入揭露和批判林彪一夥陰謀復辟資本主義的反革命罪行，有著重要的現實意義。

一

　　朱熹生活在我國南宋時期，在政治上屬於北宋以來反對王安石變法的大地主階級頑固派。他攻擊古代法家的傑出代表荀子「逞快胡罵，教得個李斯出來，遂到焚書坑儒」（《朱子語類》），又說王安石像個把砒霜給病人吃的醫生，「其術足以殺人」（同上）。

　　自王安石變法失敗之後，宋朝大地主階級更加肆無忌憚地加緊榨取人民的血汗，激起了人民的強烈反抗，統治階級內部的大狗與小

狗、飽狗與餓狗之爭，也愈演愈烈。到了南宋，整個宋王朝的統治完全陷入了苟延殘喘、朝不保夕的局面。面對這種形勢，朱熹驚呼天下大變，「人情為之哀痛怫郁，而皆有離叛散亂之心」（見《朱子年譜》）。他以孔、孟道統的真正繼承者自命，把從孔丘直到北宋程頤、程顥的反動孔學集中到型，提出了他的一套殺人不見血的理學，妄圖以此來挽救南宋小朝廷的滅亡。他還親自寫《小學》（兒童用的教科書），注《四書》，竭力要把孔、孟之道條理化和簡明化，並使之家喻戶曉，成為上至帝王將相，下至平民百姓人人必行而且人人可行的「定本」，這樣來加強大地主階級的思想統治，消滅人民的「離叛散亂之心」，並用冠冕堂皇的假仁假義掩蓋封建統治階級無惡不作的殘暴本性，企圖使南宋王朝得以長治久安。

朱熹的所謂「待人哲學」貫穿在他整個反動的哲學體系之中。這個所謂「待人哲學」，並不是什麼別的東西，就是如何在假仁假義的掩蓋之下大搞陰謀權術。歷來一切反動統治階級所謂的「待人」都是搞陰謀權術。孔老二及儒者之徒都是一些玩弄陰謀權術的兩面派、偽君子。在南宋時期，由於統治階級和人民的矛盾以及統治階級內部的矛盾都同時達到了空前尖銳化的程度，當權的大地主階級十分需要用種種陰謀技術去對付他們內部的狗咬狗之爭，並愚弄、欺騙和鎮壓人民，以維護大地主階級的統治。朱熹完全適應了大地主階級的反動，他需要的就是在大講「仁義道德」的幌子之下，為大地主階級傳授統治的陰謀權術。他曾經明白地說，做學問的目的是為了「窮天理，明人倫，講聖言，通世故」（《文集·答陳齊仲》）。所謂「通世故」，就是要懂得如何「待人」，學會統治階級的一套陰謀權術。他又說：「自古無不曉事的聖賢，亦無不通變的聖賢，亦無關門獨坐的聖賢。」（《朱子語類》）所謂「曉事」、「通變」，同樣是懂得如何玩弄陰謀權術。朱熹這個道學先生，並不是只知坐而論道、皓首窮經的迂儒或書

呆子，而是一個深通世故的陰謀家。

朱熹一生為了販賣孔、孟之道，窮畢生之力注解《四書》。特別是對於《大學》、《中庸》，更是竭力宣揚，贊不絕口。他曾說：「某一生只看得這兩件文字（即《大學》、《中庸》）透，見得前賢所未到處。」（《朱子語類》）他之所以如此重視這兩本書，就是因為這兩本書比《論語》、《孟子》更加系統集中地論述了反動統治階級所謂治國平天下的一套陰謀權術。朱熹確是看透了這兩本書，他在這兩本書的反動思想的啟示之下，精心鑽研了歷代反動統治者的反革命經驗，以及他在自己的反動政治生活中直接取得的反革命經驗，由此形成了他的一套比孔、孟更加具體詳盡、陰險狠毒的所謂「待人哲學」。這套「待人哲學」，正如魯迅先生所揭露的，就是要教人知道「怎樣敷衍，偷生，獻媚，弄權，自私，然而能夠假借大義，竊取美名」（〈十四年的「讀經」〉）。資產階級野心家、陰謀家林彪之所以無比賞識朱熹的「待人哲學」，就是要從這個老奸巨猾的反動派那裡去學取反革命兩面派的陰謀權術，用它來反黨反社會主義，妄圖達到「克己復禮」、復辟資本主義的罪惡目的。

二

朱熹的「待人哲學」第一條就是所謂「慈祥和厚為本」（《朱子語類》），也就是孔老二鼓吹的所謂「仁」、「愛人」。表面看來，待人以「慈祥和厚為本」，這還不高尚嗎？實際上，這是十足的欺騙。在剝削階級與被剝削階級之間，從來就只有你死我活的鬥爭，決沒有什麼「慈祥和厚」。所謂「慈祥和厚」，完全是掩蓋剝削階級劊子手殘忍本性的假面具。朱熹的反動一生，就徹底戳穿了他的假道學的偽善面孔。

　　朱熹二十四歲當上了泉州同安縣的主簿。一到任就大耍威風，限期要人民交租交稅，過期就加以嚴懲。他後來向他的門徒介紹他當時的統治經驗說：「每點追稅，必先期曉示。……如成違限遭點，定斷不恕，所以人怕。」（《朱子年譜》）他主張做官就是要「嚴刑以為威」，「懲其一以戒百，……使之無犯。做大事，豈可以小不忍為心」（《朱子語錄》）？完全是一派封建法西斯的腔調。光宗紹熙五年（1194），皇帝叫朱熹出任長沙地方官，他本來故作姿態，堅辭不肯上任，後來聽說長沙一帶猺民起義，馬上匆忙趕到任所，派部下田升前往鎮壓，並說：「期以某日，不俘以來，將斬汝（限期給我把起義領袖抓來，否則就殺你的頭）。」（《朱子年譜》）結果是田升軟硬兼施，把猺民起義鎮壓下去了。這就是朱熹的「德政」，就是他所謂的「慈祥和厚為本」。

　　淳熙七至九年（1180～1182）旱災、蟲災、水災連年不斷，由於統治階級的殘酷壓榨，加上人民流離失所，痛苦不堪，山谷、田野、大路上隨處可見餓死的人。朱熹當時先是在南康作地方官，後又受皇帝的委任巡視浙東災情。他多次上書要皇帝「早撥錢數，宣布存恤」，也就是宣布實行救濟。看來，這一次他真是動了「溫然愛人利物之心」，要躬行他的「慈祥和厚為本」的「待人哲學」了。完全不是這樣，朱熹在他的上書中明白地供認，他之所以主張趕緊「宣布存恤」，並不是因為害怕「餓莩」，而是要「下結人心，消其乘時作亂之意」，也就是用假仁假義欺騙人民，防止人民起來造反。與此同時，朱熹又建議皇帝「詔安撫提刑兩司，察其有敢作過倡亂之人，及早擒捕，致之憲典，庶奸民知畏，不至生事」（《朱子年譜》）。一面以「宣布存恤」軟化誘騙，一面以屠刀酷刑嚴加鎮壓，朱熹的「慈祥和厚為本」究竟是什麼東西，已由他自己說得再也清楚不過了。由於朱熹大耍反革命的兩手，受災很重的浙東一帶暫時沒有「生事」，朱熹因此

得到了皇帝老子當面口頭表揚，說他「治荒」「煞是用心」（同上）。朱熹的假道學、偽君子的名聲，從此為之大振。

種種事實都說明了朱熹對於人民是沒有一絲一毫的「慈祥和厚」可言的，他同他的祖師爺孔老二一樣，很有些法西斯的氣味。資產階級野心家、陰謀家林彪對朱熹的這一套「待人哲學」心領神會，他學著朱熹的「慈祥和厚為本」的腔調，叫嚷什麼要「以仁愛之心待人」，什麼「以君子長者之道待天下，故曰忠厚之至也」，妄圖以此來掩蓋他的反革命法西斯的真面目。實際上，他所謂的「仁愛」、「君子長者之道」、「忠厚」等等，就是要對我國人民親手打倒的地、富、反、壞、右「一律給予政治上的解放」，把他們重新扶上臺，讓他們再來專無產階級和廣大勞動人民的政，把革命人民推入血泊之中，變中國為蘇修社會帝國主義的殖民地。和朱熹一樣，林彪那一套仁義道德的說教，統統是披在豺狼身上的一張羊皮。

三

除了大講「慈祥和厚為本」之外，朱熹又講待人要「公而無私」，並且說「公了方能仁，私了便不能仁，公而無私便是仁」（《朱子語類》）。這真是說得冠冕堂皇，煞有介事，但同樣是無恥的騙局。在階級社會裡，「公」是有階級性。朱熹所謂的「公」，指的是一小撮大地主階級的利益，並不包含人民的利益在內。他所謂的「公而無私」，就是要在這塊漂亮的招牌的掩蓋之下結黨營私，謀取大地主階級一樣一黨招牌的掩蓋之下結黨營私。謀取大地主階級一群一黨的私利，並且在統治階級內部狗咬狗的鬥爭中爭得盡可能多的統治權，把盡可能多的人民的血汗榨到手。朱熹的一生，就是施展各種陰謀權術，大搞結黨營私的一生。

　　朱熹曾經說過,「聖人無有不可為之事,只恐權柄不入手。若得權柄在手,則兵隨印轉,將逐符行」(《朱子語類》)。在這裡,朱熹表面看來是在講學,是在向他的門徒傳授聖人之道,實際卻是在講做野心家陰謀家的訣竅。他認為全部的關鍵在於要把「權柄」弄到手,只要掌了「權柄」,那就可以指揮一切,調動一切,「無有不可為之事」了。而為了把「權柄」弄到手,朱熹又公開鼓吹「君子」們應該而且必須結為死黨。朱熹的政敵和反對派曾經攻擊朱熹說:「道學權臣,結為死黨,窺伺神器(篡權的意思)。」(見《朱子年譜》)這些話,恰好打中了朱熹的要害,揭穿了朱熹一夥道學先生們鼓吹「公而無私」的目的和用心。

　　資產階級野心家、陰謀家林彪開口閉口不離「一個公字」,為了陰謀復辟資本主義,他把朱熹的一套「公而無私」的虛偽說教和陰謀權術完全學到了手。他像朱熹一樣,很懂得「權柄」的重要性,很懂得要竊取「權柄」就一定要結為死黨,同時又一定要打出「公」字的招牌,來掩蓋其地主資產階級狐群狗黨的私利。他和朱熹都是極其陰險狡猾的兩面派。

　　和待人以「公而無私」相聯繫,朱熹還鼓吹君子做人要「恃其公心直道無所回互(「回互」是含糊敷衍包庇隱瞞的意思)」(《朱子年譜》)。這就是說,「君子」待人處世處處都要為公,直道而行,不可因為一己的私意而含糊敷衍,包庇隱瞞。這看起來也高尚得很,漂亮得很,但骨子裡仍然是欺騙。朱熹所謂的「直」與「曲」是完全以大地主階級一群一黨的私利為標準的。只要符合於他們一群一黨的私利,即使是說謊造謠、顛倒黑白、相互包庇,也統統是「直道」,而非「枉道」。朱熹公開宣揚孔老二的子為父隱、父為子隱的無恥說教,說什麼「父子相隱,天理人情之至也,故不求為直而直在其中」(《論語》注)。「父子相隱」,明明就是相互包庇,這同朱熹提倡的

「君子」要「直道無所回互」不是完全不能相容的嗎？怎麼又成了「直在其中」呢？看來這好像是咄咄怪事，或朱熹的自相矛盾，其實一點不怪，也一點不矛盾。因為「直」與不「直」，就看能不能維護反動統治階級那一套「君君、臣臣、父父、子子」的所謂「天理人情」，只要能維護，不直也是直的。這就是朱熹的邏輯——強盜邏輯。其次，朱熹還說：「古人臨事，所以要回互時，是一般國家大事，繫生死存亡之際，有不可直情徑行處，便要權其輕重而行之。」（同上）這就是說，當事情牽涉到了反動統治階級的生死存亡的問題時，那就什麼原則都可以拋開，就是撒謊騙人也是完全合理、完全應該的。古今中外的一切反動統治者都是這樣，他們脫離人民，逆歷史潮流而動，手裡沒有真理，因此只有靠謊言為生，否則就混不下去。資產階級野心家、陰謀家林彪及其死黨也是如此，他們公然宣稱「不說假話辦不成大事」，這同朱熹所謂的大事就應該「回互」、隱瞞的反動說教是一樣的，但在說法的話不知恥這點上，朱熹和他的徒子徒孫比起來還有些遜色。此之謂「青出於藍而勝於藍」。

四

朱熹的「待人哲學」還有一條，叫作「克己居敬」（《朱子語類》）。什麼叫「敬」，據朱熹的解釋，就是教人在待人接物的時候，每時每刻都要如臨大敵，集中起全部的精神和注意力去冷靜地應付各種情況，切不可掉以輕心，有絲毫的疏忽大意。朱熹關於「居敬」的種種說教，把一個人在社會上生活說得非常艱難可怕，反映了南宋小朝廷矛盾重重、岌岌可危的局面，同時也包含著朱熹一生搞陰謀詭計的體會。朱熹看到了在反動統治階級的內部和外部都潛伏著重重危機，隨時都有垮臺的可能。他竭力鼓吹「克己居敬」，要反動統治階

級「常存敬畏」、「常存戒懼」、「守定生死路頭」、「終日欽欽，常如對隔」（見《中庸》注及《朱子語類》），就是要統治階級深切認識他們的處境的危險性，密切注視人民反抗封建統治階級的鬥爭以及統治階級內部的狗咬狗之爭，做到「察於幾微之間」，隨時準備著防止和應付一切突然事變，使搖搖欲墜的南宋小朝廷不至一朝覆滅。因此，朱熹所謂的「敬」，表面看來似乎是在道貌岸然地進行自我修養，實際是在挖空心思搞陰謀詭計時時不動聲色地窺測方向，伺機而動。

朱熹提倡「敬」的同時又提倡「忍」，並且認為「忍」是「君子之道」（見《中庸》注），只有他「忍」才能「敬」。這也就是說，要搞陰謀詭計就必須能「忍」。朱熹對於老子的哲學是不以為然的，但對於老子的能「忍」卻佩服萬分。他說：「老氏之學最忍，他閑時似個虛無卑弱的人，莫教緊要處發出來，便教你支吾不住。如張子房（即張良）是也，子房皆老氏之學，如嶢關之戰，和秦將講和了，忽乘其懈擊之，鴻溝之約，與項羽講和了，忽回軍殺之。這個便是他柔弱處，可畏！可畏！他計策不須多，只請兩三次如此，高祖（指劉邦）之業成矣。」（《朱子語類》）這些話是朱熹這個假道學的真實的自供狀，就活活地勾畫出了朱熹的陰謀家的嘴臉，說明了他所謂的「克己居敬」的「待人哲學」是個什麼東西。朱熹曾說：「我有寸鐵，便可殺人。」（同上）朱熹所說的「敬」、「忍」，正是為了要以寸鐵殺人。在他的種種仁義道德的詞句中，散發著濃烈的血腥氣。

朱熹除了要統治階級經常心懷鬼胎、滿肚子陰謀詭計之外，在外表上卻還要裝出一副道貌岸然的正人君子的樣子。這也是朱熹宣揚的「敬」的重要內容。他說：「坐如尸，立如齊，頭容直，目容端，足容重，手容恭，口容止，氣容肅，皆敬之目也。」（《朱子語類》）這一套講的就是在外表上如何裝正人君子。他還告誡他的門徒，說做到這一套並不容易，要持之以恆，天天練習，才能達到「純熟」之境。

這就是要他的門徒努力學做偽君子，做得越像越好。

朱熹鼓吹的「敬」，突出地表現了他所謂的「待人哲學」的陰險、狠毒和虛偽。資產階級野心家、陰謀家林彪及其死黨對這一套鬼域的伎倆推崇備至，體會於心，並且身體力行。林彪手書「敬勝怠則吉，怠勝敬則滅」，賜給他的反革命小崽子，要他奉為座右銘。陳伯達則吹捧林彪的另一個死黨「每臨大事有時氣，不信今時無古賢」。「臨大事有靜氣」是朱熹的口頭禪，也就是他所謂「克己居敬」即善於玩弄陰謀詭計的表現，而所謂「古賢」指的就是朱熹一類號人物。這一小撮反革命匪徒統統拜倒在朱熹腳下，他們的一顆黑心和朱熹連到了一起。這是因為他們和朱熹一樣，都需要玩弄陰謀詭計，否則就一天也混不下去。八百多年前的朱熹深深感到反動統治階級的深刻危機，偶一不慎就會有完蛋的危險，所以非「敬」不可。今天陰謀篡權復辟的林彪反黨集團，更是感到他們處在億萬革命人民的重重包圍之中，偶一不慎就會頃刻瓦解，所以他們要學朱熹的「克己居敬」，每天告誡自己宜「敬」不宜「怠」，妄圖「守住生死路頭」，深深地潛伏下來，伺機而動，用反革命的陰謀詭計去達到他們「復禮」即復辟資本主義的罪惡目的，資產階級野心家、陰謀家林彪也完全領會了朱熹的「忍」字訣，對張良的「含忍勝人」佩服得五體投地，特別把蘇軾在〈留侯論〉中吹捧張良能「忍」的話高懸臥室，朝夕相對，在「忍」字上狠下功夫。妄圖像張良用「忍」字成就了劉邦的帝王基業那樣去成就他的林家王朝的基業。在公開的場合，每當和無產階級的偉大領袖在一起的時候，林彪總是竭力裝出一副標準的正人君子的模樣，慢步相隨，不前不後，真如朱熹所說的那樣「頭容直，目容端，足容重，手容恭，口容止，氣容肅」，何等的謙恭有禮；而在暗地裡，他卻露出一副法西斯的猙獰面目，妄圖謀害無產階級的偉大的領袖。把朱熹的「待人哲學」學倒了家的林彪，就是這樣一個「語錄不

離手,萬歲不離口,當面說好話,背後下毒手」的野心家、陰謀家、兩面派。

　　毛主席指出:「頑固派,他們總有一番計畫,其計畫是如何損人利己以及如何裝兩面派之類。但是從來的頑固派,所得的結果,總是和他們的願望相反。他們總是以損人開始,以害己告終。」歷來一切行將滅亡的反動派,總是妄圖施展種種陰謀詭計來拯救他們的滅亡,但總是一次又一次地遭到了慘敗。朱熹的陰謀權術沒有能夠挽救南宋小朝廷和朱熹一群一黨的滅亡,朱熹的忠實門徒林彪的一套陰謀權術也沒有能夠挽救他和他的死黨的滅亡。一切反動派,不論他們的陰謀權術如何高明,不論他們如何能「忍」,最後總是忍不住的,總是要跳的,而當他們一旦跳出來的時候,又總是跳得不得其時,不得其地,剛好跳入了他們自掘的墳墓之中,落得一個身敗名裂的可恥下場!先之以忍,繼之以跳,終之以亡,這就是他們的反革命的三部曲,也是他們的永遠不可逃脫的歷史命運。

　　　　　　──原載《長江日報》,一九七四年十月二十日

　　　　　　　收入《略評朱熹》,頁四一～五○

　　　　　　　後收入《批判朱熹文集》,頁十八～二七

　　　　　　　本書收入該《文集》時,以其為轉載,故加以刪除

朱熹的「待人」哲學是什麼貨色？

夏竹

　　朱熹（1130～1200）是宋代地主階級的反動思想家。宋末以來，歷代反動派鼓吹孔、孟之道，總要抬出朱熹這具政治僵屍，把他的反動哲學「當作宗教教條一樣強迫人民信奉」。叛徒、賣國賊林彪也對朱熹傾心崇拜，叫嚷：「要像朱子那樣待人。」騙子念拳經，必有險惡心。朱熹的「待人」哲學究竟是什麼貨色？今天，剖析朱熹的「待人」哲學，揭露林彪吹捧朱熹的反革命目的，對於我們深入批林批孔，具有重大的現實意義。

一

　　朱熹所處的時代，正是封建社會走下坡路的時代。偏居江南的南宋小朝廷，一面對金貴族奉表稱臣，納貢割地，屈膝投降；一面血腥鎮壓農民起義，竭力加強官僚地主的中央集權統治，對農民進行敲骨吸髓的剝削。當時階級矛盾、民族矛盾十分尖銳。農民起義風起雲湧，地主階級日益沒落。封建統治者用來維護和鞏固反動統治的董仲舒的「天人感應論」和神學唯心主義，在歷代農民革命的巨大打擊下，已經逐漸失靈，特別是到宋代，經過王小波、李順和鍾相、楊么提出的「均貧富」、「等貴賤」革命口號的猛烈衝擊，又受到王安石和張載等唯物主義思想家的有力批判，更加失去了欺騙和奴役人民的作

用。因此，統治階級迫切需要對孔、孟之道重新粉飾，以欺騙人民，維護封建統治。朱熹的理學正是作為孔、孟之道的發展形態適應這種反動政治需要而產生的。朱熹繼承和發展了程顥、程頤的反動思想，集宋代「理學」之大成，並進一步吸取了佛教、道教的思想垃圾，對孔、孟之道作了精心的修補、闡發，形成了龐雜的反動哲學體系。

朱熹的「待人」哲學是貫穿在他的整個哲學體系之中的。朱熹把孔老二的「天命」、董仲舒的「神權」改頭換面喬裝打扮謂之「理」，並把「理」作為整個唯心論體系的核心。他認為宇宙中存在著「理」（精神）和「氣」（物質）兩種東西，兩者的關係是「理在先，氣在後」，「有是理便有是氣，但理是本」。萬事萬物皆源於「理」，人也是「理」產生的。他說：「若無此理，便亦無天地，無人無物，都無該載了。」[1]顯而易見，朱熹所謂的「理」，是先於事物而存在的第一性東西，是物質世界存在的本源。這種客觀唯心主義謬論，不過是宗教神秘主義的「一種精巧圓滑的形態」而已。

朱熹還把「理」直接和封建道德綱常、封建秩序相聯繫。他說「理則為仁義禮智」，以封建道德作為「理」的大綱，還說「理」的條目則「在於君臣、父子、兄弟、夫妻、朋友」[2]的封建等級秩序之間。這樣，朱熹就把「三綱五常」捧為永恆不變的人都得遵守的「天理」，作為立身處世的準則和衡量是非善惡的唯一標準。

朱熹的「待人」哲學，大肆鼓吹封建的「忠君孝父」思想。朱熹認為：「君臣子，定位不移，事之常也。君令臣行，父傳子繼，道之經也。」[3]只有封建國家「君尊於上，臣恭於下，尊卑大小，截然不

1　《朱子語類》卷一。

2　《論學校勘記》卷下。

3　《朱子文集》卷一四。

犯」[4]，才合乎「天理」，才得「和（天下太平）。」若臣處君位，君處臣位，則不得「和」，就要「天下大亂」，所以「三綱五常終變不得」。他宣揚「忠君」不是忠於個別的君主，而是體現「忠君」之理。因此，當臣的不能計較他的君是否值得效忠，只要他是君就應無條件地對他效忠。他以玄虛的天理，拼命鼓吹封建的「愚忠」思想，說什麼「臣子無說君父不是底道理」。朱熹的「待人」哲學，就是要人們世世代代絕對服從父傳子繼的封建王朝的奴役，做封建統治者的「順民」。誰反對三綱五常，造封建統治者的反，就是傷天害理，大逆不道。他把對農民起義的「擒捕斬殺」，視為忠君之本。早在紹興二十五年（1155），他在同安縣當主簿時，一聽到當地農民起義，就暴跳如雷，赤膊上陣。他「守城之西北隅」，「行所部，循勉慰飾」，籠絡部下，大鼓反革命之氣，「屬其徒日射」[5]不息，加緊武裝訓練，對農民起義進行殘酷鎮壓，赤裸裸地顯出了他凶狠毒辣的劊子手本相，淋漓盡致地暴露了理學的血腥氣。

朱熹的「待人」哲學，極力替地主階級壓迫和剝削勞動人民的罪惡行徑辯解。朱熹為官斷案的根據，就是三綱五常。他曾公開地說：凡聽訟，必先論其尊卑、上下、長幼、親疏之分，而後聽其曲直之詞。這就是說，斷案首先是看階級地位，等級名分，然後才談得到是非曲直。實際上，只要是反動統治階級，無理也是有理，相反，廣大勞動人民任何時候也是「無理」。根據這個反動理論，朱熹公然聲稱，「佃戶不可侵犯田主」，要農民「各依本分，凡事循理」[6]。在他看來，地主階級殘酷剝削、壓迫勞動人民是完全合乎「天理」的，不可違抗的。他在任地方官期間，總是「蒞職勤敏，纖悉必親」，「每點

4　《朱子語類》卷六八。

5　《朱子年譜》卷一。

6　《朱子文集‧勸農文》。

追稅，必先期曉示。出入之簿，逐日點對簽押」[7]。唯恐放過一點壓榨勞動人民的機會，嘔心瀝血地為封建剝削制度效盡犬馬之勞。

朱熹拚命鼓吹的「待人」哲學，是地地道道的「壓迫剝削有理，革命造反有罪」的歪理。他妄圖用「三綱五常」禁錮人心，愚弄群眾，反對社會變革、撲滅人民革命，為維護封建王朝的反動統治提供思想武器。清代唯物主義思想家戴震，對於朱熹標榜的待人之「理」——三綱五常，曾指斥它的禍害，甚於嚴刑峻法，是一把殺人不見血的軟刀子。偉大領袖毛主席指出：「幾千年來總是說：壓迫有理，剝削有理，造反無理，自從馬克思主義出來，就把這個舊案翻過來了。」這是對朱熹反動謬論的深刻批判。

林彪鼓吹朱熹的「待人」哲學，就是緊緊抓住了朱熹反動思想的要領封建綱常，特別是三綱中的君為臣綱，要其死黨對他的黑話「句句照辦」，「理解的要執行，不理解的也要執行」。為其「克己復禮」，建立林家法西斯世襲王朝賣命效勞。林彪聲嘶力竭地叫嚷「忠啊！忠啊」，就是用朱熹鼓吹的封建主義「忠君」思想和封建道德觀念，作為他搞宗派、結死黨，進行反革命陰謀活動的法寶，以便在他那個反黨集團內建立起所謂「正統」秩序。林彪死黨正是秉承其黑旨意，提出了「忠於林彪」的反動政治口號，把此作為他們反黨集團成員的「大節」，並立書宣誓，表示要「永生永世」、「世世代代」忠於林家父子，要「刀山火海也敢闖，海枯石爛不變心」，好一副「忠臣」奴才相，真是厚顏無恥到了極點！

---

7 《朱子年譜》卷一。

二

朱熹從「理」決定「氣」的客觀唯心論的基本前提出發，大肆宣揚反動的人性論和「上智下愚」的黑貨，作為他處理人與人之間關係的重要內容，給地主階級的反革命專政提供精神支柱。

朱熹認為「理」、「氣」相合而生人，理體現在人身上叫做性。他說人性有兩種：一種是「天命之性」，是指「天理」，是善的；一種是「氣質之性」，是指「理與氣相雜」而言，故有善有惡。天命之性是天賦予每一個人的，由於各人稟受的氣質不同，因而有了差異。朱熹說，稟氣清明者，就為「聖賢」，稟氣昏濁者，則為「愚」、「不肖」。他把賢、愚、善、惡和貧、富、貴、賤全部說成稟受氣質決定的，而且「人之稟氣……皆有定數」[8]。就是說，稟氣是天命所規定的。

朱熹把「聖人」、「賢人」講為天生稟受了清明而純粹之氣，能夠充分實現「天理」，猶如堯、舜，「生知而行，不待學而能」[9]，「天必命之以為億兆之君師」[10]，賦有治而教之的使命。在他看來，這些生而知之的封建統治者，是主宰天下的「偉人」，世上的一切都以他們的意志為轉移，人類的歷史就是這些「英雄」創造的，而廣大勞動人民由於稟受昏濁偏蔽之氣，為萬惡的人欲所蔽，是渾渾噩噩的「群氓」，「不知不覺」的「阿斗」，是命中注定被「聖人」統治的。朱熹的這套反動說教就是給封建統治者戴上「天生的智慧化身」的「桂冠」，披上「救世主」的外衣，妄圖使勞動人民拜倒在這夥「聖人」、「賢人」的腳下，俯首帖耳地聽從他們的統治，正如馬克思、恩格斯

8　《朱子語類》卷四。
9　《朱子語類》卷四。
10　〈大學章句序〉。

所指出的，宣揚「天才論」就是要人們相信「歷史上產生的階級差別是自然的差別」，「人們必須向天生的貴人和賢人屈膝，尊敬這些差別」，「最後得出一個答案：應該由貴人、賢人和智者來統治」。朱熹以夏、商、周三代的「聖賢」自比，標榜自己盡得「堯、舜相傳的心法」，是封建道統的「正統」繼承人，攻擊革新派是「不樂聞儒生禮法之論」的人，無恥地抬高自己，打擊別人。朱熹鼓吹反動的「天才論」，是以「先王之道」頌古非今，無恥地抬高自己，打擊別人。朱熹鼓吹反動的「天才論」，是以「先王之道」頌古非今，為守舊倒退的反動政治路線服務的。

朱熹從天賦觀念出發，提出了「存天理，滅人欲」的反動理論。他說「天理存則人欲亡，人欲勝則天理滅」[11]，朱熹所說的「人欲」，是指同「天理」即封建綱常名教相對立的言行，他把人民爭生存反對封建剝削和壓迫的思想要求，都斥為「人欲」。他認為「天理」是至善的，「人欲」是萬惡的，所以他強迫廣大勞動人民接受帝王「聖賢」的教化，禁絕一切必要的物質生活欲望，忍受殘酷的封建壓迫和剝削，切切不可「犯義犯分」，破壞封建綱常名教。而封建統治者則在完全體現「天理」的幌子下，卻可以為所欲為地橫徵暴斂，巧取豪奪，過著荒淫無恥、腐朽靡爛的生活，窮凶極惡地滿足他們的私欲。這說明，朱熹的「待人」哲學，完全是反動統治者壓榨人民的反動哲學，是地主階級的江湖騙術。

「天理」是朱熹「待人」的根本原則，那麼，如何才能「明天理」呢？他提出了「格物致知」的唯心主義認識論。所謂「格物致知」就是「即物窮理」。朱熹所說的「物」，不是客觀存在，只是「理」的表現形態；他所說的「理」不是事物的客觀規律，而是先驗

---

11 《朱子語類》卷一三。

地存在的絕對精神。「格物致知」並不是要人們通過社會實踐去認識客觀事物，從中找出規律，而是要人們「今日格一物，明日格一物」體驗這個先驗的絕對的「理」。朱熹說「心包萬理，萬理具於一心」[12]，因此，「致知」僅僅是致吾之知，無需外求。「格物」即接觸事物受到啟發，去了蔽障；使心中已知之理再現出來。他還說，在「窮理」時要保持「心」的思維作用，要「誠意」、「正心」、「修身」，要「涵養」、「靜坐」、「內省」。當冥思苦想到了「一旦豁然貫通」的時候，就能認識「理」的全部了。這是完全否認認識依賴於實踐的唯心主義先驗論，是主觀和客觀相分裂，認識和實踐相脫離的自我修養經。其目的就在於要人們「窮天理，明人倫，講聖言，通世故」[13]，自覺維護封建統治秩序。

朱熹對「格物致知」的修養經身體力行，裝腔作勢地裝扮成道貌岸然的樣子：「其色莊，其言厲；其行舒而恭，其坐端而直。」[14]朱熹還要求他的學生修養成對「尊長」的教導，「低首聽受，不可胡亂議論」，對「尊長」的譴責，「不可隨便分析解釋」等等。總之，一言一行，一舉一動都不能離開封建道德的規範。要完全按照三綱五常的反動說教去「待人」處世。他認為這種「修身養性」的迂腐委靡的態度，才是通向「天理」的道路。朱熹的修養經，正是反映了南宋官僚地主階級的苟安、享樂、自我陶醉的反動政治利益，為其妥協投降的政治路線服務的。他認為當時抗金收復失地已經沒有希望：「區區東南，事有不可勝慮者，何恢復之可圖乎？」[15]正如當時主張革新抗金

---

12 《朱子語類》卷九。

13 《朱子文集》卷三九。

14 《朱子年譜》卷四。

15 〈戊申封事〉。

的陳亮所痛斥的，朱熹的修養經「低頭拱手以談性命」[16]，使天下之士迷失方向，「盡廢天下之實」，「終於百事不理」[17]，朱熹是風痺不知痛癢的人。

林彪這個騙子，撿起了朱熹「人性論」的破爛，拼命鼓吹反動的「天才論」。他恬不知恥地說他的「腦袋長得好，和別人的不一樣，特別靈」，他的思想與勞動人民有「天壤之別」，他是「受於天」的「天才」、是可以獨往獨來的「天馬」、「至貴」，甚至把小法西斯分子捧為「超天才」，而把廣大勞動人民污蔑為只會說「恭喜發財」，只能搞「油鹽醬醋柴」的「馬大哈」、「愚人」。這就是要人們「在這一切時代最偉大的天才面前誠惶誠恐，叩首禮拜」。林彪大叫大嚷：「要承認天才，學習天才，宣傳天才，保護天才。」無非是為了欺騙群眾，要人們承認林家父子是天生的「聖人」、「領袖」，任其「調動」，「擺弄」，為他發動反革命政變、陰謀篡權復辟作輿論準備。

林彪對朱熹的修養經揣摩備至，大為賞識，也學著朱熹的腔調叫嚷：「要解決問題，就要從靈魂深處爆發革命。」完全顛倒了主客觀關係，反對革命人民學習馬列主義、毛澤東思想，反對參加三大革命運動的實踐，妄圖使革命人民修養成信奉孔、孟的復辟之道，忠於林家父子的馴服工具。林彪一夥「靈魂深處」「爆發」的就是這樣的反革命的痴心妄想。

三

朱熹的「誠意、正心、修身」，就是要封建統治者修養成凶狠毒

---

16 《龍川文集》卷一五。
17 《龍川文集》卷一五。

辣、陰險奸詐的政治騙子。正如魯迅所揭露的，要教人懂得「怎樣敷衍、偷生、獻媚、弄權、自私，然而能夠假借大義，竊取美名」。朱熹也和他的祖師爺孔老二一樣，是一個「陽奉陰違，口是心非，當面說得好聽，背後又在搗鬼」的巧偽人。

朱熹口口聲聲「學道愛人」、「忠恕」、「寬宥」，實際上，他心毒手狠，嗜殺成性，殘忍至極。他主張對農民起義嚴加鎮壓，以消滅人民的「悖逆作亂之心」。他瘋狂叫囂為政者「當以嚴文本」，要用嚴刑「懲其一以戒百」，凡「鼓眾作鬧」、「以下犯上」、「以卑凌尊」的，都要吃官司、坐班房，「決配遠惡州軍」，「當殺者則殺之」，「姑息不得」。即使關押牢獄的「大囚」，他也是毫不放過任何一個殺害機會的。他在潭州任知州，聽說寧宗趙擴接位，即將宣佈「大赦」，深恐「大囚」出獄，「竟入獄取大囚十八人立斬之」[18]。對於政敵，他百般陷害。當時，有人與他意見不合，他就伺機報復。一次，他以查冤獄為名，誣告那人與官妓有不正當關係，為泄私憤，竟對無辜官妓嚴刑逼供，把她打得遍體鱗傷，死去活來。可見，朱熹的「學道愛人」實為學道殺人，他的所謂「忠恕」、「寬宥」，完全是欺人之談！

朱熹拚命強調一個「敬」字，鼓吹要從事「敬」的修養，收斂身心，對聖賢、君王、父母，更要時時刻刻「敬」在心上。但是，為了滿足自己的私欲，什麼「敬」啊！「收斂身心」啊！統統都可以拋在一邊。他聽說建陽縣學堂風水好，想自己占下這塊「寶地」，竟強把孔「聖人」的塑像往佛殿裡搬，捆綁拖拉，招搖過市，將孔「聖人」的手足都搞斷了，一時輿論嘩然。正是這個高唱忠君調的朱熹，在韓侂胄、趙汝愚搞宮廷政變時，他認為這是玩弄權術、向上爬的好機會，就與他們串通一氣，政變結果宋光宗趙惇被搞下臺，由他們一伙

18 《宋人軼事彙編》卷一七。

立趙擴為寧宗皇帝。朱熹削尖腦袋鑽得了一個「煥章閣待制侍講」的頭銜。但後來，他又在與韓侂胄狗咬狗的鬥爭中失敗，被一腳踢出朝廷，真是實在可悲又可笑！朱熹從小受儒學的薰陶，八歲讀《孝經》，寫下了「不若是，非人也」[19]，賭咒發誓要做「孝子」，嘴上還經常掛著「百行孝為先」，可就是他，長期虐待老母，白米囤在家裡，卻糶米給老母吃，弄得他老母恨天怨地。其母死後，他打聽到崇安弓手父母的墳墓風水好，又以「盡孝」為幌子，仗勢欺人，蠻橫無理地把別人的墓掘開，搬走屍體，硬把其母屍塞進去，以求福蔭子孫，博得榮華富貴。如此看來，朱熹祭起的「敬」字破旗，是地地道道掩蓋其利欲薰心的遮羞布。

朱熹為了欺世盜名，有時也唱幾句抗金調，表示與金貴族「有不戴天之仇」，實際上歸附於投降主義一邊。對陳亮的抗金圖強，實事實功的功利之學，他極端害怕，肆意污蔑陳亮「直在利欲膠漆盆中」，要其「遷善改過」，信奉他那一套主張。他還多次向皇帝上書，竭盡造謠污蔑之能事，陰謀陷害陳亮。朱熹的所作所為，受到投降派史浩、趙汝愚的賞識和薦舉。朱熹死後不久，投降派史彌遠上臺，暗通金貴族的秦檜追復了王爵，朱熹也同時得到了贈諡。朱熹到底是什麼貨色，不是很清楚了嗎？

朱熹在政治上是個兩面派，在生活上也靡爛透頂，他滿口「仁義道德」，一副「正人君子」的面孔，實際上是一肚子男盜女娼。他以「宿娼為雅事」，並在建陽縣引誘了兩個尼姑為小老婆，寵愛備至，形影不離。他的幾個兒子都是「梁上君子」，經常「盜牛而宰」，大媳婦做了寡婦，「不夫而孕」[20]，作風極不正派。他為女兒找婆家，必

---

19 《朱子年譜》卷一。
20 《宋人軼事彙編》卷一七。

選擇富家豪戶，而且非重聘厚禮不可，少了一點都不答應。他每當做官不得意時，就故意喧嚷為「仁義」而「辭職」，辭職後，又實在心疼，死皮賴臉乞求奉祠，撈一個空頭差使，以便搜括錢財。他辦學招生，只收千金之子，大敲竹槓，索取高額學金。這些齷齪的醜態，逼真地反映了朱熹這個「陽為道學，陰為富貴、被服儒雅，行若狗彘」的兩面派的本來面目。

資產階級野心家、陰謀家林彪，全盤抄襲了朱熹那一套騙子經，學得了一身虛偽狡詐的本領。長期以來，他把自己打扮成一個「志壯堅信馬列」的「英雄」，實際上卻是一個假馬克思主義的政治騙子，一慣用「以屈求伸」、「韜晦之計」、「三不主義」來掩蓋反革命陰謀。他明明要搶班奪權，卻揚言「隨時準備讓賢」；他在公開場合，聲言「誰反對偉大領袖」，就「全黨共誅之，全國共討之」，在陰暗的角落裡，卻加緊製定《「517 工程」紀要》，妄圖謀害偉大領袖毛主席；他表面上也喊幾句反修的口號，暗地裡為了登上兒皇帝的寶座，竟叛黨叛國，投靠蘇修社會帝國主義。他就是這樣一個「語錄不離手，萬歲不離口，當面說好話，背後下毒手」的反革命兩面派。

根據以上剖析，朱熹的「待人」哲學是極其虛偽反動的。朱熹極力以此維護封建綱常，為每況愈下的封建統治階級賣命效勞。但是，歷史無情地嘲弄著這個反動小丑。最後，他「落職罷祠」，眾叛親離，在淒慘之中一命嗚呼。當時和後世的進步人士無不對他激烈抨擊，罵他「臉皮三寸」，「偽不可掩」，而那些「時君世主」們，為了鞏固封建統治的需要，總是把朱熹作為偶像加以推崇，朱熹的牌位也被抬進了孔廟。從元到清，從曾國藩到蔣介石，都以朱熹的正宗「理學」作為塗飾「聖光」的油漆。曾國藩這個鎮壓太平天國的劊子手，自稱「道統」的繼承人，一手揮舞屠刀，一手捧著經書，給他血腥鎮壓農民起義戴上了一頂「合理」的桂冠。獨夫民賊蔣介石，在瘋狂進

攻革命根據地的同時，吹捧朱熹為「大賢」，鼓吹「四書五經」是「永久不變的原則」，叫嚷反共反人民「就是行仁」。歷史表明：反動統治階級越是腐朽沒落，就越要乞靈於孔、孟之道，求救於朱熹的「待人」哲學。

資產階級野心家、陰謀家林彪步歷代反動派的後塵，效法朱熹，以朱熹的《四書集注》為藍本，拼湊了《四書集句》，叫囂「要像朱子那樣待人」，為的是顛覆無產階級專政，復辟資本主義、建立林家法西斯世襲王朝。林彪乞靈於朱熹，正是因為孔、孟之道在朱熹手裡變得更完整、更有欺騙性了。但是，朱熹的亡靈挽救不了林彪滅亡的命運，在馬列主義、毛澤東思想的照妖鏡下，林彪原形畢露，最終落得個身敗名裂的可恥下場。

然而，鬥爭並沒有結束。在社會主義革命時期，正如偉大領袖毛主席所指出的：「在政治思想領域內，社會主義同資本主義之間誰勝誰負的鬥爭，需要一個很長的時間才能解決。幾十年內是不行的，需要一百年到幾百年的時間才能成功。」今天，林彪反黨集團雖然已經覆滅，但是林彪所宣揚的孔、孟之道在中國統治了兩千多年，流毒深廣，我們一定要化很大的氣力，徹底批判孔、孟之道，深挖林彪反革命修正主義路線的老根，把批林批孔運動進行到底。

——原載《江蘇師院學報》一九七四年第一期，頁二四～二九

評朱熹的「待人」哲學

上鋼五廠工人　茅森妹

　　朱熹（1130～1200）是宋代唯心主義理學的集大成者，是孔、孟之道的狂熱鼓吹者，在歷史上曾起了極其反動的作用。時隔七百多年的今天資產階級野心家林彪卻無恥地欣賞朱熹的「待人」，喋喋不休地叫囂「要像朱子那樣去待人」。為什麼林彪對朱熹的「待人」哲學如此推崇備至呢？

　　朱熹的「待人」哲學是什麼？先看他是怎樣炮製新主義創世說的。他說：「天地之間，有理有氣。理也者，形而上之道也，生物之本也；氣也者，形而下之器也，生物之具也。」就是說，天地萬物的生成，要有「理」，也要有「氣」。但是精神性的「理」是第一性的，是萬物生成之本原，由「理」所派生的氣則是第二性的東西。理是「生物之本」，是看不見本體，朱熹叫它為「形而上」的「道」；氣是「生物之具」，是指具體的萬物，叫「形而下」的「器」。朱熹認為理本氣末，理先氣後，由理生氣。在天地萬物還沒有出現以前，早已有一個「理」的世界存在，大至天上宇宙，小至地上螞蟻，統統是由「理」這精神的東西所派生出來的。朱熹有一個比喻：天上有一個月亮，地上無數江湖水面上都有這月亮的影子，那麼，這個月亮就好比是「理」，無數月亮的影子好比是世上的萬千事物。從這個比喻中我們可以看出，朱熹所指的物，並不是現實世界客觀存在之物，而是指由精神所反射出來的影子。這是一套極端反動的唯心主義宇宙觀。然

而朱熹用這種極其荒唐的形式虛構出一個「理世界」，有其險惡的政治目的。他想以此來論證人間的封建王國乃是「天理」的體現，說明封建的等級秩序乃是神聖不可侵犯，是合乎「天理」的，從而維護封建主義的反動統治。

朱熹還認為「理」體現在人的身上叫做性，而人性又有兩種：一種是「天命之性」，這是指「理」的呈現和化生者，因為「理」是善的，所以「天命之性」也是善的；另一種是「氣質之性」，這是理體現在每一個人身上時，與氣相混合而成的。由於氣有清濁昏明之分，故人性的善惡賢愚就與稟氣清濁相關，「稟氣之清者，為聖為賢」，人性善矣；「稟氣之濁者，為愚為不肖」，人性惡矣。其實，朱熹以氣的清濁來看人性的善與惡，這是一種騙人的鬼話。他說「宇宙之間一理而已。……其張之為三綱，其紀之為五常，蓋皆以理之流行」，認為人性的本質就是這些封建的三綱五常，遵守這封建道德的，就是與「天理」相符合，則人性善；違背這封建道德的，就是破壞了「天理」，則人性惡。由此可見，朱熹是用封建政治和封建倫理道德作為衡量人性善惡的標準的，這樣，一方面把封建統治階級散布的種種剝削歪理用「天理」加以合法化；另一方面欺騙人民接受和忍受這種封建統治者的殘酷剝削和壓迫。朱熹的「天理」是一種腐蝕人民、麻醉人民的精神鴉片煙，林彪繼承了朱熹的反動衣缽，是為了宣揚復辟資本主義之「理」。

朱熹除了用「天理」來說明封建剝削制的天然合理性外，又把封建社會的階級關係說成是由「天理」所規定的，認為由於「天理」的存在而產生了人，而人又有差異，有的人貧困，有的人富貴；有的人聰明，有的人愚笨，這些差異是「天理」所賦予的，「稟得清高者便貴，稟得豐富者便富，稟得久長者便壽，稟得衰頹薄濁者便為愚不肖，為貧，為賤，為夭」。這樣把封建統治階級的所謂「聖人」、「君

子」的榮華富貴，過著腐化的生活說成是稟受的氣質好；把勞動人民的「愚昧」、貧困，受剝削，過著牛馬不如的生活，說成是所稟受的氣質差的緣故。至於為什麼有稟受氣質好壞之別，朱熹最後歸結為「受命於天」，這與孔老二的「死生有命，富貴在天」如出一轍。

朱熹認為有了「理」才有「氣」，對於具體事物來講，雖然氣與理是同時具備的，但畢竟還是以理為主，好比人騎馬以人為主，理與氣則以理為主，理主宰氣，因此被統治者「氣質之性」必須依附、服從於統治者「天命之性」的支配，這樣就把封建社會的君仁、臣忠、父慈、子孝的等級制用「天理」把它定了下來，而且是定位不移的。封建剝削階級是稟「正氣之盛」的「天才」，勞動人民是稟「衰頹薄濁之氣」的「愚人」，「愚人」應服從於「天才」的統治，朱熹的這一套「氣稟」說乃是徹頭徹尾的唯心史觀。

朱熹為了進一步說明封建社會的統治是永存的，還玩弄起「理」不滅的花招，認為即使天地都毀滅了，但也絲毫觸犯不了「理」，「理」是至高無上的，是永恆的「真理」，他說：「且如萬一山河大地都陷了，畢竟理卻只在這裡。」恩格斯在批判江湖騙子杜林時曾經指出：「誰想在這裡確立確實是真正的不變的真理，那麼他就必須滿足於一些陳詞濫調，如所有的人必定要死。」朱熹鼓吹「理」不滅，其罪惡目的在於論證封建地主階級的剝削之理、壓迫之理，是永遠存在的，其實說來說去都是歪理，歪理是站不住腳的，朱熹這些熱昏的胡話，卻絲毫也拯救不了封建地主階級覆滅的命運。如今萬惡的封建社會，早已被人民革命運動所推翻，林彪妄圖把中國重新拉回到半封建、半殖民地的社會，胡謅什麼「忠孝節義是封建的，用其內容」，這純粹是無稽之談。

清代學者戴震曾斥罵朱熹是「以理殺人」，這個批評是對的。朱熹的「待人」哲學確是一把殺人不見血的軟刀子，朱熹除了用「理」

來說明封建制的合理性和永恆性，還教育人民要去認識「理」，用封建的教化和封建的思想、意識、觀念向人民竭力灌輸，教育人要「明人倫」，自覺執行封建的道德倫理，來鞏固封建秩序；教育人要「講聖言」，即精通孔老二以來的封建教條；還教育人要懂得封建地主階級的人情世故，「父子相隱」，互相包庇。朱熹用這些封建的東西教育人，目的是為了反對人民重視、追求客觀真理，唯恐農民起來造反，破壞封建道德規範的「真理」，因此他很重視教育人認識本體──「天理」。認為知與行是互相依賴的，知好比人的眼睛，行好比是人的腳，人有眼無腳，不能行走，不行；如果有腳，眼睛看不見東西，無方向的瞎走，也不行，但兩者誰為重要，則眼睛為重，因為只有眼睛明亮，明白了封建制度的「理」，則幹出來的事情才能與「理」相符，如果不知封建之「理」，亂幹一番，那就要破壞了「理」，這豈不成了大逆不道了嗎！朱熹的「知先行後」的論點，從主觀到客觀，完全是頭腳倒立的「倒過來」哲學，是唯心主義的形而上學，是為封建統治階級培養一種反革命的精神。林彪說：「人材有兩方面：一方面有天資的問題，一方面有教育的問題」。他用「江田島」精神訓練其反革命別動隊，要他們為林家王朝海枯石爛心不變，這與朱熹的明「義理」完全是一脈相承的。

朱熹是代表官僚地主階級的根本利益的。他所處的南宋時代，封建王朝統治已搖搖欲墜，地主階級對廣大勞動農民實行殘酷剝削，社會危機日益加劇，農民起義風起雲湧，特別是以鍾相、楊么為首的農民起義，鮮明地提出「均貧富，等貴賤」的革命口號，猛烈地打擊了封建制度，震撼了反動統治的基礎。朱熹為了挽救日益崩潰的封建統治，提出「存天理、滅人欲」的反動命題，認為與「天命之性」相適應的是「道心」，所謂「道心」就是指封建的道德觀念，是善的；與「氣質之性」相適應的叫「人心」，人心就是人的要求，如人心合乎

「天理」，就是善；如違反「天理」，叫人欲，是惡的，要除惡存善，把農民的反抗行為說成是惡，用「滅人欲」來箝制人民的反抗思想，防止和壓制農民的起義，妄圖以此來「治國平天下」。

林彪之所以對朱熹的「待人」哲學如此崇拜，這並不是偶然的。因為朱熹的「理學」是為剝削階級統治人民、壓迫人民效勞的，為剝削階級騙人、殺人塗上了一層油漆，是一把「以理殺人」的精神屠刀，林彪撿起朱熹的破爛武器，目的在為其復辟資本主義，建立林家世襲王朝服務。

—— 原載《文匯報》一九七四年五月二十七日
收入《批判朱熹文集》，頁七九～八三

朱熹和他的待人哲學

婺源縣文化站寫作組

資產階級野心家、陰謀家、兩面派、叛徒、賣國賊林彪，一生講了不少吹捧效法孔、孟之道的黑話。他對南宋的唯心主義理學家朱熹，佩服得五體投地，叫囂「要像朱子那樣去待人」。林彪這個不讀書、不看報、不看文件，什麼學問也沒有的大黨閥、大軍閥，為什麼要崇拜朱熹？朱熹究竟是一個什麼樣的人？他的待人哲學又是怎樣的呢？

一

列寧說：所有一切壓迫階級，為了維持自己的統治，都需要有兩種社會職能：一種是劊子手的職能，另一種是牧師的職能。」朱熹就是使用這兩種職能的劊子手和「牧師」。

朱熹（1130～1200），字元晦，亦字仲晦，婺源人，父親朱松（喬年），當過吏部員外郎，朱熹就出身在這個官僚地主家庭。他是封建禮教的衛道士。

朱熹是唯心主義理學的主要代表人物程頤的四傳弟子。早年鑽研釋（佛）學和莊老玄學，二十四歲時，隨李侗學理學。他篤守伊川程氏理學，以「三代」人物自居，以「醇儒」自命。他的認識論，是唯心主義的先驗證，主張「理在先，氣在後」，「未有此事，先有此

理」，顛倒物質和精神的關係。他提倡「格物致知」，並不是要人們通過實踐去認識事物的客觀規律，而是把某些事物「作個樣子」，「指個路頭」，從而悟得自己心中的先天潛在著的「理」或「良知」。朱熹的社會歷史觀是唯心的復古觀，他認為漢、唐的封建社會，不如夏、商、周三代的奴隸社會，一代不如一代。他還一再鼓吹英雄創造歷史的「天命觀」，把帝王聖賢說成是「稟正氣之盛」的「天才」，把人民群眾看作是「稟衰頹濁薄」之氣的「愚氓」。他的待人哲學是「通世故」，玩弄權術，耍兩面派。他一生奔走呼號，不遺餘力，都是為了承續儒家正統，闡發聖賢宗旨。他在答吏部尚書韓元吉信中，說他對孔、孟之道「用力既深，而自信愈篤，修身守道，以終餘年」，「此外實無毫髮之餘念也」（《朱子文集》卷二五）！寥寥數語，道出了封建禮教的衛道士的面目。

朱熹在世，官運並不亨通，他的說教也不受人歡迎。他死前的幾年，輿論對他已很不利，成了過街老鼠，他不得不發出絕望的嘆息：「禍福之來，命也！」朱熹死了以後，封建統治者卻看中了這個亡靈，封他為「太師」、「文公」、「徽國公」，還把他扶到「十哲」後的交椅上。他的《四書集注》成為封建知識分子必讀的教科書，他對《五經》的解釋，已作為全國通行的標準答案，他的唯心主義理學，也被皇帝指定為官方哲學。歷代反動政治階級，把朱熹捧成孔老二之後的第二個「摩登聖人」。

二

朱熹的待人哲學是什麼？

朱熹在解釋「格物致知」說中，要通過「格物致知」去「窮天理，明人倫，講聖言，通世故」（《文集》卷三九〈答陳齊仲〉）。「通

世故」這三個字，就是去推究封建道德和倫理的學問，總結出統治階級的修己治人的準則，把自己打扮成道貌岸然的正人君子，欺世惑眾。他大講「忠」、「孝」，對君主絕對忠，對父絕對孝，按「三綱五常」辦事；他大講待人要公道、寬恕，裝出大公無私的面孔，背後則爾虞我詐，要兩面派。他有不少文章論述過這方面的內容。

招徒結黨，爭權求官。朱熹表面上是招徒講道，實際上是結黨。孔丘有三千門徒、七十二「賢人」，得力者也不過五、七人。朱熹的門徒骨幹有九十七人，「知名」者有十六人，如蔡元定、黃榦等都是他進行政治活動的主要助手。有的為他整理筆記，有的為他傳遞情報，有的為他出謀獻策。朱熹對他的親友故舊，也竭力拉攏。朱熹初期，是靠講學，訓練爪牙，有了勢力，就利用手腕，拼湊班底，扶植親信。他為了籠絡他的黨羽，常行「恩惠」，或保薦入官，或贈詩題字，或送書籍，甚至把朝廷救濟災民的錢糧（三十萬貫），盡與其徒，而不給百姓。宋孝宗、寧宗年間，他的黨羽不僅在南宋首都臨安有不少，而且遍及福建、江西、湖南、浙江、安徽，尤以閩、贛的實力雄厚。寧宗慶元三年，搞了一個「慶元黨禁」，其中一夥主要的有五十九人，計宰執（宰相）四人，待制以上官僚十三人，足見他勢力之大，人數之眾。朱熹在解釋孔丘的「不患無位患所以立」時，對門徒說：「不怕無官做，但怕有官不會做。」他認為「聖人無有不可為之事，只恐權柄不入手，若得權柄在手，則兵隨將轉，將逐符行」。朱熹一生，想盡了一切辦法，來奪取權柄。在他的文集中，就有一百二十多封信，是寫給宰相和尚書的，包括孝、寧二宗的宰相陳俊卿、史浩、周必大和趙汝愚等。信中有的委婉其詞，不直言求官之事，但要求擢用之實；有的則直接請求委派。朱熹中進士不久，只撈到一個福建同安縣的小小主簿（秘書），於是就寫信給吏部尚書汪應辰，自我吹噓要求當縣官，「處縣令之屬，似亦可以藏拙養親」（《文集》卷

二十四）。過了幾年，胃口更大，認為可以當「漕司」（管一路財政），「若帥幕謀漕之屬，庶幾可以扶曳衰殘，仰承恩旨」（《文集》卷九〈與留丞相書〉）。朱熹做官，有「二做二不做」：一是不做「虛銜」、「貼職」，要做「差遣」（有權的地方官）；二是不做「民貧土瘠」之地的地方官，要做「民淳地厚」、交通方便的地方官。宋光宗紹熙三年，丞相留正要他任職廣西經略安撫使，這個官職不小，相當於一省之長，他一再力辭，原因是「廣西一路，地廣民貧，邊面闊遠，得失所繫，又非內地監司郡守之比」（《文集》卷二九〈與留丞相札〉），當換職為湖南安撫，他就上表謝恩。朱熹在一首題為〈仁術〉的詩中有「在昔賢君子，存心每欲仁」，「擴充從此念，福澤遍斯民」，「自來感楚越，今日備吾身」（《文集》卷二）之句，可以說是堂而皇之的「愛民經」，但理學所說的「愛人」，從來就是「為己」的剝削之道的別稱，朱熹的「道德」言論也為他的惡劣行徑所揭穿。

存理滅欲，鎮壓人民。朱熹鼓吹「存天理，滅人欲」，是針對農民起義的「均貧富，等貴賤」的政治口號而提出的。當時，南宋已進入封建社會後期，官僚地主集團巧取豪奪，土地高度集中，大量農民淪為佃戶，而所負擔的田稅和人口稅有增無已，民不聊生，起而造反。朱熹深感孔、孟之道很難應付支離破碎的局勢，於是挖空心思，為孔家店的舊貨色，換上一個「新」商標，綜合儒、釋、道三家學說，以「理」來代替「禮」，以「存天理，滅人欲」來替換「克己復禮」，並把這個「理」提到哲學的高度來闡述，吃人的本質愈加隱蔽。朱熹認為，宇宙萬物和封建秩序都是由先於事物存在的「理」決定的。他把維護封建統治秩序的「三綱五常」說成是永恆不變的「天理」，把一切違反封建統治秩序的欲望、要求，說成是萬惡的人欲。朱熹提出的「存天理，滅人欲」，是為封建統治階級的「剝削有理」、「壓迫有理」製造理論根據。按照朱熹的反動主張，勞動人民吃樹皮

草根，合乎天理，餓死凍死也不能有另外欲望，更不能反抗。朱熹慣用牧師和劊子手的兩面手法，欺騙不了就壓。他所出示的〈勸農文〉、〈勸諭救荒〉、〈約束糶米及劫掠榜〉就有「佃戶不可侵犯田主」，要「各依本分，凡事循理」；如鬧事，分了地主豪戶的財物米穀，「一匹（布）徒三年，二匹加一等，十匹及傷人者（處）絞（刑），其執杖（武器）者，雖不得財，流（放）三千里，五匹絞，傷人者斬」（均見《全集》卷九九）。朱熹當湖南安撫，就抓了幾千起義農民坐牢。不久，寧宗當了皇帝，進行大赦，他就積壓赦書，一下殺了十八個起義領袖，然後公布赦書（據《四朝聞見錄》）。可見其手段陰險毒辣，卑鄙惡劣。

　　口是心非，表裡不一。朱熹說：「敬字工夫，乃聖門第一義。」怎麼敬？穿大袖衣服，繫寬長腰帶，坐要像屍體一樣僵硬，站要像木頭那樣整齊，頭不許歪，眼要端正，走路把手抄在背後，像鴨子擺方步，摘抄孔孟之道，高談闊論，閉目養神，去領悟聖賢天理，滅掉心欲邪念（《語類》卷十二、周密《齊東野語》）。朱熹所定的「敬」字內容，從早到晚，從衣食住行都有整套規矩。朱熹把「敬」捧得玄而又玄，可是他從來不受這些清規戒律限制，縱情任性，為所欲為，是典型的「巧偽人」。朱熹要建別墅，看中了武夷九曲一帶山水，就霸占一個叫范染的山地，反給范染加上莫須有的罪名；為了安葬母親，竟挖掉福建崇安縣一個士兵（弓手）父母的墳墓；朱熹在六十二歲時，當漳州知府，下令禁止良家子女當尼姑，已當尼姑的要復人道從俗，可是他卻騙來兩個十七、八歲的漂亮尼姑，伴隨身邊，尋歡作樂；直到後來，對儒家的祖師爺孔丘也不敬了，他聽到門徒蔡元定說建陽學宮風水好，要尋這塊「寶地」以備後事，於是勾結官府，把孔丘的巨大聖像，強搬到護國寺去，結果，把孔丘的泥手泥腳弄斷了，鬧得朝野上下，議論不已。

　　以退求進，伺機而動。孔丘說：「尺蠖之屈，以求伸也，龍蛇之蟄，以存身也。」(《易·繫辭下》)又說：「小不忍則亂大謀。」(《論語·衛靈公》)朱熹解釋說：「小不忍，如婦人之仁，匹夫之勇，皆是。」朱熹所處的南宋偏安政權，面對金族侵略，主戰主和兩條路線的鬥爭，時起時伏，權貴勢宦，此興彼垮；在意識形態領域，唯物主義和唯心主義的兩條路線鬥爭，也非常激烈。當時朱熹是處在「背腹受敵」的地位，外有以陳亮為首的永嘉學派（唯物主義）和他對立，內有陸九淵為首的心學體系（主觀唯心論）和他的理學體系（客觀唯心論）的分歧。特別是對永嘉學派的鬥爭，關係到理學的發展和存亡。陳亮的功利之說，直接反映到主戰問題，是力主抗敵的。合乎形勢，很得人心。而朱熹雖然也有過抗金言論，但他的理學原則，在客觀上是導致「舉一世而安於君父之仇」的主和主張的，遭到群眾反對。朱熹為了集理學之大成，時常出入官場，保持和統治集團最高階層的密切往來，以鞏固他的勢力。但他嚮往「一榮俱榮」，也怕「一損俱損」。在這種情況下，他非常注意形勢，觀察動向，最後決定以退為進，伺機而動。朱熹被朝廷任秘書郎、提刑、漕司、待制、侍講等職近二十次，除個別官職外，他都是有召必辭，請辭當中，既抬高聲價，又利用空隙觀察形勢，決定去留。他這種以退為進的手段，再加上宰相梁克家的標榜，遂得孝宗嘉獎：「安貧守道，廉退可嘉。」這個嘉獎，為他增加了政治資本，既可以作為他「滅人欲」的例證，又擊退了永嘉學派的攻擊。「慶元黨禁」以後，朱熹被撤銷官職，黨徒們有的躲到山裡去，有的改學別的老師，走過朱熹的門也不進去，否認是理學黨派。這時朱熹快七十歲了，他還作最後掙扎，繼續偷偷摸摸講學，並組織黨徒骨幹反撲，他自己也在翻案，一連寫了九篇「乞致仕」的奏章，要求官復煥章閣待制，又是哀求，又是「悔過」，眼淚都掉了下來。

　　剽竊摘抄，沽名釣譽。朱熹為什麼要「著書立說」，他在〈大學
章句序〉中有個自白，是：「於國家化民成俗之意，學者修己治人之
方，則未必無小補云。」（《文集》卷七六）這就是說，他著書的目
的，不僅對南宋鞏固封建集權統治要起作用，而且對以後的反動統治
也要起作用，不僅對帝王治理國家出主意，而且對地主官僚、反動文
人鎮壓人民要出主意。他一生寫了不少書，根本沒有什麼學問，不過
是個抄書匠而已。從他的主要著作來看，大致可分兩類：一是摘抄，
對《四書》、《五經》，按照儒家觀點和封建政權的需要，進行分類、
整理和注解；二是剽竊，以儒學為主，抄襲釋、道學派的觀點，成為
龐雜的反動的唯心主義理學體系。他宣揚的內容，就是不准革命，不
准造反，剝削有理，壓迫無罪。朱熹為了招搖撞騙，不惜塗脂抹粉，
把自己打扮成「應運而生」的「聖人」。說他的才能是上天給的，是
「稟得清高者便貴，稟得豐厚者便富」（《語類》卷四），是他娘肚裡
帶來的，「熹前再拜謝阿娘，自古作善天降祥」（《文集》卷二〈壽母
生朝〉）。因此，才成為「有以接乎孟子之傳」的一千多年後的「名
世」「聞人」。朱熹把理學當作儒家正統，不同於他的觀點的，均斥之
為「邪端」。他和永嘉學派的陳亮、葉適就經常爭辯不休，朱熹主張
復古倒退，陳亮主張「酌古為今」。陳亮曾深刻地揭露朱熹一派：以
「盡心知性」、「學道愛人」這套玄虛的道理來自欺欺人，裝腔作勢以
掩蓋自己的空虛和無知，結果，互相欺騙，把天下事情都荒廢了
（《龍川文集・送吳允成幹序》）。葉適批判朱熹「把聖人說成是天理
的化身，而沒有絲毫人欲，有人欲就是狂人，這種用天理、人欲作為
區別聖人和狂人的界限，是沒有道理的」。葉適還提出：思想言論必
須符合客觀實際，要「弓矢從的，而非的從弓矢」（《水心先生文集》
卷五〈終論七〉）。要箭跟著靶子，而不是靶子跟著箭，以此來批判朱
熹的「未有此事，先有此理」的先驗論。朱熹說不過陳亮和葉適，只

能要無賴，背後罵他們：「才知定學做孔子不得了；才見個小家活子，便悅而趨之，譬如泰山之高，他們不敢登，見個小土丘便上去……。」（《語類》卷一二三）再不然，就乘人之危而恐嚇，陳亮出獄不久，他就趁機要陳亮聽他的規勸，「懲忿窒欲，遷善改過」，轉到理學方面來，就可以「獨免於人道之禍」（《文集》卷三六）。結果，被陳亮痛斥一頓，落得沒趣。「慶元黨禁」不久，朱熹聽說有個叫余嘉的人，上書請求砍他的腦袋，他惶恐萬分，對黨徒們說：「某，今頭常如黏在頸上。」但又覺得有失身份，遂加一句：「自古聖人，未嘗為人所殺。」（《語類》卷一○七）有人勸他「行德避禍」，不要再著書講學，以後朱熹知道不會殺頭，野心復萌，說：「自堯、舜以下，若不生個孔子，後人去何處討分曉？孔子後若無個孟子，也未有分曉。」（《語類》卷九三）雖然是說孔、孟，實際意思是說他自己。

巧取豪奪，以公肥私。朱熹口口聲聲說「盡心知性，學道愛人」，他在〈揭示古靈先生勸論文〉中，曾規定不准「以惡凌少，以富吞貧」。一日，朱熹談到關於貪污受贓者的事，大言不慚地說：「某見此等人，只與大字面配去（宋刑：犯罪者，臉上刺字）！」（《語類》卷一○七）這是「賊喊捉賊」的把戲。乾道八年，侍郎胡銓推薦他做官，他以「祿不及養」為藉口，力辭不幹，工資不夠養活家庭，是撒謊。據趙翼〈宋祿制之厚〉講：南宋京官，衣食住行的費用，全部可以報銷，這在歷來朝代是少見的，朱熹還說不夠用。原來他被召往京城當官，都無實權，一當地方官「三年清知府，十萬雪花銀」，每次任滿歸來，就大置田莊，大建房屋，諸如「竹林精舍」、「武夷精舍」、「寒泉精舍」，又照其父遺言，在較高地方大興土木。朱熹不當官時，就主持「觀祠」，「祿錢粟絮帛，歲計千緡有餘」（陸游《劍南詩篇》卷二六自注），每年照拿糧食、綢緞、布匹，還另拿一千多貫。他還「開門授徒，必引富室子弟，以貪其束修之厚，四方餽賂，

鼎來踵至，一歲之間，動以萬計」（《四朝聞見錄》）。朱熹中進士當官後，歸婺源掃墓，張敦頤（任過衡陽知府），就送他一百畝田。他二次到婺源，也以掃墓為名，把他祖墳周圍十里的山林圈為己有（《婺源縣志》）。除此之外，他還放高利貸，孝宗隆興四年，向官府借米六百石，按一石還一石二斗，數年之間，淨得大米三千一百石（《婺源縣志》）。從朱熹在世的榮華富貴來看，已達到他夢寐以求的「永令鼇藻一家肥」了（《文集》卷二〈壽母生朝〉）。

綜上所述，朱熹的待人哲學，無非是孔子的「虛偽人」處世哲學的繼承和發展，集反動統治階級騙人術的大成。他的目的是復辟倒退，開歷史倒車，達到恢復「堯、舜、三王、周公、孔子之道」（《文集》卷三九〈答陳同甫書〉），他大喊大叫「天下萬事，有大此者者，……固出於人主之心術」（《文集》卷二五〈與張敬夫書〉）。什麼心術？要統治者跟著他的指揮齊走，去「存天理，滅人欲」，「興滅國，繼絕世，作逸民」，就是要由封建社會退到奴隸社會。他自己就賭咒發誓：「不作三代以下的人！」

毛主席說：「凡屬倒退行為，結果都和主持者原來的願望相反。古今中外，沒有例外。」歷史發展的規律，畢竟是不以朱熹的主觀意志為轉移的。朱熹這個跳梁小丑，無論如何聲嘶力竭，也阻擋不了歷史車輪的前進，最後，只好帶著花崗岩腦袋進了棺材。

三

宋以後的統治者、大官僚、大地主、漢奸和反動學者，對朱熹都是推崇備至，既搞尊孔醜劇，也玩程、朱把戲，從元初到清康熙，從曾國藩到蔣介石，都拚命地往朱熹臉上貼金。列寧曾指出：「唯心主義客觀上就是反動派的武器，反動派的宣傳工具。」他們把朱熹的待

人哲學當作救命稻草,作為維持封建統治及鎮壓人民的手段和理論依據。

叛徒、賣國賊林彪,妄圖建立林家封建法西斯世襲王朝,開歷史倒車,復辟資本主義,只好乞求孔、孟亡靈,抬出董仲舒和朱熹的僵屍。正當全國億萬人民認真學習馬、列著作和毛主席著作,努力改造世界觀,意氣奮發的進行社會主義革命和社會主義建設,形勢一派大好的時候,林彪躲在陰暗角落,叫囂「要像朱子那樣去待人」,結黨營私,大搞陰謀詭計。他全盤繼承了從孔、孟到朱熹的騙人衣缽,「語錄不離手,萬歲不離口,當面說好話,背後下毒手」。明明是假馬克思主義的政治騙子,卻把自己打扮成「志壯堅信馬列」的英雄。他炮製了反革命武裝政變計畫《「571 工程」紀要》,妄圖謀害偉大領袖毛主席,顛覆無產階級專政,實現地主資產階級的法西斯專政。

時代在前進,剝削階級的待人哲學早已被拋進了歷史的垃圾堆。但是階級敵人並沒有死心,遇到一定氣候,就會冒出來。「剝削者愈是千方百計地拚命維護舊事物,無產階級也就愈要更快地學會把自己的階級敵人從最後的角落裡趕走,挖掉他們統治的老根」。在偉大領袖毛主席親自發動和領導下,一場群眾性的批林批孔運動,正以排山倒海之勢,雷霆萬鈞之力,向剝削階級意識形態發起猛烈進攻,直搗孔、孟和朱熹的巢穴,這真是大快人心的事!我們一定要用馬列主義、毛澤東思想這一銳利武器,把林彪極力鼓吹的孔、孟之道和朱熹的待人哲學批深批透,把批林批孔鬥爭進行到底,奪取新的更大的勝利。

——原載《江西日報》一九七四年六月六日

收入《略評朱熹》,頁五一～六一

又收入《批判朱熹文集》,頁六八～七八

朱熹的待人哲學與林彪

院大批判組

一

在中國歷史上，兩千多年來，凡屬開倒車、搞復辟、反人民的傢伙，都是地地道道的孔老二的信徒；而自南宋以後，這種人又沒有不推崇朱熹的。資產階級野心家、陰謀家、反革命兩面派、叛徒、賣國賊林彪正是這樣一種人。他繼承孔、孟衣缽，把孔、孟搞復辟的一套反動貨色，作為復辟資本主義的思想武器，既頂禮孔丘，又膜拜朱熹。他在黑筆記本上寫了這樣一句話：「要像朱子那樣去待人。」不言朱熹而稱朱子，一副五體投地的奴才相，真是令人作嘔！

尊孔與崇朱二者之間是有必然的邏輯聯繫的。朱熹晚於孔丘一千六百多年，他集中了歷代儒家對孔、孟之道的闡釋與加工的全部毒素，從而建立了唯心主義的理學系統。他是孔家店中一員最賣命的吹鼓手，最狡猾的大掌櫃。

朱熹生長在南宋中葉民族矛盾與階級矛盾空前尖銳的時期。他效法孔老二，聚徒講學，炮製了大量宣揚孔、孟之道的毒草，鼓吹「性命義理」之學。他編註的《四書》成為封建社會的欽定教材和科學考試的準據。他是理學奠基人程顥與程頤的四傳弟子。在政治上二程屬於舊黨，反對王安石變法。朱熹曾經編過一部《三朝名臣言行錄》，惡毒地咒罵具有法家思想的王安石，可見他是尊儒反法的頑固派。他在地方官任內，曾經拿起血淋淋的屠刀，瘋狂地鎮壓過農民。對於金

人的侵略，朱熹在年輕時曾一度標榜抗戰，但很快就走向妥協，發出了「何恢復之可圖乎」[1]的疑問，當時就有人批評他「安於君父之仇」，「低頭拱手以談性命」[2]，實際上是一個投降主義者。

朱熹生前，理學曾遭到禁黜，但由於他的一套主張，有利於反動派，有利於剝削階級，有利於開歷史倒車的陰謀家和野心家，所以《宋史·道學傳》說：「後之時君世主，欲復天德王道之治，必來此取法矣。」林彪正是妄圖建立父子相襲的王朝，以「時君世主」自命，「欲復」資本主義「之道」，而虔誠地向朱熹取法求教的。

朱熹生前官雖做得不大，但在他死後，終於受到了南宋理宗的特殊優待，追封為太師、信國公、徽國公[3]。還被請進文廟從祀孔子，陪著一同吃冷豬肉[4]。到了明代嘉靖年間，「祀稱宋儒朱子」[5]。愛新覺羅入關後，朱熹在文廟內的地位再有提高，列為「十哲之次」，其後，漢奸劊子手曾國藩和獨夫民賊蔣介石都吹捧過朱熹。尊孔與崇朱已成為一脈相承、兩位一體的事情了。

二

林彪所推崇的朱熹的待人之道，究竟是什麼貨色呢？

朱熹的待人之道也就是儒家的待人之道。自從漢代的《春秋繁露》和《白虎通義》這兩部書先後明確提出了「三綱」和「五常」的名目之後，「三綱五常」便成為儒家提倡的待人之道的根本準則。不

---

1 朱熹《文集·戊申封事》。
2 陳亮《龍川文集·上孝宗皇帝第一書》。
3 見《宋史紀事本末》卷八十，〈道學崇黜〉。
4 見《宋史紀事本末》卷八十，〈道學崇黜〉。
5 黃宗羲《宋元學案》卷四八，〈晦翁學案〉上。

過朱熹在這方面有他粉飾補缺的一番「功績」。作為唯心主義理學家的朱熹，把「理」說成是形而上的宇宙本體，是先於物質的第一性的東西。朱熹站在復古倒退的貴族大地主階級的立場上，為了維護搖搖欲墜的反動的封建統治，甚至把「三綱五常」的封建道德，直接同他所講的「理」聯繫起來，說什麼「宇宙之間，一理而已」。「其張之為三綱，其紀之為五常。」[6]意思是說：「三綱五常」的道德標準是先驗的、永恆的「天理」，是絕對精神的體現，是任何人必須無條件遵守而不得背離的最高原則。

為了推行這一套教條，朱熹特意編輯了一本名曰《小學》的教科書，專講「事君事父事兄處友等事」，強調「後生初學，專看小學之書，那是做人底樣子」[7]。在此基礎上，他還為「發明此事之理」[8]的《大學》編注釋，進一步從理論上對「三綱五常」作了闡發。在主講白鹿洞書院的時候，他又把「三綱五常」具體化為學生守則，要大家「相與講明遵守」[9]。他喋喋不休地闡述的這一套封建的待人處世教條，有以下五個重點：第一、強調「君臣父子，定位不易」[10]。要人們永遠服從封建等級統治。第二、宣傳人的道德修養的最終目的就是求「仁」，說什麼「五常之仁，偏言則一事，專言則包四者」[11]。認為「仁」是包舉「義禮智信」的總綱。孔子說「仁」就是「愛人」，朱熹進一步解釋說：「仁則是個溫和慈愛底道理。」[12]其實這些純屬欺騙。在階級社會中，超階級的「愛人」是根本不可能的。儒家所謂的

6 朱熹《文集・讀大紀》。

7 朱熹《語類》卷七。

8 朱熹《語類》卷七。

9 黃宗羲《宋元學案》卷四九，〈晦翁學案〉下。

10 朱熹《文集・甲寅行宮便殿奏札一》。

11 朱熹《遺書・近思錄》卷一。

12 朱熹《文集・玉山講義》。

「仁」，不過是維護剝削制度，鎮壓人民反抗的武器罷了。第三、鼓吹「行篤敬」[13]。他說：「敬字工夫，乃聖門第一義。」[14]照理學家們的解釋：「所謂敬者，主一之謂敬；所謂一者，無適之謂一。」[15]「主一無適」就是要拿定主意，不稍鬆懈；就是要經常嚴肅地考慮自己的言語行動，堅決維護「三綱五常」。朱熹還得意忘形地斷言：「修己以敬，下面安人安百姓，皆由於此。」[16]可見，在他看來，這個東西實在是剝削階級統治老百姓的一個重要法寶。第四、提倡「懲忿窒欲」[17]，要求人們從靈魂深處消滅掉要造反、要革命、要鬥爭的「忿」與「欲」，安分守己地當奴隸。朱熹活像一個騙人錢財的巫婆，花言巧語，以售其奸。他鼓吹什麼「明天理、滅人欲」，胡說什麼「寶珠沉溷水中，明不可見，去了溷水，其寶珠依舊自明」[18]。其實，如果依了他的「滅人欲」的方法做去，不僅不能成為脫去溷水的寶珠，反而只好變作入於溷水的蛆蟲。所謂「懲忿窒欲」，不過是實踐孔子提出的「克己復禮」的行動綱領的具體措施罷了。第五、宣揚「忍耐」。他說：「窮須是忍，忍到熟處，自無戚戚之念矣。」[19]對於被剝削階級來說，哄騙他們忍耐貧窮，吹噓由此可以成為「坦蕩蕩」的「君子」，而不再是「常戚戚」的「小人」，這是欺人之談。真正的目的，是要老百姓甘心情願地忍受剝削與壓迫。但對於那些玩弄權術的人來說，「在忍受中求得重生」，則正是他們反對革命的「韜晦」之計。

---

13 黃宗羲《宋元學案》卷四九，〈晦翁學案〉下。

14 朱熹《語類》卷十二。

15 《二程遺書》卷十五。

16 《二程遺書》卷十五。

17 黃宗羲《宋元學案》卷四九，〈晦翁學案〉下。

18 朱熹《語類》卷七。

19 張伯行《續近思錄》十二。

　　朱熹這一套待人之道得到了野心家、陰謀家林彪的衷心讚賞不是偶然的。這個不讀書，不看報，不看文件，什麼學問也沒有的大黨閥、大軍閥，竟然指使他的死黨和一些人，從朱熹的《四書集注》裡東抄西摘，搞了個《四書集句》。他十分重視「三綱」中的君臣之義，鼓吹「君使臣以禮」，一方面作出種種「求賢」的姿態，拼湊大小反革命「艦隊」，拉攏別人上賊船；另一方面則要求他的死黨「臣事君以忠」，要他們「永遠忠於」林家父子。對於「五常」，林彪也瘋狂加以鼓吹，胡說什麼「要用其內容」。他甚至把「仁」說成是「團結」，宣傳「以仁愛之心待人」，並以「不成功便成仁」去要求他的死黨。林彪也非常重視「敬字工夫」。他把「敬勝怠則吉，怠勝敬則滅」作為教子經，寫給林立果，夢想建立林家法西斯世襲王朝。我們知道，蔣介石被趕出大陸逃到臺灣以後，也對「敬字工夫」很感興趣，一再叫嚷要「莊敬自強」。真是難兄難弟，無獨有偶了。此外，林彪所欣賞的「忍耐」以及他到處販賣兜售的「中庸之道」等等，可以說無一不是從朱熹那裡承襲而來的。

　　朱熹是封建地主階級的最反動的思想家和代言人，他提出的一整套待人處世的道德規範是為鞏固封建地主的統治效勞的。恩格斯說：「一切已往的道德論歸根到底是當時的社會經濟狀況的產物。而社會直到現在還是在階級對立中運動的，所以道德始終是階級的道德。」（《反杜林論》）在階級社會中，「每一個階級，甚至每一個行業，都各有各的道德，而且也破壞這種道德，如果它們能這樣做而不受懲罰的話」（《路德維希‧費爾巴哈和德國古典哲學的終結》）。還在封建社會，朱熹所倡導的「三綱五常」就受到了歷代農民起義的許多領導人物的痛斥與反對，他們對君不「忠」了，他們對地主階級不「仁」了，他們不「懲忿窒欲」了，他們也不信什麼「中庸之道」了，一句話，他們不能忍耐朱熹的待人處世的道德教條的束縛了，他們要造

反、要革命了。元末農民大起義的一位領袖說得好：「不平人殺不平者，殺盡不平方太平。」[20]理學家主張的一套「三綱五常」的理論，同樣也受到了在封建社會裡一些具有進步思想的知識分子的駁斥。清朝戴震就曾尖銳地指出，「三綱五常」是「以理殺人」，並以無比感慨的心情說：「人死於法，猶有憐之者；死於理，其誰憐之！」[21]中國文化革命的主將魯迅先生對於這一點作了進一步的、極其深刻的剖析，他說「三綱五常」實際上是殺人的「軟刀子」；「仁義道德」不過是「吃人」的同義語。後來在〈祝福〉中，魯迅還刻劃了一個講理學的老監生魯四老爺的形象，這個朱熹的信徒正是「以理殺人」的劊子手。總而言之，朱熹宣揚的一套待人的道德教條是我們無產階級堅決反對的。林彪妄圖把封建社會的道德教條，當作永恆的、超階級的待人處世的原則強加給我們，不管他說得怎樣口若懸河、天花亂墜，我們都將予以迎頭痛擊，給予徹底批判！

三

朱熹雖然不遺餘力地宣傳了一整套在封建統治階級看來是十分冠冕堂皇的道德教條。但他自己卻沒有全部遵守，甚至全部沒有遵守。正像柳下跖痛罵孔丘為「巧偽人」一樣，朱熹也被人斥之為「偽君子」和「假道學」。列寧同志說得好：「每一個有生活經驗的人，望見『善良君子』極『光滑的』面貌和外表，就能一下子正確地斷定他『大概是個騙子』。」（〈偉大的創舉〉）

和朱熹同時的一些人，曾經揭露朱熹「言行相違」的兩面派醜

---

20 陶宗儀《輟耕錄》。

21 戴震《孟子字義疏證・理》。

聞，這就證明除了他經常口頭叨念的「三綱五常」之外，骨子裡還另有一套野心家、陰謀家奉行的處世哲學，對於這一套處世哲學，林彪也十分欣賞，並身體力行。

朱熹在實際生活中奉行的反動處世哲學可以概括為下面四個方面：

一曰大搞陰謀，如鬼如魅。

一個光明正大的人是不會「潛形匿跡，如鬼如魅」的。但朱熹卻專搞秘密活動。他同他的黨徒，「每夜三鼓，聚於一堂……至曉則散，謬議時政之得失」[22]，無異乎一個裴多菲俱樂部。朱熹在湖南作地方官的時候，一次他得到了情報，知道新皇帝馬上要登極並大赦天下，立即從監獄中取了十八名囚犯，都是「三綱五常」叛逆者，全部處以死刑。待到赦令下達，劊子手朱熹已經把事情乾淨俐落地結束了[23]。這次皇帝的更迭，乃是朱熹的同黨趙汝愚搞的一次宮廷政變。他們「夜以兵分衛南北內」，「密製黃袍」，行動是十分詭秘的[24]，朱熹雖身在湖南，亦預其謀。此外，朱熹還「裡通外國」。他得到皇帝提拔，被任命為湖南的地方官，就是因為「使者自金還，言金人問朱先生安在，故有是命」[25]。超級間諜林彪策劃反革命政變，大搞特務活動，既取法於法西斯，也有抄襲朱熹一套的。

二曰結黨營私，排斥異己。

朱熹是個堆山頭，搞宗派的能手。他帶領門徒四出活動，「妄希孔、孟歷聘之風」。他在擔任救災工作中，甚至把救濟的錢糧，盡發

---

22 陶宗儀《輟耕錄》。
23 畢沅《續資治通鑑‧宋紀》卷一五五。
24 見畢沅《續資治通鑑‧宋紀》卷一五五。
25 見《宋史紀事本末》卷八一，「兩朝內禪」。

給門徒和同一宗派的人，而不發給一般老百姓[26]。在政治上，他屬於以宰相趙汝愚為首的反動官僚集團。趙汝愚去世，朱熹率其門徒百餘人，放聲大哭，如喪考妣。所以明代李贄在評論趙汝愚的時候曾說：縱使朱熹自己聲明，「我不為黨，不為偽」，別人也是不會相信的；別人還是要認為朱熹是阿附丞相的[27]。有一次朱熹受到皇帝的召見，他絕口不談抗金雪恥的國家大事，而把全副精力集中在攻擊一個對當時政治局勢毫無關係的宦官上。這種以我劃線、排斥異己的作風，實在是極端惡劣的。對此，李贄十分感慨，指出：朱熹「快一己之喜惡，流無窮之毒害」[28]。他在徹底地考察了道學家的全部行徑之後，下了一句總評：「陽為道學，陰為富貴，被服儒雅，行若狗彘然也。」[29] 這是十分中肯的。而野心家、陰謀家林彪在招降納叛、結黨營私方面，可以說雖然效法朱熹，但青出於藍而勝於藍，較諸朱熹一套，更有甚焉！

三曰以屈求伸，裝腔作勢。

《宋史‧道學傳》記載朱熹每次受到皇帝徵召或任命，總要力辭，又辭，再辭，前後共達二十八次之多。朱熹的《文集》裡，關於「辭免」類（卷二二、二三）就刊載了一百多篇奏折文書。有人指出，朱熹的「邀索高價，不肯供職，其偽不可掩」。一次在朱熹請辭之後，皇帝果然賞了他一個級別高一些的官職，朱熹只得厚起臉皮說「求退得進，於義未安」，終於扭捏地拜受了新命。這同林彪的表演何其相似乃爾！林彪也曾搞過「懇辭再三」的把戲，甚至還裝腔作勢地說「我很不安」，「我組織上服從，我保留個人意見」，「隨時準備交

---

26 畢沅《續資治通鑑‧宋紀》卷一五三。

27 見《四朝聞見錄》丁集，「慶元黨」。

28 見《四朝聞見錄》丁集，「慶元黨」。

29 李贄《藏書》卷三五，〈趙汝愚〉。

班給更合適的同志」。待到九屆二中全會召開，林彪圖窮匕現，狂叫要設國家主席，發動政變，搶班奪權。可見林彪這一套確實是從朱熹那裡學來的。此外，朱熹也講韜晦之計。他本字元晦，後來發覺「元」為四德（元亨利貞合稱「四德」）之首，未免鋒芒畢露了，於是改字仲晦[30]。「仲」是老二的意思，孔丘不也字仲尼嗎？朱熹的韜晦實在是十分細致的啊，真不愧是林彪稱奉的一位祖師爺！

四曰欺世盜名、言行不一。

朱熹這個道貌岸然的「君子」，實際上私生活是極其糟糕的。他曾經引誘兩個尼姑為自己的小老婆。他一面打起「安貧守道」的旗幟，另一方面卻實行「男女婚嫁，必擇富民，以利其奩聘之多；開門授徒，必引富室子弟，以責其束脩之厚」。他標榜廉潔，可是公開接受人家的贈禮。「四方賄賂，鼎至踵來，一歲之間，動以萬計。」他提倡孝道，可是卻拿不堪食用的劣質米供養母親，而在他的家鄉本來是盛產上熟白米聞名於福建的。他鼓吹仁愛，可是卻狠狠地「給無告的官妓吃板子」（魯迅〈論俗人應避雅人〉），企圖屈打成招，取得口供，用以誣陷一個不屬於他的宗派集團的人，大搞政治迫害。他甚至明目張膽地發掘別人的祖墳，暴露屍骨，侵占墳地，用以埋葬自己的母親；為了擴充地主莊園，竟利用官勢，霸占了別人的山林。最具有諷刺意義的是：這個自稱永遠忠於孔、孟之道，公開高唱「天不生仲尼，萬古如長夜」的美妙頌歌的朱熹，聽說建陽縣供有孔子「聖像」的縣學，「風水」很好，是個出侯王的地方，竟企圖奪取孔子的寶座，據縣學為己有，使人用大木頭和粗繩子把「聖像」捆縛起來，強令搬家，結果弄壞了孔老二的手足，鬧得滿城風雨，興論嘩然[31]！

---

30 李贄《初潭集》卷四。
31 見《宋人逸事匯編》下冊。當為李贄《初譚集》卷四。

　　如上所說，朱熹的所作所為和他的所講所述是如此的自相矛盾，這究竟應當怎樣解釋呢？還是林彪一語領悟了其真諦：「誰不說假話，誰就得垮臺」，「不說假話辦不成大事」。這就是朱熹待人哲學的精髓所在。林彪奉行朱熹的反動處世哲學，終於成為一個假話說盡，壞事做絕的資產階級野心家、陰謀家；但他沒有能辦成「大事」，反倒垮台了，變為不齒於人類的狗屎堆。魯迅先生說：「搞鬼有術，也有效，然而有限，所以以此成大事者，古來無有。」（〈搞鬼心傳〉）這是很正確的結論。

四

　　林彪在黑筆記上，寫了「要像朱子那樣去待人」，是在一九六○年～一九六四年。這段時間國際、國內的階級鬥爭異常尖銳複雜。在國際上，蘇修趁著我們遭到特大的自然災害，對我們施加壓力，猖狂反共反華。在國內，雖然我們於一九五九年取得了廬山會議粉碎彭德懷反革命修正主義路線的偉大勝利，但是劉少奇的右傾機會主義路線又在蠢動。他們配合國際上帝、修、反的反革命逆流，興風作浪，竭力鼓吹「階級鬥爭熄滅論」，大反三面紅旗，大肆推行「三自一包」、「三和一少」的反革命修正主義路線，大搞翻案復辟。面對這種情況，偉大領袖毛主席領導全黨和全國人民進行了堅決的鬥爭。「金猴奮起千鈞棒，玉宇澄清萬里埃。」就是當時鬥爭形勢的具體寫照。林彪在這場鬥爭中是頑固地站在帝、修、反一邊的。他為了搞復辟、搞陰謀，就不得不借助於孔、孟之道，借助於朱熹的處世哲學。

　　林彪叫嚷「要像朱子那樣去待人」，無非是妄圖用「三綱五常」這一套封建倫理道德標準來攻擊社會主義制度，攻擊無產階級專政，攻擊三面紅旗；無非是妄圖用虛偽的仁愛說教，來否定階級鬥爭，否

定黨內兩條路線鬥爭。其目的就是要替蘇修翻案,替王明、彭德懷翻案,替所有的地、富、反、壞、右翻案,就是要搞資本主義復辟。

朱熹的待人之道除了有他口頭上鼓吹的「三綱五常」一面之外,還有他行動上欺世盜名,玩弄權謀的另一面。一九六二年一月偉大領袖毛主席在擴大的中央工作會議上特別提出了要警惕出修正主義的問題。毛主席教導我們:「有些人掛著共產黨員的招牌,但是並不代表工人階級,而是代表資產階級。黨內並不純,這一點必須看到,否則我們要吃虧的。」心懷鬼胎的林彪聽到這話,自然感到「說破英雄驚煞人」了。於是朱熹的兩面派手法便成為他「掩飾」陰謀,窺測方向,伺機進攻,以求一逞的重要武器。由此可見,林彪在這一段時間強調要向朱熹學習並不是偶然的。

必須指出:朱熹在南宋兩個階級、兩條路線的尖銳複雜的鬥爭中,是頑固站在封建貴族大地主階級立場上,堅持唯心主義反對唯物主義,堅持儒家思想反對法家思想,堅持妥協投降反對抗戰救國的。他的一整套待人處世的哲學,是為其奉行的反動路線服務的。林彪之所以特別欣賞朱熹的待人之道,也正是由於林彪鼓吹唯心論的先驗論,尊儒反法,投降蘇修,投降美帝;在實質上,林彪復辟資本主義的這條反革命的修正主義路線是同朱熹奉行的反動路線完全一致的,因此需要一整套為反動路線服務的相同的待人處世哲學,這就是林彪為什麼要向朱熹學習待人之道的答案!

——原載《四川師院學報》一九七四年第二期,頁六九～七四。

林彪鼓吹朱熹「待人」之道
的要害是「復禮」

政治教育系大批判組

　　朱熹是孔老二的忠實信徒，儒家學派在南宋時期的主要代表人物，反動唯心主義理學（又稱道學）的集大成者。他發展了孔、孟之道，並最終鞏固了它在中國封建社會後期的統治地位。他自命為孔、孟「道統」的繼承人，他的門徒也吹捧說「孔、孟之道，……至朱子而大明」[1]。特別是宋理宗趙昀稱讚朱熹的一套反動說教「有補治道」，把他的牌位捧進了孔廟。清康熙更把他視為至寶，給他編《全書》，作〈御序〉，說他是「集大成而緒千百年絕傳之學，開愚蒙而立億萬世一定之規」，要為「治天下」而學這套東西。朱熹的「待人」之道，就是這些封建帝王們所稱讚的「治道」，就是他自己吹噓的「國家化民成俗之意，學者修己治人之方」[2]，也就是地主階級的治人、騙人、殺人和對外投降之道。朱熹的「待人」之道是地主階級對農民軟硬兼施的反革命兩手統治術，是封建統治階級爾虞我詐的處世法和屈膝求降的活命經，是繼承和發揮孔、孟之道的重要組成部分，它集中反映了地主階級和孔、孟之道的凶殘、狡詐、腐朽的反動本質。資產階級野心家、陰謀家、兩面派、叛徒、賣國賊林彪，這個孔

1　黃士毅〈朱子語類後序〉。
2　朱熹〈大學章句序〉。

老二的忠實信徒，夢想當「皇帝」，迫不及待地搞「克己復禮」，也和歷代封建帝王們一樣，十分推崇「大明」孔、孟之道的朱熹，狂叫「要像朱子那樣去待人」。揭露與批判林彪鼓吹朱熹「待人」之道，就會進一步暴露林彪搞「克己復禮」的反革命本質。

一

　　朱熹的「待人」之道，首先就是地主階級的「復禮」治人之道。

　　朱熹認為「待人接物，千頭萬狀是多少般，聖人只是這一個道理」，即「忠是大本」，「親親是第一件事」[3]，當臣子的「無說君父不是的道理」[4]；這種君臣父子關係，是「三綱之要，五常之本」[5]，而三綱五常是「禮之大體」[6]，是「千萬年」都「磨滅不得」的[7]。這樣，朱熹就赤裸裸地說出了他的「待人」的道理和準則，是要堅持以臣對君忠、子對父孝為主的三綱五常。其目的完全是為了維護已經危機四起的南宋王朝封建專制統治秩序，使地主階級能保持對廣大農民的專政，使封建剝削制度得以延續下去。

　　朱熹為了把這種反動封建統治秩序說成是「合理的」、「永恆的」，用他所發揮了的儒家的唯心論先驗論為理論基礎，編造了一套三綱五常是「天理」的謬論。他說「宇宙之間，一理而已，……其張之為三綱，其紀之為五常」[8]，而且是「『未有這事，先有這理』，如

3　《朱子語類》卷二七、二十。
4　《朱子語類》卷十三。
5　《朱子文集・垂拱奏禮》。
6　《朱子文集・垂拱奏禮》。
7　朱熹《論語集注・為政》。
8　《朱子語類》卷二四。

未有君臣已先有君臣之理，未有父子已先有父子之理」[9]；這種君臣父子之「理」，是「天理之至」[10]。那麼，這種「天理」又是從哪裡來的呢？他說「都是天所命」，「天命即是天理」[11]。說來說去，他所說的「天理」還是他的祖師爺孔老二所說的「天命」。朱熹為什麼要把「天理」搬出來，並繞這麼一個大圈子呢？這是因為孔老二的「天命論」，雖經孟軻、董仲舒之流的反復修補，但是遭到秦、漢以來農民革命實踐的多次批判和否定，特別是唐末提出「衝天」和「平均」的黃巢革命軍和北宋初年提出「均貧富」的王小波、李順起義軍的進一步批判和否定，再加上荀子、韓非、王充等唯物論者的反復駁斥，早已支離破碎，儒家的綱常名教和它維護的封建制度也早已遍體鱗傷。於是朱熹之流便只好用「天理」這樣一種虛偽的形式來論證封建的三綱五常和繼續販賣孔、孟的「天命觀」。

　　但是，無論以怎樣的虛偽形式，也掩蓋不住三綱五常的「吃人」本質。早在北宋末年的方臘起義，就直斥反動理學家們的謬論是「安有此理」，並且針對君臣上下的反動封建秩序，提出「是法平等，無有高下」的革命主張。南宋初年的鍾相、楊么起義又進一步提出了「等貴賤，均貧富」的革命口號。在這些革命主張和口號指引下，轟轟烈烈的農民大起義，強烈地震撼了北宋和南宋王朝的反動封建統治。在這種形勢下，朱熹眼看只靠「天理」的外衣還是保不住地主階級的「禮之大體」。於是又引申出了「存天理，滅人欲」的反動主張。這正是孔老二的「克己復禮」的翻版。他反復強調「克己復禮」是「千聖相傳心法之要」、「天理之全」[12]，是「天下萬事之本」[13]。

9　《朱子文集·讀大紀》。

10　《朱子語類》卷九五。

11　《朱子語類》卷四、四六。

12　《朱子文集·延和奏札》。

他解釋「克己復禮」說「聖人千言萬語，只是教人存天理，滅人欲」，而且「緊要處正在這裡」[14]。這是妄圖以「滅人欲」去「存天理」，也就是以「克己」去「復禮」。他認為佛學只講「克己」，不在「復禮」上面下功夫，是沒有抓住要害，便會「以君臣為父子，父子為君臣，一齊亂了」；只有既搞「克己去私」，又抓「復天理」，才能「見得『禮』，便事事有個自然的規矩準則」[15]，「接人待物」也就「自有準則」[16]。他甚至氣急敗壞地說：人若不能管住自己的「心」，「滅人欲」以「復天理」，還「做甚麼人」[17]！所有這些，都充分暴露了朱熹的「待人」之道，就是要「復禮」、「復天理」、「存天理」，由此，充分看出朱熹對維持反動腐朽的封建統治秩序是多麼急切；對於按照孔、孟之道去「滅人欲」又是看得多麼緊要。其實他所說的「滅人欲」，就是妄圖滅掉農民要衝破封建網羅而進行暴力革命的精神，要農民在三綱五常這副精神枷鎖下，老老實實忍受地主階級的統治和剝削，這也就是他所謂「化民成俗」；就是要地主階級加強勾結，處心積慮去加強對農民的統治，以維護統治和剝削地位，這也就是他所謂「修己治人」。

可見，朱熹的「待人」之道，首先就是用三綱五常，用「存天理，滅人欲」搞「復禮」的治人之道，是地主階級手中的一把殺人不見血的軟刀子。列寧說過：「所有一切壓迫階級，為了維持自己的統治，都需要有兩種社會職能：一種是劊子手的職能，另一種是牧師的職能。」朱熹的「待人」之道這把軟刀子就是體現了牧師職能的。朱

13　《朱子文集·戊申封事》。
14　《朱子語類》卷十二。
15　《朱子語類》卷四一。
16　《朱子語類》卷十三。
17　《朱子語類》卷十二。

熹是以道學家面孔而出現的牧師。他為了推行這套「治人」之道，用盡了畢生的氣力，著書解經，辦學論道，上奏章，發議論，都是為的繼續販賣孔、孟之道去治人。他驚呼唯物論者陳亮的學說傳到江西，家家「不說孔、孟，⋯⋯可畏！可畏」[18]！就是怕在「此『道』無由得明」[19]。他和他的門徒們攻擊王安石為「一世禍敗之源」[20]，「生遇孔子，必膺少正卯之誅」[21]，就是恨在革新派王安石「改祖宗之法」，不以「克己復禮」為事，不能「明理勝私」[22]。

　　林彪對於朱熹這套「治人」之道，十分心領神會，身體力行。朱熹把「克己復禮」叫做「萬事之本」，林彪就稱為萬事中的大事，真是同師孔門，無獨有偶。朱熹為了「復禮」，維護搖搖欲墜的封建統治秩序，大講「治人」之道，林彪為了「復禮」，「興滅國，繼絕世，舉逸民」，把中國重新拉回到半封建半殖民地老路上去，也大肆吹捧和推行這套「治人」之道，更是同出一轍，亦步亦趨。

　　且看，朱熹把以忠孝為主的三綱五常，叫做「禮之大體」，看做「接人待物」的「準則」，林彪就把儒家這套反動說教，奉為「處理人事關係的準則」，大肆推行「敬上」、「無違」的「忠孝」之道。朱熹用「天理」的虛偽形式和解經論道的方法去推行三綱五常；林彪就大搞《四書集句》，把儒家黑貨冒充為「歷史唯物主義」進行兜售。朱熹用「天理」、「天所命」作為治人之道的反動理論根據；林彪也扯起「天才論」的破旗，以「天馬」自居，把自己打扮成「受於天」的「至貴」，推行「天所命」的治人之道，以「天才觀」為其反黨的理

18　《朱子語類》卷一二三。

19　王懋竑《朱子年譜》卷三。

20　《王荊公年譜考略》節要附存卷一。

21　《王荊公年譜考略》節要附存卷一。

22　《王荊公年譜考略》雜錄卷二。

論綱領。朱熹鼓吹「存天理，滅人欲」，頑固反對任何觸動孔、孟之道和封建秩序的思想和行動；林彪更是惡毒地攻擊無產階級暴力革命，露骨地反對無產階級專政，瘋狂地咒罵和破壞無產階級文化大革命，大開歷史倒車。

林彪如此推行朱熹治人之道，絕非單純地鸚鵡學舌，正如他自己所說是為了「用其內容」，妄圖建立「林家王朝」的封建法西斯統治秩序。這就清楚暴露了這個資產階級野心家、陰謀家對待中國人民的反革命真面目，暴露了他拴行「克己復禮」的反革命修正主義路線的反動實質。

二

朱熹的「待人」之道，還是一套大搞陰謀詭計，大耍兩面派手法的騙子處世哲學，即騙人之道。

朱熹大講「克己去私」、「滅人欲」，可是他卻正是一個滿腦子充斥地主階級私欲的偽君子，兩面派，是一個和孔老二一樣的野心極大的官迷。他十分重視抓權，唯恐抓不到手。他說：「聖人無有不可為之事，只恐權柄不入手。若得權柄在手，則兵隨將轉，將逐符行。」[23] 這就是說只要大權在握，就可以任意橫行霸道。有人問他：「聖人」明知有「不可為」的事嗎？他頑固地回答說：「也不是明知不可，但天下無不可為之時，苟可以仕則仕。」[24] 這真是只要能當上官就去幹，至於採取什麼手段，那當然是在所不計了。儒家的「學而優則仕」的真實內容，在這裡算是發揮得淋漓盡致了。所以，就連向南宋

---

23 《朱子語類》卷九三。
24 《朱子語類》卷九三。

王朝建議把朱熹列入孔廟從祀的李心傳，也無法隱諱這一點，不得不說朱熹是「非素隱者也」，是一個絕不甘心不當官的。

朱熹為了當上大官，使「權柄在手」，為其「無有不可為」的治人之事，表面裝模作樣，一派道貌岸然，背後玩弄權術，極為陰險狡詐。他曾多次升官，多次受皇帝召問，一是靠結黨營私，暗中勾結；一是靠賣弄虛名，抬高身價；一是靠暗下毒手，打擊對方；而且還常常是這幾手交互並用，以求一逞。朱熹結黨營私的原則就是要「與勝己者處」以達到利己的目的。所說「勝己」便是「如己之意」，交朋友要對自己「有益」[25]；還要「得上官相知」，既能「守官」，又能「行志」[26]。於是他竭力鑽營奔走，巴結權貴。他受召問、升大官，多是靠了陳康伯、魏元履、梁克家、周必大、趙汝愚等宰相之流「如己之意」且又「相知」的大官，他在官場中出事求救或打擊對手，也是靠了其中一些人，得以「守官」、「行志」。可是，朱熹覺得這樣還不夠，還得賣弄虛名，抬高身價。他本是一心要當官的，但當受召問和升官時，卻常是一再表示推辭。這一方面是由於統治階級內部矛盾重重，狡猾的朱熹總是見機行事。如公元一一六九年魏元履任相時，催他去做官。當他正要前往就任，可是魏卻去了職，靠山倒了，就不敢再去；另一方面，他是故意擺出道學家的臭架子，討價還價，待價而沽。公元一一七二年，宋孝宗又召他做官，他不就任。第二年，宰相梁克家說他是「屢召不起，宜蒙褒祿」，宋孝宗便以「安貧守道，廉退可嘉」，給他升了官。這樣，朱熹既升了官，又有了名。不過事實也正是對他的一個極好諷刺，暴露了他並不安貧守道，卻正是寡廉鮮恥。更有醜相的，還得看他暗下毒手，打擊對方。公元一一八八

---

25 《朱子語類》卷二一。
26 《朱子文集・答廖子晦》。

年，他同林栗論《易》，意見不合；再加上林栗切中要害地揭露他仿效孔、孟，大要高價，不肯供職，他便勾結周必大、胡晉臣等人設法把林栗貶了官，而保存了自己，才算甘心。宋寧宗即位後，趙汝愚和韓侂胄爭權，趙把朱熹拉來給宋寧宗侍講，以壯大自己勢力。朱熹對這個「相知」也十分賣力，給趙出謀劃策，要把韓趕出京城，結果被韓發覺，卻把他趕了出去。朱熹從此便一蹶不振，遭到了「以其人之道，還治其人之身」的可恥下場。這個自稱「君子之心公而厚」的道學家的真實面目不揭自露。「道學」就是「偽學」的真相也不戳自穿。什麼「克己去私」，什麼「處心持己」，都成了自欺欺人之談。他所吹噓的「天理人情之至」的「待人」之道，也正是這樣一套騙子處世哲學。騙來騙去，連他自己最終也只能遭到騙子的結局。這正是他們的階級本性決定他們無法「克己」，他們的歷史命運也決定他們不能實現「復禮」。

在這方面，資產階級野心家、陰謀家、兩面派林彪，全盤繼承了從孔老二到朱熹的儒家這套腐朽思想垃圾，又加以大肆發揮，把剝削階級內部爾虞我詐的陰謀權術，用來對付無產階級。他為了篡奪黨和國家的最高權力使一切「權柄在手」，實現「復禮」的野心，把自己打扮成「志壯堅信馬列」的「英雄」，實際卻是一個極端虛偽而又陰險的假馬列主義政治騙子，是一個無恥叫嚷「不說假話辦不成大事」，「語錄不離手，萬歲不離口，當面說好話，背後下毒手」的反革命兩面派。他奉行孔老二的「小不忍則亂大謀」的反動策略，聽從朱熹的不要「氣太銳，論太險、跡太露」的勸誡，大搞「三不主義」，行「韜諱（晦）」之計，妄圖把反革命真相隱蔽起來。同時就躲在陰暗角落裡，勾結死黨，反復研究政變經，多次書寫「悠悠萬事，唯此為大，克己復禮」的條幅；他急於要當「國家的頭」，而大搞「稱天才」的語錄，打著「擁護領袖」的旗號，拋出反黨政的綱領和理論綱

領，大樹特樹自己的「絕對權威」，發動了未遂的反革命政變；他們還炮製了《「571 工程」紀要》反革命武裝政變計畫，急於「奪取全國政權」，並發動反革命政變，妄圖謀害偉大領袖毛主席。他還以所謂「以仁愛之心待人之忠」的謊言，用名利地位收賣拉攏和控制死黨，為他搞反革命復辟服務；同時也是用儒家的反動人性當作煙幕，妄圖顛覆無產階級專政。

這樣，朱熹的騙子處世哲學，到林彪手裡就成了他搞「克己復禮」，陰謀篡黨奪權的反革命策略和拼湊死黨的組織原則。但是，無論怎樣狡詐的手段也掩蓋不了反革命真相，終以自我爆炸而徹底暴露，徹底垮台。

三

朱熹的「待人」之道，還是一套對人民大動兵刑進行殘酷鎮壓的殺人之道和對外侮不抵抗的投降主義哲學。

朱熹這個峨冠大袖，講性說理，滿口仁義道德的道學家，當著他鼓吹的「化民成俗」、「修己治人」之方，被階級鬥爭的烈火火猛燒起來，騙子的處世哲學再也掩蓋不住自己真面目的時候，便露出了地主階級大動兵刑鎮壓農民革命的猙獰面目。他說「天下事，最大而不可輕者，無過於兵刑」[27]，「刑愈輕而愈不足以厚民之俗，往往反以長其悖逆作亂之心」[28]，殘酷的鎮壓也成了「化民成俗」的手段。這又進一步暴露朱熹「待人」之道的劊子手職能的一面。他更露骨地說：「殺其人之所當殺，豈不是天理！」[29]朱熹在這裡是不打自招地道破

---

27 《朱子語類》卷一一○。
28 《朱子文集·戊申延和奏札一》。
29 《朱子語類》卷九七。

了他的「天理」的反動本質。其實,無論他說三綱五常是「天理」,
或者說那套騙子處世哲學是「天理人情之至」,以至於說大動兵刑殺
人也是「天理」,完全都是一路貨色,都是為了妄圖撲滅南宋蓬勃發
展的農民起義,維護和鞏固地主階級專政。所以,當辛棄疾任隆興知
府時出了一個八字文榜「劫禾者斬,閉糴者配」,朱熹就叫好說:「這
便見得他有才,此八字若做兩榜便亂道。」[30]這裡,朱熹所稱讚的
「才」就是鎮壓農民,保護囤積居奇的地主商人之「才」。亂什麼
「道」?就是亂了地主階級統治和剝削農民之「道」。當湖北茶民起
義軍轉入湖南、江西、廣東時,他便急急忙忙地向鎮壓起義軍的頭子
皇甫倜獻策,要以重金收買地主武裝,到山林溪谷中去鎮壓起義軍。
不僅如此,公元一一九三年,宋王朝任命他為荊湖南路安撫使,他又
擺起臭架子沒有到任,第二年正月還辭了一番,可是到了二月一催就
赴任了。原因是他聽說當地有少數民族人民起義,便急得他這個年已
六十五歲的老傢伙,匆匆忙忙前往鎮壓去了,他的反革命兩手至此全
都施展出來。

與此同時,他對金貴族的入侵,早已不是如此之急,而且相安無
事,直至提出投降主義的主張。朱熹生活的時期,正是金貴族侵占了
北方大片領土並不斷南侵,使北方與南方人民不斷遭到金貴族的蹂
躪。在這種形勢下,北方人民紛紛起義抗金;南方人民則因為南宋統
治者不僅不抗金,反而大肆掠奪南方人民,供自己與日俱增的揮霍和
向金貴族的大量貢納,使人民的負擔成倍增加,而不斷起來反抗這幫
屈膝投降的傢伙。面對這種形勢,朱熹雖在口頭上也講過一些要反金
的話,但實際上他從來都是把注意力放在統治和鎮壓真正抗金的人民
身上,而且是賢盡了心機。他說:「今朝廷之議不是戰便是和,不和

---

30 《朱子語類》卷一一一。

便戰。不知古人不戰不和之間，亦有個且硬相守的道理。」[31] 這明明是不反金，反而假口當時根本行不通的「硬相守」為南宋統治者的屈辱投降政策辯護。他還說：「恢復之計不難，惟移浮靡不急之費以為養兵之資，則虜首可梟矣。」[32] 這又明明是要加重對人民的掠奪，為南宋統治者打著「恢復中原」的幌子去搜刮巨額賦稅作辯護。更無恥的是他在公元一一八八年向宋孝宗趙眘秘密獻策的〈戊申封事〉中提出：「區區東南，事有不可勝慮者，何恢復之可圖乎？」[33] 有什麼「不可勝慮」的呢？在朱熹看來，主要的就是人民造反，再加上統治階級內部矛盾重重。也就是在這個臭名昭著的〈封事〉中，他提出「克己復禮」是「天下萬事之本」，長篇大論這個「天下之大本」和加強統治的「今日之急務」。也就是在提出這個〈封事〉的前六個月，他在給宋孝宗的〈戊申延和奏札〉中，叫囂要對人民用重刑。甚至在這六年以後，他還急急忙忙跑到湖南去鎮壓少數民族起義。可見，他所「不可勝慮」的，是人民的造反。至於「恢復」，即收復失地，在他看來是早已不必考慮的了。所以，當時曾因堅持主戰而幾次被下獄，也被朱熹認為「氣太銳、論太險、跡太露」的陳亮，曾經痛斥朱熹之流主和投降的道學家，是些對民族存亡「皆風痹而不知痛癢之人」，面對外族入侵，還在那裡「低頭拱手，以談性命」[34]。其實這毫不奇怪，因為他們和入侵的金貴族一樣，都是人民的敵人，既然他們所最關心的是鎮壓人民，也就必然要在那裡低頭拱手，專心考慮統治人民的性命之學了。

　　對比朱熹對人民狠、對外敵和的兩種態度，道學家的反動虛偽的

31　《朱子語類》卷一三三。

32　《朱子語類》卷一三三。

33　《朱子文集・戊申封事》。

34　陳亮《龍川文集・上孝宗皇帝第一書》。

醜惡面目,他的「待人」之道的反動腐朽的階級本質,都完全暴露無遺了,真是集中了從奴隸主貴族到地主階級的反動腐朽意識形態的大成。

在這方面,叛徒、賣國賊林彪更可以說是把朱熹的「待人」之道完全「學到手」了。他對毛主席領導下堅持社會主義道路和繼續革命、進行無產階級文化大革命、批判修正主義和孔、孟之道、批判資產階級的中國革命人民深懷反動階級的刻骨仇恨。他叫嚷政權就是「鎮壓之權」,要對廣大勞動人民實行法西斯專政;對無產階級專政的敵人,則要「一律給與政治上的解放」。在國際上,他大搞投降主義、賣國主義,投靠蘇修社會帝國主義,妄圖聯合帝、修、反,反華反共反革命。如果林彪這種復辟賣國即「復禮」的陰謀得逞,我們的社會主義祖國就要回到半封建、半殖民地老路上去,地主資產階級就會重新騎在人民頭上治人、騙人和殺人,蘇修社會帝國主義強盜就要在我國橫行霸道,廣大工農群眾就要吃二遍苦、受二遍罪。但林彪的一切陰謀,都是癡心妄想,白日作夢。搞「復禮」的結果,是他自己的覆滅。毛主席指出:「凡屬倒退行為,結果都和主持者的原來的願望相反。古今中外,沒有例外。」

從上面可以看出:林彪所吹捧和推行的朱熹「待人」之道,是地主階級的治人、騙人、殺人之道、投降之道,是由沒落、腐朽、反動地主階級的政治路線所決定,而為其服務的。這個「待人」之道,到了林彪手裡,就成為復辟賣國之道,為其推行「克己復禮」的反革命修正主義路線服務。林彪所「常考慮」的「要像朱子那樣去待人」,就是要像朱熹那樣去治人、騙人和殺人,發展朱熹的投降主義哲學而投修賣國,去搞「克己復禮」。林彪與朱熹絕不是偶然的巧合,而是有其共同的反動階級根源的。這就進一步暴露了林彪這個資產階級野心家、陰謀家、兩面派、叛徒,賣國賊的真面目,暴露了他的反革命

修正主義路線的極右實質。「歷史的經驗值得注意」。隨著批林批孔運動的深入，徹底批判孔、孟之道和朱熹之流的反動說教，進一步清除流讀兩千多年的儒家反動腐朽的思想垃圾，可以進一步認清林彪之流的反革命的真面目，增強我們揭發批判林彪及其死黨陰謀復辟罪行的鬥爭能力，把批林批孔這場上層建築領域中的馬克思主義戰勝修正主義，無產階級戰勝資產階級的政治鬥爭和思想鬥爭進行到底！

———原載《吉林師大學報》一九七四年第一期，頁二十～二六

林彪和朱熹都是勞動人民的死敵

佚名

朱熹這個孔、孟之徒，曾於公元一一九三年竄到株洲縣朱亭鎮進行所謂講學活動，大放其毒。以後，歷代反動統治階級對此大加宣揚，為朱熹樹碑立傳，流毒不淺。在深入批林批孔運動中，朱亭鎮的廣大幹部和群眾以馬克思主義、列寧主義、毛澤東思想為武器，聯繫階級鬥爭、路線鬥爭的實際，憤怒批判了叛徒、賣國賊林彪利用朱熹的反動哲學復辟資本主義的滔天罪行。下面是幾位同志的批判發言摘要。

砸爛「三綱五常」，婦女頂起「半邊天」

朱亭鎮街道辦事處主任袁清梅

朱熹這條毒蛇曾在七百多年前竄到朱亭進行反動宣傳。這個封建地主階級的代言人，把代表沒落奴隸主階級利益的孔、孟之道進行加工製作，用來維護反動的封建統治。他把「三綱五常」奉為神明，說什麼「綱常千萬年磨滅不得」。這就是要使勞動群眾，特別是勞動婦女千萬年都套上封建枷鎖，永世不得翻身。林彪這個叛徒、賣國賊，是孔老二、董仲舒、朱熹的忠實信徒，提出「要像朱子那樣去待人」，妄圖把反動的「三綱五常」重新套到新中國婦女身上，真是惡毒極了。

　　在那萬惡的舊社會，廣大勞動婦女沒有絲毫的社會地位。代表全部封建宗法思想和制度的政權、神權、族權、夫權，壓得我們勞動婦女抬不起頭，喘不過氣，受盡人間百般痛苦。就拿我們朱亭鎮來說吧，解放前絕大多數的婦女沒有上過學，沒有自己的名字。不少婦女在外討米度日，有的在地主家做女工挨打受罵，活活被折磨死、逼死。我在舊社會就討了十多年米。我父親在淥口一個姓陳的地主家做長工，一年累到頭，還糊不了一張口，最後竟慘遭地主的毒打，含冤死去。從此我一家六口人四處流落，大姐、二姐、三哥都先後活活餓死，我媽媽為此哭瞎了雙眼。我自己在討米時，被地主婆放出的大惡狗咬掉了腿上一塊肉，至今還留著仇恨的傷疤。一九四九年解放以後，朱亭鎮的婦女和全國千千萬萬的勞動婦女一樣，跳出了苦海，翻身作了主人，我的一家也徹底翻了身。在毛主席和共產黨的英明領導下，廣大婦女砸碎了千年的鐵鎖鏈，在社會主義革命和社會主義建設事業中，頂起了「半邊天」。林彪出於反動的階級立場，對勞動婦女的翻身解放十分仇恨，他學著孔、孟、朱熹的腔調，對勞動婦女百般誣蔑，其罪惡目的就是要阻止廣大婦女參加三大革命運動，以便顛覆無產階級專政，復辟資本主義，真是反動透頂！

批判朱熹「親者重而疏者輕」的謬論

　　朱亭鎮五金製品廠革委會主任王修元

　　朱熹從反動階級一群一黨的私利出發，曾公開鼓吹，「親者重而疏者輕」的反動謬論，所謂「親者」，就是指他所代表的地主階級，就是指封建官僚中的頑固守舊派；所謂「疏者」，就是指的反對地主官僚封建統治的廣大人民群眾以及主張革新進步的法家人物。很明顯，朱熹的這一「待人」哲學，是反革命兩面派結黨營私的慣用故

伎。林彪這個「語錄不離手，萬歲不離口，當面說好話，背後下毒手」的反革命兩面派，也口口聲聲要學朱熹的這一套，叫囂「要像朱子那樣去待人」。說穿了，就是要學朱熹那一套反革命權術，結黨營私，妄圖在中國復辟資本主義。

偉大領袖毛主席教導我們：「要搞馬克思主義，不要搞修正主義；要團結，不要分裂；要光明正大，不要搞陰謀詭計。」林彪在政治路線和思想路線上搞修正主義，決定了他在組織上必然搞分裂。他結黨營私，招降納叛，大樹特樹自己的「絕對權威」，以我劃線，順我者昌，逆我者亡，分裂黨，分裂軍隊，壓迫人民。他四處安插親信，封官許願，拉拉扯扯，網羅牛鬼蛇神，組織資產階級司令部，拼湊大小反革命「艦隊」，發動反革命武裝政變，妄圖把欣欣向榮的社會主義中國拉回到半封建、半殖民地的舊社會去，把被打倒了的地、富、反、壞、右重新扶植起來，實行地主資產階級專政，把廣大勞動人民重新推入苦難的深淵中去。這是我們萬萬不能容忍的。

我們一定要徹底批臭孔、孟之道，批臭朱熹的「待人」哲學，批臭林彪的反革命修正主義路線，堅持馬克思主義，堅持毛主席的革命路線，搞任人唯賢，不搞任人唯親；搞五湖四海，不搞山頭主義；要在鬥爭中培養無產階級革命事業的接班人，團結百分之九十五以上的幹部和群眾，不斷鞏固無產階級專政，使無產階級的鐵打江山秋萬代永不變色。

批判朱熹「佃戶不可侵犯田主」的反動謬論

朱亭鎮排樓大隊槽塘生產隊貧農社員文發明

朱熹這個反動的理學家，頑固地站在封建地主階級的立場上，大肆鼓吹「佃戶不可侵犯田主」的反動謬論。叛徒、賣國賊林彪為了實

現復辟資本主義的罪惡目的，從歷史的垃圾堆裡揀來朱熹的破爛，奉為聖旨，鼓吹要「以仁愛之心」和「寬宥原諒之恕」，去對待被打倒了的地、富、反、壞、右，妄圖讓那些牛鬼蛇神重新上臺，讓勞動人民吃二遍苦，受二遍罪，真是惡毒已極，反動透頂。

佃戶與田主之間，即廣大貧苦農民與封建地主之間，從來只有你死我活的階級鬥爭。地主喝勞動人民的血汗，騎在人民頭上作威作福。貧苦農民只有奮起反抗，在共產黨領導下徹底推翻地主階級的反動統治，才有出路。幾十年來，在偉大領袖毛主席和中國共產黨領導下，全國人民高舉「對反動派造反有理」的大旗，拿起槍桿子幹革命，推翻了三座大山，鬥地主，分田地，徹底粉碎了朱熹的「佃戶不可侵犯田主」的反動謬論和妄想。在黨的領導下，廣大人民群眾當家作主人，實行了無產階級對地主資產階級的專政。

無數事實證明，鬥則進，不鬥則退，不鬥則垮，不鬥則修。只有堅持鬥爭，才能奪取勝利。我們排樓大隊在無產階級文化大革命中，狠抓階級鬥爭和路線爭，堅持批判劉少奇的修正主義路線，狠狠打擊階級敵人的破壞活動，更加堅定了社會主義方向，使整個大隊農、林、牧、副、漁獲得全面發展。社會主義的確是鬥出來的。林彪、孔老二和朱熹，都是反動階級的代表人物，他們的一言一行，一舉一動，都為的是搞「克己復禮」，開歷史的倒車。他們只許反動派鎮壓人民，不許人民起來革命。但是，歷史規律不可抗拒，人民終究要解放，反動派終究要滅亡，這是不依人的意志為轉移的。我們一定要牢記毛主席的教導，堅持黨的基本路線，堅持鬥爭哲學，同階級敵人鬥，同錯誤路線和錯誤傾向鬥，同資本主義傾向鬥，把批林批孔的鬥爭進行到底，鞏固農村社會主義陣地！

——原載《湖南日報》一九七四年六月九日

朱熹的「待人」哲學與
林彪的復辟詭計

福建省崇安縣五夫公社貧下中農和幹部批林批孔會紀要

福建省崇安縣五夫公社五一大隊，過去名叫五夫里。據《崇安縣志》記載，宋紹興十三年（1143），朱熹遷居於此，投奔他父親生前的朋友劉子羽，並受業於五夫的劉勉之和劉彥冲。至今，那裡還殘存著朱熹設立的「五夫社倉」和他撰寫的「神道碑」，以及同他有關的「紫陽樓」舊址和「朱子巷」。宋乾道四年（1168），朱熹在五夫里設了「五夫社倉」。他曾得意洋洋地以此標榜其「愛民遠慮之心」，並刻石為記，「以告後之君子」。朱熹的這條所謂「愛民」的詭計，很快被封建統治階級所採納，他們不僅撥錢建倉，而且還把朱熹擬訂的《社倉法》廣為推行。

批林批孔鬥爭開展以來，五夫公社和五一大隊的貧下中農和幹部，聯繫歷史的和現實的階級鬥爭的實際，多次召開批判會，反復批判了叛徒、賣國賊林彪反革命的修正主義路線，批判了他鼓吹的孔、孟之道和朱熹的「待人」哲學。

剝開「五夫公社」的畫皮

五夫公社黨委書記葉振斌說：歷史上一切反動派，總是要兩面派

手法，把自己的反革命行徑加上種種偽裝。這不僅說明他們陰險毒辣，也是他們虛弱的表現。朱熹為了維護當時日趨沒落的封建統治，提出了「存天理，滅人欲」的反動主張，把封建宗法制度說成是「天理」決定的，而把一切違反封建統治秩序的要求，說成是萬惡的「人欲」。他公開聲稱要「各依本分，凡事循理」，誰膽敢「以下犯上，以卑凌尊」，一律嚴加鎮壓。可是，歷史決不會按照他的反動說教停止前進。哪裡有壓迫，哪裡就有反抗、有鬥爭。在宋乾道四年（1168），建陽、崇安、浦城一帶發生饑荒，貧苦農民瀕於死亡，紛紛揭竿而起。浦城農民起義的隊伍，一度逼近崇安五夫里。反動統治階級驚恐萬狀。朱熹為了欺騙農民，更巧妙地剝削農民，妄圖撲滅農民起義的革命烈火，便三番五次上書府、縣，出謀獻策，說什麼「請仿古法」創設社倉，以「塞禍亂源」。寥寥數語，道破了朱熹創設「五夫社倉」的反動用心，充分暴露了他創辦的這一「慈善」事業，是一把殺人不見血的軟刀子。林彪鼓吹要學朱熹這樣的「待人」哲學，正好暴露了他的反革命嘴臉。

五一大隊第三生產隊隊長余福生說：孔老二也罷，朱熹也罷，林彪也罷，為了把前進的歷史車輪向後拉，就只能搞陰謀詭計。朱熹口口聲聲要在「敬」字上下功夫，「誠」字上見人心。他一面擺出「慈善家」的面孔，搞什麼「五夫社倉」；一面露出青面獠牙的猙獰面目，鎮壓勞動人民。據說，他在潭州（現在的湖南長沙）做官時，就曾親自處決過無辜農民。吹捧朱熹的林彪，也效法這個「古賢」。他明明是一隻吃人的豺狼，卻裝出一副「面帶三分笑」、「閉目養神」的假象；明明反對馬列主義，卻自我吹噓「志壯堅信馬列」；明明妄圖謀害偉大領袖毛主席，卻故意「語錄不離手，萬歲不離口」。他的不負責、不建言、不得罪的「三不主義」，同朱熹反動的「待人」哲學也是一路貨色。

「神道碑」為誰歌功頌德？

　　五一大隊大隊長江種仔說：我們大隊府前生產隊，至今還立著一個三米多高的「神道碑」。這個碑文是朱熹親自撰寫的，立於宋淳熙六年冬（1179）。朱熹幹麼要立這個石碑呢？原來是替鎮壓方臘起義的劊子手劉子羽歌功頌德。方臘起義發在北宋末年，他大膽提出了「是法平等，無有高下」的戰鬥口號，猛烈地衝擊了封建統治。朱熹為了維護封建宗法等級制度，叫嚷什麼「君臣父子，定位不易，事之常也」。他立碑刻字吹捧劉子羽，就是宣揚封建地主階級「剝削有理」、「壓迫有理」，就是誣蔑農民「起義無理」、「造反有罪」。這個孔、孟之徒的反動立場何等露骨！

　　五一大隊社員劉妹妹控訴說：朱熹的「神道碑」吹捧鎮壓勞動人民的劊子手劉子羽，我們村裡的惡霸又吹捧朱熹。他親自募捐派款，在村頭修起「紫陽樓」，豎起石碑，為朱熹招魂。這叫作物以類聚，臭味相投。說起這個惡霸，真令人恨之入骨。第一次國內革命戰爭時期，他為了撲滅革命的烈火，帶領一幫民團在五夫里「圍剿」紅軍戰士和革命群眾，燒殺搶劫，無惡不作。當時，我們全村三十多家的房子都被燒光，我的公公和大伯被打死，我的婆婆活活氣死，我的丈夫被打傷，弄得我家破人亡。這個惡霸完全繼承了朱熹的反動衣缽，就是這樣殘暴地「待人」。但是，他罪有應得，很快就被我紅軍擊斃了。解放後，在毛主席、共產黨的領導下，我們窮人走上了社會主義的康莊大道，我一家十口人，不愁吃，不愁穿，日子過得挺好。林彪叫嚷「要像朱子那樣去待人」，就是要為朱熹立「神道碑」，就是要「興滅國，繼絕世，舉逸民」，重新讓地主惡霸作威作福，我們堅決不答應！

反動「理學」救不了林彪的命

　　五一大隊黨支部書記陳華生說：林彪吹捧朱熹的「待人」哲學和反動「理學」，就是搞精神麻醉，妄想毒化人們的思想。但是「機關算盡太聰明，反算了卿卿性命」，他的復辟資本主義的「終身大事」，不但不能得逞，反而落得個遺臭萬年的下場。正如毛主席指出的：「一切狡猾的人，不照科學態度辦事的人，自以為得計，自以為很聰明，其實都是最蠢的，都是沒有好結果的。」孔老二、林彪和一切反動派的垮臺，都是歷史的必然。但是，他們鼓吹的孔、孟之道仍然在散發臭氣，這就需要我們長期戰鬥下去。例如我們大隊的一小撮階級敵人，就十分欣賞孔老二、朱熹、林彪的屈伸哲學。孔老二說「尺蠖之屈，以求伸也」，朱熹說「小不忍、如婦人之仁，匹夫之勇，皆是」，林彪叫嚷「忍耐，大度的科學根據」，我們隊裡的階級敵人就散布「不要把仇恨掛在臉上」、「眼前吃虧莫心焦」等謬論。這夥人為什麼要耍弄屈伸騙術？拿林彪來說，他忍著性子裝「大度」，就是為了積蓄力量，篡黨奪權。在黨的九屆二中全會上搞反革命政變失敗後，他又學「尺蠖之屈」，和他的死黨互相打氣，說什麼要「沉住氣」、「忍耐住」；同時在暗地裡組織反革命「艦隊」，炮製《「517 工程」紀要》反革命武裝政變計畫，發動反革命武裝政變。我們隊裡的一小撮階級敵人也是如此。他們胡說什麼現在的「沉睡」，就是為了以後的「改天換日」。我們千萬不能喪失革命警惕，一定要看穿他們「忍耐」背後隱藏著的殺機，狠狠打擊他們的反革命復辟的陰謀，徹底批判從老二、朱熹直到林彪的反動哲學，徹底批判他們「克己復禮」的反動政治綱領，把社會主義革命進行到底。

——原載《人民日報》一九七四年六月二十九日

林彪為什麼欣賞朱熹的
「待人」哲學

西北大學　林劍鳴

　　叛徒、賣國賊林彪叫嚷什麼「要像朱子那樣去待人」。林彪為什麼那麼欣賞朱熹的待人哲學呢？

　　朱熹這個反動的「理學家」，一貫擺出一副「公正無私」的面孔，他還居然宣揚：「官無大小，凡事只是一個公。若公做得來也精彩，便是小官，人也望風畏服。」實際上完全不是那麼回事。

　　他為官斷案時，就主張：「凡聽訟，必先論其尊卑、上下、長幼、親疏之分，而後聽其曲直之詞。」這就是說，他斷案首先看階級地位，然後判斷是非曲直。意思就是，只要是當權者、尊者、長者、親者，即統治階級，非也是是，曲也是直，無理也是有理；相反，如果是廣大勞動人民那就要反過來，是也是非，直也是曲，有理也是無理。這實際上就是主張壓迫有理、剝削有理，革命無理、造反無理。根據這個反動理論，朱熹認為勞動人民反抗地主階級的壓迫、剝削時，對他們施以「桎梏箠（音垂 chui，鞭打）楚」，也都是「正理」。這就完全暴露了朱熹維護地主階級利益的反動階級本質，徹底揭穿了他所謂的「公正無私」的真面目。

　　在殘酷壓迫勞動人民的同時，朱熹還是一個窮凶極惡榨取勞動人民血汗的吸血鬼。他把自己裝扮成一個「救世主」，高喊「天下之務

莫大於恤民」，聲稱「為政以寬為本」，「省刑罰，薄稅賦，此二者仁政之大目也」。「恤民」的目的是什麼呢？朱熹供稱是為了「立綱紀」，就是為了維護封建社會剝削壓迫勞動人民的統治秩序。這就把他的底和盤托出了，原來所謂「恤民」，不過是恤地主階級之民，所謂「寬政」、「省刑」、「薄稅」，其實就是對勞動人民的殘酷剝削和壓迫的同義語。因此，當朱熹給別人傳授統治人民的反動經驗時，再三強調：「縣事大要三：刑獄、詞訟、財賦也。」即掌握封建政權，最重要的事情就是：用監獄、刑罰這些專政工具鎮壓人民的反抗，然後從他們身上榨出「財賦」。朱熹自己確是這樣身體力行的。他當泉州同安縣主簿時，為了替地主政權從農民身上榨取血汗，他事無巨細，都要親手去幹，也就是所謂的「蒞職勤敏，纖悉必親」，唯恐放過一點榨取勞動人民血汗的機會。這完全是一副地主階級吸血鬼的形象。明代進步思想家李贄，對朱熹之流的「理學家」大要兩面派手法十分鄙視，一針見血地指出他們是「被服儒雅，行若狗彘（音至 zhi，即豬）」，表面上裝出冠冕堂皇的模樣，實際上卻幹著卑鄙齷齪的勾當。

林彪所以欣賞朱熹的待人哲學，說穿了，就是要學朱熹這種兩面派手法。因此，他在公開場合裡大講抽象的「公」，編造「樹立一個公字」的口號，用這些漂亮的言詞把自己打扮成為「堅信馬列」的革命者，來為自己大樹特樹「絕對權威」。而在暗地裡卻大幹反革命勾當，妄圖推翻無產階級專政，復辟資本主義，建立林家世襲的法西斯王朝。

——原載《光明日報》一九七四年六月八日

收入《批判朱熹文集》，頁八四～八五

林彪為什麼念念不忘朱熹

林劍鳴

　　叛徒、賣國賊林彪說：「我常考慮，要像朱子那樣去待人。」這句話是什麼意思呢？我們知道，林彪所說的朱子，就是南宋時期的朱熹（1130～1200），是個有名的「道學家」。宋、元以來的「理學」或稱之為「道學」，繼承和發展了孔、孟的儒學，深為以後的反動統治者所讚賞、崇奉，其特點之一就是極其殘忍而又極端虛偽。鼓吹這種謬論的「道學家」，差不多都是一些維護當時地主階級反動統治，反對革新的頑固派，而且都是滿口仁義道德，一肚子男盜女娼的偽君子和反革命兩面派。朱熹就是這些人中最典型的一個。林彪口口聲聲要學習朱熹的「待人」哲學，真是不打自招地暴露了他的反革命兩面派的醜惡嘴臉。讓我們來看看林彪所崇奉的朱熹怎樣一副嘴臉。

　　「被服儒雅，行若狗彘」。這是明代進步思想家李贄對朱熹之流的「道學家」一針見血的揭露，這些人表面裝模作樣，實際卻幹著豬狗不如的勾當。

　　擺出一副「公正灰私」的面孔去殺人，這是「道學家」慣用的手法。「誠」、「公」、「正」等字眼是經常掛在朱熹嘴邊上的，他說「意誠心正可以應天下之務」，並自吹自擂地說：「吾平生所學，惟此（正心誠意）四字。」他還故作姿態地說，辦事要「公」。在這裡，朱熹把自己打扮得儼然是毫無階級偏見的「正人君子」。然而，這只不過是在他自己醜惡的嘴臉上塗上一層騙人的油彩。如他一面高唱：為官

斷案要以「天下至公之理裁之」，一面又講：「凡聽訟，必先論其尊卑、上下、長幼、親疏之分，而後聽其曲直之詞。」這就是說：斷案的標準，首先是階級地位，然後才談得到「是非曲直」。實際上，只要是當權者、尊者、長者、親者，即只要是統治階級，無理也是有理；相反，廣大勞動人民任何時候都是「無理」。朱熹還說：「大率天下事，循禮守法，平心處之便是正當。」即只要符合當時反動統治階級製訂的綱常禮教、從反動統治階級利益出發去處理事情，就是「正當」的了。據此朱熹便認為：封建政權對勞動人民施以苛剝酷刑「桎梏箠楚」也都是理所當然的，地主階級向農民進行殘酷剝削和壓榨也都成為「至公之理」了。朱熹自己就是用這種「剝削有理」、「壓迫有理」的反動理論指導自己的行動的。早在紹興二十五年（1155）當朱熹還是泉州同安縣的一個小小的主簿的時候，他就一面大講「聖賢修身治人之道」，一面手持屠刀血腥地鎮壓當地的農民起義。在屠殺那些因地主階級殘酷剝削而起來反抗的勞動人民過程中，朱熹撕去了「儒雅」的偽裝，竟赤膊上陣「循行所部，循勉慰飭」，肆行屠殺。這個標榜「正心誠意」、高唱「仁者愛人」的道學家原來就是這樣一個殺人不眨眼的劊子手。

　　口頭上高喊「愛民」「恤民」，實際上想盡辦法去盤剝勞動人民，拚命維護殘酷的剝削制度，這是儒家一貫的反動策略。孟軻就一面唱著「民為貴」、「君為輕」的高調，一面叫嚷「勞心者治人，勞力者治於人」的反動謬論。朱熹也裝出一副救世主的神情，口口聲聲地說「天下之務莫大於恤民」，還虛偽地聲稱「為政以寬為本」，「省刑罰、薄稅賦此二者仁政之大目也」等等好聽的話不一而足，實際都是用來騙人的。什麼「省刑罰，薄稅賦」不過都是為了更多地、更長期地榨取勞動人民。朱熹就明白地說過：「縣事大要三：刑獄、詞訟、財賦也。」這就是說最重要的事情就是：用監獄、刑法這些專政工具

鎮壓人民反抗，然後從他們身上榨出「財賦」。這裡暴露出來的是赤裸裸的吃人的凶相，哪裡有半點「恤民」的影子！朱熹標榜的「為政以寬」也絕不意味著對人民的殘酷壓榨有絲毫減輕。他在空喊了一陣「寬」以後，又說：「號令既明，刑罰亦不可弛，苟不嚴刑罰，則所謂號令者徒掛牆壁耳。」可見，所謂「寬」、「省刑罰」、「薄賦」只是口頭說說而已，只要觸犯了反動統治階級利益，「刑罰」從來是不會「省」的。朱熹自己就說得明白：「當以嚴為本，而以寬濟之。」原來，「寬」和「嚴」不過是交替使用的鎮壓人民的反革命兩手。朱熹在泉州同安任主簿時，為了替封建政權從農民身上榨出最後一滴血汗，他「涖職勤敏，纖悉必親」，「每點進稅，必先期曉示出入之簿，逐日點對簽押」。唯恐放過一點剝削、榨取勞動人民血汗的機會。這種貪婪的地主階級吸血鬼的醜惡面孔，徹底暴露了他所謂的「恤民」、「至公」不過都是騙人的鬼話！

　　叛徒、賣國賊林彪對朱熹這套「待人」的哲學，即好話說盡，壞事做絕的反革命兩面派的策略，所以特別感興趣，並身體力行之，不是偶然的。這是他代表的地主資產階級的本性所決定的。但是，他是在無產階級專政條件下活動的，就不得不把自己裝扮成「堅信馬列」的樣子。在進行他們妄圖顛覆無產階級專政，復辟資本主義的罪惡活動時，就從朱熹這個極端反動的儒學「大師」，極其狡猾的反革命兩面派那裡，揀取一些破爛貨，以便搞得更狡猾些，更能欺騙人。果然，他青出於藍而勝於藍，用「打著紅旗造反，叫人不易看穿」的惡毒手法，從事他的反革命復辟活動。這就是林彪所以要念念不忘朱熹的「待人」哲學的真實原因。

——原載《陝西日報》一九七四年四月二十一日

收入《批判朱熹文集》，頁　～

偽君子朱熹和兩面派林彪

武漢大學歷史系大批判組

　　革命導師恩格斯曾經指出：混進黨內的機會主義者，「為了規定自己的綱領就不得不回到自己的前輩人物那裡去」（恩格斯〈論住宅問題〉）。資產階級野心家、陰謀家、兩面派、叛徒、賣國賊林彪也不例外，他為了製定復辟資本主義的反革命綱領，也不得不回到他的「前輩」那裡尋找反革命的思想武器。他從孔老二那裡找到了「克己復禮」，於是就大書特書「悠悠萬事，唯此為大，克己復禮」。他又從朱熹那裡找到了虛偽的處世哲學，於是就在他的反黨黑筆記裡寫道：「我常考慮，要像朱子那樣去待人。」關於林彪為什麼要抬出孔老二這具僵屍？已有許多文章作過分析和批判。我們在這裡要著重分析、批判的是林彪為什麼對朱熹的處世哲學如此欣賞？這只要對朱熹的反動思想稍加剖析，把朱熹與林彪的反動言行略加對照，問題便昭然若揭了。

一

　　林彪所欣賞的朱熹，何許人也？
　　朱熹（1130～1200）是南宋儒家的代表和反動理學的集大成者，也是孔、孟之道忠實的維護者和系統的闡發者。《宋史·道學傳》說：孔、孟之道，到了朱熹手裡，才變得名聲更大，影響更深了

（「能使斯道章章較著者」,「至熹而始著」）。

　　朱熹所處的時代,正是我國封建社會逐步向後期過渡的時代。當時社會矛盾空前加深,地主階級日益衰落,農民起義和農民戰爭「一年多如一年,一火（與伙通用）強如一火」[1]。北宋王小波、李順起義,方臘起義,南宋初年鍾相、楊么起義,先後提出了「均貧富」、「等貴賤」、「是法平等,無有高下」等鼓舞廣大農民、反對封建統治的革命口號。這些口號的提出,標誌著我國農民反封建的鬥爭進入了一個更高的階段。這對西漢儒家代表董仲舒所宣揚的那套維護封建統治的綱常倫理,是一次巨大的衝擊。宋朝的封建統治面臨著嚴重的思想、政治危機。就在這革命與反革命激烈搏鬥的年代,朱熹頑固地站在守舊、復古、倒退的反動立場上,根據當時階級鬥爭的需要,對儒家學說精心地做了闡微補缺的工作,形成了反動的唯心主義理學,成為地主階級維護和挽救日益腐朽的封建統治的凶惡的思想武器。

　　理學又稱道學,它繼承和發展了孔老二的唯心主義「天命觀」,把董仲舒宣揚的那套維護封建專制絕對權力的「三綱五常」哲學化,拼命鼓吹「天命即是天理」,把世界萬事萬物都說成是由所謂「理」派生的（「宇宙之間,一理而已。……其張之為三綱,其紀之為五常,蓋皆此理之流行,無所適而不在。」）,把封建社會的綱常倫理看做是永世不滅的（「三綱五常,禮之大體,三代相繼,皆因之而不能變」）。朱熹的這套反動說教,其目的,無非是想證明封建地主階級統治的所謂「合理性」和「永恆性」。他還說:「孔子所謂克己復禮;《中庸》所謂致中和,尊德性,道問學;《大學》所謂明明德,……聖人千言萬語,只是教人存天理,滅人欲。」[2]所謂「天理」,就是指

1　《續通鑑長編》卷一四五。

2　《朱子語類》卷十二。

的封建社會的綱常倫理的生活欲望。因此,「存天理,滅人欲」,就是要鞏固封建統治的全部秩序,取締破壞這種的一切行為。換個說法就是:壓迫剝削有理,必須使之「存」;起義造反有罪,必須使之「滅」。這充分暴露了朱熹的唯心主義理學極端反動的階級實質。

儒學經過朱熹的加工發揮和注釋,使孔、孟之道更加理論化、系統化和通俗化,具有更大的腐蝕性、欺騙性和危險性,更適合於走向沒落的地主階級強化專制統治的需要,適合於近代和現代的反動派如曾國藩、蔣介石之流的需要,同樣也適合於賣國賊林彪搞倒退、搞復辟的需要,從而成為宋朝以後歷代封建王朝以及一切反動派頭子的御用哲學。

朱熹這幫道學家們,明明「以理殺人」(十八世紀唯物主義哲學家戴震批判朱熹的話),卻又偽裝善人。他們按照自己的唯心主義思想體系,羅織了一套陰險奸詐的處世哲學,表面裝得「道貌岸然,滿口仁義道德」,實際上卻是寡廉鮮恥,一肚子男盜女娼,這就是林彪所津津樂道的朱熹處世哲學的主要特徵。自我標榜為「明人倫,講聖言,通世故」的朱熹,就是一個十足的矯言偽行的兩面派、偽君子。為了奪占建陽縣學這塊「侯王風水地」,就是這個朱熹根本不顧什麼「人倫」,什麼「聖言」,什麼「世故」,竟然把他的祖宗孔老二的「聖像」,用粗繩巨索,捆綁手腳,從縣學裡搬了出去。他口口聲聲要「修己以敬」、「革盡人欲」,但實際上卻官迷心竅、追名逐利、諂害攻訐、無所不為,甚至幹出引誘尼姑為妾[3],這等烏七八糟的事來。可見他那一套什麼「德」呀、「仁義」呀、「忠恕」呀,統統是自欺欺人的鬼話。明朝思想家李贄,曾經淋漓盡致地戳穿了這幫道學先

3　《四朝見聞錄》卷四。

生的畫皮，怒斥道：「真個道學，臉皮三寸！」[4]可是林彪卻把朱熹的這一套視為至寶，胡說什麼這是「歷史唯物主義」，是「處理人事關係的準則」。這就充分說明林彪與孔、孟、朱熹統統是一丘之貉。由此可見，林彪出於「克己復禮」的反革命需要，揀起朱熹這套極端虛偽而又極端反動的處世哲學，作為向無產階級進攻的「法寶」，這就絕非偶然了。

二

資產階級野心家、陰謀家、兩面派林彪，在思想和政治路線上反對馬克思主義、大搞修正主義，這就決定了他必然要在組織上結黨營私，大搞分裂；在策略上要兩面派，大搞陰謀詭計。他的一套反革命權術，追根溯源，就是從孔、孟、朱熹那裡揀來的破爛。概括起來，主要有三：

一曰：以屈求伸。

孔老二為了復辟行將滅亡的奴隸制，早就提出「以屈求伸」的反革命策略。被捧為「理學大師」的朱熹，又替它塗上了一層玄理的色彩。他解釋說：「尺蠖屈，便要求伸；龍蛇蟄，便要存身。精研義理，無毫釐絲忽之差，入那神妙處，這便是要出來致用。」[5]很明顯，他們的所謂「屈」，正是為了「求伸」，所謂「蟄」，正是為了「存身」，歸根結底，是為了「致用」。這是一種以退為進，以守為攻，保護現在的生存，以利將來的發展的反革命策略。林彪對孔老二和朱熹這番狡猾的說教，心領神會，欣賞備至。因此，他時刻提醒自

---

4 《世說新語補》卷四。

5 《朱子語類》卷七六。

己及其死黨：為了「致用」，要「屈」，要「蟄」，要「勉從虎穴暫棲身」。一九七〇年三月，正當他們加緊蔭蔽鬥爭，妄圖篡奪黨和國家的最高權力的時刻，林彪對他的死黨面授「韜諱（晦）」二字，並記在他的黑筆記上。這是林彪要「以屈求伸」、「以蟄存身」的最好注釋。一旦認為時機成熟，他就要「伸」開來，跳出來，發動政變，搶班奪權，以達其「致用」的目的了。

二曰：忍耐。

早在一九六三年，林彪就在他自己的黑筆記裡特意寫下「忍耐」二字，並告誡自己「豈可為了一區區小人，區區小事而耽誤自己終身大事」。所謂「大事」，就是「克己復禮」，也就是復辟資本主義。林彪的所謂「忍耐」，也是從孔老二、朱熹那裡學來的。孔老二為了「興滅國，繼絕世，舉逸民」，一生東奔西走，到處碰壁，挨揍受罵，「累累如喪家之狗」，就是為了實踐他的「小不忍則亂大謀」的信條。朱熹注解說：「小不忍，如婦人之仁，匹夫之勇，皆是。」接著，他又進一步發揮說，項羽沒有聽從謀臣范增的話，沒有在鴻門宴上把劉邦殺掉，是「婦人之仁」，終於「亂」了「大謀」，使自己在楚漢爭霸中歸於失敗（「婦人之仁不能忍於愛，匹夫之勇不能忍於忿，皆能亂大謀，如項羽是也。」）。在另一個地方，朱熹之流把「小不忍」的危害性說得更加嚴重：「凡人之情，易發而難制者，惟怒為甚。……竟有以一朝之忿不能自制，而被譴喪身者，不可不戒也。」[6]林彪曾把蘇軾在〈留侯論〉中吹捧張良的一段話：「匹夫見辱，拔劍而起，挺身而鬥，此不足為勇也。驟然臨之而不驚，無故加之而不怒。」寫成條幅，掛在床頭，正是為了避免「以一朝之忿不能自制而被譴喪身」的「自戒」。他要像張良那樣「忍耐」，「不驚」、「不怒」

6　《小學集解》卷五。

地等待時機，以求一逞。當林彪的復辟陰謀開始敗露時，他與死黨互相告誡「要沉住氣」，用「忍耐」來掩護暫時的退卻。他還給露了馬腳的死黨打氣說：即使被「撤下來，暫時靠邊站」，也要「忍耐」，「不能亂說亂道」。林彪一夥就像胡風反革命集團一樣，要從「忍受中求得重生」，夢想保存他們的反革命實力，時機一到，就發動反革命政變，就復辟，就殺人，就對黨對人民下毒手。

三曰：三不主義。

林彪在他的黑筆記裡，寫下了許多黑話，其中之一就是「不負責」、「不建言」、「不得罪」的「三不主義」。其實，這也是許多道學家的處世訣竅。朱熹就常常標榜自己「居敬」、「慎言」，鼓吹「慎言語，不妄發」[7]，他還從孔老二的「未見顏色而言謂之瞽」吸取教訓，要在「察顏觀色」上著實「下功夫」[8]。什麼「居敬」、「慎言」，什麼「三不主義」，統統是沒落的剝削階級陰暗心理的反映，是做賊心虛的表現。所謂「免爭領導之嫌」、「去影射之嫌」，都不過是「此地無銀三百兩」，不打自招，欲蓋彌彰！

偽君子、兩面派，必然要說假話，孔老二、朱熹、林彪一個個都是如此。孔老二就提倡「為尊者諱，為賢者諱，為親者諱」的三「原則」，厚顏無恥地鼓吹「父為子隱，子為父隱，直在其中矣」的說謊哲學。朱熹在注釋中又進一步發揮說：「父子相隱，天性人情之至也；故不求為直，而直在其中。」[9]把黑說成白，把曲說成直，本來是荒謬透頂，還硬要說是「天理人情」，罵他「臉皮三寸」，實在是地道天公。可是這話卻被林彪當寶貝一樣收集在他的《四書集句》裡。儒學「亞聖」孟軻也有一句「名言」：「大人者，言不必信，行不必

7　《近思錄》卷四。

8　《朱子語類》卷四二。

9　《論語集注‧子路》。

果。」這就是說,「大人物」完全可以不講信用,說的是一套,做的是另一套。朱熹則不愧為「通世故」的「大人物」,對「亞聖」的「名言」做了注解,他把「必」字曲解為「期」字,說什麼「必,猶期也。大人言行,不先期於信果,但義之所在,則必從之,卒未嘗不信果也」[10]。朱熹這種說法,給孟軻的「名言」打了一個掩護,本質絲毫未變,只是顯得更加玄妙虛偽,更加陰險毒辣。林彪對這套騙子哲學,同樣是心領神會,身體力行,叫嚷什麼「誰不說假話,誰就得垮台」,「不說假話辦不成大事」。林彪明明是個右得不能再右的反革命的修正主義分子,卻無恥地自吹是「志壯堅信馬列」的「英雄」。他口裡講著「以仁愛之心待人之忠,以寬宥原諒之恕」這類狗屁不通的鬼話,暗裡卻在幹著陰謀發動反革命武裝政變,妄圖謀害偉大領袖毛主席的十惡不赦的勾當。「當面說好話,背後下毒手」的林彪就是這樣一個可卑的、可恥的、可惡的反革命兩面派。

三

值得注意的是,林彪「要像朱子那樣去待人」這段黑話,是寫在一九六一～一九六四年之間的黑筆記裡。大家知道,在此之前不久,我黨粉碎了彭德懷反黨集團的猖狂進攻,取得了黨的歷史上第八次路線鬥爭的偉大勝利。特別是在一九六二年九月,毛主席親自主持召開了黨的八屆十中全會,更加完整地提出了我黨在整個社會主義歷史階段的基本路線,並且發出了「千萬不要忘記階級鬥爭」的偉大號召,使全黨、全軍、全國人民,進一步認識到在社會主義這個歷史階段中,還存在著階級、階級矛盾和階級鬥爭,存在著社會主義同資本主

---

10 《孟子集注‧離婁下》。

義兩條道路的鬥爭,存在著資本主義復辟的危險性,因而,進一步提高了階級鬥爭和路線鬥爭的覺悟。在這種情況下,劉少奇、林彪一類政治騙子搞篡黨復辟就更加困難了。林彪既要堅持自己的反黨野心,又怕暴露自己的反黨面目,於是,就不得不到自己的「前輩」那裡去找什麼待人處世的哲學,來為自己的反革命目的服務。林彪鼓吹「要像朱子那樣去待人」,說穿了,就是要用陽奉陰違,口是心非,當面說得好聽,背後又在搞鬼的這套反革命兩面派的手法來對付無產階級專政,以便更好地蔭蔽自己,等待時機,「反攻過去」。

毛主席指出:「以偽裝出現的反革命分子,他們給人以假象,而將真象蔭蔽著。但是他們既要反革命,就不可能將其真象蔭蔽得十分徹底。」(《《關於胡風反革命集團的材料》序言》)胡風這樣搞反革命,終於暴露了,完蛋了;林彪也這樣搞反革命,也終於暴露了,完蛋了。這說明一條規律:在強大的無產階級專政面前,任何反革命分子,不管他們施展什麼樣的陰謀詭計,也不管他們玩弄什麼樣的「處世哲學」,都是無濟於事的,最後只能落得個身敗名裂的下場。

——原載《光明日報》一九七四年四月二十六日
收入《略評朱熹》,頁三三～四○
又收入《批判朱熹文集》,頁一○～一七

批朱熹劊子手、偽君子的
「待人」哲學

河北農業大學革命大批判組

　　資產階級野心家、陰謀家、反革命兩面派、叛徒、賣國賊林彪在其反革命活動中，極力販賣「孔、孟之道」，大肆吹捧歷代孔學的代表人物。宋代的朱熹就是他吹捧了一個。他叫囂「要像朱子那樣去待人」，要人們學習朱熹的做人之道。林彪妄想用朱熹強化封建統治的反動政治倫理思想和唯心主義的反動哲學達到反革命的目的，更加暴露了他的醜惡靈魂和無恥的兩面派嘴臉。

　　朱熹（1130～1200）生在階級矛盾和民族矛盾十分尖銳的南宋，他是宋代以來孔家店的一個主要代表。南宋這個偏居江南、苟延殘喘的小朝廷，竭力加強豪族地主的封建專制統治，對農民進行敲骨吸髓的剝削，迫使農民不斷舉起反抗的義旗。為了適應豪族地主的反動政治需要，為了鞏固豪族地主的專制統治，朱熹承受了北宋道學程顥、程頤的衣缽，進一步從包括佛教、道家在內的各種反動思想垃圾裡搜羅一些破爛貨，精心地修補孔、孟之道，使之成為更陰險的反動統治工具。所謂朱熹的「待人」哲學，就是這樣的貨色。從十三世紀開始，在七百多年的長時期中，朱熹的反動思想，成為封建專制主義的官方哲學，受到封建皇帝、帝國主義走狗和一切反動分子的吹捧。

　　朱熹把「三綱五常」當作天理，要「以理殺人」。他為了論證封

建統治的天經地義、萬古長存，玩弄神學的虛偽，胡說：「未有天地之先，畢竟也只是理，有此理，便有此天地。若無此理，便亦無天地，無人無物，都無該載了。」（《語類》）就是把先驗的「理」看做是永恆不變的，是產生天地萬物的本源。而維護封建統治秩序的「三綱五常」，則被說成是「理」的體現（「宇宙之間，一理而已。其張之為三綱，其紀之為五常。」〔《朱文公文集・讀大紀》〕）。「三綱五常」就是「天理」，就是萬世不變的絕對精神，是「道理極至」。誰要是違背「三綱五常」，膽敢反抗封建倫理道德，反抗地主階級的殘暴統治，就是傷天害理，大逆不道。朱熹拚命鼓吹的「三綱五常」是維護和鞏固封建統治秩序的思想武器，是「以理殺人」的軟刀子。他妄圖用「三綱五常」禁錮人心，愚弄群眾，使廣大勞動人民做封建統治階級的「順民」；同時，朱熹的反動說教給沒落地主階級反對社會變革、撲滅人民的反抗提供了理論根據，製造了反革命輿論。因此，歷史上一切腐朽的反動勢力，都像朱熹一樣，鼓吹和維護「三綱五常」。

林彪吹捧朱熹，就抓住了朱熹反動思想的要領，標榜他的「待人」的道理——「三綱五常」。三綱之中，君為臣綱是首要的。林彪聲嘶力竭地叫喊忠啊忠啊，妄圖使人們遵照君為臣綱的封建說教，對他的黑旨意「句句照辦」，陰謀網羅黨羽，欺騙人民，發動反革命武裝政變，建立林家法西斯王朝。

朱熹「革盡人欲，復盡天理」的說教，其實是劊子手、偽君子的哲學。在這一方面，朱熹和林彪更是心同貌合。

朱熹剽竊佛教的禁欲主義，把「人欲」和「天理」——封建綱常對立起來，說「人欲」是罪惡之源，叫嚷要「革盡人欲，復盡天理」（《語類》）。朱熹用這一謬論控制人們的物質、精神生活，抑制人民求生存的要求。掙扎在死亡線上的勞動人民，誰若要爭取生活有所改

善，就被視為十惡不赦的叛逆。而貪婪地剝削勞動人民的統治階級，卻在封建秩序的保護下，打著「仁義」的幌子，為所欲為。顯而易見，這完全是反動統治階級壓迫剝削有理、造反無理的強盜邏輯。

其實，高唱「革盡人欲」的朱熹，是一個地地道道的偽君子。有事實為證：朱熹以為崇安弓手的父母墳墓，風水不錯，於是他叫人挖了，把他母親的棺材葬在那兒。朱熹還主張：男女嫁婚必擇富民以利其奩聘之多；開門授徒，必引富室子弟以責其束修之厚（均見《四朝見聞錄》）。請看！竭力鼓吹「革盡人欲」的朱熹，原來是貪圖富貴、迷信風水以求福蔭子孫的利慾熏心之徒！天天宣揚「己所不欲，勿施於人」的朱熹，原來是個仗勢欺人、蠻橫無理的大惡霸！

林彪對朱熹這個劊子手、偽君子的哲學視之為金科玉律，大加標榜。這是不足為奇的。因為林彪和朱熹是一路貨，都是十足的偽君子，都是極端陰險殘暴的反動傢伙；朱熹是林彪的「先賢」，林彪是朱熹的「後學」。但就陰險程度而言，林彪比朱熹狡猾狠毒多了。林彪那套「語錄不離手，萬歲不離口，當面說好話，背後下毒手」的反革命鬼蜮伎倆，以及叛國投降蘇修的叛徒行徑，比之朱熹就有過之而無不及了。

朱熹的天賦「人性論」和林彪的「天才論」也是一路貨色。朱熹把封建綱常說成是人人生來同具的天命之性，而把所謂「聖賢」、「愚不肖」以至富貴貧賤壽夭等的差別說成是各人不同的氣質之性造成的。他胡說什麼「稟得精英之氣，便為聖為賢，稟得清高者便貴，稟得豐厚者便富，稟得衰頹薄濁者便為愚不肖，為貧為賤為夭」（《語類》）。就是說，人的富貴貧賤即剝削或被剝削、奴役或被奴役，都是先天的稟賦決定的，是命定的，因而也就是天經地義的、合理的。封建統治者是天生的「聖賢」，而廣大勞動人民則被誣蔑為天生「愚不肖」的群氓。朱熹的這一套是十足的唯心論的先驗論、十足的愚民哲

學。

資產階級野心家、陰謀家林彪，要篡黨奪權、復辟資本主義，利用朱熹的反動哲學，大造反革命輿論。林彪以為他自己正如朱熹所說「稟得精英之氣」，是「天才」；他兒子也「稟得精英之氣」，是「超天才」。他把反革命偽君子的哲學學到了家，最後投奔蘇修，叛黨叛國，摔死在蒙古溫都爾汗的荒漠上，這是林彪標榜朱熹反動哲學的應得下場。

——原載《河北日報》一九七四年四月二十日

朱熹的「待人」哲學與林彪的「處世」詭計

昆明師範學院　黃有成　黃永金　陳昌熾

　　朱熹是我國南宋時期的唯心主義哲學家，是十三世紀以後宣揚孔、孟之道的官方代表。他自稱是孔、孟之道的繼承人，說什麼孔、孟之道的傳授，自堯、舜開始，經過文、武、周公、孔子、孟子，一脈相傳下來，孟子以後便中斷了，到了他這一派哲學家手裡，才又發揚光大起來。他整個一生，除了中年期間曾作過幾任地方官以外，大部分時間是在武夷山招收門徒，宣揚孔、孟那一套反動儒學。他絞盡腦汁為《論語》、《大學》、《中庸》、《孟子》加注，編成《四書集注》，系統地闡發孔、孟的反動思想。他煞費苦心地「為尊者諱」，是歷史上第一個跳出來為孔老二殺少正卯這一罪惡行徑作辯護的人。正因為如此，隨後的一些反動階級都毫無例外地拜倒在他的腳下，什麼「先哲」、「大賢」等一頂又一頂桂冠，接二連三地加在他的頭上。宋理宗還特地把他追封為「太師」，他的牌位也被抬進了孔廟。從元朝開始，朱熹的《四書集注》被欽定為剝削階級的「經典」和封建知識分子的必讀教材，同時規定科舉考試必須用朱熹的《四書集注》出題。於是，朱熹的唯心主義哲學被確立為孔、孟之道的正統，並且在中國封建社會居統治地位長達六、七百年之久。

　　林彪一夥同歷史上的反動派一樣，也是朱熹的徒子徒孫。眾所周

知，叛徒、內奸、工賊劉少奇就曾經在他的黑〈修養〉中，聲嘶力竭地叫嚷：「中國宋儒（按：即朱熹等理學家）有許多修身養心的方法，……必須下刻苦的功夫，鄭重其事地去進行自我修養與學習。」資產階級野心家、陰謀家、兩面派、叛徒、賣國賊林彪，更是不遺餘力地標榜要學習朱熹的「待人」哲學，說什麼「我常考慮要像朱子那樣去待人」。他還把朱熹加注的《論語》中的話，用自己的語言親筆寫下來，作為他進行反革命復辟活動的「座右銘」。

為什麼林彪一夥如此賣力地鼓吹朱熹的「待人」哲學呢？只要我們用馬列主義的基本觀點，用階級分析的方法，認真剖析一下朱熹「待人」哲學的本質以及它所代表的階級利益，並把朱熹的「待人」哲學同林彪的「處世」詭計作一番對照，就可以清楚地看出他們之間的血緣關係和共同的反革命意圖了。

朱熹的「待人」哲學就是殺人哲學

朱熹整個唯心主義思想體系的核心，是一個「理」字。他認為「理」是宇宙的本體，是產生天地萬物的根源。他說：沒有天地之前就有「理」存在，天地是從「理」產生的，沒有「理」，天地萬物和人類都沒有了（「未有天地之先，畢竟也只是理。有此理，便有此天地，若無此理，便亦無天地，無人無物，都無該載了。」〔《朱子語類》〕）。他把客觀世界完全看成絕對精神的「理」的體現。在對待「理」和「氣」的關係，即精神和物質的關係上，他提出「理在先，氣在後」（《朱子語類》）。即精神先於物質而存在，萬事萬物都是由「理」派生出來的。朱熹表面上儘管是從宇宙的文體來探討問題，實際上只不過是用「理」來代替「天」的地位，完全是和孔老二以及董仲舒的天神觀念一脈相承的。孔老二為了維護行將沒落的奴隸制度，

大肆宣揚神秘主義的「天命觀」，把「天」看成是有人格、有意志的神，是自然和人類社會的最高主宰。到了西漢，董仲舒進一步發展了孔老二的「天命觀」，提出了「天人感應」說，為他的「王權神授」製造理論根據。但是，經過一千多年來農民起義軍和進步思想家的批判，他們這種為綱常名教作辯護的天神觀念，越來越破產了。於是，到了宋朝，朱熹一派理學家又變換手法，把孔老二的「天命觀」加工改造為唯心主義的理學，鼓吹「天命即是天理」（《朱子語類》），說什麼維護封建統治秩序的「三綱五常」則是這種「天理」在人間的體現（「宇宙之間，一理而已，⋯⋯其張之為三綱，其紀之為五常。」見《朱文公文集‧讀大紀》）。並認為「三綱五常終變不得，君臣依舊是君臣，父子仍舊是父子」，「萬一山河大地都陷了，畢竟理卻在那裡」（《朱子語類》）。

　　朱熹這一派胡言亂語，完全是愚弄人民群眾的歪理。列寧在批判黑格爾的唯心主義時曾經指出：「任何人都知道什麼是人的觀念，但是脫離了人的和在人出現以前的觀念、抽象的觀念、絕對觀念，卻是唯心主義者黑格爾的神學的虛構。」朱熹的「天理觀」，正是那種故弄玄虛的「神學虛構」。他妄圖通過把封建制度神祇化，來宣傳封建統治秩序的合理性和永恆性，借以禁錮人們的革命意識，使廣大勞動人民俯首帖耳地做封建統治階級的「順民」。朱熹生怕人們不按「三綱五常」行事，還直截了當地把一切同封建教條相抵觸的思想言行，統統斥之為違反「天理」的「人欲」，提出了「存天理，滅人欲」的反動主張。他把一切違反封建統治秩序的要求，說成是萬惡的「人欲」，要人們「革盡人欲，復盡天理」，做到「內無妄思，外無妄動」，「各依本分，凡事循理」（《朱子語類》）。就這樣，朱熹把孔、孟之道發展到了登峰造極的地步，使人們的思想也被束縛得更厲害了。按照「天理觀」的要求；「君要臣死，不敢不死」，「父要子亡，不敢

不亡」。對婦女的框框還要更多一層:「餓死事小,失節事大。」丈夫死了如果再嫁,那就是「大逆不道」了。

從朱熹的這種反動邏輯出發,地主階級對勞動人民的統治既然是「至善」的「天理」,那麼他們的肆暴行虐,他們的敲骨吸髓,他們的窮奢極欲、饜美足肥,當然都是無可非議的了。同樣,既然勞動人民反抗地主階級的剝削和壓迫以及違背「三綱五常」的言行是「萬惡」的「人欲」,那麼就只好百依百順地聽憑封建地主階級的宰割和奴役,即使受到血腥鎮壓,也是合乎「天理」的了,否則就會「獲罪於天,無所禱也」。在階級鬥爭空前激烈的南宋時期,朱熹販賣這套反動理論,就是企圖要人們相信「壓迫有理,剝削有理,造反有罪」的反動說教,防止所謂「犯上作亂」的發生。由此可見,朱熹的「天理觀」,正是地主階級手裡一把殺人不見血的軟刀子。千百年來,不知有多少勞動人民死在朱熹這把理學的屠刀之下。清代的唯物主義哲學家戴震一針見血地揭露了這種「以理殺人」的陰險手段。他說:「人死於法猶有憐之者;死於理,其誰憐之!」(《孟子字義疏證》)正是打中了朱熹「天理觀」的要害。

林彪鼓吹朱熹的「待人」哲學,就是要利用朱熹這套「以理殺人」的反動「天理觀」,為他篡權復辟製造理論根據。他自比「天馬」,以「受命於天」的「周文」、「齊桓」自居。因為以朱熹的「天理觀」來衡量,「周文」、「齊桓」那些奴隸主頭子對奴隸的宰割和奴役是理所當然的,那麼,林彪這一夥「天生貴人」對勞動人民實行法西斯專政,也是「至善」的「天理」了。誰敢造他們的反,就要遭到「天誅」。在林彪一伙炮製的《「517工程」紀要》反革命武裝政變計畫中,就赤裸裸地寫著:誰敢反對他們,就要實行「嚴厲鎮壓」。從這裡我們清楚地看出了林彪和朱熹的師承關係。同樣的目的,同樣的手段,真可謂物以類聚,臭味相投。林彪鼓吹要學朱熹這樣的「待

人」哲學，正好暴露了他的反革命嘴臉。

朱熹「待人」哲學就是愚民哲學

朱熹把他的反動「天理觀」運用於認識領域形成了唯心主義的認識論。他把產生萬物的「理」同人的天賦聯繫起來，他說：「理得於天而具於心。」又說：每個人的心都「具眾理而應萬事」。意思是，人一生下來，「理」便從「天」上落在他的「心」中，正像月亮印在江湖之中；人的理性認識是先天就有的，不是後天才有的。他還進一步強調說：「聰明睿知，生之質。」(《四書集注・中庸》)

也許有人說，朱熹不是也說要「格物致知」嗎？這總該有點「唯物主義因素」吧！表面上看來，似乎他並不否認實踐對於認識的作用，其實，朱熹的「格物致知」完全是孔、孟「內省論」的進一步發揮。因為在朱熹看來，只有「理」才是真實存在的東西，而「物」則是虛幻的東西，所以他眼中的「物」，只不過是「理」的各種化身，「理」的一個影子而已。因此，他講的「格物致知」，並不是要人們通過社會實踐去認識客觀事物，掌握事物的發展規律，而只是為了要人們能夠故到「窮天理，明人倫，講聖言，通世故」(《朱子文集・答陳齊仲》)。也就是說，要使每一個人都能根據封建倫理道德的準則來衡量是非和約束自己的行為。換句話說，就是要人們從自覺維護封建秩序中，去冥思苦索，從而「悟」得自己心中先天潛在著的「理」或「良知」。所以他說：「大凡道理，皆是我自有之物，非從外得；所謂『知』者，便只是知得我底道理，非是以『我之知』去知『彼』道理也。」(《朱子語類》)在此基礎上，他提出了「格物、致知、誠意、正心」的自我修養途徑，認為只要按照這個路子去做，時間長了，功夫深了，就能「豁然貫通」，「大徹大悟」。這是不折不扣的唯心主義

先驗論。其目的就是要所有被統治被奴役的群眾都從維護孔、孟之道所竭力宣揚的封建宗法等級制度出發,「存天理,滅人欲」,以「天理」克制「人欲」,用「道心」主宰「人心」,不為物欲所累。這樣人民就會「安分守己」,隨遇而安,統治者就達到了「治國平天下」的目的了。顯然,它是一種麻痺人民革命鬥志的精神鴉片。和他同時代的唯物論者葉適就尖銳地指出:這些「理學」家們口談「格物」,實際上是要「格心」,並痛斥他們妄圖用「心性之學」對人們「相蒙相欺」,使中國逐漸淪亡。但是時至二十世紀,賣國賊林彪又拾起了朱熹的唾餘,大講其「爆發論」,這和朱熹的目的一樣,是企圖誘騙人們脫離三大革命運動的實踐,成為政治上的「色盲」,以便實現他「指揮一切,調動一切」的狼子野心。

這種先驗論的認識論,它的最終目歸宿必然是愚民哲學。萬惡的剝削制度,完全剝奪了勞動人民受教育的權利,斷絕了他們全面發展自己聰明才智的機會。但是,一切剝削階級的代表人物,反而把勞動人民誣蔑為天生的「笨人」,把剝削階級吹捧為天生的「智者」,將人與人之間的差別說成是先天的、不可改變的。孔老二胡說人有「生而知之」、「學而知之」、「困而學之」、「困而不學」的區別,宣揚「惟上智與下愚不移」的反動觀點,提出「民可使由之,不可使知之」的愚民口號。董仲舒則提出了「性三品」的反動謬說,胡說什麼「天」賦予人的「性」分為上、中、下三品,即「聖人之性」、「中民之性」、「斗筲之性」,把勞動人民污蔑為都只是為了斗把糧食而勞碌奔走的下賤「愚民」。朱熹繼承和進一步發展了從孔老二到董仲舒這套理論,認為「理」雖然是天賦予每一個人的,但由於人們所承受的「氣質」(指耳目感官、情感、欲望等生理方面的性能)有清、濁、厚、薄的不同,因而人所稟賦的「理」就產生差等了。「稟氣之清者為聖為賢,……稟氣之濁者為愚為不肖」,「稟得清高者便貴,稟得豐盛者

便富，稟得衰頹者便……為貧為賤為夭」(《朱子語類》)。就是說：人有聖賢好歹之分，又有富貴、貧賤、聰明、愚蠢、長壽、短命之別，這些都由稟受的氣質所決定，「都是天所命」(《朱子語類》)。所以勞動人民需要「聖人」的教化和統治，應該毫無怨言地接受「聖人」的擺布。朱熹對孔老二「民可使由之，不可使知之」的愚民政策也大加發揮，在這句話下面加注說：「民可使之，由於是理之當然，而不能使之知其所以然也。」(《四書集注·論語·泰伯》)就是說，統治階級對勞動人民的剝削、壓榨、奴役、屠殺等等，都是理所當然，因此，絕不能讓人民群眾知道被壓迫的原因。道理很簡單，因為一旦勞動人民覺悟了，就會起來造他們的反，他們的「天堂」就要坍塌，統治地位就要動搖。惟其如此，朱熹這套搞愚民政策的反動理論，便成了反動統治階級的無價之寶了。

林彪鼓吹朱熹的「待人」哲學，就是要利用朱熹從先驗論的認識論到形而上學的唯心史觀這一整套謬論，作為他搞愚民政策的思想武器。他公開宣揚他的「腦袋長得特別好，和別人的不一樣，特別靈」，大言不慚地把自己打扮成「生而知之」的「天才」、「超天才」，誣蔑勞動人民「想的是怎樣搞錢，怎樣搞米油鹽醬醋柴，妻子兒女……」。他把朱熹所說的對人民「不能使之知其所以然」的謬論來一番喬裝打扮，叫嚷什麼「理解的要執行，不理解的也要執行」。林彪的這些狂呔，完全是孔丘、董仲舒、朱熹的老調子在新形勢下的翻版。

朱熹的「待人」哲學就是調和論哲學

我們知道，朱熹所處的南宋時期，中國封建社會已是由盛轉衰，由真老虎變成了紙老虎，並且越來越走下坡路的時候。政治上極端黑

暗,國勢愈來愈弱,北方少數民族統治者加緊威迫,民族矛盾非常突出;另一方面,在封建地主階級的殘酷壓迫和剝削下,階級矛盾十分尖銳,農民起義風起雲湧,特別是鍾相、楊么所領導的農民起義軍,明確提出了「等貴賤、均貧富」的革命口號,猛烈地衝擊著日益衰落的封建制度,震撼了南宋王朝的反動統治。在這種情況下,反動統治階級日夜思慮的問題,就是如何千方百計來施行他們的「長治久安」之術。

列寧指出:「所有一切壓迫階級,為了維持自己的統治,都需要有兩種社會職能,一種是劊子手的職能,另一種是牧師的職能。」為了適應封建剝削階級鞏固其反動統治的需要,朱熹等人披上了牧師的外衣,把孔老二宣揚階級調和論的「中庸之道」,作了一番精緻的加工和修補,拿出來到處推銷。朱熹竭力強調「中庸」有矛盾調和、折中的含義,他說「天理之當然,中而已矣」(《四書集注・中庸》)。又說:「中庸之中,實兼中和之義。」(《四書集注・中庸》)

什麼是「中和」呢?朱熹解釋說:「渾然在中,無所偏倚,故謂之中,發皆中節,無所乖戾,故謂之和。」(《朱子學的》)就是說,勞動人民不應有「過火」的行為,不要違背封建統治秩序,就是「中和」了。由此可見,所謂「中和」,從哲學概念上來說,就是企圖使對立的雙方互相調和,互相均衡,互相抵消,以達到無矛盾的「統一」。作為一種歷史觀,就是把舊的社會經濟形態及其上層建築加以絕對化和神聖化,否定社會變革,否定社會的前進運動,主張保持舊事物,復辟舊秩序。朱熹宣揚這種「中和」論的本質就是如此。所以他大喊大叫:「君臣父子,定位不易,事之常也。」(《朱子文集・甲寅行宮便殿奏札》)就是說,「三綱五常」是上帝安排好的,一點也不能動搖,一點也不能改變。他又說:「物物有個分別,如君君臣臣父父子子。至君得其所以為君,臣得其所以為臣,父得其所以為父,子

得其所以為子，各得其利，便是和……。男正位乎外，女正位乎內，直是有內外之辨。君尊於上，臣恭於下，尊卑大小，截然不犯，似若不和之甚，然吏之各得其宜，則其和也。」(《朱子語類》)意思是要勞動人民各安其分，「各得其宜」，「尊卑大小，截然不犯」，這便是「中和」了，否則就是不和，就是違反「天理」。

與此同時，朱熹還進一步宣稱：「中無定體，隨時而在，乃平常之理也。」(《四書集注·中庸》)所謂「無定體」，即「中和」沒有一定的標準，而是以合乎封建倫理道德為依據。所謂「平常」，就是強調這是人人都遵守的道德規範，是衡量一切人、一切事、一切言行的一把尺子。在這裡，朱熹宣揚「中和論」的目的不言而喻，就是為了調和階級矛盾，抹煞階級鬥爭，鞏固封建等級制度，從思想上配合對農民起義的武裝鎮壓。

朱熹雖然表面上把孔老二的「中庸之道」捧得這麼高，但在實際生活中，做起事來卻一點也不中庸。在封建社會裡，一些封建統治階級為了麻痺人民，緩和階級矛盾，往往新的皇帝一登基，要來個大赦，把「犯人」的罪減一等，以施展其牧師式的騙術。而朱熹就連這點薄薄的面紗也不要了。他在潭州作官時，一聽說宋孝宗即位，便氣急敗壞地提出了十八個敢於反抗封建統治階級的「重囚」，馬上處以死刑。清朝人阮葵生評論起這件事也說：「此事與孔子七日誅少正卯同一手段，……非中庸之道也。」這就清楚地說明朱熹所鼓吹的什麼「中」呀，「和」呀，其實不過是掩蓋反動剝削階級專政的一塊遮羞布。魯迅曾經尖銳地指出，那些「自命為愛『中庸』，行『中庸』的人」，「其實是頗不免於過激的」，嘴裡講「中和」，行動卻非常殘暴。

林彪鼓吹朱熹的「待人」哲學，就是要利用朱熹搞調和，搞折中，反對社會變革，反對革命鬥爭的「中和論」，來為他廉價地推銷階級鬥爭熄滅論，改變黨的基本路線，顛覆無產階級專政這個罪惡目

的服務。林彪不是說什麼「中庸之道……合理」嗎？他叫嚷人與人之間要講「人和」，「不同心也要協力」，惡毒攻擊我們反修鬥爭是「做絕了」，「鬥絕了」，「罵絕了」；咒罵我們的「三面紅旗」是「過分」、「過極」，破壞了個人的積極性。用林彪的言行和朱熹的反動理論一對照，就可以發現，他們兩人的確是心同貌合，沆瀣一氣。

朱熹的「待人」哲學就是兩面派哲學

朱熹這個孔、孟之道的忠實衛道士，不僅全盤繼承和發揮了孔老二反動的思想體系，而且對孔老二搞反革命兩面派的手法也學到了出神入化的地步。他滿口「仁義道德」，骨子裡利欲薰心；表面上道貌岸然，一本正經，暗地裡男盜女娼，虛偽奸詐。他口口聲聲說「存天理，滅人欲」，高唱什麼「以己之心，度人之心」，「施諸己而不願，亦勿施於人」（《四書集注·中庸》）。其實，他專幹「己所不欲，強施於人」的事。他母親死了，為了找一塊風水好的墳地，就仗勢欺人，「發掘崇安弓手父母之墓以葬其母」，把別人的棺材挖起來，將他母親埋下去。他平時經常販賣什麼「心欲求道，而以口體之奉不若人為恥，其識趣之卑陋甚矣」。就是說，一個讀書人不應該講吃講穿。但他「開門授徒，必引富室子弟，以責其束脩之厚」，總希望多收幾個錢，多得幾條乾臘肉。到女婿蔡沈家裡去，吃不上大魚大肉就牢騷滿腹，甚至作詩諷刺。他一方面說什麼「自堯、舜以下，若不生個孔子，後人去何處討分曉？」另一方面，聽說「建陽縣學風水有侯王之地」，就占為己有，強行把孔老二的偶像搬出來，而「以護國寺為縣學，移夫子於釋迦之殿，用大木巨纜縛聖像，搖撼通衢𧮪市之間，而手腳墜壞，觀者驚嘆」，把孔老二也算搞得夠狼狽了。

列寧說：「政治上採取誠實態度，是有力量的表現，政治上採取

欺騙態度，是軟弱的表現。」朱熹這種偽君子的面貌，兩面派的手法，正是由其所代表的反動階級虛弱的階級本性決定的，它反映了沒落階級處於沒落境地所採取的垂死掙扎的手段。歷史上一切反動派都是這樣，因為他們手中沒有半點真理，為的是一小撮剝削者的私利，幹的是非正義的吃人勾當。因此，他們不願意也不可能懂得客觀世界的規律，「他們用以想事的方法是主觀主義的和形而上學的方法」，「他們不但需要欺騙別人，也需要欺騙他們自己，不然他們就不能過日子」。

　　林彪鼓吹朱熹的「待人」哲學，就是要繼承朱熹兩面派的伎倆，作為他進行反革命活動的主要手段。孔老二說，父親偷了羊子，兒子出來告發，這不算直，應該「父為子隱，子為父隱」。朱熹對孔老二這句話心領神會，身體力行。他兒子偷了別人的牛私自宰殺吃了，朱熹就竭力地文過飾非，隱惡護醜，還說什麼「父子相隱，天理人情之至」。林彪對朱熹這種言論擊節讚賞，特意收錄在他的《四書集句》中，奉為「座右銘」，甚至公開宣稱：「不說假話辦不成大事。」他平時在大庭廣眾之中扮演著「高舉」、「緊跟」的角色，用了最動聽的言詞來「歌頌」馬列主義、毛澤東思想，但在《「517 工程」紀要》反革命武裝政變計畫裡，卻咬牙切齒地攻擊和咒罵馬列主義、毛澤東思想，喪心病狂地妄圖謀害我們偉大領袖毛主席；他當面講「不能有兩個司令部」，背後卻招降納叛，結黨營私，到處拼湊人馬，組織資產階級司令部；他明明做著袁世凱的皇帝夢，陰謀篡黨奪權，嘴裡卻說「不稱職」、「準備交班」。林彪就是這樣一個「陽奉陰違」的兩面派，口是心非的偽君子，「面帶三分笑」的笑面虎，行「韜晦」之計的野心家，他好話說盡，壞事做絕，嘴裡甜言密語，手裡磨刀霍霍，真可謂深得孔門「道統」的精髓，不愧是朱熹的得意高足。如果朱熹見到林彪，一定會折服其「青出於藍」，驚嘆「小巫見大巫」了。

　　綜上所述，我們可以充分地看到，所謂朱熹的「待人」哲學，就是開歷史倒車的反動哲學，就是鎮壓革命的劊子手哲學。他整個學說的特點，是把孔、孟之道所竭力維護的剝削階級的統治秩序提高到世界觀的高度，把政治和倫理道德結合起來加以論證的。這就使孔、孟之道更加系統化和哲理化，並且具有更大的欺騙性。深得孔、孟之道真傳的賣國賊林彪，狂熱地鼓吹朱熹的「待人」哲學，正是要從中吸取封建統治者統治人民的反動權術，來為其篡奪黨和國家的最高權力，顛覆無產階級專政，復辟資本主義這一罪惡目的服務。但是，社會主義制度一定要代替資本主義制度，這是不以人們意志為轉移的客觀規律，不管反動派玩弄什麼陰謀，以什麼面貌出現，打著什麼旗號，都無法阻止無產階級的勝利進軍。

　　一切開歷史倒車的人，都必然是搬起石頭打自己的腳，這就是歷史的結論。

　　　　　　　　　　——原載《雲南日報》一九七四年七月十二日

從林彪和朱熹的咒罵看王安石變法
—— 兼論兩宋儒法鬥爭

揚江

　　在延續兩千多年的儒法鬥爭史中，儒家因為手中沒有真理，不敢作堂堂正正的嚴肅鬥爭，他們的一個慣用伎倆就是咒罵。誰敢觸動舊事物，誰就要遭到咒罵。觸動得越深，咒罵得越凶。秦始皇焚書坑儒，被罵了兩千年。王安石變法，被罵了一千年。「人言不足恤」。法家是在謾罵聲中戰鬥過來的。王安石橫眉冷對司馬光之流的怨謗，沒有被他們的洶洶然所嚇倒；王安石死後，頑固派們的幾咒罵，又豈能嚇退後繼的改革家們？

　　人言固不足恤，但對於敵人的咒罵卻是應該仔細加以研究的。這是戰鬥的需要。王安石死後半個世紀，朱熹接著司馬光咒罵王安石；朱熹死後，接著他咒罵王安石的，代有其人。直到一千年後，林彪又跳了出來，咒罵王安石是「拗相公」。吠影吠聲，真乃一丘之貉。為什麼林彪要咒罵王安石？為什麼林彪特別重視朱熹咒罵王安石的反革命歷史經驗？階級鬥爭的實際，給我們提出了研究王安石變法和兩宋時期儒法鬥爭的任務。

一

　　在咒罵王安石的反動人物的行列中，朱熹占有特別顯眼的位置。

這不單是因為他造謠誹謗，無所不用其極。也不單是因為他搜羅了咒罵王安石的大量惡毒言論，包括那篇邵伯溫偽作的〈辨奸論〉也被他放在蘇洵的名下，編成所謂《三朝名臣言行錄》，成為後代反動統治者攻擊王安石的依據。更主要的是因為他的反革命嗅覺最靈，從政治上看問題，看到了圍繞王安石變法的鬥爭，是儒法鬥爭，是北宋各學派鬥爭中最尖銳的鬥爭。

北宋時期，除了王安石的「新學」以外，在舊黨當中，也有許多不同學派，各立門戶，爭論不休。例如，當時以程顥、程頤為首的所謂「洛學」和以蘇東坡兄弟為首的所謂「蜀學」，就互有辯難。怎樣認識「洛學」、「蜀學」之間的矛盾以及他們和「新學」之間的矛盾呢？朱熹說，這要看「各家所爭是個甚麼」。「東坡與荊公固是爭新法」，而東坡與二程「論來若說爭，只爭個是非」[1]。就是說，蘇、王之爭是革新與保守兩條路線之爭；而洛、蜀之爭則是保守派內部的爭吵。朱熹站在反動立場，提出了要團結舊黨內部、一致反對新黨這樣一條政治原則。

朱熹這個原則，是從二程那裡學來的。程顥曾經說過「今日異教之害，未消理會」，「大患者卻是介甫（王安石字介甫）之學，……如今日卻要先整頓」。魏、晉以來，道、釋、儒三家有過許多爭吵，但是，它們的政治立場是一致，因此，三家在爭吵中，實際上卻是逐步地合流了。到了北宋，程顥已經看得很清楚，儒家要認真反對的，不是道家和佛家這些「異教」，而是正在推行法家路線的「介甫之學」。

但是，使朱熹感到遺憾的是，他的一些道學先輩們對王安石的攻擊兒則兒矣，卻「未得要領」。如此一個叫做陳閑樂的加給王安石的罪名是「改祖宗之法」，「廢《春秋》」，注經「旁引釋氏」，「學本出於

1　見《朱子語類》。

刑名度數而不足於性命道德」等等。朱熹認為，這幾條還沒有抓住王安石的「本」、「源」。他認為，王安石的「受病之源」，是「不復知以格物致知，克己復禮為事」。就是說，在朱熹看來，背叛、偏離「克己復禮」的反動政治綱領，這才是王安石的要害。朱熹看到王安石雖然也講「三代、《周禮》」，但是「彼安石之所謂《周禮》，乃姑取其附於己意者，而借其名高以服眾口耳」，他論證說，王安石如果真的有意學古，那麼為什麼古人的一些「當先而宜急者」他都不留意，而偏偏要那樣迫切地去搞「財、利、兵、刑」呢？

朱熹所論述的這種觀點，是總結了北宋的這場鬥爭而提出來的。無論是當時或後來許多攻擊王安石的人，正是看到了王安石實際上推行的是一條法家路線。呂晦攻擊王安石「如少正卯之才，言偽而辯，行偽而堅」；范純仁攻擊王安石「尚法令則稱商鞅，言財利則背孟軻」；司馬光攻擊王安石的經濟政策「乃桑弘羊欺漢武帝之言」；甚至還有人說王安石是「以盜跖之法而變唐、虞不易之政」；到了元朝，馬端臨還說王安石想通過教育改革來統一思想，「此則李斯所以建焚書之議也」。

所以，如果說，封建社會後期的法家改革家們，由於階級鬥爭形勢的變化和階級地位的侷限，在實踐其法家路線的時候，往往自覺不自覺打著儒家的旗幟，那麼，鬥爭的邏輯卻使他們的對方迅速識破了這種手段，直截了當地指出：他們不過是「借」儒家之「名」，行法家之實。

北宋的這場儒法兩條路線的鬥爭，直接影響到南宋，而且繼續鬥爭下去。南宋時期，也有許多不同的學派。當時以陸九淵為首的陸學和朱熹的爭吵也曾經喧鬧一時，但是，正如北宋的蜀洛之爭一樣，他們的爭吵只是道學家內部的爭吵。被朱熹目為危險的政敵的卻是講求功利的陳亮和葉適。朱熹說：「江西之學（指陸九淵）只是禪，浙學

（指陳亮、葉適）卻專是功利。」他認為禪並不可怕,「若功利學者習之便可見效,此意甚可憂」!他又說:「陳同甫（亮）學已到江西,浙人信向已多,家家談王霸……可畏,可畏!」朱熹對待陳亮、葉適的態度,和對待王安石是一樣的。從路線上分營壘,劃得清清楚楚。

二

　　兩宋儒法兩條路線的鬥爭,是社會階級鬥爭的反映。當時,農民階級和地主階級的矛盾,是社會的基本矛盾。「在中國封建社會裡,只有這種農民的階級鬥爭、農民的起義和農民的戰爭,才是歷史發展的真正動力。」由於大地主階級的任意兼併,不僅促使廣大自耕農破產,也侵犯了中小地主階級的利益,引起了他們反對大地主階級兼併的鬥爭。加上民族矛盾異常尖銳,我國北部地區和西北部地區的遼、夏的統治者,不斷向中原地區發動掠奪戰爭,實行民族壓迫,使農業生產和人民的生命財產遭到巨大破壞。民族矛盾和階級矛盾交織在一起,形成了一個複雜尖銳的政治局面。

　　王安石執政以前的北宋朝廷,完全依靠大地主階級,公開聲言:本朝實行「不抑兼併」的政策,結果造成了「腴田悉為豪右所占,流民至無所歸」的景象。大地主階級一面占有大量土地,一面又享有免稅免役的特權。這就使得國家稅收大大減少。據治平年間北宋政府的《會計錄》所公布的數字,當時納稅土地為四百四十餘萬頃,約占實際墾田數額十分之三。十分之七的土地都在豪強地主的庇蔭下逃脫了賦稅。在對待民族矛盾上,北宋政府,為了乞求暫時的苟安,採取投降的政策,不惜付出巨額的財物,以討遼、夏統治者的歡心。

　　北宋王朝所推行的這條大地主階級的反動路線,迅速地激化了社

會矛盾。宋初，爆發了李順、王小波為首的農民起義，提出了「等貴賤，均貧富」的口號。到了慶曆四年（1044），歐陽修已經驚嘆農民起義「一年多如一年，一夥強如一夥」。於是，出現了這樣一個惡性的循環：投降政策，加劇了階級的矛盾和鬥爭；而在階級鬥爭尖銳的情況下，宋王朝為了鎮壓人民，又更加採取投降政策。

正是在這種社會矛盾尖銳複雜的情況下，宋神宗為了求得宋王朝的生存，加強經濟實力，抗擊遼、夏的民族壓迫，決心支持王安石變法。在神宗支持下的王安石變法，矛頭是指向大地主階級的。例如，青苗法規定，由政府直接放農業貸款給民戶，目的就是為了「抑制兼併之家乘其急以邀倍息」；均輸法規定，由政府直接調整徵收賦稅的辦法，目的就在防止「富商大賈，因時乘公私之急」；農田水利法，鼓勵墾荒和興修水利，明文規定要做到「均濟」與「疏通」，矛頭明顯地是指向壟斷水利的大地主階級；募役法規定，原來應役的民戶按戶等出錢可以免役，原來享有特權免役的人，也要出助役錢，從而削弱了大地主階級的特權；方田均稅法，重新丈量土地，按土地數量和等級徵收賦稅，對兼併土地的大地主階級也是一個限制。同時，王安石還改革了科學教育制度，限制了大地主階級在專政機構中的壟斷。所有這些措施，都是為了增加財政收入，整頓機構，加強實力以抗擊遼、夏進攻。此外，新法還置軍器監，設將兵法，提高了軍事力量。這些都是針對大地主階級的投降主義路線的。

分析宋代的社會矛盾，可以明顯地看到，大地主階級是出賣民族利益，破壞社會生產，阻礙社會前進的。王安石變法反映的是中小地主階級的要求和利益。神宗支持變法，為的是抗擊遼、夏，保存宋室「江山」。他們從各自的利益出發來進行這場鬥爭。但是，在當時的社會矛盾的情況下，這場矛頭對著大地主階級的反投降、反兼併、反特權的鬥爭，對於民族生存和社會生產是起著積極作用的。當然，地

主階級和農民階級的基本矛盾始終貫串在王安石變法的過程中。王安石變法的目的還有鞏固地主階級統治，加強對農民專政的一面。他在〈上仁宗皇帝言事書〉中，就明確地提出，如不變法，恐怕就會出現「漢之張角三十六方同日而起」，「唐之黃巢橫行天下」的危險局面。這就清楚地表明了王安石變法的階級性，正是因為這樣，所以變法很快地就失敗了。但是，從當時的社會矛盾的全局來分析，變法的進步作用是應當肯定的。在這場鬥爭中，王安石發揚法家「三不畏」的戰鬥精神，不怕高壓，蔑視那些氣勢洶洶的孔門小丑，為了抗擊遼、夏而堅持變法鬥爭，成為我國歷史上一個偉大的改革家。

三

兩宋的儒法鬥爭，圍繞著對待民族壓迫的態度和對待大地主階級兼併、特權和高壓的態度這兩大問題，在廣闊的政治和思想戰線上展開了一系列尖銳的論戰。

關於抗戰與投降的論戰。在民族矛盾日益尖銳的情況下，大地主階級和反動儒家實行投降主義的路線，對遼、夏一味忍辱求和。王安石堅決反對這種投降主義路線。他極力地向神宗分析民族矛盾的形勢，增強神宗的抗戰信心，他說：「我今地非不廣，人非不眾，財穀非少，……即以今日土地，人民，財力，無畏契丹之理。」王安石說，對於強加的無理要求，「不當滿其欲」，否則就會越來越助長其貪心。他認為，論雙方的力量對比，「則陛下為何憂之過甚」？更不必「沮怯之形見於外」。王安石尖銳地批判投降主義者的恐懼症，指出「示弱太甚召兵之道也」[2]。王安石不僅在理論上對投降主義者的無

2　《續資治通鑑長編》卷二六九。

恥行徑進行有力的批判，而且在實際行動上，採取了加強抗戰力量的
措施。新法採取的組織民眾修築河北城池，造弓矢新式戰車，置河北
三十七將等措施，都收到明顯的效果。但是王安石的這些措施，卻遭
到了大地主投降派的攻擊。他們「聞北風而戰慄」。韓琦竟然上疏胡
說這一切措施「深致契丹之疑」。「望陛下將契丹前所疑之事，如將官
之類，因而罷去，以釋虜疑」。真是徹頭徹尾的無恥讕言。這種投降
主義「理論」到了朱熹那裡，更加發展了。他咒罵王安石「只管好用
兵」，「費了無限財穀殺了無限人」。陳亮、葉適繼承、堅持了王安石
的政治路線，與朱熹的投降主義一直進行鬥爭。魯迅在講到宋儒的投
降主義時曾經說過，他們「抖成一團，又必想出一篇道理來掩飾」，
是一群軟骨頭的「屄奴」。真是活生生地刻劃出了儒家學派的醜惡嘴
臉。

　　關於變法與守舊的論戰。堅持變法的王安石面對著的是一個腐
朽、守舊、陰險、毒辣的反動政治集團。這個集團的後臺是皇太后和
太皇太后。當神宗罷了富弼、司馬光這些傢伙的官的時候，在宮廷內
部演出了一場圍攻神宗的醜劇。邵伯溫的《聞見錄》記載：有一天，
神宗和太后、祁王到太皇太后宮，「太皇太后曰：吾聞民間甚苦青苗
助役錢，宜因赦罷之。帝不懌，曰：以利民非苦之也。太皇太后曰：
王安石誠有才學，然怨之者甚眾，帝欲愛惜保全，不若暫出之於外，
歲餘復召用可也。帝曰：群臣中惟安石能橫身為國家當事耳。祁王
曰：太皇太后之言，至言也。陛下不可不思。帝因發怒曰：是我敗壞
天下耶，汝自為之。祁王泣曰：何至是也。不樂而罷」[3]。邵伯溫記
述這段之後寫道：「溫公嘗私記富韓公之語如此。」溫公即司馬光，
富韓公即富弼。可見他們和內宮是互相串通的。

3　《河南邵氏聞見前錄》卷三。

　　熙寧四年三月在神宗的面前，又展開了一場面對面的鬥爭。舊黨的骨幹分子文彥博說：「祖宗法制俱在，不須更張，以失人心。」神宗說：「更張法制，於上大夫誠多不悅，然於百姓何所不便？」文彥博氣勢洶洶地責問說，宋王朝是「與士大夫治天下，非與百姓治天下也」。完全是大地主階級的惡霸作風。王安石擺事實講道理，有力地駁斥說：「法則俱在，則財用宜足，中國宜強；今皆不然，未可謂法制俱在也。」[4]駁得頑固分子啞口無言。

　　政治上變法與守舊的鬥爭引起哲學上變與不變兩種世界觀的鬥爭。司馬光依據董仲舒「天不變道亦不變」的觀點，說什麼「天地不異也，日月無變也，萬物自若也，性情如故也，道何為而能變哉」？王安石針鋒相對，論證革新是必然的規律。提出「新故相除」，萬物皆「各有耦，……耦之中又有耦焉，而萬物之變遂至於無窮」[5]的樸素辯證法觀點。當然，王安石的矛盾觀點沒有貫徹到底，他又認為最理想的境界是「無對」，沒有矛盾；他還認為：「靜為動之主……動而不知反於靜，則失其主矣。」王安石辯證法思想的這種不徹底性，是他所代表的中小地主階級的侷限性的反映。

　　這種變與不變的辯論，到了南宋，仍然繼續下去。朱熹咒罵新法是「變亂舊制」，「舊章蕩然，可勝嘆哉」。他並且總結經驗說：「為政如無大利害，不必議更張。」朱熹的這種不變不動的形而上學觀點，遭到與他同時代的陳亮、葉適的批判。陳亮說：「古今異宜，聖賢之事不可盡以為法。」因此，只要能夠「救時」和「除亂」，則雖然不符合儒家的「義理」，「亦不自妨為一世英雄」。

　　關於天人關係的論戰。跟著變與不變的鬥爭而來的辯論是所謂

4　同2。

5　《道德經集注》引《道德經注・天下皆知章》十六。

「天人」關係問題。熙寧二年十月，舊黨骨幹富弼因反對變法而罷官，臨走時向神宗說：新政「所進用者多小人，諸處地動，災異，宜且安靜」。熙寧八年神宗給王安石等人一道長詔，說近年來「災異數見」，要王安石等「直言朕躬過失」。王安石列舉了許多歷史事實，指出：「天文之變無窮，人事之變無已，上下傅會，或遠或近，豈無偶合？此其所以不足信也。」王安石認為：「水旱常數，堯、湯所不免，此不足招聖慮，但當修人事以應之……所信者人事而已。」[6]王安石還針對司馬光、邵康節這夥頑固舊黨鼓吹的神秘主義天命論，指出世界上不存在什麼神秘的「天道」，按照自然的規律，盡了人的力量這就是「天道」。他說只要認識自然界的規律，努力去「盡人事」，那麼，「天地之高也，日月星辰陰陽之氣，可端策而數也」。就是說，一切自然現象和運動規律，都是可以認識它，運用它的。王安石的這種鮮明的唯物主義思想，充分地顯示出了他的戰鬥的法家精神！

南宋的朱熹繼續宣揚，死生、壽夭，「都是天所命」。把唯心主義的神秘的「天」和佛學揉合起來，提出所謂「理」的唯心主義哲學體系。宣揚「全是天理，更無人欲」的殺人的理學。把大地主階級的投降、兼併和特權叫做「天理」，而把反投降、反兼併、反特權、反高壓的要求叫做「人欲」。把大地主階級的荒淫無恥的生活叫做「天理」，把人民的要求生存的權利叫做「人欲」。而陳亮則提出，「天下大物也」。只要因勢利導，「雖異類可使不約而從也」。批判朱熹等道學家否認人的主觀能動性而宣揚唯心主義的謬論「是真腐儒之談也」。葉適也提出了「天下之物，未有人不極其勤而可以致其用者也」的觀點，繼承了王安石的唯物主義路線。

關於義利王霸的論戰。為了反對和攻擊變法，儒家學派揮舞著孔

6　《宋史·王安石傳》。

老二的「仁義王道」的破旗，攻擊王安石的變法講「功利」講「霸術」是「小人」的作為，違背了「君子之道」。司馬光寫信給王安石引了一通孔、孟的謬論之後，就大肆攻擊新法，胡說新法「使人人愁痛，父子不相見，兄弟妻子離散」。給王安石扣了「侵官」、「生事」、「徵利」、「拒諫」四頂帽子。范純仁則上奏折給神宗，說王安石講求富國強兵是用「霸者之事佐陛下」，違背孔、孟之志。王安石以鮮明的觀點，回敬這些孔老二的徒子徒孫。他回答司馬光說「受命於人主」，整頓朝廷的法度，「不為侵官」；總結歷史經驗「興利除弊，不為生事；為天下理財，不為徵利；辟邪說，難壬人，不為拒諫」。他揭破司馬光的鬼心事說：「如曰今日當一切不事事，守前所為而已，則非某之所敢知。」儒家學派反對所謂「功利」，就是反對人民有所作為，以保住他們的既得利益，實質上，這正是大地主階級的功利。《續資治通鑑長編》記述了熙寧四年二月關於興修水利的一場辯論，生動地刻劃了大地主、大官僚集團的頑固、守舊、昏庸、愚蠢的嘴臉，很好地說明了所謂「義利之爭」的實質。神宗下詔令：「增開修漳河役兵及萬人，並力於四月以前畢功。」神宗耽心財用不足，和王安石、文彥博等人討論。文彥博說：「要豐財安百姓，須省事。如漳河，累年不開，何所妨？漳河不在東邊即在西邊，其利害一也。今盛發夫開河，只移得東邊河，卻掘西邊民田，空勞民，何所利？」王安石說：如果不使漳河按照引入的河道流，「則或東或西，為害也；若治之使行地中，則有利而無害」。他諷刺文彥博說：如果修河「或東或西利害一也」，那麼為什麼禹要治水呢？把文彥博駁得狼狽不堪。

這種所謂「義利王霸」之爭，到了南宋，又由朱熹和陳亮、葉適等繼續爭論下去。朱熹把董仲舒的「正其義不謀其利，明其道不計其功」的謬論，定為他的「白鹿書院」的學規，表明他講學的宗旨。葉適針鋒相對地指出：「此語初看極好，細看全疏闊。……後世儒者，

行仲舒之論，既無功利，則道義者，乃無用之虛語爾。」陳亮則明確
提出：「外賞罰以求君道者迂儒之論也，執賞罰以驅天下者霸者之術
也。」[7]反對不談功利賞罰，而講「盡心知性」的欺人之談，指出這
是把人們的思想禁錮在死氣沉沉的「盡心知性」中，以保護一切腐朽
陳規。這正是大地主階級的功利。

　　關於教育改革的論戰。圍繞著變法的鬥爭，也反映到教育領域。
蘇軾在為宋哲宗寫的〈王安石贈太傅〉的制詞中寫道：王安石「網羅
六藝之遺文，斷以己意；糠秕百家之陳跡，作新斯人」。南宋的郎曄
在為這篇製文作的注釋中，特意點出：「此雖襃詞，然其言皆有微
意，覽者當自得之。」蘇軾的這個攻擊倒是說出了王安石是把「百
家」當作「糠秕」的批判態度。王安石自己態度也很明確。他說：現
在讀經的人，只是死背條文，根本「不足以知經」。因此，他的治學
態度是「自百家諸子之書，及於《難經》、《素問》、《本草》、諸小
說，無所不讀，農夫女工，無所不問」。王安石說，這是因為「後世
學者與先王之時異矣，不如是不足以盡聖人故也」。王安石批評當時
的教育科舉制度，是「策進士則但從章句聲病，苟尚文辭，……策經
學者徒以記問為能，不責大義」。王安石以為靠這樣的途徑來培養和
選拔人材，「一旦國家有大議論」，他們就不能從當前的政治得失出
發，加以判斷、解決。這樣的人，傀儡而已，對於振興國家是無能為
力的。因此，王安石銳意改革舊的教育和科舉制度。他改組中央的太
學和地方學校，撤換不稱職的師資，派了一批懂得新法和擁護新法的
人去代替他們。他改變科舉制度，用經義和論策試士，廢除用詩賦取
士和煩瑣的記誦傳注經學。並且設立培養醫師和官吏的醫學院和法律
學院。他設置經義局，用新法的觀點注釋《詩》、《書》、《周禮》三經

7　《龍川文集》卷四。

義，並編纂《字說》，從思想戰線上打擊反對派的反抗。新黨和舊黨在教育科舉這個領域裡，展開了激烈的鬥爭。一些頑固分子利用課堂和考場，公開攻擊新法。司馬光在熙寧三年變法開始不久，公然以王安石的「三不足」為試題，挑動考生起來答辯，策目呈上神宗時，神宗「令別作策問」[8]。舊黨在教育領域的爪牙直講官顏復用王莽變法為題，策問學生，借古諷今，攻擊變法。王安石採取斷然措施，撤去顏復、焦千之等反對新法的直講官，留下擁護新法的直講官，新派陸佃、葉濤等新學培養出來的年青人去擔任直講官。王安石對教育科舉制度的改革，直到南宋的朱熹還恨得咬牙切齒。他攻擊王安石的三經義「固非聖人意……介甫之學不正」，咒罵當時搞教育改革的人是「不忠不孝之人」等等。

關於任人標準的論戰。新法要革除舊弊，就必須起用一批擁護變法的人材；這些人材為了貫徹法家路線就必然要和頑固派發生尖銳的矛盾和鬥爭，因此，辯論就很自然地針對用人的標準而展開了。舊黨特別集中攻擊王安石起用一些「門戶低微」擁護新法的青年官吏。邵伯溫說：「荊公欲變更祖宗法度行新法，退故老大臣，用新進少年，溫公以謂不然，力爭之。」邵伯溫這裡所說的「退故老大臣」，是故意混淆視聽。事實是，王安石對擁護新法的人是一律使用的，就連程顥、蘇軾這樣的舊黨的頭面人物，當他們還沒有公開起來反對新法時，王安石也是任用他們幹重要職務的。只是對於少數肆意破壞新法的人，像上面講的顏復之流才堅決罷斥。至於像司馬光、富弼等舊黨的頭子們，實際上在搞集體告退的把戲，根本不是王安石「退」了他們。但是王安石用「新進少年」，司馬光「以謂不然，力爭之」則是事實。這一點，邵伯溫自己就供認了。他說：「熙寧三年四月朝廷執

行新法，所遣使者，皆新進少年，遇事風生，天下騷然。」[9]這裡所謂「天下騷然」，就是指的他們那個頑固黨的「天下」而言。邵雍還寫了黑詩：「遂令高臥人，欹枕看兒戲。」惡毒咒罵新法和新法任用的年青人。王安石任用「新進少年」這件事，到了南宋的朱熹還咒罵不已。他極力鼓吹范仲淹搞的所謂「百官圖」，「指其遷進遲速次序」，大放論資排輩的厥詞。他看到南宋時還「有少年試教官」，就破口大罵，叫喊：「為今最沒道理。……某嘗經歷諸州，教官都是許多小兒子，未生髭鬚。入學底多是老年底人，如何服得他，某思量須是立個定制，非四十以上，不得任教官。」[10]輕視、仇視有作為的青年，這是頑固黨為推行其反動政治路線的一條反動組織路線。

發生在宋代的這場儒法兩條路線的鬥爭，離開我們的時代已經有一千來年了。但是它的影響，仍然深刻地存在著。資產階級野心家、陰謀家林彪，不僅跟在朱熹的亡魂後頭，咒罵王安石，而且把朱熹總結的反革命歷史經驗，視為珠寶，一條一條拾了起來，當作他的反革命的行動指南。用馬克思列寧主義、毛澤東思想武裝起來的中國人民，正在從事著史無前例的偉大革命事業，戰勝了一個又一個的兇惡敵人，取得了一個又一個的輝煌勝利。我們今天的事業，當然不是王安石及其變法所能比擬的，但是，馬克思列寧主義、毛澤東思想之所以戰無不勝，具有無限的生命力，也正在於它不是割斷歷史，而是從無產階級的世界觀的高度，總結歷史經驗，繼承和發揚民族的優秀傳統。「指導一個偉大的革命運動的政黨，如果沒有革命理論，沒有歷史知識，沒有對於實際運動的深刻的了解，要取得勝利是不可能的。」我們務必充分理解這一點，認真學習馬克思列寧主義、毛澤東

9　同3。

10　同1。

思想，認真總結歷史上儒法鬥爭和整個階級鬥爭的經驗，把批林批孔
鬥爭進行到底。

——原載《教育革命通訊》一九七四年第七期

林彪為什麼要鼓吹朱熹的 「待人」哲學？

政教系大批判組

　　資產階級野心家、陰謀家、兩面派、叛徒、賣國賊林彪是一個地地道道的孔老二忠實信徒。早在十年前，他就叫囂：「我常考慮，要像朱子那樣去待人。」公然鼓吹要學習孔、孟之道的忠實衛士——朱熹的「待人」哲學的反動實質，揭露和批判林彪這個政治騙子怎樣利用朱熹的「待人」哲學搞「克己復禮」，妄圖顛覆無產階級專政、復辟資本主義，對於深入批林批孔，徹底揭露和批判林彪反黨集團的罪行及其反革命修正主義路線的極右實質，有著重大的現實意義。

　　朱熹（113～1200），南宋儒家的代表，反動理學的集大成者。他祖籍徽州婺源（今屬江西），生於福建尤溪，死於建陽，在同安、漳州等地做過官，一生大部分時間生活在福建，又長期在福建講學，所以又稱他的學派為「閩派」。

　　南宋是封建社會的後期，階級矛盾十分尖銳，農民運動風起雲湧，猛烈地打擊了封建勢力，統治階級恐慌萬狀。朱熹把農民起義污蔑為「盜賊」；規定了許多鎮壓農民革命的條律；為鎮壓農民起義的劊子手出謀劃策；同時他逗參加了鎮壓潭州傜人蒲來矢領導的農民起義[1]，充分暴露了他是個鎮壓農民起義的劊子手。在抗金問題上，他

1　參看《婺源縣志‧朱子世家》。

在口頭上雖也講了一些抗金的話，但實際上，由於他一方面對金人怕得要死，不敢與金人作戰，另一方面也害怕在抗金戰爭中農民革命力量壯大起來危及封建地主階級的統治，所以，總是以要加強準備為由反對北伐，這正是「主和」派所歡迎的。朱熹還是個頑固的守舊派。他鼓吹復古，反對社會變革，大肆攻擊秦始皇和王安石，而對鼓吹「天不變，道亦不變」的董仲舒卻極為推崇。凡此種種表明朱熹在政治上是一個反對革命、堅持倒退的頑固的守舊派。

朱熹的「待人」哲學，是他反動理學體系中極為重要的組成部分。他認為「聖賢千言萬語，只是教人做人而已」[2]。所以，他特別強調「待人」問題。用抽象的人與人的道德關係，掩蓋了階級鬥爭的實質，企圖以此穩住封建統治的秩序。

朱熹把客觀唯心主義的「理學」原則推行到「待人」問題上，用至高無上的「天理」，作為待人的最高準則，鼓吹要「以理待人」。他說：「如這一個人，合當如何待，那一個人又合當如何待，自家只看理。」[3]「理」是什麼？「其張之為三綱，其紀之為五常」[4]，朱熹有時也說「以禮待人」，「所謂禮⋯⋯也只是說三綱五常」[5]，所以，朱熹講的「以禮待人」即「以理待人」，就是要人們按照封建地主階級的三綱五常待人。臣要服從君，子要服從父，妻要服從夫，老百姓要服從封建統治階級，他們說，這是天理，即上帝的意志，誰也違反不得的。可見，朱熹的「以理（或叫禮）待人」，就是用君權、族權、神權、夫權四條繩索把中國人民束縛起來，它束縛人們的手腳，侷限人們的思想，弄得人們不能動彈，不能有自己的意志，這是一種奴隸

2　《朱子語類》卷十四。
3　《朱子語類》卷三四。
4　《朱子文集》卷七〇。
5　《朱子語類》卷二五。

主義的哲學，這是不折不扣的「壓迫有理」、「造反有罪」的哲學，是取消鬥爭、反對革命的哲學，是吃人的「禮教」。朱熹在閩南一帶極力提倡這個封建禮教，罪大惡極，罄竹難書。清代唯物主義者戴震指出，朱熹一類理學家，「以理禍天下」，「以理殺人」尤甚於「以法殺人」，因為「人死於法，猶有憐之者，死於理，其誰憐之」[6]！勞動人民批判它「安有是理」，這是非常正確的。

林彪對朱熹的「待人」哲學十分崇拜，把它奉為楷模。他效法朱熹的「以理待人」，鼓吹要把道學家的「尊尊、親親、長長」的「理」作為「處理人事關係的準則」。這是什麼意思呢？「尊尊」就是尊敬所謂尊貴的人。林彪自比「天馬」，以「至貴」的超人自居，所以他要求人們對他要無比地尊敬。「親親」就是親愛自己的親屬和親近的人。林彪所親愛的人就是他的反革命親屬和一小撮跟他幹反革命勾當的死黨。也就是所謂「親不親，線上分」，搞「以我劃線」，對他那條黑線上的死黨以親相待。「長長」就是對林彪這個「首長」唯命是從，搞法西斯的絕對服從。林彪認為，掌握了這些待人的原則，「天下可運於掌」。可見，「以理待人」哲學在朱熹那裡，是維護封建地主階級統治的工具，而在林彪那裡，則是建立林家封建買辦法西斯世襲王朝的反動秩序，搞「克己復禮」、復辟倒退的工具。

朱熹為了做到「以理待人」，特別強調待人以「忠恕」。他說「忠恕是待人之大本」，「一言可以終身行者是忠是恕」[7]。所以，「忠恕之道」可以說是朱熹「以理待人」哲學的最重要的方面。

因為「君為臣綱」是「三綱」之首，所以，貫徹「以理待人」，最重要的就是要處理好君臣的關係。為此，朱熹提出了「臣事君以

6 戴震《孟子字義疏證・理》。
7 《朱子語類》卷二七。

忠」的原則，什麼是「忠」呢？朱熹說「忠只是箇待人的道理」[8]，「盡己之心為忠」[9]，就是要人們按照三綱五常的規定，要按照他的本分盡心去待人，特別是要盡心去待皇帝，要服服貼貼地由君主擺布，「君要臣死，不得不死」，甚至要把皇帝要你死看成是一種「恩賜」。朱熹鼓吹「忠君」就是妄圖用「忠」道使懷有異心的人歸順起來，以維護封建秩序，就是用「忠」來作為鎮壓農民革命的精神武器，誰要起來造反，誰就被宣布為不忠，宣布為大逆不道。朱熹還主張，君要臣忠，就必須君使臣以禮，他說：「君使臣以禮，則臣事君以忠。」「君使臣以禮」就是「居上主於愛人，故以寬為本」[10]，要求封建皇帝給像朱熹這樣的狗奴才一些利益，以此來鞏固君臣之間即封建統治者內部的反革命勾結。朱熹認為只有這樣，才能更好地對付農民起義。但是，統治階級內部的勾心鬥角，爾虞我詐，是朱熹所無法解決的；農民就是要用起義、革命戰爭來對付地主階級，對付他們的聯合鎮壓。

林彪根據朱熹關於「忠」的反動說教，別有用心地提出「待人以忠」，他把「忠」字掛在嘴上叫個不停，一再強調要突出一個「忠」字。但他要忠於誰呢？是忠於無產階級革命事業和無產階級革命領袖嗎？在許多公開的場合，林彪一夥是表示要這樣做的，為了表現他們的真心，甚至還慷慨激昂地發誓，有時還擠出幾滴的眼淚。但是，當林彪及其死黨們關在密室中，躲在明暗的角落裡發洩真情時，就用了最惡毒的語言咒罵、攻擊偉大的革命領袖和主義事業，表現了他們對無產階級革命領袖和社會主義事業的刻骨仇恨；當他們的篡黨奪權的陰謀屢遭失敗後，就妄圖用極其殘酷的法西斯手段陰謀謀害我們的偉

8　《朱子語類》卷二一。

9　《中庸十三章》注。

10　《論語‧八佾》注。

大領袖毛主席，另立中央。事實證明林彪一夥是一個「語錄不離手，萬歲不離口，當面說好話，背後下毒手」的反革命陰謀集團，是一夥最不忠實的偽善者。林彪按朱熹「臣事君以忠」的原則，要他的死黨們像臣子對待君王那樣來忠於他。對他畢恭畢敬，絕對服從，把他的黑指示，當作聖旨那樣「堅決執行，句句照辦，字字照辦」。甚至對他的兒子小法西斯分子也要當作「皇太子」那樣效忠。要他的死黨為其篡黨奪權、復辟地主資產階級專政賣命，把復辟看作高於一切的「大節」，把陰謀搞反革命政變作為他們畢生的戰鬥使命。為了達到這個目的，就要大樹特樹他的法西斯獨裁者的絕對權威，要他的死黨接受他的「敬上」、「無違」的反動說教，要他的死黨培養什麼忠於他的反革命感情，開什麼「效忠會」、「表忠會」、「獻忠會」等。但是，林彪妄想建立封建法西斯世襲王朝是違反歷史發展規律，是注定要失敗的。他的死黨中，真正願意為他效忠賣命，「殺身成仁」的又有幾個呢？剝削階級的本性決定了一切反動分子都是極端利己主義者，他們之間總是爾虞我詐，互相利用的，就連林彪自己也不想「殺身」。當反革命政變失敗後，林彪不是丟下夥伴們倉惶出逃，去投奔蘇修嗎？最後落得葬身沙漠成為死有餘辜的叛徒、賣國賊。

　　林彪是一個殘暴無比的法西斯獨裁者，但為了鞏固其死黨內部的反革命勾結，更好地實行「臣事君以忠」的原則，也學著朱熹的辦法，虛偽地大搞什麼「君吏臣以禮」，給他的死黨以「名、位、權、利」，用吹捧、安慰、保護過關、請客送禮、攝影留念、封官許願等辦法拉攏他們，結盟反黨。按照「君使臣以禮」的原則，林彪還打出以禮求賢的招牌進行招降納叛。一九六九年冬，他把漢高祖的一篇總結當「人主」經驗的求賢詔親筆抄錄下來，掛在自己的臥室裡，作為座右銘，並把原文「患在人主不交故也」，改為「在人主不驕故也」，更充分地暴露了他想當「人主」，急於建立王霸之業而拼命收羅牛鬼

蛇神的罪惡用心。這裡，林彪要以禮相求的所謂「賢人」是什麼樣的人呢？林彪曾叫嚷「要打開監獄找左派」，監獄裡的反革命都是林彪的「左派」，那些已被無產階級專政鎮壓了的牛鬼蛇神也是林彪渴望的「賢才」。這說明，林彪搞「君使臣以禮」就是為了復辟資本主義而網羅牛鬼蛇神，組成以他為核心的反黨陰謀集團。

「恕以待人」是朱熹「待人」哲學強調的另一個方面。「恕」是什麼？朱熹說「推己及人為恕」，即「施諸己而不願，亦勿施於人」[11]，或說以愛己之心愛人。林彪也學朱熹的樣子不遺餘力地叫嚷「君子愛人以德」（德即善、行恕道），「以仁愛之心待人之忠，以寬宥原諒之恕」，「儒家的恕道是待人的準則」等等，甚至把「恕道」精神吹成「構成人的社會性的條件」，陳伯達還說這是唯物論的思想哩！這全是騙人的鬼話。愛是有階級性的。毛主席說：「自從人類分化成為階級以後，就沒有過這種統一的愛。過去的一切統治階級喜歡提倡這個東西，許多所謂聖人賢人也喜歡提倡這個東西，但是無論誰都沒有真正實行過，因為它在階級社會裡是不可能實行的。」[12]這是對朱熹和林彪鼓吹恕道最徹底的批判。在階級社會中各個階級之間決沒有調和的餘地，那裡有什麼「己所不欲，勿施於人」？地主階級是以殘酷剝削壓迫農民階級為生的，他們對勞動人民根本不是什麼「己所不欲，勿施於人」，而是己所不欲，要施於人。朱熹林彪一類反動派講「恕以待人」就是老虎裝成笑面吃人，朱熹對待農民有的只是殘酷鎮壓與剝削，那裡有實行過「恕以待人」呢？林彪是窮凶極惡的反動派，他對革命人民也決不會行恕道。相反的，他對我們的黨，對我們偉大的領袖毛主席，對我們的幹部和人民卻刻骨仇恨，凶相畢露。

---

11 《中庸十三章》注。
12 〈在延安文藝座談會上的講話〉。

在他的《「571 工程」紀要》反革命武裝政變綱領中，磨刀霍霍、殺氣騰騰，妄圖謀害我們的偉大領袖毛主席和中央政治局同志，妄圖把革命人民一口吃下。這那裡有一絲一毫的恕道？林彪的「以恕待人」對革命人民來說就是「以刀殺人」。

他們對革命人民根本不實行「恕道」，恕道只適用於反動派內部。他們要求反動聯營內部的人與人之間，按照各自的名分，來互相「推己及人」，互相體諒，以鞏固他們的反革命勾結，好對付革命的人民。林彪對牛鬼蛇神講「恕道」，對他們關懷備至，叫嚷「要使他們在經濟上、政治上都得到真正的解放」，妄圖把毛主席領導下我黨我軍我國人民親手打倒的地主資產階級重新扶植起來，讓那些大大小小的黃世仁、南霸天重新騎在人民頭上作威作福，使中國人民重新陷入苦難的深淵。林彪一夥雖然對人民不講「恕道」，但卻用「恕道」來毒害人民、欺騙人民，磨滅人民的革命造反精神，以便他們實行反革命的修正主義路線，在我國復辟資本主義。林彪要我們對叛徒、特務、賣國賊王明之流講「恕道」，對蘇修講恕道，攻擊我們對王明之流的鬥爭是「鬥絕了」，「亂了套」，「罵絕了」，要「和為貴」。這正好表明他要賣身投靠蘇修，聯合帝、修、反，反華反共反人民，妄圖把中國變為蘇修社會帝國主義的殖民地。林彪既然要對地、富、反、壞、右、叛徒、特務、賣國賊和蘇修講「恕道」，也就必然要用「恕道」來攻擊無產階級專政。一九六九年十月一日，正當億萬人民歡慶中華人民共和國成立二十周年之際，他躲在陰暗角落裡，用儒家的反動語言惡毒攻擊革命暴力和無產階級專政，說什麼「恃德者昌，恃力者亡」，同反動派罵我們「不仁」唱一個調子。對於反動派的這類攻擊，毛主席早就給予徹底地駁斥：「我們對於反動派和反動階級的反動行為，決不施仁政。我們僅僅施仁政於人民內部，而不施於人民外

部的反動派和反動階級的反動行為。」[13]毛主席的教導是我們批判林彪鼓吹「恕以待人」、「仁政」的最好武器。

朱熹認為要達到使人從思想上和行動上服從封建倫理道德，遵守封建秩序，按三綱五常的理去處事待人，維護封建地主階級專政制度，關鍵就是要「居敬」。因此，朱熹還提出了「敬以待人」[14]。什麼是「敬」？「敬字是徹頭徹尾工夫、整齊嚴肅便是敬」。他還認為「為人之道最根本的工夫都在敬字」[15]，做到了敬就能「不以一毫私意自蔽，不以一毫私欲自累」，就能「極誠無妄，故於人倫各盡其當然之實」[16]，也就是說，做到了敬，就是存了「天理」，去了「人欲」，能夠完完全全按封建社會的倫理道德三綱五常去處事待人。因此，朱熹要求人們「言也須敬，動也須敬，坐也須敬，頃刻去它不得」，「無事時敬在裡面，有事時敬在事上」[17]，一刻也不能離開一個「敬」字。對於封建地主階級內部來說，要他們恭恭敬敬地去維護「三綱五常」不得有所怠慢和動搖。對勞動人民來說，要他們服服貼貼地忍受地主階級的殘酷的剝削和壓迫。這就是朱熹重視「敬字工夫」的反動本質。

林彪效法朱熹也拼命強調一個「敬」字。他叫囂「敬勝怠則吉，怠勝敬則滅」，要他的死黨畢恭畢敬按照地主資產階級的復辟資本主義的要求去幹反革命勾當，而不可有絲毫的怠慢。林彪和朱熹唱的是同一個調子，這完全暴露了林彪妄圖顛覆無產階級專政、復辟資本主義的狼子野心。

13　《論人民民主專政》。

14　參見《論語・八佾》注。

15　《朱子語類》卷二一。

16　《中庸二十七章》注。

17　《朱子語類》卷十八。

　　從上所述，我們可以看到，朱熹的「待人」哲學是極端虛偽的，不管是「忠」，是「恕」，是「敬」，都是一些騙人的鬼話，只是欺騙別人要對他實行這些準則，而他對勞動人民卻從不實行的。但是，就是這個典型的兩面派，偽君子的朱熹居然要提倡起「待人以誠」的哲學來，說什麼「誠者，實而無偽也」，「誠是不欺不妄」，要以老老實實的態度待人等，這不是十分奇怪嗎？其實不然，「誠」是有階級性的，對什麼要「誠」，對什麼不要「誠」，都是以階級利益為標準的。朱熹提倡的「誠」是要人們用誠誠懇懇的態度來維護封建社會的三綱五常，要勞動人民對統治者要「誠」，至於他們這些「大人物」為了維護封建統治的利益是可以不擇手段，「言不必信，行不必果」的。朱熹就曾經為了對私敵搞政治陷害，而嚴刑拷打無辜的官妓；為了葬母占好風水地而掘人墳地；為了娶尼姑做妾而誣人罪狀。以朱熹為代表的道學家，都是外表道貌岸然，內裡男盜女娼的「巧偽人」。「待人以誠」只是用來掩蓋他們罪惡的遮羞布。其實，虛偽、狡猾、兩面派作風，並不是朱熹個人的特有品格，而是一切腐朽、沒落、反動階級的階級特徵。因為一切反動階級的利益與廣大革命人民的利益是相違背的，他們的所作所為是和歷史發展進程背道而馳的，所以，他們離開了欺詐、投機取巧、耍兩面派手段是混不下去的。在資產階級野心家林彪的身上，也突出地表現了這些反動階級的特徵，由於他所幹的一切反革命勾當是見不得人的，特別是在無產階級專政的條件下，就更需要隱蔽其反革命真相。所以，他對朱熹的「待人以誠」的騙術特別欣賞，把它奉為至寶。一方面口口聲聲說「要老老實實，不要以偽善手段」待人，另一方面背地裡設下了「韜譖（晦）」之計，把「不說假話辦不成大事」作為座右銘，並且用「三不」（不干擾、不批評、不報壞消息）、「三要」（要響應、要表揚、要報好消息）的卑劣伎倆對付無產階級司令部，對人總是「面帶三分笑」。企圖用兩面派

的手法把反革命的猙獰面目偽裝起來，把反革命的禍心包藏得更隱
蔽，以便窺測方向，伺機而動，實現他篡黨奪權的野心。但是，兩面
派的手法終究是騙不了人的，甚至他的死黨都不相信他的「待人以
誠」，在背地罵他是「一個專門仇恨人，輕視人，把人想得最壞最無
情，終日計較利益，專好推過於人們的人」。毛主席說：「假的就是假
的，偽裝應當剝去。……隱瞞是不能持久的，總有一天會暴露出
來。」[18]不管林彪怎樣偽裝自己，他的狐狸尾巴總是要露出來的。林
彪最後叛黨叛國，自取滅亡，成為死有餘辜的叛徒、賣國賊，不僅是
他的政治陰謀的大破產，而且也是他偽善面目的徹底暴露。

　　二十世紀的資產階級野心家、陰謀家林彪，為什麼要效法十二、
三世紀的孔、孟之道的衛道士朱熹，鼓吹朱熹的「待人」哲學呢？這
是同林彪所代表的中國資產階級，特別是大資產階級的特點，和社會
主義革命時期階級鬥爭的特點緊密聯繫的。

　　林彪陰謀復辟資本主義，顛覆無產階級專政，妄想建立封建買辦
法西斯專政，在思想上只能從帝國主義、封建主義那裡尋找武器。這
是由於林彪所代表的中國資產階級，特別是大資產階級，在經濟上和
政治上非常軟弱的特點所決定的。在世界進入帝國主義和無產階級革
命的時代以後，中國大資產階級在中國實行過的只是「半殖民地半封
建的專政」[19]，就是大資產階級、大地主階級專政。在社會主義歷史
階段，如果誰要在中國復辟資本主義，在政治上必然要實行封建買辦
法西斯專政，在思想文化上，也只能從帝國主義和封建主義那裡尋找
武器。孔、孟之道既然是中國二千多年來的反動統治階級所奉行的剝
削壓迫之道，反革命復辟之道，而林彪極右路線的實質正是要顛覆無

18　〈《關於胡風反革命集團的材料》按語〉。
19　《新民主主義論》。

產階級專政，復辟資本主義，那麼，在思想上和文化上他要鼓吹孔、孟之道和朱熹的「待人」哲學就不足為奇了。

林彪提出「要像朱子那樣去待人」，是在一九六四年。這正是全國人民在偉大領袖毛主席、黨中央的英明領導下，轟轟烈烈地開展城鄉社會主義教育運動，毛主席的革命路線同劉少奇的反動路線的鬥爭非常尖銳的時候。當時黨為了奪取社會主義教育運動的勝利，反復地用毛主席關於「千萬不要忘記階級鬥爭」、「階級鬥爭，一抓就靈」的偉大教導，武裝群眾，不斷地去加強無產階級的階級意識和提高人民群眾的階級鬥爭的覺悟。就在這個時候，林彪同毛主席、黨中央唱反調，鼓吹朱熹的「待人」哲學，妄圖用「處理人事關係」來掩蓋階級鬥爭和反對社會主義革命。可見，林彪的用心是極其狠毒的。由於我國無產階級專政日益鞏固和強大，林彪一類騙子要反對社會主義革命，也只能採取兩面派、偽君子的虛偽行徑。林彪在這時鼓吹朱熹的極端虛偽的「待人」哲學正是反映了這種需要。

但是，歷史的車輪絕不能倒轉。「社會主義制度終究要代替資本主義制度，這是一個不以人們自己的意志為轉移的客觀規律。」[20]林彪妄圖用朱熹的「待人」哲學，作為他結黨營私、糾集死黨的精神支柱和向無產階級進攻的思想武器，以實現其「克己復禮」、復辟資本主義的陰謀，只能同一切反動派一樣，落得可恥的下場！

——原載《福建師大學報》一九七四年第二期，頁三～九
收入《可惡的朱熹》，頁七〇～八二

---

20 〈在蘇聯最高蘇維埃慶祝偉大的十月社會主義革命四十周年會議上的講話〉。

林彪為什麼尊奉朱熹

湖南大學　鄒肖文

　　朱熹是南宋儒家的代表和反動理學的集大成者。他的一生，是尊儒反法，反對社會變革，主張復古倒退，頑固維護反動封建制度的一生。他忠實地承襲和發揮了孔、孟以來的儒家反動思想體系，炮製了一套以孔、孟之道為基礎的極端唯心主義的理學。他的反動理學，被封建地主階級作為不可侵犯的官方哲學，作為維護和挽救日益腐朽的封建統治的反動思想武器。

　　自宋末以後，朱熹為歷代反動統治階級所尊崇。鎮壓太平天國革命運動的劊子手曾國藩，反共反人民的賣國賊蔣介石，對朱熹也都是頂禮膜拜的，都利用朱熹的反動說教，來支撐他們對革命人民的血腥鎮壓。叛徒、賣國賊林彪，出於其反動的階級立場和反革命復辟的需要，也卑鄙地抬出朱熹的亡靈，叫嚷要向朱熹學習，他在反黨黑筆記裡寫道：「我常考慮，要向朱子那樣去待人。」所謂待人，在階級社會裡，實際上就是處理階級之間的關係的問題，是受一定的階級立場和世界觀所支配的。朱熹的待人哲學，完全代表了封建地主階級的利益，是他極端唯心主義世界觀的具體表現。林彪叫嚷要學習朱熹的「待人」，實質上就是要按照地主資產階級世界觀來改造我們的黨，顛覆無產階級專政，復辟資本主義。因此，在深入批林批孔中，徹底批判朱熹的反動理學，對於進一步揭露和認清林彪修正主義路線的極右實質，是有幫助的。

一

　　朱熹的哲學是極端唯心主義的，他把天地萬物說成是從「理」產生，沒有天地之前，就有「理」存在，沒有「理」，便沒有世界上的一切。他說：「未有天地之先，畢竟也只是理，有此理，便有此天地。若無此理，便亦無天地，無人無物，都無該載了。有理便有氣，流行發育萬物。」這段話就是說，精神的東西先於物質而存在，物質是由精神決定的。上帝造人說，在他這裡，就是「理」生氣、生萬物、生人。是物質決定精神，還是精神決定物質？是先有物質然後才有精神，還是先有精神而後才有物質？這個哲學上的根本問題，從來是劃分唯物主義與唯心主義的根本標誌。朱熹這一玄妙的「理」生物、「理」造人的謬論，正是唯心主義的一種典型表現，是構成他整個唯心主義體系的基礎。

　　唯心論是反動派的思想武器。朱熹鼓吹這一唯心主義的反動理論，就是為了論證封建統治秩序「合理」。他認為孔、孟提出的所謂「仁、義、禮、智」，就是至高無上的「理」。甚至說「未有君臣已先有君臣之理，未有父子已先有父子之理」。把維護封建統治秩序的「三綱五常」，說成是先天存在的「天理」，是唯一存在的「道理」。殘酷壓迫和剝削農民的封建地主階級的反革命專政，經過朱熹這樣一說，便變成天意使然，合「法」又合「理」了。他還叫嚷什麼：「君臣父子，定位不易，事之常也。」「三綱五常，終變不得。」把「三綱五常」這一套封建統治秩序，說成是萬古不能變易，違背不得的「聖條」，庶民百姓只能在封建統治面前就範。而勞動人民反對封建統治秩序的要求，統統都被他說成是萬惡的「人欲」。他提出的「存天理，滅人欲」的反動政治主張，是徹頭徹尾為封建統治階級辯護的

歪理，其目的，就是為「剝削有理，壓迫有理，違反無理」製造理論根據，為維護腐朽反動的封建統治制度服務。

朱熹還把這一反動政治主張，當作是對孔老二「克己復禮」反動政治綱領的忠實捍衛，說什麼「克己復禮，⋯⋯只是教人存天理，滅人欲」。這就更加充分地暴露了他頑固地維護舊制度、一心要搞「克己復禮」的反革命真面目。

叛徒、賣國賊林彪對朱熹的反動政治主張心領神會，十分讚賞。他念念不忘的是「悠悠萬事，唯此為大，克己復禮」，他竭力鼓吹「義勝欲則昌，欲勝義則亡」的反動說教，他把復辟資本主義說成是「天理」，作為萬事最大的事，而對一切堅持社會主義、反對資本主義的革命行動卻刻骨仇恨，大肆破壞。很顯然，林彪叫嚷要學習朱熹的「待人」哲學，就是要學習朱熹用封建禮教殺人，用反動的「天理」鎮壓革命的那一套反動哲學，來反對社會主義革命，實現其顛覆無產階級專政，復辟資本主義的罪惡陰謀，從而使社會主義中國變成封建法西斯的林家王朝，使千百萬勞動人民重新套上「三綱五常」的枷鎖，過牛馬不如的生活。但是這只能是痴心妄想。反動階級的「天理」早已戳穿，早已破產，林彪搞倒行逆施，結果也是自取滅亡。

二

朱熹從「天理」這一唯心主義的前提出發，拚命鼓吹唯心論的先驗論和反動的「天才史觀」。他胡說什麼「理得於天而具於心」，否認人的認識來源於實踐，否認人的認識只有通過社會實踐才能不斷地發展和深化，而認為人的認識是先天就有的，只要修心養性，就能夠對「天理」加以「領悟」。他喋喋不休地鼓吹的所謂「格物致知」，也不過是一種唯心主義的領悟方法罷了。他所謂的「物」，並不是指客觀

存在，而是指他的所謂「理」的各種表現。在他看來，只有「理」才是真實存在的，而物則是由「理」產生的東西。因此，他的所謂「格物」，與我們所說的實踐，也是風馬牛不相及的。他認為「心包萬理，萬理具於一心」，只要「存心」、「盡心」，就能挖掘心內所包藏的「萬理」，就能達到「豁然貫通」的境界。很清楚，朱熹的「格物」，目的只是為了「窮天理，明人倫，講聖言，通世故」，也就是為了要使每一個人都能根據封建的道德倫理準則來衡量是非和約束自己的行為，完全是為著維護封建地主階級反動統治服務的。

對朱熹這套唯心主義的貨色，林彪也深得要旨，他所大肆鼓吹的「靈魂深處爆發革命」，正是朱熹那種修心養性、「豁然貫通」論的翻版，其目的就是反對廣大幹部和群眾學習馬列主義、毛澤東思想，反對人們參加三大革命實踐，以便於他們能順當地販賣唯心主義，惟行反革命的修正主義路線，搞復辟資本主義的罪惡活動。

朱熹按照唯心主義「理」的觀念，還狂熱鼓吹反動的「天才史觀」。他胡說人天生的「稟受」就有不同，「稟得精英之氣，便為聖為賢，……稟得清高者，便貴；稟得豐厚者，便富；稟得長久者，便壽；稟得衰頹薄濁者，便為愚不肖、為貧、為賤、為夭」。這是說「聖賢」等等富人、剝削者，在天生他的時候，是用「清氣」、「精英之氣」造成的，一生下來就超群絕倫、與眾不同，是「天生」的統治者。而人民群眾是用衰弱、頹廢、淺薄、污濁之氣造成的，所以一生下來就「愚昧無知」，是天生的被統治者。這種赤裸裸的反動唯心論，是孔老二「天命觀」的翻版，完全是反動統治者用來欺騙麻醉人民、奴役禁錮人民的黑貨。資產階級野心家、陰謀家林彪繼承孔老二、朱熹的「天才史觀」，無恥吹噓自己是「受於天」、「腦袋長得特別靈」，以「至貴」、「超人」自居，並喪心病狂地以「天才論」作為復禮的理論綱領，向黨發起猖狂進攻。這就最明白不過地說明了，原

來林彪叫嚷要學習朱熹的「待人」哲學，就是要學習朱熹這種欺騙愚弄人民群眾，把自己描繪成「天生統治者」的反動哲學。

然而，一切違背客觀規律的人都是注定要失敗的。朱熹這個自命不凡的「天才道學家」，除了能無病呻吟念叨幾句古經之外，沒有一技之能，因而被當時的人們譏之為「腐儒」。而林彪一夥，除了「終日計算利害」，會玩弄陰謀詭計之外，是什麼學問也沒有的大黨閥、大軍閥，到頭來只能是變成不齒於人類的狗屎堆。

三

朱熹的所謂待人哲學，還包括他用了畢生精力，所鼓吹的孔、孟的「中庸之道」。他不但將《中庸》列為《四書》之一，規定為學生必讀「經典」，而且還苦心孤詣地進行注釋、推薦，寫下許多反動文章。據記載，他曾先後兩次來長沙，在當時的岳麓書院宣揚「中庸之道」，他說什麼「中庸者，不偏不倚，無過不及，平常之理也」。林彪也胡說「中庸之道……合理」。他們都是「中庸之道」的狂熱吹鼓手！

所謂「中庸之道」，從哲學上說，就是站在反動沒落階級的立場上，宣揚折中調和，以掩蓋社會矛盾，反對革命的階級鬥爭。在階級社會裡，敵對階級之間從來是你死我活地進行鬥爭，根本不存在什麼「不偏不倚」的中庸之道，也根本不存在什麼「無過不及」的「天理」。中庸之道，不過是反動統治階級所慣用的一種陰險毒辣的騙人伎倆罷了。魯迅先生說得好：「遇見強者不敢反抗，便以『中庸』這些話來粉飾，聊以自慰……倘有權力，看見別人奈何他不得……的時候，多是凶殘橫恣，宛然一個暴君，做事並不中庸。待到滿口『中庸』時，乃是勢力已失，早非『中庸』不可的時候了。」這段精闢分

析，正勾畫出了朱熹和林彪鼓吹「中庸之道」的偽善面孔。當時朱熹是處在一個民族矛盾和階級矛盾異常尖銳的時期，反動腐朽的南宋王朝，對金族奴隸主稱臣投降，以保偏安，南宋人民受著雙重的壓迫和剝削，生活極其痛苦，因而不斷發生農民起義，並提出了「等貴賤，均貧富」的口號。這時朱熹滿口「中庸」，以「不偏不倚」、「存天理，滅人欲」的反動說教，來瓦解人民鬥志，調和階級矛盾，維護搖搖欲墜的南宋王朝的封建統治。當人民不理他那一套，憤而起來造反時，他便撕去「中庸之道」的畫皮，露出「鎮壓之道」的真相來。據記載：他在一一九四年在長沙為地方長官（湖南安撫使）時，為期不過四個月，就曾採取鎮壓與利誘相結合的手段，鎮壓了當時的一次瑤族農民起義。而且還在得到關於「宋寧宗已繼位，朱熹亦將升官」的密報後，即刻入獄，「取大囚十八人立斬之」。看，這就是朱熹的「中庸之道」和「待人」哲學！

朱熹為了維護孔、孟之道和鞏固儒家正統的地位，對歷史上和同時代那些反對孔、孟之道的法家學派的代表人物和具有唯物主義思想的人，也從不講「中庸」，而是十分仇視，竭盡惡毒攻擊和肆意毀謗之能事。他咒罵先秦法家著名代表申（不害）、商（鞅）、吳（起）、李（斯），是「亡人之國，而自滅其身」之徒。對北宋著名的革新派人物王安石，朱熹更是切齒痛罵，說他「惑亂神祖」、「敗國殄民」，用盡了惡毒字眼。看，這也就是朱熹的「待人」哲學！

叛徒、賣國賊林彪尊儒反法，鼓吹「中庸之道……合理」，污蔑無產階級專政是這也「鬥絕了」，那也「做絕了」，惡毒攻擊反修鬥爭，攻擊總路線、大躍進、人民公社；他惡毒咒罵社會主義的新中國，猖狂地向無產階級文化大革命反攻倒算，他炮製臭名昭著的反革命政變計畫《「571 工程」紀要》，妄圖用最殘忍的法西斯手段向無產階級殺來。這一切，充分暴露了他對黨和社會主義制度的刻骨仇恨，

說明他鼓吹「中庸之道……合理」，學習朱熹的「待人」哲學等，完全是用來為篡黨奪權服務的。

林彪還從朱熹那裡學來了偽善的兩面派的「待人」哲學。朱熹這個老奸巨猾的反動衛道士，表面上道貌岸然，把什麼「仁愛」、「忠厚」、「慈祥」等等偽善的說教掛在嘴邊，而骨子裡卻是陰險、毒辣、奸詐、殘忍，什麼壞事都幹得出來。林彪也是「面帶三分笑」，「語錄不離手，萬歲不離口，當面說好話，背後下毒手」，真可謂把朱熹的一整套陰謀權術學到了家。

革命導師恩格斯曾經指出：混進黨內的機會主義者，「為了規定自己的綱領就不得不回到自己的前輩人物那裡去」。林彪對孔老二，對朱熹如此推崇備至，口口聲聲要「克己復禮」，「要像朱子那樣去待人」，其實質就是要回到他的「前輩」那裡去尋找反革命的思想武器，妄圖從根本上改變黨的基本路線和政策，顛覆無產階級專政，復辟資本主義。然而，歷史前進的車輪是決不會倒轉的，朱熹的亡靈，挽救不了林彪反黨集團必然滅亡的命運。當前，我們要學習和運用馬克思主義，把林彪反革命的修正主義路線和孔、孟之道批深批透，徹底肅清林彪和他的「前輩」們的流毒，奪取批林批孔的更大勝利。

——原載《湖南日報》一九七四年六月九日

朱熹的亡靈挽救不了
林彪必然滅亡的命運
——批判朱熹的「待人」哲學

林可濟　穆克宏　范啟龍

　　《紅旗》雜誌一九七三年第十期〈論尊儒反法〉一文指出：「賣國賊林彪也吹捧孔子，大罵秦始皇『焚書坑儒』，公然標榜要學朱熹的『待人』哲學。」對於朱熹「待人」哲學的反動實質，以及林彪吹捧朱熹「待人」哲學的罪惡目的，我們必須「用馬克思主義的基本觀點，即階級分析的方法」加以徹底批判！

　　朱熹（1130～1200）是我國南宋時代人，是孔、孟之後反動影響最大的唯心主義哲學家。他繼承孔、孟和程顥、程頤的唯心主義哲學體系，把「理」作為萬事萬物的根本。他所說的「理」，主要是指「三綱五常」。他說：「未有君臣，已先有君臣之理；未有父子，已先有父子之理。」「君臣父子，定位不易，事之常也。」這樣，他就用唯心主義的「理」，論證了封建社會宗法等級制度和「三綱五常」的先驗性、合理性、永恆性，服務於封建地主階級的反動統治。所以，封建地主階級的代表人物，對他推崇備至，說什麼「孔子之學，惟朱子為得其宗，傳之萬世而無弊。孔子集群聖之大成，朱子集群儒之大成。聖人復起，不易斯言」。就是說，再有聖人出來，也不會改變朱熹這一套了。這樣，以朱熹為代表的理學，就成為封建社會後期儒家

思想的正宗；朱熹也就成為南宋以後宣揚孔、孟之道的官方代表，被封建統治階級捧為「聖賢」，並抬進了孔廟，幾乎同孔老二平起平坐了。

朱熹雖然是徽州婺源（現屬江西省）人，但他出生在福建尤溪城外毓秀峰下鄭氏草堂，長期在福建延平、同安、漳州、建陽等地做官或活動。晚年在建陽的考亭和武夷山等處講學，他的學派後人稱為「閩學」，在福建流毒甚廣。

朱熹曾經為他自己所主持的「白鹿洞書院」定下了許多院規。其中屬於待人接物的主要有兩條。一條是「己所不欲，勿施於人」，出自《論語・顏淵》；另一條是「行有不得，反求諸己」，出自《孟子・離婁》。這兩條都是孔家店裡的破爛貨。

孔子所講的「己所不欲，勿施於人」，即所謂「恕」道。它是同「忠」互相聯繫，並以「忠」為依歸的，是孔子的一貫之道。在孔子看來，只有那懷「異心」的人，都能歸順起來，履行忠恕之道，才能在當時「禮崩樂壞」的局勢下，阻止奴隸的反抗和新興地主階級的奪權，重新恢復奴隸主階級專政的社會秩序。因此，忠恕之道，也就是孔子為挽救奴隸主階級統治的危亡而倡導的、維護奴隸制的反動哲學。

朱熹把孔子所倡導的「己所不欲，勿施於人」的忠恕之道，奉為「待人」哲學，並寫了〈忠恕說〉等文章，從理學的角度作了論證。其目的在於調和剝削階級與被剝削階級的矛盾，反對農民起義，從而穩定封建地主階級的反動統治。

劉少奇、林彪一類騙子，對於孔子、朱熹這一套掩蓋階級矛盾、否認階級鬥爭和搞階級調和的反動伎倆，心領神會，身體力行，把它作為投降主義路線的思想基礎的重要組成部分。叛徒、內奸、工賊劉少奇在漫天烽火的抗日戰爭年代拋出的黑〈修養〉中，根本不談打倒

帝國主義，不談如何同國民黨反動派作鬥爭，不談武裝奪取政權，卻要求共產黨員和中國人民對日本帝國主義和國民黨反動派講孔子的「忠恕」之道，胡說什麼要「『將心比心』設身處地地為人著想、體貼人家，使『己所不欲，勿施於人』」。這豈不是要共產黨員中國人民成為「逆來順受」的奴隸，把無產階級先鋒隊的中國共產黨改造成為實行階級投降和民族投降的機會主義政黨嗎？其用心何其毒也！

林賊這個野心家、陰謀家、兩面派、叛徒、賣國賊，同劉少奇完全是一丘之貉。他祭起忠恕之道這個法寶，一方面猖狂反對無產階級對資產階級的階級鬥爭；另一方面極力支持、扶植和糾集牛鬼蛇神向無產階級進行反撲。他在背地裡惡毒攻擊我們對被趕下臺的反動派實行無產階級專政，是不講「忠恕」，是「做絕了」；叫囂要「一律解放」被我們無產階級專了政的對象，妄圖把被中國人民親手打倒的地、富、反、壞、右、牛鬼蛇神，重新扶植起來。同時，他還惡毒攻擊我們黨對蘇修叛徒集團以及我們黨內機會主義路線頭子的鬥爭，也是不講「忠恕」，是「鬥絕了」。當無產階級文化大革命取得重大勝利的時刻，他又別有用心地宣揚「兩年半的文化大革命」，已經「把叛徒、特務、走資派一網打盡」，革命要「轉化為建設」了，妄圖阻止革命的繼續深入，對無產階級文化大革命進行反攻倒算。

林彪一夥在那《「571工程」紀要》反革命綱領中，一方面規定他們反革命別動隊的成員，要培養對林彪父子的「感情」，要「誓死捍衛」林彪父子，「永生永世，世世代代」都要忠於林彪父子。另一方面，卻惡毒地攻擊無產階級專政的國家機器為「絞肉機」，聲嘶力竭地叫嚷要對革命人民進行「嚴厲鎮壓」，並且妄圖採用種種法西斯手段，謀害我們偉大領袖毛主席和中央負責同志。這就徹底暴露了林彪反黨集團的猙獰面目。什麼「忠恕」之道，完完全全是法西斯之道！

　　朱熹「待人」哲學的另一條是「行有不得，反求諸己」。這就是說，當自己的行為「不得其所欲」時，要反躬自省。孟子、朱熹所講的這一套，是對孔子反動思想的進一步發展。孔子要復辟奴隸制，主張從「克己」做起，所謂「克己復禮，天下歸仁」。他又相信「天命」，認為人的一切都是「天」賦予的。因此，孔子學派特別強調「修養」和內省工夫。子思曾經提出「誠」字。孟子又加以發展，說：「萬物皆備於我，反身而誠，樂莫大焉。」他認為，「誠」來自天道，而又為人心所固有，人們只要能反躬自省，就可以掌握「誠」；掌握了「誠」，就可以「萬物皆備於我」了。人們只要把人心中固有的仁、義、禮、智等善性「擴而充之」，就可以達到「知天」，達到「上下與天地」同流，即「天人合一」的境界。為了貫徹這一套盡心、知性、知天的唯心主義認識路線，孟子還倡導「不動心」、「思誠」、「存夜氣」、「養浩然之氣」等一套向內心做工夫的方法。理學家們對孟子的這些東西深為賞識。程頤說：「孟子性善養氣之論，皆前聖所未發。」朱熹說：「孟子發此夜氣之說，於學者極有力，宜熟玩而深省之也。」果然，孟子這一套修養經，經過朱熹的「熟玩」、「深省」之後，形成了關於天命之性與氣質之性、人心與道心、天理與人欲等等一整套的唯心主義倫理學說和「格物致知」的認識路線。

　　孟子講性善、講修養與內省，其目的就是要把自己修養成為「天之降才」，即「天才」，進而統治人民。用孟子的話來說，就是「身正而天下歸之」也！朱熹也不含糊，說什麼如果一旦修養到家了，「則天必命之以為億兆之君師，使之治而教之，以復其性，此伏羲、神農、黃帝、堯、舜所以繼天立極」。可見，所謂「待人」哲學者，其實是「治人」之術也。

　　劉少奇、林彪一類騙子對於孔、孟、朱熹這一套唯心主義的「修養」經，更是抓住不放，充分加以利用。劉少奇在黑〈修養〉中，大

量引用孔、孟之徒關於「修養」方面的話，號召共產黨員和中國人民
向這些復辟奴隸制的「聖賢」學習唯心主義的修養經，其目的就是要
使共產黨員越養越修，成為這一夥資產階級代理人復辟資本主義的馴
服工具。林彪把劉少奇的「修養」經加以發展，提出了「靈魂深處爆
發革命」的反動謬論。「修養」經同「爆發」論，都是植根於孔、孟
之道這堆糞土上的毒菌。

馬克思列寧主義認為，世界觀的改造，必須以實踐為出發點，把
實踐作為認識的源泉，投身於階級鬥爭、生產鬥爭和科學實驗這三大
革命的實踐中，「改造整個社會，同時也就改造自己」。林彪所鼓吹的
「靈魂深處爆發革命」的謬論，是以「靈魂」為出發點，把「靈魂」
作為認識的源泉，是宣揚從「靈魂」到「靈魂」的認識路線。這是
「萬物皆備於我，反身而誠」、「行有不得，反求諸己」的拙劣翻版。
我們不禁要問：脫離了三大革命運動的實踐，不搞無產階級反對資產
階級的鬥爭，只能使人們的靈魂發霉腐爛，怎麼能夠「爆發革命」
呢？林彪一夥制定的《「571工程」紀要》反革命綱領中，惡毒咒罵
幹部下放勞動和知識青年上山下鄉，反對走與工農結合的道路，反對
用馬列主義、毛澤東思想改造自己的世界觀，這就是對「靈魂深處爆
發革命」的反動本質最徹底的自我揭露。

當然，林彪的「靈魂深處爆發革命」的謬論，比起劉少奇的「修
養」經來，有其更迷人的地方，這就是他特別強調了所謂「爆發」。
但是，這也不是新鮮的貨色。在宋明理學中，我們可以多次見到這類
東西，朱熹在論述內省修養工夫時，也特別強調「豁然貫通」的妙
用。他認為，在「即物窮理」的過程中，如果只是格具體的物，是不
能認識真理的全體的。要認識全體的「理」，就有賴於神秘的「頓
悟」：「一旦豁然貫通焉，則眾物之表裡精粗無不到，而吾心之全體大
用無不明矣。」林彪的「爆發革命」同朱熹的「豁然貫通」，何其相

似乃爾！

　　還必須指出：林彪的「爆發」論與他反革命的理論綱領「天才論」，是一脈相通的。既然「靈魂深處」可以自然而然「爆發革命」，那麼，林彪這個在革命重要關頭一貫右傾的機會主義者，就可以通過「爆發」而成為一貫「緊跟」、一貫「高舉」的「馬列主義」者了。那個一不會做工，二不會種地，三不會打仗的、年僅二十多歲的法西斯分子，也可以通過「爆發」成功，而放出一顆「政治衛星」，樹立一個「里程碑」了。這樣林家父子通過「靈魂深處爆發革命」，就都可以成為「天才」、「全才」、「全局之才」，從而「名正言順」地篡奪黨和國家的最高權力，騎在人民頭上為所欲為，把千百萬革命人民捺入血泊之中了。其狼子野心，豈不昭然若揭了嗎？

　　綜上所述，我們可以清楚看出：林彪之所以把朱熹的「待人」哲學，奉為金科玉律，鼓吹「要像朱子那樣去待人」，這是由於他們之間有著共同的反動思想體系。朱熹把孔、孟之道加以繼續和發展，是為了維護封建地主階級的反動統治；林彪吹捧朱熹的「待人」哲學，是為了從根本上改變黨在整個社會主義歷史階段的基本路線，顛覆無產階級專政，復辟資本主義。

　　《宋史・道學傳》說，朱熹思想得自「程氏正傳」，而「後之時君世主，欲復天德王道之治，必未此取法矣」。事實正是如此。朱熹不僅集宋代理學之大成，而且精心炮製《四書章句集注》。經過他注釋的《四書》，成為明、清兩代封建知識分子必讀的教科書和封建科舉考試的標準答案。南宋以後，每當統治階級企圖鞏固其反動統治時，總是把朱熹抬出來大加表彰。近代史上鎮壓太平天國農民革命的大劊子手曾國藩，現代的獨夫民賊蔣介石，都是朱熹學說的信奉者和實行者。至於叛徒、內奸、工賊劉少奇於一九二六年一月，捧著軍閥趙恆惕賞賜的《四書》，重新鑽進黨內，大幹其反革命勾當，這更是

眾所周知的了。這些事實雄辯的說明：林彪不僅是孔、孟、朱熹的忠實門徒，而且還是曾國藩、蔣介石反動思想的繼承者。

古往今來，一切反動派，總是希望從朱熹哲學中「取法」，用以鞏固自己的統治，扭轉歷史車輪，使之向後倒退。但是，「歷史的車輪是拖不回來的」，進步戰勝落後，革命戰勝反革命，「社會主義制度終究要代替資本主義制度，這是一個不以人們自己意志為轉移的客觀規律」。歷史上凡是妄圖乞求孔、孟、朱熹的亡靈來倒行逆施者，無一不被歷史的車輪碾得粉身碎骨。林彪又豈能例外？《紅樓夢》中一首曲子說：「威赫赫，爵祿高登，昏慘慘，黃泉路近。」這是對這些歷史醜類的絕妙寫照。林彪也曾經「威赫赫」地不可一世，但他倒行逆施的結果，不是已經屍暴荒漠、骨堆沙灘，「昏慘慘」地跌入黃泉路上去了嗎？孔、孟、朱熹的亡靈，挽救不了林彪一類騙子必然滅亡的命運。這就是歷史的結論！

——原載《福建師大》一九七三年第三期

林彪吹捧朱熹的險惡用心

歙縣紫陽大隊黨支部

　　我們紫陽大隊地處歙縣之南。林彪之流推崇的孔老二的忠實信徒、地主階級的忠實奴才朱熹，在八百多年前的宋朝，曾在這裡的紫陽山兜售剝削階級的腐朽反動思想孔、孟之道，大吹「三綱五常」，宣揚「上智下愚」，大造「壓迫有理，造反有罪」的反革命輿論，為反動統治階級效勞。

　　據《歙縣志》記載，在歙縣「南門外五里紫陽山有老子祠，朱文公（按：即朱熹）……曾遊於此……」。朱熹講學，鼓吹了剝削階級統治的「傳家寶」孔、孟之道，壓制被壓迫階級的反抗，為封建地主階級的「萬世帝業」效勞，因此大受他們的賞識。八百多年來，反動統治階級及其政治代表都念念不忘朱熹的功勞，封他是「太師」、「百世經師」，並列入「十二大儒」，把他的牌位也搬進了孔廟。他們還在我們紫陽村附近蓋了朱公祠和「紫陽書院」（南宋理宗皇帝親書「紫陽書院」四字），立了朱熹狗像，掛了推崇朱熹反動唯心主義理學的「道學淵源」等匾額。據記載，從明朝嘉靖到清朝咸豐、同治的幾百年間，封建統治階級的代表人物、鄉紳地主們曾十四次重修「紫陽書院」，攤子越來越大。清朝雍正年間，歙縣一個大地主徐士修，為捐助重修「紫陽書院」，一次就掏腰包拿出白銀一萬二千兩。

　　資產階級野心家、陰謀家林彪，是一個地地道道的孔老二的忠實信徒。他對朱熹也十分崇拜。朱熹搞了個《四書集注》，林彪就緊步

朱熹的後塵，搞了個什麼《四書集句》。歷代反動統治階級的頭子拚命抱著朱熹的僵屍，為的是利用歷史的亡靈來為他們統治壓迫勞動人民服務；林彪瘋狂吹捧地主階級的代言人，要革命人民「像朱子那樣去待人」，無非是想用朱熹當年在「紫陽書院」兜售的「壓迫有理，造反有罪」的孔、孟之道，來愚弄革命群眾，麻痺人民革命鬥志，為其顛覆無產階級專政、復辟資本主義大造反革命輿論；就是要我們貧下中農服服貼貼給林彪扶植的地、富、反、壞、右當奴隸，要我們吃二遍苦，受二遍罪，讓紫陽村祖祖輩輩的貧下中農受壓迫受奴役的歷史悲劇重演，我們堅決不答應！

八百多年前，我國的宋朝時代，階級鬥爭非常激烈，人民外受異族入侵，內受地主階級殘酷壓迫，農民起義接連不斷，鬥爭矛頭直指封建制度，直指這個腐朽制度的思想基礎孔、孟之道，動搖了這個吃人社會的基礎。朱熹之流適應封建統治階級的需要，繼承孔、孟之道，鼓吹富者恆富，貧者恆窮的「天理」，不准農民造反。八百年來，歷代反動統治階級及鄉紳地主不惜重金千萬，來樹朱熹這個黑旗，就是企圖用「壓迫有理，造反有罪」的反動哲學來鎮壓群眾，以鞏固其反動統治。林彪一夥吹捧朱熹，就是要搞反革命復辟。這說明，林彪和朱熹是一丘之貉，都是勞動人民的死對頭。

從前，我們紫陽村附近的土地，大都歸朱公祠和「紫陽書院」所有。紫陽村的貧下中農，祖祖輩輩給地主種地，幹的牛馬活，吃的豬狗食，養活了朱熹之流騎在人民頭上作威作福。「紫陽書院」幾經遷移，反復重修，花下的花花白銀，都是歷代反動統治階級搜刮剝削我們勞動人民的血汗錢。解放後，我們拆朱祠，砸朱像，鬥地主，分田地，翻了地主的「天」，改了朱熹的「道」，貧下中農翻身掌了權。在無產階級專政的條件下，林彪跳出來吹捧政治僵屍朱熹，這就確鑿地證明了林彪這個不讀書、不看報、不看文件，什麼學問也沒有的大黨

閥、大軍閥精神上的破產。他們拿不出什麼新鮮玩意兒，只好從孔家店那裡揀來一些破爛，充當復辟武器。其實，無論是孔老二的「天命」，還是朱熹的「天理」，都挽救不了一切反動派必然滅亡的命運。

林彪是一個反革命兩面派。他要革命人民「像朱子那樣去待人」，就是在兜售孔老二、朱熹之流這些「巧偽人」的騙子哲學。孔老二叫嚷要「父為子隱，子為父隱」，朱熹則進一步鼓吹「父子相隱，天理人情之至」。林彪的「不說假話辦不成大事」，其源蓋出於此。孔老二、朱熹之流的騙子哲學是從剝削階級的名利出發的；林彪效法孔老二和朱熹這些騙子哲學，是為了掩蓋他們結黨營私，糾合國內外階級敵人，妄圖復辟資本主義的罪惡目的。「語錄不離手」和「背後下毒手」的反革命兩面派手法，形象地畫出了林彪這個騙子的虛偽凶殘和陰險毒辣的嘴臉。但是，隱瞞是不能持久的。一切政治騙子儘管善於喬裝打扮，到頭來必然要被歷史洪流沖刷出來，成為不齒於人類的狗屎堆。在清末太平天國運動中，「紫陽書院」被摧毀，而林彪吹捧朱熹的把戲今天正遭到革命人民的嚴厲批判。當然，這決不是鬥爭的結束。林彪的反動喧叫，在我們紫陽山村也有迴響。那些地、富、反、壞、右做夢也忘不了他們失去的「天堂」，忘不了支撐他們的孔、孟之道。他們一有風吹草動，便向朱熹求救，盼望「朱夫子」為他們「通靈顯聖」。我們貧下中農決不讓林彪一類騙子和地、富、反、壞、右的陰謀得逞，他要搞復辟倒退，我們就把他們砸個稀巴爛。

「借問瘟君欲何往，紙船明燭照天燒」。我們一定要繼承歷史上我國勞動人民批孔鬥爭的光榮傳統，堅持無產階級專政下的繼續革命，把當前正在深入開展的批林批孔鬥爭進行到底。

——原載《安徽日報》一九七四年六月二日

（七）評朱子科學

剝去朱熹地質古生物學
「最前驅」的畫皮

中國科學院古脊椎動物與古人類研究所　古葉紅

我國勞動人民在長期階級鬥爭和生產鬥爭中，創造了古代燦爛的科學文化，這在世界文明史上至今仍放射出奪目的光輝。

北宋王朝結束了五代十國封建割據的局面，實現了統一後，曾一度推行新法，因此農業、手工業特別是礦冶業，大大地超過了唐代。在生產發展的基礎上，宋代的科學技術得到了較快的發展，許多科學發明、創造，多出自勞動人民的雙手。

沈括在地質古生物研究上的貢獻

法家、北宋著名的自然科學家沈括（1031～1095），是王安石變法路線的積極擁護者和執行者。他在學習和總結勞動人民實踐經驗和前人成果的基礎上，在我國地質古生物研究方面，有獨到的見解，作出了寶貴的貢獻。他根據對浙江雁蕩山和西北黃土高原地形的觀察，提出了流水侵蝕作用的主張，比英國人郝登早六百年。他從陝北延州（今延安地區）地下幾十尺深處發現的一種類似竹的化石，推測當地遠古的氣候要比當時濕潤。他所說的竹，據現代研究可能是一億多年前中生代一種叫新蘆木的蕨類植物。沈括曾察訪河北，沿著太行山北

行，在山崖間往往看見有螺蚌殼和卵石，橫貫在石壁中間，好像一條長帶。他研究後說，這就是過去的海濱，至今大海已東離近千里，現在的大陸，都不過是水中渾濁的泥土沉積而成的。並且用這一原理正確解釋了華北平原的成因。此外，他還論述了古代爬行動物化石。因此，沈括是我國古代最早較系統地通過化石樸素唯物地、辯證地論證了地質變遷的人。比西方認為最早理解化石是古生物遺跡的意大利學者達‧芬奇（1452～1519）要早四百年。沈括不愧為我國地質古生物學的先驅之一。

沈括從樸素的唯物主義自然觀出發，用自然界本身的運動變化來解釋各種自然現象，所以使他不僅在地質古生物方面，而且在天文、數學、地理、物理、化學、建築、農藝、醫藥等自然科學的廣闊領域中，在總結勞動人民實踐和前人成果的基礎上，都作了傑出的研究和記述。他的這些科學實踐的成果，又是直接為王安石的法家路線服務的。

朱熹──地質古生物學史上的一個偶像

朱熹（1130～1200）是南宋唯心主義理學的代表。他把孔、孟之道的佛學，作了系統的加工，以適應反動封建統治階級竭力加強思想控制的需要。他站在大官僚大地主階級一邊，鼓吹復舊、倒退，反對一切革新、進步。他炮製的「天理論」，宣揚「理在先，氣在後」，「未有天地之先，畢竟也只是理，有此理，便有此天地。若無此理，便亦無天地，無人無物」，就是主張精神先於物質而存在，人和萬物都是由先於天地的「理」產生出來的。

朱熹的反動哲學體系包含著濃厚的神秘主義色彩，是佛學和佛教玄學的大雜繪。例如朱熹在談到人類起源時說：「天地之初，如何討

個人種，自是氣蒸結成兩個人，後方生許多萬物，當初若無那兩個人，如今如何有許多人。」他的這番說教，和西方所說上帝先造出亞當和夏娃，後來才造出萬物的神創論，不是如出一轍嗎？許多事例說明，朱熹不學無術，對自然科學是根本一竅不通的。他曾惡狠狠地質問那些崇尚法學和科學活動的人說：「如今為此學而不窮天理，明人倫，講聖言，通世故，乃兀然存心於一草木一器用之間，此是何學問？」可見在朱熹這夥人眼裡，搞發明創造有罪，革新有罪！

然而，就是這樣一個政治上極端反動、學術上完全反科學的朱熹，從本世紀二十年代起，我國地質古生物學界在列舉古代關於地質和化石理論的資料時，卻常常引用朱熹關於螺蚌化石的一句話，從而把朱熹說成是「中國地質學界的最前驅」、「最早認識化石意義的人」。蘇修的《大百科全書》竟然說朱熹是「地質現象的研究者」等等。就這樣，朱熹關於螺蚌化石的話竟被視為「國粹」，他本人也被披上「唯物主義者」的外衣，戴上了我國地質古生物學界「最前驅」的桂冠，被某些人供奉起來，儼然成了一尊高大的歷史偶像。

朱熹借螺蚌化石鼓吹「災變論」的反動實質

把朱熹有關螺蚌化石的整段原文譯出來是這樣的：

「當宇宙還是混沌不分的時候，陰陽兩氣混合，天地是一片黑暗；等到陰陽分開，中間才變得開闊光明，天和地方開始出現。（北宋）邵雍把十二萬九千六百年作為一個周期，那麼在十二萬九千六百年以前，又是一個天地的大開合，往前推算，往復循環，都是這樣。可以說，天地的開合永遠沒有完了的時候，陰和陽也都沒有開始的時期，小的事物是大的事物的縮

影，白天和黑夜的交替，便是個例證。胡宏（南宋的理學家）
曾講過：當宇宙的元氣來個開合大動的時候，天地就發生無限
的震盪，海陸變動，高山隆起，平地湮沒，人類和萬物完全消
滅死絕，連舊日事物的痕跡也完全看不見了，這時就又回到了
沒有生命的洪荒世界。曾經看到高山上有螺蚌殼，有的還夾在
岩石當中，這些岩石就是過去的泥土，螺蚌原來是水中的生
物，本來是低的地方，現在卻變成了高山，原來是鬆軟的泥
土，後來卻變成了堅硬的岩石。從這些現象中去深入思索，便
可以驗證上面所說的這番道理了。」

可以看出，十二萬九千六百年來一次大災變，是朱熹這段話的要害。
螺蚌化石只是作為「災變論」的證據提出來的，它只不過是朱熹反動
哲學的一個腳注而已。和沈括相反，朱熹站在唯心主義的立場，把封
建的三綱五常強加於自然界，歪曲自然界的本來面目。這從朱熹另一
段鼓吹災變論的話中可以看得更清楚，他自問自答地說：「問天地會
壞否？曰：不會壞，只是相將人無道極了，便一齊打合，混沌一番，
人物都盡又重新起。」朱熹在這裡向人們進行赤裸裸的恫嚇：誰敢起
來造反，不受三綱五常的約束，違背「天理」，也就是「無道極了」
的話，「老天爺」就會來個「一齊打合」，人類就會大難臨頭，全部滅
絕。十分清楚，朱熹這套災變論和唯心主義的因果報應論，是他反動
「天理論」的一個補充，是和他「存天理，滅人欲」的反動政治綱領
一脈相承的。他宣揚的完全是剝削、壓迫有理，革命、造反無理的反
動哲學，是鎮壓人民的緊箍咒，麻痺人民革命意志的精神鴉片。

　　恩格斯在談到法國一位災變論者居維葉時曾尖銳指出：「居維葉
關於地球經歷多次革命的理論在詞句上是革命的，而在實質上是反動
的。它以一系列重複的創造行動代替了單一的上帝的創造行動，使神

跡成為自然界的根本的槓桿。」(《自然辯證法》) 這用在對朱熹災變論的批判上,不也是一針見血嗎?

事實無情地粉碎了朱熹是我國地質古生物學界「最前驅」的神話。而且,朱熹為了政治上不可告人的目的,利用沈括等前人的科學成果,加以完全反科學的歪曲和糟蹋,來論證其反動的災變論。可見,儒家所推行的「克己復禮」的反動政治路線,他們的那條唯心主義天命論、先驗論的反動思想路線,是和真正的科學格格不入的,決定了他們是發展科學技術的死對頭。朱熹借螺蚌化石鼓吹災變論,為封建統治階級服務的醜惡行徑,是對王安石變法的反動,也是對沈括科學實踐的反動。

「思想上政治上的路線正確與否是決定一切的。」從上面的事例可以看到,宋代儒法的兩條政治路線,兩種自然觀,壁壘分明,它們對科學技術發展的作用,也是截然相反的。在勞動人民巨大創造力量的基礎上,法家革新、進步的政治路線和樸素的唯物主義自然觀,對科學技術發展無疑起了一定的促進作用;而儒家復舊、倒退的政治路線和唯心主義天命論的自然觀,則對科學技術的發展起了阻礙和破壞作用。沈括所以能在當時達到較高的科學成就;而朱熹則歪曲科學事實,利用前人的成就鼓吹災變論,為封建統治階級鎮壓人民革命效勞,就是儒法兩條不同政治路線的鬥爭在科學領域的生動反應。我國地質古生物研究在北宋沈括那時候已躍居世界的前列,而在南宋以後的長期封建社會裡卻發展遲緩,以致落後於西方,其主要原因也就在於儒家的反動思想政治路線窒息了這一科學的發展。

宋代儒法兩條路線的鬥爭,離我們已近一千年了。但是它的影響仍然深刻地存在著。叛徒、賣國賊林彪對朱熹十分崇拜,並且告誡他的死黨「要像朱子那樣去待人」。他自比「天馬」,污蔑勞動人民是只懂得「油鹽醬醋柴」的小人;他主張「師大國」,崇洋媚外,反對走

我國自己科學技術發展的道路；他鼓吹天才論，反對實踐，反對知識分子和工農結合；鼓吹唯生產力論，技術至上，反對無產階級政治掛帥。凡此種種都說明，林彪推行的反革命修正主義路線，正是我國科學技術發展的最大禍害。因此，我們必須認真總結科技方面儒法鬥爭的歷史經驗，肅清林彪推行的反革命修正主義路線的流毒，為在科技領域內更好地貫徹執行毛主席的革命路線，樹立辯證唯物論的無產階級宇宙觀，創造出無愧於我們時代的社會主義的科學文化，而貢獻一切力量！

——原載《科學實驗》一九七四年第十一期，頁一～二

剝去朱熹偽科學的畫皮
——批判朱熹借螺蚌化石鼓吹災變論 為封建統治辯護的反動實質

古葉紅

一 歷史的偶像

　　從本世紀二十年代[1]起，我國地質、古生物學界和哲學界在列舉古代關於地質和化石理論的資料時，常常引用南宋反動理學家朱熹（1130～1200）關於螺蚌化石的一段敘述。某些著作認為朱熹是「最早認識化石意義的人」；有的說他「從高山上殘留的螺蚌殼論證地質變遷」，「表達了對自然界矛盾進化的某些觀測」，「對自然科學有不同程度的貢獻」[2]，「這是他哲學中的唯物主義成分」，甚至說朱熹是「中國歷史上有數的道德家」等等。半個世紀來，有數十種書刊[3]和教科書、工具書競相傳抄，在國內外廣為傳播，給朱熹披上了一件唯物主義者的外衣，把他奉為我國古代地質、古生物學的先驅，儼然成了歷史的偶像。可見流傳之廣，影響之深。

　　朱熹是繼孔老二、孟軻、董仲舒之後，古代影響最大的唯心主義的先驗論者。他為了維護孔、孟之道，替封建統治階級效勞，炮製了

1　見章鴻釗一九二二年〈中國研究地質學之歷史〉一文（《中國地質學會誌》卷一）。

2　見《辭海》（未定稿，一九六五年四月版）朱熹條。

3　包括《化石》一九七三年第一期，〈螺蚌殼的啟示〉。

所謂「天理論」。狂熱地鼓吹人類和宇宙萬物都是由老天爺安排的；統治人民的「三綱五常」，也都是「天理」決定的。朱熹說：「未有天地之先，畢竟也只是理，有此理便有此天地。」又說：「帝是理為主。」（《朱子語類》卷一）也就是說天上的上帝和人間的皇帝，都是「天理」的體現和化身，是老天爺授命來統治人民的。

朱熹在政治上是反動的，這是無疑的了。然而朱熹對螺蚌化石的敘述，是否對地質古生物學、對自然科學和哲學真的有什麼「貢獻」呢？

偉大領袖毛主席早就指出：「我們必須尊重自己的歷史，絕不能割斷歷史。但是這種尊重，是給歷史以一定的科學的地位，是尊重歷史的辯證法的發展，而不是頌古非今，不是讚揚任何封建的毒素。」（《新民主主義論》）在深入、普及、持久地批林批孔、批判反動沒落階級意識形態孔、孟之道的今天，我們必須以毛主席這個教導作為思想武器，對朱熹有關螺蚌化石的敘述進行具體的、全面的科學分析，透過假象，揭露其本質，做出正確的歷史評價，還其本來面目。

二　誰是創造科學歷史的真正主人

在對朱熹有關螺蚌化石的敘述進行分析批判之前，首先讓我們簡略地回顧一下我國古代勞動人民和學者，對化石的形成和地質演變的樸素唯物的認識，是很有效益的。

恩格斯教導我們：「科學的發生和發展一開始就是由生產決定的。」（《自然辯證法》）我國古代勞動人民從長期的生產實踐中，對化石的成因和滄海桑田的變遷早有樸素的認識。早在公元前八世紀，就有了「高岸為谷，深谷為陵」這樣描寫地形變更的詩句。早期法家鄧析（？～前 501）也說過「山淵平」的話。唐代就有韋應物（737～

約 787）詠琥珀化石的詩句：「曾為老茯神，本是寒松液，蚊蚋落其中，千年猶可覿（看見）。」說明當時已認識到松脂經久形成琥珀、昆蟲遺體隨同埋藏其中的道理。這些文字煥發著我國人民卓越的智慧，在世界地質史上也占有燦爛的一頁。認真地總結和批判地繼承這一份珍貴遺產，是擺在我們面前的一項光榮任務。

關於直接論述螺蚌化石的人，早在朱熹之前四百年，就有唐代的顏真卿（709～784），他曾寫道：「東北有石崇觀，高石中猶有螺蚌殼，或以為桑田所變。」[4] 比朱熹早一百年的北宋著名法家、科學家沈括（1031～1095）在他所著的《夢溪筆談》中對此闡述得更為明確，他寫道：「……遵太行而北，山崖之間，往往銜螺蚌殼及石子如鳥卵者，橫亙石壁如帶。此乃昔之海濱。今東距海已近千里。所謂大陸者，皆濁泥所湮耳。」[5] 在這段話裡，沈括論述了地質變遷的原理，從高山上的螺蚌殼推知沖積平原的形成過程。此外，在他的著作中還有關於植物和其它動物化石的論述，並從化石來推知我國古代的氣候。因此，沈括是我國古代對化石最早提出較系統的合乎科學見解的人〔比意大利學者達‧芬奇（1452～1519）最初理解化石是古生物遺跡要早四百多年〕。特別是，沈括在科學上具有的唯物主義傾向，是和他在政治上積極主張革新，有著密切聯繫的。他積極地參加了當時的王安石變法運動，這和朱熹尊儒反法的反動政治立場，恰成鮮明的對照。

至於朱熹談到的有關螺蚌殼化石的話，是從沈括那裡抄襲來的。他為了適應反動統治階級鎮壓人民的需要，抄襲之後，從根本上加以歪曲，為宣揚反動的災變論製造根據。朱熹既不是什麼「最早認識化

4　見《顏魯公文集》卷十三，〈撫州南城縣麻姑山仙壇記〉一文。

5　見沈括《夢溪筆談》卷二四，〈雜志一〉。

石意義的人」，更不是什麼真正認識化石意義的人。

三 災變論的狂熱吹鼓手

經過核查朱熹談到螺蚌殼化石的全部原文，我們發現，原來半個世紀以來的所有推崇朱熹的著作，都無一例外地只孤立地引用了朱熹整段敘述中非本質的一部分（即講高山螺蚌殼的幾句），而將其本質性的部分（即鼓吹災變論的長段謬論）完全刪去，硬將二者割裂開來。這種斷章取義的引用，使人們誤以為反動理學家朱熹在地質古生物學上似乎真有什麼「獨到的見解」和「貢獻」，客觀上掩蓋了朱熹災變論的反動實質。混淆人們的視聽，流毒了半個世紀。

朱熹到底是怎樣借螺蚌化石鼓吹災變論，為反動封建統治階級效勞的呢？讓我們把他這整段謬論的原文抄出來示眾，供大家共同研究分析，給予徹底的揭露和批判。

朱熹說：「方渾淪未判，陰陽之氣，混合幽暗，及其既分，中間放得開闊光朗，而兩儀始立。邵康節[6]以十二萬九千六百年為一元，則是十二萬九千六百年之前，又是一個大闔闢，更以上亦復如此。直是動靜無端，陰陽無始，小者大之影，只晝夜便可見。五峰[7]所謂一氣大息，震盪無垠，海宇變動，山勃川湮，人物淨盡，舊跡大滅，是謂洪荒之世。嘗見高山有螺蚌殼，或生石中，此石即舊日之土，螺蚌即水中之物，下者卻變而為高，柔者卻變而為剛，此事思之至深，有可驗者。」（見宋黎靖德編《朱子語類》卷九四；清黃宗羲編《宋元

---

6 邵雍（1011～1077），北宋頑固的尊孔反法派，與司馬光等一起攻擊王安石的變法。康節是他的封號。他認為宇宙的本原是太極，太極永恆不變，而天地萬物都按他所說的先天圖循環變化。

7 胡宏（1105～1155，或 1102～1161），南宋人，又叫五峰。是反動理學家程顥、程頤的門徒。

學案》頁五四八；清李光地編《朱子全書》卷四九）

　　把這段話譯出來，就是下面的意思：「當宇宙還是混沌不分的時候，陰陽兩氣混合，天地是一片黑暗；等到陰陽分開，中間才變得開闊光明，天和地才開始出現。邵雍把十二萬九千六百年作為一個周期，那麼在十二萬九千六百年以前，又是一個天地的大開合，往前推算，往復循環，都是這樣。可以說，天地的開合永無盡處，陰和陽都沒有開始的時期，小的事物是大的事物的縮影，白天和黑夜的交替，便是個例證。胡宏曾講過：當宇宙的元氣來個開合大動的時候，天地便發生無限的震盪，海陸變動，高山隆起，平地湮沒，人類和萬物完全毀滅，舊日生命的蹤跡盡絕，這時就又回到了沒有生命的洪荒世界。曾經看到高山上有螺蚌殼，有的還夾在岩石當中，這些岩石就是過去的泥土，螺蚌原是水中的生物，本來是低的地方卻變成了高山，原來是鬆軟的泥土，後來卻變成了堅硬的岩石。從這些現象中去深入思索，便可以驗證上面所說的道理了。」

　　十分清楚，十二萬九千六百年來一次大災變，是這一大段話的核心，螺蚌殼化石只是作為災變論的證據提出來的。如果拋棄這個核心，把關於螺蚌殼化石的話從中孤立地抽取出來，從而把朱熹說成是什麼論證了地質的變遷，什麼表達了對自然界矛盾進化的觀測，「這是他哲學中的唯物主義成分」等等，這實質上是捨本逐末，是對歷史的歪曲和顛倒，在科學上也是極其不嚴肅的。偉大的革命家、思想家魯迅針對這種形而上學的方法論曾經一針見血地指出：「倘有取捨，即非全人，再加抑揚，更離真實。」（《且介亭雜文二集·題未定草（六至九）》）這對我們正確評價歷史人物是一個寶貴的啟示。

　　朱熹還更露骨地說：「問天地會壞否？曰：不會壞，只是相將人無道極了，便一齊打合，混沌一番，人物都盡，又重新起。」（《朱子語類》卷一）

　　看！朱熹鼓吹的災變論和唯心主義的因果報應論的反動觀點，在這裡不是暴露無遺了嗎？朱熹在這裡向人們進行赤裸裸的恫嚇：封建的「君、臣、父、子」，「三綱五常」都是老天爺的「天理」規定的，誰敢起來造反，也就是朱熹所說的「無道極了」的話，老天爺就會來個「一齊打合」，人類就要大難臨頭，全部滅絕。朱熹向人們描繪的是一種多麼陰森可怕的情景呀！十分清楚，朱熹宣揚的這套唯心主義的反動說教，完全是鎮壓勞動人民的緊箍咒，是地地道道的剝削有理，造反無理的反動哲學。而朱熹關於螺蚌殼化石的引述，在此只不過是他整個唯心主義反動哲學的一個腳注而已！

　　恩格斯在談到法國一位災變論者居維葉的時候，曾經尖銳指出：「居維葉關於地球經歷多次革命的理論在詞句上是革命的，而在實質上是反動的。它以一系列重複的創造行動代替了單一的上帝的創造行動，使神跡成為自然界的根本的槓桿。」（《自然辯證法》）這用在對朱熹災變論的批判上，不也是一針見血嗎？

　　偉大的革命導師列寧教導我們：「由此得出一個明確的結論：應該設法根據正確的和不容爭辯的事實來建立一個可靠的基礎，……要這個基礎成為真正的基礎，就必須毫無例外地掌握與所研究的問題有關的事實的全部總和，而不是抽取個別的事實，否則就必然會發生懷疑，懷疑那些事實是隨便挑選出來的，懷疑可能是為了替卑鄙的勾當作辯護而以『主觀』臆造的東西來代替全部歷史現象的客觀聯繫和相互依存關係，這種懷疑是完全合理的。要知道，這樣的事情是很常見的……而且比我們所想像的要多得多。」（《統計學和社會學》，《列寧全集》第二三卷）今天，我們核查了朱熹有關螺蚌殼化石的全文，揭穿了他鼓吹災變論、為反動統治階級辯護的猙獰面目和罪惡本質，就有可能糾正人們半個世紀以來對朱熹的認識，把顛倒了的歷史顛倒過來。在總結這一歷史教訓時，重溫列寧這段教導，使我們感到格外的

親切。

四　反動統治階級的衛道士

朱熹所處的時代，是封建社會已經進入後期，社會各種階級矛盾進一步暴露，農民起義此伏彼起，提出了「均貧富、等貴賤」的革命口號，震撼著反動封建統治的社會基礎。孔老二的儒家學說，經過歷代廣大勞動人民和法家學派的不斷批判，已是百孔千瘡。朱熹為了適應封建統治階級的政治需要，這時跳將出來，充當了衛道士的角色，把孔老二的「天命論」和董仲舒的「天人感應論」等反動謬論，進行改頭換面，裝飾一番，搞了個「天理論」，又抬出「災變論」作為補充，為維護封建制度效勞。

朱熹把孔老二簡直是吹上了天，他說：「天不生仲尼，萬古如長夜。」（《朱子語類》卷九三）他繼承和發揮了儒學的反動思想，他的主要著作如《四書集注》、《周易本義》、《朱子全書》等，集孔、孟之道的大成。他的反動的唯心主義哲學思想，對維護封建統治起著重要的作用。他的反動著作被後來的封建統治者定為必讀的教科書，並作為封建科舉考試的標準答案。

朱熹反動哲學思想的核心是「存天理，滅人欲」。他又是怎樣理解、貫通孔老二「克己復禮」的反動綱領的呢？他說：「孔子之所謂克己復禮，……聖人千言萬語，只是教人存天理，滅人欲。」（《朱子語類》卷十二）因而孔老二叫喊「復禮」，朱熹就說要「存天理」；孔老二說要「克己」，他就叫喊要「滅人欲」！真是把孔、孟之道的反動核心「克己復禮」，發揮到無以復加的地步。因此反動封建統治者把他當作個寶貝。朱熹死後二十四年，宋朝皇帝宋理宗還感慨萬分地說，朱熹的書他讀了都捨不得放手，真恨不得和朱熹活在同時。後來

就追封朱熹為太師，把他的靈位抬進了孔廟。

朱熹的「災變論」是派生於他的「神創論」的，或者說，兩者是他整個哲學體系的一對雙生子，都是為其反動政治目的服務的。朱熹對於人是怎樣產生的這個問題，回答是十分荒唐的。他說「天地之初，如何討個人種，自是氣蒸結成兩個人。後方生許多萬物，所以先說乾道成男，坤道成女，後方說化生萬物，當初若無那兩個人，如今如何有許多人」（《朱子語類》卷九四）。朱熹的這些話和西方所說的上帝先造出亞當和夏娃，後造出萬物來的那套鬼話，不是如出一轍麼？！

哲學戰線的論爭，從來都是為政治鬥爭服務的。朱熹的災變論也好，神創論也好，無非是要證明人和萬物都是由他所鼓吹的「天理」來決定的，是由神所安排的。一切封建統治制度都是神聖不可侵犯，都是天生合理的。要人們世世代代地接受「天命」，順應「天理」，不得起來造反。所以，朱熹借螺蚌殼化石來論證「災變論」就絕不是什麼偶然的了。

五　林彪、朱熹是一丘之貉

歷史證明，歷代一切反動統治者的代表都是尊孔反法的。而宋以後的一切尊孔反法的反動代表，又必定是吹捧朱熹的。蔣介石把朱熹的《四書集注》說成是「中國固有政治哲學的典籍」，劉少奇說「宋儒也有許多修養身心的方法」，叛徒、賣國賊林彪為了復辟資本主義，也跟在他們的屁股後面，竭力吹捧朱熹，鼓吹他的死黨「要像朱子那樣去待人」。朱熹為了「克己復禮」，叫喊要「存天理，滅人欲」，林彪在不到三個月中，就和他的死黨寫了「悠悠萬事，唯此為大，克己復禮」四條條幅。朱熹咒罵秦始皇說「秦朝是那麼無道，絕

沒有長久存在的道理」，而林彪則惡狠狠地罵：「秦始皇焚書坑儒。」朱熹搞《四書集注》，林彪就大搞《四書集句》。他們兩人雖然時代不同，但都是地地道道的孔老二的信徒。

孔老二為了「克己復禮」和開歷史倒車，抬出了「天命論」；朱熹為了維護封建統治，抬出了「天理論」和「災變論」；林彪為了復辟資本主義，效法孔老二「克己復禮」，拋出了「天才論」。這些活生生的歷史事實告訴我們一條真理：一切腐朽沒落的反動統治階級的代表，為了他們反動的政治目的，總是以唯心主義的哲學史觀作為他們反革命的精神支柱，向革命的階級和革命人民進攻。朱熹關於螺蚌殼化石的整段原文，就正是以談科學為幌子，販賣唯心論的黑貨，為鎮壓人民、鞏固封建統治服務。因此，無產階級和革命人民必須高舉馬克思主義歷史唯物論的旗幟，針鋒相對，剝去敵人一切偽科學的畫皮，揭穿敵人開歷史倒車的反革命實質，絕不能讓他們的任何陰謀詭計得逞。

文化革命的偉大先驅魯迅曾經向舊世界的一切魑魅魍魎莊嚴宣告：「苟有阻礙這前途者，無論是古是今，是人是鬼，是《三墳》、《五典》，百宋千元，天球河圖，金人玉佛，祖傳丸散，秘製膏丹，全都踏倒地。」（《華蓋集·忽然想到（五至六）》）我們在批林批孔的偉大鬥爭中，就是要以魯迅先生這種與一切舊事物和反動勢力毫不妥協頑強奮戰的徹底革命精神，揭露朱熹借螺蚌殼化石鼓吹災變論、為封建統治階級鎮壓人民革命製造輿論的反動實質，還其偽科學、真反動的本來面目，把這個半世紀以來在人們思想中樹立起來的歷史偶像推倒在地，把它踏得粉碎，徹底翻這個歷史的案！

——原載《古脊動物與古人類》第十二卷第四期，
一九七四年十月，頁二三三～二三七

朱熹的醜惡面目

上饒地區革命委員會政治部宣傳組

婺源縣革命委員會政治宣傳部

目次

（編案：本目次頁為原書目次頁，為存其真，內容及頁碼不做更動）

毛主席語錄

　　一定的文化是一定社會的政治和經濟在觀念形態上的反映。在中國，有帝國主義文化，這是反映帝國主義在政治上、經濟上統治或半統治中國的東西。……在中國，又有半封建文化，這是反映半封建政治和半封建經濟的東西，凡屬主張尊孔讀經、提倡舊禮教舊思想、反對新文化新思想的人們，都是這類文化的代表。帝國主義文化和半封建文化是非常親熱的兩兄弟，它們結成文化上的反動同盟，反對中國的新文化。這類反動文化是替帝國主義和封建階級服務的，是應該被打倒的東西。不把這種東西打倒，什麼新文化都是建立不起來的。不破不立，不塞不流，不止不行，它們之間的鬥爭是生死鬥爭。

　　一切腐朽的意識形態和上層建築的其他不適用的部分，一天一天地土崩瓦解了。徹底掃除這些垃圾，仍然需要時間；這些東西崩潰之勢已成，則是確定無疑的了。

出版者的話

　　為了有助於把批林批孔運動普及、深入、持久地進行下去，堅持在上層建築，其中包括各個文化領域中對資產階級實行全面專政，從各條戰線開展反修防修、鞏固無產階級專政的鬥爭，我社出版了《朱熹的醜惡面目》這本書。

　　本書首先論述朱熹所處的時代和他出現在南宋歷史舞臺上，是封建社會趨向沒落的必然產物；再就朱熹的哲學思想、政治主張，抓住路線問題，抓住他搞復辟倒退、搞投降賣國的反動實質，從政治上、理論上進行批判；而後論述歷代反動統治階級如何借助朱熹的亡靈為其反動統治服務，黨內機會主義路線的頭子又是如何繼承朱熹的反動衣缽，為其反革命陰謀服務，並指出孔老二和朱熹思想是林彪反動思想的一條黑根，從思想根源上揭露林彪修正主義路線的極右實質。同時，謳歌人民群眾的反孔批儒的革命鬥爭精神。

　　本書由我社約請上饒地區和婺源縣革命委員會政治部宣傳組共同編寫。在編寫過程中，江西電機廠工人理論小組、江西師範學院歷史系的同志參加審讀、修改，並得到其他有關單位的大力支持。在此，謹致謝意。由於我們的思想和業務水平不高，工作中難免有缺點，懇切地希望革命讀者批評指正。

一　朱熹及其所處時代

　　朱熹（1130～1200），字元晦，號晦庵，江西婺源人。他是南宋儒家的代表，反動理學的集大成者，是繼孔、孟之後，我國封建時代反動影響最大的唯心主義哲學家，是剝削階級的忠實衛道士。沒落奴隸主階級的意識形態孔、孟之道，經朱熹按照封建地主階級利益進行加工後，臭名更昭著，流毒更深廣。

　　朱熹的反動理學，又稱道學，也就是宋代孔學。朱熹繼承了孔丘、孟軻以及董仲舒以來的唯心主義，並進一步發展了孔、孟的儒家學說，形成了龐雜的反動哲學體系──「理」學。它是一個包括孔丘、思孟學派以及漢代董仲舒神學，魏晉南北朝玄學，隋唐佛教及北宋程顥、程頤理學等在內的大雜燴，是集當時中國封建社會舊思想、舊文化、舊傳統、舊觀念之大成的反動思想體系。朱熹理學的出現，正是同封建社會日益衰落的形勢相適應的，是我國封建社會走下坡路時期的孔、孟之道，也就是復辟、倒退、賣國之道。

　　朱熹理學的出籠並不是偶然的，而是有著深刻的階級根源和社會歷史背景的。朱熹出生在封建官僚大地主家庭。他的祖籍原是歙州（今安徽歙縣）黃墩人。五代十國時，他的始祖朱古僚，因追隨歙州刺史陶雅鎮壓婺源人民反抗重賦鬥爭特別賣力，當上了婺源鎮將。從此，朱家便成為婺源的著姓大族。朱熹的父親朱松，中進士後出任福建建州政和縣尉。一一二一年，朱松被浙江方臘領導的農民起義嚇破了膽，攜帶全家逃到福建建陽，更調南劍州尤溪縣尉。一一三〇年，朱熹就出生在這個封建官僚大地主的家庭裡。從來，朱松還當上了朝廷吏部員外郎兼史館校勘。

　　在宋代，福建是唯心主義理學的重要據點。北宋反動理學的奠基

人程頤的一、二、三傳弟子楊時、羅從彥、李侗都是福建人，他們相繼招徒講學，流毒東南，故稱之為「海濱鄒魯」（朱熹稱泉州為「海濱」，鄒是孟軻出生的地方，魯是孔丘出生的地方）。朱熹的父親朱松也是二程（程顥、程頤）的忠實信徒，他和李侗同為羅從彥的門徒。由於反動階級的地位和家庭出身的影響，朱熹從小就讀孔、孟的書，骨子裡浸透了孔、孟之道的毒液。十四歲時，他父親病危，便把家事托付給鎮壓方臘農民起義的劊子手劉子羽。朱松一死，朱熹便和其母立即投奔到崇安五夫里劉子羽家裡。二十四歲時，朱熹遵從父親的遺囑，長途跋涉至延平，拜李侗為師，繼續鑽研儒家「經典」，成了二程的四傳弟子。後來，他多次出入官場，歷任江西南康（今星子）知府、浙東常平茶鹽提舉、福建漳州知府、湖南安撫兼潭州（今長沙）知府，直到朝廷煥章閣待制兼侍講（皇帝的老師）等反動官職。他一面做官，一面講學，既使用「劊子手的職能」，又使用「牧師的職能」，在福建的延平（今南平）、同安、漳州、建陽、武夷山和江西的鉛山、玉山、上饒、婺源、餘干、廬山以及湖南的善化、嶽麓山等地大建書院，大放孔、孟之道厥詞，大肆兜售以「存天理，滅人欲」為政治綱領的反動理學，充當日益衰落的封建制度的衛道士。

朱熹所處的時代，正是我國封建社會逐步向後期過渡的時代。當時社會的階級矛盾空前加深，地主階級日益衰落，官僚大地主巧取豪奪，占有大量的土地，「小民田日減，大官田日增」（《宋史・食貨志上》）。他們大量兼併土地，加重賦稅，橫徵暴斂，敲骨吸髓，廣大勞動人民飢寒交迫，處於水深火熱之中。偉大領袖毛主席指出：「地主階級對於農民的殘酷的經濟剝削和政治壓迫，迫使農民多次地舉行起義，以反抗地主階級的統治。」（〈中國革命和中國共產黨〉，《毛澤東選集》第二卷頁 588）連綿不斷的農民起義和農民戰爭，「一年多如一年，一火（同夥）強如一火」（《續通鑑長編》卷一四五）。唐末黃

巢起義軍破天荒地提出了「均平」、「沖天」的口號，這個口號表達了
革命農民要求改變貧富不均的理想，是對儒家封建等級觀念和人吃人
的綱常名教的嚴正批判。它成了農民階級反封建、反孔、孟之道的有
力的思想武器。北宋王小波、李順領導的農民起義，在中國農民革命
鬥爭史上，第一次明確提出了「吾疾貧富不均，今為汝均之」的戰鬥
口號，這是繼黃巢大起義提出「均平」、「沖天」口號之後，具有歷史
意義的重大發展。公元一一二○～一一二一年方臘領導的農民起義，
又明確提出「是法平等，無有高下」的口號，對封建秩序和封建等級
制度進行了公開的挑戰。接著南宋初期，也就是朱熹出生的一一三○
年，鍾相、楊么（音「腰」）起義，又提出了「等貴賤，均貧富」的
戰鬥口號。在福建路建州（今建甌縣）又爆發了范汝為領導的福建人
民起義。可以看出，自北宋王小波、李順起義以來，農民要求摧毀封
建土地所有制、平均土地和摧毀封建等級制度，反對「三綱五常」的
革命思想遍及全國。這些口號的提出，標誌著我國農民反封建的鬥爭
進入了一個更高的階段，鬥爭矛頭直指封建秩序和封建制度。正如列
寧指出的：「在農民同農奴主地主進行鬥爭時，平等思想是爭取土地
的最強有力的思想動力，在小生產者之間建立平等就是最徹底地消滅
所有一切農奴制的殘餘。因此，平等思想是農民運動中最革命的思
想，這不僅因為它是政治鬥爭的促進因素，而且因為它是從經濟上清
除農業中的農奴制殘餘的推動力。」（〈俄國革命的長處和弱點〉，《列
寧全集》第十二卷頁 341）。

在南宋反動統治的一百五十二年期間，農民起義風起雲湧，此起
彼伏，先後達二百多次。一次又一次的農民起義，震撼了南宋王朝的
腐朽統治，封建統治階級面臨著嚴重的思想和政治危機。加上當時我
國北方帶有嚴重奴隸制殘餘的女真貴族，不斷向中原人民發動掠奪和
騷擾，而統治階級卻一味推行妥協退讓政策，致使女真貴族步步進

犯。一一二九年九月，女真貴族軍隊渡過長江，連破建康（今南京）等重要城鎮，一度占領南宋首都臨安（今杭州）。一一三〇年七月，女真貴族統治集團迫於南北廣大農民起義軍的抵抗，不得不改變策略，立宋漢奸劉豫為傀儡皇帝，國號「大齊」，建都大名府（今河北省）；十月又派大漢奸秦檜「南歸」當奸細，裡應外合地破壞抗金力量。而南宋統治者趙構卻對秦檜的「歸來」很高興，歡喜得晚上都睡不著覺，第二天就封秦檜為禮部尚書，第二年就任為宰相。秦檜秉承女真貴族統治集團的旨意，力主和議，破壞有利的抗戰形勢，終於在一一四一年向女真貴族統治集團，簽訂了西以大散關、東以淮河中流為界，歲貢銀、絹二十五萬兩、匹，並對金稱臣的「紹興和議」。割讓了大散關和淮河以北的大片的中原土地，以換取輕歌漫舞，偏安一偶的「兒臣」屈辱生活。統治階級的極端腐朽，女真貴族的瘋狂入侵，使社會危機日益加劇，更加激起了人民群眾的奮起反抗和鬥爭。

因此，在普及、深入、持久地開展批林批孔運動的大好形勢下，我們批判朱熹及其反動理學，不僅對於徹底批判林彪反革命修正主義路線的極右實質，具有重大的現實意義；而且對於反修防修，鞏固無產階級專政，加強無產階級在意識形態領域裡對一切剝削階級的全面專政，具有深遠的歷史意義。正如偉大導師列寧所說：「革命把舊地基掘得愈深，舊制度復辟就愈困難。」（〈社會民主黨在俄國第一次革命中的土地綱領〉，《列寧全集》第十三卷頁 304）我們要認真學習毛主席關於理論問題的重要指示，學習無產階級專政理論，堅定地貫徹執行黨的基本路線和各項政策，把無產階級專政下的繼續革命進行到底。

二　反動理學的鼓吹者

朱熹的反動理學是一套極端反動的唯心主義哲學，是反動派的思想武器和宣傳工具。它的出籠，是封建社會走下坡路時期的必然產物，是地主階級尊儒反法路線的進一步發展。朱熹理學的反動政治綱領「存天理，滅人欲」，是孔丘的「克己復禮」這一反動政治綱領在新的歷史條件下的繼續和翻版。其反動實質就是為了維護地主階級的利益，以「理」的說教，來麻痹人民的思想，扼殺人民的革命行動，加強對人民的鎮壓，以鞏固搖搖欲墜的封建反動統治。

在朱熹的唯心主義思想體系中，它的基本範疇是「理」。他說什麼「天地之間，有理有氣」，他把物質叫做「氣」，把精神（感覺、意識、思想）叫做「理」。對於「理」與「氣」的關係，他認為就其先後來說，「理在先，氣在後」，有了「理」，才能有「氣」；就其主從關係來說，「理」始終為主，精神決定物質；就其本源來說，「理是本」，「氣」是派生出來的。總之，朱熹認為精神是第一性的，物質是第二性的。他還說：「未有天地之先，畢竟也只是理，有此理，便有此天地，若無此理，便亦無天地，無人無物，都無該載了。」（《朱子語類》卷一）一句話，「理」是先於物質而早已存在的絕對精神，是產生天地間萬事萬物的本源，大至天地，小至螻蟻，都是由「理」這個本體派生出來和由它支配的。

朱熹的「理」或者叫「天理」，究竟是什麼呢？實際上就是孔丘鼓吹的「天」或者叫「天命」的花樣翻新。他說：「天即理。」（《朱子語類》卷一）「天命即是天理。」（《朱子語類》卷四六）朱熹虛偽而又巧妙地發展了孔丘的「天命」觀，它的罪惡目的完全是為了證明封建反動統治者的「合理性」和「永恆性」。他胡說什麼：「帝是理為

主。」(《朱子語類》卷一)把天上的上帝和人間的皇帝都說成是
「理」的體現和化身,把反動的封建統治者硬說成是「天」安排的。
馬克思在批判黑格爾的「絕對精神」時曾經指出:「黑格爾力圖在這
裡把君主說成真正的『神人』,說成理念的真正化身。」(〈黑格爾法
哲學批判〉,《馬克思恩格斯全集》第一卷頁 273~274)朱熹在這裡
正是玩弄這套鬼把戲。它是董仲舒的「天人感應」、「君權神授」等反
動說教的翻版。可見朱熹鼓吹的「天理」,是為維護、鞏固沒落地主
階級的統治服務的,是官僚大地主階級不准農民起來革命,不准法家
革新的一根大棒。歸根到底就是要人們服服貼貼地接受封建地主階級
的反動統治、奴役、壓迫和剝削。

朱熹鼓吹的「理」,也就是孔丘所說的「禮」,他說:「禮即理
也。」(《朱子學的》卷之下)朱熹「理」的具體內容,就是封建的
「三綱五常」。他說:這個「理」,「其張之為三綱,其紀之為五常」
(《朱子文集・讀大紀》)。其中又特別以君臣父子的關係為「三綱之
要,五常之本,人倫天理之至」(《朱子文集・垂拱奏札》)。他並把
「三綱五常」說成是在沒有人類之前就存在的道理,是先天就有「千
萬年磨滅不得」的「天理」。甚至胡說什麼「未有君臣,已先有君臣
之理」,「未有父子,已先有父子之理」(《朱子語類》卷九五),誰也
反對不得,誰反對了就是大逆不道。把宋代封建地主階級的政權說成
是「天理」的化身,這就是朱熹理學的反動本質。因此,朱熹鼓吹人
人都必須按照這個「理」去做,並狂叫:「萬一山河大地都陷了,畢
竟理只在這裡。」(《朱子語類》卷一)這樣,朱熹就給「三綱五常」
罩上了一層神聖不可冒犯的「聖」光,說成是天經地義、絕對的道德
規範,使其更加神秘化、絕對化,成為禁錮人們思想和行動的精神枷
鎖。其目的無非是要證明作為封建倫理道德的「三綱五常」是無所不
在、無所不包的,是支配世界的原則,借以論證地主階級專政的「合

理」。說來說去，一句話，就是壓迫有理，剝削有理；革命無理，造反無理。這就是朱熹為吃人的封建制度辯護的反動理論。

可見，朱熹的反動理學，是殘酷的封建剝削關係在觀念形態上的反映。它把代表全部封建宗法統治思想和制度的「政權、族權、神權、夫權」概括為一個神聖不可侵犯「天理」，使孔、孟之道進一步適應了反動統治的需要。他的唯心主義思想體系，企圖最終地把儒家的思想統治地位鞏固下來，成為我國封建社會後期反動統治的官方哲學。《宋史·道學傳》指出：孔、孟之道的「正統」，「至（朱）熹而始著」。

朱熹一方面把維護封建統治秩序的「三綱五常」宣揚為不可抗拒的「天理」；另一方面又把勞動人民反抗剝削、壓迫的革命要求，以及地主階級中主張革新的進步思想斥之為萬惡的「人欲」。為此，他多次上書皇帝，說國事不振，其原因就在「天理有未純，人欲有未盡」。所謂「天理有未純，是以為善不能充其量」；所謂「人欲有未盡，是以除患不能去其根」（《五朝名臣言行錄·朱熹》）。所以他要以「天理」為準則，做到「除患」、「去其根」，即消滅人民反「天理」之心，維護反動統治。

為了實現「存天理，滅人欲」反動政治綱領的目的，朱熹進而提出了「格物窮理」的唯心主義認識論和地主階級反動的人性論。

所謂「格物窮理」，是麻痺和毒害勞動人民的閉門「修養」經。原來朱熹所謂的「格物」，並不是要人們通過社會實踐活動去認識客觀事物的本質和規律，而是「格物只是窮理」（《朱子文集·答汪尚書》）。也就是說「窮理」就是「致知」，認識的目的只不過是為了明白「天理」。其實質就是妄圖要人們自覺地去維護封建統治秩序，只要封建統治秩序能得到鞏固，就是「天理」得到窮盡。他明確提出：「格物致知」就是「窮天理，明人倫，講聖言，通世故」（《朱子文

集‧答陳齊仲》)。所謂「明人倫」，就是教人自覺地按照封建倫理道
德來立身處世；所謂「講聖言」就是要人們去精通孔、孟以來的反動
說教；所謂「通世故」，就是要懂得封建地主階級的人情世故；所有
這些，都是為了達到認識唯心的本體──「天理」這一根本目的。因
此，朱熹提出的「格物窮理」，對反動統治階級來說，是維護和鞏固
封建統治秩序的救命藥方；對於被統治階級來說，則是麻痺他們心甘
情願地為反動統治者當牛作馬。朱熹宣揚「格物致知」的目的是為了
「治國平天下」，而其中始終貫徹的就是「存天理，滅人欲」這條反
動政治綱領。他說：「格物致知，是窮此理。誠意正心修身，是體此
理。齊家治國平天下，只是推此理。」（《朱子語類》卷十五）要達到
這個目的，朱熹又進一步鼓吹要「居敬」。他說：「敬字功夫，乃聖門
第一義。」「修身、齊家、治國、平天下，都少個敬不得。」（《朱子
語類》卷十二）本來朱熹的「格物窮理」，其實就是閉門「修養」的
代名詞。因此，他引程頤的話說「涵養須用敬，進學則在致知」；又
說「學者功夫，惟在居敬、窮理兩事」，「能窮理，則居敬功夫日益
進，能居敬，則窮理功夫日益密」（《朱子語類》卷九）。為什麼
「敬」字這麼重要呢？因為「敬」就是要求地主階級中的每一個成
員，都恭恭敬敬地去維護「三綱五常」，不得有半點怠慢、放肆和動
搖；而對勞動人民來說，則要求他們恭恭敬敬地去侍奉地主階級，無
條件地忍受地主階級的剝削和壓迫，做到「內無妄思，外無妄動」
（《朱子語類》卷十二），從而達到「盡去人欲，全是天理」（《朱子語
類》卷十四）。把自己的手腳捆縛起來，就像「放在模匣子裡面」一
樣，不准起來革命、反抗，這也叫做「懲忿」、「窒欲」。朱熹得意地
吹噓：「修己以敬，下面安人安百姓，皆由於此。」（《朱子語類》卷
十二）這幾句話，充分暴露了所謂「敬字功夫」的反動實質，就是妄
圖麻痺人民，放棄鬥爭和反抗，只能俯首帖耳地做忠順的奴隸；即妄

圖窒息一切敢於反抗封建倫理綱常的「人欲」，否則的話，那就違反了「天理」，就要加以鎮壓。

一一七六年，朱熹帶著他的忠實門徒蔡元定第二次回婺源祭祖墳。縣令張漢奉他的旨意，把官坑、官田「後龍山」一帶的八百多畝山林全部「敬」入朱家墳地，後來還被封為「文公山」。繼承祖訓的朱家「世襲翰林」們宣揚這「文公山」是「千里來龍，萬里水口」的「賢脈」所在，派兵護守，任何人「不准攀枝摘葉」，如有違者，輕者受罰，重則判刑，真可謂「敬」到家了。有一次，官坑的幾個農民在「文公山」砍了幾擔柴，朱家惡霸們認為這是大不「敬」，扣上破壞「賢脈」的罪名，強行罰款四百多塊銀元，逼得這幾戶農民傾家蕩產。一八九五年，居住在「文公山」附近的貧苦農民周柏林，為飢寒所迫，不得已在山下燒草墾荒，這在朱家惡霸們看來，更是大不「敬」了，立即就被「世襲翰林」的朱家賢抓去毒打一頓，還披枷戴鎖，牽著他在「文公山」周圍和附近的村莊遊村示眾，一連遊了數日，然後投進縣衙門，判刑五年。周柏林在監牢裡被打得皮開肉綻，終於被折磨致死。這就是朱熹「敬字功夫」的吃人實質，這就是朱熹在「居敬」的掩蓋下對勞動人民進行殘酷剝削和血腥鎮壓的鐵證。

朱熹為了掩蓋地主階級殘暴的剝削本性，抹殺封建社會的階級性，有利於實現「存天理，滅人欲」的反動政治綱領，又提出了地主階級反動的人性論。他把「理」體現在人身上就叫做「性」。他說：「性即理也。」（《朱子語類》卷五）他從維護地主階級剝削利益出發，把「性」分為「天命之性」和「氣質之性」。所謂「天命之性」，「它專指理言」（《朱子文集·答鄭子上書》）。是人稟賦「天理」而產生的，也就是「天理」的體現。在他看來，所謂「理」是神聖的，所以「天命之性」也是善的，這和孟軻的「性善」論是一路貨色。因為朱熹的「理」就是封建的「三綱五常」，所以他認為封建倫理道德是

人人都具有的本性，人人都應該遵守這套封建秩序。但是這種反動謬論，並不能掩蓋階級社會中現實的階級對立和鬥爭。朱熹既要掩蓋地主階級殘暴的剝削本性，抹殺封建社會的階級性；又要鞏固封建社會的「三綱五常」，維護封建社會秩序，亦即鞏固階級的壓迫和剝削。因此，他的人性論本身就充滿了荒謬百出的「矛盾」。他一方面鼓吹「天命之性」，另一方面又把這種階級的對立和差別原因歸結到「氣質之性」上去。所謂「氣質之性」就是他所說的「人欲」。按照朱熹的說法，就是「天理」賦予人時，又是依附於「氣質」的，因而不可避免地產生了「理同而氣異」（《朱子大全》卷四六〈答黃商伯〉）。為了能自圓其說，他只好編造了一番謬論，說什麼如果你賦得「清明」之「氣」，而不受「物欲」牽累的，就能保持先驗的善性，就能成為「聖人」；譬如你賦得「昏濁」之「氣」，擺脫不了「物欲」之蔽，就是「愚人」、「不肖」的人（《朱子文集·玉山講義》）。在朱熹看來，人的富貴、貧賤；聰明、愚蠢都是由於所受的「氣質」不同而不同，都是由什麼「清高」、「豐厚」或「衰頹」、「濁薄」的不同的「氣質」所決定的。而這一切，歸根到底又都是由「天」安排的。朱熹這番鬼話，和孔老二的「死生有命，富貴在天」的謬論同出一轍。其反動實質無非是要說明：封建地主階級由於「天」賦的「氣質」好，他們壓迫剝削勞動人民過著窮奢極欲、荒淫無恥的生活，反而不受「物欲」牽累，是天生的「貴人」；而勞動人民由於稟賦的「氣質」不好，又被「物欲」迷了心竅，是天生的「愚蠢」、「貧賤」的人，是「命中注定」給那些官僚地主階級當牛做馬的，是應該受奴役、挨剝削的。拆穿了，就是孔丘的「唯上智與下愚不移」謬論的翻版。其罪惡目的是要人們服從「三綱五常」的封建倫理道德，維護封建等級制度，維護剝削和被剝削的階級差別，是一套地地道道的歪理。

革命導師馬克思、恩格斯曾經深刻地揭露過這種唯心論的反動本

質,是要人們相信:「歷史上產生的階級差別是自然的差別,人們必須向天生的貴人和賢人屈膝,尊敬這些差別,並承認它們是永恆的自然規律的一部分,一言以蔽之,即應崇拜天才。」「最後得出一個答案:應該由貴人、賢人和智者來統治。」(〈《新萊茵報·政治經濟評論》第四期上發表的書評〉,《馬克思恩格斯全集》第七卷頁 307)借「天命」來裝飾自己,欺騙人民,是一切反動派的共性。孔老二胡說什麼「天生德於予」(「天」把治理天下的聖德交給了我),朱熹就吹捧說「天不生仲尼,萬古如長夜」;還厚顏無恥地把自己吹成是「自古作善天降祥」(《朱子文集·詩賦全集》)的「貴人」和「賢人」,他的黨羽則胡說什麼在他出生的那一天,他的老家婺源縣城南門就「有紫氣如虹自井騰上」(《婺源縣志》)。他們在「天」字上大做文章,自吹自擂,妄圖把自己打扮成天生的「聖賢」,天命的「人主」,讓人民群眾拜倒在他們的腳下,乖乖地服從他們的統治。

然而「群眾是真正的英雄」。孔老二、朱熹編造的這一套騙術,完全是枉費心機。人民群眾的革命鬥爭從來沒有停止過對他們的衝擊。從柳下跖痛斥孔老二,到王小波、李順,鍾相、楊么、李自成、洪秀全等領導的歷次農民起義,對孔、孟之道和程、朱理學的揭露和批判,充分證明孔、孟之道和程、朱理學的反動性和虛偽性早已被人民所戳穿。他們所想要欺騙的人民群眾,他們所想要滅的「人欲」,正是批判他們的主力軍和掘墓人。

朱熹拚命鼓吹儒家的綱常名教,是為了從思想上扼殺被壓迫階級的一切革命思想和革命要求。在「存天理,滅人欲」的反動政治綱領下,他們一夥還提出「餓死事極小,失節事極大」的反動口號,強迫婦女「從一而終」,一切服從「天理」。在這種吃人禮教的毒害下,不知有多少婦女被奪去了生命。據婺源縣清華〈姑嫂貞節坊〉記載:有姑嫂兩人,姑姑未出嫁,便和活活守寡的嫂嫂在一起,被關進牢籠,

每天只能由婦女送飯給他們吃；一次送飯婦女不在，一個男子把飯送去，姑姑伸手來接，被發現後，認為這是違反「天理」的「失節」大事，當時就把手砍斷在窗櫺上。婺源縣類似的碑坊達一百零七個之多。縣城街上有座一八三八年清朝建立的「孝貞節烈總坊」，記載著宋代以來受害婦女二千六百五十八人，到一八七七年重建「節孝祠」時，受害人數增至五千八百多名。貞節坊就是建立在歷代婦女的累累白骨堆上，它是朱熹理學用軟刀子殺人的有力見證。

　　為了實現「存天理，滅人欲」的反動政治綱領，朱熹既使用「牧師的職能」，又發揮「劊子手的職能」。當他企圖把一切革命思想和革命行動扼殺在搖籃裡的陰謀不能得逞時，他便多次赤膊上陣，揮舞屠刀，用鋼刀子殺人。對於揭竿起義的造反農民，朱熹怕得要死，恨得要命，惡狠狠地咒罵起義農民是「盜賊」，是「人欲橫行」，殺氣騰騰地叫喊「要革盡人欲，復盡天理」；「天理存則人欲亡，人欲勝則天理滅」；叫囂「未有天理人欲夾雜者」（《朱子語類》卷十三）。他在南康（今星子）當知府時，就對三個所謂「盜賊」判處「配隸嶺海」，後又派人暗下毒手，加以殺害（《朱子文集·答林擇之書》）。他公開聲言「佃戶不可侵犯田主」，妄圖要農民「各依本分，凡事循理」（《朱子文集·勸農文》）。有誰如果敢於「鼓眾作鬧」，起來造反，那就要吃官司，坐班房，「決配遠惡州軍」。他還胡說什麼為了防止「小人凌上之風」，把勞動人民關進監牢而加以「桎梏箠楚（鞭打）」，乃是「正理」（《朱子文集·與方耕道書》）。並主張對於「以下犯上，以卑凌尊」，「以地客殺地主」者，都要嚴加懲辦，決不寬恕，「當殺則殺之」（《朱文公政訓》），「我只有寸鐵，便可殺人」（《朱子語類》卷八）。事實正是這樣，一一九四年，陳峒領導的瑤漢族農民起義軍正在湖南活動，出任湖南安撫的朱熹一到職所，立即調兵遣將，進行血腥鎮壓，關押了幾千起義農民，並搶在新皇帝即位實行「大赦」前，

一下就殺了十八個農民起義領袖，以免「赦至而大惡脫網也」（《長沙府志》）。他還公開揚言，對於起義農民「捉得便自歡喜，不捉得終夜惶恐」（《朱文公政訓》）。一張公開吃人的魔鬼猙獰面目，在這裡暴露無遺。可見朱熹拋出「存天理，滅人欲」的反動政治綱領，主要是鎮壓農民革命的。其反動實質就是要使封建地主階級剝削壓迫勞動人民的「天理」永存，要把勞動人民一切反抗鬥爭和革命的火焰統統滅掉。

朱熹依據這個反動政治綱領，堅持復古倒退的唯心史觀，反對任何革新；堅持守舊倒退的反動政治路線，把法家的革新思想和革新行動污蔑為危害「天理」的「人欲」。他對於歷史上凡屬有利於社會變革的新生事物，都要進行惡毒的咒罵。春秋晚期，齊國新生力量代表田成子殺掉奴隸主貴族頭子齊簡公，這本來是一種革命行動，朱熹卻認為這是「人倫之大變，天理所不容」（《論語·憲問》注）。他還大肆攻擊秦始皇是「暴君」，說：「秦世無道，決無久存之理。」（《朱子大全》卷七一〈古史餘論〉）而對那個大罵秦始皇的董仲舒，則大加吹捧，胡說：「漢儒，惟董仲舒純粹，其學甚正，非諸人比。」（《朱子語類》卷一三七）他對北宋法家代表人物王安石更是不遺餘力地百般攻擊，大罵王安石變法之所以「奸」，就在於「不復知以……克己復禮為事」，如果落到孔丘手裡，必然受到「少正卯之誅」（《王荊公年譜考略》卷一）。污蔑王安石執政期間，「全不用許多儒臣」，「其術足以殺人」（《朱子語類》卷一三〇）。並惡毒攻擊和他同時代的法家主要代表人物陳亮是「粗豪」（野蠻），是在「利欲膠膝盆中」討生活，教唆他的門徒中傷陳亮是「怪人」，誹謗他的學說是「異端邪說」，恨不得把陳亮置於死地而後快。僅此數例，足以說明朱熹的「存天理，滅人欲」反動政治綱領，正是適應了官僚大地主階級尊儒反法，反對變革，守舊倒退，投降賣國的政治需要的。

　　從朱熹的「存天理，滅人欲」反動政治綱領中，可以清楚地看到朱熹是怎樣繼承和發揮孔、孟之道，為反動統治階級服務的。朱熹供認：「克己復禮，是截然分別個天理人欲。」（《朱子語類》卷四二）可見孔老二的「復禮」，就是朱熹的「存天理」；孔老二的「克己」，就是朱熹的「滅人欲」。孔老二說「克己復禮為仁」，朱熹就說：「做到私（人）欲淨盡，天理流行，便是仁。」（《朱子語類》卷六）他還在〈延和奏札〉中向封建皇帝獻計獻策，說什麼孔老二的「克己復禮」是「千聖相傳心法之要」，是「天理之全」。胡說：「孔子之所謂克己復禮，《中庸》所謂致中和……聖賢千言萬語，只是教人存天理，滅人欲。」（《朱子語類》卷十二）這說明朱熹的「存天理，滅人欲」和孔老二的「克己復禮」是一路貨色，沒有什麼區別。都是為了維護腐朽沒落的舊制度，適應腐朽沒落的反動階級需要而產生的。所不同的只是孔老二要「復」奴隸制的「禮」，朱熹要「存」封建制的「理」。它集中反映了封建社會日益衰落時期地主階級的願望，適應了一切反動派的需要。因此，成為一切搞復辟倒退，搞反共革命，搞投降賣國，搞侵略顛覆的反動派的思想武器。是主張倒退，反對前進；主張保守，反對革新；主張復舊，反對革命的剝削壓迫之理，反革命復辟之理。

　　從孔老二到朱熹，說明反動腐朽的階級隨著政治上的日衰沒落，越來越需要乞求唯心論的先驗論。叛徒、賣國賊林彪及其一夥繼承歷代反動派的衣缽，祭起尊孔捧朱的破旗，他和朱熹一樣，自封「天才」，自比「天馬」；他的死黨陳伯達則肉麻地吹捧：「一燈能除千年暗，日智能滅千年愚。」把反動的「天才」論，作為反黨的理論綱領，當作搞反革命復辟的精神支柱。並且大肆鼓吹「靈魂深處爆發革命」的反革命修養經。他把「克己復禮」作為座右銘，當作萬事中的大事。教唆他的死黨「要像朱子那樣去待人」，妄圖借孔老二、朱熹

之魂來實現復辟資本主義的狼子野心，來為其顛覆無產階級專政，篡黨奪權製造反革命輿論。在他們一夥炮製的反革命武裝政變計畫《「571 工程」紀要》中，惡毒攻擊我國社會主義「政局不穩，危機四伏」，叫嚷「今不如昔」的濫調，大做「克己復禮」的復辟迷夢，下令他的死黨「不成功便成仁」。這些同孔老二、朱熹的言行同出一轍。但是歷史的辯證法是無情的。在毛主席的無產階級革命路線指引下，我國社會主義革命和社會主義建設的偉大成就，無產階級文化大革命以來的大好形勢，徹底駁倒了林彪一夥的無恥爛言。凡是開歷史倒車的，必然自取滅亡，這是一條歷史的規律。

三　道貌岸然的陰謀家

朱熹為了推行「存天理，滅人欲」的反動政治綱領，十分注意兜售儒家耍兩面派的政治騙術，也就是「怎樣敷衍，偷生，獻媚，弄權，自私，然而能夠假借大義，竊取美名」（魯迅：〈十四年的「讀經」〉）。朱熹的一生，就是損人利己，裝兩面派的一生。他的反動的唯心主義哲學體系，決定了他在組織上爭取權利，結黨營私；在策略上耍兩面派，搞陰謀詭計。他的言論、著作和行為，既是他反革命生涯的真實記錄，也是他的「待人哲學」的生動寫照。資產階級野心家、陰謀家、兩面派林彪，所以無比賞識朱熹的「待人哲學」，就是要從歷史上這個老奸巨猾的反動派那裡，去學取反革命的陰謀權術，用它來反黨反社會主義，妄圖達到顛覆無產階級專政，復辟資本主義的罪惡目的。

朱熹的「待人哲學」，是他整個反動思想體系中的一個重要組成部分。這個所謂「待人哲學」，就是如何在假仁假義的掩蓋之下大搞陰謀權術。

　　朱熹經常標榜要「公而無私」，他對門徒說：「官無大小，凡事只是一個公。若公做得來精彩，便是小官，人也望風畏服。」（《朱子語類》卷一一二）實際上這是欺騙，在階級社會中公與私是有階級性的，朱熹所說的那個「公」，就是他所代表的那個階級的私，就是竭力謀取大地主階級一群一黨的私利，並力爭在統治階級內部狗咬狗的鬥爭中攫取盡可能大的權力，以便把人民的血汗盡可能多地榨到手。他在寫給他的骨幹黨羽呂祖謙的信裡，就說了心裡話：「而其為政（做官）……乃不過是為兒女飢寒之計，而所失，殊非小事，皆未易與外人道。」（《朱子文集・與呂伯恭書》）做官是為了肥私，這樣的私房話，當然不能輕易向外傳。朱熹對另一門徒則說得更露骨了：「聖人無有不可為之事，只恐權柄不入手，若得權柄在手，則兵隨印轉，將逐符行。」（《朱子語類》卷九三）就是說，有權就能指揮一切，調動一切，獲得一切。朱熹為了篡奪權柄來謀取私利，又不要被別人看出了破綻，費盡心機，絞盡腦汁，日夜苦想。他總結了儒家前輩和自己玩弄陰謀權術的經驗，即：要講究手段，善於變換臉譜，蒙騙結合，才能滿足權勢的欲望，塞滿自己的腰包。他並且舉例向門徒傳授「篡權」的手法，說什麼：「譬如一盤珍饌，五人在坐，我愛吃，那四人亦都愛吃，我伸手去拿，那四人亦伸手去拿，未必果誰得之。能恁地思量，便自不去圖。古者權謀之士，雖千萬人所欲得的，他也有計術去取得。」（《朱子語類》卷一一二）幾句自刻自畫的讕辯，把他這個陰謀家的嘴臉暴露得何等淋漓盡致！

　　朱熹當官要當有職有權的「差遣」，要做「民淳地厚」，交通方便的封疆大使，這就能更多地榨取百姓的血汗，像江西南康（今星子）知府、福建漳州知府、浙東常平茶鹽提舉、湖南安撫這樣的美差，詔書一下，朱熹就上表謝恩，走馬上任。對那些有銜無職和有職無權的「虛銜」、「貼職」、「民貧土瘠」的地方官，沒有什麼更多的油水可

撈，如樞密院編修、廣西經略安撫等，他就要賴皮，推了又辭。所謂
「公而無私」也就無影無蹤了。怎樣才能隨心所欲地選擇官而做呢？
朱熹一忽兒阿諛奉承，不借用一切華麗的詞藻去吹捧官僚權貴的「政
功德績」，說話當中流露出要做官的意思。他對中進士後不久，只撈
到一個同安縣主簿做，實在不甘心，於是寫信給吏部尚書汪應辰說：
「縣令之屬，似亦可以藏拙養親。」（《朱子文集‧與汪尚書書》）想
當縣官，又要扭扭捏捏。一忽兒又裝窮叫苦，說什麼：「窮空已甚，
若有數月之闕（缺），即不可待。」（《朱子文集‧與汪尚書書》）伸手
要官做偏要找個「窮空已甚」的藉口。同孔老二一樣，三個月不當官
就急得像熱鍋上的螞蟻一樣，何其相似乃爾。

朱熹還宣揚「君子」做人要「持其公心直道」，而不能因為一己
之私就含糊敷衍，互相隱瞞（《朱子年譜》）。又是一個「公心」，說得
多麼冠冕堂皇。實際上朱熹的直與曲和公與私一樣，都是以大地主階
級的私利為標準的，是要看是否符合維護封建統治秩序的那一套「三
綱五常」的「天理」、「人情」為界限的。只要是符合他們那一夥的私
利，哪怕是造謠生事，互相包庇，也是「直道」。朱熹就公開宣揚
「父子相隱，天理人情之至也」（《論語‧子路》注）。兒子為父親隱
瞞壞事，是關係到天理人情的事，不能講「直道」，因而其「直道」
也就在「君為臣綱，父為子綱，夫為妻綱」這個「千萬年磨滅不得」
的「綱常」裡面，否則，就要亂了封建等級制度的套，就要「禮崩樂
壞」。事實上，朱熹本人就隱瞞了「諸子盜牛而宰殺」的家醜（葉紹
翁《四朝聞見錄‧慶元黨》）。朱熹還說「古人臨事」所以要包庇隱瞞
時，「是一般國家大事，係生死存亡之際，有不可直情徑行處，便要
權其輕重而行之」（《論語‧子路》注）。就是說，當事情關係到封建
統治者地位生死存亡時，那就不管什麼「直道」不「直道」，就是顛
倒黑白，包庇隱瞞也是合乎「天理人情」的。

為了把「權柄」弄到手，朱熹又公開鼓吹「君子」們應該而且必須結成死黨。朱熹的反對派曾一針見血地抨擊他們是「道學權臣，結為死黨，窺伺神器（篡權）」（《朱子年譜》）。這句話，恰好擊中了朱熹的要害，揭穿了朱熹一夥道學先生們鼓吹「公而無私」的目的和用心。儒家的祖師爺孔丘就是靠聚徒講學、結黨營私起家的。他的所謂「七十二賢人」，其實是一個為復辟奴隸制而奔走呼號的反動小集團。朱熹繼承孔老二的衣缽，也制訂了一條「親親、尊尊」，「親者重而疏者輕」，「近者長而遠者短」（《朱子文集‧經延講義》）的反革命結黨路線。

他剛跨入官場，擔任同安縣主簿時，就「選秀民充子弟員」（《泉州府志》）。把那些官僚地主出身的儒生，作為第一批黨徒吸收進來，建立「小山叢竹書院」，作為他第一個反動據點。後來他在各地建立的大大小小的「書院」，都是他培植黨羽的場所。朱熹在福建活動的時間最長，搜羅的門徒也最多，當時福建的幾屆進士，大多數是朱熹的爪牙。趙昚（音：慎）時的宰相陳俊卿的三個兒子都是朱熹的門徒。朱熹利用這些關係，在福建拉山頭，樹勢力，拼湊班底，形成一個以福建門徒為主的「閩學派」，其中還有一個包括他女婿黃榦和范念德、蔡元定等人的骨幹核心。這些官僚地主的紈袴子弟，吹牛拍馬的反動儒生，成為朱熹這一群一黨的得力幹將。

朱熹還積極網羅、勾結一批與他志同道合的儒家頑固派和「四方無行義之徒」，一些「自視無堪以進取之地」（《宋史紀事本末‧道學崇黜》）的封建儒生，也依附朱熹，用他的理學當作攀登仕途的「敲門磚」。有一個叫趙蕃的儒生，混了五十年都沒撈到官做，後來一拜朱熹為師，很快就混了個官做。

朱熹把他的勢力範圍擴大到江西、安徽、浙江、湖南，連邊遠的廣西、四川也有他的地盤。甚至在首都臨安（今杭州），也安插了親

信。他的四百四十二個門徒骨幹和一批追隨者，遍布了京城和各地。
或擔任地方的各級官吏，成為土霸王；或竊踞中央要職，擔任禮、
兵、吏、戶、工、刑部的尚書和侍郎。其中僅管人事的吏部就有彭龜
年、樓鑰等四個侍郎是朱熹的門徒和追隨者。趙眘、趙惇、趙擴這三
任皇帝的侍講（老師）張栻。章穎等也是朱熹的密友，趙眘的參政劉
珙是他的姻親。「根株既固，肘腋既成，遂以匹夫竊人主之柄，而用
之於私室。」（《四朝聞見錄·慶元黨》）朱熹的班底厚了，勢力大
了，竊取的權柄就由他操縱。朱熹的密友張栻不打自招地供認：「道
在武夷。」（《宋史·王阮傳》）就是說真正繼承孔、孟的「道統」，為
南宋統治集團出謀劃策的，就是這個「閩學」派的頭目朱熹及其一
夥。南宋王朝對外屈膝投降，對內血腥鎮壓，政府腐朽，軍事腐敗，
統治者生活窮侈極欲，最後導致一朝覆滅，都與朱熹有很大的關係。
正如清代進步思想家顏元所指出的：「皆晦翁為之。」（《顏李叢書·
朱子語類》）

　　朱熹是個權嗜官迷，沒有官做，他就過不了日子；拿不到權柄，
便惶恐不可終日。但他又經常裝扮成「長者君子」，道貌岸然的樣
子，既表示自己素有「安邦定國」的大略，又表現出自己「無心為
政」的清高。想做官不便明說，則煽動他的黨羽替他吹噓；詔他做
官，他又扭扭捏捏，擺出一副「讓賢」的醜態。其實他何嘗不想做
官，無非是在玩弄起儒家先輩在官場上經常施展的老把戲，來抬高自
己的身價，迫使朝廷給他更高的官做。他對孔老二「尺蠖之屈，以求
伸也，龍蛇之蟄，以存身也」這一套以屈求伸，以守為攻的卑劣伎倆
十分崇拜，詳細加以注釋，說什麼「屈伸消長」是「萬古不易」之
「理」。公然把陰謀家的騙術提到「理」的高度，並揚言要「入那神
妙處，這便是要出來致用」（《朱子語類》卷七六）。他把這個「神
妙」的反革命策略，「致用」於他的反革命政治生涯，使他官運亨

通，青雲直上地由一個小小的同安縣主簿爬到知府、提舉、安撫、煥章閣待制兼侍講的地位，並被封為婺源縣「開國男（爵位），食邑三百戶」（《婺源縣志》）。

朱熹以屈求伸來謀求大官，暴發橫財，並且用「容忍」來實現其反革命野心，推行「存天理，滅人欲」的反動政治綱領。他總結了歷代反動統治者的經驗，用「隱居待時」來按奈野心，他說「心大則自然不急迫」（《朱子語類》卷九三）。野心要大，不要過早暴露，要「退自循養，與時皆晦」，然後才能一舉而「天下大定」（《詩集傳》）。朱熹對孔老二「小不忍則亂大謀」加以解釋說：「小不忍，如婦人之仁、匹夫之勇。」（《論語・衛靈公》注）他還說：「做大事，豈可以小不忍為心？」他主張平時要像「老子」那樣，裝個「虛無卑弱的人」，不要被人識破，緊要關頭再發出來，「便教你支吾不住」。他認為「凡人之情，易發而難制者，惟怒為甚。……竟有一朝之忿不能自制，而被譴喪身者，不可不戒也」（《小學集解》卷五）。就是說，如果在小事上不能忍性，抑怒，就不能以求一逞，就會壞了大事，千萬要戒備。

朱熹是個狡猾的狐狸，怕人踩住尾巴，所以要在「忍受中求得重生」，一旦有了合適的氣候，他就要進行反撲的。他做官罪行累累，不做官也是壞事做絕，因此遭到反對派的多次揭露和抨擊。當時有人就指出朱熹是「欺世盜名」（《宋史・鄭丙傳》），「假名以濟偽」，並「願考察其人，擯棄勿用」（《宋史・陳亮傳》）。就連他的門人傅伯壽也罵他：「大遜若漫，小遜若偽。」（《婺源縣志》）這時，朱熹就裝做十分老實的樣子，常以「自刻」來假惺惺地把自己臭罵一頓，借以搪塞人口，麻痺人們。當他一夥得勢的時候，他就立刻由後臺跳到前臺，由「杜門不出」變成「破門而出」。而朝廷每一次任命，都要由他的黨羽起草一次「誥命」（做官憑證），為他翻案，並且進一步推崇

他「有能吏之才，有長者之風」，「為世之師，為師之帥」（《朱子年譜》）。他也赤膊上陣，又耍無賴，進行要挾，聲言如不給他翻案，他就「誠無心復效奔走（無心為朝廷效勞），無顏復臨吏民（無臉面去統率官吏和人民），無宜復當委寄（也不適合接受新的任命）」（《朱子文集·辭免湖南轉運副使狀二》）。一一九五年，朱熹擔任寧宗趙擴的侍講，僅僅四十六天，就利用職權，排擠反對派，幹了不少罪惡勾當，並發誓要「竭吾誠，盡吾力」，把他的兩面派「絕招」統統用上去，向這個剛上臺的皇帝灌輸孔、孟之道和理學，按照他的「存天理，滅人欲」的反動政治綱領去進行統治，反動氣焰囂張已極。

朱熹對於勞動人民則一貫採取殘酷鎮壓，敲榨勒索的手段。可是，他偏要裝出一副「仁」者的面孔，用「仁愛」來掩蓋反動統治的殘暴。大講特講「慈祥和厚為本」。說什麼天下最大的事，「莫大於恤民」（《朱子文集·庚子應詔封事》）。在他未當官時，叫喊要「輕賦役」（《朱子文集·答張敬夫書》），但一當上同安縣主簿後，就大耍威風，限期要人們交租納稅，稍一過期，則嚴加懲處。朱熹的門徒也供認不諱地說：「每點追稅，……如或違限遭點，定斷不恕，所以人怕。」（《同安縣志》）一一八〇年至一一八二年，旱、蟲、潦災連綿不斷，加上官僚地主階級的殘酷壓榨，勞動人民生活痛苦不堪。當上了江西南康（今星子）知府的朱熹，深恐有損於官僚地主階級的利益，振振有詞地為重賦找藉口：「非不欲多方措置，寬恤民力，實緣上供官物浩瀚，軍民所資亦復不少，只得急了辦。」（《朱子文集·知南康榜文》）強令收捐稅，逼得星子、建昌（今永修）、都昌三縣的農民大量逃移和死亡。在這期間，他當浙東常平茶鹽提舉時，竟然借公肥私，把「朝廷賑濟錢糧，盡與其徒，而不及百姓」（《四朝聞見錄·慶元黨》）。

朱熹中進士後，第一次回婺源掃墓，其父生前友好，當過衡陽知

府的婺源縣游汀大地主張敦頤，就利用權勢，搶奪一百畝田送給他（《婺源縣志》），以此來壓迫剝削農民。朱熹的父親本來埋在崇安五夫里，他藉口墓地潮濕，風水不好，花了二十多年時間到處找風水寶地，後來還遷葬到上梅里寺門村寂歷山，一下就霸佔山林二千多畝，還定為農民不准通過的「禁區」。趙眘時，朱熹藉口辦「社倉」進行「救濟」，實際上是大放高利貸，借出六百擔，按每擔一年還一擔二斗的利息，數年之間，就私吞大米三千一百擔（《婺源縣志》）。「三年清知府，十萬雪花銀」，朱熹經過幾任地方官後，每次「衣錦還鄉」就大興土木，大置田莊，像「武夷精舍」、「竹林精舍」等別墅建了一幢又一幢。就在他講學的路上，僅在途中建「歇馬莊」，就置田二百多畝，供來回揮霍享樂之用（《建陽縣志》）。可見朱熹恤民是假，刮民是真，而且是個十足的貪得無厭的吸血鬼、寄生蟲。

朱熹口口聲聲說「為政以寬為本」（《朱子文集·庚子應詔封事》），但目的是要「下結人心，消其乘時作亂之意」（《朱子年譜》），防止人民造反。一旦人民反抗，他就馬上換過一張臉孔，叫嚷對農民起義必須「以嚴為本」，要「懲其一以戒百」（《朱子語類輯略》卷五），狂叫「刑愈輕，而愈不足以厚民之俗，反長其悖逆作亂之心」（《朱子文集·戊申延和殿奏札之一》）。宣布要永遠流放敢於反抗地主壓迫剝削的農民，或者加上「強盜」的罪名關進監牢，甚至殺頭（《朱子文集·約束糴米及劫掠榜》）。當他聽說福建農民四處暴動時，高喊「只有盡力撲討」（《朱子文集·與林擇之書》）。活現出一副殺氣騰騰的凶象和反革命兩面派的醜惡嘴臉。

剝下朱熹虛假的畫皮，骨子裡卻是陰謀欺詐，肚子裡男盜女娼。朝廷裡有一個大官曾揭露朱熹是以屈求申，「邀索高價」（《宋史紀事本末·道學崇黜》）。朱熹便鼓動黨羽，進行圍攻，迫使這個官員降職泉州知府。朱熹還以查冤獄為名，行打擊報復之實。為了打擊反對派

唐仲友，禍及一個無辜的官妓嚴幼芳，逼她承認與唐仲友通奸，幾乎用重刑把她折磨死。魯迅在揭露南宋道學家的虛偽性時說：「道學先生是躬行『仁恕』的，但遇見不仁不恕的人們，他就也不能仁恕。所以朱子是大賢，而做官的時候，不能不給無告的官妓吃板子。」(《且介亭雜文・論俗人應避雅人》) 為了安葬他母親，竟強行掘了崇安縣一個弓手的父母之墳。還是這個自命繼承孔老二「道統」的「朱夫子」，為了把建陽縣學堂這塊「侯王風水之地」占為己有，用粗繩巨索捆縛孔老二的「聖像」，強令「搬家」，結果弄斷了「聖像」的手腳，鬧得朝廷上下，輿論嘩然 (《四朝聞見錄・慶元黨》)。朱熹在同安縣做官的時候，以一副「正人君子」的面孔，大肆評述那裡社會風氣不好，「引伴為妻」現象已「習以成俗」。為了「革其淫俗」，以「防禍亂，正風俗」，還親自制訂了一套「婚娶」條例，可是他自己卻引誘兩個十七、八歲的漂亮尼姑當寵妾，伴隨身邊，尋歡作樂。真是口上仁義禮智，肚裡男盜女娼。

朱熹道貌岸然的醜惡嘴臉，在當時即已成為「群情之共棄」，人們斥之為「今其言如彼，其行乃如此」，是一個十足的「污行盜名」的「偽君子」(《四朝聞見錄・慶元黨》)。宋朝以後，「道學先生」就成了「偽君子」的代名詞。可是，資產階級野心家、陰謀家、反革命兩面派林彪，對朱熹這套反革命兩面派手法揣摩備至，心領神會。他口裡也不離一個「公」字，自己卻背地按照理學家的「親親、尊尊、長長」的路線立黨為私，網羅一批反革命黨徒，建立法西斯小艦隊，為林家法西斯王朝效勞。他露骨地宣稱「不說假話辦不成大事」。「誰不說假話，誰就得垮臺」。時刻提醒自己及其死黨要「忍耐」，「韜諱（晦）」，要「勉從虎穴暫棲身」，就是要把鋒芒收斂起來，把蹤跡隱藏起來，把反革命真面目掩蓋起來。他的死黨陳伯達把「每臨大事有靜氣，不信今時無古賢」的條幅贈給林彪一夥，就是告誡他們一夥要

像朱熹那樣「心大則自然不急迫」，搞反黨、反社會主義、反革命的罪惡勾當，要沉得住氣，要「九等九忍一狠」，要「心字頭上一把刀」。林彪把蘇軾在〈留侯論〉中吹捧張良的一段話：「匹夫見辱，拔劍而起，挺身而鬥，此不足為勇也。驟然臨之而不驚，無故加之而不怒。」寫成條幅掛在床頭，正是為了避免「以一朝之忿不能自制，被譴喪身」的「自戒」。要等待時機，要「不驚」、「不怒」來以求一逞，他「當面說好話，背後下毒手」，口裡講著「以仁愛之待人之忠，以寬宥原諒之恕」這類狗屁不通的鬼話，暗裡卻幹著陰謀發動反革命改變的罪惡勾當，妄圖一口吃掉我們偉大的黨、偉大的國家、偉大的領袖，這就充分暴露了林彪這個反革命兩面派的原形。

林彪所以鼓吹「要像朱子那樣去待人」，說穿了就是要用陽奉陰違，口是心非，當面說得好聽，背後又在搗鬼的這套反革命兩面的手法來對付無產階級專政。但是，正如毛主席指出的：「從來的頑固派，所得的結果，總是和他們的願望相反。他們總是以損人開始，以害己告終。」（〈新民主主義的憲政〉，《毛澤東選集》第二卷頁 695）歷來一切行將滅亡的反動派，總是企圖把種種陰謀權術當作救命的稻草，但往往又是一敗塗地。朱熹的反革命兩面派手法挽救不了他和他的同夥的覆滅，朱熹的徒子徒孫林彪的陰謀詭計更是無法挽救他和他的死黨的滅亡。

馬列主義、毛澤東思想在我國深入人心，我們的無產階級專政具有強大的威力。混進黨內的資產階級代表人物要搞修正主義，要復辟資本主義，就更要借助於搞陰謀詭計。毛主席指出：「搞陰謀的人，是客觀存在，不是我們喜歡不喜歡的問題。」（引自一九七一年十二月一日《人民日報》）林彪反革命集團雖然完蛋了，但階級鬥爭、路線鬥爭卻長期存在，還會出現林彪一類的人物。因此，揭露和粉碎混進黨內的資產階級代表人物的陰謀詭計，反修防修，鞏固和加強無產

階級專政,防止資本主義復辟,是我們長期的戰鬥任務。

四　禍國殃民的投降派

由於北宋統治者推行尊儒反法路線,實行忍辱退讓的投降主義政策,對人民群眾的反侵略鬥爭則分化、瓦解、鎮壓,致使女真貴族步步進逼,終於導致北宋的淪亡和南宋的建立。應當指出:女真族人民後來同漢族人民溶合在一起,對中華民族的發展和疆域的鞏固,作出了偉大的貢獻。但在當時,女真貴族統治集團對中原地區不斷發動掠奪性的戰爭,給宋王朝的社會經濟發展帶來了嚴重危害,而受害最深的是廣大勞動人民。

南宋偏安小朝廷建立後,黃河以北的大片土地已逐步淪陷。貪得無厭的女真貴族統治集團又加緊進逼淮河南北的廣大地區。南方與北方的愛國軍民同女真貴族統治集團的矛盾日益尖銳,並且成為南宋王朝前期和中期的一個主要社會矛盾。這個矛盾反映在南宋統治集團內部,就是主戰還是主和,抵抗還是投降,愛國還是賣國的兩條路線的激烈鬥爭。

凡是搞分裂,搞復古倒退的反動勢力,大都是搞妥協投降的。朱熹這個可惡的大儒,狡猾的道學家,不僅是復古倒退的頑固派、封建制度的忠實奴才,也是入侵者的無恥走狗。面對著女真貴族的大肆入侵,雖然他偶爾也空喊幾聲「抗金」的口號,實際上卻大肆攻擊愛國主義路線,攻擊一切真正的抗戰派。竭力宣揚投降主義理論,大搞妥協投降活動,用反動的理學對勞動人民進行欺騙、愚弄,宣揚「中庸之道」,為封建反動統治者鎮壓人民群眾、投降賣國提供思想武器,為南宋統治者推行妥協投降的政治路線服務,是個禍國殃民的投降派。

「南渡君臣輕社稷，中原父老望旌旗。」哪裡有壓迫，哪裡就有鬥爭；哪裡有投降，哪裡就有抵抗。南宋統治集團的妥協、退讓和入侵者的野蠻掠奪，激起了廣大愛國軍民的無比憤慨。在女真貴族統治下的廣大勞動人民，以及地主階級中不願意當亡國奴的分子，紛紛起來組織抗戰義軍，堅持抗戰，活躍在大江南北。尤其是在河北、山西、河南、山東、陝西一帶的「紅巾軍」、「八字軍」，少者數萬，多者數十萬，英勇奮戰，所向披靡，打得入侵者聞風喪膽，潰不成軍。

廣大人民群眾聲勢浩大的奮起反抗，和南宋統治集團的妥協、退讓，形成鮮明的對照。「紹興和議」二十年後，女真貴族又「大舉入寇」，要割「海、泗、唐、鄧」四州。此時，高宗趙構退位，孝宗趙昚上臺，秦檜雖死，餘黨猶存。以湯思退、史浩這些秦檜餘黨為核心的投降派，極力攻擊主戰派的抗戰主張是「大言誤國，以邀美名」，大肆宣揚和議、投降才是「萬全之計」。投降賣國空氣，一時又甚囂塵上。致使一一六三年又向女真貴族統治集團簽訂了「割四州，秦、商之地」，對金「稱侄」的「隆興和議」。

一切腐朽沒落的反動階級，總是把自己的階級利益同侵略者的利益，緊緊的勾結在一起的。他們害怕進行反侵略鬥爭會把人民群眾動員和組織起來，損害他們的既得利益，動搖他們的反動統治。為了維護他們的反動統治，鎮壓人民的革命運動，他們總是不惜屈膝投降侵略者的。這正如毛主席所指出：「在他們面前沒有什麼當不當亡國奴的問題，他們已經撤走了民族的界線。」（〈論反對日本帝國主義的策略〉，《毛澤東選集》第一卷頁130）。

在災難深重的民族危機面前，南宋時期的儒法鬥爭也同樣突出地表現為主戰與主和的兩條路線鬥爭。這個時期傑出的法家代表人物、愛國主義者陳亮同秦檜餘黨及朱熹等賣國主義言行作了堅決的鬥爭。為了使南宋政權能夠有力量抗擊女真貴族的入侵勢力，統一祖國，他

繼承了商鞅、韓非的「重耕戰」和王安石的「理財」、「整軍」思想。
提出了「富國強兵」的政治主張來改變南宋「民窮兵乏」的局面；提
倡「勸農桑」來使鄉村「戶口繁」，而「財自阜」；認為要抗敵救國就
要充分重視軍事，嚴明軍法，挑選能幹的將官去率領軍隊，才能挽救
國勢，收復失地。他說「一日之苟安」，必然釀成「數百年之大患」
（陳亮《龍川文集·中興論》）。並公開舉起功利主義的旗幟，提出
「功到成時，便是有德；事到濟處，便是有理」的論斷，來反對朱熹
一夥空談「天理」，不務實際的歪風。斥責朱熹理學給國家民族帶來
的禍害，認為朱熹一夥是一群裝腔作勢，狗屁不通的大草包；朱熹的
「天理」之說是欺人之談、腐儒之談。陳亮的功利之說，直接反映到
主戰問題，是力主抗戰的，是合乎當時南宋形勢的，因此很得人心。

作為南宋投降派理論家朱熹，卻死硬地站在地主階級頑固派的立
場上，堅持復古倒退、反對革新的思想；堅持賣國主義路線，進行投
降活動；並大力宣揚「中庸之道」來為其投降行徑進行辯護。雖然在
朱熹的《文集》裡也能遇上幾個「不可和也」，當今不能「安坐無
事」的「抗金」詞句，聽到幾聲「大家原有中興期」的高調，裝出一
副「語及國勢不振，則感慨以至泣下」的模樣。然而這些都是假的，
實質是要「和」要「降」。

大敵當前，他要人們「安坐感化」，認為「制馭夷狄之道，其本
不在威強，而在於得業」，「其具不在兵食，而在乎紀綱」（《朱子文
集·癸未垂拱殿奏札三》）。就是說對付女真貴族的入侵，不在乎國家
和軍隊的強大，而在於維護「三綱五常」這一「天理」。認為只要人
們「正心誠意」，「修德業，立紀綱」，就可以「使敵人知畏，則形勢
自強而恢復可冀矣」（《朱子文集·癸未垂殿奏札三》）。顯然他是要人
們安分守己，坐以待斃，服服貼貼地甘當女真貴族的奴隸，讓賣國賊
們拱讓山河。在民族危亡之際，他要人們「懲忿窒欲」，連人們的抗

戰要求都不許有，更談不上抗戰的行動。這是典型的賣國賊的謬論，
投降派的邏輯。面對女真貴族占領中原國土，燒殺掠奪的野蠻行徑，
朱熹則大講「橫逆之來，直受之而不報」的「君子」、「長者」風度，
當然更談不上號召人們抵抗入侵。朱熹露骨地宣稱：對女真貴族的入
侵靠動兵將是「不堪用」的；抵抗入侵，收復失地是「無甚意思」；
污蔑主張抵抗的人是「不識時務」。他供認「中原之戎寇」好對付，
只要割地、稱臣、賣國、投降就可以，而人民的反抗、起義「難除
也」，要「攘外」必先「安內」。朱熹認為，跪在入侵者面前，還可以
保住腦袋，如果一旦人民起來反抗，那就一切都完蛋了。為此，他多
次上書最高封建統治者，要「循理以應事變」乃「當務之急」。一
次，有個門徒問他怎樣復仇？他說：這事「只是高宗初年」「便做了
方好」，如今隔了一世二世，事情都冷了，「自是鼓作人心不上」，「如
今還去圖恢復，既無用，也沒甚意思」（《朱子語類》卷一三三）。胡
說：「區區東南，事有不可勝慮者，何恢復之可圖乎？」（《朱子文
集·戊申封事》）他的「有不可勝慮」的頭等大事，就是要鎮壓一切
農民起義，打擊一切革新主張和抗戰力量，推行「存天理，滅人欲」
的反動政治綱領。朱熹是這樣主張，也是這樣做的。一一九四年，他
聽說長沙一帶傜民起義，立即派部下田升前往鎮壓，並限期要田升把
農民起義領袖抓來，否則就要連田升的腦袋都殺掉。魯迅早年揭露反
動統治者「寧贈友邦，不與家奴」的信條，確實是歷史上一切反動沒
落的統治集團恪守的共同格言。朱熹正是這樣一個頑固不化的反動
派。

　　朱熹還極力反對陳亮、葉適提出的具有愛國主義路線實質的功利
主義。朱熹發揮了孔、孟的「君子喻於義，小人喻於利」的反動說
教，推行「存天理，滅人欲」的反動政治綱領。他認為「天理」是
「義」，「人欲」是「利」，強調「理」、「欲」不能並存，「義」、「利」

不能兩立。他還把董仲舒的「正其義不謀其利,明其道不計其功」的謬論,定為他在廬山白鹿洞書院的學規。他認為南宋天下所以這麼亂,是因為講「利」不講「義」,挽救民族危機的唯一辦法就是要「以義滅利」。法家主張「理財」、「整軍」、「富國強兵」,朱熹則大加反對。他說:「大抵今日之患,又卻在於主兵之員多……其害未已也。」(《朱子語類》卷一一○)又說:「養許多坐食之兵,其費最廣……如州郡兵,還養在何用。」(《朱子語類》卷二八)他認為,金人之所以強,是因為紀綱立,德業好;宋之所以敗,原因就是紀綱不振,德業不修;只要認真「振紀綱,修德業」,則能壓服天下,「天地之和氣自忻合而間,而敵人在外亦將不得久肆其毒,則何事之不可成,何功之不可立哉」(《朱子文集・奏札二》)。他污蔑陳亮堅持抗戰的主張是動機不純,是「計功謀利之私」,「全然不是孔、孟規模」(《朱子語類》卷一二三)。他說:「今五六十年間,只以和為可靠,……說恢復的,都是亂說耳。」(《朱子語類》卷一三三)他攻擊陳亮等主戰派是「馳騖於利害之末流」,「喜功名輕薄巧言之士」,是出風頭,好表現自己,是私心雜念,想「脫賺富貴而已」(《朱子語類》卷一三三)等等。但一旦要他上陣殺敵,這個偽君子就耍無賴,一一六三年,任命他為武學博士(軍事顧問),他不幹;一一六七年,任命他為樞密院編修(最高軍事機關的高級參議),他又不幹;一一八八年,任命他為兵部郎官,他更是堅決不幹。這一年,陳亮到上饒走訪辛棄疾,並寫信邀朱熹一起商量「抗金」計畫。辛棄疾一聽陳亮來意,正志同道合,便不顧正在患疾,同陳亮一道到鉛山鵝湖暢談,接著他們又到贛、閩交界的紫溪,等候朱熹前來約會。可是,久等朱熹不見人影,陳亮忿然而歸。朱熹事後曾有兩封信給陳亮,為自己臨陣逃脫詭辯。他說:自己是個「誦說章句」的人,「更過五、七日便是六十歲人。近方措置(安置)種得幾畦杞菊,若一腳出門,便

不能得此物吃，不是小事。奉告老兄，且莫相竄掇（勸誘），留取閑漢在山裡咬菜根，與人無相干涉，了卻幾卷殘書」（《朱子文集・答陳同甫書》）。他竟借在武夷山下種菊和慶壽為遁詞，拒絕與陳亮等圖議「抗金」大事，充分暴露了假抵抗真投降的賣國賊面目。

朱熹還別有用心地借中庸之道來宣傳投降主義。在大敵當前，民族矛盾十分尖銳的時刻，朱熹卻特別賣力鼓吹「中庸」，給「中庸」作了精力加工。他在注釋「中庸」時陰險地用「不偏不倚」來掩蓋投降派叫囂的「和為貴」的實質；叫嚷「不變」來為封建制度和南宋偏安政權粉飾太平；妄圖用「中和」來平息尖銳的民族矛盾和階級矛盾。用「中庸」、「中和」為賣國有理製造理論根據。他說什麼：「人能寬柔以教，不損無逆，亦是個好人。」「致中和」則「天地位，萬物育」，不然則「山崩川竭」（《朱子語類》卷六三），大造投降輿論。要人們去做「戒慎不睹，恐懼不聞」的懦夫，妄圖從思想上扼殺人民的抗金鬥爭。朱熹宣揚「中庸」的罪惡目的，就是要更廣泛深入地用這種毒辣的思想武器，為封建反動統治者對內麻痺人民群眾，鎮壓農民起義；對外投降、賣國效勞，向女真貴族統治集團獻媚。因而也就得到女真貴族統治集團的賞識。

朱熹投降主義的惡劣行為，遭到了主戰派的嚴厲譴責。陳亮、葉適都對他進行了針鋒相對的鬥爭。他們譴責朱熹的苟安謬論是「不思夷夏之分，不辨逆順之理，不立仇恥之義」（葉適《水心集・別集》卷十）。並尖銳地提出在女真貴族的侵占下，「赤子嗷嗷無告，不可以不拯；國家憑陵之恥，不可以不雪；……輿地不可以不復，此三尺童子之所共知」（《龍川文集・中興論》），表達了人民群眾收復失地的迫切願望和抗戰派的愛國決心。他們還諷刺朱熹這些投降派「自以為得聖賢之學者」，卻對社會危機和民族恥辱麻木不仁，「低頭拱手以談性命」，是一夥「風痺不知痛癢之人」（《龍川文集・上孝宗皇帝第一

書》)。

　　陳亮等堅持抗戰，反對和議的主張，對朱熹理學的批判和對投降賣國哲學的鬥爭，擊中了朱熹這夥投降派的要害，引起了朱熹等投降派的極端恐怖和仇恨。朱熹一方面鼓動他的黨羽通過各種渠道來尋找機會，千方百計地打擊、中傷、污蔑陳亮的愛國主義思想；另一方面，他赤膊上陣，在孝宗趙昚面前撥弄是非，攻擊陳亮的抗戰主張是「功利之卑說」，「私褻（音褻）之鄙態」；污蔑陳亮「所盜者皆陛下之財」，「所竊者皆陛下之柄」（《宋史·朱熹傳》）。後來陳亮三次被捕下獄，險些喪失生命，都與朱熹的打擊、中傷有直接關係。不僅如此，朱熹對凡是主張抗戰、愛國的，他都要進行惡毒的咒罵。列寧曾高度評價，「王安石是中國十一世紀時的改革家」（〈修改工人政黨的土地綱領〉，《列寧全集》第十卷頁 152）。朱熹竭盡污蔑攻擊之能事，大罵王安石「學術不正當」，指責王安石變法是排除「眾議」，「群奸嗣虐，流毒四海」；是「以賤凌貴，以邪妨正」、「有以召亂」的「異端邪說」（《朱子語類》卷一三〇）。惡毒攻擊王安石變法的兩大措施「理財」、「整軍」是「只管好用兵」，「費了無限財穀，殺了無限人」，是因為「不識病症」，便拿那「大黃附子」、「砒霜」給人吃，比「庸醫」還壞。胡說什麼「介甫（指王安石）變法，遂誤天下」，「所以作壞得如此」（《朱子語類》卷一二七）。朱熹甚至把以前詆毀王安石的一切反動言論統統收集起來，編了一部《三朝名臣言行錄》，以「補救於世」。他還對王安石進行種種人身攻擊，手段極為卑鄙。反之，朱熹對雙手沾滿抗戰將士鮮血的大劊子手、漢奸、賣國賊秦檜卻關懷備至，無恥地吹捧他是識時務的「端人正士」（《朱子語類》卷一三三），說他有骨力。毛主席指出：「世上決沒有無緣無故的愛，也沒有無緣無故的恨。」（〈在延安文藝座談會上的講話〉，《毛澤東選集》第三卷頁 827）朱熹對抗戰派和愛國主義路線如此仇恨；對

投降派和賣國主義路線無恥吹捧，更加證明了朱熹的反動立場。無怪乎，女真貴族統治者把朱熹看作是他們在南宋的代理人。秦檜死後，女真貴族統治者完顏璟非常關心地問南宋使：「朱先生還在不在？身體如何？做什麼官？」(《婺源縣志》)足見朱熹妥協、投降的言行，正中了入侵者的下懷，討得了入侵者的歡心，迎合了入侵者的需要。說明朱熹是個貨真價實的禍國殃民的投降派。

由於南宋王朝的反動統治者頑固地堅持尊儒反法路線，對外屈膝投降，對內壓制、打擊、迫害一切主張革新、主張進步的力量，終於不久就滅亡了。南宋滅亡後，大批朱熹理學黨徒紛紛投入元王朝懷抱。元朝統治者搜羅南宋降官降將，任用反動儒生，詔儒臣講讀《四書》、《五經》，竭力宣揚「三綱五常」，用朱熹的反動理學在意識形態領域裡加強對勞動人民的禁錮。一些反動的理學先生如劉秉中、竇默、楊惟中等都搖身一變，在元王朝官居要職，把烏紗帽換成大紅羅幞、頂有金十字的「罟罟（音：古）帽。事實更清楚地暴露了朱熹投降派的醜惡嘴臉。正是：「大莫大於尊孔，要莫要於崇儒，所以只要尊孔而崇儒，便不妨向任何新朝俯首。」魯迅的話，一針見血地戳穿了尊孔崇儒必然投降、賣國的實質。

七百多年後的今天，叛徒、賣國賊林彪卻對朱熹大肆吹捧，在他的《四書集句》中就抄錄了「小國師大國」的賣國理論。其目的就是為了效法朱熹所推行的那條尊儒反法、投降賣國的反動路線，妄圖投奔蘇修，把我國變成蘇修社會帝國主義的殖民地，妄圖做蘇修「核保護傘」下的「兒皇帝」。這也是一切孔、孟之道忠實信徒的必然道路。事實再次證明了林彪是被推翻的地主資產階級和帝修反及在我們黨內的代理人，是全黨全軍全國人民最凶惡的敵人。但他同以往的一切投降派一樣，終究逃脫不了歷史的懲罰和審判。

五 剝削階級的衛道士

「自欺欺世」的「朱子學術」，同它的祖訓孔學一樣，都是名高實粃糠。然而歷代反動派都把它當作偶像來崇拜，其實並沒有什麼奇怪。朱熹那套荒謬的理論無非都是些剝削階級的辯護詞而已，他本人只不過是個地地道道的剝削階級衛道士。

我國歷史上一切剝削階級在強化反動統治的同時，都迫切需要建立一套鞏固統治秩序，維護反動統治的官方哲學，作為其加強思想統治，鎮壓人民革命的武器。朱熹理學正是適應了宋朝封建統治階級的需要而產生的一種反革命理論，其中充滿了儒、佛、道三家的毒草敗絮，自始至終體現了一條復辟、倒退、賣國的反動思想路線和政治路線。它與孔、孟相比，具有更大的欺騙性和腐蝕性，對於剝削階級維護反動統治起著特殊的作用。所以，歷代反動派為了維護腐朽沒落的統治，無不求助於朱熹的亡靈，這就是朱熹及其理學被反動派抬高的根本原因。

宋寧宗趙擴就吹捧朱熹「集群儒之粹」，是「孔、孟以來，不多有也」。朱熹死後，宋理宗趙昀上臺後讀了朱熹的書，感慨萬分地說「朕讀之不釋手，恨不與之同時」，並追封他為「太師」、「信國公」、「朱夫子」，下令將朱熹的牌位抬進孔廟「配享」，還親自為婺源的朱子廟寫了「文公闕里」四個大字（《宋史‧理宗本紀》）。元、明、清三代封建統治階級都把朱熹理學宣布為官方統治哲學。元朝統治者不考詩賦，專考經義，規定考試的頭一場必須在朱熹注的《四書》內出題。一三一五年，元仁宗愛育黎拔力八達，第一次正式用朱熹的《四書集注》進行了科舉考試。從此，用《四書集注》取士的制度逐步固定化。清朝的皇帝就說孔、孟之後，朱熹的功勞「最為弘巨」。最高

統治當局還直接編纂和下令刊行大肆宣揚反動理學的《性理精義》、《性理大全》、《朱子全書》，把他抬到了僅次於孔、孟的「十哲」之列。當時的一批御用理學家也起勁地宣揚「吾輩今日學問，只是尊朱，朱子之意即聖人之意，非朱子之意即非聖人之意」（陸隴其《松陽講義》卷一）。這樣在當時就形成了「非朱子之傳義不敢言，非朱子之家禮不敢行」的理學一統天下（朱彝尊《曝書亭集·道傳錄序》）。歷代反動派對朱熹及其理學如此推崇備至，恰好說明了朱熹及其理學是反動統治階級的忠實代言者，是反動剝削制度的衛道士。

朱熹一生，罪大惡極，而歷代反動派出於反革命的政治需要，卻拚命往他臉上貼金，為他樹碑立傳。凡朱熹到過或進行過反動講學的地方，便建祀祠，設亭堂，立碑坊。而且還大搞理論著述，大搞散布理學毒素的黑據點。如福建安溪有「仰朱堂」等，永春有祀奉朱熹的「懷古堂」等，同安有「紫陽舊治坊」等，泉州有「朱文公祠」等，上饒有「紫陽書院」（後改信江書院），鉛山有「鵝湖書院」，餘干有「東山書院」等，就連相傳朱熹當年在湖南嶽麓山種的一棵樹，也名之曰「朱子樟」而載入史冊（黃本驥《湖南方物志》卷二）。朱熹的老家婺源，這一類名堂就更多了：縣城東門外有朱熹手書摩崖石刻的「廉泉」，城裡有「虹井」、「文公闕里」、「世翰林第」，鄉下曉林有「文公嶺」、「文公亭」，緋塘有「草堂」、「居然庵」、「晦翁庵」，源頭有「屏山書屋」等等。自南宋以來，吹捧朱熹理學的各種反動論著，僅婺源一縣，有書目可查的即不下四百多種，數千卷。甚至連朱熹的子孫後代都沾了「賢光」，被封為「世襲翰林五經博士」。

由於歷代反動派的無恥吹捧，並運用反動統治的權力強加推行，朱熹理學成了封建社會後期政治、法律、道德、文藝等上層建築領域的總原則，並且確立了反動理學的正統地位。一切尊孔捧朱的近代、現代反動派也都把它奉若至寶，極力兜售朱熹的理學黑貨。近代中國

讀經與崇洋賣國的鼻祖曾國藩，就是個忠實的道學家。他樹起「衛道」的黑旗，全盤繼承了朱熹理學，自稱「以朱子之書為日課」，鼓吹「天理凜然不可侵犯」。獨夫民賊蔣介石更露骨地宣揚朱熹的《四書集注》，是「中國固有政治哲學的典籍」，是「永久不變的原則」（《蔣（匪）總統集‧推進縣政與政治建設》），就是死了以後，還把它放進棺材裡陪葬。黨內第一個右傾機會主義路線的頭子陳獨秀，叫嚷被朱熹「天理」化了的「三綱五常」是「治國之道」（〈孔子與中國〉）。叛徒、內奸、工賊劉少奇在一九二五年被捕叛變，一九二六年一月從敵人的狗洞裡爬出來時，就捧著反動軍閥趙恆惕賞賜的《四書》，重新鑽進黨內，大肆販賣孔、孟之道和朱熹理學。在他那臭名昭著的黑〈修養〉中，特別強調「宋儒也有許多修養身心的方法」，要人們「鄭重其事的去進行自我修養與學習」。林彪這個不讀書，不看報，對馬列主義一竅不通的資產階級野心家，肉麻地稱朱熹為「夫子」，胡說儒學是「歷史唯物主義」，是「處理人事關係的準則」，把朱熹的一套反革命卑鄙伎倆當作宗教教條一樣強迫他的死黨去信奉，教唆他的死黨「要像朱子那樣去待人」。真是無獨有偶，反動沒落階級的共同歷史命運把他們連在一起。朱熹的反動理學既能同蔣介石的法西斯主義結合，又能同劉少奇、林彪的反革命修正主義路線結合；它既能為封建地主階級和老資產階級所利用，又能為反黨反社會主義的新資產階級分子所利用。

在社會主義革命和社會主義建設時期，被推翻了的地主資產階級不甘心於他們的失敗，也還想抬出朱熹這具政治僵屍，再度與無產階級和無產階級專政較量。朱熹的二十代孫、現在在福建建陽考亭的地主分子，竟在批林批孔運動中寫了一首「朝作朝官暮作囚，人生何用覓封侯」的反動黑詩，來為其主子林彪鳴冤叫屈，咒罵無產階級專政。婺源縣賦春公社莊坑大隊東立溪生產隊有個地主分子，一九七四

年給他剛出生的外孫取名叫「朱學熹」，揚言就是要學朱熹，真是反動透頂。這充分證明反動階級總是千方百計地妄圖借朱熹的亡靈來還魂，把反動的孔、孟之道和朱熹理學的一套陳腐的傳統觀念，向無產階級發起新的反撲，妄圖奪回他們失去的「天堂」。叛徒、賣國賊林彪學著孔老二、朱熹的腔調，口喊「仁義道德」，背裡卻躲在陰暗角落裡炮製《「571 工程」紀要》反革命政變綱領，瘋狂攻擊無產階級專政是「絞肉機」的，並叫囂「恃德者昌，恃力者亡」，陰謀顛覆無產階級專政，復辟資本主義。然而「歷史的巨輪是拖不回來的」。孔、孟之道和朱熹理學，統統挽救不了舊制度的必然滅亡。

封建王朝從南宋到清末，賣國賊從曾國藩、蔣介石到劉少奇、林彪，無不乞求於朱熹及其理學。但是他們都被歷史的車輪碾得粉碎，都遭到了身敗名裂的可恥下場。「威赫赫，爵祿登高，昏慘慘，黃泉路近」，《紅樓夢》裡的這支曲子，正像是對這些政治小丑的挽歌。

六　人民群眾的死對頭

朱熹是反動派捧起來的偶像，但他卻是人民群眾的死對頭。恩格斯指出：「任何地方發生革命震動，總是有一種社會要求為其背景，而腐朽的制度阻礙這種要求得到滿足。」（〈德國的革命和反革命〉，《馬克思恩格斯選集》第一卷頁 501）儘管歷代反動派千方百計地以孔、孟之道、朱熹理學來桎梏天下思想，但是他們沒有也不能禁錮住進步的思想潮流。相反，只能更加激起人民群眾對它的反抗。廣大人民群眾和進步思想家從來沒有停止過對它的抨擊和批判。

千百萬農民群眾，衝破束縛他們的封建羅網，氣壯山河地殺向反封建的戰場，他們把鬥爭矛頭直指封建制度、封建皇帝和反動的孔、孟之道。

　　西漢董仲舒，把孔老二的「君君、臣臣、父父、子子」的反動綱
領發展為封建地主階級的正統思想——「三綱五常」。朱熹進而把
「三綱五常」「天理」化，而「三綱」之首即「君為臣綱」就是朱熹
鼓吹的「帝是理為主」。他宣揚的這一套，純屬用來維護封建階級特
權統治、皇權思想的。誰要是「以下犯上」，「以卑凌尊」，就是違背
「天理」，就要鎮壓。可是，無視「君臣上下」而自稱「天大聖」的
革命農民，在批判孔、孟之道和朱熹的反動理學時，首先是拿「君為
臣綱」和「帝是理為主」開刀的。明朝末年李自成領導的農民起義軍
就以大無畏的革命精神，大造了封建皇帝的反，大造了「天老爺」的
反。起義農民在陝西一帶興起時，曾流傳一首斥責「天老爺」，大呼
要它「塌了罷」的革命歌謠，這首歌謠是貧苦農民對朱熹所宣揚的
「天理論」的有力批判，是對封建皇權的嚴厲鞭笞。當時的農民起義
軍的將領中，還有自稱「塌天」的。一六四一年起義軍攻占洛陽後，
立即把萬曆皇帝的兒子、福王朱常洵捉去進行揭露和批鬥，然後處決
了這個大壞蛋。一八五一年太平天國的革命思想鋒芒更是直指專制君
主，洪秀全指出「天」對每個人都是平等的，「天父上帝人人共」，
「普天下人都是上帝的赤子」，「何得君主私自專」（〈原道救世歌〉）
呢？洪秀全還指出：歷代君主受命的那個「天」，不過是一夥荒誕虛
妄的「妖魔」，或人造「木石泥團紙畫」偶像，他把歷代封建反動統
治者統統斥責為「犯反天之罪」的「閻羅妖」，號召人民起來共同
「擊滅」當代的「閻羅妖」（〈原道覺世訓〉）。

　　反動理學把「君臣上下，父子夫婦」等關係都說成是絕對的「天
理」。可是，廣大革命農民則用革命暴力猛烈地衝擊封建宗法等級制
度。元末劉福通領導的紅巾軍，高舉「殺盡不平方太平」的革命旗
幟，「殺守令，據城邑」，把封建統治秩序翻了個底朝天，使得元朝封
建統治機構造成了「君失君權，臣失臣位」的狼狽局面。正是「滿城

都是火，府官無處躲，城裡無一人，紅軍府上坐」。就連元順帝也如同喪家狗一樣，隨時準備逃走，昔日的體面威風，掃地無餘。太平天國的革命軍更是進一步提出了人人平等、男女平等的思想。在太平天國年代裡，農民可以考中狀元，工匠被稱為「大人」，婦女們可以參政做官，起義軍裡不但有女戰士，而且還有女將領，她們享有同男子一樣在政治、經濟、軍事、文化上的平等權利。太平天國共計有女官六千多名，其中不少婦女還擔任了重要官吏。這充分說明當時我國農民階級衝破封建宗法等級制度，與封建倫理綱常的鬥爭達到了一個新高潮。

朱熹為了鎮壓農民的反抗鬥爭，抬出「天理」來為地主階級剝削制度的「合理性」、「永恆性」作論證。他胡說什麼地主階級剝削農民是「天理」決定的，妄圖使廣大勞動人民甘受奴役，不要造反。但廣大的農民群眾卻不賣他的帳，紛紛起來革命，以實際行動否定了「存天理，滅人欲」的反動政治綱領。他們「見富如仇，必欲焚其屋殺其人」，每到一處，開官倉，濟窮人，燒毀地主莊園，奪回被地主階級霸占的土地，使「王公甘受辱，奴僕盡同升」。廣大的勞動人民無不揚眉吐氣，地主剝削階級聞風喪膽。明末李自成起義軍明確地指出，勞動人民受苦受難決不是「天理」安排的，而是由於封建統治階級殘酷壓迫和剝削所造成的結果。他們響亮地提出「均田免賦」的鬥爭綱領，戰鬥鋒芒直指朱熹所宣揚的「剝削有理，壓迫有理」的反動謬論。在「均田免賦」的鮮明旗幟下，起義軍每攻克一地，就廣泛宣傳「貴賤均田」、「三年免賦，五年不徵」的政策，深受人民群眾的愛戴和擁護。太平天國的革命領袖深刻地揭露了在封建制度的殘酷剝削壓迫下，「農工作苦，歲受其殃」；「餓殍流離，暴露如奔」的悲慘情景，號召農民起來建立「天下田天下人同耕」，「有飯同吃，有衣同穿有錢同使，無處不均勻，無人不飽暖」的新天新地新人新世界（《天

朝田畝制度》），把我國封建社會農民的反抗鬥爭推向了一個新的階
段。他們不但要砸爛舊世界，而且要求創立新世界。

革命農民在反抗鬥爭中越來越認清了孔、孟之道、朱熹理學的吃
人本質，越來越清楚地認清了剝削階級尊孔捧朱的罪惡目的。他們在
深刻揭露批判反動理學的同時，還廣泛開展「坑書焚廟」的鬥爭。元
末紅巾軍劉福通率領的一支起義軍在攻占婺源後，就燒毀了「文公闕
里」，並「以廟基之半築城」（《婺源縣志》）。紅巾軍在福建同安還燒
毀了「大成殿」後的「朱子祠」（《同安縣志》），崇安朱熹講學的「武
夷精舍」（韓之吉〈武夷精舍記〉）。明朝中期劉六、劉七領導的起義
軍攻入曲阜後，把孔廟當作養馬圈，把朱熹注釋的儒家經典：《四
書》、《五經》扔進了臭水坑，「污書於池」。太平天國的英雄們根本就
不把孔、孟和朱熹放在眼裡，在統治階級看成是神聖不可侵犯的「聖
宮」，變成了宣講革命道理的場所，或改為軍火庫、飼養房。後來革
命軍所到之處，孔廟、朱子廟都被燒毀。一八五三年定都南京後，把
江寧「學宮」改為「宰夫衙」，在祭祀的「聖殿」前「殺牛屠豬」，
《四書》、《五經》被宣判為「妖書邪說」，明文規定「盡行焚除，不
准買賣藏讀」（黃再興《語書蓋‧頒行論》）。「如有敢念誦教習者，一
概皆斬」（張德堅《賊情匯纂‧偽文告》），並用這些經書熏蚊燒茶。
太平軍攻占婺源時還在重建的「文公闕里」召集貧苦民眾「聽講道
理」，離開婺源時又把這座文廟全部燒毀。太平軍曾三次攻占建陽，
把朱熹晚年從事所謂著書立說的「竹林精舍」（後改為宋理宗趙昀御
書的「考亭書院」）化為灰燼（《建陽縣志》）。綜上所述，革命農民的
這些行動和封建反動統治階級的吹捧形成了鮮明的對照，說明廣大的
人民群眾對孔、朱儒學是深惡痛絕，極端鄙視的！

在農民起義的強大推動下，湧現出一大批法家、進步思想家的代
表人物，他們勇敢地對朱熹理學進行了無情的揭露和批判。他們視朱

熹「無學」、「無術」，只不過是平日「打恭作揖」，「同於泥塑」的大
廢物。一針見血地指出朱熹的反動理學，是天天空談「盡心知性」，
「學道愛人」，「相蒙相欺，以盡廢天下之實」，造成「終於百事不理
而已」的腐儒之談（陳亮《龍川文集‧送吳成運幹序》）。是害人誤國
的「偽學」（李贄《藏書‧趙汝愚》），是「從其私意」的「賊道」（王
夫之《春秋家》卷一），是「俗儒之注誦講解」的「異端」（王夫之
《讀四書大全說》卷一）。把朱熹的反動理學貶得一錢不值。對於朱
熹的種種謬論也都一一加以批駁。針對朱熹的「理是本」、「理在氣
先」的唯心主義觀點，陳亮提出「道在物中、理在事中」的唯物主義
命題相對抗。認為事道的道理並非由精神產生的，「夫盈宇廟者，無
非物」（《龍川文集‧經書發題》），「物之所在，道則在焉」（葉適《習
學記言》卷四七），肯定了世界的物質性。認為道與理是依附於物
的，不能離開物而言道。他們提出世界「唯是陰陽二氣」（李贄《焚
書‧夫婦論》），「若無氣質，理將安附」（顏元《存性編》）？即世上
萬事萬物都是先有物質，後有精神，存在決定意識，物質決定精神，
若無物質，精神從何而來。針對朱熹「格物窮理」的唯心主義的認識
論，陳亮提出「因事作則」（《龍川文集‧與應仲實》）的唯物主義認
識路線。認為世界上任何事物都有它的道理，要知道這千變萬化的道
理，就是依據事物，然後從事物中抽引出規律來。認識「不以須臾離
物」（葉適《葉適集‧進卷‧大學》），就是說認識一點也不能脫離客
觀事物。他們還提出了「師物」、「循物」，「行可兼知，而知不可兼
行」（王夫之《尚書引義‧說命中二》）以及「習而行之」，「知無體，
以物為體」（顏元《四書正誤》卷一和卷二）的唯物主義認識論。認
為認識依賴於實踐，並且只有通過實踐、認識才能逐步深化和發展。
針對朱熹「存天理，滅人欲」的反動政治綱領，陳亮駁斥說：「秘書
（指朱熹）以為三代以前都無利欲，都無要富貴的人，……亮以為才

有人心，便有許多不淨潔。」（《龍川文集‧乙巳又書》）認為物質欲
望是人的天性，不容抹殺。他們還針鋒相對提出：「穿衣吃飯即是人
倫物理。」（李贄《焚書‧答鄧石陽》）「人欲之大公，即天理之至
正。」（王夫之《讀四書大全說》卷三）進而提出「體民之情」、「遂
民之欲」的要求，就是說穿衣吃飯是人民生活的起碼條件，是爭取生
存的權利，那裡談得上是欲望呢。戴震更進一步提出：「理者，存於
欲者也。」（《孟子字義疏證》卷上）只有「人欲」才是「理」，「理」
只能存在「欲」中，離開了「人欲」就不能存在什麼「天理」。他們
的理論在一定程度上符合了人民群眾的願望和要求。針對朱熹所宣揚
的「夫為妻綱」、「男尊女卑」的陳腐倫理觀念，李贄指出「男子之見
盡長，女子之言盡短」（《焚書》卷二〈答以女人學道為短見書〉），純
屬胡言亂語，它和孔老二「唯女子與小人為難養也」的反動說法如出
一轍，針對朱熹鼓吹「一代不如一代」的復古倒退、反對變法革新的
種種奇談怪論，陳亮嘲笑朱熹「一生辛勤於堯、舜相傳之心法，不能
點鐵成金，而不免以銀為鐵，使千五百年之間成一大空闕」（《龍川文
集‧又書》）；認為整個歷史是向前發展的，不能說一代不如一代，朱
熹不過是一個以「三代人物」自命的「醇儒」而已。他們還大力宣揚
王安石變法的偉大成果，贊揚王安石是「趨時更新」的人物，而朱熹
是個「三代之所利，今日之所害」的罪魁禍首（王夫之《思問錄》），
是開歷史倒車的傢夥。李贄則更加明確地指出孔、孟之道和朱熹理學
都是「賤跡」、「害道」（《藏書‧總目後論》）。針對朱熹的民族投降主
義，法家更是奮起駁斥，顏元指出：「宋家時勢，何容一日忘兵？」
譴責反對富國強兵的宋儒是「為金、遼、元、夏之功臣」，譏諷朱熹
一夥投降賣國有「功」，並感慨萬分地說：「大盜宋人以歲幣事小盜，
亦以金帛牛酒款文正公，卻誇好，此等見識是『自期待辱』，可以辱
千古矣！」「宋人之腐套不除，其書不盡焚，使人全無羞惡，無復人

氣矣，傷哉！」(《顏李叢書·朱子語類評》) 認為宋朝反動統治階級面對著外來侵略屈辱求和，妥協退讓，殘酷鎮壓人民，搜刮大量民脂民膏以換取醉生夢死的苟且偷安生活，不以為恥，反以為榮，「真偽儒也，賊儒也，可殺！可殺」(《顏李叢書·朱子語類》)！對於朱熹的「口吻亦是投降，反與秦檜結腹心」的反革命兩面派行徑，更是義憤填膺。李贄痛斥理學家們都是「口談道德而心存高官、志在巨富」，「陽為道學，陰為富貴，被服儒雅，行若狗彘」(《續焚書·三教歸儒說》) 的衣冠禽獸，是滿口的仁義道德，實際上一肚子的男盜女娼的陰謀家。辛辣地諷刺和罵道：「真個道學，臉皮三寸！」(《世說新語補》卷四) 淋漓盡致地揭露理學家們腐朽、無能、虛偽的醜惡嘴臉。李贄對朱熹肉麻地吹捧孔老二「天不生仲尼，萬古如長夜」的謬論，詼諧地嘲笑說：「原來如此。怪不得生活在孔丘以前的人，白天也要點著蠟燭走路了。」(《焚書·贊劉諧》) 李贄還斥責當時朱熹的狐群狗黨的尊孔思想是「一犬吠影，眾犬吠聲」，把朱熹及其同夥販賣理學黑貨比作是狗屁不通，正如一群瘋狗在狂吠。

法家們還以極大的鮮明性揭露了朱熹理學「以理殺人」的反動本質。清代戴震尖銳指出這是「以理禍天下」，理學已成為「忍而殘殺之具」。認為：「人死於法，猶有憐之者；死於理，其誰憐之！」(《孟子字義疏證》卷上) 是麻痺人民的腐蝕劑，它妄圖使廣大的勞動人民永遠忍受奴役和殘殺。顏元斥責「宋人語錄性理」等，為「淫聲惡色」，「但入朱門者，便服其砒霜，永不生氣，生機不意」，是「率天下人入故紙堆中，耗盡身心氣力，作弱人、病人、無用人」(《顏李叢書·朱子語類評》)。把朱熹的反動理學批得體無完膚，成了不齒於人類的狗屎堆。

法家和進步思想家對朱熹理學進行的深刻批判，很大程度上順應了歷史發展的潮流。但是歸根到底，他們都還是剝削階級的代表，他

們的世界觀往往不能擺脫形而上學和唯心史觀的羈絆,更不可能用革命的科學世界觀去徹底揭露和批判朱熹及其理學的反動階級本質。廣大勞動人民,他們由於所處的被剝削、被壓迫的地位,決定了他們對反動理學的批判更堅決、更勇敢。特別是農民起義的反抗鬥爭,從根本上動搖了封建制度的統治。毛主席深刻指出:「在中國封建社會裡,只有這種農民的階級鬥爭、農民的起義和農民的戰爭,才是歷史發展的真正動力。」(〈中國革命和中國共產黨〉,《毛澤東選集》第二卷頁 588)但是由於受歷史的局限和階級的局限,他們畢竟還不是新的生產方式的代表,也不可能提出一個新的社會制度去代替舊的社會制度。他們反對朱熹理學的鬥爭給反動沒落階級的意識形態以沉重的打擊,但卻不能最後戰而勝之,取而代之。

現代無產階級才是人類歷史上最偉大的革命階級,它所進行的「共產主義革命就是同傳統的所有制關係實行最徹底的決裂」;「同傳統的觀念實行最徹底的決裂」(〈共產黨宣言〉,《馬克思恩格斯選集》第一卷頁 271～272)。因此徹底地批判朱熹,戰勝一切剝削階級的意識形態這個任務,歷史地落在無產階級肩上。「不容明月沉江去,卻有江濤動地來」,偉大的「五四」運動以後,我國的無產階級開始登上了政治舞臺。在馬列主義、毛澤東思想的指導下,新文化生力軍向孔、孟之道、朱熹理學展開了更加猛烈的進攻,寫下了我國人民反孔批朱鬥爭的新篇章。特別是新中國成立後,反孔批朱與尊孔捧朱,成為社會主義社會思想戰線上,搞馬克思主義,還是搞修正主義;鞏固和加強無產階級專政,還是反對和削弱無產階級專政的重大問題。林彪一類效法歷史上的反動派,把反動理學從歷史的垃圾堆裡撿了出來,當作「聖旨」,來為他們推翻無產階級專政,復辟資本主義的陰謀服務。歷史的鬥爭和現實的鬥爭的經驗都告訴我們,無產階級要鞏固自己的政權,就必須深入開展批林批孔,批判朱熹在上層建築各個

領域裡的流毒，對資產階級實行全面專政。二十多年來，在以毛主席為首的黨中央領導下，我們同一切剝削階級的意識形態，特別是對復辟、倒退、賣國的孔、孟之道、朱熹理學，進行了不懈的鬥爭。無產階級文化大革命和批林批孔運動使這一鬥爭更加普及、深入、廣泛。我們已經取得了偉大的勝利，我們還將取得更加偉大的勝利。「戰鬥正未有窮期」，毛主席最近指出：「列寧為什麼說對資產階級專政，這個問題要搞清楚。這個問題不搞清楚，就會變修正主義。要使全國知道。」毛主席這個重要指示，是我們在無產階級專政下繼續革命的強大思想武器。毛主席總結了國際、國內無產階級專政的歷史經驗，根據馬列主義原理同具體實踐相結合的原則，提出了我們黨在整個社會主義歷史階段的基本路線，提出了無產階級在上層建築其中包括各個文化領域中對資產階級實行全面專政的理論，大大豐富和發展了馬克思、列寧主義。它鼓舞我們以更高的革命熱情，更大的革命幹勁，堅持黨的基本路線。用無產階級的鐵掃帚，把一切剝削階級形形色色的思想毒素掃除乾淨，把鞏固無產階級專政的任務落實到基層。我們要在鬥爭中認真學習、深刻領會毛主席關於理論問題的重要指示。不但要鎮壓一切剝削階級的反抗，而且要從思想上、理論上戰勝資產階級和修正主義，用馬克思主義占領哲學、歷史、教育、文學、藝術、法律等在內的整個上層建築各個領域。從思想上，政治上把孔、孟之道及朱熹理學批深批透。對資產階級法權必須加以限制，逐步鏟除滋生修正主義的土壤，抵制資產階級思想的侵蝕，進一步鞏固和加強無產階級專政，防止資本主義復辟。

在馬列主義、毛澤東思想的光輝照耀下，我們的無產階級專政事業必然勝利。讓那些死抱住孔老二、朱熹僵屍不放，開歷史倒車的先生們去哀鳴吧。

世界的未來屬於無產者！

略評朱熹

江西人民出版社　編

目次

（編案：本目次頁為原書目次頁，為存其真，內容及頁碼不做更動）

毛主席語錄

　　在中國，又有半封建文化，這是反映半封建政治和半封建經濟的東西，凡屬主張尊孔讀經、提倡舊禮教舊思想、反對新文化新思想的人們，都是這類文化的代表。帝國主義文化和半封建文化是非常親熱的兩兄弟，它們結成文化上的反動同盟，反對中國的新文化。這類反動文化是替帝國主義和封建階級服務的，是應該被打倒的東西。

　　我們現在思想戰線上的一個重要任務，就是要開展對於修正主義的批判。

可惡的朱熹

贛南師範專科學校中文科　編

目次

第一輯

第二輯

（編案：本目次頁為原書目次頁，為存其真，內容及頁碼不做更動）

說　明

在認真學習無產階級專政的理論，普及、深入、持久地開展批林批孔運動的過程中，重點批判一些儒家代表人物，徹底肅清其流毒，是十分必要的。我們在評論「中國十一世紀時的改革家」王安石的同時，開展了對我國十二世紀時孔、孟之道的衛道士朱熹的批判。這本小冊子就是為「批朱」提供部分參考資料而編的。

卷首，我們提供了馬克思、恩格斯、列寧、斯大林和毛主席的部分語錄，作為批判唯心主義「天才論」、地主資產階級「人性論」、封建的倫理道德觀以及反動的「中庸道」等等的有力武器。接著，我們選編了二十二篇文章，從各個不同的角度對朱熹的「巧偽人」的醜惡面目和「以理殺人」的所謂「理學」進行揭露和批判。其中前十篇是從一九七三年十二月以來的多種報刊中選出來的；後十二篇是從自宋至清的五位唯物主義哲學家或法家代表人物陳亮、李贄、王夫之、顏元、戴震的主要著作中選出來的。後者都附有作者介紹、題解和注釋。

由於我們的階級鬥爭、路線鬥爭和在無產階級專政條件下繼續革命的覺悟都很低，加之資料又十分缺乏，錯誤一定很多，希望讀者多多提出意見，以便改正。

編　者
一九七五年六月

第 一 輯

馬克思　恩格斯　列寧　斯大林毛主席語錄

堅持唯物論的反映論，批判唯心主義「天才論」

物質生活的生產方式制約著整個社會生活、政治生活和精神生活的過程。不是人們的意識決定人們的存在，相反，是人們的社會存在決定人們的意識。

馬克思：〈政治經濟學批判序言〉，
《馬克思恩格斯全集》第 13 卷第 8 頁。

工人階級的解放應當是工人階級自己的事情。所以，我們不能和那些公開說什麼工人太缺少教育，不能自己解放自己，因而應當由仁愛的大小資產者從上面來解放的人們一道走。

馬克思、恩格斯：〈給奧・倍倍爾、威・李卜克內西、威・白拉克
等人的通告信〉，《馬克思恩格斯選集》第 3 卷第 374 頁。

根據這種觀點，一切實際的階級矛盾，儘管因時代不同而各異，都可以歸結為一個巨大的永恆的矛盾，即認識了永恆的自然規律並依照它行動的人（賢人與貴人）和誤解它、曲解它並和它背道而馳的人（愚人與賤人）的矛盾。因此，歷史上產生的階級差別是自然的差別，人們必須向天生的貴人和賢人屈膝，尊敬這些差別，並承認它們是永恆的自然規律的一部分，一言以蔽之，即應崇拜天才。……最後

得出一個答案：應該由貴人、賢人和智者來統治。

……

由此可見，天才統治的「新時代」和舊時代不同的地方，主要是鞭子自以為是天才。

> 馬克思、恩格斯：〈《新萊茵報・政治經濟評論》第 4 期上
> 發表的書評〉，《馬克思恩格斯全集》第 7 卷第 307～311 頁。

從物到感覺和思想呢，還是從思想和感覺到物？恩格斯主張第一條路線，即唯物主義的路線。馬赫主張第二條路線，即唯心主義的路線。

> 列寧：《唯物主義和經驗批判主義》第 28 頁。

生活、實踐的觀點，應該是認識論的首先的和基本的觀點。

> 列寧：《唯物主義和經驗批判主義》第 134 頁。

千百萬創造者的智慧卻會創造出一種比最偉大的天才預見都還要高明得多的東西。

> 列寧：〈全俄工兵農代表蘇維埃第三次代表大會〉，
> 《列寧全集》第 26 卷第 445 頁。

現在民族和國家的命運不僅僅是由領袖決定的，而首先和主要是由千百萬勞動群眾決定的。工人和農民不聲不響地建設工廠、礦井、鐵路、集體農莊和國營農場，創造一切生活資料，供給全世界以衣食，——這才是真正的英雄和新生活的創造者。

> 斯大林：〈在全蘇集體農莊突擊隊員第一次代表大會上的演說〉，
> 《斯大林全集》第 13 卷第 228 頁。

　　人的正確思想是從哪裡來的？是從天上掉下來的嗎？不是。是自己頭腦裡固有的嗎？不是。人的正確思想，只能從社會實踐中來，只能從社會的生產鬥爭、階級鬥爭和科學實驗這三項實踐中來。

毛主席：〈人的正確思想是從那裡來的？〉，
《毛主席的五篇哲學著作》第 225 頁。

　　馬克思、恩格斯、列寧、斯大林之所以能夠作出他們的理論，除了他們的天才條件之外，主要地是他們親自參加了當時的階級鬥爭和科學實驗的實踐，沒有這後一個條件，任何天才也是不能成功的。

毛主席：〈實踐論〉，
《毛主席的五篇哲學著作》第 11 頁。

　　我們說馬克思主義是對的，決不是因為馬克思這個人是什麼「先哲」，而是因為他的理論在我們的實踐中、在我們的鬥爭中證明了是對的。我們的鬥爭需要馬克思主義。我們歡迎這個理論，絲毫不存什麼「先哲」一類的形式的甚至神秘的念頭在裡面。

毛主席：〈反對本本主義〉，
《毛澤東著作選讀》甲種本上冊第 20 頁。

　　人民，只有人民，才是創造世界歷史的動力。

毛主席：〈論聯合政府〉，
《毛澤東選集》合訂本第 932 頁。

　　在某種意義上來說，最聰明、最有才能的，是最有實踐經驗的戰士。

毛主席：〈語錄〉，
1967 年 11 月 16 日《人民日報》。

「三個臭皮匠，合成一個諸葛亮」，這就是說，群眾有偉大的創造力。中國人民中間，實在有成千成萬的「諸葛亮」，每個鄉村，每個市鎮，都有那裡的「諸葛亮」。

毛主席：〈組織起來〉，

《毛澤東選集》合訂本第 887 頁。

堅持無產階級階級論，批判地主資產階級「人性論」

人的本質並不是單個人所固有的抽象物。在其現實性上，它是一切社會關係的總和。

馬克思：〈關於費爾巴哈的提綱〉，

《馬克思恩格斯選集》第 1 卷第 18 頁。

這不應當理解為，似乎像食利者和資本家等等已不再是有個性的個人了，而應當理解為，他們的個性是受非常具體的階級關係所制約和決定的，……

馬克思、恩格斯：〈德意志意識形態〉，

《馬克思恩格斯全集》第 3 卷第 80 頁。

可是愛呵！——真的，在費爾巴哈那裡……留下的只是一個老調子：彼此相愛吧！不分性別、不分等級地互相擁抱吧，——大家一團和氣地痛飲吧！

恩格斯：〈路德維希·費爾巴哈和德國古典哲學的終結〉，

《馬克思恩格斯選集》第 4 卷第 236 頁。

　　沒有一個活著的人能夠不站到這個或那個階級方面來（既然他懂得了它們的相互關係），能夠不為這個或那個階級的勝利而高興，為其失敗而悲傷，能夠不對於敵視這個階級的人、對於散布落後觀點來妨礙其發展以及其他等等的人表示憤怒。

列寧：〈我們究竟拒絕什麼遺產？〉，
《列寧全集》第 2 卷第 471 頁。

　　在資產階級社會中，無黨性不過是依附於飽食者的政黨、統治者的政黨、剝削者的政黨的一種虛偽、隱蔽和消極的表現。

　　無黨性是資產階級思想。黨性是社會主義思想。

列寧：〈社會主義政黨和非黨的革命性〉，
《列寧全集》第 10 卷第 58 頁。

　　在階級社會中，每一個人都在一定的階級地位中生活，各種思想無不打上階級的烙印。

毛主席：〈實踐論〉，
《毛主席的五篇哲學著作》第 3 頁。

　　有沒有人性這種東西？當然有的。但是只有具體的人性，沒有抽象的人性，在階級社會裡就是只有帶著階級性的人性，而沒有什麼超階級的人性。我們主張無產階級的人性，人民大眾的人性，而地主階級、資產階級則主張地主階級、資產階級的人性，不過他們口頭上不這樣說，卻說成為唯一的人性，有些小資產階級知識分子所鼓吹的人性，也是脫離人民大眾或者反對人民大眾的，他們的所謂人性實質上不過是資產階級的個人主義，因此在他們眼中，無產階級的人性就不合於人性。

毛主席：〈在延安文藝座談會上的講話〉，

《毛澤東選集》合訂本第 827 頁。

　　世上決沒有無緣無故的愛，也沒有無緣無故的恨。至於所謂「人類之愛」，自從人類分化成為階級以後，就沒有過這種統一的愛。過去的一切統治階級喜歡提倡這個東西，許多所謂聖人、賢人也喜歡提倡這個東西，但是無論誰都沒有真正實行過，因為它在階級社會裡是不可能實行的。真正的人類之愛是會有的，那是在全世界消滅了階級之後。階級使社會分化為許多對立體，階級消滅後，那時就有了整個的人類之愛，但是現在還沒有。我們不能愛敵人，不能愛社會的醜惡現象，我們的目的是消滅這些東西。

毛主席：〈在延安文藝座談會上的講話〉，

《毛澤東選集》合訂本第 827～828 頁。

　　馬克思主義的一個基本觀念，就是存在決定意識，就是階級鬥爭和民族鬥爭的客觀現實決定我們的思想感情，但是我們有些同志卻把這個問題弄顛倒了，說什麼一切應該從「愛」出發，就說愛吧，在階級社會裡，也只有階級的愛，但是這些同志卻要追求什麼超階級的愛，抽象的愛，以及抽象的自由、抽象的真理、抽象的人性等等。這是表明這些同志是受了資產階級的很深的影響。應該很徹底地清算這種影響，很虛心地學習馬克思、列寧主義。

毛主席：〈在延安文藝座談會上的講話〉，

《毛澤東選集》合訂本第 809 頁。

　　無產階級對資產階級鬥爭，無產階級對資產階級專政，無產階級在上層建築其中包括在各個文化領域的專政，無產階級繼續清除資產

階級鑽在共產黨內打著紅旗反紅旗的代表人物等等，在這些基本問題上，難道能夠允許有什麼平等嗎？幾十年以來的老的社會民主黨和十幾年以來的現代修正主義，從來就不允許無產階級同資產階級有什麼平等。他們根本否認幾千年的人類歷史是階級鬥爭史，根本否認無產階級對資產階級的階級鬥爭，根本否認無產階級對資產階級的革命和對資產階級的專政。相反，他們是資產階級、帝國主義的忠實走狗，同資產階級、帝國主義一道，堅持資產階級壓迫、剝削無產階級的思想體系和資本主義的社會制度，反對馬克思、列寧主義的思想體系和社會主義的社會制度。他們是一群反共、反人民的反革命分子，他們同我們的鬥爭是你死我活的鬥爭，絲毫談不到什麼平等。因此，我們對他們的鬥爭也只能是一場你死我活的鬥爭，我們對他們的關係絕對不是什麼平等的關係，而是一個階級壓迫另一個階級的關係，即無產階級對資產階級實行獨裁或專政的關係，而不能是什麼別的關係，例如所謂平等關係、被剝削階級同剝削階級的和平共處關係、仁義道德關係等等。

　　　　　　　　　　　　　　　　　　　毛主席：〈語錄〉，

摘自〈中國共產黨中央委員會一九六六年五月十六日通知〉。

　　世界上只有具體的自由，具體的民主，沒有抽象的自由，抽象的民主。在階級鬥爭的社會裡，有了剝削階級剝削勞動人民的自由，就沒有勞動人民不受剝削的自由。有了資產階級的民主，就沒有無產階級和勞動人民的民主。……要求抽象的自由、抽象的民主的人們認為民主是目的，而不承認民主是手段。民主這個東西，有時看來似乎是目的，實際上，只是一種手段。馬克思主義告訴我們，民主屬於上層建築，屬於政治這個範疇。這就是說，歸根結蒂，它是為經濟基礎服務的。自由也是這樣。

毛主席：〈關於正確處理人民部矛內盾的問題〉，
《毛主席的五篇哲學著作》第 124 頁。

堅持馬克思主義道德觀，批判
封建的倫理道德觀

良心是由人的知識和全部生活方式來決定的。

共和黨人的良心不同於保皇黨人的良心，有產者的良心不同於無產者的良心，有思想的人的良心不同於沒有思想的人的良心。一個除了資格以外沒有別的本事的陪審員，他的良心也是受資格限制的。

特權者的「良心」也就是特權化了的良心。

馬克思：〈對哥特沙克及其同志們的審判〉，
《馬克思恩格斯全集》第 6 卷第 152 頁。

我們斷定，一切已往的道德論歸根到底都是當時的社會經濟狀況的產物。而社會直到現在還是在階級對立中運動的，所以道德始終是階級的道德；它或者為統治階級的統治和利益辯護，或者當被壓迫階級變得足夠強大時，代表被壓迫者對這個統治的反抗和他們的未來利益。……只有在不僅消滅了階級對立，而且在實際生活中也忘卻了這種對立的社會發展階段上、超越階級對立和超越對這種對立的回憶的、真正人的道德才成為可能。

恩格斯：《反杜林論》第 91～92 頁。

如果我們看到，現代社會的三個階級即封建貴族、資產階級和無產階級都各有自己的特殊的道德，那末我們由此只能得出這樣的結

論：人們自覺地或不自覺地，歸根到底總是從他們階級地位所依據的實際關係中——從他們進行生產和交換的經濟關係中，吸取自己的道德觀念。

恩格斯：《反杜林論》第 91 頁。

我們擯棄從超人類和超階級的概念中引來的這一切道德。我們說這是欺騙，這是為了地主和資本家的利益來愚弄工農，禁錮工農的頭腦。

我們說，我們的道德完全服從無產階級階級鬥爭的利益。我們的道德是從無產階級階級鬥爭的利益中引伸出來的。

……

因此，我們說：在我們看來，超人類社會的道德是沒有的；這是一種欺騙。我們的道德是服從於無產階級階級鬥爭的利益的。

列寧：〈青年團的任務〉，
《列寧選集》第 4 卷第 352 頁。

占有固著於土地上的農奴的剩餘勞動的制度樹立了農奴主的道德，「靠別人養活」來做工、為貨幣占有者來做工的「自由勞動」的制度樹立了資產階級的道德而取消了農奴主的道德。

列寧：〈民粹主義的經濟內容〉，
《列寧全集》第 1 卷第 361 頁。

當人們向我們講到道德的時候，我們回答說：共產主義者的全部道德就在於這種團結一致的紀律和反對剝削者的自覺的群眾鬥爭，我們不相信有永恆不變的道德，並且要揭穿一切關於道德的騙人的鬼話。道德是為人類社會升到更高的水平，為人類社會擺脫勞動剝削制

服務的。

　　……為鞏固和完成共產主義事業而鬥爭，這就是共產主義道德的
基礎。

列寧：〈青年團的任務〉，
《列寧選集》第 4 卷第 355 頁。

　　階級鬥爭在繼續，我們的任務就是要使一切利益都服從這個鬥
爭。所以我們也要使我們的共產主義道德服從這個任務，我們說：道
德是為破壞剝削者的舊社會、把全體勞動者團結到創立共產主義者新
社會的無產階級周圍服務的。

列寧：〈青年團的任務〉，
《列寧選集》第 4 卷第 353 頁。

　　一定的文化是一定社會的政治和經濟在觀念形態上的反映。在中
國，有帝國主義文化，這是反映帝國主義在政治上、經濟上統治或半
統治中國的東西。……一切包含奴化思想的文化，都屬於這一類。在
中國，又有半封建文化，這是反映半封建政治和半封建經濟的東西，
凡屬主張尊孔讀經、提倡舊禮教舊思想、反對新文化新思想的人們，
都是這類文化的代表。帝國主義文化和半封建文化是非常親熱的兩兄
弟，它們結成文化上的反動同盟，反對中國的新文化。這類反動文化
是替帝國主義和封建階級服務的，是應該被打倒的東西。不把這種東
西打倒，什麼新文化都是建立不起來的。

毛主席：〈新民主主義論〉，
《毛澤東選集》合訂本第 655 頁。

　　這四種權力——政權、族權、神權、夫權，代表了全部封建宗法

的思想和制度，是束縛中國人民特別是農民的四條極大的繩索。

> 毛主席：〈湖南農民運動考察報告〉，
> 《毛澤東選集》合訂本第 31 頁。

我們不是宋襄公，不要那種蠢豬式的仁義道德。

> 毛主席：〈論持久戰〉，
> 《毛澤東選集》合訂本第 460 頁。

帝國主義政府的反革命事業儘管每天都在做，但是在嘴上，在官方的文書上，卻總是滿篇的仁義道德，或者多少帶一些仁義道德，從來不說實話。

> 毛主席：〈為什麼要討論白皮書〉，
> 《毛澤東選集》合訂本第 1389 頁。

堅持鬥爭哲學，批判反動的中庸之道

到目前為止的一切社會的歷史（確切地說，這是指有文字記載的歷史。……隨著這種原始公社的解體，社會開始分裂為各個獨特的、終於彼此對立的階級。──恩格斯注）都是階級鬥爭的歷史。

> 馬克思、恩格斯：《共產黨宣言》第 23 頁。

現在也還有這樣一些人，他們從不偏不倚的高高在上的觀點向工人鼓吹一種凌駕於一切階級對立和階級鬥爭之上的社會主義，這些人如果不是還需要多多學習的新手，就是工人的最凶惡的敵人，披著羊皮的豺狼。

恩格斯：〈《英國工人階級狀況》1892年德文第二版序言〉，

《馬克思恩格斯全集》第22卷第373頁。

用折衷主義代替辯證法。「中庸」，把兩個極端「調和」起來，缺乏清楚、肯定、明確的結論，搖擺不定。

實際上階級矛盾日益尖銳，在言論上卻調和和緩和這種矛盾，同機會主義和好。

抹殺同機會主義在理論上和實際政治上的鴻溝。

列寧：〈關於帝國主義的筆記〉，

《列寧全集》第39卷第5頁。

從來沒有過而且將來也不會有這樣的事情：垂死的階級自願放棄自己的陣地而不企圖組織反抗。從來沒有過而且將來也不會有這樣的事情：在階級社會中，工人階級不經過鬥爭和波折就能向社會主義前進。

斯大林：〈聯共（布）中央全會〉，

《斯大林全集》第11卷第150頁。

馬克思主義的哲學認為，對立統一規律是宇宙的根本規律。這個規律，不論在自然界、人類社會和人們的思想中，都是普遍存在的。矛盾著的對立面又統一，又鬥爭，由此推動事物的運動和變化。……對於任何一個具體的事物說來，對立的統一是有條件的、暫時的、過渡的，因而是相對的，對立的鬥爭則是絕對的。

毛主席：〈關於正確處理人民內部矛盾的問題〉，

《毛主席的五篇哲學著作》第133頁。

階級鬥爭，一些階級勝利了，一些階級消滅了，這就是歷史，這就是幾千年的文明史。拿這個觀點解釋歷史的就叫做歷史的唯物主義，站在這個觀點的反面的是歷史的唯心主義。

> 毛主席：〈丟掉幻想，準備鬥爭〉，
> 《毛澤東選集》合訂本第 1376 頁。

地主階級對於農民的殘酷的經濟剝削和政治壓迫，迫使農民多次地舉行起義，以反抗地主階級的統治。……在中國封建社會裡，只有這種農民的階級鬥爭、農民的起義和農民的戰爭，才是歷史發展的真正動力。

> 毛主席：〈中國革命和中國共產黨〉，
> 《毛澤東選集》合訂本第 588 頁。

共產黨的哲學就是鬥爭哲學。

> 毛主席：〈語錄〉，
> 轉引自 1967 年 9 月 22 日《解放軍報》。

不是東風壓倒西風，就是西風壓倒東風，在路線問題上沒有調和的餘地。

> 毛主席：〈《文匯報》的資產階級方向應當批判〉，
> 1957 年 7 月 1 日《人民日報》。

我們主張積極的思想鬥爭，因為它是達到黨內和革命團體內的團結使之利於戰鬥的武器。每個共產黨員和革命分子，應該拿起這個武器。

> 毛主席：〈反對自由主義〉，
> 《毛澤東選集》合訂本第 330 頁。

矯枉必須過正，不過正不能矯枉。

> 毛主席：〈湖南農民運動考察報告〉，
> 《毛澤東選集》合訂本第 17 頁。

希望勸說帝國主義者和中國反動派發出善心，回頭是岸，是不可能的。唯一的辦法是組織力量和他們鬥爭，……

> 毛主席：〈丟掉幻想，備準鬥爭〉，
> 《毛澤東選集》合訂本第 1376 頁。

培養無產階級革命事業的接班人，
批判「學而優則仕」的反動教育觀

未來教育對所有已滿一定年齡的兒童來說，就是生產勞動同智育和體育相結合，它不僅是提高社會生產的一種方法，而且是造就全面發展的人的唯一方法。

> 馬克思：《資本論》第 1 卷，
> 轉引自恩格斯：《反杜林論》第 317～318 頁。

資本主義舊社會留給我們的最大禍害之一，就是書本與生活實踐完全脫節，過去有些書把什麼都描寫得好得了不得，其實大半都是最令人厭惡的胡言亂語，虛偽地向我們描繪資本主義社會的情景。

> 列寧：〈青年團的任務〉，
> 《列寧選集》第 4 卷第 345 頁。

舊學校是死讀書的學校，它強迫人們學一大堆無用的、累贅的、

死的知識，這種知識塞滿了青年的頭腦，把他們變成一個模子倒出來的官吏。

列寧：〈青年團的任務〉，

《列寧選集》第 4 卷第 347 頁。

必須使共產主義青年團把自己的訓練、學習和教育同工、農的勞動結合起來，不要關在自己的學校裡，不要只限於閱讀共產主義書籍和小冊子。只有在勞動中同工農打成一片，才能成為真正的共產主義者。

列寧：〈青年團的任務〉，

《列寧選集》第 4 卷第 358 頁。

學生也是這樣，以學為主，兼學別樣，即不但學文，也要學工、學農、學軍，也要批判資產階級。學制要縮短，教育要革命，資產階級知識分子統治我們學校的現象，再也不能繼續下去了。

毛主席：《毛主席論教育革命》第 27 頁。

教育必須為無產階級政治服務，必須同生產勞動相結合。勞動人民要知識化，知識分子要勞動化。

毛主席：1958 年的一次講話，

轉引自《毛主席論教育革命》第 11 頁。

我們的教育方針，應該使受教育者在德育、智育、體育幾方面都得到發展，成為有社會主義覺悟的有文化的勞動者。

毛主席：〈關於正確處理人民內部矛盾的問題〉，

《毛主席的五篇哲學著作》第 159 頁。

知識分子如果不和工農民眾相結合,則將一事無成。革命的或不革命的或反革命的知識分子的最後的分界,看其是否願意並且實行和工農民眾相結合。

毛主席:〈五四運動〉,
《毛澤東選集》合訂本第 523 頁。

一切可以到農村中去工作的這樣的知識分子,應當高興地到那裡去。農村是一個廣闊的天地,在那裡是可以大有作為的。

毛主席:「在一個鄉里進行合作化規劃的經驗」一文的按語,
《中國農村的社會主義高潮》選本第 320 頁。

孔子辦學校的時候,他的學生也不少,「賢人七十,弟子三千」,可謂盛矣。但是他的學生比起延安來就少得多,而且不喜歡什麼生產運動。他的學生向他請教如何耕田,他就說:「不知道,我不如農民。」又問如何種菜,他又說:「不知道,我不如種菜的。」中國古代在聖人那裡讀書的青年們,不但沒有學過革命的理論,而且不實行勞動。

毛主席:〈青年運動的方向〉,
《毛澤東選集》合訂本第 532 頁。

社會主義比起孔夫子的「經書」來,不知道要好過多少倍。

毛主席:〈一個在三年內增產百分之六十七的農業生產合作社〉
一文的按語,《中國農村的社會主義高潮》中冊第 475 頁。

無產階級革命事業的接班人,是在群眾鬥爭中產生的,是在革命大風大浪的鍛煉中成長的。應當在長期的群眾鬥爭中,考察和識別幹

部，挑選和培養接班人。

　　毛主席：〈關於赫魯曉夫的假共產主義及其在世界歷史上的教訓〉，

　　　　　　　　　　　　　　轉摘自 1964 年 7 月 14 日《人民日報》。

　　具備什麼條件，才能夠充當無產階級革命事業的接班人呢？

　　他們必須是真正的馬克思列寧主義者，而不是像赫魯曉夫那樣的掛著馬克思列寧主義招牌的修正主義者。

　　他們必須是全心全意為中國和世界的絕大多數人服務的革命者，而不是像赫魯曉夫那樣，在國內為一小撮資產階級特權階層的利益服務，在國際為帝國主義和反動派的利益服務。

　　他們必須是能夠團結絕大多數人一道工作的無產階級政治家。不但要團結和自己意見相同的人，而且要善於團結那些和自己意見不同的人，還要善於團結那些反對過自己並且已被實踐證明是犯了錯誤的人。但是，要特別警惕像赫魯曉夫那樣的個人野心家和陰謀家，防止這樣的壞人篡奪黨和國家的各級領導。

　　他們必須是黨的民主集中制的模範執行者，必須學會「從群眾中來，到群眾中去」的領導方法，必須養成善於聽取群眾意見的民主作風，而不能像赫魯曉夫那樣，破壞黨的民主集中制，專橫跋扈，對同志搞突然襲擊，不講道理，實行個人獨裁。

　　他們必須謙虛謹慎，戒驕戒躁，富於自我批評精神，勇於改正自己工作中的缺點和錯誤。而絕不能像赫魯曉夫那樣，文過飾非，把一切功勞歸於自己，把一切錯誤歸於別人。

　　毛主席：〈關於赫魯曉夫的假共產主義及其在世界歷史上的教訓〉，

　　　　　　　　　　　　　　轉摘自 1964 年 7 月 14 日《人民日報》。

　　我們共產黨人不是要做官，而是要革命，我們人人要有徹底的革

命精神，我們不要有一時一刻脫離群眾。

毛主席：轉引自 1967 年 7 月 4 日《人民日報》。

論婦女解放，批判「男尊女卑」

任何知道一點歷史的人都知道，偉大的社會變革要沒有婦女的酵素是不可能的。社會的進展可以準確地由女性……的社會地位來衡量。

馬克思：〈致庫格曼的信〉，
《致庫格曼書信集》第 75 頁。

婦女的解放，只有在婦女可以大量地、社會規模地參加生產，而家務勞動只占她們極少的工夫的時候，才有可能。

恩格斯：〈家庭、私有制和國家的起源〉，
《馬克思恩格斯選集》第 4 卷第 158 頁。

在歷史上出現的最初的階級對立，是同個體婚制下的夫妻間的對抗的發展同時發生的，而最初的階級壓迫是同男性對女性的奴役同時發生的。

恩格斯：〈家庭、私有制和國家的起源〉，
《馬克思恩格斯選集》第 4 卷第 61 頁。

從一切解放運動的經驗來看，革命的成敗取決於婦女參加解放運動的程度。

列寧：〈在全俄女工第一次代表大會上的演說〉，
《列寧全集》第 28 卷第 163 頁。

　　婦女在集體農莊中是一支巨大的力量。埋沒這支力量就是犯罪。我們的責任就是要推動集體農莊中的婦女前進，運用這支力量。

　　　　斯大林：〈在全蘇集體農莊突擊隊員第一次代表大會上的演說〉，

　　　　　　　　　　　　　《斯大林全集》第 13 卷第 225 頁。

　　時代不同了，男女都一樣。男同志能辦到的事情，女同志也能辦得到。

　　　　毛主席：〈在暢遊十三陵水庫時對青年的談話〉，

　　　　　　　　　　　　《新華月報》1965 年第 6 號第 35 頁。

　　農村經濟益發破產，男子控制女子的基本條件，業已破壞了。最近農民運動一起，許多地方，婦女跟著組織了鄉村女界聯合會，婦女抬頭的機會已到，夫權便一天一天地動搖起來。總而言之，所有一切封建的宗法的思想和制度，都隨著農民權力的升漲而動搖。

　　　　　　毛主席：〈湖南農民運動考察報告〉，

　　　　　　　　　　　　《毛澤東選集》合訂本第 32 頁。

　　中國的婦女是一種偉大的人力資源。必須發掘這種資源，為了建設一個偉大的社會主義國家而奮鬥。

　　　　　　毛主席：〈發動婦女投入生產，解決了勞動力不足的困難〉

　　　　一文的按語，《中國農村的社會主義高潮》選本第 241 頁。

　　全國婦女起來之日，就是中國革命勝利之時。

　　　　　　毛主席：〈在延安中國女子大學開學典禮上的講話〉，

　　　　　　　　　　　　《新中華報》1939 年 7 月 25 日。

　　婦女占人口的半數，勞動婦女在經濟上的地位和她們特別受壓迫
的狀況，不但證明婦女對革命的迫切需要，而且是決定革命勝敗的一
個力量。

　　　　　　　　　　毛主席：〈充分重視女委員的作用〉，

　　　　　　　轉引自 1968 年 6 月 14 日《文匯報》社論。

　　為了建設偉大的社會主義社會，發動廣大的婦女群眾參加生產活
動，具有極大的意義。在生產中，必須實現男女同工同酬。真正的男
女平等，只有在整個社會的社會主義改造過程中才能實現。

　　　　　　毛主席：〈「婦女走上了勞動戰線」一文的按語〉，

　　　　　　　《中國農村的社會主義高潮》上冊第 357 頁。

　　　　　　　　──原載《江蘇師院學報》一九七四年增刊

第 二 輯

朱熹

李贄

〔作者介紹〕　李贄（音志），號卓吾，福建泉州人，生於明世宗嘉靖六年（1527），卒於神宗萬曆三十年（1602）。

李贄生活的時代，封建社會已進入晚期，在封建社會內部產生了資本主義萌芽。明王朝的統治日趨沒落，階級矛盾空前尖銳，農民起義連綿不斷。在思想領域中，革新與守舊的鬥爭也十分激烈。地主階級內部分化出一批不滿現狀、要求變革的進步分子。他們大膽地叛離封建正統思想，要求思想上的自由解放。李贄就是其中最有代表性的一個。

福建泉州自宋、元以來就是對外貿易的港口。李贄的先輩從事過航海經商。他本人在青年時代生活顛沛流離，中年後做過二十餘年官吏，接觸到許多以儒家正統派自居的道學家的腐朽、虛偽、奸詐行徑，常和有權勢的道學官僚相抵觸，因而受盡磨難。這些經歷和遭遇，使他易於接受新的思想影響，在一定程度上了解和同情下層人民生活的痛苦，期望在理學占壟斷地位的死氣沉沉的局面中，衝殺出一條新的思想道路。

李贄是我國十六世紀高舉尊法反儒旗幟的一個進步思想家。他熱情贊揚秦始皇為「千古一帝」，極力反對以孔丘的是非為是非，把儒家「經典」批駁得體無完膚。當時的反動統治者對李贄的這些思想大為驚恐，查禁了他的著作，把他關進牢獄，迫害致死。但是，這卻阻

止不了他的進步思想的傳播。

〔題解〕 本文節選自李贄所著《藏書》卷四十五。這是李贄給朱熹寫的一篇簡短的評傳。文筆簡練，夾敘夾議，必要時還插入簡短有力的評語，使以儒家正統派自居的道學家朱熹的一副「巧偽人」的醜惡嘴臉躍然紙上。細玩文義，對全面、深刻地批判朱熹很有幫助。

朱熹，字仲晦[1]，婺源[2]人。父松因仕入閩。熹以建炎四年[3]九月十五日，生南劍尤溪之寓舍。年十八，貢於鄉[4]，中進士第[5]，主泉州同安簿[6]，歷四考[7]罷歸。孝宗[8]即位，詔求直言，因上封事[9]。明年，復召入對。

乾道三年[10]，訪張栻[11]於長沙。熹〈中和舊說序〉云：「予早從延平李先生[12]學，受《中庸》之書，求喜怒哀樂未發之旨[13]，未達而先生歿。」是日也，因與栻論《中庸》大義。淳熙二年[14]，呂祖謙[15]訪

1　一字元晦，號晦庵。

2　婺（音務）源，宋時屬徽州，今屬江西省。

3　建炎四年，公元 1130 年。建炎，宋高宗趙構年號。

4　貢，薦，貢於鄉，由鄉里選拔推薦上去。

5　中，去聲，考中，進士，隋、唐、宋時凡舉人到禮部去應試的都叫進士。第，及第。中進士第，考中了進士。

6　主簿，官名，管理文書簿籍。

7　四考，十二年。科舉時代三年一考。

8　孝宗，名趙昚（音甚），於公元 1163 年即位。

9　封事，給皇帝上書，為了保密，可以用袋子裝著加封後再送上去，叫做封事。

10　乾道三年，公元 1167 年。乾道，孝宗第二個年號。乾，音前，不能簡化作「干」。

11　張栻，字敬夫，居衡陽，理學家，是朱熹的好朋友。

12　李先生，名侗（音同），是北宋官僚大地主保守派在哲學上的代表之一程頤（音移）的三傳弟子。

13　旨，含義。

14　淳熙二年，1175 年。淳熙，孝宗第三個年號。

熹於寒泉精舍[16]，編次《近思錄》[17]，因送祖謙至鵝湖[18]，陸九淵[19]兄弟來會。三年，除[20]秘書郎，會有言虛名之士不可用者，以故再辭，主管武夷山沖佑觀[21]。八年陸九淵來訪，請書其兄九齡墓志[22]。熹請九淵為諸生講〈君子小人喻義利章〉[23]。

　　時浙東大飢，易提舉浙東常平茶鹽事。九年，以賑濟有勞，知台州，適知州遷江西提刑未行，熹行部得其在郡姦贓事，劾[24]之，為時相王淮所匿，而奪其新命授熹，熹以為是蹊田[25]而奪之牛，辭不拜，遂歸。

　　十年差[26]主管台州崇道觀，自是[27]學者尊信益眾。永康陳亮以文雄於時，熹與[28]書，箴[29]其義利雙行，（胡說！）王霸並用，且謂漢唐行事，非三綱五常之正。（胡說！）

　　十四年，除提點江西刑獄公事。十五年淮罷相，遂力疾入奏。是

15　呂祖謙，字伯恭，金華人，理學家，也是朱熹的朋友。

16　精舍，學舍。寒泉，學舍名。

17　《近思錄》，書名，共十四卷，由朱熹、呂祖謙摘錄宋代唯心主義哲學家周敦頤、程顥（音浩）、程頤等人的部分言論拼湊而成。

18　鵝湖，信州鵝胡寺。信州故治在今江西省上饒縣西北。

19　陸九淵，字子靜，號象山，金溪人，理學家。他這次到鵝湖是應呂祖謙之約來跟朱熹辯論的。

20　除，拜官。

21　觀，音貫，道士住的寺院。

22　墓志，死者傳記，刻在石上，埋入墓中。

23　《論語·里仁》中的一章，全文是：子曰：「君子喻於義，小人喻於利。」喻，明白，懂得。

24　劾，音核，舊指揭發罪狀。

25　蹊（音奚）田，在田裡踏出小路。蹊，名詞用如動詞。

26　差，音釵，派出去辦事。

27　自是，從此，是，指示代詞。

28　與，給。

29　箴，音真，勸告，勸戒。這裡是指責的意思。

行也,有要³⁰之於路,以正心誠意³¹為上³²所厭聞者。熹曰:「吾平生所學,只有此四字。」及奏上,除兵部郎³³;熹以疾告,上欲易以他部,時相竟授以前江西之命,熹行且辭,章再上,除主管嵩山³⁴嵩福宮,時廟堂³⁵知上眷³⁶厚,憚熹復入。上悟,復召熹,又促召,具封事投匭³⁷以進。疏³⁸入,夜漏下七刻³⁹,上已就寢,亟⁴⁰起秉燭讀之終篇,明日除崇政殿說書⁴¹。

熹當孝宗朝⁴²,陛對⁴³者三,(多了!)上封事者一,(更多了!)孝宗亦開懷容納。然熹之言,皆痛詆⁴⁴大臣近習,故孝宗之眷雖厚,而嫉⁴⁵者愈深。

光宗即位⁴⁶,除江東轉運副使,改知漳州。明年,除荊湖南路轉運副使。

---

30 要,陰平聲,阻住。

31 正心誠意,儒家所極力提倡的兩種閉門修養的方法。正心,使心正;誠意,使意誠。正、誠,都是形容詞用如使動。心,心術,意、意念、念頭。

32 上,皇帝。

33 兵部,官署名,管軍政。郎,官名,又分侍郎、郎中、員外郎等。

34 嵩山,在河南省。

35 廟堂,朝廷。

36 眷,音倦,愛。

37 匭,音軌,箱子。這裡特指朝廷用來接收四方文書的箱子。

38 疏,通。

39 漏刻,古代計時器。用銅壺盛水,底穿一孔,壺中立箭,上刻度數。水不斷往下漏,看露出水面的度數就知道時間。

40 亟,音急,急切。

41 說書,官名,管進讀書史,講解經義,備顧問應對。

42 孝宗朝,孝宗在位期間。

43 陛,音閉。對,跟皇帝對答。

44 詆,音抵,說別人的壞話。

45 嫉,音急,憎恨。

46 光宗,名趙惇(音敦),於公元1190年即位。

寧宗[47]初在潛邸[48]，聞熹名，每恨不得熹為本宮講官，及即位[49]，直召奏事，兼實錄院同修撰，進講《大學》。熹進講後，復以前所講者，編次成帙[50]以進。上亦開懷容納，且面諭以求放心之說[51]甚善，所進冊子，宮中當讀之，今後更為點來。

慶元元年[52]，韓侂胄誣熹不軌[53]，復謫永州[54]。熹自念身雖退，尚帶侍從職名，不敢自嘿[55]，遂草書極言姦邪蔽主之禍，詞旨痛切，諸生更諫，以筮[56]決之，遇〈遯〉之〈同人〉[57]，熹默然，乃取諫藁焚之，自號遯翁。沈繼祖為監察御史，上章詆熹，遂落職罷祠[58]。六年三月……逝。嘉定元年[59]，賜諡[60]曰「文」。

---

47 寧宗，名趙擴。

48 潛邸，皇帝即位前居住的地方。

49 寧宗於公元 1195 年即位。

50 帙，音秩，包書的套子。

51 求放心之說，見《孟子·告子上》：「學問之道無他，求其放心而已矣。」「學問之道沒有別的，就是把那喪失了的善良之心找回來罷了。」這是一種主觀唯心主義的論點。

52 慶元元年即公元 1195 年。慶元，寧宗第一個年號。

53 韓侂胄，字節夫，安陽人。寧宗朝為相，封平原郡王，斥道學為偽學，請下詔嚴禁，力主抗金，潰敗後被害。侂，即「佗」字，音托。胄，音宙。不軌，不循法度，要造反。

54 謫，音折，貶官。永州，屬湖南省。

55 嘿，同「默」。

56 筮，音氏，古代用著草卜卦叫「筮」。

57 遯，同「遁」，逃避。同人，卦名，和同於人。

58 落職罷祠，革除官職，停發俸祿，宋有「祠祿官」，是專為疲老不能任事者而設的，只有俸祿而無職權。祠，指祠祿官之祿而言。

59 嘉定元年，公元 1208 年，嘉定，寧宗第四個年號。

60 諡，音事，封建社會給死去的帝王或高級官員追加的稱號。

斥儒士

陳亮

〔作者介紹〕　見〈陳亮反對朱熹的鬥爭〉一文。

〔題解〕　這是〈上孝宗皇帝第一書〉的最後一段，題目是編者加的。「第一書」作於孝宗淳熙五年（1178），主要是闡明作者對於南宋局勢的一些看法。他堅決站在主戰派一邊，主張立即改變妥協求和的局面，並尖銳地指出賣國賊秦檜（音快）堅持和議，給國家帶來嚴重的危害。節選的這一段是直接斥責朱熹的。

臣不佞[1]，自少有驅馳四方之志，常欲求天下豪傑之士而與之論今日之大計。蓋嘗數至行都[2]，而人物如林，其論皆不足以起人意，臣是以知陛下[3]大有為之志孤矣。辛卯、壬辰[4]之間，始退而窮天地造化[5]之初，考古今沿革之變，以推極皇帝王伯之道[6]而得漢、魏、晉、唐長短之繇[7]，天人之際昭昭然可察而知也。始悟今世之儒士，自以

1　佞，音濘，有才智，自稱「不佞」是表示謙虛。

2　蓋，大概。（有時不必譯出）嘗，音常，曾經（注意：「尝」是「嘗」的簡化，而不是「賞」的簡化）。數，音朔，多次。行都，除首都外，另建一都，以備有事時政府暫時移駐。這裡指臨安（今浙江杭州）。

3　陛下，封建時代對帝王的稱呼。陛，宮殿的臺階。

4　辛卯（音茅，上聲），壬（音仁）辰，孝宗乾道七年、八年（1171、1172）。

5　造化，創造化育。

6　王伯之道，王道指儒家的禮治；霸道指法家的法治。伯，與「霸」通。

7　繇，與「由」同，原由。

為得正心誠意之學者，皆風痺[8]不知痛癢之人也；舉一世安於君父之
讎[9]；而方低頭拱手以談性命，不知何者謂之性命乎！陛下接之而不
任以事，臣於是服陛下之仁。又悟今世之才臣，自以為得富國強兵之
術者，皆狂惑以肆[10]叫呼人之也；不以暇時講究立國之本末，而方揚
眉伸氣以論富強。不知何者謂之富強乎！陛下察之而不敢盡用，臣於
是服陛下之明。陛下勵志[11]復之讎，足以對天命；篤[12]於仁愛，足以
結民心，而又仁明足以臨照群臣一偏之論：此百代英主也。今乃驅委
庸人，籠絡小儒，以遷延大有為之歲月，臣不勝憤悱[13]，是以忘其賤
而獻其愚[14]。

8　風痺（音閉），麻木。

9　舉，皆。君父之讎，指北宋末年徽宗、欽宗被金兵俘虜的事。讎，與「仇」同。

10　肆，不顧一切，任意去做。

11　勵志，振作精神，下定決心。

12　篤，音堵，忠實，全心全意。

13　不勝，非常，十分。常用於感情方面。憤悱（音匪），由於氣憤而鬱鬱不樂。

14　其，他的。本來是第三人稱代詞，這裡話用於第一人稱，意思是「我的」。

論作儒與做人

陳亮

〔題解〕　這是〈甲辰答朱元晦書〉的中間三段,題目是編者加
的。此書作於宋孝宗淳熙十一年(1184),主要是論述作儒與做人的
問題,作者從法家的功利主義出發,狠狠地批駁了朱熹要他「以醇儒
自律」,要他將來不要做「三代以下人物」,要做「三代以上人物」等
反動謬論,著重指出「作儒」不是人生的目的,「做人」才是人生的
目的,前後數段與本文主旨關係不大,故略去。

研窮義理之精微,辯析古今之同異,原心於秒忽,較禮於分寸,
以積累為功,以涵養為正;睟面盎背[1],則亮於諸儒誠有愧焉。至於
堂堂之陣,正正之旗,風雨雲雷,交發而並至,龍蛇虎豹,變見[2]而
出沒,推廣一世之勇智,開拓萬古之心胸,如世俗所謂粗塊大臠,飽
有餘而文不足者,自謂差[3]有一日之長。而來教乃有義利雙行、王霸
並用之說,則前後布列區區[4],宜其皆未見悉也。海內之人,未有如

1　睟面盎背,《孟子‧盡心上》:「君子所性,仁義禮智根於心,其生色也睟然,見於
　　面,盎於背,施於四體,四體不言而喻。」——「君子的本性,仁義禮智之根植
　　在心中,發出來的神色純和溫潤,表現於顏面,反映於肩背,至於四肢,通過四
　　肢的動作,不必言語,別人一目了然。」睟,音粹,清和潤澤的樣子。盎,音
　　昂,上聲,顯現。
2　見,與「現」通。
3　差,音叉,大致還可以。
4　布列區區,(我)所陳述的一些無足輕重的意見。布,陳。列,陳。區區,小;不
　　重要。

此書之篤實真切者，豈敢不往復自盡其說，以求正於長者！

自孟、荀論義利王霸，漢、唐諸儒未能深明其說。本朝伊、洛諸公[5]，辯析天理人欲，而王霸義利之說於乎大明，然謂「三代以道治天下，漢、唐以智力把持天下」[6]，其說固已不能使人心服，而近世諸儒，遂謂三代專以天理行，漢、唐專以人欲行，其間有與天理暗合者，是以亦能久長。信斯言也，千五百年之間，天地亦是架漏過時，而人心亦是牽補度日[7]，萬物何以阜蕃[8]，而道何以常存乎？故亮以為漢、唐之君，本領非不洪大開廓，故能以其國與天地並立，而人物賴以生息。諸儒自處者曰義、曰王，漢、唐做得成者曰利、曰霸，一頭自如此說，一頭自如彼做，說得雖甚好，做得亦不惡，如此卻是義利雙行，王霸並用。如亮之說，卻是直上直下只有一個頭顱做得成耳，向來十論[9]，大抵敷廣[10]此意。只如太宗[11]，亦只是發他英雄之心：誤處本秒忽；而後斷之以大義，豈右[12]其為霸哉！發出三綱五常之大本，截斷英雄差誤之幾微，而來諭[13]乃謂其非三綱五常之正，是殆[14]以人觀之而不察其言也，王霸策問[15]，蓋亦如此耳。

---

5 伊、洛，伊水、洛水，都在洛陽附近。伊、洛諸公，指程顥、程頤兄弟，因為他們住在洛陽。

6 程顥說：「三代之治，順理者也；兩漢以下，皆把持天下者也。」（《二程遺書》卷十一）

7 架漏，用木頭支架破漏的房屋。牽補，東牽西扯彌補一時。

8 阜（音父）蕃，生長繁殖。

9 陳亮所著《龍川文集》有〈酌古論〉二十篇，這裡所謂十論，大概是指他先寫成的十篇。

10 敷廣，鋪開，闡明。

11 太宗，唐太宗李世民。

12 右，右贊推崇。

13 來諭，來信。諭，（上級或長輩）告訴（下級或晚輩）。

14 是殆，這就恐怕是。是，這。殆，恐怕。

15 王霸策問，見《龍川文集》卷三〈問答一〉。

　　夫人之所以與天地並立為三者，以其有是氣也。孟子終日言仁義，而與公孫丑論勇[16]如此之詳，又自發為浩然之氣，蓋擔當開廓不去，則亦何有於仁義哉！氣不足以充其所知，才不足以發其所能，守規矩準繩，而不敢有一毫走作，傳先民之說，而後學有所持循，此子夏所以分出一門而謂之儒也[17]，成人之道，宜未盡於此。故後世所謂有才而無德，有智勇而無仁義者，豈皆出於儒者之口。才德雙行，智勇仁義交出而並見者，非諸儒有以引之乎？故亮以為學者學為成人，而儒者亦一門戶中之大者耳。秘書[18]不教以成人之道而教以醇儒自律[19]，豈揣[20]其分量則止於此乎？不然，亮猶有遺恨也。

16　與公孫丑論勇，見《孟子·公孫丑上》。

17　子夏，姓卜名商，孔子弟子。《論語》說：「子謂子夏曰：『汝為君子儒，無為小人儒。』」本文是把子夏作為賤儒，暗譏朱熹一派。

18　秘書，稱朱熹。

19　以醇儒自律，以做一個純粹的儒者來要求自己。醇，純。

20　揣，估量。

夫婦論

李贄

〔題解〕　這一篇選自《焚書》卷三，略有刪節。本文肯定了萬物是由天地產生的，不是憑空冒出來的，從而反駁了程、朱理學所謂「理在氣先」以及以「理」和「太極」為萬物之本源的客觀唯心主義的謬論。但是，李贄自己卻提不出一個正確的說法來，只是空洞地說：「天下萬物皆生於兩，不生於一。」這就顯得軟弱無力了。

　　夫婦，人之始也。有夫婦然後有父子，有父子然後有兄弟，有兄弟然後有上下。夫婦正，然後萬事無不出於正[1]，夫婦之為物始也如此。極而言之，天地一夫婦也，是故[2]有天地然後有萬物，然則天下萬物皆生於兩，不生於一，明矣。而又謂一能生二[3]，理能生氣[4]，太極能生兩儀[5]，何歟？

1　在這裡，作者是把作為「人之始」的夫婦和作為「五倫」之一的夫婦混為一談了。

2　是故，因此。是，這樣；故，所以。

3　見《老子》：「道生一，一生二，二生三，三生萬物。」老子即老聃（音丹），戰國時期唯心主義哲學家，是沒落奴隸主階級的思想代表，著有《老子》一書。

4　朱熹說：「太極生陰陽，理生氣也。」理，萬物生成的本原。氣，構成萬物的材料。

5　《周易‧繫辭》：「是故易有太極，是生兩儀。」朱熹把理的全體，理的最高境界稱為「太極」。兩儀，指天地。

　　夫厥初生人[6]，惟是陰陽二氣，男女二命[7]，初無所謂一與理也，而何太極之有？以今觀之，所謂一者果何物？所謂理者果何在？所謂太極者果何所指也？若謂二生於一，一又安從生也？一與二為二，理與氣為二，陰陽與太極為二，太極與無極[8]為二，反覆窮詰[9]，無不是二，又烏睹[10]所謂一者而遽爾[11]妄言之哉？故吾究物始，而見夫婦之為造端[12]也。是故但言夫婦二者而已，更不言一，亦不言理[13]。一尚不言，而況言無！無尚不言，而況言無無！何也？恐天下惑也。

6　夫，音扶，句首語氣詞，表示要發議論。厥，音決，其。

7　命，天命。按古代的唯心論者以為人的禍福、窮通、夭壽皆受天命的支配，故稱男女為二命。

8　無極，周敦頤〈太極圖說〉說：「無極而太極。」又說：「太極本無極也。」他認為世界的本體是「太極」，而太極又無形無象，不可言說，不是真有一個「極」，所以叫做無極。周敦頤（1016～1073），字茂叔，道州人，是對宋、明哲學影響較大的唯心主義哲學家。

9　詰，音潔。追問。

10　烏睹，哪裡看得見。烏，與惡（音烏）通。睹，音賭，看見。

11　遽（音句）爾，匆忙地。爾，詞尾。

12　造端，開始。

13　在這裡，作者批駁了朱熹「理在氣先」的謬論，卻將一與二，理與氣，陰陽與太極放在平等的地位，最後不得不到《易經》上去找出性命、太和、乾坤等抽象的概念來作自己的結論。

贊劉諧

李贄

〔題解〕　這一篇也選自《焚書》卷三。這是一篇辛辣的諷刺小品，矛頭直指宋、明兩代的理學家朱熹之流及其祖師爺孔老二。

宋代唐庚的《唐子西文錄》中記載了「天不生仲尼，萬古如長夜」的說法，朱熹便如獲至寶地加以引用，並大事宣揚，李贄這篇短文的中心就是駁斥這種謬論的。他借劉諧的口說：「怪得羲皇以上聖人盡日燃紙燭而行也！」這無疑是對尊儒崇孔思想的一次有力的衝擊。

有一道學[1]，高屐大履[2]，長袖闊帶，綱常之冠[3]，人倫之衣[4]，拾紙墨之一二[5]，竊唇吻之三四[6]，自謂[7]真仲尼之徒焉。時遇劉諧[8]。劉

1　道學，即理學，這裡指道學先生。

2　屐，音機，一種木底鞋子，底下有齒，可以在雨天或泥濘中行走，這裡指鞋底，履，音旅，鞋子。

3　綱常，即三綱（君為臣綱、父為子綱、夫為妻綱）五常（仁、義、禮、智、信。）

4　人倫，封建社會反動統治階級根據孔、孟之道制定的人與人之間應當遵守的五種行為準則，即父子有親、君臣有義、夫婦有別、長幼有序、朋友有信。以上兩句諷刺道學先生披著綱常倫理的外衣。

5　紙墨，指儒家的文章典籍，如《四書》、《五經》之類。這句說從儒家的文章中拾得一兩點。

6　唇吻，指儒家的言論。唇，嘴唇；吻，音穩，嘴邊。以上兩句無情地揭露了道學

諧者，聰明士[9]，見面哂[10]曰：「是未知[11]我仲尼兄也。」其人勃然作色而起曰[12]：「『天不生仲尼，萬古如長夜。』子何人者[13]，敢呼仲尼而兄之[14]？」劉諧曰：「怪得[15]羲皇[16]以上聖人盡日燃紙燭[17]而行也！」其人默然[18]自止[19]，然[20]安知其言之至[21]哉！李生聞而善[22]曰：「斯言也，簡而當[23]，約[24]而有餘[25]，可以破疑網[26]而昭中天[27]矣。其言如此，其人可知也。蓋雖出於一時調笑之語，然其至者[28]百世不能易[29]。」

　　先生從反動的儒家那裡撿點破爛來裝飾自己。

7　自謂，自稱，自以為。

8　劉諧，很可能是作者虛構的人物。諧，音鞋，戲言。

9　士，知識分子。

10　哂，音審，譏笑。

11　知，了解。

12　其人，那個人，指道學先生。勃然，發怒的樣子。作色，臉上變了顏色。

13　子何人者，你是什麼人。子，先生。

14　兄之，以他為哥哥，稱他為哥哥。兄，名詞用如意動。

15　怪得，怪不得。

16　羲皇，指伏羲氏，古代傳說中原始社會的首領之一。

17　紙燭，捻紙蘸油點火，可以照明。

18　默然，默默地。然，詞尾。

19　自止，自己止住了，不再說什麼。

20　然，然而。

21　至，確切含義。

22　李生，李贄自稱。善，認為好，形容詞用如意動，後面省略了賓語「之」。

23　當，去聲，得當，確切。

24　約，簡明，概括了很多意思。

25　有餘，有餘味，耐人尋味。

26　破疑網，衝破道學家布下的迷惑人的網，即打破尊孔，維護綱常倫理的反動說教。

27　昭中天，使天空明朗。昭，明朗，形容詞用如使動。

28　其至者，這種至理名言。

29　易，改變。

說命中二

王夫之

〔作者介紹〕　見前〈王夫之對朱熹唯心主義理學的批判〉一文。

〔題解〕　這一篇選自《尚書引義》卷三，略有刪節。本文就《偽古文尚書·說命中》「知之非艱，行之惟艱」一語加以發揮，批判了朱熹先知後行與王守仁知行合一的唯心論的先驗論。王夫之認為「行可兼知，知不可兼行」；「行焉可以得知之效，知焉未可以得行之效」。他強調了行對知的決定性意義，這是他在哲學上的卓越貢獻。

宋諸先儒，欲折陸、楊知行合一、知不先行不後之說，而曰知先行後，立一劃然之次序[1]，以困學者於知見之中，且將蕩然以失據，則已異於聖人之道矣。

〈說命〉：「知之非艱，行之惟艱。」千聖復起，不易之言也。夫人近取之而自喻其甘苦者也。先其難而易者從之，易矣。先其易而難者在後，力弱於中衰，情疑於未艾[2]，氣驕於已得，矜[3]覺悟以遺下

1　宋、明理學分兩大派，一派以程顥、程頤、朱熹為代表，在哲學上屬客觀唯心主義；另一派以陸九淵、王守仁為代表，在哲學上屬主觀唯心主義。宋諸先儒，指程、朱派。他們為了折服陸派的「知行合一」說，乃倡「知先行後」說。實質上這兩說都是唯心論的先驗論。陸，陸九淵。楊，楊簡，字敬仲，宋慈溪仁，人稱慈湖先生。

2　艾，音愛，決斷。未艾，不能決斷。

學，其不倒行逆施於修塗[4]者鮮[5]矣！知非先，行非後，行有餘力而求知，而孰與易之乎？若夫[6]陸子靜、楊慈湖、王伯安[7]之為言也，吾知之矣。彼[8]非謂知之可後也，其所謂知者非知，而行者非行也。知者非知，然而猶有其知也，亦惝然[9]若有所見也。行者非行，則確乎其非行，而以其所知為行也。以知為行，則以不行為行，而人之倫、物之理，若或見之，不以身心嘗試焉。浮屠[10]之言曰：「知有是事便休。」彼直以惝然之知為息肩[11]之地，而顧[12]詭[13]其辭以疑[14]天下曰：「吾行也，運水搬柴也，行住坐臥也，大用賅乎此矣[15]。」是其銷[16]行以歸知，終始於知，而杜足於履中蹈和之節文[17]；本汲汲[18]於先知

---

3 矜，音今，自高自大，自誇。

4 修，長。塗，與「途」同。

5 鮮，上聲，少。

6 若夫，至於說到。

7 王伯安，王守仁，字伯安，明浙江餘姚人。

8 彼，指示代詞，表示「那」、「那個」、「那裡」；這裡用來指人，表示「那人」、「那些人」。

9 惝（音廠）然，惘然，不得意的樣子。

10 浮屠，佛，亦作浮圖。

11 息肩，歇肩，休息。

12 顧，連詞，表示輕微的轉折，略等於現代的「不過」。

13 詭，奸巧，這裡用如使動。

14 疑，用如使動。

15 大用賅乎此矣，所要做的大事全在這裡了。賅，音該，完備。

16 銷，去掉。

17 杜足，止步。中和，《禮記·中庸》：「喜怒哀樂之未發謂之中，發而皆中節謂之和。」履，蹈，實行。節文，指封建宗法制度所規定的行為準則。這句是說，（佛家）在封建按宗法制度所規定的行為準則去進行修養以達到喜怒哀樂皆能發而中節方面止步不前。由此可見王夫之所說的「行」與我們今天所說的社會實踐是有本質不同的。

18 汲汲，不斷地，迫切地（追求者）。

以行廢也，而顧訕[19]先知之說，以塞君子之口而疑天下。其詭秘也如是，如之何為其所網[20]，而曰知先行後，以墮其術中乎？

夫知之方有二，二者相濟也，而抑[21]各有所從。博取之象數[22]，遠證之古今，以求盡乎理，所謂格物也。虛以生其明，思以窮其隱[23]，所謂致知也，非致知則物無所裁[24]，而玩[25]物以喪志；非格物則知非所用，而蕩智[26]以入邪，二者相濟，則不容不各致[27]焉。今辟[28]異學之非，但奉格物以為宗，則中材以下，必溺焉以喪志，為異學所非，而不能不為之訕。若奉致知以為入德之門，乃所以致其知者，非力行[29]而自[30]喻其惟艱，以求研幾而精義[31]，則憑虛以索惝怳[32]之覺悟；雖求異於異學，而逮[33]乎行之齟齬[34]不相應以適用，則亦與異學均[35]矣。夫異學者，無患乎齟齬也，齟齬則置之耳。君子之學，仰事

---

19 訕，音屈，屈服。

20 罔，音網，蒙蔽。

21 抑，音益，連詞，表轉折。

22 指事物存在和發展的情況。

23 這兩句是說，虛心觀察，掌握事物的表面現象；認真思考，探明事物的內在聯繫。虛，空虛。生，使發生，使產生。明，與下句的「隱」相對。窮，動詞，尋究。隱，隱藏。

24 裁，判斷。

25 玩，玩弄。

26 蕩智，動搖心智。

27 各致，各自達到（目的）。

28 辟，音僻，駁斥，排除。

29 力行，盡力去做。

30 自喻，自己明白。

31 研幾，探討隱微（的道理）。幾，隱蔽。精義，使（深刻的）道理，（更為）細密。精，細密，這裡用如使動。

32 惝怳，音廠慌，模糊不清。

33 逮，音帶，到，及。

34 齟齬，音咀語，牙齒上下對不上，比喻意見不合。

35 均，相同。

天，俯治物，臣以事君，子以事父，內以定好惡之貞淫[36]，外以感民物之應違，而不敢恃[37]愉悅之悶光[38]若有覿[39]焉，奉以周旋[40]而天疢惡[41]乎！由此思之，先所知者與後所行者，求無齟齬而行焉皆順者，十不得五也。若夫無孝弟謹信之大節，或粗有其質，而行之不力，乃舍旃[42]以窮年矻矻[43]於章句之雌黃[44]，器服之象法[45]，若朱門後學尋行數墨[46]，以貽[47]異學之口實，夷[48]考其內行之醇疵[49]，出處之得失，義利之從違，無可表現[50]者。行後之誤人，豈淺鮮哉！憚[51]行之艱，利知之易，以托足[52]焉，朱門後學之失，與陸、楊之徒異尚而同歸，志於君之子之道者，非所敢安也。故知之非艱，行之唯艱，艱者先，「先難」也；非艱者後，「後獲」也。

　　且夫[53]知也者，固[54]以行為功[55]者也；行也者，不以知為功者也。

------

36 貞，正。淫，不正。

37 恃，音事，依賴，仗著。

38 悶光，微光。悶，音窘。

39 覿，音敵，見。

40 周旋，轉動旗桿，用旌旗指揮方向。引申為運轉。

41 疢惡，錯誤。疢，音救，長期生病。

42 舍旃，放棄。旃，音沾，「之焉」二字的合音。

43 窮年，用盡畢生精力。窮，動詞，走到盡頭。矻矻，音枯枯，勤勞的樣子。

44 雌黃，塗改。古人寫書用黃紙，寫錯了用雌黃塗去。

45 這句應理解為「器之象」、「服之法」。器之象，器具之一定的形狀。服之法，衣服之法定的樣式。

46 尋行數墨，動不動就寫出來。尋，數（音朔），屢次。墨，用墨寫。

47 貽，音移，留給。

48 夷，常。

49 醇，純。疵，毛病。

50 見，與「現」通。

51 憚，音但，怕。

52 托足，寄居。這裡指程、朱派由於「憚行之艱，利知之易」而提出知先行後的口號來自欺欺人。

53 且夫，「且」表示進一層，「夫」表示要發議論。

行焉,可以得知之效也;知焉,未可以得行之效也。將為格物窮理之學,抑必勉勉孜孜[56],而後擇之精語之詳,是知必以行為功也。行於君民親友,喜怒哀樂之間,得而信,失而疑,道乃益明,是行可有知之效也。其力行也,得不以為歆[57],失不以為恤[58]。志壹動氣[59],惟無審慮卻顧[60],而後德可據[61],是行不以知為功也。冥心[62]而思,觀物而辨,時未至,理未協[63],情未感,為未贍[64],俟[65]之他日,而行乃為功。是知不得有行之效也。行可兼知,而知不可兼行。君子之學,未嘗離行以為知也必矣,離行以為知,其卑者則訓詁[66]之末流,無異於詞章之玩物而加陋焉;其高者,瞑目據梧[67],消心而絕物,得者或得,而失者遂叛道以流於恍惚之中。異學之賊[68]道也,正在於此。而不但異學為然也,浮屠之參悟[69]者此耳。抑不但浮屠為然也,黃冠之

---

54 固,本來就(是)。

55 功,功效。

56 勉,勉力,力量不夠還盡力做。孜,音資,勤謹,不懈怠,如孜孜不倦。

57 歆,音欣,喜。

58 恤,音序,憂。

59 志壹動氣,《孟子・公孫丑上》:「志壹則動氣。」「思想意志若專注於某一方面,意氣感情自必為之轉移。」

60 審慮,仔細思考,反覆分析、推究。卻,反。顧,回頭看。審慮卻顧,反反覆覆,沒有主張。

61 據,根據。

62 冥心,將心思高度集中起來,深刻地(加以思考)。

63 協,合。

64 贍,音善,足夠。

65 俟,音四,等待。

66 訓詁,注解古書。

67 瞑目據梧,閉目而坐,高談玄虛。瞑目,閉目。據,靠著。梧,一種茶几。

68 賊,傷害,動詞。

69 參悟,心有所感,頓時覺悟。

煉己沐浴，求透簾幕之光者[70]，亦此耳，皆先知後行劃然離行以為知者也。而為之辭曰「知行合一」，吾滋[71]懼矣，懼夫沉溺於行墨者之徒[72]為異學哂也；尤懼夫浮游於惝悅者之偕[73]異學以迷也。行之惟艱，先難者尚知所先哉！

---

70 黃冠，指道士。道教的迷信，以為修煉時先用香湯沐浴，便能使內心清淨，外無塵垢，身體光澤，眼睛明微能透過簾幕。

71 滋，更加。

72 行墨者之徒，指上文所說的「朱門後學尋行數墨」之類的人。

73 偕，和……在一塊，一同。

繫辭上傳第十二章

王夫之

〔題解〕　這一篇節選自《周易外傳》卷五。

《周易》是我國現存的一部最古的哲學著作，它包含著樸素的辯證法思想，以及在宗教迷信掩蓋下的某些唯物主義觀點。在《周易外傳》中，王夫之從唯物主義觀點出發，對《周易》作了詳盡的論述。

本文是專門論述《周易・繫辭上》中「是故形而上者謂之道，形而下者謂之器」兩句的。王夫之在這裡提出唯器論的主張，把器放到第一位，把道放在第二位。這就用唯物主義的觀點深刻地批判了宋、明理學家「理在氣先」，「懸道於器外」的客觀唯心主義。

天下惟器而已矣，道者器之道，器者不可謂之道器也之[1]。無其道則無其器，人類[2]能言之。雖然，苟[3]有其器矣，豈患無道哉？君子之所不知，而聖人知之。聖人之所不能，而匹夫匹婦[4]能之。人或[5]昧

1　器，指具體存在著的客觀事物。道，指事物的規律有某種事物存在，才有某種事物的規律；如果某種事物不存在，就不可能有某種事物的規律。因此，只能說事物的規律，面不能說規律的事物。世界上除了按其自身規律運動著的事物而外，再沒有別的東西。

2　類，副詞，都。

3　苟，假如。

4　匹夫匹婦，指庶人。

5　昧，不明白。

於其道者，其器不成；不成，非無器也。無其器則無其道，人鮮能言之，而固者誠然者也。洪荒無揖讓之道，唐、虞無弔伐之道[6]，漢、唐無今日之道，則今日無他年之道者多矣。未有弓矢而無射道，未有車馬而無御道[7]，未有牢、醴、璧、幣[8]、鐘、磬[9]、管、弦而無禮樂之道；則未有子而無父道，未有弟而無兄道，道之可有而且無者多矣。故無其器則無其道，誠然之言也，而人特[10]未之察耳。

故古之聖人能治[11]器，而不能治道。治器者[12]則謂之道。道得則謂之德。器成則謂之行。器用之廣，則謂之變通。器效之著，則謂之事業[13]。故聖人者，善治器而已矣。自其治而言之，而上之名立焉。上之名立，而下之名亦立焉[14]。上下皆名也，非有涯量之可別[15]者也。形[16]而上者，非無形之謂。既有形矣，有形而後有形而上。無形之上[17]，亙[18]古今，通萬變，窮天窮地，窮人窮物，皆所未有者也。

---

6 洪荒，指遠古未開化的時代。揖讓，指唐堯、虞舜對帝位的「推讓」。弔伐，指商湯、周武王舉兵討伐桀、紂的「弔民伐罪」。揖，音衣，拱手禮。弔，慰問遭遇不幸的人。

7 御，駕馭車子。

8 牢，指祭祀用的牛、羊、豬。醴，指祭祀用的酒。璧，平圓形中間有孔的玉，可作禮物。幣，這裡指用作禮物的帛。

9 磬，音慶，古代樂器，用玉或石製成。

10 特，只，僅，不過。

11 治，泛指對某事物進行應有的處理。

12 治器者，指治器的（事物），而不是指治器的人。

13 《周易·繫辭上》在「形而上者謂之道，形而下者謂之器」二句下接著說：「化而裁之謂之變，推而行之謂之通，舉而措之天下之民謂之事業。」這裡的「器用之廣」包括裁之、行之；「器效之著」指措之。王夫之認為此三者都是治器。

14 上之名即道，下之名即器。上文說「治器者則謂之道」，所以這裡說：「自其治而言之，而上之名立焉。」

15 涯量，界限。這裡是說，上與下是沒有界限可以截然劃分的。

16 形，事物的存在形式。

17 無形之上，指老、釋的虛無寂滅之道。

故聰明者耳目也，睿[19]知者心思也，仁者人也，義者事也。中和者禮樂也，大公至正者刑賞也，利用者水火金木也，厚生者谷蓏[20]絲麻也，正德者君臣父子也。如其捨此而求諸未有器之先，互古今，通萬變，窮人窮地，窮人窮物，而不能為之名，而況得有其實乎？

老氏瞀[21]於此，而曰道在虛，虛亦器之虛也。釋氏[22]瞀於此，而曰道在寂，寂亦器之寂也，淫詞輠炙[23]，而不能離乎器，然且標離器之名以自神，將誰欺乎？器而後有形，形而後有上。無形無下，人所言也，無形無上，顯然易見之理；而邪說者淫曼以衍之[24]，而下知慚。則君子之所深鑒其愚，而惡其妄也。故「作者之謂聖」，作器也；「述者之謂明」[25]，述器也；「神而明之，存乎其人」，神明其器也。識其品式[26]，辨其條理，善其用，定其體，則「默而成之，不言而信」[27]。成器在心，而據之為德也，嗚呼！君子之道，盡乎器而已矣！辭所以顯器，而鼓天下之動，使勉於治器也。王弼曰：「筌非魚，蹄非兔。」[28]愚哉其言之乎！筌、蹄一器也，魚、兔一器也。兩器不相為通，故可以相致而可以相捨。「形而上者謂之道，形而下者

---

18 互，時間或空間延續不斷。

19 睿，音瑞，通達，看得深遠。

20 蓏，音裸，指瓜、瓠一類的果實。

21 老氏，老子。瞀，音務，眼睛看不清楚，引申為不懂得。

22 釋氏，佛教創始人釋迦牟尼。

23 輠炙，應作「炙輠」（音至果），此喻人的言論不窮。

24 淫曼以衍之，虛誇地演述。

25 作者之謂聖，述者之謂明，語本《禮記‧樂記》。作是創作，述是闡述。

26 品式，法式。

27 神而明之，存乎其人，默而成之，不言而信，語本《周易‧繫辭上》。神而明之，精深體會的意思；默而成之，躬行實踐的意思。

28 王弼，三國魏人，著名的玄學家，曾注《老子》。其《周易略例‧明象篇》云：「言者所以明象，得象而忘言。象者所以存意，得意而忘象。蹄者所以在兔，得兔而忘蹄。筌者所以在魚，得魚而忘筌也。」筌，捕魚具；蹄，捕兔器。

謂之器」，統之乎一形，非以相致，而何容相捨乎？「得言忘象，得意忘言」，以辨虞翻[29]之固陋則可矣，而於道則愈遠矣。

---

29 虞翻，三國吳餘姚人，字仲翔，所著《同易注》，以象數為主。

駁氣質性惡

顏元

〔作者介紹〕　顏元，字易直，又字渾然，號習齋，直隸（今河北）博野人，生於明崇禎八年（1635），卒於清康熙四十三年（1704）。他一生從事教書、行醫，沒有在清朝做官。晚年曾主講肥鄉漳南書院，分設文事、武備、經史、藝能等科，把宋、明理學和當時的八股文當作反面教材。顏元長期生活在農村，參加過一些農業勞動，比較接近社會下層，對民間疾苦有一定了解。他二十多歲時，信仰程、朱理學，稍後開始懷疑，並成為程、朱理學的積極反對者。門人李塨傳其學，世稱顏、李學派。

顏元竭力提倡「實學」、「實習」、「實行」，其交遊亦多為力行之士。在認識論上，他特別強調實踐，認為知識來源於外界事物，因而求知識必須注重對外界事物的實踐。在性理問題上，他堅決反對宋、明理學的「氣質性惡」論。顏元是個功利主義者，痛恨宋、明理學家的侈口空談，推崇王安石的事功，主張把利和義二者結合起來，對經世致用、富國強兵，具有堅強的信心。

由於顏元始終站在中小地主階級的立場上，因此他所謂實踐，主要是指地主階級的政治和道德的實踐，他所提倡的實學，主要是「六藝」（即禮、樂、射、御、書、數）；他主張經世濟用、富國強兵，主要是為了實現社會改良。這些都表明了他的思想的侷限性，是應該加以批判的。

〔題解〕　這一篇節選自《存性編》卷一，是反駁程、朱理學的「氣質性惡」論的。程、朱理學認為「理」體現在人身上叫做「性」，「性」有「天命之性」和「氣質之性」的區別，「天命之性」是純善的，「氣質之性」則由於氣稟的不同而有善有惡。也就是說，人的賢愚善惡是由先天稟賦的「氣」的清濁所決定的。在本文中，顏元一針見血地揭露了程、朱理學要人們拋開「氣質」而回返到「天理」的荒謬說教。

程子云：「論性論氣，二之則不是。」[1]又曰：「有自幼而善，有自幼而惡，是氣稟有然也。」[2]朱子曰：「才有天命，便有氣質，不能相離。」[3]而又曰：「既是此理，如何惡？所謂惡者，氣也。」[4]可惜二先生之高明，隱[5]為佛氏六賊[6]之說浸[7]亂，一口兩舌而不自覺！若謂氣惡，則理亦惡；若謂理善，則氣亦善。蓋氣即理之氣，理即氣謂理，烏得謂理純一善而氣質偏有惡哉！

1　語本《程氏遺書》卷六：「論性不論氣，不備；論氣不論性，不明。二之則不是。」這是說，只講「天命之性」，理論上不完備；只講「氣質之性」，不能闡明天性之善。將二者截然分開，那就更不對了。二，分為二，用如動詞。之，它（們）。是，對。

2　見《程氏遺書》卷一，是氣稟有然也，這（是由於）氣稟（不同，才造成）這樣的。

3　見《朱子語類》卷四。

4　見《朱子語類》卷四。朱熹這裡所說的「理」，指性而言。程、朱認為性得之於天理，所以是善的。朱熹說：「性即理也。當然之理，無有不善者。」「天地間只有一個道理，性便是理。人之所以有善有不善，只緣氣質之稟，各有清濁。」

5　隱，暗暗地，不知不覺地。

6　六賊，佛家以色、聲、香、味、觸、法為六塵，六塵以眼、耳、鼻、舌、身、意六根為媒介。通過六根，六塵能劫一切諸善法，所以稱為六賊。程、朱認為人的感官欲望（氣質之性）能泯滅天理。這和佛家六賊的說法相似。

7　浸，漸進。

　　譬之目矣：眶、胞、睛[8]，氣質也；其中光明能見物者，性也。
將謂光明之理專視正色，眶、胞、睛乃視邪色乎？余謂[9]光明之理固
是天命，眶、胞，睛皆是天命，更不必分何者是天命之性，何者是氣
質之性；只宜言天命人以日之性，光明能視即目之性善，其視之也則
情[10]之善，其視之詳略遠近則才之強弱，皆不可以惡言。蓋詳且遠者
固善，即略且近亦第善不精耳[11]，惡於何加？惟因有邪色引動，障蔽
其明，然後有淫視[12]而惡始名焉。然其為之引動者，性之咎[13]乎，氣
質之咎乎？若歸咎於氣質，是必無此目而後可全目之性矣，非釋氏六
賊之說而何？

8　眶，眼眶。胞，指眼的突出部分。睛，眼球。

9　謂，以為。

10　情，情趣。

11　第，次。耳，而已，語氣詞。

12　淫視，邪視。

13　咎，音救，過失，罪。

總論諸儒講學

顏元

〔題解〕 這一篇選自《存學編》卷一，略有刪節。主旨是反對宋、明理學唯心主義靜坐誦讀、空談性命之學，提倡「實學」、「實習」、「實行」。這對當時的思想界有一定的貢獻。但是由於作者為自己所處的階級地位和時代所侷限，因而他所說的「實學」、「實習」指的是學習儒家的《詩》、《書》、六藝，「實行」指的是地主階級的政治和道德的實踐。這是必須加以批判的。

僕妄[1]謂性命之理不可講也，雖講，人亦不能聽也；雖聽，人亦不能醒也；雖醒，人亦不能行也。所可得而共講之，共醒之，共行之者，性命之作用，如《詩》、《書》、六藝而已。即《詩》、《書》、六藝，亦非徒列坐聽講，要惟一講即教習，習至難處來問，方再與講。講之功有限，習之功無已[2]。

自漢、唐諸儒傳經講誦，宋之周、程、張、朱、陸[3]，遂群起角立[4]，亟亟[5]焉以講學為事，至明，而薛、陳、王、馮[6]因[7]之，其一時

---

1 僕，謙稱「我」。妄，亂，這裡表示謙虛。

2 已，止境。

3 周，周敦頤；程，程顥、程頤兄弟；張，張載；朱，朱熹；陸，陸九淵。

4 角立，卓然特立。

5 亟亟，急切的樣子。

6 薛，薛瑄；陳，陳獻章；王，王守仁；馮，馮從吾。

發明吾道[8]之功，可謂盛矣。其效使見知聞知[9]者，知尊慕孔、孟，善談名理，不作惡，不奉釋、老名號，即不肖如僕，亦沐澤[10]中之一人矣。然世道之為叔季[11]自若[12]也，生民之不治自若也，禮樂之不興自若也，異端之日昌而日熾[13]自若也。以視夫孔子明道而亂臣賊子果懼[14]，孟子明道而楊朱、墨翟果熄[15]，何啻[16]天淵之相懸也[17]！

　　僕氣魄小，志氣卑，自揣在中人以下，不足與[18]於斯道。惟願主盟儒壇者[19]，遠溯[20]孔、孟之功如彼，近察諸儒之效如此，而垂意[21]於

7　因，因襲，沿襲。

8　吾道，這裡指上述諸人之道。

9　見知者，指同時代的學者；聞知者，指後代的學者。

10　沐澤，蒙受恩澤。這裡帶有諷刺的意味。

11　叔季，古時候用伯、仲、叔、季來表示兄弟的排行，這裡指叔世、季世。國衰為叔世，將亡為季世。

12　自若，鎮定如常。

13　熾，音翅，盛。

14　語本《孟子・滕文公下》：「孔子成《春秋》而亂臣賊子懼。」

15　語出《孟子・滕文公下》：「楊氏為我，是無君也；墨氏兼愛，是無父也。無父無君，是禽獸也……楊、墨之道不息，孔子之道不著，是邪說誣民，充塞仁義也。」

16　啻，音翅，只。

17　這幾句說，孔、孟由於講清了道理並能付諸實行，因而收到了亂臣賊子果懼和楊朱、墨翟果熄的效果；而宋、明理學家只以講學為事，卻置世道為叔季、生民不治、禮樂不興、異端日昌日熾於不顧：真是相隔天遠。用這樣的對比來說明注重實踐和空談性命的利弊是可以的，但是借此來肯定孔子成《春秋》而亂臣賊子果懼以及孟子斥楊、墨而楊、墨果熄則大錯特錯了。

18　與，去聲，參加。

19　主盟儒壇者，儒家講壇的盟主。主，主持，動詞。盟，結盟，動詞。壇，古代祭祀或其他大事用的臺子。

20　溯，音素（不讀朔），追溯，追求根源。

21　垂意，注意。垂，自上施於下，在書信中常用為尊者對己之詞。

「習」之一字；使為學為教，用力於講讀者一二，加功於習行者八九，則生民幸甚，吾道[22]幸甚！僕受諸儒生成覆載[23]之恩，非敢入室操戈[24]也。但以人之歲月精神有限，誦說中度一日，便習行中錯一日，紙墨上多一分，便身世上少一分。試觀朱子晚年悔枝葉之繁累[25]，則禮樂未明，是在天者千古無窮之憾也。

---

22 吾道，這裡指包括顏元之道在內的儒家之道。注意：古代有些法家常自稱為儒家。

23 覆，天覆。載，地載。

24 入室操戈，是說持其說以返攻其人，語本《後漢書·鄭玄傳》。何休著《左氏膏肓》、《穀梁廢疾》、《公羊墨守》，鄭玄著《針膏肓》、《起廢疾》、《發墨守》來反駁他。何休見了嘆道：「康成入吾室操吾矛，以伐我乎？」康成，鄭玄的字。

25 王守仁的〈朱子晚年定論序〉說朱熹「晚歲固已大悟舊說之非，痛悔極艾，至以為自誑誑人之罪，不可勝贖」。艾，久，誑，欺騙。枝葉之繁累，是說學問支離煩瑣。

理

戴震

〔作者介紹〕　戴震是我國十八世紀著名的唯物主義哲學家，字慎修，又字東原，安徽休寧人，生於清雍正元年（1723），卒於乾隆四十二年（1777）。出身小商人家庭，他自己也做過商販，主要靠教書維持生活，晚年曾參加《四庫全書》的編輯工作。由於他親身受過豪強的壓迫，對於人民生活疾苦比較同情，因而他反對理學的鬥爭和同情人民的思想在一定程度上聯繫在一起，這就具有鮮明的戰鬥性格和進步意義。

雍正、乾隆期間是清朝專制統治相對穩定時期，明末清初的唯物主義和民族民主進步思想的高潮已過，程、朱理學再一次被封建王朝統治者抬出來奉為官方正統哲學，成了當時的統治思想。清朝皇帝一面大興文字獄，實行高迫恐怖政策，另一面大修《四庫全書》，收買籠絡知識分子，鼓勵他們脫離政治、脫離現實，鑽入故紙堆中，進行繁瑣考證。但是戴震卻繼承了唯物主義傳統，對程、朱理學進行了堅決的鬥爭。在所謂天理人欲問題上，他比王夫之講得更透徹，對程、朱的批判也更尖銳。戴震打著「復古」的旗號，要人們拋棄程、朱，以恢復孔、孟的本來面目，實際提出的卻是與近代啟蒙思想有關係的內容。

在自然哲學上，戴震首先肯定「道」是物質性的實體，並進一步指出物質實體是一個不斷運動變化的過程；其次認為「理」就是事物

的條理，是從屬於事物的。在認識論上，他認為物質是感覺的來源，感覺是物質所引起的結果；他又粗淺地區分了感性認識和理性認識，同時指出感性認識之所以能提高為理性認識，乃是「心之神明」的結果。戴震認為「自然」之中有「必然」理。這「必然」的理，是由於人們對「自然」的認識毫無差錯時所獲得的。因此他要找出「必然」的理，去說明「自然」，這是符合唯物主義認識論的基本原則的。在社會政治問題上，戴震對宋、明理學把天理、人欲看作不可調和的對立物的反動觀點，進行了嚴厲的駁斥和譴責。

另外，戴震雖然說「道」是運動變化的，但認為具體的器物卻是不變的；他又把認識比作「火光之照物」，而忽視實踐的作用。這些都是形而上學的觀點，必須加以批判。

〔題解〕 〈理〉見《孟子字義疏證》卷上，原文較長，這裡只節選了其中的一條。這一條是專門駁斥程、朱理學關於「辨乎理欲之界，以為君子小人於此焉分」的謬論的。在本文中，戴震憤慨地指出「以理殺人」比「以法殺人」還更殘酷，但同時又從抽象的人性論出發，提出「體民之情，遂民之欲」，幻想封建統治者以「己所不欲，勿施於人」的精神來對待他們的臣民，這當然是不可能實現的。

問：宋以來之言理也，其說為「不出於理則出於欲，不出於欲則出於理」，故辨乎理欲之界，以為君子小人於此焉分。今以情[1]之不爽失[2]為理，是理者存乎欲者也，然則無，亦非歟？

曰：孟子言「養心莫善於寡欲」[3]，明乎欲不可無也，寡之而

---

1 情，實，真。

2 爽失，差失；不爽失，即無過無不及。

3 見《孟子・盡心下》，意思是：「修養心性（的方法）沒有什麼比減少物質欲望更好的了。

已。人之生也，莫病[4]於無以遂其生[5]，欲遂其生，亦遂人之生，仁也；欲遂其生，至於戕[6]人之生而不顧者，不仁也。不仁實始於欲遂其生之心，使其無此欲，必無不仁矣。然使其無此欲，則於天下之人生道窮促，亦將漠然視之；己不必遂其生而遂人之生，無是情[7]也。然則謂「不出於正則出於邪，不出於邪則出於正」，可也；謂「不出於理則出於欲，不出於欲則出於理」，不可也。欲，其物；理，其則也。不出於邪而出於正，猶往往有意見之偏，未能得理。而宋以來之言理欲也，徒以為正邪之辨而已矣；不出於欲而出於正，則謂以理應事矣。理與事分為二而與意見合為一，是以害事。夫事至而應者，心也；心有所蔽，則於事情未之能得，又安能得理乎？自老氏貴於抱一，貴於無欲[8]，莊周書則曰：「聖人之靜也，非曰靜也善，故靜也；萬物無足以撓心者，故靜也。水靜猶明，而況精神，聖人之心靜乎！夫虛靜恬淡，寂寞無存者，天地欲平，而道德欲至。」[9]周子《通書》曰：「『聖可學乎』？曰：『可。』『有要乎？』曰：『有。』『請問焉。』曰：『一為要。一者，無欲也；無欲則靜虛動直。靜虛則明，明則通；動直則公，公則溥。明通公溥，庶矣哉！』」[10]此即老、莊、釋氏之說。朱子亦屢言「人欲所蔽」[11]，皆以為無欲則無蔽，非

4　病，擔心，怕。

5　遂，成，順利地做到，這裡用如使動。遂其生，意思是滿足他的生活需要。

6　戕，音槍，殺害，損害。

7　無是情，沒有這樣的事情。

8　《老子》第二十二章：「是以聖人抱一為天下式。」抱一，守靜絕欲。式，模範。

9　見《莊子・天道》。撓，原文作「鐃」，擾亂。恬（音田）淡，不慕榮利。平，和。。

10　《通書》第二十章〈聖學〉。要，要領。溥，音普，廣大，普遍。庶，多，繁多，眾多。

11　如朱熹《大學章句》注「明德」說：「明德者，人之所得乎天，而虛靈不昧，以具眾理而應萬事者也。但為氣稟所拘，人欲所蔽，則有時而昏。」昧，音妹，昏，

《中庸》「雖愚必明」之道也。有生而愚者，雖無欲亦愚也；凡出於欲，無非以生以養之事。欲之失為私不為蔽。自以為得理，以而所執之實謬，乃蔽而不明。天下古今之人，其大患，私與蔽二端而已。私生於欲之失，蔽生於知之失，欲生於血氣，知生於心。因私而咎欲，因欲而咎血氣，因蔽而咎知，因知而咎心，老氏所以言「常使民無知無欲」。彼自外其形骸，貴其真宰[12]；後之釋氏，其論說似異而實同。宋儒出入於老、釋，故雜乎老、釋之言以為言。《詩》曰：「民之質矣，日用飲食。」《記》曰：「飲食男女，人之大欲存焉。」[13]聖人治天下，體民之情，遂民之欲，而王道備。人知老、莊，釋氏異於聖人，聞其無欲之說，猶未之信也，於宋儒則信以為同於聖人，理欲之分人人能言之。故今之治人者，視古賢聖體民之情，遂民之欲，多出於鄙[14]細隱曲，不措諸意，不足為怪；而及其責以理也，不難舉曠世[15]之高節，著[16]於義而罪之。尊者以理責卑，長者以理責幼，貴者以理責賤，雖失謂之順；卑者、幼者、賤者以理爭之，雖得謂之逆。於是下之人不能以天下之同情、天下所同欲達之於上，上以理責其下，而在下之罪，

人人不勝指數。人死於法，猶有憐之者，死於理，其誰憐之！嗚呼，雜乎老、釋之言以為言，其禍甚於申、韓[17]如是也！《六經》

糊塗。

12 形骸，人的形體。骸，音孩。真宰，古人認為天是主宰萬物的，所以稱天為真宰，這裡指人的靈魂。外，貴，用如意動。

13 引《詩》見〈小雅・天保〉；引《記》見《禮記・禮運》。質，樸實。

14 鄙，邊遠的地方。這裡是「偏」的意思。

15 曠世，當代沒有能相比的。

16 著，附著。著於義，提到義的高度。

17 申，申不害；韓，韓非。都是戰國時期著名法家。戴震把申、韓和老、釋放在一道，同時加以反對，這是極其錯誤的。

[18]、孔、孟之書，豈嘗以理為如有物[19]，外乎[20]人之性之發為情欲者而強制之也哉！孟子告齊、梁之君，曰「與民同樂」，曰「省刑罰，薄稅斂」，曰「必使仰足以事父母，俯足以畜妻子」，曰「居者有積倉，行者有裹糧」，曰「內無怨女，外無曠夫」[21]，仁政如是，王道如是而已矣[22]。

---

18 《六經》，指儒家的六部經書，即《詩》、《書》、《禮》、《樂》、《易》、《春秋》。

19 如有物，好像實有的事物。

20 外乎，放在⋯⋯之外，之上。外，用如動詞。

21 均見《孟子·梁惠王上》。齊、梁之君，齊宣王和梁惠王。稅斂，稅收。仰，對上。俯，對下。妻子，老婆兒女。怨女，指到了一定年齡而沒有嫁出去的女子。曠夫，指到了一定年齡而沒有娶妻的男子。

22 戴震不懂得孟子仁政王道的實質是復辟奴隸制度。

天道

戴震

〔題解〕 這一篇節選自《孟子字義疏證》卷中。在本文中，作者肯定了道是物質性的實體，並進一步指出這種物質實體是個不斷運動變化的過程。這就給古人的所謂天道，作了唯物主義的解釋。

道，猶行也[1]，氣化流行，生生不息，是故謂之道。《易》曰：「一陰一陽之謂道。」〈洪範〉[2]：「五行：一曰水，二曰火，三曰木，四曰金，五曰土。」[3]行亦道之通稱[4]，舉陰陽則賅[5]五行，陰陽各具五行也；舉五行即賅陰陽，五行各有陰陽也。《大戴禮記》[6]曰：「分於道謂之命，形於一謂之性。」[7]言分於陰陽五行以有人物[8]，而

1　戴震《緒言》說：「道猶行也，路也，三名而實一，惟路字專屬途路。《詩》三百篇，多以行字當道字。」

2　〈洪範〉，《尚書》篇名，是和《周易》同時的一篇哲學論文，它也在宗教神學的體系下透露出一些樸素的唯物主義觀念。

3　這是說水、火、木、金、土五種最基本的物質是構成世界萬物所不可缺少的元素。

4　原注：《詩・載馳》：「女子善止，懷各有行。」《毛傳》云：「行，道也。」〈竹竿〉「女子有行，遠兄弟父母」，鄭《箋》云：「行，道也。」編者按，《毛傳》即《毛詩故訓傳》，為毛亨所作，授給毛萇。鄭《箋》即鄭玄《毛詩箋》。

5　賅，兼備。

6　《大戴禮記》，為戴聖所記。

7　見《大戴禮記・本命篇》。

8　人物，人和物。

人物各限於所分以成其性。陰陽五行，道之實體也；血氣心知，性之實體也。有實體，故可分；惟分也，故不齊。古人言性惟本於天道如是。

性

戴震

〔題解〕　這一篇節選自《孟子字義疏證》卷中，主旨是論證性與天道的關係。戴震認為，形成人和物的性的物性基礎便是陰陽五行。由於人和物各從這種基礎物質中分得一份，因此他們的性既有相近之處，又有其必不可混同之處，又認為道的實體是陰陽五行，性的實體是血氣心知，而血氣心知的物質基礎又是陰陽五行，這樣，戴震便用唯物主義的認識論將性和天道溝通起來了。不過，在論證性的生成和發展過程時，戴震卻說「然類之區別，千古如是也，循其故而已矣」，這就陷入到形而上學的泥坑中去了，是必須注意批判的。

　　性者，分於陰陽五行以為血氣心知，品物[1]區以別焉；舉凡既生以後所有之事，所具之能，所全之德，咸[2]以是為其本。氣化生人生物以後，各以類滋生久矣，然類之區別，千古如是也，循其故而已矣。在氣化曰陰陽，曰五行，而陰陽五行之成化[3]也，雜糅[4]萬變；是以及其流形[5]，不特品物不同，雖一類之中又復不同。凡分形氣於父

1　品物，庶物，眾物。

2　咸，全，都。

3　成化，（由陰陽五行）變成（萬物）。

4　糅，音柔，混雜。

5　流形，演變出來的形體。

母[6]，即分於陰陽五行，人物以類滋生，皆氣化之自然。《大戴禮記》曰：「分於道謂之命，形次一謂之性。」分於道者，分於陰陽五行也；一言乎分，則其限之於始，有偏全、厚薄、清濁

　　昏明之不齊，各隨所分而形於一，各成其性也[7]。然性雖不同，大致以類為之區別，故《論語》曰：「性相近也。」[8]此就人與人相近言之也。孟子曰：「凡同類者舉相似也，何獨至於人而疑之！聖人與我同類者。」[9]言同類之相似，則異類之不相似明矣；故詰[10]告子[11]「生之謂性」[12]曰：「然則犬之性猶牛之性，牛之性猶人之性與？」[13]明乎其必不可混同言之也。天道，陰陽五行而已矣；人物之性，咸分於道，成其各殊者而已矣。

6　從父母的形體和元氣中分出一份，（以形成新的個體）。

7　在這裡，戴震把人和社會特別是他所處的階級地位分割開來，認為人性的差別是由於各人從陰陽五行中分得的一份有偏全、厚薄、清濁、昏明之不齊所決定的。這仍然是唯心論的先驗論，應該注意批判。

8　見《論語·陽貨》。意思是：人性原來是相近的。按孔子這句話是在宣揚抽象的、超階級的人性，而抹殺人性的階級差異，是反動的。戴震引用這句話來證明自己關於同類之性相近的論點，足見其唯物主義是不徹底的。

9　見《孟子·告子上》。意思是：所以凡是同類的東西都是相似的，為什麼一講到人類便懷疑起來了呢！聖人也是和我們同類的。按孟子在這裡把人和物等同起來，也是唯心論的先驗論。戴震引用這幾句話來反證異類的不相似，只是牽強傅會罷了。

10　詰，問。

11　告子，孟子的前輩，曾受教於墨子。

12　見《孟子·告子上》。意思是：天生的資質叫做性。這也是唯心論的先驗論。

13　見《孟子·告子上》，意思是：既然這樣，那麼，狗性猶如牛性，牛性猶如人性嗎？按孟子這話以及戴震引用它來證明異類之性必不可混同，都是從唯心論的先驗論出發的。

批判朱熹文集

福建省圖書館　編

目次

資料

（編案：本目次頁為原書目次頁，為存其真，內容及頁碼不做更動）

毛主席語錄

　　在中國，又有半封建文化，這是反映半封建政治和半封建經濟的東西，凡屬主張尊孔讀經、提倡舊禮教舊思想、反對新文化新思想的人們，都是這類文化的代表。帝國主義文化和半封建文化是非常親熱的兩兄弟，它們結成文化上的反動同盟，反對中國的新文化。這類反動文化是替帝國主義和封建階級服務的，是應該被打倒的東西。

　　我們現在思想戰線上的一個重要任務，就是要開展對於修正主義的批判。

資　料

朱熹

　　南宋儒家的代表，是繼孔、孟之後我國封建時代影響最大的唯心主義哲學家。朱熹認為，宇宙萬物和封建秩序都是由先天事物存在的「理」決定的，他斷言「理在先，氣在後」，完全繼承發展了孔、孟的思想體系。他極力吹捧孔子，說：「天不生仲尼，萬古如長夜。」他把維護封建統治秩序的「三綱五常」說成是永恆不變的「天理」，把一切違反封建統治秩序的欲望、要求，說成是萬惡的「人欲」，提出「存天理，滅人欲」的反動主張，為封建統治階級的「剝削有理」、「壓迫有理」製造根據。他編注的《四書集注》，被以後的封建統治者規定為尊孔讀經的必讀教科書。

　　林彪鼓吹要學朱熹的「待人」哲學，還把朱熹加注的《論語》中的話，用自己的語言親筆寫下來，這就活現了林彪是一個地地道道的孔老二的信徒。

四書

　　《四書》是《論語》、《孟子》、《大學》、《中庸》四部儒家經典的總稱。

　　《論語》是孔子弟子纂輯的孔子的復辟言論集。《孟子》是孟子繼承並發揮孔子反動思想的言論集，也是由他的弟子纂輯的。《大學》有十一篇：「經」一章，相傳是曾參記述孔子的言論；「傳」十章，是曾子弟子收集的曾子言論。它主要講剝削階級的三綱（「明明

德」、「親民」、「止於至善」)和八條目(「格物、致知、誠意、正心、修身、齊家、治國、平天下」)的統治術。《中庸》作者是子思(孔子的孫子孔汲),是專門宣揚「中和為用」的階級調和論「不偏不倚」的折衷主義哲學的。朱熹吹捧它是「孔門傳授心法」。《大學》和《中庸》是《禮記》中的兩篇。朱熹把它們從中分取出來,和《論語》、《孟子》匯編起來,並作了注解,稱為《四書集注》。封建統治階級把《四書》奉為尊孔反法、守舊復辟的政治綱領和道德經典,規定為人人必讀的封建教科書。

同歷史上一切行將滅亡的反動派一樣,林彪也把《四書》奉為尊孔反法、反黨復辟的經典,東摘西引,為他建立林家封建法西斯世襲王朝製造輿論。這就完全說明林彪是一個地地道道的孔老二的忠實信徒。

程朱理學

程、朱理學由北宋程顥、程頤創建,由南宋朱熹集其大成,是一種反映了腐朽的封建統治階級利益的唯心主義的反動哲學。這種哲學把「理」作為整個唯心論體系的核心,所以被稱為「理學」。同時,他們宣揚的是孔、孟之道,自稱繼承了孔、孟的道統,並把「道」和「理」看成一個東西,因此又被稱為「道學」。

程顥(1032～1085),河南洛川人。程顥(1033～1107)是程顥的弟弟。他們創立的理學是作為王安石創立的新學的對立物而出現的。宋神宗熙寧年間,以王安石為代表的新黨,代表中小地主階級的利益,主張變法。為了替推行新法製造理論根據,他吸收法家的思想而創立了一個新學派,把「先儒傳注一切廢不用,黜《春秋》之

書」，代之以他自己撰述的《三經新義》、《字說》等著作。而以司馬
光、程顥、程頤為代表的舊黨，頑固地維護大地主階級的利益。反對
變法，一味守舊，並創立理學來與新學相對抗。他們竭力詆毀新學，
攻擊王安石行新法是「以賤凌貴，以邪妨正」。當時，思想上這樣兩
條路線的鬥爭，鮮明地反映了政治上兩條路線的鬥爭。

朱熹（1130～1200），安徽婺源人。中紹興十八年（1148）進
士，官至寶文閣待制，他的思想得自「程氏正傳」，特別發揮了程頤
的思想。宋以後他的思想被欽定為官方哲學。程、朱理學，實際上是
以他為代表。他的著作《四書集注》、《詩集傳》、《朱子語類》等被歷
代統治者規定為讀書人必讀的教科書書。

程、朱認為「天下只有一個理」，宇宙萬物和封建秩序都是由先
於事物存在的「理」決定的。他們說「父子君臣，天下之定理」，「為
君盡君道，為臣盡臣道，過此則無理」。而且說：「天理如此，豈可逆
哉？」總之，他們把「理」說成是先就有的，把一切違反封建統治秩
序的欲望、要求，說成是萬惡的「人欲」，提出了「存天理，滅人
欲」的反動主張，而且認為只有「盡滅人欲」，才能完全恢復朱熹，
為封建統治階級的「剝削有理」、「壓迫有理」製造根據。清朝的唯物
主義哲學家戴震痛楚這是「以理殺人」。偉大的無產階級戰士魯迅更
深刻地揭露了在滿紙寫著「仁義」的字縫中，全是「吃人」二字，一
針見血地戳穿了儒家的孔孟之道、程朱理學乃是封建統治者手中一把
殺人不見血的刀子。林彪也想拿起這把刀子，鎮壓廣大人民群眾，顛
覆無產階級專政。結果，在無產階級專政面前碰得粉身碎骨。

朱子語類

　　這是南宋反動理學家朱熹與門人問答語錄的分類匯編。共一百四十卷,分二十六門,由南宋人黎靖德編錄。在《朱子語類》中吹捧孔子說:「天不生仲尼,萬古長如夜。」又說:「自堯、舜以下若不生個孔子,後人去何處過分曉。」(卷九三)把孔子美化成光明的源泉,真理的化身。即使是封建社會某些有進步傾向的人,也不滿這種令人肉麻的諛詞。明朝的李贄就認為人們不應該「咸(都)以孔子之是非為是非」(《藏書》)。他還記載當時有劉諧這樣一個人敢於和孔子開玩笑的事實:

　　有一個道學先生,自稱是地地道道的孔老二的信徒。有一次遇到了一個叫劉諧的聰明人, 劉諧譏笑他說:「你難道不知道孔老二和我是兄弟嗎?」那位道學先生勃然大怒,暴跳如雷,說:「『天不生仲尼,萬古如長夜。』你小子何許人也?竟敢與孔老夫子稱兄道弟?」劉諧諷刺地說:「難怪在孔夫子還沒有出生的時候,也就是在那傳說中的伏羲、神農時代,人們即使白天走路也打著燈燭了。」這是一個辛辣的諷刺,實在精闢得很,一下打中了那些道學家們的要害,也揭去了孔老二的神聖外衣。其實,這也是李贄的見解,所以他稱讚說:「其言有當,約而有餘。」(《焚書》)可是朱熹這樣一些道學家們的無恥讕言,卻被林彪及其死黨奉為至寶。陳伯達在題詞冊中寫道:「一燈能除千年暗,一智能滅千年愚。」妄圖把林彪比為漫漫長夜中的「明燈」,這充分暴露了他們的政治野心, 也可見他們是孔、孟的信徒和朱熹的應聲蟲。

國家圖書館出版品預行編目(CIP)資料

文革時期評朱熹 / 林慶彰，姜廣輝主編. --
初版. -- 臺北市 : 萬卷樓，2012.11
面 ； 公分. --（經學研究叢書）
ISBN 978-957-739-774-4(平裝)

1.(宋)朱熹 2.學術思想 3.朱子學 4.文集

125.507　　　　　　101023179

文革時期評朱熹（上、下）

2013 年 4 月 初版 平裝（上下冊不分售）

ISBN 978-957-739-774-4　　　　　定價：新台幣 1200 元

主　　編	林慶彰	出　版　者	萬卷樓圖書股份有限公司
	姜廣輝	編輯部地址	106 臺北市羅斯福路二段 41 號 9 樓之 4
編　　輯	蔣秋華	電話	02-23216565
發 行 人	陳滿銘	傳真	02-23218698
總 編 輯	陳滿銘	電郵	editor@wanjuan.com.tw
副總編輯	張晏瑞	發行所地址	106 臺北市羅斯福路二段 41 號 6 樓之 3
編　　輯	吳家嘉	電話	02-23216565
編　　輯	游依玲	傳真	02-23944113
封面設計	百通科技股份有限公司	印　刷　者	百通科技股份有限公司

版權所有‧翻印必究　　　　　新聞局出版事業登記證局版臺業字第 5655 號

如有缺頁、破損、倒裝　　網 路 書 店　www.wanjuan.com.tw
請寄回更換　　　　　　　劃 撥 帳 號　15624015